河北省教育科学“十四五”规划2024年度重点资助课题：
职业本科教育专业教学资源库的建设实践研究（课题编号：2402078）

河北省职业教育科学研究“十四五”规划2023年度项目：
基于成果导向理念的多元化教学质量监测与评价体系构建研究（项目编号：JZY23351）

河北科技工程职业技术大学
—— 教育质量蓝皮书 ——

马东霄　石爱民　马英华　鲍东杰 ◎著

河海大学出版社
HOHAI UNIVERSITY PRESS
·南京·

图书在版编目(CIP)数据

河北科技工程职业技术大学教育质量蓝皮书 / 马东霄等著. -- 南京 ：河海大学出版社，2025. 7. -- ISBN 978-7-5630-9805-7

Ⅰ. G719.21

中国国家版本馆 CIP 数据核字第 2025UB9363 号

书　　名　**河北科技工程职业技术大学教育质量蓝皮书**
　　　　　　HEBEI KEJI GONGCHENG ZHIYE JISHU DAXUE JIAOYU ZHILIANG LANPISHU
书　　号　ISBN 978-7-5630-9805-7
责任编辑　高晓珍
特约校对　曹　丽　张绍云
装帧设计　徐娟娟
出版发行　河海大学出版社
地　　址　南京市西康路 1 号(邮编:210098)
电　　话　(025)83737852(总编室)　(025)83722833(营销部)
经　　销　江苏省新华发行集团有限公司
排　　版　南京布克文化发展有限公司
印　　刷　广东虎彩云印刷有限公司
开　　本　880 毫米×1230 毫米　1/16
印　　张　28
字　　数　800 千字
版　　次　2025 年 7 月第 1 版
印　　次　2025 年 7 月第 1 次印刷
定　　价　98.00 元

前言

在当今全球经济一体化和国内经济结构转型升级的大环境下，国家将追求高质量发展置于战略核心地位，这一导向不仅深远影响了经济社会的各个层面，也深刻影响着教育领域的变革。特别是作为国家发展重要支柱的高等教育，其质量直接关系到国家的创新能力和竞争力。因此，提升高等教育质量成为国家层面的重大关切，教育部更是将其作为工作的重中之重，明确提出了高等教育高质量发展的具体目标和措施。

在教育部的统筹下，高等职业教育和普通高校本科教学的质量保证被赋予了新的意义。对于高等职业教育质量年度报告和普通高校本科教学质量报告，教育部提出了明确而严格的要求。这些要求不仅着眼于数据的准确性与全面性，更强调了报告在反映教育现状、剖析存在问题、指引未来发展路径上的重要作用。通过这些报告，教育部意在建构一个科学、系统的质量评价与监控体系，确保教育质量持续提升，与国家发展同频共振。

对于职业教育而言，质量年报不仅是一份年度工作的总结，更是展现职业教育改革成果、映射教育质量提升轨迹的重要载体。它不仅是对过往一年教学实践与管理成效的回顾，更是对教育质量持续改进策略的规划与展望。在国家高质量发展战略的引领下，职业教育质量年报的编制与发布，是对教育部相关政策举措的积极响应，体现了职业教育界对提升教育内涵、对接产业需求、服务经济社会发展的深刻理解和坚定执行。同时，职业教育质量年报也是对外展示我国职业教育发展成就的重要窗口，有助于提升我国职业教育的国际影响力。

2021 年，河北科技工程职业技术大学(后简称“河北科工大”)经历了从高职学院到本科层次职业大学的华丽蜕变。学校秉承“德能并蓄，敏行担当”的校训精神，积极探索高质量职业教育的新模式，推动职业教育达到新高点。为了全面展示学校职业教育的发展成果和经验，我们决定将近三年编制的职业教育质量年报进行汇编出版，分享我们的探索与实践、成就与思考，以期与社会各界共谋职业教育之未来，为我国职业教育的发展提供参考和借鉴。

过去三年，在年报编制过程中，我们始终坚持客观、真实、全面的原则，通过数据分析、案例研究等多种方式，全方位展示了职业教育的发展状况、面临的挑战及改进策略。这些年报不仅记录了我们的努力与探索，也见证了我们在提升教育质量方面的持续进步。它们揭示了学校在产教融合、创新创业教育、师资队伍建设等方面的积极进展，体现出职业教育对时代需求的响应及在培养高技能人才方面的成效。这份报告汇编了近三年学校在教育教学、师资建设、校企合作、学生发展、创新创业等多个维度的主要工作、创新举措与显著成效，特别展示了学校在特色专业建设、特色课程开发、特色教学模式上的创新成果，彰显了学校在职业教育领域的领先地位和创新活力。年报内容经历了校-省-国家三级发布，2021 年、2022 年连续两年入选《中国职业教育质量年度报告》“教师发展”“资源建设”“学生发展”“服务贡献”四大榜单，成为全国 1 578 所职业本专科院校中仅有的 10 所四项蝉联大满贯院校、河北省唯一蝉联大满贯院校。2023 年入选《中国职业教育质量年度报告》东部地区“人才培养卓越50所”“服务贡献卓越50所”“产教融合卓越50所”三大榜单，成为河北省唯一蝉联3年全国质量年报全榜单大满贯院校。面对市场的快速变化与技术的不断革新，我们深知职业教育仍面临诸多挑战，例如如何更紧密地与产业前沿对接、如何培育具有国际竞争力的高层次技术技能人才等。展望未来，河北科技工程职业技术大学将以更加开放的姿态，继续深化教育教学改革，强化校企协同，推进国际化进程，力争在“十四五”期间，将学校建设成为国内领先、国际知名的职业教育高地。

本蓝皮书由马东霄、石爱民、马英华、鲍东杰等合著。马东霄负责整体统筹协调、框架设计并撰写前言，报告一、二第1章，报告三第7章；石爱民负责上下篇详细设计并撰写报告一、二、三编制说明，报告一、二第2章，报告三第1章，附录；马英华负责数据统筹并撰写报告一、二第8章，报告二第5章，报告三第2、5、8章；鲍东杰负责全文统稿并撰写报告一第3、4、7章，报告二第3、6、7章，报告三第6章。

在蓝皮书撰写中承担其他部分编写任务的有：李潘坡（报告一、二、三“双高计划”成果部分），曹世超（报告一、二专业群建设成果部分），梁伟豪（报告三专业群建设成果部分），郑煜煊（报告一第6章，报告二第4章，报告三第3章），闫星元（报告一第5章，报告三第4章），杜瑞轩（报告一、二、三生源质量数据部分），杨青辉（报告一、二、三就业质量数据部分），邹宏（报告一、二、三创新创业成果部分），崔莉萍（报告一、二、三师资建设成果部分），张萌（报告一、二、三教学评价成果部分），燕艳（报告一满意度部分），吕婷（报告二满意度部分），任晓宁（报告三满意度部分），张诗佳（报告一、二、三师资培训成果部分），任源（报告一、二、三学生发展成果部分），卢磊（报告一、二共青团建设成果部分）、李奕聪（报告三共青团建设成果部分），康广星、贾培奇、沈忱、刘阳（报告一、二、三基本办学条件数据部分），甄浩（报告一、二、三体育成果部分），王凯（报告一、二、三办学经费数据部分），赵良伟（报告一、二、三科研服务成果部分），关燕、冯旭敏（报告一、二、三继续教育成果部分），秦凯健、王朴真（报告一、二、三思政课建设成果部分），李相臣（报告一、二宣传工作成果部分），程赟（报告三宣传工作成果部分），马晨阳、雷前虎（报告一、二、三院校治理成果部分），侯瑜（报告一、二、三扶贫工作成果部分），席少伟、李蔚佳、赵胜、李更鑫（河北佳诺电子商务有限公司）（报告四），李洪燕、张小志、冯磊（新华三技术有限公司）（报告五），张广峻、徐涛、李静、袁建强（中基华工程管理集团有限公司）（报告六），蒲筠果、高英敏、王丽敏［SMC（中国）有限公司］（报告七），温习、盛鹏程、高俊（奇瑞捷豹路虎汽车有限公司）（报告八），申春峰、曹新锋、张帅、季振凯（厦门网中网软件有限公司）（报告九），李紫星、辛东升、朱大伟（北京锦达科教开发总公司）（报告十），陈丽、于娜、范志南（苏州汇川技术有限公司）（报告十一），侯素霞、王海宾、王明友、王清风（河北中煤旭阳能源有限公司）（报告十二）。

本书得到了河北省相关基金项目的资助，并得到诸多专家学者和院校同仁的大力支持与指导。在此，我们向所有关心、支持学校发展的领导、专家、师生和社会各界朋友致以最诚挚的谢意。是你们的支持与帮助，铸就了学校在职业教育领域的成就。特别感谢参与年报编制与出版的师生及工作人员，是你们的辛勤付出，让这些珍贵的记录得以面世，成为我们共同的记忆和财富。

我们诚挚邀请每一位读者，通过这本年报汇编深入了解河北科技工程职业技术大学的教育实践与成果。愿它成为一座桥梁，连接梦想与现实，激发更多关于职业教育创新与发展的思考与行动。让我们携手，共同书写中国职业教育的灿烂新篇章！

河北科技工程职业技术大学党委书记　马东霄

2025年1月

目录

上篇　院校年报

下篇 企业年报

上篇

院校年报

报告一　2021 年度高等职业教育质量报告
（2020—2021 学年）

2021 年学校年报编制说明

以习近平同志为核心的党中央高度重视职业教育工作，为新时代职业教育改革发展指明了前进方向、提供了根本遵循。推动职业教育高质量发展，为全面建设社会主义现代化国家提供坚实的人才和技能支撑，是习近平总书记重要指示和全国职业教育大会精神的核心要义，是职教战线当前和今后一个时期的重要任务。

围绕办好新时代职业教育的新要求，国家出台了一系列政策措施，印发《国家职业教育改革实施方案》《教育部 财政部关于实施中国特色高水平高职学校和专业建设计划的意见》《职业教育提质培优行动计划（2020—2023 年）》《关于推动现代职业教育高质量发展的意见》，推动职业教育高质量发展。

2020—2021 年，河北科技工程职业技术大学深刻学习领会并坚决贯彻落实党中央、国务院的决策部署，攻坚克难完成面向高职战线的重大改革任务，持续提升办学水平、人才培养质量和就业质量，取得多项标志性成果。

• 2021 年 1 月，学校经教育部批准，整合华北电力大学科技学院、邢台职业技术学院办学资源，设置为河北科技工程职业技术大学，成为河北省首批公办本科层次职业学校。

• 两年来，学校作为“中国特色高水平高职学校和专业建设计划”首批 197 所入选高职学校，在扎实推进国家“双高计划”的同时，积极承担省级“双高计划”改革发展任务，国家 A 档高水平专业（群）、河北省高水平高职学校和 2 个高水平专业群项目绩效目标如期完成，正在进行中期绩效评价准备工作。

• 两年来，承担国家优质高职院校（2019—2021 年）、骨干专业群、高水平实训基地等 13 类 25 个具体项目，任务进展顺利，并争取到年度项目省级财政资金 5 895 万元。

• 获河北省教学成果特等奖 1 项、一等奖 2 项、二等奖 9 项。其中，校长马东霄主持的《平台支撑 • 项目纽带 • 军风育人：高职院校“军地贯通”人才培养模式改革与实践》项目获河北省第十届高等职业教育教学成果奖特等奖，充分展示了学校在赓续传统、军风育人方面的办学特色。

• 获批第一批国家示范性职业教育集团（联盟）培育单位；新增河北省特种车辆改装技术创新中心等省级技术创新中心 3 个。

• 参与国家级重点战略科研项目 2 个，主持冬奥专项 1 个。

• 获首批、第二批国家级职业教育教师教学创新团队立项建设 3 个、获批省级职业教育教师教学创新团队立项建设 3 个。

• 获全国职业院校技能大赛国赛二等奖 6 项，三等奖 15 项；“互联网＋”大学生创新创业大赛国赛银奖 1 项，铜奖 4 项。

• 建成区域高水平退役军人教育培训基地。

• 启动教育部智能制造领域中外人文交流人才培养基地项目建设，建成“中文＋职业技能”的海外守敬工坊 1 家，名列国际交流竞争力 60 强。

•“邢台职业技术学院高职高专院校名师工作室”获批河北省首批思想政治理论课名师工作室；思想政治课教学团队于 2021 年 5 月确定为河北省第二批职业教育思想政治课教师教学创新团队立项建设单位。

• 入选教育部课程思政示范课程 1 门，授课教师入选课程思政教学名师和教学团队；入选全国轻工职业教育教学指导委员会(以下简称“轻工行指委”)课程思政示范课程 1 门。

•《光明日报》《中国青年报》《中国教育报》等中央级媒体 10 余次报道了学校产教融合校企合作、军民融合发展、高职扩招与育训结合培养、共生态科研创新与服务等办学成果，彰显了学校高质量发展、深度服务地方的办学内涵与特色。

• 本年度学校继续保留省、市两级文明校园称号。

1 发展概况

1.1 办学定位发生新变化

河北科技工程职业技术大学位于河北省邢台市，是教育部 2021 年 1 月批准整合华北电力大学科技学院和邢台职业技术学院办学资源独立设置的公办本科层次职业高等学校，也是河北省首批公办职业技术大学。华北电力大学科技学院、邢台职业技术学院的建制随之撤销。原邢台职业技术学院拥有约 20 年军队办学历史和 30 多年高职办学历程，1979 年建校，1983 年归属中国人民解放军原总后勤部，2002 年移交河北省成为省属高校，设置为河北科技工程职业技术大学后隶属关系不变，由河北省负责领导和管理。

学校是一所以工科为主，工、经、管、艺多学科协调发展，面向全国招生，具有本科教育、专科教育、留学生教育、继续教育等多种办学层次和类型，为社会培养生产、建设、管理、服务一线的杰出技术技能人才的综合性大学。

“十四五”期间，学校以习近平新时代中国特色社会主义思想为指导，按照“四个全面”战略布局和国家职业教育改革总体部署，坚持“产学融通、军民特色、创新驱动、振兴区域”的发展方略，以立德树人为根本、以学科专业为基础、以“双师”建设为关键、以产教融合为重心、以科技创新为支撑、以军民融合为特色，探索本科层次职业教育实现形式和培养模式，加快特色鲜明的高水平职业技术大学的建设步伐，把学校建设成为服务国家战略、支持区域发展、促进产业升级的推动者，为国家建设制造强国、京津冀协同发展和河北省经济强省建设做出更大贡献。

1.2 发展规模再上新台阶

1.2.1 院系布局与专业结构

学校紧紧围绕服务京津冀协同发展、雄安新区建设等国家发展战略，对接河北省战略性新兴产业和传统产业高端，建设了汽车检测与维修技术、智能制造、新一代信息技术、服装设计与工艺、现代商务等 5 个主体专业群，形成了“三核双融”特色专业群布局。设有汽车工程、服装工程、机电工程、电气工程、建筑工程、信息工程、艺术与传媒、经济管理、会计、资源与环境工程等 10 个系以及基础课部、体育工作部、马克思主义学院、继续教育与培训部等 4 个教学单位。

2020—2021 年，首批开设了新能源汽车工程技术、智能制造工程技术、服装工程技术、电气工程及自动化等 10 个职业本科专业，有力支撑区域新兴产业培育和主导产业高端发展；拥有计算机网络技术、建筑工程技术、建筑装饰工程技术、市场营销、会计、环境工程技术等专科专业 57 个，重点服务地方产业转型发展和技术升级。

学校持续加强专业与产业协同发展研究，专业设置紧贴重点产业，并与第三方评价机构密切合作，对全部专业进行优劣势分析，形成了与新发展格局相适应、以特色发展为导向的专业设置动态调整和预警机制。学校已设置的专科专业和本科专业合计 67 个，覆盖 12 个专业大类。经过专业布局优化调整，2021 年专科和本科招生专业共 65 个，涵盖 8 个专业大类。

1.2.2 学生规模与生源情况

2020—2021 学年全日制在校生 16 158 人(含扩招 301 人)。

2021 年，学校在全国 27 个省、自治区、直辖市投放计划，计划招生 6 811 人，其中专科招生计划 6 200 人，“3＋2”计划招生 261 人，本科招生计划 350 人。实际录取 6 596 人，其中专科录取 5 985 人，“3＋2”录取 261 人，本科录取 350 人。学生报到 6 429 人，其中退伍新生 33 人，“3＋2”新生及复学新生 266 人，专科报到 5 796 人，本科报到 332 人。总体报到率 96.73%(退伍新生及“3＋2”新生不计入报到率)。

招生口径有普通高考、单独招生和对口招生等，其中普通高考录取 4 282 人，占总数的 67.59%，单独招生占总数的 23.68%，对口招生占总数的 8.73%(退伍新生及“3＋2”新生不计入统计数据)(不同口径招生录取情况见表 1-1)。

表 1-1　学校不同招生口径的计划招生数、实际录取数、实际报到数及报到率

生源类型	计划数(人)	录取数(人)	报到数(人)	报到率
单招	1 500	1 500	1 481	98.73%
普高	4 450	4 282	4 109	95.96%
对口	600	553	538	97.29%
总计	6 550	6 335	6 128	96.73%

注：本书中数据或因四舍五入原则，存在微小数值偏差。

高职扩招完成录取 742 人，其中 2020 年高职扩招专项录取 200 人，2021 年春季入学 192 人；2021 年高职扩招专项录取 550 人。

2021 年录取新生中，河北省生源约占 90%，省外生源约占 10%。

1.2.3 办学条件与教师队伍

学校实施“办学条件提升工程”，为高职教育高质量发展奠定软硬件基础。各项基本办学条件指标均高于教育部对高等职业院校人才培养工作评估的标准(见表 1-2)。

表 1-2　2020—2021 学年基本办学条件指标生均数

指标	学校数值	评估指标
生均占地面积(平方米/生)	60.34	59.00
生均教学行政用房面积(平方米/生)	17.07	16.00
生均宿舍面积(平方米/生)	6.67	6.50
生均教学科研仪器设备值(元/生)	17 614.37	4 000.00
生均实践场所(平方米/生)	8.35	8.30
生均图书(册/生)	81.42	60.00
生均年进书量(册/生)	3.22	2.00

续表

指标	学校数值	评估指标
百名学生配教学用计算机台数(台/百生)	39.57	10.00
生师比(生/师)	14.35	18.00
具有研究生学位教师占专任教师的比例(%)	87.17	15.00

现有校区总占地面积 974 948.70 m^2(1 462.42 亩),其中创新实训基地和人工智能实训基地 52 230 m^2(78.33 亩)。教学行政办公用房和学生生活用房总面积 485 330.46 m^2,教学仪器设备总值 2.96 亿元(当年新增 0.43 亿元)。建有大型图书馆、体育馆、标准运动场、千兆位校园网。图书馆共有纸质图书 224 697 种,合计 1 364 000 册,包含有全 22 个大类,生均图书 81.42 册。各类电子图书资源平台 6 个、网络资源数据库 4 个、网络学习平台和软件 3 个,提供电子图书 485 000 册、电子期刊 112 500 册、学位论文 4 060 000 篇、音视频 456 小时等文献资源。

拥有汽车技术中心、先进制造技术中心、服饰产业技术中心、电气技术中心、信息技术中心、建筑工程技术中心等 13 个校内实训中心,总面积超过 10.69 万平方米,下设 300 余个专业教室、实验实训室,校企合作建立 729 个校外实习实训基地。

以数字校园为基础的智慧校园底层构架基本形成。以大数据中心为核心,提供跨部门立体式的人事、办公、教学、科研、设备资产、账务经费等综合信息服务,形成智慧化校园环境、开放的智慧教育生态。一是新设智慧党建、项目管理等多个特色信息化系统,管理信息系统数据总量 21 970 GB;建成智慧教学系统运行控制中心 1 个,智慧教室(多媒体教室)200 个,实现教学设备的智能化、集中化管理和监控,建成 10 个虚拟仿真实训中心(含 1 个省级的)。二是持续建设完善"邢职在线学习体系",建立教学中心信息化生态,打造职教信息化标杆院校。构建由专业核心课、平台课、通识课和自选课形成的"在线课程模块",建成 5 个专业群资源库;各专业以资源库为载体,深化河北省纺织服装职业教育集团、河北省汽车职业教育集团等职教团体的协同合作,推动优质资源线上线下对接。拥有以"信息技术+"升级的传统专业 18 个,以数字经济催生的新兴专业 10 个;全校 70%的专任教师和 30%的校外兼职教师系统性接受了信息化教学培训。三是形成基于数据分析的"纵向五系统、横向五层面、深向五链环"的内部质量螺旋提升的整体架构,构建了符合学校实际的内部质量保证体系及诊断改进工作方案。

学校师资力量雄厚,现有教师 1 244 名,82%以上的教师具有硕士或博士学位,另外聘任企业骨干、行业人才兼职教师 238 名。专业课"双师型"教师超过 80%,其中教授 60 余名、副教授 190 余名,留学归国教师 20 余名,各级教学名师(专家)17 名;拥有 2 支职业教育国家级教师教学创新团队,1 支国家级课程思政示范课教学团队。

2 学生发展

2.1 立德树人得到新加强

学校以创建"三全育人"综合改革试点校为主线,全面落实立德树人根本任务。2020—2021 年,坚持用习近平新时代中国特色社会主义思想武装头脑、指导实践、推动工作,实施《"三全育人"综合改革建设方案》《第二课堂德育化实施方案》,推进"三进",将社会主义核心价值观贯穿人才培养全过程,实施思想导航、文化育人、素质拓展、双创匠心、军风塑行、智慧学工等工程,深化思政理论课教学模式改革创新，加强课程思政建设，整合邢襄文化、太行文化、红色文化、革命文化资源，建好思政实践教育基地，开展劳动教育，为青年学生铸魂奠基。

2.1.1 强化思政铸魂

构建起“一主两辅”思想政治教育体系。充分发挥思政教育主渠道作用，打造思想政治教育理论课堂与实践课堂相得益彰的核心课堂，专业课程思政元素融入与第二课堂德育引领并进的“相辅相成”式课堂。制定《深化新时代学校思想政治理论课改革创新实施方案》，建立了“习近平新时代中国特色社会主义思想”研究中心，推动思政课内涵式发展与提升。建成 1 个河北省思政理论课名师工作室，组织开展思政课程改革和教学比赛；建成 2 门校级思想政治理论课在线课程，开展课程思政改革的课程达 827 门；牵头组织省内 10 所高职院校共建《毛泽东思想和中国特色社会主义理论体系概论》在线开放课，有 670 余个院校(单位)的 11 700 多名学员选用。2020—2021 年，学校邀请到河北省教育厅二级巡视员侯建国、邢台市市长董晓宇等省市领导来校讲授思想政治理论课；学校党委书记上党课 10 余次、12 课时，学校党委班子成员随堂听课 240 课时。《基于新媒体新技术的思想政治课“四种课堂”协同育人模式的创新与实践》荣获河北省高校思想政治创新案例二等奖。

案例 2-1：“五融合理念＋四复合团队”做实国家级课程思政示范课程

学校构建了一个领导小组、两个平台、三类德育课程、四级督导机制的“1234”课程思政工作体系，坚持“课程思政”“科教融合”“课证融合”“专创融合”“赛教融合”的五融合理念，依托“专任教师＋思政教师＋辅导员＋能工巧匠”的四复合课程思政教学团队，充分挖掘专业课程中的思政元素，将做人做事的道理、社会主义核心价值观、实现民族复兴的理想与责任等融入在线课程开发及教学过程。搭建“163”课程思政培训体系，做实课程思政全员培训；立体化建设课程思政实践基地；“一群一特色”建设课程思政案例库；组织“课程思政教学名师与教学团队”“课程思政典型案例”“课程思政示范课程”等评选活动，建成了校级课程思政典型案例 35 个，融合课程思政理念的在线课程 639 门、立体化教材 47 部，专业群课程思政案例库 1 个。“环境影响评价”入选教育部课程思政示范课程，授课教师入选课程思政教学名师和团队(如图 2-1 所示)。

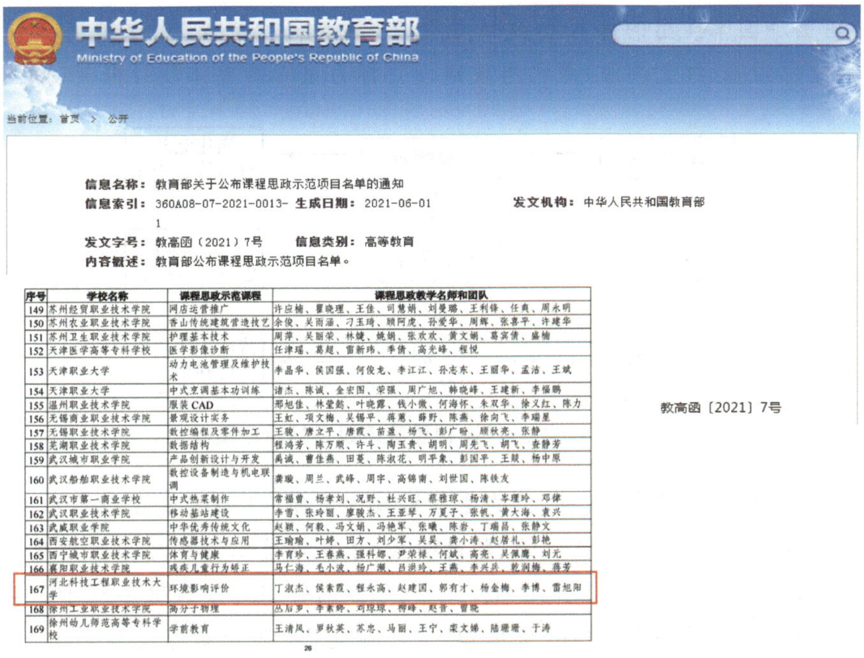
中华人民共和国教育部
Ministry of Education of the People's Republic of China
当前位置：首页 > 公开

信息名称：教育部关于公布课程思政示范项目名单的通知
信息索引：360A08-07-2021-0013-1 生成日期：2021-06-01 发文机构：中华人民共和国教育部
发文字号：教高函〔2021〕7号 信息类别：高等教育
内容概述：教育部公布课程思政示范项目名单。

序号	学校名称	课程思政示范课程	课程思政教学名师和团队
149	苏州经贸职业技术学院	网店运营推广	许应楠、瞿晓理、王佳、司慧娟、刘曼璐、王利锋、任真、周永明
150	苏州农业职业技术学院	香山传统建筑营造技艺	余俊、吴雨涵、刁玉琦、顾阿虎、孙爱华、周辉、张喜平、许建华
151	苏州卫生职业技术学院	护理基本技术	周萍、吴丽荣、林婕、姚娟、张欢欢、黄文娟、葛宾倩、盛楠
152	天津医学高等专科学校	医学影像诊断	任津瑶、葛超、雷新玮、季倩、高光峰、程悦
153	天津职业大学	动力电池管理及维护技术	李晶华、侯国强、何俊龙、李江江、孙志东、王丽华、孟洁、王斌
154	天津职业大学	中式烹调基本功训练	诸杰、陈诚、金宏图、荣强、周广旭、韩晓峰、王建新、李福鹏
155	温州职业技术学院	服装 CAD	邢旭佳、林莹懿、叶晓露、钱小微、何海怀、朱双华、徐义红、陈力
156	无锡商业职业技术学院	景观设计实务	王虹、项文梅、吴锡平、蒋蕙、薛野、陈燕、徐向飞、李瑞星
157	无锡职业技术学院	数控编程及零件加工	王骏、唐立平、唐霞、苗盈、杨飞、彭广盼、顾秋亮、张静
158	芜湖职业技术学院	数据结构	程鸿芳、陈万顺、许斗、陶玉贵、胡明、周先飞、胡飞、查静芳
159	武汉城市职业学院	产品创新设计与开发	禹诚、曹佳燕、田蔓、陈淑花、明平象、彭国平、王兢、杨中原
160	武汉船舶职业技术学院	数控设备制造与机电联调	龚璇、周兰、武峰、周宇、高锦南、刘世国、陈铁友
161	武汉市第一商业学校	中式热菜制作	常福曾、杨孝刘、况野、杜兴旺、蔡雅琼、杨清、岑理玲、邓律
162	武汉职业技术学院	移动基站建设	李雪、张玲丽、廖骏杰、王亚琴、万夏子、张帆、黄大海、袁兴
163	武威职业学院	中华优秀传统文化	赵颖、何毅、冯文娟、冯艳军、张曦、陈岩、丁瑞昌、张静文
164	西安航空职业技术学院	传感器技术与应用	王瑜瑜、叶婷、田方、刘少军、吴昊、龚小涛、赵居礼、彭艳
165	西宁城市职业技术学院	体育与健康	李育珍、王春燕、强科娜、尹荣禄、何斌、高亮、吴佩鹰、刘元
166	襄阳职业技术学院	残疾儿童行为矫正	马仁海、毛小波、杨广渊、吕洪玲、王燕、李兴兵、乾润梅、蒋芳
167	河北科技工程职业技术大学	环境影响评价	丁淑杰、侯素霞、程永高、赵建国、郭有才、杨金梅、李博、雷旭阳
168	徐州工业职业技术学院	高分子物理	丛后罗、李素婷、刘琼琼、柳峰、赵普、曹晓
169	徐州幼儿师范高等专科学校	学前教育	王清凤、罗秋英、苏忠、马丽、王宁、栾文娣、陆珊珊、于涛

26

教高函〔2021〕7号

图 2-1 “环境影响评价”入选教育部课程思政示范项目

案例 2-2:筑艺有承培育高技能人才,匠心无界厚植家国情怀

建筑装饰工程技术专业核心课“居住空间室内设计”2019 年开始课程思政专项建设,在“筑艺有承、匠心无界”的思政精神浸润、“三红”思政体系引领下,调研收集课程相关思政元素、思政案例,广泛应用于日常授课,培养学生设计装饰能力的同时促进学生人文关怀习惯养成,强化对多元业主群体的关注和调研,培育学生细致耐心的责任担当。2021 年在系主任杨志红教授指导下,该课程被评为轻工行指委“课程思政示范课程”(见图 2-2)。

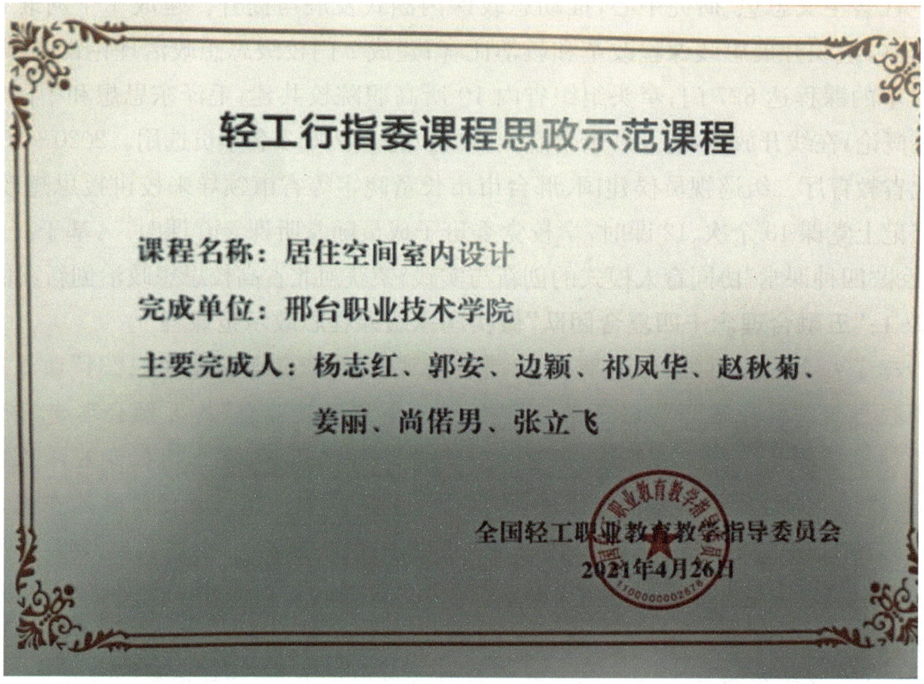

图 2-2 “居住空间室内设计”入选轻工行指委课程思政示范课程

该课程紧密围绕国家提出的课程思政核心要点,深入践行学校“党建领航计划”,形成以“三红”(红雁统领、红源强基、红艺溯源)课程思政建设目标为核心的整体设计框架(如图 2-3 所示)。

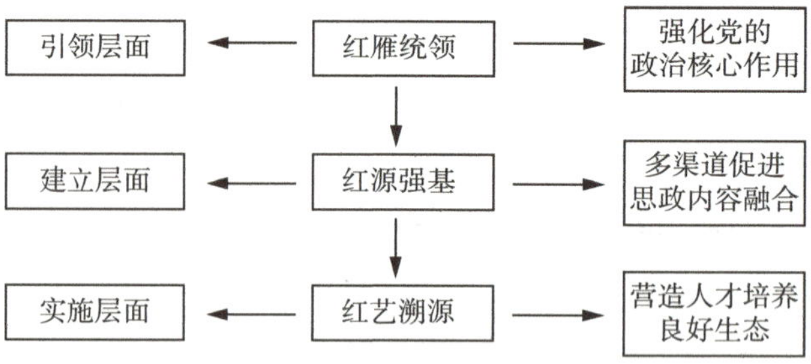

图 2-3 “三红”课程思政建设目标示意图

课程创建了“两模式、三平台、四育人”的课程思政建设模式(如图 2-4 所示),培养高素质家装行业主力军。“两模式”指双轨并行、“双师”共助模式,依托家装工作室与专业思政名师工作室,将学生的专业能力与政治素养构建于双轨之上,专业、思政名师将思政教育渗透于项目教学中,潜移默化塑造学生的中国特色社会主义核心价值观。“三平台”指职业素养提升会谈、思政资源、五维设计评价三平台,职业素养提升会谈促进专业、思政双师及时沟通学生的职业素养达成度,思政资源平台构建共用共享资源，产生协同育人效应的同时服务于区域同类专业人才的培养。自研的五维设计评价平台建立多元多层、科学有效的思政融合综合素养测评指标体系，让思政生态育人效果可见。“四育人”包括品德、创新、劳动、美学四向维度，品德育人扶植未来家装设计师关爱人民的品德养成；创新育人聚焦行业新科技，为智造中国发展贡献力量；劳动育人知行合一培育大国工匠精神；美学育人传承传统文化之美，弘扬中国精神。

两模式	三平台	四育人
双轨并行 “双师”共助 教学模式	职业素养提升会谈平台 思政资源平台 五维设计评价平台	品德育人 创新育人 劳动育人 美学育人
专业工作室+思政工作室 专业教师+思政教师 互助学习 彼此成就	多种手段 多维评价 全程考核 助力职业综合能力提升	四项行业核心标准 多元思政内容 全面提升职业素养

图 2-4 “两模式、三平台、四育人”课程思政建设模式示意图

案例 2-3：编制课程思政案例手册培育和传承工匠精神

学校服装工程系编写《穿出美好生活 传承中国精神——服装工程系课程思政案例汇编》手册，并在各专业推广应用。将课程思政内容引入课堂，在课前 10 分钟讲述手册中服饰文化精神、服饰非遗传承人、大国工匠、优秀毕业生事迹等内容，通过实例增强学生对于爱国情怀、非遗传承、工匠精神的深入理解。同时借助建立大国工匠工作室、服饰非遗传承工作室开展聘请大国工匠、服饰非遗传承人、优秀毕业生进课堂等相关活动，进一步培育与传承工匠精神。

鞋类设计与工艺专业从 2020 年 5 月成立国学大师工作室以来，向学生积极宣传大国工匠事迹、大国工匠精神，号召学生在日常专业学习及备赛工作中以陈国学大师为榜样，在本专业中形成了良好的学习氛围，并且起到了一定的带动作用。2020 年 9 月 23 日，全国皮革行业鞋类设计师竞赛河北省选拔赛中，鞋类设计专业学生李朵荣获一等奖，其他 4 名同学分别获二、三等奖。10 月 29 日，在全国皮革行业鞋类设计师职业技能竞赛总决赛中，鞋类设计与工艺专业派出的 6 名学生获得一等奖 3 项、二等奖 3 项，其中李朵、陈若楠、王晓月 3 名同学包揽院校组前三名。颁奖现场，学校受到组委会、主办方以及用人单位和业界人士的一致赞扬和肯定，并有多家鞋靴企业洽谈校企合作事宜。

精心打造党史学习教育“风华讲堂”。深入学习贯彻习近平总书记在党史学习教育动员大会上的讲话精神，2021 年 4 月设立党史学习教育“风华讲堂”。以“用故事串联历史，小切口反映大主题”为切入点，以“讲好党的故事、革命故事、英雄故事”为主线，讲深讲实、讲准讲透，带领广大青年学生在学习党的百年伟大奋斗历程中不断汲取智慧和力量，更加热爱伟大祖国，对实现中华民族伟大复兴的中国梦充满信心。

深入推进“公众号＋易班”双核网络思政工作。持续增强微信、易班、微博、抖音等新媒体平台的传播力和影响力，结合建党百年、全民防疫、学四史等热点，打造“重温党史・致敬百年”“听党史故事・忆百年瞬间”“学党史・强信念・跟党走”“战‘疫’特辑”“战‘疫’微课堂”“我为青年办实事”系列主题栏目，全年转载、原创公众号推文 1 090 篇，切实做到全体学生 100%订阅关注，深入开展内容学习，内化文章思想理念。依托信息化大数据调研，了解学生关注重点，优化提升网络思政工作成效。2021 年，“邢职新青年”公众号入选河北省基层团组织影响力排行前十榜单，易班荣获河北省优秀共建案例、优秀易班特色应用两项荣誉。

大力开展主题教育活动。围绕庆祝建党100周年、纪念辛亥革命110周年、“学四史”“学党史”等开展主题宣传教育活动，积极引导青年学子用奋斗的青春担起时代重任。围绕爱国主义教育、社会责任感教育、爱与感恩教育等主题，通过语音、视频、文字、图片等形式开展了主题班会活动，教育引导学生树立正确的世界观、人生观、价值观。

持续丰富“国旗下思政公开课”育人品牌内涵。深入贯彻落实习近平总书记在学校思想政治理论课教师座谈会上的重要讲话精神，将“国旗下思政公开课”等专题教育活动与党史学习紧密结合，将红色革命传统和红色文化教育融入升旗仪式，赋予其更深层次的爱国主义内涵(专题活动现场情景见图2-5)。公开课以每周升国旗为载体，实现思政课向第二课堂延伸，设计时代己任篇、人生青春篇、理想信念篇、中国精神篇、核心价值篇、明德守德篇、法律法治篇七个专题，通过演讲、朗诵、歌唱、音诗画等表现形式，大力弘扬以爱国主义为核心的民族精神，传播建党百年光辉历程，激励广大师生怀爱国之情、树报国之志、践兴国之行。

图2-5 学校秋季学期“国旗下思政公开课”精彩开讲

扎实推进共青团工作和建设。坚定正确思想引领，团结带领10个团总支、721个团支部、16 000余名青年学子，紧紧围绕“凝聚青年、服务大局、当好桥梁、从严治团”四维工作格局，不断提升凝聚青年和服务青年能力，为学生成长成才做出积极贡献。加快推进“三会两制一课”制度常态化，积极推进“班团一体化”建设有序化，加强学生干部作风建设，做好全校“智慧团建”系统组织树完善，进一步加强和规范现有团属新媒体建设，推动团学组织网络文化有序发展，让主流声音在大学生中间听得见、站得住、立得稳。组织拍摄《岁月征程》《少年》《请党放心、强国有我》等一系列文创作品，作品获评第二届河北网络视听原创精品征集活动优胜作品、共青团河北省委宣传部“唱响《少年》·青春向党”快闪、闪闪短视频征集活动优秀组织奖，其中《岁月征程》更是得到学习强国、河北教育网、河北广播电视台、长城网、邢台广播电视台等媒体报道。2个团总支被评为2020—2021年度“邢台市五四红旗团支部”，1个团队获评2021年河北省大中专学生志愿者暑期“三下乡”社会实践活动优秀单位，1个团队获评“三下乡”优秀志愿服务品牌。2021年学校团委荣获“全国五四红旗团委”与2021年度河北省争创“五四红旗团委”称号，信息工程系团总支荣获2021年度河北省争创“五四红旗团支部(团总支)”。1名同志被评为“邢台市优秀共青团干部”,28名同学被评为“邢台市优秀共青团员”;22名师生荣获共青团河北省委、河北省中长期青年发展规划会议联席办公室授予的2021年“投身三创四建勇当时代先锋”新时代“冀青之星”。

案例2-4:“红研”辅导员工作室提升思政育人效能

建立建设“红研”辅导员工作室,是河北科技工程职业技术大学强化辅导员队伍专业化、推进学生工作提质增优、促进学生成长成才的积极探索和实践。“红研”辅导员工作室以“思想引领与红色传承”为主要发展方向,构建红色文化、中华优秀传统文化、中国特色社会主义先进文化“三位一体”思想引领体系,全面做好“四史”学习教育,全面加强思政铸魂、文化熏陶,赓续红色血脉,传承红色基因,培育新时代新青年。

“红研”辅导员工作室建在电气工程系,具备独立的活动场所和研讨区域,与辅导员办公室相邻,方便工作又相对独立。工作室队伍涵盖学校团委教师、电气工程系党团主要负责辅导员、其他院系辅导员,有效实现跨院系、跨部门的资源整合,做到共享、共建、共荣、共升,为辅导员队伍的专业化发展打下基础。工作室组建理论研究部、运营部、实践部,负责理论研究、日常管理、活动实施,形成良好的工作室运转体系。

一年来,工作室开展“百年大党・手绘党史”活动,形成党史学习教育和学生党员培育读本;开展“百年大党・歌声传唱”活动,创新党史学习教育形式;开展“百年大党・思政开讲”活动,强化思政铸魂;开展“百年大党・党史宣讲”活动,增强理论纵深;开展“中华优秀传统文化・我们的节日”系列活动,结合建党百年凝结成致敬先烈、学习楷模、忠诚于党、热爱祖国等鲜明主题;开展习近平新时代中国特色社会主义思想系列宣讲,讲解新思想新内容、新征程新使命,立德铸魂培育新时代新青年。

2.1.2 强化文化熏陶

学校文化塑造学生品行。学校以习近平新时代中国特色社会主义思想为指导,牢记立德树人职责使命,提升文化育人内涵,彰显文化育人特色,着力培养具备工匠精神的高素质技术技能人才。坚持传承“军队文化”中勇担责任、雷厉风行、知难而进、团结忠诚的军队作风底色,主动对接“企业文化”中艰苦奋斗、恪尽职守、实干创新、精益求精的军工企业优良传统,积极融入“区域文化”中崇尚科学、勇于探索的郭守敬精神,构建了“匠心军魂”核心文化理念,并通过实施“理念入脑入心、治理能力提升、校风教风学风建设、校园环境优化”四大工程,将“匠心军魂”核心文化理念内化于心、外化于行,成为全校师生共同遵循的价值取向,为培养具有“军队作风+职业素养”的高素质技术技能人才奠定了坚实基础。学校持续推进“军人作风”提振计划,培养“四会”带班员140名,圆满完成2020级新生军训工作,强化学生军风塑行;成立征兵工作领导小组,实施“互联网+征兵动员”,348名学生参军入伍,学校获评省级征兵先进单位。《技术立校军魂育人——邢台职业技术学院“匠心军魂”文化建设案例》荣获河北省高校校园文化建设优秀成果二等奖。

案例2-5:构建“五个一”护航的国防教育模式传承军队文化

河北科技工程职业技术大学坚持“技术立校、军风育人”办学理念和“军人作风+职业素质”育人特色,“坚守一个传统,锻造一支队伍,打造一张名片,普及一种教育,培育一腔热血”,构建了“五个一”护航的国防涵育模式。

坚守一个传统——“军队特色”为内核的军风育人“传统”。坚持在校园规划、景观、环境上体现“军队”特色,坚持独具特色的一日生活制度,使全体学生增强了体能意识和集体观念,提高了对保持健康体魄和集体生活必须要有秩序与规则的认识。

锻造一支队伍——“领雁计划”塑造下的新生带班员“队伍”。坚持实施2001年在全国率先探索推出的学生带班员制度，在“会讲、会做、会教、会做思想工作”的“四会”基础上，增添了新生党团活动和协助党员包班等职责，凝练成为目前学校培养带班员队伍的“领雁计划”，培养了大批优秀党员、党建骨干或学生干部，毕业后成长为用人单位的党建力量、技术骨干或领导干部，涌现出某集团军比武冠军郝静、省级能工巧匠杜海涛，“嫦娥一号”“神舟七号”功臣刘四方等拔尖人才。在做好本校学生军训及管理辅助的同时，带班员还走出校园帮助武装部开展役前训练，帮助邢台市部分中学进行军训，现已累计派出带班员348名，受训中学生2.1万名，得到部队和助训学校的广泛认可。

打造一张名片——“国旗下思政公开课”爱国主义教育“名片”。学校自1989年以来始终坚持每周一早晨、每学期之初、每次重大活动前举行升国旗仪式，成为学校爱国主义教育的一道亮丽风景线。2019年以来精心打造了“国旗下思政公开课”专题教育活动，将升旗仪式赋予更深层次的爱国主义内涵。公开课以每周升国旗为载体，实现思政课向第二课堂延伸，设计时代己任篇、理想信念篇等七个专题，将红色革命传统和红色文化教育融入升旗仪式，构建育人新模式，“春风化雨”开展爱国主义教育。2020年9月8日，学习强国深入报道了疫情返校后新学期第一期国旗下思政公开课——《让青春在磨砺中出彩，让生命在奋斗中升华》，为学校的第二课堂教育打造了崭新的爱国主义名片。

普及一种教育——课堂讲授与课外活动相结合的综合国防“教育”。着力深化国防教育，课程教学由专职教师和辅导员实施教育指导；同时将国防教育内容融入专业教育“课程思政”当中，普及国防教育到课堂的每个角落。课外，通过党课、团课、主题实践等形式开展情景教学、形象教学、实践教学。特别是在“全民国防教育日”“全民国家安全教育日”“征兵季”等重要节点上，聘请国防大学韩旭东教授等10名校外军事学者共建客座专家，深度开展军事文化交流为主的共建活动，使国防教育形式更加丰富、更具吸引力，学校多次被评为邢台市国防教育十佳先进单位、河北省国防教育先进单位。

培育一腔热血——积极奋进、携笔从戎的报国“热血”。学校浓郁的军队文化氛围和爱国拥军的光荣传统，引导一批又一批热血青年响应党和国家的号召，携笔从戎、奔赴军营，为祖国的国防建设奉献青春和力量。学校始终将征兵工作作为一项重要政治任务来安排，成立了“征兵工作领导小组”、制定“学校大学生应征入伍激励政策”、建立学校、系部、班级三级征兵宣传体系，各级征兵负责人坚持贯穿始终、突出重点、分段实施，做好指导跟踪、服务保障。多渠道、多形式推进应征入伍和退役复学工作，圆满完成各项工作任务，学校多年荣获河北省征兵工作先进单位。

系部文化培养专业素养。各专业系部积极构建与校园文化一脉相承又富有特色的系部文化，着力提升学生的专业素养。以服装工程系为例，加强与原军队保障性企业——际华集团的合作，学生在校期间能够深入际华3502、3543等原军队企业实习实践，在教学中继续传承优良的军队文化。同时在教学中融入服装企业文化，把服装企业的质量标准、生产管理标准与教学内容、实训教学管理相结合，在教学中培养学生的节约意识、职业素养、质量标准、环保意识，学生毕业后能够较快适应企业的环境与要求；按服种、大赛分类建成若干工作室，在传承军队文化、融入企业文化的基础上，以工作室为平台，带领指导好学上进的学生入住工作室钻研、创新，培养学生的创新意识和精益求精的工匠精神。利用服装专业优势，通过中国传统服饰文化烘托、宣传传统节日，在端午节、中秋节举行汉服秀、旗袍秀活动，增加学生的民族自豪感和爱国情怀。

社团文化促进多元发展。按照《邢台职业技术学院党员干部、广大教师“五包五进”工作实施方案》，落实党员、教师“包”学生社团工作。丰富完善《邢台职业技术学院学生社团管理规定》《学生社团年审制度》《学生社团活动审批制度》，大力开展社团品牌活动，扶持星级社团发展，推动学生社团工作迈上新的台阶。

志愿文化拥抱社会文明。大力弘扬“奉献、友爱、互助、进步”的志愿服务精神，始终注重引导大学生通过参加社会实践提高志愿服务意识。成立校系两级文明志愿者服务队，通过常态化开展文明交通、社区联创、疫情防控、卫生清理、尊老爱幼、科技帮扶等各类志愿服务活动(如图 2-6 所示)，着力构建全过程、全员、全方位育人体系，大力发挥志愿服务活动的思政教育功能，引导、激励学生立志成才、报效祖国、服务人民、奉献社会，帮助同学们上好迈入社会第一课，用实际行动践行社会主义核心价值观。学校每年均开展志愿服务活动 500 多次，参与活动人数达万人次，被评为省市两级文明校园称号。

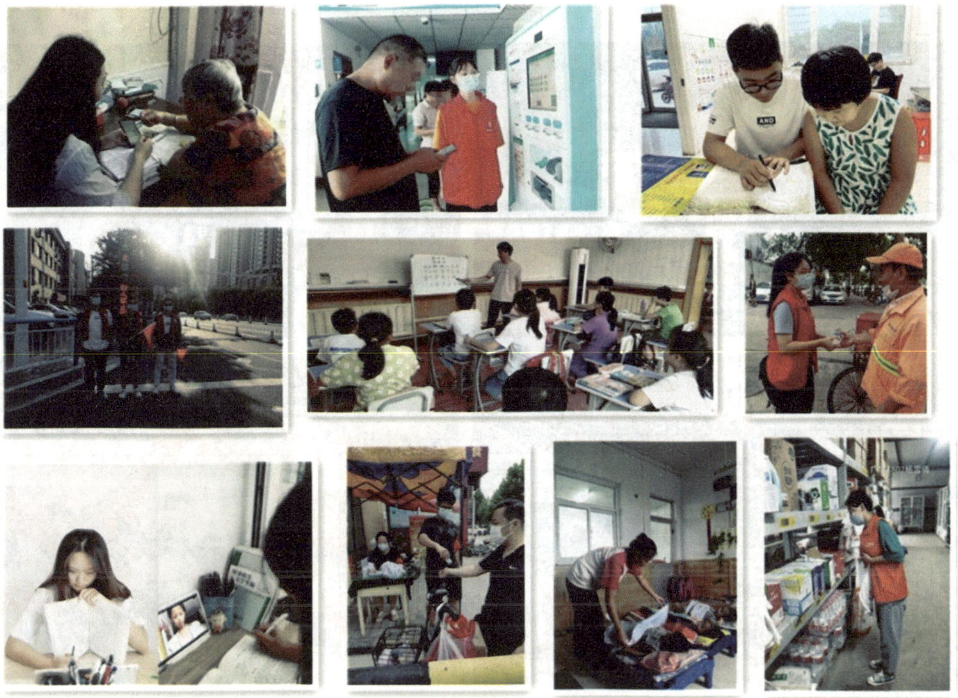

图 2-6　学生参与一系列志愿服务活动

传统文化提高人文素养。打造中国传统节日和重大纪念日长廊，内容包括春节、清明节、端午节、中秋节等中国传统节日的图文介绍，以及五四运动纪念日、中国共产党成立纪念日、南京大屠杀死难者国家公祭日、抗日战争胜利纪念日等重大纪念日的详细讲解，让师生深深感受到传统节日的魅力和重大纪念日的特殊意义，增强传承传统文化、牢记民族历史的自觉性。开展“我们的节日•端午节”等传统文化讲座、“国学经典诵读”等活动，树立文化自信，厚植家国情怀。

体育文化提升综合素质。学校重视体育文化建设和大学生的健康发展，引导学生练就强健体魄，磨砺意志品质，校园里充满青春活力和蓬勃朝气。构建了德技融合、课赛融通的育训体系，提升学生的运动能力、健康行为和体育品德核心素养，继承和发扬中华体育精神和奥林匹克精神。为助力冬奥，实现“带动 3 亿人参与冰雪运动”的目标，拓宽校园冰雪运动发展渠道，将旱地冰球作为体育选修课正式引入课堂。成立舞龙队并坚持训练，体育课程“舞龙”荣获河北省职业院校教学能力竞赛一等奖(见图 2-7)；2020 年 12 月全国高等职业院校首届体育课程思政教学设计大赛获奖项目名单公布，学校申报的课程《翔龙铸魂》获一等奖；男子、女子篮球队在第 23 届 CUBA 中国大学生篮球三级联赛(河北赛区)预选赛中均摘得桂冠；2021 年女子篮球队获 CUBA 三级联赛全国总决赛第七名，并获“体育道德风尚奖”；男子和女子篮球队在河北省第二十一届大学生运动会中勇摘双冠（见图 2-7）；乒乓球队在河北省 2021 年大学生乒乓球比赛中获得男子团体第四名，女子团体第七名；武术队在河北省第十一届大中学生武术比赛中再创佳绩，勇夺 6 枚金牌、4 枚银牌、6 枚铜牌，男子、女子均获丙组团体第二名，武术代表队荣获“体育道德风尚奖”，张天洋老师荣获“优秀教练员奖”，谢林言同学荣获“优秀运动员奖”。落实教育部体育与卫生教育司文件精神，积极对学生体质健康进行测试评估，2020 年 9—12 月测试 10 726 人，达到《国家学生体质健康标准》的占 73.2%。学校一年一度的大学生篮球联赛上，场上奋力拼搏，场下激情呐喊，弘扬了体育精神；第三十届田径运动会共有 11 支学生代表队、14 支教工代表队 500 余名运动员参加比赛，取得运动成绩和精神文明双丰收。

图 2-7　大学生在省、校各类比赛中争球、三级跳、舞龙精彩一瞬

2.1.3　强化服务助学

完善心理健康教育体系，深化教育服务工作。学校加强心理健康教育队伍、心理健康教育课程和心理健康中心建设，规范常规性心理咨询工作，开展心理健康教育系列活动，推动心理健康教育工作规范化、科学化、专业化，提升心理育人服务质量。2020—2021 年开展心理咨询师学习沙龙活动和成立辅导员工作坊，实现了专兼职心理咨询师的专家化、心理辅导员队伍的专业化、辅导员队伍处理心理问题能力的专业化。面向大一学生开设 32 学时《大学生心理健康教育》课程并将其作为全院必修课，课堂教学和慕课教学相结合。安排具备心理咨询师资质的专业人员开展现场咨询工作，全年心理咨询中心共接待咨询学生 107 人。2021 年 5 月 25 日至 6 月 20 日开展了以“关爱自我・健康成长”为主题的心理健康月系列活动，内容包括心理大讲堂、“走进心世界”、“阳光心理工程”、情绪疗愈之旅等，起到了增强学生心理健康意识、促进学生健康成长的重要作用。

构建“四级”预警防控机制，持续关注学生心理健康。加强心理问题防控，建立学校统一领导，系部、班级、宿舍全方位覆盖的“四级”预警防控机制。每学年采用《SCL-90》和《大学生心理健康调查表》对全体大一新生进行心理健康普查，建立大学生心理健康状况档案，及时关注学生心理变化情况，对调查与普查中发现的问题及时跟踪解决。2020—2021 年依托青春健康基地成功开展了心理主题活动20余次，参与师生16 000余人，提高了学生对生理、心理与生殖健康的认识，使他们逐渐能以科学的方法、正确的态度处理好青春期发生的各种变化。

打造“绿色通道”心理健康教育基地，推进校医共建模式。贯彻落实教育部及省教育厅对加强大学生心理健康教育工作的精神，优化大学生心理健康教育中心建设，积极寻求心理健康教育基地共建契机。2021年8月，学校成功与邢台市第三医院达成协议，携手共建“绿色通道”心理健康教育基地，实现校医双方资源共享、优势互补、合作共赢。2020—2021学年，共建双方开展学术交流2次，心理咨询7次。

进一步完善“奖勤助贷补免”多元混合资助工作体系。全面推动奖学金、勤工助学、国家助学金、生源地助学贷款、特殊困难补贴、学费减免等家庭经济困难学生资助工作扎实开展。健全教育扶贫工作“台账”，完成学籍系统与河北省扶贫开发信息系统信息双向比对，以学籍为依据建立建档立卡学生资助工作台账，全年资助建档立卡家庭经济困难学生531人次，免学费282.465万元，免住宿费38.58万元，免教科书费12.207 5万元。完成2021年特困新生的服务工作。在迎新现场开设“绿色通道”，设置学生资助服务站，安排专人负责讲解学生资助政策和办理绿色通道手续，确保无一人因经济困难而辍学。为357名困难新生在线办理生源地贷款审批手续，金额合计276.81万元。

做好学校、国家奖助学金评选和发放工作。2020—2021学年度学校奖学金评选产生一等优秀学生奖学金获得者335人，二等优秀学生奖学金获得者788人，三等优秀学生奖学金获得者1 127人，奖励金额合计125.81万元；各类单项奖学金获得者616人次，奖励金额合计22.98万元；技能竞赛奖励获得者228人次，奖励金额合计17.86万元；德语奖学金获得者56人次，奖励金额合计5.6万元。同时利用学校网络、广播台等相关媒体对优秀学生先进事迹进行宣传表扬，营造学榜样、赶先进、争进步的良好风气。圆满完成2021年(秋季)国家奖学金、国家励志奖学金、国家助学金评选、上报、发放工作。其中，国家奖学金获奖学生20人，奖励金额16万元；国家励志奖学金获奖学生594人，奖励金额297万元；国家助学金资助学生4 559人，资助总金额1 504.47万元。评审、发放过程公开、公平、公正，未受到任何投诉。

应对疫情，开展特殊资助。2021年1月，石家庄、邢台地区疫情出现反复，为助力打赢疫情防控阻击战，根据河北省教育厅《关于做好疫情期间滞留石家庄市高校学生有关工作的通知》等文件精神，对寒假滞留石邢两地的164名学生发放补助共计5.12万元。为滞留邢台宾馆的学生送去了牛奶、桶装面、酒精湿巾、口罩等生活防护用品，与学生进行近距离沟通，帮助学生稳定心态，积极做好疫情防护。

案例2-6：构建以“强能—励志—成才”为目标的发展型资助育人体系

学校服装工程系坚持一切以学生为本、全心全意为学生服务的工作理念，以“立德树人”为根本任务，以“精准资助”为基本原则开展资助工作，将思想政治教育贯穿于学习、生活和就业的资助育人全过程，规范助学金的评选和发放，走出了一条思想政治教育与困难学生资助工作相互耦合的经济困难学生培育新路径，构建起了以“强能—励志—成才”为目标的发展型资助育人体系。

生活上，辅导员们定期和家庭困难学生谈心，从情感上真正贴近他们，解决他们内心的困惑，给予他们精神动力，让学生保持积极向上的心态。辅导员利用寒暑假走访了解经济困难学生家庭成员工作、生活及身体健康状况，以及致贫原因和目前家庭存在的困难，向学生家长宣传国家和学校资助政策，让他们感受到学校的关心、关怀和温暖。

学习上，对学习落后的家庭困难学生，各班级有针对性地成立朋辈帮扶小组，通过为被帮扶学生制定每周学习目标和学习计划、定期跟踪了解学习情况、解决学习上存在的问题、指导学习方法,切实增强学业困难学生学习信心,提高学习积极性和学习效果。

从就业上,辅导员们对家庭困难学生从个人实际出发,帮助学生合理定位就业期望值,引导他们将个人愿望和实力与用人单位的要求相结合做决策,以乐观的心态积极面对就业中的压力和挑战。

案例 2-7:十年坚持助学贫困家庭两姐妹　妹妹圆梦河北科工大

2021 年,建筑工程系对口帮扶近十年的贫困家庭学生闫子红,通过参加河北省高职单独招生考试,以 530 分的成绩被建筑工程系建筑钢结构专业录取。这对一个父亲早逝、母亲出走、姑姑外嫁,只剩下祖孙三人的困难家庭来说,无疑是一件幸事。2012 年,了解到闫氏姐妹的困难情况后,建工系党总支讨论研究决定建立长期帮扶机制,对口跟踪,对姐妹二人进行助学帮扶,直至她们能独立生活。一次承诺,近十年坚守!从 2012 年春季到现在,该项爱心助学帮扶活动已经连续开展近十年,共进行 20 余次,筹集爱心资金 8 万余元。2021 年 7 月 7 日,建筑工程系党总支刘志忠书记、李宁副书记等一行四人再次来到信都区李村乡东户村,把饱含建筑工程系满满关爱的 1 万元爱心捐款交到闫子文、闫子红姐妹手中,并对妹妹闫子红考上河北科工大建筑钢结构专业表示祝贺!刘志忠书记向闫子红同学介绍了建筑钢结构专业的相关情况以及良好的就业状况,鼓励闫子红好好学习专业知识、认真参加专业实训,积极参加校内外各项社会实践活动,努力成为高素质技术技能人才、能工巧匠、大国工匠。

2.2　培育和传承工匠精神展现新风貌

按照党的十九届四中全会《决定》“弘扬科学精神和工匠精神,加快建设创新型国家”的总要求,学校大力培育和传承具有创新精神的现代工匠精神,引导师生树立匠心,成为工匠之才。

匠师引领培育工匠精神。聘请企业能工巧匠、技术专家来校担任兼职教师,专任教师每年不少于一个月企业实践锻炼,打造工匠型教师团队。在校内建设了 8 个技能大师工作室(省部级 3 个),带动专任教师提升实践水平,培养拔尖创新型人才。

专业教育传承工匠精神。将工学结合理念贯穿教学过程,切实提高学生综合职业能力;将创新思维与创业意识培养融入专业教育,培养具有创新创业精神、符合产业需求的高素质技术技能人才;在专业课程中融入大国工匠、大师劳模们的成长故事和工作案例,将课程思政与工匠精神培育相结合;将价值观、工匠精神、职业素养等融入在线课程开发、教材编写及教学过程。

技能大赛锤炼工匠精神。常态化组织校级技能大赛、科技文化月、创新创业体验月等活动,组织学生参加全国、国际性技能赛事,邀请行业专家共同参与指导技能大赛,高标准锤炼学生的技术技能水平,同时引导学生形成崇尚劳动的职业价值观念和精诚协作的团队意识,使学生在行动中真切体会特定职业岗位所应具备的做事原则和工作态度。

劳动教育弘扬工匠精神。将劳动教育作为培育和传承工匠精神的重要一环,融入人才培养全过程。积极探索劳动教育新途径,传承、创新“双周”教育课程体系,将劳动教育纳入各专业必修课,40 课时计入学分;各专业在实训环节纳入劳动素养提升、工匠精神培育的工作任务,把“5S”管理、精准操作等作为具体的考核指标,由技能大师、企业兼职教师等手把手熏陶劳动素养和匠心匠艺。

校园文化彰显工匠精神。校园文化建设中通过职教活动周、校史展、社会实践等具体活动,渗透“德能并蓄,敏行担当”的校训以及“勤奋求博,刻苦求精,诚朴求实,探索求新”的学风,在校风、教风、学风建设中将工匠精神传递给学生。

2.3　育人成效实现新提升

学校与区域内军地企业深化产教融合、校企合作,各专业将“忠诚奉献、信念坚定、实干创新、团队协同”军工精神为内核素养的“军地贯通”人才标准纳入人才培养全过程，协同探索“高端定制”“现代学徒制”“守敬科坊”等培养模式改革，毕业生兼具鲜明的军人作风和良好的职业素养，深受用人单位欢迎。

经班级选拔推荐、学校组织审核及现场投票，2021 年 6 月，学校授予“车上云霄”团队等 5 名同学(团队)邢职榜样大学生年度人物奖荣誉，李永康等 5 名同学(团队)获得了邢职榜样大学年度人物提名奖荣誉。获得年度人物的优秀学生和团队，充分展现了学生在各个方面拼搏奋斗取得的优异成绩和当代大学生的青春风采，是学校“德能并蓄，敏行担当”的校训的生动诠释，集中体现了学校的育人成效。

2020—2021 年，学校多个专业参加全国职业院校技能大赛，10 个赛项代表河北省进入国赛环节，其中汽车技术、服装设计与工艺、虚拟现实(VR)设计与制作 3 个赛项取得二等奖，信息安全管理与评估、嵌入式技术应用开发、大数据技术与应用、电子商务技能等 5 个赛项取得国家三等奖的优异成绩，奖牌总数位列奖牌榜全国第六名。2021 年，学校在“军民融合”“校企育人”“现代学徒制”“思政育人”等教育教学成果分别获特等奖 1 项，一等奖 1 项，二等奖 3 项，三等奖 1 项。面向全国、全省展示了学校在落实立德树人根本任务、深化培养模式改革、培养高素质技术技能人才等方面的成绩。

案例 2-8：工作室带动学生获创新大赛一等奖与多项科研成果

以服装设计与工艺 1903 班学生赵艺晴为主持人的项目团队，以高级定制工作室为依托，钻研服装制版、工艺技术。在赵利端、臧莉静两位老师指导下，该团队的“老有所衣”创业项目经过多轮激烈竞争，获得第二届河北省 TRIZ 杯大学生创新方法大赛省赛一等奖，目前项目已通过第九届中国 TRIZ 杯大学生创新方法大赛的国赛盲审，赵艺晴正带领团队成员全力以赴准备国赛答辩。在“老有所衣”项目运行中，该项目团队已获得发明专利 2 项、软件著作权 1 项，申请立项市级课题 1 项，转化发明专利 1 项，发表科研论文 5 篇，充分展现了服装工程系的育人成效。

2.4 就业质量达到新高度

面对疫情的持续影响，毕业生就业工作严格落实“一把手”工程，成立工作专班，坚持高位推进，实施四级包干；坚持线上线下，多层联动，强化动态跟踪和指导服务；开源拓岗，瞄准重点领域，挖潜优质岗位供给，有力促进了 2021 届毕业生更高质量就业，毕业生对母校的整体满意度保持在 96%以上。

从系部来看，各专业毕业生就业岗位、薪酬待遇、所处地域等普遍符合学生的就业意向，从事的主要岗位与专业相关度较高。如服装工程系的毕业生就业主要涉及服装设计、样版、管理和营销以及跟单、买手等岗位，学生、家长就业满意度较高。从近三年统计数据来看，服装工程系毕业生平均月收入 4 000～8 000 元，毕业三年晋升比例为 95%左右。

案例 2-9：军民融合校企同步　协同育人促进高质量就业

军民融合校企同步是学校优化人才供给、破解就业结构性矛盾、释放毕业生就业活力的重要举措。“十三五”期间，学校发挥原隶属军队院校形成的军民融合传统优势，全面推动产教融合机制与平台建设，打通军民领域创新链与人才链要素通道，推进校企协同育人模式创新。2020 年在化解疫情危机促进毕业生就业中，学校军民产教融合企业发挥关键作用，成为吸纳毕业生就业的主渠道。

一是校企双主体协同育人，提升毕业生就业竞争力。与军队保障性企业开展军民融合特色的协同育人模式改革，与行业领先企业开展产教融合特色的育人模式改革，构建起双主体育人机制运行制度体系；工学交替、多维对接、实岗育人，破解产业技术升级带来的企业人才需求难题，提高人才培养与区域产业需求的契合度，增强毕业生就业适应性。

二是军民产教融合搭台，保障毕业生高质量就业。牵头成立由160多家涉军企业组成的“军民融合职业教育产学研协同发展联盟”和服装、汽车职教集团，与军民融合型企业、科研院所、产业园区等共建军民、产教融合共同体——军民融合产教园，推进“政—军—产—学—研—用”六层面深度融合，军民、产教融合企业覆盖全院近80%的专业。2020年，学校发挥军民融合联盟和职教集团牵头单位优势，举办军民融合、职教联盟专场招聘，提供岗位42 000余个，生均岗位8个，为毕业生高质量就业提供了稳定的就业市场。

三是多元化产教融合路径，促进人才供需无缝衔接。学校先后与新兴际华集团共建际华服装学院，与旭阳集团共建旭阳现代学徒制学院，与远大阀门集团有限公司、金鼎钢铁集团有限公司共建产业学院；中国航天科技集团有限公司、武汉京东方光电科技有限公司、中钢集团邢台机械轧辊有限公司（以下简称“中钢邢机”）、戴姆勒、捷豹路虎、金蝶软件（中国）有限公司、中憬科技集团有限公司等先后在学校开设订单班。军民产教多元化融合，有效促进了教学过程与生产过程对接、课程内容与职业标准对接、学生身份与员工身份对接，实现了“入校即入职、毕业即就业”的良好态势。

截至2020年末，学校应届毕业生就业率达99.01%，近50%的单位就业毕业生在合作企业就业。中国青年报以《创新思路战疫情，多措并举促就业》为题对学校就业工作进行专题报道。

2.4.1 毕业生就业率

2021届学校毕业生总人数为5 092人，截至8月31日毕业生一次就业去向落实率为95.54%，较去年同期增长7.97个百分点（见图2-8）。

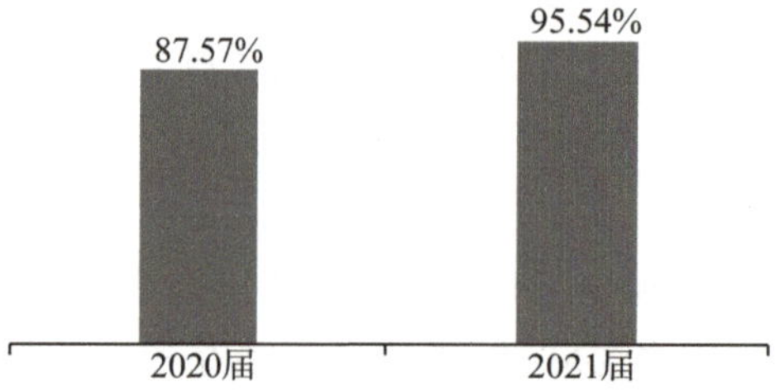

图2-8 近两年毕业生一次就业去向落实率比较

2021届毕业生中，直接就业的毕业生为3 488人，占毕业生总数的68.5%；毕业后读本科的为996人，占毕业生总数的19.56%；毕业生入伍的为292人，占毕业生总数的5.73%；自主创业的为76人，占毕业生总数的1.49%（毕业生去向总体情况见图2-9）。受疫情持续影响，非企业就业人数显著增加，专接本入学及参军入伍比例明显高于2020届（19.56%、5.73%）（如图2-10所示）。

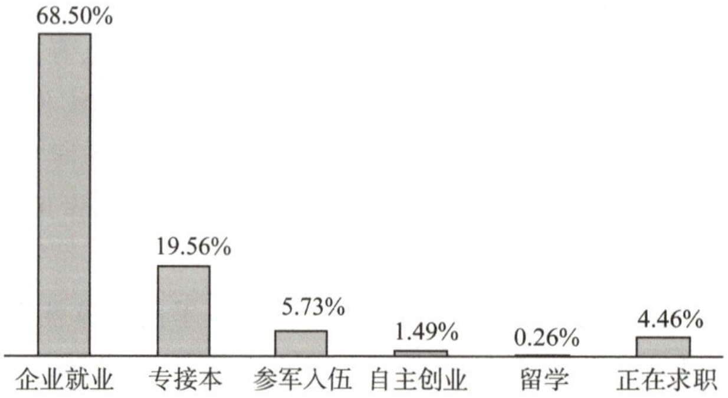

图2-9 毕业生去向分布

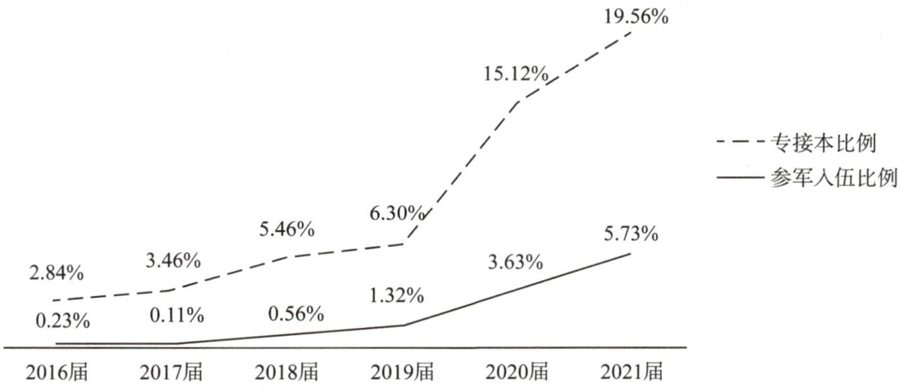

图 2-10　毕业生专接本、参军入伍比例变化趋势

2.4.2　毕业生平均月收入

企业就业毕业生月综合平均收入(含自主创业毕业生)为 4 500.85 元。2020 年受疫情及经济下行影响,毕业生月综合平均收入出现下降趋势;随着疫情防控常态化发展及经济发展逐渐回暖,2021 届恢复上升趋势,较 2020 届增加 351.04 元(见图 2-11)。

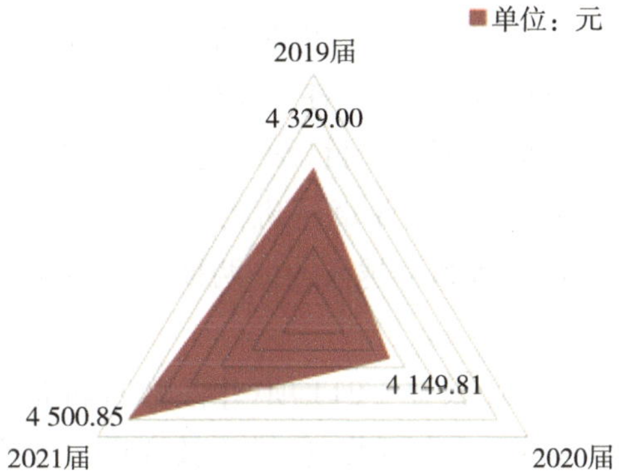

图 2-11　近三届毕业生月综合平均收入

2.4.3　毕业生工作与专业相关度

2021 届企业就业毕业生的工作与专业相关度总体上为 91.51%(见图 2-12),其中相关度最高的专业达到 92.5%,理工农医类专业相关度与 2020 届持平为 92.38%,毕业生的工作与专业相关度较高且保持稳定。

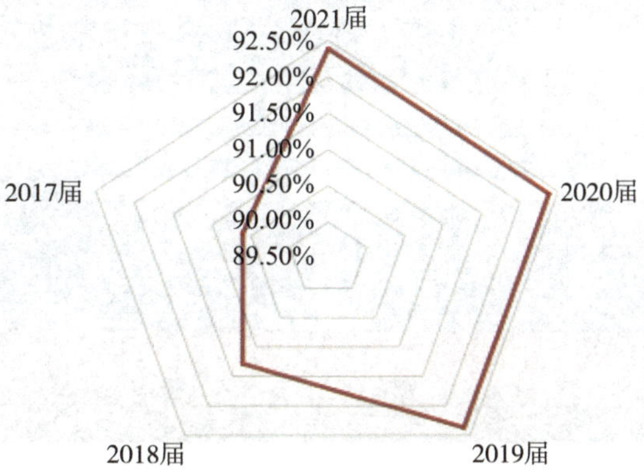

图 2-12　毕业生工作与所学专业相关度

2.4.4 用人单位对学校应届毕业生的满意度

聘用过本校 2020 届毕业生的用人单位对毕业生的总体满意度为 98.38%(含满意和基本满意)(见图 2-13)，较 2019 届上升 1.39 个百分点，用人单位对本校毕业生整体评价较高。

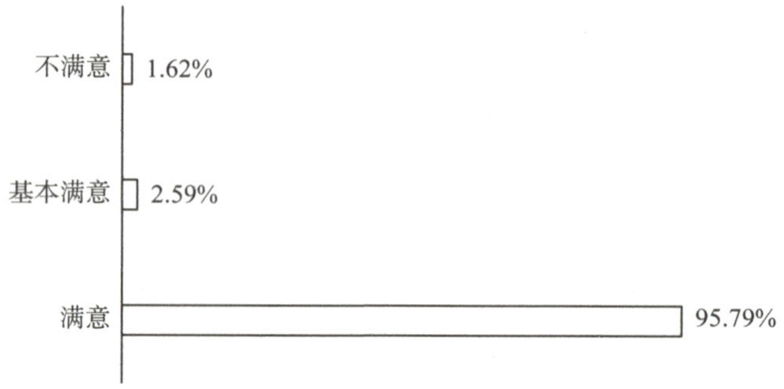

图 2-13 用人单位对学校应届毕业生的满意度

2.5 自主创业取得新突破

2.5.1 创新创业教育

实施“双创升级”计划，打造集“课程、平台、机制、服务、环境”为一体的创新创业教育生态系统，全程培育卓越双创人才。以双创为切入点，各专业建成 2～3 门专创融合课程，夯实双创根基；借鉴“导师制”模式，守敬工坊培育催生创业项目，学生组建团队全程参与创新研究与实践，年惠及学生 1 000 余人；以创新创业大赛和创新创业卓越班为抓手，采用“3＋X”模式针对性提供项目培训和创业实践，培育创新创业卓越团队和卓越人才。两期卓越班学员已申请 40 余项专利，培育出 10 余个高水平项目。

2020—2021 年参加各类创新创业大赛 1 614 项(作品数)，斩获第六届河北省“互联网＋”大学生创新创业大赛 2 个金奖、7 个银奖、15 个铜奖，包揽职教赛道冠亚季军(见图 2-14)，并获中国国

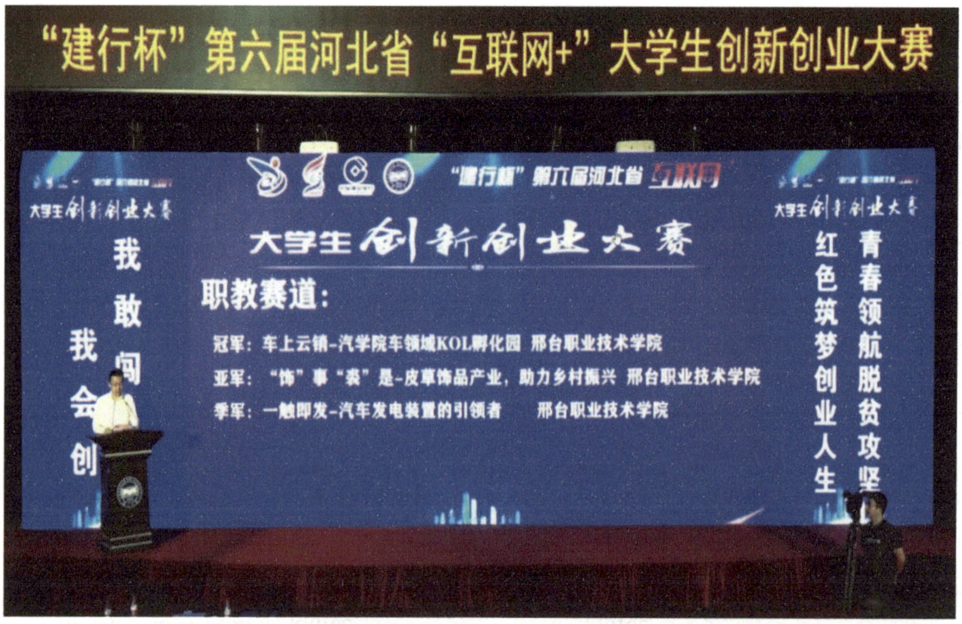

图 2-14 学校包揽第六届河北省“互联网＋”大学生创新创业大赛职教赛道冠亚季军

际"互联网+"大学生创新创业大赛银奖 1 项，铜奖 4 项，成绩位居全省高职院校首位。获 2020 年"挑战杯"河北省大学生创业计划竞赛一等奖 4 项、三等奖 4 项及优秀组织奖；获 2021 年"挑战杯"河北省大学生课外学术科技作品竞赛一等奖 19 项（省级以上高水平双创类赛事部分获奖情况见表 2-1）。

表 2-1 学校 2020—2021 年省级以上高水平双创类赛事获奖情况（部分）

赛事名称	级别	奖项	数量
第六届中国国际"互联网+"大学生创新创业大赛	国家级	银奖	1
第六届中国国际"互联网+"大学生创新创业大赛	国家级	铜奖	4
第六届河北省"互联网+"大学生创新创业大赛	河北省	金奖	2
第六届河北省"互联网+"大学生创新创业大赛	河北省	银奖	7
第六届河北省"互联网+"大学生创新创业大赛	河北省	铜奖	15
2020 年"挑战杯"大学生创业计划竞赛	河北省	一等奖	4
2020 年"挑战杯"大学生创业计划竞赛	河北省	三等奖	4
2021 年全国职业院校技能大赛河北省选拔赛（高职组）服装设计与工艺赛项	河北省	一等奖	1
2021 年河北省职业院校技能大赛高职组市场营销技能赛项	河北省	一等奖	4

2.5.2 大学生创业孵化园（及创客空间）

强化内涵建设，提供多元化创业园区服务。大学生创新创业孵化园按照"校系两级管理并存、综合与专业互补"的运营模式，不断加强园区内涵建设，配备 8 名专职人员负责大学生创业孵化园的日常运营和管理，组建由"政、企、校"专家构成的 35 人导师库，形成"日常管理+导师指导+专家咨询+教育培训+线上线下"的服务体系，为在孵项目提供"一站式"管家服务。采用"导师+团队"双选机制，鼓励"一对一"配对，推动导师与学生双赢。作为校内最大的创新创业实践平台，园区不断完善创新创业服务机制，利用创新创业网、微信公众号、QQ 群等开展双创信息发布、网络服务和线上指导，每周一次例会、两周一次项目诊断会、每季度一次创业培训、每年两次投融资对接会等线下活动。双线沟通及时了解企业发展经营动态，持续帮助企业发展，提升园区孵化成效。

全速推进创业孵化，提升孵化成效。园区在孵项目 34 个，2020 年 9 月至 2021 年 8 月新注册工商实体 11 家，工商实体注册率超过 70%；指导园区 2 家在孵项目通过高新技术企业认定、6 家在孵项目通过科技型中小企业认定；开展投融资对接路演活动，帮助在孵项目邢台松盛科技开发有限公司获批银行贷款 20 万元；开展项目诊断会 20 余次为企业解决发展困局，毕业生牛文亚原创办的邢台雅雯文化传播有限公司受疫情影响经营状况不佳，开展项目诊断会为其提供项目发展新思路，已注册成立邢台开思捷教育科技有限公司开展线上课程研发培训等业务；邀请行业专家开展财务、法律、运营、知识产权申报等培训 4 次，目前已协助园区在孵项目申报实用新型专利 20 余个、软件著作权近 60 个，对接校内发明专利持有人促进 3 个发明专利在园区内转化落地。2021 年 5 月，园区在邢台市众创空间绩效考评中获得优秀。

2.6 职业发展走出新天地

2.6.1 指导学生做好全面发展规划

打造"全程化"生涯教育体系，服务学生自我成长。面向新生全覆盖开展生涯测评，开设《职业发展与就业指导》课程，围绕"规划、行动、就业"主题，培养学生职业规划意识和职业发展技能；打造线上线下混合式“金课”，构建线上学习资源库，满足学生个性化、多维度、多空间学习需求；组织大型就业创业体验周活动、系列生涯工作坊、就业讲座等，引导学生关注学业发展，增强生涯发展意识；组织专业教师担任学业导师，邀请扎根基层的校友担任职业导师，聘请企业家担任创业导师，为毕业生提供多维度就业榜样示范；开展个体咨询服务，关注就业困难学生，每周提供免费咨询 10 次以上。鼓励学生结合自身专业特长，把个人的理想追求融入党和国家事业之中，合理规划职业生涯，到基层、到中西部、到祖国最需要的地方就业创业，依靠辛勤努力，创造精彩人生。

2.6.2 学生获“1+X”证书情况

2020 年学校共申报试点 X 证书 26 个，覆盖 37 个专业，证书覆盖专业率达到 71.2%。各专业教师参加“1+X”证书相关培训达到 266 人次，培训学生达到 760 人次，其中对工业机器人应用编程等 18 个职业技能等级证书进行了考核，总考核人次达到了 727 人。2021 年学校共申报 38 个职业技能等级证书试点，涉及 44 个专业，专业覆盖率达到 88%(不含本科专业)。学校 10 个系全部参与了职业技能等级证书试点工作。年度共申报培训考核学生 1 182 人，截至目前试点取证人数为 567 人。

3 教学改革

3.1 产教融合校企双元育人持续深化

3.1.1 建设高水平产教融合平台

围绕“中国制造 2025”、京津冀协同发展、雄安新区建设等重大战略和区域产业转型升级，聚焦河北省优势产业、特色产业、战略性新兴产业，联合京津冀行业领军型企业，以产教融合平台集群为引领，以服务地方产业转型升级与重大技术创新为根本导向，以相关产业集聚和资源高效共享为基础，结合学校专业群发展特色与方向，积极打造“专业承包、校企共建、全面合作”校企合作科研平台，持续完善学校“省-市-校”科研平台体系架构，在人才培养、技术创新、社会服务、就业创业、文化传承等方面不断深化校企合作关系，构建产学研创共生网络，服务区域产业发展，推动职业院校和行业企业形成命运共同体。

2020—2021 年，在装备制造产业领域，以学校为依托单位，以邢台华电数控设备制造有限公司、河北千晖机械有限公司为共建单位的“河北省中小型非标装备技术创新中心”成功获批建设；在新能源汽车产业领域，以学校为依托单位，以河北金后盾专用汽车制造有限公司、河北隆德专用汽车制造有限公司为共建单位的“河北省特种车辆改装技术创新中心”获批；在智能服装服饰产业领域，学校“河北省个性化定制技术创新中心”顺利通过评估；在先进生产性服务业领域，学校获批建设“国家知识产权公共服务网点”“河北省知识产权培训基地”；同时，在智能制造、节能环保、新一代信息技术等产业领域积极与远大阀门集团有限公司、河北伊克赛吉科技有限公司、润泰救援装备科技河北有限公司(以下简称“润泰救援”)、邢台海裕锂能电池设备有限公司等行业领军企业合作，共建“河北省大型钻井装备技术创新中心”“河北省低氮燃烧器技术创新中心”“河北省自动化焊割装备技术创新中心”“河北省锂电池极片高敏轧制系统技术创新中心”。截至 2021 年，学校获批建设省级以上科研平台 19 家，其中以学校为依托的省级平台 12 家，市级科研平台 9 家，校级重点平台 6 家(本学年获批科研平台见表 3-1)。以技术创新中心、工程研究中心、应用技术研发中心和协同创新中心等平台为载体，产业有效聚集，资源高效共享，不断夯实校企合作，深化产教融合。

表 3-1　学校 2020—2021 学年获批的科研平台

序号	平台名称	依托系部	主管或共建单位	成立时间	备注
1	河北省特种车辆改装技术创新中心	汽车系	河北省科技厅	2021 年	
2	河北省中小型非标装备技术创新中心	机电系	河北省科技厅	2020 年	
3	河北省知识产权培训基地	科技发展中心	河北省市场监管局	2020 年	
4	河北省大型钻井装备技术创新中心	机电系	河北省科技厅	2021 年	共建单位
5	河北省低氮燃烧器技术创新中心	科技发展中心	河北省科技厅	2021 年	共建单位
6	河北省自动化焊割装备技术创新中心	机电系	河北省科技厅	2020 年	共建单位
7	河北省锂电池极片高敏轧制系统技术创新中心	信息系	河北省科技厅	2020 年	共建单位
8	邢台市先进生产性服务业新型研发机构	科技发展中心	邢台市科技局	2020 年	
9	邢台职业技术学院绿色建造技术中心	建工系	学校平台	2021 年	
10	邢台职业技术学院市政工程技术中心	建工系	学校平台	2021 年	

通过打造龙头企业产业学院、建设现代学徒制特色学院、创新职教集团运营模式，形成紧密合作的校企命运共同体，加速推进区域产教融合，助推产业向高端转型发展，建成邢台区域高端产业领域复合型人才供给、高端技能培训高地。以专业群为主体，分别与际华集团、长城汽车、华为技术有限公司、远大阀门集团有限公司等行业领先企业共建产业学院，并与际华集团、邢台路桥建设集团等公司探索建设股份制产业学院，打造“一群一院”发展格局（如表 3-2 所示），精准契合区域产业对人才的多元化需求，成为服务企业技术进步的生源地。

表 3-2　学校专业群产业学院建设情况

专业群名称	行业领先企业	企业性质	产业学院名称
服装设计与工艺专业群	际华集团（世界 500 强）	央企，原军队保障性企业	际华服装学院
智能制造专业群	远大阀门集团有限公司	民营，阀门行业龙头企业	远大阀门产业学院
新一代信息技术专业群	华为技术有限公司（世界 500 强）	民营	华为 ICT 产业学院
汽车检测与维修技术专业群	长城汽车	民营，民族车企	长城汽车学院
智能建造专业群	邢台市交通建设集团有限公司	国企	邢台交建产业学院
工业机器人专业群	新大陆科技集团有限公司	民营	物联网产业学院

联合行业领先企业、军民融合型企业等共建开放共享的高水平产教融合基地，打造区域协同育人平台。大力推进汽车类生产性高水平实训基地、高端装备智能制造高水平实训基地、服装设计与工艺高水平实训基地 3 个省级产教融合实训基地，以及省级环境艺术设计虚拟仿真实训中心建设，投入资金 1 000 多万元；校企共建产教融合实训基地累计达 11 个。联合际华集团、安踏等知名企业共建国家发展和改革委员会（简称“国家发改委”）首批产教融合发展工程规划项目——“创意设计产业协同创新中心”，总投资约 9 500 万元，建筑面积 12 800 平方米，建设产教融合实训平台等 4 个平台，促进创意设计、服装设计类专业教学改革的深入开展，并在开放性公共技能实训基地建设方面为其他院校提供可借鉴的建设模式。

发挥职教集团纽带作用，推进“五业”联动资源融通。在省市两级政府支持下，学校采取“政府引领、三方合作、企业运营”的模式，牵头建立京津冀汽车职业教育联盟、河北省汽车职教集团、河北省纺织服装职教集团，推进“政府、行业、企业、学校、研发机构”五方携手，形成“产业、行业、企业、职业、专业”五业联动，满足产业升级对职业教育技术技能型人才的迫切需求。2020—2021年，学校牵头的河北省汽车职教集团获评国家示范性职教集团，河北省纺织服装职教集团被推荐参评第二批国家示范性职教集团培育单位。两家职教集团吸纳成员单位合计145家，年度举办省级、行业级职业技能大赛14项，举办职工技能大赛3项，成员学校、企业联合培养学生8 806名，开展各项培训12万人天，开展技术服务及研发项目71项，为企业单位培训技术技能人员60 000人次。

案例3-1:对接产业 助力行业 打造汽车职业教育集团化办学旗舰

学校牵头组建的河北省汽车职业教育集团2020年9月获批第一批国家示范性职教集团(联盟)培育单位。一年来，集团积极扩充成员单位，发挥纽带和桥梁作用；开展人才需求调研，优化专业设置与培养方案；扎实推进X证书制度，积极举办各级各类技能大赛；深化产教融合，进一步打造校企发展命运共同体。

一是完善职教集团管理体制与运行机制，积极吸纳京津企业扩大集团影响力。实行理事会制度，学校作为牵头单位定期组织成员单位按照集团工作计划和理事长单位工作部署落实，依托学校汽车专业品牌吸纳了北京百得利之星汽车销售服务有限公司、北京金冠汽车服务有限公司、天津云控科技有限公司等京津地区多家单位，成员单位北京理工大学出版社聚合集团内校企优质资源，出版了汽车类系列活页式教材；新成员单位还有河北龙鼎科技有限公司、河北车慧行科技有限公司等多家科技企业，成员单位达到100家以上，成为京津冀地区有影响力的职教集团。

二是加强职教集团内涵建设，推进人才培养、资源共建共享、X证书培训考评。契合汽车产业发展，指导成员单位调整优化专业设置，提高职业教育对技术进步的反应速度；发挥集团纽带作用，建立“3+2”中高职衔接的技术技能人才系统培养机制，举办中职、高职专业教师协同研修班名师工作室，推动我省汽车专业中高职衔接工作；调研行业需求，走访省内外汽车行业院校及相关企业，指导成员单位优化汽车专业群人才培养方案；以X证书培训为抓手，联合中德诺浩(北京)教育科技股份有限公司新增4个X证书试点，联合中车行开展X证书师资培训与考评，完成集团内院校教师培训200余人次，实现师资共建共享；依托汽车检测与维修技术国家级专业资源库，为成员单位和全国各院校汽车专业线上授课、企业在线培训及社会学习者线上学习提供了有力支撑，尤其是疫情期间“停课不停学”，资源库在服务集团内院校线上教学方面发挥了突出作用，年度有效学习用户达127 769人，全年峰值日访问日志数量达337 017条；携手行业领先企业，为集团内院校落实了10个校外实训基地，并加强校内实训基地建设，有效提升了实训基地整体实力，为组织实施各类实习、各类大赛、“1+X”试点培训、中德职业教育合作等项目提供保障；完善技能大赛运行机制，成立职业院校技能大赛汽车类赛项执委会，承办各类技能大赛，制定学生各类技能大赛工作方案。

三是深入拓展校企合作，推进校企协同育人、协同技术攻关。2020年与阿里巴巴新康众集团进行校企合作签约，共建阿里巴巴新康众商学院，推动汽车售后产业转型升级、探索新型职业教育校企合作模式、打造校企命运共同体；同时拓展北京汽车校企合作项目和捷豹路虎新能源汽车校企合作项目，培养新能源汽车技术技能人才。与邢台市永频电子科技有限公司进行深度合作，将企业项目“智能煤矿巡检机器人”引入学校，企业负责该项目信息采集、智能算法等方面的研发工作，集团组织相关教师进行轨道行走部分、动力部分等方面的设计工作，双方协同开展技术攻关。组织年轻教师到河北金后盾专用汽车制造有限公司等军民融合企业进行下厂锻炼，参与军工专用车研发和生产工作，根据快速突击地面作战需求，组建技术攻关团队自主开发适合战场需求的军用全地形车用轮履复合式变体车轮，完成变体车轮的技术开发，该项技术已进行成果转化。

3.1.2 建设特色高水平专业群

学校以《人才培养与学科专业“十四五”专项规划》为指导，盯紧区域支柱产业和战略性新兴产业，瞄准国家重大战略需求，在原有专科 1 个国家级专业群、3 个省级专业群的基础上，以服务战略性新兴产业和区域主导产业为导向，对接新能源汽车、高端装备制造、新一代信息技术等战略性新兴产业，以汽车工程、机电工程、电气工程专业群为主体，以信息技术、管理服务专业群为融合支撑，以服装工程、建筑工程专业群为发展特色，形成以融合与特色为两翼共同支撑装备制造主体专业群发展的"一体两翼"专业群布局。至 2021 年，学校拥有国家示范校重点专业 6 个、国家级骨干专业 8 个，国家级高水平专业群 1 个、省级高水平专业群 2 个。

专业群精准对接产业高端，优质供给高级订单人才。汽车专业群与戴姆勒奔驰、捷豹路虎、特斯拉等十大品牌车企分别共建高端人才订单班，智能制造专业群与 SMC(中国)有限公司、瑞士 ABB、德国西门子等企业分别共建高端人才订单班，共育产业急需的复合型、应用型技术技能人才。订单班采用校企共同选拔择优录取的方式组建，根据校企共建的人才培养方案，学生在校内完成课程学习和实操实训，在企业完成企业培训和岗位实习；为订单班企业精准输送高素质人才，并有效缩短人才的成长周期。

3.1.3 推进中国特色现代学徒制改革

做强特色现代学徒制学院，深耕现代学徒模式，保障人才高质量供给，打造中国特色学徒制标杆。2021 年，校企共投入现代学徒制专项资金近 100 万元，重点支持服装设计与工艺、应用化工技术、环境监测与控制技术、汽车检测与维修技术、电气自动化技术、机械制造与自动化等 7 个专业开设现代学徒制方向或企业订单班，在校培养的学徒学生近 1 383 人。学校携手旭阳集团等区域行业领先企业，共建现代学徒制学院，将化工、机械制造、电气等专业(方向)旭阳订单班纳入学徒制学院管理，扩大学徒培养规模。校企双方成为以高素质技术技能人才培养为核心的命运共同体。校企健全了现代学徒制培养框架，创新"先招工后招生"招考制度，实施"三二制"培养模式(三天工作、两天学习)，完善现代学徒制的专业教学标准及质量评价标准，形成了可借鉴、可推广的经验和标准。学徒学生在企业能较快胜任工艺生产线的顶岗、轮岗，学徒班被河北中煤旭阳能源有限公司称为邢台园区的"黄埔军校"。

依托学校产教融合平台，学校拓展"学校＋行业协会＋企业"等多种学徒制合作模式。际华 3502、捷豹路虎、金鼎钢铁、北控水务等企业深度参与学校人才培养全过程，紧密开展工学交替、双导师教学、实战项目教学，在学徒管理、考核评价、质量监控等方面发挥主体作用。全校拥有国家级现代学徒制专业 2 个、校级学徒制专业(方向)13 个，合作企业 90％为京津冀区域企业，每年培养菁英学徒 300 余人。

学校与河北中煤旭阳能源有限公司的学徒制培养改革成果"平台支撑、六维对接、赛训融合：现代能源化工类工匠型人才培养模式创新与实践"获河北省第十届职业教育教学成果奖二等奖；学徒制培养项目累计获得省级教学成果奖 2 项，行业教学成果奖 2 项，校级教学成果奖 3 项。

案例 3-2：现代学徒制"赛岗训"模式提升现代工匠技术技能水平

在河北中煤旭阳能源有限公司举办的"一岗多能"技术比武活动中，河北科技工程职业技术大学(原邢台职业技术学院)资源与环境工程系副主任程永高和学徒班指导教师带领学员经过激烈角逐，荣获单项一等奖和全能三等奖的好成绩，对现代学徒制班的技能培养起到了模范作用，也阶段性地检验了"旭阳现代学徒制学院"的办学成效。

"旭阳现代学徒制学院"自 2019 年成立以来，实施"赛岗训"实战技能培养，营造学徒、员工"学技术、比技术、用技术"的良好工作氛围，为现代工匠培养提供了实施路径和能力供给，解决了学生实践能力培养难、实战能力不强的问题，有效地提升了毕业生就业竞争力，保证了人才供给质量。2020—2021 年相关专业学生获全国职业院校技能大赛团队二等奖，校企联合申报的《平台驱动、产教对接、能力提升:校企共育现代工匠新模式》项目获第五届中国石油和化工教育教学成果二等奖,获河北省第十届高等职业教育教学成果二等奖。

案例 3-3:集团合作校企互融的现代学徒制“双轨互通”模式

河北省纺织服装职业教育集团作为省级职教集团最早由河北科技工程职业技术大学(原邢台职业技术学院)牵头成立,2018 年得到重新确认。在集团化办学框架下,学校携手际华集团股份有限公司,成立以企业冠名的“际华服装学院”,实行双方深度融合的“校企双主体集团化合作”办学模式,为现代学徒制项目的实施搭建了良好平台。

作为教育部首批现代学徒制试点单位,2020—2021 年学校继续与际华集团股份有限公司在职教集团框架下,合作开展服装设计与工艺专业现代学徒培养,深化“招生渠道双轨”(双生源)、“教学团队双轨”(双导师)、“方法内容双轨”(双标准)、“考核内容双轨”(双考核)、“毕业证书双轨”(双证书)的“双轨互通式”培养模式,培养工匠型技术技能人才。在“纺织之光”2020 年度中国纺织工业联合会科技教育奖励大会上,“服装设计与工艺专业‘双轨互通、三段递进’现代学徒制育人模式的探索与实践”项目获得中国纺织工业联合会纺织职业教育教学成果二等奖。

3.2 “岗课赛证”融通综合育人持续优化

出台《邢台职业技术学院学分置换与认定管理办法(试行)》,确保岗、课、赛、证纵向贯穿学生培养的全过程,同时实现了学生在统一培养目标下不同培养形式的横向融通。“课岗融通”方面,学校同行业领军企业展开深度合作,打破传统课程体系,共同制定并实施人才培养方案,构建校企双元“模块化”教学内容单元,真正实现课程内容与企业岗位能力相对接。“课赛融通”方面,将技能大赛作为促进教学改革的重要抓手,通过技能大赛推进教学资源开发、实训条件建设、学生考核评价方式改革,取得良好效果。“课证融通”方面,将“1+X”证书考核的能力要求融入课程教学标准中,将证书考核内容分解融入相应课程内;及时将证书考核的新标准、新规范、新技术、新工艺融入实践教学环节,助力提升教学质量与学生就业质量。

3.2.1 推进“1+X”证书试点工作

建组织机制,扎实推进“1+X”证书试点。积极落实《国家职业教育改革实施方案》中有关“启动‘1+X’证书制度试点工作”的政策,成立了试点工作领导小组,负责全校“1+X”制度试点工作的整体规划、部署和资源统筹,全面领导试点工作的组织实施。下设试点工作办公室(设在教务处),负责落实领导小组的决策部署和试点工作的组织实施与管理。相关系部成立试点工作实施小组,负责细化工作方案及具体实施(如图 3-1 所示)。

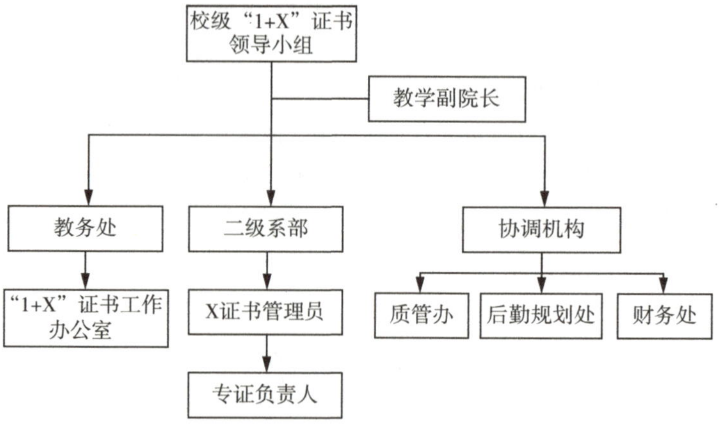

图 3-1 学校“1+X”证书试点工作组织机制

促书证融通，规范“1+X”证书试点工作。制定出台了《“1+X”制度试点工作管理办法》《“1+X”制度试点经费管理办法》《学分置换与认定管理办法(试行)》，从制度层面对证书遴选、课证融合改革、考核站点建设、师资培训、考核管理、经费使用等多个方面进行规范化管理。明确系部是职业技能等级证书试点的实施主体，要求各试点专业根据职业技能等级标准和专业教学标准要求，将证书培训内容有机融入专业人才培养方案，优化课程设置和教学内容，统筹教学组织与实施，深化教学方式方法改革，提高人才培养的灵活性、适应性、针对性。同时，各试点专业正在积极探索建立职业技能等级证书与学历教育学习成果转换(学分互换)机制，使学生在取得职业技能等级证书的同时获得学历教育课程相应学分。

联行业企业，优化X证书考核培训体系。先后联合武汉华中数控股份有限公司、北京赛育达科教有限责任公司、新华三技术有限公司、腾讯云计算(北京)有限责任公司、北京中车行高新技术有限公司、中德诺浩(北京)教育科技股份有限公司等8家行业领先企业，共同协商包含数控车铣加工等在内的8个X证书考核标准及费用标准，优化了考核培训方案，搭建了X证书下的新型就业信息服务平台，制定出8个《“1+X”证书试点推进工作方案》并上报至教育厅。同时作为河北省汽车职教集团牵头单位，对接X证书考核标准梳理汽车行业专业岗位的典型工作任务，制定出《汽车运用与维修(含智能新能源汽车)师资培训方案》，并和企业共同优化X证书教师培训体系。2020—2021年完成集团内院校教师培训200余人次，实现师资共建共享，有效推进了河北省汽车行业“1+X”证书制度试点工作推进和落实。

建实训基地，承担X证书实验实训教学。学校在“1+X”制度实施的探索实践中，积极开展校企合作共建实训基地工作，打造满足“三标准”的实训基地(如图3-2所示，“1+X”工业机器人应用编程职业技能等级证书考核管理中心)。一是能够独立承担“1”与“X”衔接中的实验实训课程的教学，尤其是要能独立承担X培训课程的教学，从而保证X证书与学历证书培养体系下课程教学衔接；二是能够独立构建X培训项目体系、人才培养模式、师资队伍和质量保障体系；三是能够调配不同专业实训资源，实现面向专业群尤其是非X对应专业的培训功能。

图3-2 “1+X”工业机器人应用编程职业技能等级证书考核管理中心考试现场

办技能大赛，对标“1+X”证书标准。在技能大赛的申报、组织和实施过程中，主动对标“1+X”证书制度，借鉴世界技能大赛、全国技能大赛和产业岗位职业培训技能标准，通过X证书标准引入企业评价元素，制定评价细则和标准，探索更加科学合理的大赛评价方法。2020年全国职业院校技能大赛改革试点赛河北省选拔赛中，学校承办汽车技术、车身维修以及建筑工程识图3个赛项，在竞赛规程、平台标准尚未发布之前，主动组织遴选相关专家，结合赛项所在专业群相关

“1+X”证书考核要点，设计竞赛任务和评分标准，得到了省级主管部门及参赛院校的一致认可。参照该经验，学校成功申报 2021 年“嵌入式技术应用与开发”“信息安全管理与评估”“‘1+X’(数字建模与施工)应用”3 个赛项。

2020 年学校完成了 26 个试点证书的申报工作，覆盖 37 个专业，各专业教师参加“1+X”证书相关培训达到 266 人次，培训学生 760 人次，总考核人次 727 人。参与制定的各类考核、培训标准 10 余项。2021 年学校共申报试点 X 证书 37 个，相比去年试点证书申报数量提高了 38.4%，实现了全校所有系(部)均有参与。申报试点的 X 证书覆盖专业 44 个，占全校专业总数的 81%，试点证书专业覆盖率相比去年提高了 19%。参加培训考核的学生数达到 1 182 人，相比去年提高了 69%。联合 30 余家汽车、信息技术、物流等行业企业共同实施职业技能等级证书培训；获批华为 ICT 产业学院-华为授权认证培训中心、工业机器人应用编程“1+X”证书省级管理中心培训考核基地、新能源汽车与智能网联汽车检测与维修“1+X”证书培训考核基地等 8 个省级“1+X”职业技能证书考评中心。截至 2021 年 8 月，汽车运用与维修(中级)、界面设计、室内设计等 14 个申报试点的 X 证书已组织考核，已有 631 名学生参加了培训考核(汽车运用与维修证书考核现场如图 3-3 所示)，占年度培训考核任务的 53%。本年度全部 X 证书培训考核任务如期完成。

图 3-3 学校汽车运用与维修“1+X”证书考核现场

案例 3-4：做好四个着力 高质量推进“1+X”证书考核与评价

河北科技工程职业技术大学从制度先行、标准先导、校企融合、课证融通等四个方面重点着力，扎实推进管理体制建设、实施方案与标准建设、校企共建实训基地建设和人才培养模式创新建设四大任务，重点抓住 X 证书培训与评价质量、提升育训结合标志性成果两个重要指标，在河北省“1+X”证书试点工作中取得了较为显著的成绩。

一是着力制度先行，建立系统化管理体制。健全顶层管理机构，推进考核工作规范化；建立学分置换制度，促进育训对接科学化。二是着力标准先导，建设一致化执行规范。联合行业领先型试点企业，严格规范证书收费标准。三是着力校企融合，打造共享型育训基地。校企共建实训基地，做好“1”与“X”的有效衔接；产教共建培训机制，做好证书培训质量的重要依托。四是着力课证融通，探索创新型人才培养。以教育教学为根基，证书配置与人才培养“三融合”；以技能大赛为抓手，证书考评与高水平技能训练相融合。

到目前为止，学校完成了 38 个试点证书的申报工作，已经组织 1 000 余人次完成了取证考核工作；证书种类涵盖 7 个专业群，累计培训教师超过 200 人次；参与制定的各类考核、培训标准超过 10 余项，初步完成了人才培养模式、师资队伍和质量保障模式的建设，为培养复合型高质量技能人才提供了可靠保障。

案例 3-5：专业群人才培养与 X 证书“三融合”

学校在“1＋X”制度实施的探索实践中，把“1＋X”制度试点与专业群建设结合起来，从课程体系分层、课程标准对接、行业企业认证等三个方面实现了与 X 证书的“三融合”。以信息技术专业群为例。

一是专业群课程体系与 X 证书体系融合。信息技术专业群课程体系的基础层与“Web 前端开发（初级、中级、高级）”“网络系统建设与运维（初级、中级）”证书有较好的契合度；课程体系的中层和上层体现出不同专业倾向，例如，在“1＋X”制度试点中遴选了“云服务操作管理（中级、高级）”“大数据平台运维（初级、中级、高级）”“企业网络安全防护（初级、中级、高级）”分别与云计算技术及应用、大数据技术应用、计算机网络技术等专业对应，打造出“底层可共享，中层可融通，上层可置换”的人才培养体系（如图 3-4 所示）。

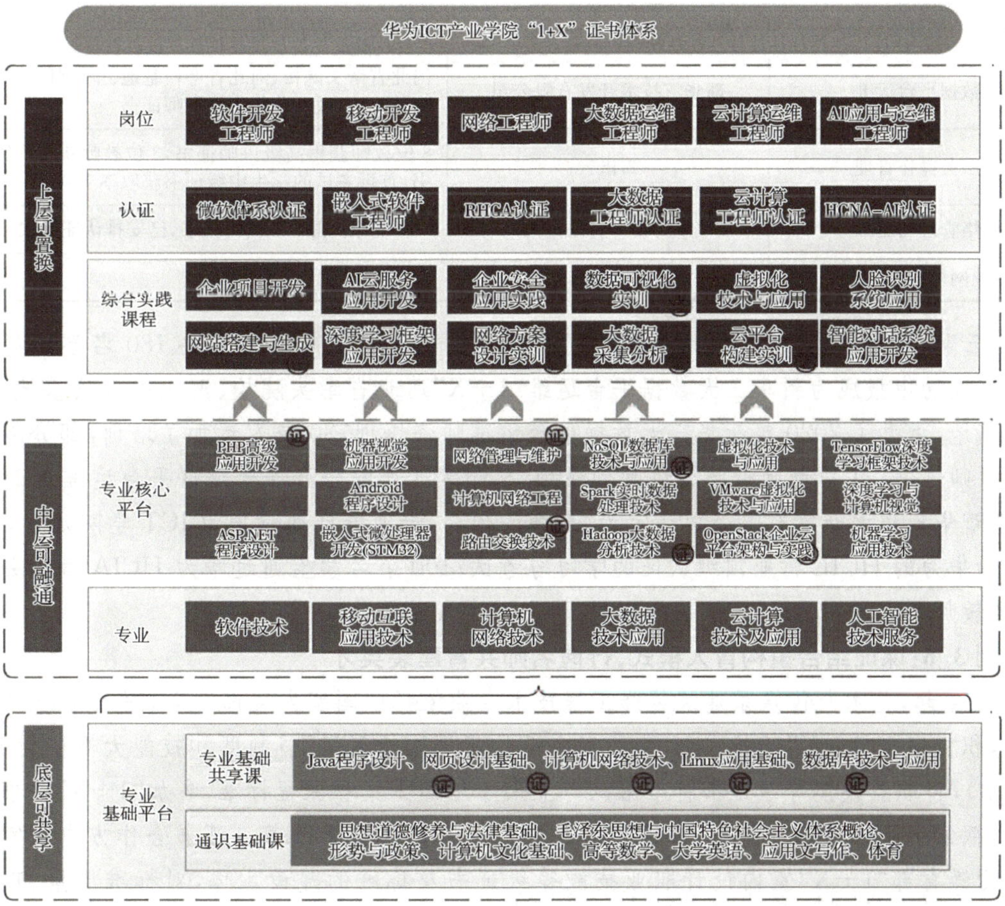

图 3-4　新一代信息技术专业群课程体系与 X 证书融合示意图

二是专业群课程标准与X证书标准融合。分析X证书不同等级的考核标准与现有课程标准的差异，对课程进行了调整或重构，逐步实现与X证书考核标准的融合。选择吻合度基本一致的课程与X证书进行直接对接，例如计算机应用专业（大数据方向）和大数据技术及应用专业课程标准与“大数据平台运维（中级、高级）”证书相融合；现有人才培养方案课程标准中与职业技能等级证书标准差异较大的内容，以专项培训形式补充，帮助学生掌握相关知识点。融合过程中，调整了部分专业课程内容和学时设置，并着手研究学分置换管理办法，拟采用该X证书考核代替1～2门专业核心课程考试，让X证书考核真正成为教学过程的一环，实现完全融合。

三是行业企业高端认证与“1＋X”证书制度融合。结合推进“1＋X”制度试点，专业群高度重视行业龙头企业的高端认证，如华为公司HCIE、HCIP、HCIA等认证；Oracle公司OCA、OCM等认证；红帽的RHCA、RHCE、RHCSA认证等（如表3-3所示）。专业群将X证书知识点和行业顶级认证的知识点纳入课程体系，利用两类证书互为补充，构建形成证书考核贯穿专业基础课程、专业课程、拓展课程首尾的闭环。

表3-3 信息技术专业群已开展和计划开展认证情况

认证项目（含“1＋X”）	认证单位	2020年成绩
华为认证 HCIA、HCIP、HCIE	华为技术有限公司	超过100名学生考取HCIA，10余名教师考取HCIE
红帽认证 RHCSA、RHCE、RHCA	红帽中国	2名教师考取RHCE，1名考取RHCA
Web前端开发认证	工业和信息化部教育与考试中心	13名学生通过高级
大数据平台运维	新华三技术开发有限公司	河北省牵头院校、河北省考核基地、全国师资培训基地，本校20名教师获得中级讲师证书
云服务操作管理	腾讯云	8位教师获得高级讲师证书，3位教师获得中级讲师证书，首批考试的学生中级证书获取率100％
网络管理与运维	华为技术有限公司	8位教师获得中级讲师证书，已安排认证考试
企业网络安全防护	上海海盾安全技术培训中心	2位老师获得中级证书

以“三融合”为出发点和着力点，取得了阶段性成果。目前5个证书共180名学生参加了考核。学校成功申报成为新华三大数据平台运维“1＋X”河北省牵头院校、河北省考核基地、全国师资培训基地，承办了2020年新华三大数据平台运维师资培训，30余人参加了培训，部分老师取得了中级讲师证书。1位教师被聘为讲师到深圳、杭州等4所院校开展大数据平台运维X证书师资培训，被新华三技术开发有限公司认定为“金牌讲师”。专业群已通过华为ICT学院建设，10余位老师参加华为的HCIE行业顶级认证的学习与考试；100余名学生通过华为HCIA考试并取得证书；三名教师考取红帽RHCE认证和红帽顶级RHCA认证。

案例3-6：课证结合重构育人模式，行岗名师共育建装英才

2021年起，艺术与传媒系建筑装饰工程技术专业依托中国室内装饰协会，深入推进“1＋X”证书制度，积极申报“1＋X”证书试点，参加室内设计领域“1＋X”证书制度和技能大赛研讨会（如图3-5所示），将职业技能等级证书标准融入专业人才培养方案和课程标准，参加“1＋X”证书配套教材建设，探索书证融通课程体系，引领建装专业人才培养和教学改革。证书合作方中国室内装饰协会作为教育部“1＋X”室内设计职业技能等级证书及标准的建设主体，对标准质量、声誉负总责，主要职责包括标准开发、教材和学习资源建设、师资培训、考核站点建设、考核颁证等，并协助试点院校实施证书培训。协会凝聚了室内设计行业龙头企业、专业院校、行业组织、专家学者，助力建装专业提高人才培养质量,共同推动行业高水平发展。

图 3-5　艺术与传媒系姜丽老师在全国室内设计“1+X”工作会议上发言

建筑装饰工程技术专业作为河北省首批示范性专业,在人才培养模式上紧跟时代要求,贴近行业规范,对标职业标准。建装专业将在“1+X”共育模式下,为输出高智创新技能人才做出三个层面的推动工作:一是源源不断输出“1+X”学子,培养拔尖创新人才、技术型人才和高素质技能型人才,成为建筑装饰行业人才培养贯通的“立交桥”。二是联盟中国室内装饰协会旗下众多校企,携手搭建专业信息共享、教学资源共享、实训基地共享的职教平台。三是创立建装领域技能产业协同创新中心和中小企业信息服务平台,成为地方赖以支撑的技能和信息服务提供者。建装专业自开展“1+X”证书试点工作以来,以“课证结合、行岗共育”模式引领,打造“高智创新技能人才”的建装育人体系。对应教学、实训、科研、赛证等不同模块需求,形成“课堂要求融入证书标准、实训要求融入技能标准、人才培育依托行岗(行业岗位)标准”的“1+X”式创新育人模式。

案例 3-7:抓“三点”实现课证融通

学校根据当前科技发展趋势及市场人才需求,结合“1+X”证书的要求积极优化人才培养方案。根据相关证书第三方评价组织的意见,找出原专业课程体系与X证书的“三个点”,即相关点、共同点、空白点,将证书评价标准融入各专业的人才培养方案,构建新课程体系,实现课证融通。对于相关点、共同点,将证书评价标准细分为不同类别的学习内容,包括知识点和技能要求,再将这些知识点和技能要求分解、融合到原专业课程体系的若干课程中;对于空白点,在原来相关课程内容基础上增加与X证书相应的内容,并适当调整课程的课时分布,以使课程体系与职业技能等级证书更好地实现相互衔接融通。

“三点”有机融入课程体系,增强了高职人才培养与产业需求的适应性、吻合度,取得了积极的育人成效。会计系积极响应落实“1+X”证书制度,参与试点了北京东大正保科技有限公司作为评价机构的财务共享服务技能中级证书、中联集团教育科技有限公司作为评价机构的智能财税职业技能初级证书、新道科技股份有限公司作为评价机构的财务数字化应用职业技能初级证书等三个证书的考核工作,目前已经完成考核的财务共享服务技能中级证书和财务数字化应用职业技能初级证书通过率均为100%。

3.2.2 推进技能大赛与课程融通

充分发挥技能大赛“以赛促教、以赛促学”的作用，引领专业建设和教学改革，构建了“学校、系部、指导教师组”三级大赛体系，精心研究大赛内容，将技能大赛中的新技术、新标准、新规范融入课程标准，将大赛训练与实践教学环节相结合、大赛训练方法与实践教学相结合、大赛评价标准与教学考核标准相结合，职业素养贯穿大赛训练全过程，适应新技术发展和新岗位要求，构建了备赛学生队伍、指导教师队伍、技术技能训练“三位一体”的实践教学体系。

推进课赛融通，以赛保教促学，把增设专项实习作为选拔学生参加技能大赛的前提，强化专项训练作为成绩突破的有效保障，专家指导作为跨越式提升的助推剂，场地及设备、软件保障作为必要条件，取得了良好效果。首次组队参加 2021 年全国职业院校技能大赛(高职组)河北选拔赛“建筑装饰技术应用”技能大赛，荣获二等奖 2 项。

校企每年投入 300 万元专项经费用于复合型技术技能人才专项培训，选拔优秀学生参与全国职业院校技能大赛、世界技能大赛、“互联网+”创新创业大赛等赛事以及科研项目、技术服务。汽车、机械制造、电气、信息技术等专业群设立守敬创新工作室，实施项目导师制培养，每年均有 20%的技术拔尖毕业生进入捷豹路虎、SMC、西门子、华为等世界 500 强或行业龙头企业工作。2021 年，学校多个专业参加全国职业院校技能大赛，10 个赛项代表河北省进入国赛环节，其中汽车技术、服装设计与工艺、虚拟现实(VR)设计与制作 3 个赛项取得二等奖，信息安全管理与评估、嵌入式技术应用开发、大数据技术与应用、电子商务技能等 5 个赛项取得国家三等奖的优异成绩，奖牌总数位列奖牌榜全国第六名。

案例 3-8:完善“三阶八法”培养机制　打通技能大赛与课程之间壁垒

学校服装工程系积极主办、参与多项职业技能大赛赛事，依托本系“服装大赛赛事部”建立“服装技能大赛工作室”。通过几年的举办赛事和参赛经验的累积，逐步完善参赛选手的培养机制，打造了一条规范的高技能人才培养路径，总结为“三个阶段、八种方法”，简称“三阶八法”。三个阶段分别是:海选阶段、复选阶段、集训阶段。八法分别为:操作示范法、主题培训法、多媒体视听法、网络学习法、讨论法、咨询式培训法、一对一培训法、模拟现场培训法。

服装大赛赛事部以提高人才培养质量为最终目标，培训工作渐成规模，不但为大赛培养参赛选手，同时也为服装工程系各个实践部门和研发中心提供技术人才，师生们不仅在赛事中展示了个人魅力与才华，而且在服装教育以及服装行业展示了学校的办学实力和教学成果，为专业各方面的发展提供了强劲动力。

通过“一部一室”赛事机制建设和“三阶八法”培训方法，服装工程系在大赛中取得了优异成绩。2021 年全国职业院校服装技能大赛上获团体二等奖，2021 年全国职业院校技能大赛河北省选拔赛中荣获一等奖 1 项，优秀指导教师奖 2 项。2020 年“希柏润杯”第十一届全国职业院校学生服装制版与工艺技能大赛中获一等奖 1 项、二等奖 2 项、三等奖 2 项、单项奖 1 项，优秀指导教师奖 2 项，学校被授予团体一等奖。2021 年“明珠杯”第十七届河北省服装设计暨服装模特大赛中荣获一等奖 2 项、二等奖 3 项、三等奖 5 项、单项奖 10 项、优秀奖 4 项;服装模特大赛中荣获亚军 1 项、季军 2 项、十佳选手 3 项、单项奖 2 项。学校被授予人才培养成果奖和优秀组织奖。

3.3 教学内容和教材改革全面展开

3.3.1 持续推进课程体系改革

教育部颁布《职业教育专业目录(2021 年)》后，学校对照新版目录进行了深入研讨分析，进一步明确了行业企业岗位定位及人才培养目标与规格，科学优化了课程体系和教学内容。

学校全面制(修)订了本专科《专业人才培养方案的指导性意见》,要求开齐开足德智体美劳课程,将思政教育、劳动教育、审美教育融入专业课程,自 2021 级开始全面探索“五育课程+课程五育+综合实践”的课程体系。对新增的本科专业,构建“重技术、重实践、重发展、专业教学模块化、综合项目真实化”的“三重两化”课程体系,并根据课程设置情况全面开展了课程标准制定工作。

2021 年 4 月,学校在推进课程建设项目“课程思政、专创融合与工学结合”一体化建设的基础上,开展了第一届课程思政典型案例评选活动,认定 35 个案例成为“校级课程思政典型案例”。在全校广泛深化以课程思政改革为支撑基础,1 门课程获批国家级课程思政示范课,1 门课程获批国家行指委级课程思政示范课。目前学校基本实现思政课程与课程思政的有机统一,形成了“门门有思政、课课有特色、人人重育人”的良好局面。

3.3.2 建设积累优质教学资源

学校持续推进优质课程资源建设,大力推进 SPOC 课程建设,所有课程做好“六个紧盯”(紧盯产业链条、紧盯企业需求、紧盯社会急需、紧盯市场信号、紧盯政策框架、紧盯技术前沿),校企协同常态推进课程建设,及时将新技术、新工艺、新规范等产业先进元素纳入教学标准和教学内容。截至 2021 年 8 月重点建设了 5 批共 130 多门在线开放课程,有 75 门上线爱课程、智慧职教等 MOOC 平台面向社会开放提供优质教学服务。2021 年 5 月,出台《邢台职业技术学院在线课程建设管理办法》,进一步规范在线课程建设管理,提高人才培养质量。2021 年上半年,投入 80 多万元重点打造了 20 余门课程,用于培育申报省级、国家级精品在线课。2021 年获批省级精品在线课程 14 门,认定校级在线开放课程 20 门,初步构建了国家级-省级-校级优质在线课程资源体系。

在数字教学资源建设方面,学校累计主持了 1 个国家级、3 个省级,参与了 7 个国家级专业(群)教学资源库建设。2020 年,新上线在线开放课程 52 门,累计上线校内在线课程(SPOC) 850 多门;开设在线开放课程 104 期,在线开放课程选课总人数 21 万人。2020 年底学校在线开放教学资源总量已近 20T,校内外学生、企业员工等学员用户 30 余万名。学校在爱课程、智慧职教等 MOOC 平台面向全国共开设 50 多门在线开放课程,在线开放课程建设数量及质量在省内位居前列。8 门在线课程被认定为首届省级职业教育精品在线开放课程,23 门在线课程参评第二届评比,“汽车转向、行驶与制动系统故障诊断与修理”课程获评国家级精品在线开放课程(见图 3-6)。

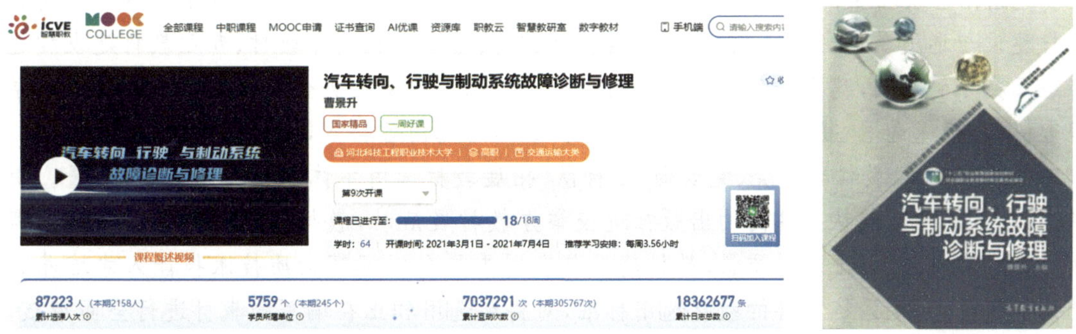

图 3-6　学校汽车专业多门在线课程获评省级、国家级精品在线开放课程

3.3.3　推进教材建设与改革

强监管保教材选用质量。贯彻党和国家教材建设方针政策要求，出台《教材管理办法》《教材建设与选用委员会章程》《教材建设工作实施方案》等制度，建立学校教材建设与选用委员会、专业教材建设与选用工作小组等机构，实施系部、教材科、学校三级审查，确保马克思主义理论研究和建设工程（以下简称“马工程”）教材、公共基础课及境外教材、专业教材等各类教材的选用质量。

优规划保教材建设质量。坚持校企双元开发、新形态载体、一书一课同步共建的工作模式，有序推进“岗课赛证”综合育人教材建设，打造具有河北科技工程职业技术大学特色的高质量职业教育教材。适应智能化、信息化发展需要，学校制定《职业教育规划教材建设方案》，坚持在线课程与新形态教材一体化建设，在线课作为线上资源，配套教材作为线下资源，通过二维码将教材与线上课程建立连接。使用活页将企业鲜活案例、新技术、新工艺、新方法等及时引入教材，形成立体化活页式资源。

见实效出更多优质教材。截至目前，学校校企合作开发教材 782 部，编写公开出版教材 140 余部，其中国家规划教材 42 部，新形态教材 17 部、一体化立项建设新形态教材 80 余部。

案例 3-9：三三制督管提升“选建评”　一体化教材改革

河北科技工程职业技术大学全方位贯彻落实《全国大中小学教材建设规划（2019—2022 年）》《职业院校教材管理办法》精神，通过建立机构、优化制度、注重落实、强化评估，系统性推进了新时代职业教育教材选用及建设工作的科学化和规范性。

一、优化一级统筹、三类分管、三级审查的“一三三”管理体系，强化机构组织保障。建成由学校教材建设与选用委员会一级统筹，马工程教材、公共基础课及境外教材、专业教材建设和选用工作小组三类分管机制；建立了贯穿教材选用、编写评价、满意度抽查全过程的系部、教材科、学校三级审查机制，确保选用、建设教材内容价值导向正确，思想内容科学，程序流程规范。

二、构建教师、教材委员会、党委会“三梯队”拓展教材选用主体，严控教材选用质量。邀请社会影响力大、职业院校认可度高的出版社进校举办教材展活动，教师结合亲身体验和教学需求确定教材与教参，有效保证教材质量；教材建设与选用委员会对标高素质技术技能人才培养和产业生产技能需求，制定系统完善的教材选用标准，对将要选用和正在编写的教材进行全面审核，从内容的思想性、科学性、适宜性给出全面评价，确保优质教材进入学校教材选用备选库；教材建设与选用委员会确定拟选用教材名单后，提交学校党委会审核，最终由教材科统一采买、发放。

学校教材建设与选用委员会实行学期例会制，2020 年至今，围绕教材选用召开 2 次党委会，组织 2 次教材审查工作，累计审查 2 000 余部教材，思想政治理论课选用马工程重点教材办公室教材率100%，学校使用教材全部符合国家规定。

三、“五融合”一书一课同步共建，打造校本特色职业教育教材

学校坚持“课程思政”“赛教融合”“科教融合”“课证融合”以及“专创融合”的“五融合”开发原则，坚持以一线教师、行业领域专家、企业技术人员和能工巧匠于一体的编写团队为工作主体，及时将企业新技术、新工艺、新标准、新规范、新案例等纳入教学内容，开发了一批反映产业技术升级、技术技能型人才成长规律的高质量教材。

截至目前，学校建有国家精品在线课程1门，国家级课程思政示范课程1门，校企合作开发教材782部，编写公开出版教材140余部。

四、执行教材选用质量评估机制，动态调整学校教材备选库

建立教材使用成效监测评估制度，通过师生座谈、样书抽检、问卷调查等方式，对各专业教材进入课堂后的教学成效、使用反响进行调查评估，动态调整学校教材备选库。截至目前，专业课选用国家规划教材率达37%，专业课程工学结合教材使用率达93%，新形态教材使用率达20%，学生教材使用满意度达95%。

3.4 教法改革和课堂变革全面推进

3.4.1 推进教学方法改革

推行“五化”教学模式改革。全面推进“项目化、信息化、立体化、模块化、小班化”教学模式改革，实现教学内容项目化、教学手段信息化、教学资源立体化、教学组织模块化、教学单元小班化。一是推进项目化改革，与产业链头部企业共同开发专业理论项目课程，构建科研项目库和企业案例库，动态更新并及时转化为三级实训项目，保证来自企业的真实项目反哺教学。二是推进信息化改革，加强信息化课程建设，强化教师信息技术教学水平，鼓励教师开发慕课、微课、翻转课堂等课程资源并组织教学，推动课堂革命纵深发展。三是推进立体化改革，加快高质量立体化新形态教材的建设，以校企双元开发、新形态载体、一书一课同步共建为基本思路，加快推进“岗课赛证”综合育人教材建设，打造高质量职业教育教材。四是推进模块化改革，组建结构化教师教学创新团队，充分发挥教师专业优势，开发教学模块并按照模块组织团队教学。五是推进小班化改革，专业教学实现小班化教学，提升教师专业教学能力，探索交互式、启发式教学方式，深化考核评估改革，强化课堂教学质量。

全面推进线上线下混合式教学。以疫情常态化为助推剂，实施线上线下校企联动混合式教学。2020年秋季，鞋类设计与工艺专业核心课程《鞋楦设计》在进行项目化教学的过程中，大国工匠陈国学担任课程顾问，探索校内教师线下为主、轻工大国工匠线上为辅的混合式教学模式。教学过程中参照企业标准合理设计教学任务，并实施线上线下教师联合布置实习任务，校内教师讲解理论，大国工匠讲解核心操作要点，教师带领学生先尝试、大国工匠在线示范，联合指导学生改进等方式方法，实现线下、线上联动协调搭配，分工协作，相互补充，取得了良好的效果。

以课程建设为基础，与行业企业合作进行基于工作过程的课程开发和设计，明确学习任务（情境）或模块、子任务或子模块，体现模块与学习内容的对应关系，建成“项目化”“模块化”课程93门。2020—2021年重点推进第4批和第5批在线课程建设项目，基于学校大量优质在线资源建设，学校80%以上的课程开展“线上+线下”信息化教学。

案例3-10：“四维协同”教学模式改革为全国高职思政课教学提供邢台范式

学校思想政治理论课改革从未止步，有效地将信息技术融入教学，探索出基于新媒体新技术

的高职思政课“四维协同”教学模式。

一是进行信息化改革激活传统“理论课堂”，实现教材体系向教学体系转化。深入研究学生信息化能力，在课前、课中、课后三环节贯通上下功夫，精准把握教材重点与学生关注点，通过课前任务发布、课中反馈交流、课后大数据分析，有效促进教材内容向教学内容及时转化。

二是打造动画情景剧丰富“线上课堂”，解决理论严谨性与教学趣味性之间的矛盾。创建卡通形象“明德”老师和大学生“励志”，以“励志”初入大学所遇到的生活、学习、心理、恋爱等方面的种种难题为脉络，打造思政课动画情景剧 60 个，以知识化、生活化、情景化、故事化的方式引起学生共鸣。

三是着眼“两个向度”建设“移动课堂”，满足规模化教学与个性化需求。充分利用手机平台，着眼“理论课堂＋云端课堂”两个向度，打造“移动课堂”。聚焦理论课堂，签到、讨论、问答等教学评价与反馈活动，通过投屏实现可视化，开展规模化教学。聚焦云端课堂，牵头省内 10 家高职院校 30 位优秀教师共建 MOOC，涵盖数百个知识点与案例视频，辅以理论问答与互动交流等内容，使学生可以个性化学习。

四是创新灵活多样的“实践课堂”，促进理论教学与实践教学的紧密结合。理论课堂实践精细化，采用课前 5 分钟新闻速览、小组任务成果展示、时事讨论、热点辩论等方式有效突破课堂教学的重难点，促使学生做到“知行合一，融会贯通”。校内实践课堂现代化，集智慧黑板、VR 体验、虚拟翻书和大量后台数字共享资源于一体的思政课实践教学基地“思政学堂”，主题鲜明、现代化气息浓厚。云上实践课堂仿真化，以“燕赵风雨路太行英魂”为主题，打造“燕赵风雨路，太行英雄魂”思政课虚拟仿真实践教学项目，实现浸润共鸣。校外实践课堂多元化，相继在中国人民抗日军政大学纪念馆、郭守敬纪念馆、桥西法院、麒麟湾社区等多地设立校外思政教育实践基地，让学生重温革命历史，接受红色洗礼。

经过课程改革，形成特色教学专题近 50 个，教学时空更加多样宽广。《思想道德修养与法律基础》MOOC 在智慧职教平台上线后，在全国高职院校中推广使用，实现共享。全国累计 1 004 个学校（单位）近 5 万人选课，SPOC 课程使用人数近 12 万人，在线讨论量累计近 163 万，累计日志总数达 1 383 万。《毛泽东思想和中国特色社会主义理论体系概论》MOOC 仅开课两期，就有 805 个学校（单位）的近 3 万人选课，在线讨论量累计近 33 万，累计日志总数达 600 万。2 门课程也被评为省级在线精品开放课程，辐射范围持续增大，影响力增强，为全国高职思政课教学提供了邢台范式。

3.4.2 实施信息化课堂变革

疫情防控常态化背景下，学校积极创设信息化教学环境，助推信息化课堂变革。对传统教室进行改造，所有教学场所改进装备条件，提高网络带宽接入速度；建设智慧教室，并打造集理论、实践、虚拟于一体的智慧课堂，把教学所需的物理空间、资源空间和社交空间整合到一个环境中，为教学提供无缝支持服务，实现实体课堂和在线课堂的一体化。

组织教师研讨信息化教学规律，提高教师信息化教学水平，通过教师培训系统帮助教师从过去知识单向传递背景下学生知识的传授者，转变为在知识多向互动背景下学生学习活动的设计者和指导者，引导和鼓励学生自主学习、合作式学习和探究式学习。打造“互联网＋”新课堂，采用“线上空间＋线下保障”的模式，线上通过超星学习通、在线课堂等平台直播，线下在实训中心虚拟仿真或实践操作，为学生提供个性化学习环境不断线。

案例 3-11：打造“五学实践教学模式” 实施信息化课堂革命

随着信息化教学普及，建筑工程系依托建筑工程技术专业的“项目贯通、标准融入”的人才培养模式和工程造价专业的“螺旋式课程编排体系”，将现代信息技术深度融合，打造“玩中学、乐中学、做中学、走中学、创中学”的“五学实践教学模式”（如图3-7所示），线上线下混合教学，实现翻转课堂。

图3-7 “五学实践教学模式”示意图

省级校企共建实训基地建筑工程技术中心建筑面积1万余平方米，仪器设备总值1 200余万元，共分六大板块，可实现学生角色扮演“玩中学”、实训操作“做中学”及参与项目“创中学”（如图3-8所示）。

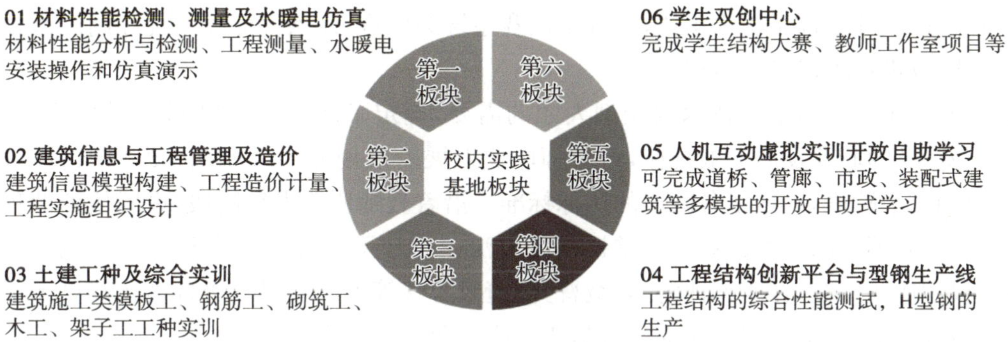

图3-8 “六大板块”实践教学功能

建筑工程技术中心实体比例建筑模型整合了砖混结构、框架结构、剪力墙结构、钢结构、木结构等不同结构类型，融入地下工程、基础工程、主体工程、装饰装修工程等不同分部分项工程，展示整体节点142个，细部节点达227个，基本实现一步一景、一景一学、一学一做，充分破解教学中建筑构造理论与建筑工程实际相脱节的困境。专业依托此模型，开发建设“情境体验式行走课堂”，完成300多个真实构造做法情境点的选择与微信链接内容设置，学生通过移动终端扫描建筑上二维码即可学习节点的相关信息，边参观边学习，寓教于乐，实现专业建设“五学”模式中的“走中学”及“乐中学”。

建筑工程系紧跟行业发展，借助“互联网+”和“大智慧”云技术，与企业合作开发慕课、微课、SPOC课程，使专业教学改革的触角延伸到行业、市场，形成教学和生产零时段对接。《建筑材料与检验》《建筑构造与识图》等多门课程实现翻转课堂；《建筑工程测量》《建筑施工技术》《施工图平法识读》《建筑钢结构施工》等课程利用互联网及移动终端技术，营造学生“乐学”氛围，保证学生随时随地学习，打造“泛在”课堂。

3.5 教师全生命周期发展全面规划

3.5.1 加强教学创新团队建设

学校将教师教学创新团队建设作为系统推进学校教育教学工作的重点工作。根据“国家示范，分级创建”的原则，构建“国-省-校”三级教师教学创新团队建设机制，构建“国-省-校”三级教学名师培育机制，探索组建高水平、结构化教师教学创新团队，教师分工协作进行模块化教学。

2021 年 4 月组织了校级教学创新团队评审，立项 9 个校级教学创新团队；5 月，成功推荐机械制造及自动化（2021 年立项）、计算机网络技术（2021 年立项）、思想政治课 3 个校级教学团队立项河北省教学创新团队；8 月，环境管理与评价团队入围教育部第二批职业教育教师教学创新团队立项建设单位公示名单。截至目前，学校共有校级职业教育教师教学创新团队 14 个，河北省职业教育教师教学创新团队 3 个，国家级职业教育教师教学创新团队 3 个。教师教学创新团队覆盖了 10 系 4 部，一方面实现了校企进一步深入合作，教师教学能力与专业实践能力有机融合、互为支撑；另一方面，形成老中青传帮带梯队建设，教学机制和文化传承延伸，提高了团队教师整体水平。

3.5.2 建立教师培训体系

为促进教师发展，基于职业能力发展规律相关理论，建构了教师发展促进体系：以目标标准系统为出发点，以教师培训系统为主体，以教学比赛系统为促进，以条件保障系统和制度激励系统为支撑，以诊断改进系统保良性运行。

面向培养 21 世纪高素质技术技能型人才的需要，确定了培养“未来职教教师”的目标，按照“从新手到专家”的职业发展一般规律，将教师职业发展阶段划分为入职期、发展期、骨干期、带头人期、专家期五个阶段，确定了各阶段的达标标准。沿着教师职业发展阶段，设置培训课程与培训项目，帮助老师们明确教学改革方向、掌握系统方法。设计了由教学能力和专业实践能力两类比赛构成的教学比赛系统，在职称评定、职级晋升、绩效考核等方面均对各级各类比赛设定了激励政策，吸引老师们通过参加比赛快速提升教学能力或专业实践能力。

一年来，完成 2020 年新入职教师 30 人专业实践能力培训、第二批新入职教师 17 人教学能力培训，常态化开展新教师教学能力培训、四元教学设计、应用学习科学改进教学设计等各类教师培训学习工作坊，举办校内讲座 18 场，教学比赛 7 场、教学观摩 1 场，共计 910 名教师参与。举办教学能力比赛研修班，组织 2019 年和 2020 年国赛获奖选手做 10 余次比赛经验交流会、30 余次专家线上培训和 8 次专家现场指导，2021 年 3—5 月组织了校内青年教师教学基本功比赛；开展校内讲座 18 场，其中专家讲座 10 场、教学比赛 7 场、教学观摩 1 场；审批通过 25 人申请在职进修博士，批准 7 人在职进修硕士；组织第一期本科任课教师培训，参培教师 328 人，培训合格 302 人。2020 年，学校获教师教学能力比赛国赛一等奖 1 个、二等奖 2 个、三等奖 1 个，省赛一等奖 3 个、二等奖 3 个，三等奖 2 个。国赛、省赛获奖情况在河北省排名均位列第一。

3.5.3 创新师培模式

应用“工学结合”教学理念开展教师培训。借鉴了学习领域课程开发的系统方法——典型工作任务分析法（BAG 法），系统梳理教师发展五阶段典型工作任务，并据此从教学能力、专业实践能力、教科研能力三个维度分析确定各阶段教师发展标准、转换设置培训项目，构建培训系统。通过校企“融通”强化教师专业实践能力培养，建立稳定的骨干教师企业实践基地，定实岗、轮岗实践，实现专任教师 5 年一轮半年以上企业实践锻炼，在企业锻炼期间为企业解决技术难题。

满足全员覆盖系统教育自主规划要求。面向全体教师提供持续的系统化培训，教师根据自身发展需求，自主规划培训进展。每年教学诊断与改进工作督促教师通过参加培训提升职业能力。从入职期到专家期(教学方向、科研方向)五个阶段的培训项目均从师德师风、教学能力、专业实践能力、教科研能力四个维度开发设计，使教师通过持续的学习，全面彻底地掌握所需要的教育学知识。定期开设培训项目，教师可以根据个人发展规划、工作时间，自主选择参加培训的时间。“学分银行”为教师自主规划提供了制度支持。

采用“带着做”的培训方式保障培训效果。培训系统中的主要培训项目，均采取“带着做”方式开展。培训团队教师带着参培教师通过完成“典型工作任务”来实现学习。以教学设计与实施“四元教学设计”培训项目为例，参培教师在指导老师帮助下完成对自身课程的再设计，从而掌握国际先进的课程开发与设计方法，有效提升教师教学能力，取得较好的培训效果。

推广特色培训项目不断提高培训团队水平。持续支持培训团队教师参加国内高水平培训与交流，不断提高培训团队教研水平。积极开展面向全省、全国职业院校教师的培训。线下受邀完成了 2020 年度国培项目“四元教学设计线上线下混合式工作坊”文综类、理工类、送培项目(保定职业技术学院)、汇德等四个培训和 2020 年度国培项目装备制造大类专业带头人领军能力研修、机电设备安装与维修/机械加工技术/机械制造技术/数控技术应用优秀青年教师跟岗访学中关于四元教学设计培训，总计培训 2 680 人天。线上继续在教育部高校教师网络培训中心网站面向全国教师开展“四元教学设计在线工作坊”。

4 政策保障

4.1 政策引导

4.1.1 国家职教政策定向统领

为推动职业教育高质量发展，我国相继出台多项政策，引导职业学校教育教学实践。2020—2021 年，学校以政策为统领，为学校发展和教育教学改革定向，扎实开展了各项工作。

按照《国家职业教育改革实施方案》《教育部 财政部关于实施中国特色高水平高职学校和专业建设计划的意见》《中国特色高水平高职学校和专业建设计划绩效管理暂行办法》的要求，推进国家 A 档汽车检测与维修技术高水平专业群、2 个省级高水平专业群建设，科学设定目标(含年度)绩效目标，开展自评并接受教育部、财政部组织的绩效评价。

按照《职业教育提质培优行动计划(2020—2023 年)》，落实立德树人根本任务，实施职业教育治理能力提升行动、“三教”改革攻坚行动、信息化 2.0 建设行动、服务国际产能合作行动、创新发展高地建设行动等 5 项行动。

按照《职业教育专业目录(2021 年)》《本科层次职业教育专业设置管理办法(试行)》规定要求，结合区域经济社会高质量发展要求合理设置和调整高职专业及专业方向，并按照高起点、高标准的要求设置职业本科专业。

按照《教育部关于职业院校专业人才培养方案制订与实施工作的指导意见》，积极参与实施“1+X”证书制度试点，将职业技能等级标准有关内容及要求有机融入专业课程教学，优化专业人才培养方案。

按照《新时代学校思想政治理论课改革创新实施方案》《大中小学劳动教育指导纲要(试行)》《关于全面加强和改进新时代学校体育工作的意见》《关于全面加强和改进新时代学校美育工作的

意见》，进行思政课课程、教材改革创新，开展劳动教育、体育和美育工作。

按照《关于加强新时代高校教师队伍建设改革的指导意见》《深化新时代职业教育“双师型”教师队伍建设改革实施方案》，建设高层次人才队伍，开展“双师型”教师考核评价改革，聚焦“1＋X”证书制度开展教师培训。

按照《加快推进教育现代化实施方案（2018—2022 年）》《教育信息化 2.0 行动计划》《职业院校数字校园规范》，大力推进教育信息化。

按照《职业技能提升行动方案（2019—2021 年）》的要求，不断扩大培训规模，对重点群体开展有针对性的职业技能培训。

按照《深化新时代教育评价改革总体方案》要求，开展集体学习培训，强化教育评价改革观念和意识，把握教育评价改革内涵并完善目标绩效考核。

4.1.2 高职扩招任务精准落实

学校积极响应国家高职扩招的号召，认真落实河北省教育厅等七部门联合印发的《河北省高职扩招专项工作实施方案》和《关于做好 2021 年高职扩招专项招生考试工作的通知》（冀教学〔2021〕16 号）文件精神，2019—2021 年持续进行高职扩招自主招生考试。从组织考试报名到阅卷录取都严格按照省相关文件精神及学校规定进行，严格遵循公平公正的原则，圆满完成了河北省高职扩招计划。

高职扩招专项招生考试工作中，充分学习领会抓“六保”、促“六稳”精神，成立以校长为组长、分管副校长为副组长的工作领导小组，统筹招就处、教务处、学工处、公寓管理中心等部门，对师资力量、住宿条件、餐饮保障等进行摸排，并对扩招专业、教学组织、学生管理等提出要求，做好扩招预案，努力实现扩招计划的最大化。结合学校实际情况，以退伍军人和企业员工为招生对象，同时在招生专业设置上选定现代物流管理、电子商务等“1＋X”试点专业以及建筑钢结构工程技术、机械制造及自动化等学校优势专业，并根据邢台地区实际情况增加应用化工技术、环境工程技术等共计 6 个专业。

对于 2021 年高职扩招专项招生考试，学校采取笔试的形式进行选拔，考试科目为职业适应性测试，考试内容和形式突出扩招考生特点，重点倾向学业水平以外的素质能力测试，在考题内容设计上注重考查考生的通用素质。

纪检全程参与，对命题、考试、阅卷及录取的每一个招生考试工作环节进行监督，避免违规操作，促进扩招环境透明化，维护其公平公正性，高质量完成了 2021 年高职扩招任务。

遵循“育训结合、成果导向”人才培养理念，探索高职扩招生源个性化的“育训结合”培养路径，持续做好高职扩招，保障职教发展质量。结合高职扩招人员特点，修订了扩招专业的人才培养方案。以“1＋X”证书培训为切入点，实施学分积累和学分转换；实行弹性学制，将修业年限修改为 3～6 年，满足社招学员半工半读、创业实践等需求。

4.1.3 深化职业教育考试招生制度改革

为深化职业教育考试招生制度改革，2019 年由河北省教育考试院牵头成立河北省高职单招联盟，学校作为高职单招联盟组长单位，认真贯彻落实教育部、省教育厅和考试院关于开展单独招生改革工作的精神，积极探索高职教育多元化选拔录取机制，选拔最适合接受高职教育、最适合高职专业学习和具有创新精神、专业潜质的考生进入高职院校学习，进一步优化生源质量，突出高职教育办学特色。高职单招联盟不断完善“文化素质＋职业技能”的考核评价体系，将考生高中阶段的学业水平（会考成绩）引入考核评价体系，按大类由牵头院校组织实施考试，吸引更多的适合接受高职教育、适合高职教育专业学习的优秀普通高中毕业生进入高校学习。

同时，引入技能拔尖人才免试录取制度，对于获得由教育部主办或联办的全国职业院校技能大赛三等奖及以上奖项，或由省级教育行政部门主办或联办的省级职业院校技能大赛一等奖的中等职业学校应届毕业生，以及具有高级工或技师资格（或相当职业资格）、获得县级劳动模范先进个人称号的在职在岗中等职业学校毕业生可申请免试，且只能申请与所获奖项相同或相近的专业。

4.2 专项实施统筹发展

4.2.1 全面加强党对职业教育的领导

响应国家治理现代化改革要求，学校搭建了“党委核心、内外融合、递进优化”的治理架构，把党的领导落实到办学治校全过程。坚持和完善党委领导下的校长负责制，发挥章程纲领作用，完善党政议事决策规则，通过建立健全二级管理体制、加强制度体系建设、成立高职院校理事会，分别疏通内部治理路径、内部监督路径、制度路径及外部治理路径，构建形成了新时代“四位一体”治理格局，不断提高职业教育治理水平和治理能力，确保职业教育发展正确方向。

全面清理完善学校党政管理、教育教学、科研服务等规章制度，完成了 48 项制度的废、改、立工作，出台了《关于实行二级学院管理体制改革的实施办法》，提升了自身依法依规治校的水平；不断完善学术委员会、教学指导委员会等“专家治学”的 4 个组织，发挥专家治学功能。2020 年 11 月，学校《构建新时代“四位一体”治理格局，推进院校治理能力现代化》案例被评为全国高等职业院校治理体系建设优秀案例 50 强（见图 4-1）。

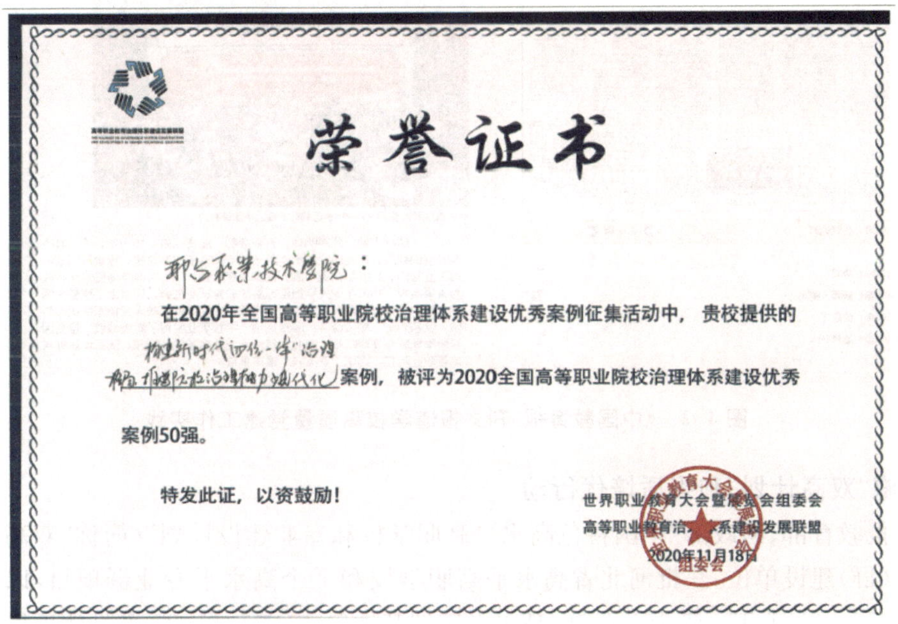

图 4-1　学校获评全国高职院校治理体系建设优秀案例 50 强

紧扣立德树人根本任务，继续实施“完善 1 套制度、建好 3 个平台、实施 6 大工程”的党建“136”领航计划以及“四红”行动（见表 4-1）。开展党建示范创建和质量创优工作，争创党建工作示范高职院校、标杆院系、样板党支部，重点推进汽车工程系教师党支部建设河北省首批党建工作样板支部、第二批全国党建工作样板支部，通过听取专家党史讲座、举办党史知识竞赛等多种方式深入开展党史学习教育，发挥党组织在职教改革发展中的战斗堡垒作用。2020 年，对接服务系部、年级、班级、社团、党支部，100 余名党员干部参与“五包五进”包联制度；建成 3 个校级党建工作标杆院系、10 个党建工作样板支部、6 个“双带头人”教师党支部书记工作室（含 1 个省级的）。2020 年 10 月 31 日，《中国教育报》刊登《“三部两线”强党建　立德树人谱新篇》一文，宣传报道学校高质量党建工作实践（见图 4-2）。2021 年学校党委被评为河北省先进基层党组织，学校获评河北省党建工作示范高校。

表 4-1　学校党建“136”领航计划

三部两线		“136”领航计划	“四红”行动
党委司令部 总支指挥部 支部作战部	党员生命线 纪检高压线	完善 1 套制度 建好 3 个平台|党建信息化平台、校系两级党校平台、党建与思政研究会平台 实施 6 大工程|政治统领、思想引领、组织带动、党员示范、正风肃纪、品牌创建	红雁统领 红心引领 红源强基 红网肃纪

04 高校新风
以质图强　争创一流
“三部两线”强党建　立德树人谱新篇
第04版：高校新风　上一版
第01版：要闻
第02版：新闻·要闻
第03版：信息化
第04版：高校新风

中国教育报
CHINA EDUCATION DAILY
返回首页 | 广告刊例
2020年10月31日 星期六
上一篇

“三部两线”强党建 立德树人谱新篇
——邢台职业技术学院高质量党建引领高质量发展
张双会 徐建平 岳爱鹏

牵头成立河北省高职高专院校思想政治理论课建设联盟

燕赵大地，冀南明珠，五朝故都，顺德雄府。1979年，沐浴着改革开放的春风，邢台职业技术学院（以下简称邢职）建校，原隶属国家机械工业部门，1983年归属中国人民解放军后勤部门，2002年划归河北省成为省属高校，1991年率先承担国家高职教育试点任务，探索出了享誉全国的高等职业教育“邢台模式”。一代代奋发图强的邢职人发扬军队优良传统，以校为家、艰苦奋斗、励精图治，学校事业取得了辉煌成就，是全国首所军地联办高职院校、河北省首所示范性高等职业院校、国家优质专科高等职业院校、国家“双高校”建设单位。

图 4-2　《中国教育报》刊文报道学校高质量党建工作实践

4.2.2　实施“双高计划”和提质培优行动

学校获批教育部、财政部“中国特色高水平高职学校和专业建设计划”（简称“双高计划”）A 档高水平专业（群）建设单位，获批河北省高水平高职学校和 2 个高水平专业群项目，以及国家优质高职院校（2019—2021 年）、骨干专业群、高水平实训基地等 13 类项目、25 个具体项目。

2020 年 11 月，学校积极响应国家、省职教改革实施方案的要求，积极承接提质培优任务，在省“双高计划”、两轮创新发展行动计划建设基础上，承接了省域高水平高职学校、省域高水平专业群、高水平专业化产教融合实训基地等 27 类、34 项任务（项目）。

2020—2021 年，省高水平高职学校项目绩效目标明确，预算编制合理，各项支出均按照规定使用。省“双高计划”、省高职教育创新发展行动计划（2019—2021 年）项目年度合计投入 6 895 万元，其中省高水平高职学校及专业群项目投入财政资金 4 100 万元，另有行业企业投入资金 700 万元（项目资金总体情况见表 4-2）。

表 4-2 省“双高计划”、省高职教育创新发展行动计划(2019—2021 年)项目资金情况

年度投入资金情况	资金(万元)
省“双高计划”项目财政资金	3 100
国家高水平专业群项目财政资金	1 000
省“创新发展行动计划”项目财政资金	1 795
行业企业投入资金	700
学校自筹资金	300
合计	6 895

按照河北省高水平高职学校建设方案要求,学校聚焦高质量,深耕内涵发展,如期推进各类项目建设。各类项目的投入、产出以及资金使用达到了预期效果,项目绩效明显。截至 2020 年 12 月,项目资金分配、项目任务推进均实现 100%。“双高计划”实施以来,《光明日报》《中国青年报》《中国教育报》等中央级媒体 10 余次报道了学校高质量党建工作、高职扩招与育训结合培养、多元化继续教育模式、首届社招班学生创业等办学成果,彰显学校高质量发展、深度服务地方的办学内涵与特色。

4.2.3 加强职业教育教学理论研究

加强职业教育教学理论研究,总结中国特色职业教育办学规律;加强教研教改项目研究,指导教育教学改革。2020 年,学校积极推进中国特色高水平高职学校建设、职教本科建设和教育教学改革,立项校级教研教改项目 26 项;河北省教学科学研究“十三五”规划课题 3 项,其中重点资助课题 2 项,教育决策咨询专项课题 1 项;河北省职业院校外语教学改革研究与实践项目 1 项。2021 年,立项河北省教育厅高等学校人文社会科学研究课题 6 项,其中重点课题 1 项,青年基金课题 2 项。同时,为推进本科层次职教研究工作,打造高水平成果,实现增值赋能,及时解决本科职业教育发展及教学改革过程中面临的现实问题,立项校级职业本科教育研究专项课题 30 项。

2020—2021 年获河北省教学成果特等奖 1 项、一等奖 2 项、二等奖 9 项。其中,校长马东霄主持的《平台支撑 • 项目纽带 • 军风育人:高职院校“军地贯通”人才培养模式改革与实践》项目获河北省第十届高等职业教育教学成果奖特等奖,充分展示了学校在赓续传统、军风育人方面的办学特色;汽车系主任马金刚主持的《高职汽车专业群校企“六协同”育人模式的创新与实践》项目获一等奖,展示了汽车专业群落实国家“双高计划”的实践成果。

4.2.4 强化“双师型”教师队伍建设

学校把建设一支规模适当、结构优化、素质优良、富有创新精神和能力的高水平“双师型”教师队伍作为发展的根本保障,在师资队伍建设方面取得了显著成绩。

以专业群(系)为单位建立了教师企业实践基地。汽车专业群在上汽通用、比亚迪,机电专业群在 SMC、精雕、远大阀门,服装专业群在际华集团(3502 有限公司),化工专业群在旭阳集团(河北中煤旭阳能源有限公司),会计专业群在鼎奥电梯、龙星化工等,均建立了教师企业实践基地,为“双师型”教师培养提供了条件。

教师实践进一步推动实施“一企一师不断线”。根据师资队伍建设规划,各系原则上在教师企业实践基地名单中选取实践企业,将申报企业实践的教师以团队形式集中安排,并为每位教师明确企业实践任务。在稳定合作企业保持至少一名专业教师“不断线”在企业顶岗,或为企业提供技术服务。2020—2021 学年教师企业实践人数达到 353 人,人均 55.8 天。

目前校内专任教师 686 人,其中骨干教师 323 人,兼职教师 238 人,培育、引进专业群建设带

头人 21 人，技术技能大师 1 人，“双师型”教师占专任教师的比例为 87.32%，优化了师资队伍结构，为推进高水平职业技术大学建设提供师资支撑与人力保障。

4.3 质量保证体系纵深推进

全面推进诊断与改进工作，持续深化内部质量保证体系建设。连续三年校内发布《质量管理资讯》，引导二级院系深化诊改，发布学校、专业、课程、教师、学生五个层面诊改工作报告；2020—2021 年，学校扎实推进内部质量保证体系诊断与改进“11211”计划（建设 1 个智慧校园平台，遵循 1 条由发展规划到评价奖惩的诊改主线，开展教学诊改和行政督导 2 项工作，提供从人力到财务、资源等的 1 轮全方位保障，形成 1 种深入人心的质量文化），有序开展诊改复核工作。在《教育与职业》等核心期刊发表多篇内部质量保证体系研究文章；在 2020 年 11 月，学校通过了省高职院校教学诊改工作检查专家组的现场复核，获得一致好评。

推进教学督导教学检查常态化，加强教学质量分析与改进。建立健全教学督导、检查和评价机制，回归教学本质，狠抓教风学风。推进校领导带头深入、教务处牵头主导、学生处配合联查、高职所（质管办）巡课督导、系（部）常态检查“五位一体”全覆盖的模式，优化教学精细管理，加强教学质量监控，提高教育教学质量。根据学校《2020 年目标绩效考核工作实施意见（试行）》推进督导全覆盖，发布年度教学质量评估优秀文件，组织教学质量评估优秀教师进行公开课示范，并对排名后 5%做好帮扶工作。

坚持质量报告与评估制度，着力培育和加强质量文化建设。2020—2021 年，持续完善质量年度报告制度。学校完成了年度“人才培养工作状态数据采集与管理平台”填报工作，编制了 2020 年院校年报和企业年报，实现校-省-国家三级发布；完成了 2020 年“高等职业院校适应社会需求能力自评报告”并如期发布。与麦可思数据有限公司、金平果中国科教评价网分别合作完成了学校《生源与招生评价报告》《短期毕业生调查报告》《中长期毕业生调查分析报告》《在校生分析报告》《高水平专业群建设跟踪评价报告》《用人单位评价报告》等，为学校招生、就业及教育教学改革提供数据佐证，提高教育管理和决策的科学水平，提升学校内部治理能力；实现教学质量管理平台与学校教务系统的数据精准对接，为全校教师申报教学工作业绩考核提供更好的服务，保障教师教学质量管理。持续对教学质量、学业质量、就业质量、服务质量进行诊断与改进，使质量意识更加深入人心，广大师生增强了对学校质量目标、质量观念、质量规范的认同感和作为邢职一员的使命感，具有邢职特色的质量文化初步形成。

4.4 办学经费收支释放活力

2021 年度办学经费总收入 44 259.77 万元（见表 4-3），在校生 16 158 人，生均拨款 17 823.22 元，其中年生均财政专项经费 11 395.56 元。

相较于 2020 年度，2021 年度办学经费总收入整体呈上升趋势，其中财政拨款收入结构有所变化，财政经常性补助收入减少，中央、地方财政专项投入大幅增加，学费收入和其他收入显著增加（见表 4-3）。

表 4-3 办学经费 2020 年度和 2021 年度总收入结构及其差异

收入项目	2020 年度		2021 年度		差异（%）
	金额（万元）	所占比例（%）	金额（万元）	所占比例（%）	
学费收入	9 007.06	21.86	13 636.43	30.81	8.95

续表

收入项目	2020 年度		2021 年度		差异(%)
	金额(万元)	所占比例(%)	金额(万元)	所占比例(%)	
财政经常性补助收入	26 649.18	64.68	10 385.81	23.47	−41.21
中央、地方财政专项投入	4 043.38	9.81	18 412.95	41.60	31.79
其他收入总额	1 502.8	3.65	1 824.58	4.12	0.47
总计	41 202.42	100	44 259.77	100	

相较于 2020 年度，2021 年度设备采购、日常教学经费、图书购置费及其他支出总额四项略有增加，其他几项都有不同程度的减少，整体呈现增长态势(见表 4-4)。

表 4-4 办学经费 2020 年度和 2021 年度总支出结构及其差异

支出项目	2020 年度		2021 年度		差异(%)
	金额(万元)	所占比例(%)	金额(万元)	所占比例(%)	
基础设施建设	4 186.21	10.84	3 815.02	8.67	−2.17
设备采购	4 511.92	11.68	5 420.76	12.32	0.64
其中:教学科研仪器设备值	4 482.31		4 572.95		
日常教学经费	6 718.4	17.39	8 552.84	19.44	2.05
教学改革及研究	2 612.14	6.76	2 612.14	5.94	−0.82
师资建设	598.9	1.55	598.9	1.36	−0.19
图书购置费	139.86	0.36	273.81	0.62	0.26
其他支出总额	19 863.2	51.42	22 712.16	51.64	0.22
总计	38 630.63	100	43 985.63	100	

4.5 疫情防控应势而动

抗疫思政教育引领，做好疫情防护宣传工作。加强疫情防控期间党建和思想政治工作，做到学生教育在特殊时期不停滞、不缺位、不弱化。紧紧围绕疫情防控各项工作要求，聚焦学生健康与学习，以爱国主义教育、生命教育、社会责任感教育、规则教育、爱与感恩教育为主题，积极组织全体师生开展线上主题教育活动。充分利用“两微一端”网络平台，通过短视频、一封信、知识问答等多种形式加强防疫知识宣传，原创、转载《抗疫有我　青春正当时》《让青春在战“疫”中熠熠生辉》《面对“德尔塔”，你关心的问题都在这里》等网文 45 篇，制作推送《他们本不是天使》《战“疫”特辑|防疫辅导员之声》《同舟共“冀” 爱的守护》等视频 20 条，引导学生树立正确的世界观、人生观、价值观，营造坚决打赢疫情防控阻击战的浓厚氛围。

严格落实疫情日报制度，做好常态化防控工作。结合学校疫情防控实际，研究制定了学校疫情防控工作方案、应急处置预案、开学工作方案等制度，对学校疫情防控各项工作和疫情应急处置作出了明确规定。开展疫情期间“日报告”“零报告”信息上报工作，通过建设学生工作网络系统，打造网络“健康打卡”平台，全覆盖精准摸清学生日常行踪和健康情况，实现了学生数据“无死角”，信息上报“不留白”。夯实“学校-系部-辅导员-学生”四级联动疫情防控机制，积极发挥学生干部信息传递优势，执行晚点名与请销假手续，做到学生出门有假条、行程有记录、返校有销假。及时配合疫情防控有关部门查找目标学生，细致做好流调和疫情隔离工作，建立隔离学生“一对一”包联责任制，确保包联教师每日使用微信、短信、电话关注学生状态，安抚学生情绪。

关注学生返校重大节点，切实按照分批错峰复学。为确保 2021 年春、秋学期学生平安健康返校。多次召开专题培训会、座谈会，讨论制定《河北科技工程职业技术大学 2021 年秋季学期开学工作方案》《邢台职业技术学院 2021 年春季学期开学学生返校工作方案》。通过开展线上返校问卷调查、发布返校指南视频、组织返校报到和应急处置演练等方式，持续完善返校工作预案，传达学生返校条件及具体流程，确保无中高风险返校人员，保障学期教学工作顺利进行。

积极推进新冠疫苗接种工作，确保全体学生应接尽接。根据省委教育工委、省教育厅关于疫苗接种的安排部署要求，学校高度重视新冠疫苗接种工作，成立新冠疫苗接种工作领导小组，制定详尽工作方案，通过官方微信公众号等平台，多种途径宣传普及新冠疫苗接种相关知识、接种注意事项等内容，引导师生树立正确科学的新冠疫苗接种观念，推进疫苗接种工作全面进行。按照应接尽接、知情自愿的原则，顺利完成新冠疫苗接种工作。

“四大举措”保证在线学习与线下课堂教学质量实质等效，做到“停课不停学，停课不停教”。一是领导重视，周密部署。根据教学任务、资源条件和师生具体情况，制定线上教学工作方案。二是及早谋划，如期开课。开展网上在线教学培训，与课程平台密切配合，充分利用优质在线课程和虚拟仿真实验教学资源。三是真教实学，精耕细作。发挥教师的主导性和学生的主体性，灵活运用多种方式保证线上教学不断线、不断联。四是正向引导，有力监控。强化线上教学纪律和课程思政，勤做心理疏导，精心困难帮扶，坚定胜利信心。做好课程网络化教学运行监控，及时处理异常情况。

案例 4-1：助力抗疫 协助合作企业抗疫物资生产

服装设计与工艺专业现代学徒制试点工作在“双轨互通、三段递进”培养模式整体设计下有序推进，在 2020—2021 年第二学期企业课程环节，服装设计与工艺专业现代学徒制 1905 班、2005 班共计 79 人协助际华三五零二职业装有限公司完成了防疫物资生产任务。此次实际任务式教学的探索，在助力企业生产的同时，极大增强了学生的爱国热情与使命感。为期 2 周的企业课程中，通过企业师傅的手把手教授和课程学习，学生充分了解了各类防疫物资的制作工艺、生产流程、质量控制等丰富知识。企业课程结束后，有将近 50%的同学利用暑期时间继续奔赴企业，通过暑期实习进行自我提高。

积极应对疫情的不利影响，全面做好应届生毕业就业工作。举办线上、线下双选会 100 余场，累计参会单位 1 000 余家，提供岗位 42 000 余个。

5 国际合作

5.1 优质资源精准引进

5.1.1 中德项目压茬推进

学校与德国施马卡尔登应用技术大学合作举办机械制造与自动化专业、汽车电子技术专业、机电一体化技术专业、电气自动化技术专业 4 个中外合作办学项目。通过联合培养，积极引进师资、课程、教材等优质教学资源，促进人才培养模式和教学改革，全面提高人才培养质量。2020—2021 年共引进课程 13 门，先后有 7 名德方教师为学生开展线上课程，保证了项目顺利开展，提高了学生德语和专业水平，开拓了学生国际化视野（如图 5-1 所示）。学校通过线上线下、微信、期刊等方式加大了中外合作办学宣传力度，4 个中外合作办学项目招生人数达 218 人，创历史新高。共有 12 名毕业生通过德方的初选考试，赴德国继续学业深造。

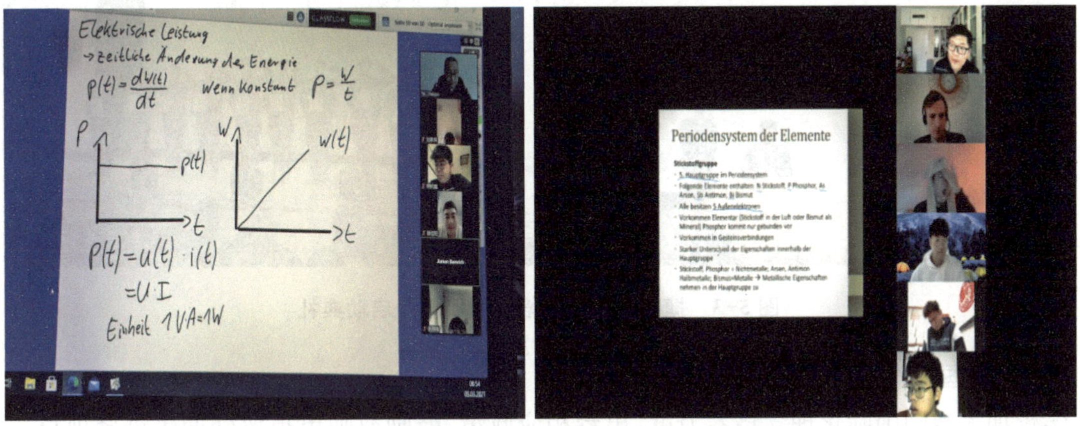

图 5-1　德方为中德合作项目进行线上教学

依托中外合作办学平台，学校将引进资源与课程建设相融合，内化创生并输出自身优质资源。2021 年陈宝生在视察学校期间观摩了机电工程系教师丁广文为德国师生开展的全英文《数控机床故障诊断与维修》跨国在线讲座（见图 5-2）。丁广文老师连续 4 年被德方院校邀请，参加线上和线下的国际工程周活动，其专业水平和语言水平得到了德方师生的一致认可。

图 5-2　丁广文老师为德方授课

作为河北省中德 GIZ 项目汽车专业的牵头单位，学校于 2020 年 9 月举办了中德项目汽车机电一体化专业线下、线上培训 3 次，完成工学结合的人才培养方案编制。

5.1.2　深化国际化产教融合

学校加强与制造行业跨国企业合作，探索国际化校企合作共建专业的运行机制，实施“校企协同育人，高端定制”的教学模式，开设奔驰、捷豹路虎、特斯拉等多个国际高端定制订单班（见图 5-3），校企共同培养，深化产教融合。引进“英国现代学徒制”“德国双元制”等职业教育人才培养模式，充分吸收跨国制造企业在培训方面的成功经验，对其精华教学课件进行本土化处理，将全球技能认定与本校学生专业考核相对接，在专业教学中使学员同步接受与国际接轨的专业技能培训。同时在授课过程中，采用 IPAD 辅助等先进教学方式，利用前瞻性的理念和先进的教学条件，为培养杰出技能人才奠定了良好基础，打造国内高等职业教育人才培养的典范与标杆。

图 5-3　捷豹路虎卓越培训项目邢台启动典礼

5.1.3　加强国际化师资队伍建设

学校加大教师国际化理念培养力度，出台相应政策，鼓励教师申报海外博士进修项目。今年共组织申报通过博士进修人员 104 人，其中进修海外博士 81 人，由于疫情影响无法正常到进修国家进行学习，部分学校可以通过网课进行学习（如图 5-4 所示），主要分布在菲律宾、韩国、马来西亚、泰国等国家。同时，针对教师双语能力的提升，学校持续开展外籍教师主讲的英语培训课程，为打造双语课程奠定基础。

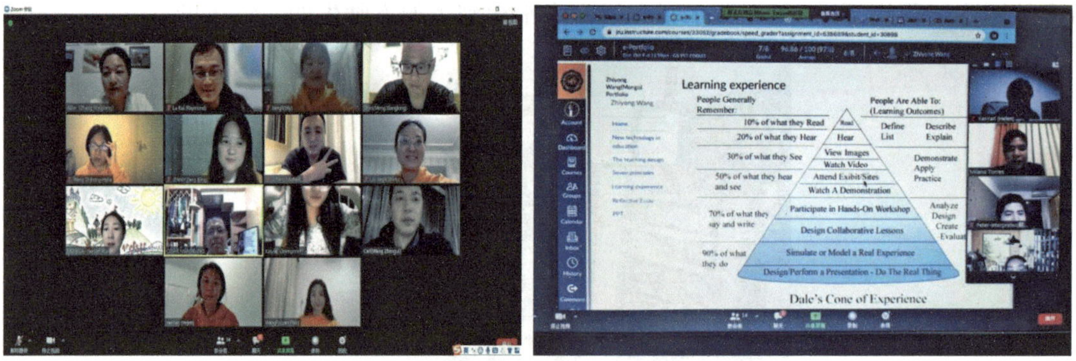

图 5-4　教师海外博士线上课程学习

5.2　海外办学深度建设

学校积极响应“一带一路”倡议，与泰国、俄罗斯、新加坡等开展了密集的合作与交流，与多个国家和地区建立了良好的合作交流关系，为促进中外职业教育交流和民心相通做出了积极贡献。

5.2.1　建设中国-东盟特色项目平台

学校精准对接“一带一路”共建国家职业教育需求，开展面向泰国、印度尼西亚等东盟国家的职教师资在线培训，并以多种国际交流方式的展开扩充了国际交流合作版图，相继与喀麦隆、南非、泰国、新加坡、柬埔寨、俄罗斯等国家和地区的院校签署合作协议（见图 5-5）。与新加坡南洋商学院、俄罗斯信息技术学院等举行线上会议，就课程共建、学分互认、师生交流、学术研发等多方面达成合作意向。在为泰国多所学校开展线上线下教师培训方面积累了经验，扩大了影响力。应邀为柬埔寨磅陈省理工学院开展了电子商务专业培训，得到柬埔寨教师的一致认可，双方院校达成合作协议。学校对外交流成果不断推进、走出去步伐坚定，跨境院校合作队伍不断壮大，逐步绘制一幅前景广阔、道路深远的国际成果蓝图。

图 5-5 与新加坡南洋商学院、柬埔寨磅陈省理工学院合作

5.2.2 成立中泰汽车产业学院

在 2021 年“5·18”廊坊经贸洽谈会河北科技工程职业技术大学分会场上，学校与泰国合作院校素叻他尼技术学院联合成立“中泰汽车产业学院”(见图 5-6)。汽车产业学院以汽车专业群国家级教学资源库为基础，面向国内外多层次人才，采取“中文+技能”人才培养模式，联合长城汽车跨国企业开发新能源汽车技术专业学历教育与培训相融合的国际化、模块化课程体系，构建国际通用的专业标准和课程标准，打造职业教育汽车检测与维修专业和专业群国际品牌，助力泰国培养新能源汽车技术专业人才。

图 5-6 与素叻他尼技术学院共建中泰汽车产业学院

5.3 教育资源不断输出

学校不断加强“中文+职业技能”守敬工坊建设，一直重视对外师资培训和“走出去”企业培训工作，不断推动职业教育走出去。在国际交流合作框架下，师资培训与服务走出去企业双管齐下，助推学校迈向国际合作宽广大道，彰显了学校教学和专业实力。

5.3.1 分享河北职教方案

持续与德国施马卡尔登应用技术大学、泰国敏布里职业技术学院、泰国春武里技术学院、泰国素叻他尼技术学院、泰国彭世洛职业技术学院、泰国曼谷工商管理与旅游学院、柬埔寨磅陈省理工学院、俄罗斯信息技术学院等职业学校开展合作，《中德合作机械制造与自动化专业》《中德合作汽车电子技术专业》等 17 个专业标准、434 个课程教学标准被采用。

5.3.2 举办国际师资培训

境外办学的成功运行开拓了更多的国际合作机会。学校精准对接“一带一路”共建国家职业教育需求，借助中国-东盟合作战略平台，利用学校优势专业开展国际职教师资培训。2020—2021 年先后与泰国职业教育委员会、泰国春武里技术学院、清迈技术学院、素叻他尼技术学院、柬埔寨磅陈省理工学院等合作开展旗袍技术、新能源汽车、工业机器人、电子商务等专业培训，推广了学校的优势专业，打造了良好培训口碑(如图 5-7 所示)。

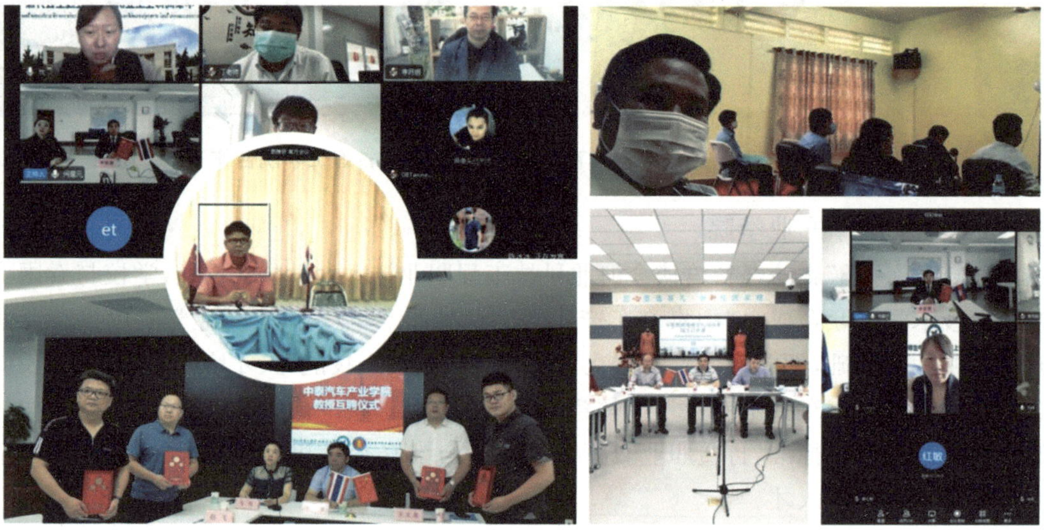

图 5-7　开展国际师资培训

5.3.3 开展走出去企业培训

坚持“立足河北、助推京津、辐射全国”的服务定位，面向高端装备制造业和生产性服务业，发挥职业教育助力功能，结合企业实际需求，与德龙钢铁有限公司、旭阳集团等“走出去”企业建立海外人才培训与技术服务合作，提高企业员工的生产管理、营销运营、技术技能、语言等能力，继续实现校企合作的理念，践行产学研用相结合的教学模式。

5.4 中华文化持续传播

针对“一带一路”职业教育行动规划，学校采用“中文＋职业技能”并重的留学生培养体系。以线上与线下多种渠道相结合、国内学生和境外学生双向交流为发展方向，打通跨文化交流通道，展示中华优秀文化。

5.4.1 实施线下交流学习

为进一步加强留学生培养力度，学校专门为大三在校喀麦隆留学生增设中级汉语课程，帮助留学生学习汉语，更好地实施“中文＋职业技能”人才培养模式。目前部分留学生已通过 HSK 四级水平考试。

虽然疫情当前，学校仍尽力为留学生营造良好的留学体验，提供丰富多彩的文娱活动。每逢中国传统节日，如春节、端午节等，校领导和相关老师都陪留学生一起度过，大家一起包饺子、包粽子、聊春节、话端午，让留学生们体验中国节日文化的同时，感受中国人的热情和如家般温暖的情谊。学校鼓励留学生参加学校各种活动，提高其校园生活的融入度。在服装工程系举办的第 22 届毕业生服装设计表演大赛中，留学生马克作为男模特参加服装演出，得到全场阵阵掌声。同时，中国学生和留学生也相互学习交流，建立友谊，帮助留学生进一步形成校园文化认同感。中外学生积极互动，开展体育友谊赛，交流各自风俗习惯，帮助留学生加深学校大家庭体验感。

在建党100周年之际，学校留学生阿可和付迪参加了省宣传部组织的在冀外籍人士共话中国共产党百年历史之西柏坡体验活动（见图5-8）。活动期间，付迪和阿可参观了西柏坡革命圣地，感受到中国的发展过程。回校后，付迪表示希望可以多参加类似活动，他对中共党史非常感兴趣，也希望回国后能分享给自己的朋友。

图5-8 喀麦隆留学生参加课外活动

5.4.2 推行线上汉语教学与文化传播

本着讲好中国故事、传播好中国声音的初衷，学校自招收留学生以来一直重视汉语学习和中华优秀传统文化的传播。疫情以来，学校坚持每学期通过互联网线上为泰国留学生开展汉语语言培训和中华传统文化讲解（如图5-9所示），涉及京剧、服装、饮食、高铁、5G等多方面知识，力求多角度、全方位展现快速发展的最真实的中国，反响良好。国际交流是宣扬中华优秀传统文化、传播中国故事的重要渠道，教育层次的交流是文化交流方面的深刻体现，学校践行国际交流初衷，努力培养更多知华、友华、爱华的外国友人。

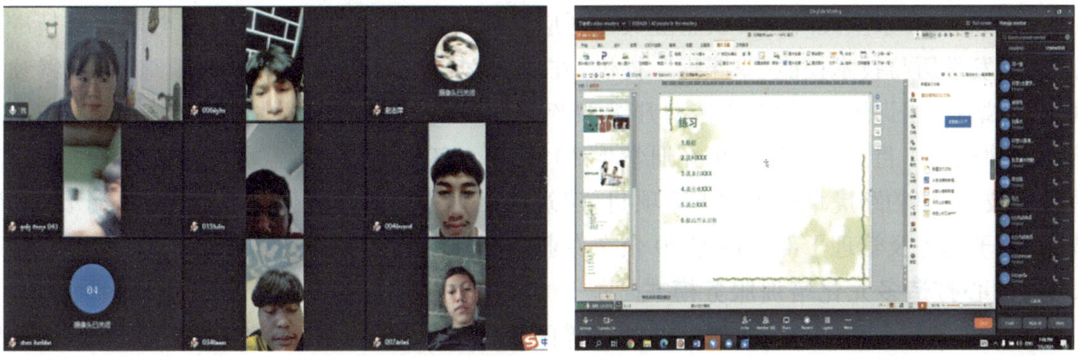

图5-9 中泰汉语和中华文化钉钉线上培训

6 服务贡献

6.1 开展高质量职业培训

深入贯彻落实党的十九大、十九届历次全会、全国教育大会及《中国教育现代化 2035》《职业教育改革实施方案》等精神，按照学校整体规划，服务终身学习体系，积极推进新时代继续教育发展与创新，增强继续教育服务的自觉性与使命感，立足邢台、服务京津冀协同发展，着力乡村振兴、雄安建设、企业转型升级等人力资源开发服务，广泛开展学历继续教育和教师、退役军人、企业员工、社区居民等培训服务，探索“多平台、全开放、广面向、多元化”职业继续教育范式，提升继续教育办学品质，积极打造智慧化继续教育服务平台，助力全民终身学习型社会发展。

6.1.1 适度增加学历继续教育规模

2020—2021 学年(2019 级、2020 级、2021 级)学历继续教育本科、专科在校生共有 5 970 人，其中专科 4 949 人，本科 1 021 人；下设石家庄铁道大学函授站等 4 个函授站，开设建筑工程技术、计算机网络技术、机电一体化技术、电气自动化技术、环境工程技术、黑色冶金技术、建筑钢结构工程技术、工程造价等专科专业 19 个，本科专业 15 个。

专业设置坚持以市场需求为导向，从国家、省、校级重点建设专业群中遴选与京津冀协同战略、雄安新区建设、区域产业发展具有良好契合度的专业，强化特色专业的建设。为满足区域产业、企业和学习者自身职业发展需要，结合京津冀协同战略框架下区域产业发展、乡村振兴等对人才需求的调研分析，结合学科优势和办学实际，对现有专业进行系统设计和优化调整，2020 年新增建筑钢结构工程技术、服装设计与工艺、投资与理财共 3 个专业。为适应科技与产业快速发展，跟踪前沿，保证人才培养不落伍，实时调整人才培养方案，2021 级人才培养方案调整率达到 100%。

6.1.2 积极参与职业技能提升行动

发挥高等职业技术院校优势，贯彻《职业技能提升行动方案(2019—2021 年)》要求，根据学校自身发展及学生综合素质提升的需要，积极开展大学毕业生 SYB(Start Your Business)创业培训，年培训 4 005 人，培训到款额 205.2 万元。

6.1.3 精准开展职业技能培训

适应产业需求，有效对接企业开展培训。针对邢台区域及冀南地区产业结构升级对人才的继续教育需求，与德龙钢铁、旭阳焦化、远大阀门、金鼎钢铁集团、新兴铸管股份有限公司等企业精准对接，开设“学历+技能提升培训”企业定制班，与企业人力资源部门共同评估企业转型升级发展对在职员工的职业素质提升需要及企业员工适应企业发展的匹配度，继续教育与培训链精准对接岗位链，开发学历与技术技能“双课程”，提供“在线教学+送教进企”、育训后跟踪到岗、继续教育再规划“一站式”培训服务，为企业转型升级和产业发展提供人才继续教育培养支撑，也成了自己的培训品牌项目。目前企业定制班在册学生 2 199 人。定制式培训覆盖黑色冶金技术、环境工程、应用化工技术、捷豹路虎卓越培训 EV 项目、建筑施工技术与管理、建筑工程计量与计价、服装技术技能、电子商务及管理干部培训等 20 余个专业类别。

6.1.4 精心打造多元化培训服务模式

紧紧围绕服务乡村振兴与全民终身学习等国家发展战略、区域经济发展等目标，广泛开展学历继续教育、企业定制班、职教师资培训、退役军人培训、技能扶贫培训及社区教育等多元化继续教育培训服务实践，逐渐形成了各具特色的多元化培训模式。

精准对接不同继续教育服务对象与培训需求，不断创新智慧型多元化的培训模式。面向师资培养采取校企理实分工、协同共训"联结式"专业化培训；面向退役军人转型，提供"学历＋职业技能"、心理适应培训及职业生涯规划、就业创业指导、就业推荐、创业孵化、训后跟踪"承包式"培训服务；面向企业开设"学历＋培训企业"定制班，培训链精准对接岗位链，开发学历与技术技能"双课程"，提供"在线教学＋送教进企"、育训后跟踪到岗、继续教育再规划"一站式"培训服务；找准社区教育服务需求，开发多样化社区教育课程包，构建"响应式"社区教育模式。

6.1.5　建设信息化培训平台与资源

基于智慧校园升级改造大平台，全面推进继续教育信息化建设。基本实现了从学生录取、网络学习、考试安排、成绩查询、毕业管理等环节的全程信息化管理；开设电子缴费平台，优化学生学费缴费方式。

强化智慧继续教育软硬件建设。投入40余万元建造智慧教室，优化直播系统、教学与培训管理平台；聚焦中国制造2025国家发展战略对人才培养培训的需求，遴选数控加工技术、机械制图2门机电类专业课和《计算机文化基础》通识教育课进行重点建设，2020年共新建5门特色课程、2个汽车类专业培训包；组织直播课程40余次，覆盖2 000余名学员；线上线下交互培训形式，应对疫情等异常状态，保证教育教学正常推进，同时对有效化解工学矛盾、不断提升教学质量发挥了重要作用。

6.1.6　承接国家级省级职教师资培训任务

积极承接职业院校教师素质提高计划国家级省级职教师资培训、市级中小学教师培训、专业技术人员知识更新工程人社厅高级研修班等培训任务，共培训895人、2 000余学时。打造了"四元教学设计在线工作坊"特色培训项目，参训教师带着任务参加培训，通过"带着做、做中教"的有效过程性指导，学员实现"做中学、能做到"的目标；"四元教学设计在线工作坊"在教育部高校教师网络培训中心上线，至今省内外职业院校、应用型本科院校的数百名教师参加了在线工作坊并给予好评。目前教育部高校教师网络培训中心共开展在线工作坊5个，其中邢台职业技术学院是唯一一所高职院校。

6.1.7　疫情之下稳步推进社区教育服务

在疫情特殊环境下，想方设法利用多种形式开展社区教育服务，除在线学习外，还积极利用户外环境开展继续教育服务，增加了电声乐队项目，完成了少年篮球训练营项目，社区及老年教育活动达到5 000余学时，并积极申报"河北省校办老年教育试点"。

一年来，继续教育与社会培训服务成效显著。继续教育与培训总量达到35 000余人次，28万余学时；农村再就业人员岗前培训、企业技术培训、社区教育等多形式、广面向的培训服务工作250余项；SYB创业培训4 005人、退役军人及消防人员适应性培训等2 300余人天；面向贫困人员线上培训20余人；拓展了旭阳焦化、远大阀门、河北奔发制衣等多家企业定制班，各专业积极利用信息技术手段，通过智慧职教等MOOC平台接受继续教育人数近万余人次，其中《汽车转向、行驶与制动系统故障诊断与修理》开课2期，参加学习人数4 362人；学校教师在钉钉、腾讯、火山、抖音等公共服务平台推出专业技能短微视频，点击量过千万，在线上线下交互中扩大了服务辐射面，实现了培训目标。

6.2　服务脱贫攻坚与乡村振兴

6.2.1　有力有序推进驻村扶贫

深入贯彻落实习近平总书记扶贫开发重要战略思想，按照党中央和省委的部署要求，积极选派优秀干部到贫困村担任第一书记。2020—2021 年，在学校党委的精心指导和大力支持下，徐平同志作为驻张家口市宣化区塔儿村乡西庄子村扶贫队员、第一书记，深深扎根农村、认真履职尽责，着力抓党建促脱贫、想措施防疫情、办实事惠民生、搞电商增收入、跑项目强致富，充分发挥了驻村一线“尖兵”作用，圆满完成了学校下达的驻村任务，展现了新时代共产党员的先进本色。徐平同志获“全省扶贫脱贫优秀驻村第一书记”荣誉称号(见图 6-1)。

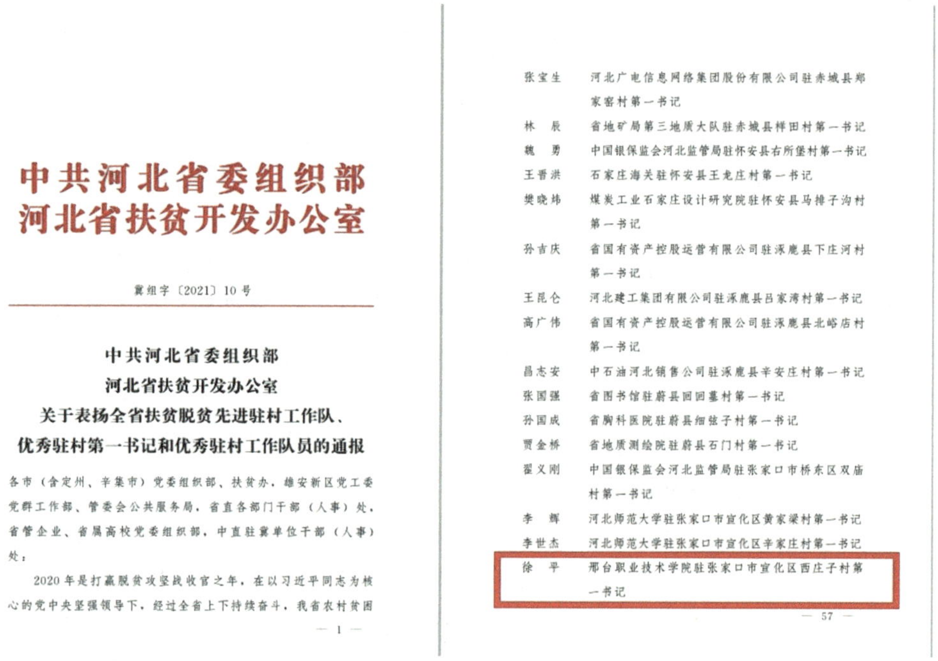
中共河北省委组织部
河北省扶贫开发办公室

冀组字〔2021〕10 号

中共河北省委组织部
河北省扶贫开发办公室
关于表扬全省扶贫脱贫先进驻村工作队、
优秀驻村第一书记和优秀驻村工作队员的通报

各市（含定州、辛集市）党委组织部、扶贫办，雄安新区党工委党群工作部、管委会公共服务局，省直各部门干部（人事）处，省管企业、省属高校党委组织部，中直驻冀单位干部（人事）处：

2020 年是打赢脱贫攻坚战收官之年，在以习近平同志为核心的党中央坚强领导下，经过全省上下持续奋斗，我省农村贫困

— 1 —

张宝生　河北广电信息网络集团股份有限公司驻赤城县郑家窑村第一书记
林　辰　省地矿局第三地质大队驻赤城县样田村第一书记
魏　勇　中国银保监会河北监管局驻怀安县右所堡村第一书记
王香洪　石家庄海关驻怀安县王龙庄村第一书记
樊晓炜　煤炭工业石家庄设计研究院驻怀安县马排子沟村第一书记
孙吉庆　省国有资产控股运营有限公司驻涿鹿县下庄河村第一书记
王昆仑　河北建工集团有限公司驻涿鹿县吕家湾村第一书记
高广伟　省国有资产控股运营有限公司驻涿鹿县北峪店村第一书记
昌志安　中石油河北销售公司驻涿鹿县辛安庄村第一书记
张国强　省图书馆驻蔚县回回墓村第一书记
孙国成　省胸科医院驻蔚县细弦子村第一书记
贾金桥　省地质测绘院驻蔚县石门村第一书记
翟义刚　中国银保监会河北监管局驻张家口市桥东区双庙村第一书记
李　辉　河北师范大学驻张家口市宣化区黄家梁村第一书记
李世杰　河北师范大学驻张家口市宣化区辛家庄村第一书记
徐　平　邢台职业技术学院驻张家口市宣化区西庄子村第一书记

— 57 —

图 6-1　学校驻村干部获“全省扶贫脱贫优秀驻村第一书记”荣誉称号

案例 6-1：从精准扶贫到乡村振兴　情系村民脱贫致富奔小康

2020 年学校定点扶贫村张家口市宣化区塔儿村乡西庄子村脱贫摘帽，学校驻村工作队乘势而上，接续奋斗，扩大脱贫攻坚成果，同乡村振兴有效衔接，做好乡村振兴工作。

一是抓项目建龙头，致力于把脱贫致富抓在手上。帮助鑫磊蔬菜种植专业合作社由种植向综合性种养殖转变，优化种养殖结构，抓品牌建设，延伸销售链条，特别是创建电商平台，产生显著经济效益，西瓜销往北京、天津、石家庄、邢台等地。二是抓党建建平台，致力于将强本固基扛在肩上。学先进提素质，选优配强，致富带头人引领发展；强培训提能力，组织村民进行“每人一技”技能培训；建模式重帮扶，推进“党建＋远教电商”“党建＋结对帮扶”。三是抓基础建机制，致力于将群众冷暖放在心上。增加村民居住安全感，改善村民出行条件，建立生活帮扶机制，丰富群众文化生活，建立精准救援机制。

近三年来，西庄子村村民年均收入增长 1 000 元以上，特别是建档立卡户实现年均增收 1 500 元以上，全村建档立卡户 91 户 150 人全部脱贫。学校西庄子村驻村工作队连续获省级优秀驻村工作队荣誉称号，驻村工作组在 2018 年、2019 年、2020 年终考核中连续获得优秀奖励。2021 年 4 月徐平同志被河北省委组织部、河北省扶贫办授予“全省扶贫脱贫优秀驻村第一书记”荣誉称号。

6.2.2　精准施策推进科技兴农

服务乡村振兴和脱贫攻坚培训教师 30 余名，对口帮扶中西部院校 2 所。与广宗县、威县教育局、职教中心等部门对接，实施“职业技能精准扶贫活动”具体计划，对所在地职教中心提供相应师

资支持，帮扶200余名职教教师。学校始终把科技创新和科技扶贫工作摆在重要位置，坚持“开展应用技术研究，服务区域经济社会发展”的科技工作定位。王怀宇老师作为学校选派“三区”的科技人才，长期从事环保专业的教学和科研服务工作，走访企业和乡村，踏踏实实为农民服务，解决了很多技术问题，为企业提出了新的发展方向，将科研成果应用于扶贫事业，2021年4月被中共河北省委、河北省人民政府授予“河北省脱贫攻坚先进个人”称号。

6.3 开展应用技术研究

坚持“立地式”科研定位，基于双高校建设需要和职教本科建设需求，实施科研提质赋能的“四提升”行动，着力构建高水平科技成果产出环境，完善科研机构、团队、人才管理，不断推进科研能力和科技服务质量提升，打造科研与技术服务工作新局面。

6.3.1 提升科研资源建设质量

完善科技成果产出环境，建设完善“系部-平台-团队-人才”四大科研资源体系。从高水平成果产出、科研内涵建设、社会服务和科研能力建设四方面建立系部科研评价考核指标体系；从高水平应用技术研究、引企入校、技术服务三方面建设省、市、校“三级三类”科研平台，优化平台申报、验收与评估流程，提升科研平台建设质量；从团队影响力、团队创新力、团队凝聚力三方面引导科研团队不断凝练科研方向，提升科研实力；从“科研青椒”“科研带头人”“创新方法”培训、知名专家经验交流等方面建立科技人才科研能力培训与提升体系，营造良好科研氛围，提升科技人才科研水平。

6.3.2 提升科技成果产出质量

持续引导教师不断凝练科研方向，提高应用技术研发水平。挖掘遴选水平强、前景好的现有科研成果，不断培育孵化科研成果上台阶；建立“学校科技成果库”，将高水平科技成果入库管理，实时掌握学校科技成果产出动态，完善科技成果管理体系；开展系列高水平“科研项目申报”“论文撰写”“专利申报”培育计划，进一步提升教师科研能力，提高科技成果产出质量。

6.3.3 提升科学研究管理质量

根据国家、省、市最新管理政策，持续增强科研管理科学性。完善《科研经费管理办法》《科研奖励管理办法》，调整科研经费科目及间接经费比例，促使科研经费合理化支出；建设河北省知识产权（邢台职业技术学院）培训基地、河北省知识产权公共服务网点、河北省（邢台职业技术学院）技术转移中心，强化知识产权管理水平，促进高质量、高价值知识产权产出。

6.3.4 提升科研管理服务质量

不断优化“科研项目管理平台”，简化科研项目申报、检查、验收等办事流程，让师生在做科研项目期间“少跑腿”，为科研人员“减负”，为科技创新“增力”；打造“大学生创新中心”“守敬科坊”“博士工作室”“创新团队工作室”“科技特派员工作室”等五类师生科技创新工作室，为科研人员提供硬件保障，为科技创新“添砖加瓦”。

6.3.5 做强军民两用技术服务

2020—2021年学校深度对接军工单位、军民融合型企业，面向军工特种车辆、军警特种服装、应急救援装备等3个领域，建设军工特种车辆技术研究中心、军警特种服新技术研究所、应急救援产业技术研究院。依托河北省军民融合产学研用示范基地，持续推进军民融合特色化科技服务，完成军民融合项目研究13项，新增军民融合成果11项，完成军民融合成果转化8项，带动一批省内职业院校积极参与军民融合发展。

案例6-2：军工特种车辆技术研究所研学并进　成果转化服务军民融合

军工特种车辆技术研究所的科研工作与学校县域科技服务站的企业走访相结合，充分与军民融合企业深度对接，了解企业在军工特种车领域的实际需求，开展相应的技术研发工作（如图 6-2 所示）。做到项目源于实践，服务于企业，有的放矢地开展研究工作并反哺教学。

需求导向深耕技术，实现多项成果转化。重点研究项目“轮履复合式变体车轮研发”在邢台市军民融合专项、校级应用创新项目以及河北金后盾专用汽车制造有限公司等多方支持下，在军用全地形车上装车实验获得成功，实现了军用特种车通过性能的跨越性提升，是汽车行走机构技术领域颠覆性的革命。2020 年，该项技术进入成果转化阶段，目前已和相关企业签订了成果转化协议。研究所成立一年来，实现了 3 项成果转化。

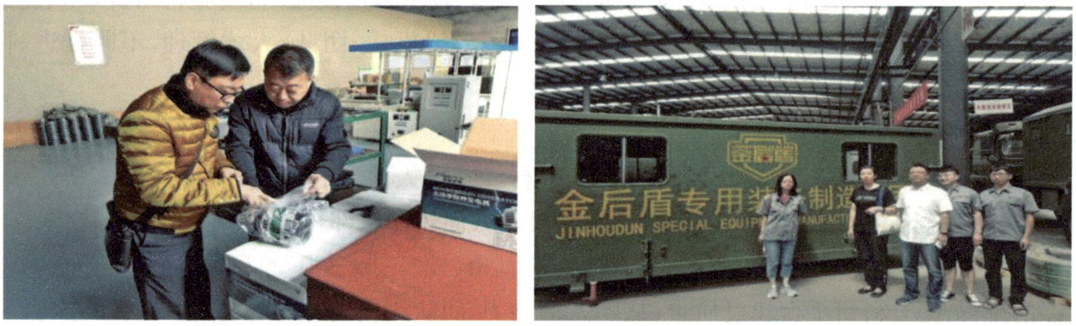

图 6-2　军工特种车辆技术研究所团队与军队保障性企业开展科研合作

研学并进、以赛促学，叫响特种车研发邢职品牌。研究所在开展军工项目研究工作的同时，也加强了对参与科研项目学生的培养。研究所教师带领团队学生参加了首届河北省大学生 TRIZ 专项赛并获得省一等奖（见图 6-3）。项目团队参加“挑战杯”河北省大学生创业计划大赛，获得河北省二等奖。大赛的成绩不仅是对一系列科研成果的肯定，同时也是向社会展示了研究所在军民融合方面所做的工作，打造了军工特种车研发“邢职”品牌，提升了研究所在全国高校同行的社会影响力。

证书编号：2019B103

中国创新方法大赛

河北赛区大学生TRIZ专项赛

获奖证书

学校：邢台职业技术学院

作品：基于TRIZ理论特种车用轮履复合变体车轮的设计

类别：工艺改进类

选手：王嘉琪、金龙、毕向军、徐凯健

TRIZ导师：赵良伟　　专业导师：马建伟

在“中国创新方法大赛河北赛区大学生专项赛决赛”暨“首届河北省大学生TRIZ专项赛”中荣获 一等奖。

二〇二〇年九月二十六日

图 6-3　军工特种车辆技术研究所学生团队参赛获奖证书

6.3.6 应用技术研发成效明显

2020—2021 年，学校成功获批河北省中小型非标装备技术创新中心等省级科研平台 3 个，邢台市先进生产性服务业新型研发机构等市级科研平台 1 个，省市校平台累计 28 个；引入企业研发机构 5 家，累计 25 家次；新建科研团队 6 个，累计 18 个，设置科研岗教师 19 名；开展科研培训交流与座谈 20 余次。承担教育部人文社科和省自然基金、社科基金等省级以上科研项目 37 项（近五年立项情况如图 6-4 所示）；授权发明专利 23 件，近 5 年累计 60 件（如图 6-5 所示），实用新型和外观专利 726 项，累计专利总计 1 430 件；发表 SCI/EI 等三大检索论文 86 篇（近五年发表各类论文情况如图 6-6 所示）。

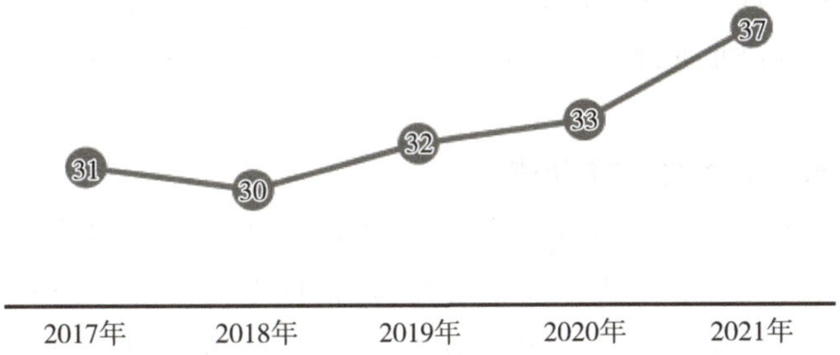

图 6-4 学校近五年立项省级以上项目趋势图（单位：项）

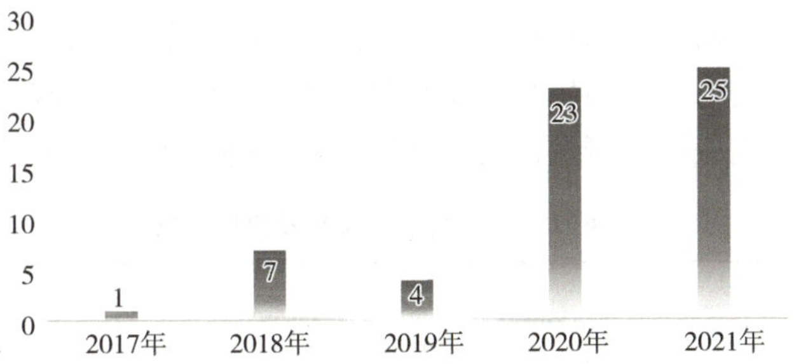

图 6-5 学校近五年授权发明专利（单位：件）

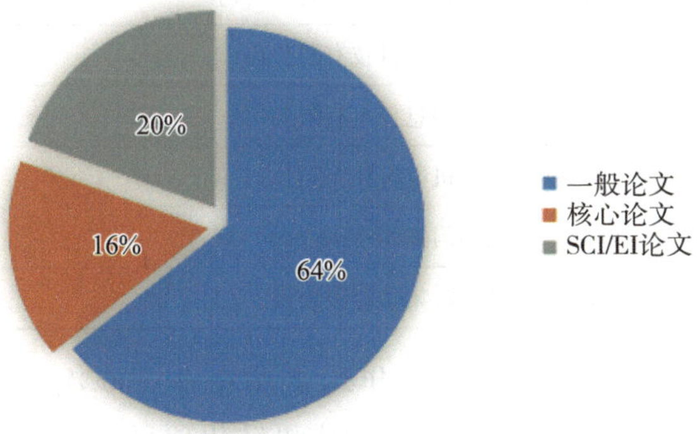

图 6-6 学校近五年发表论文结构图

6.4 服务地方经济社会发展

6.4.1 打造并完善“设站进区”技术服务体系

构建并持续完善“设站进区”合作模式，消除空间与信息渠道阻隔，解决科技服务最后一公里问题。学校自 2018 年起，深入邢台周边县域工业园区设立“技术服务站”，以“一县一站”为抓手，在具有特色产业的县域建设科技服务工作站，打造区域产学研共生系统，形成政校企三方共赢的科技服务新模式。2020—2021 年，学校依托技术服务站，建立“政校企定期沟通”“驻站巡站有机结合”“服务记录备忘备案”技术创新服务三机制，为区域产业升级提供智囊团，为企业技术难题提供解决方案，为当地技术人才培养提供师资，通过“设站进区”服务模式的探索，直接拉近高职院校与产业企业空间距离，园区对学校的人才、技术需求也会更加依赖与信任。

6.4.2 打造“引企入校”校企创新联合体

与企业合作建立产业技术积累创新模式，将一线产业技术与高端技术人才引进校园，长期入驻。不同于“厂中校”“校中厂”等模式，“引企入校”是根据专业发展方向和建设需求，将企业的研发机构或者技术创新中心引入学校。2020—2021 年，学校各重点建设专业群积极引企入校，建立研发机构 9 家，累计 3 批 31 家次，开展技术创新与技术服务(见表 6-1)。在相关制度保障条件下，教师深度参与企业技术研发和技术创新，在自身得到技术技能积累的同时为企业提供了高水平的技术服务，校企合作建立的研发机构真正成为产业技术技能积累创新联合体。

依托引企入校研发机构，学校师生与企业研发人员协同开展科技创新、产品研发、工艺开发和技术推广等项目百余项，引企入校研发机构实现“一体多功能”，校企逐步形成“命运共同体”。

表 6-1 学校引企入校研发机构情况

序号	引进企业名称	引进时间
1	邢台中测仪器设备有限公司	2021 年
2	铸力机械河北股份有限公司	2021 年
3	邢台市和信企业管理咨询服务有限公司	2021 年
4	山东浪潮铸远教育科技有限公司	2021 年
5	河北伊克赛吉科技有限公司	2021 年
6	河北宏正信息技术有限公司	2021 年
7	河北创力机电科技有限公司	2020 年
8	远大阀门集团有限公司	2020 年
9	金鼎钢铁集团有限公司	2020 年

依托技术服务站、引企入校研发机构，年均走访企业 500 次，培养技术人才 1 200 人次。2020 年，学校面向区域产业企业开展技术服务和成果转化项目 186 项，与企业联合申报省市级科技计划项目 50 余项，技术服务和成果转化到款额 2 287 万元。

6.4.3 提供高水平技术技能人才

秉承服务社会的理念，学校一直深层次全方位参与区域经济发展，开展多种形式的校企合作。先后与河北春蕾实业集团、远大阀门集团共建产业学院；与旭阳集团、际华 3502 开展教育部现代学徒制试点班，建设现代学徒制特色学院；与金鼎钢铁集团联合举办“电子商务、机械制造与自动化金鼎班”;与长城汽车、宁纺集团、中国人民解放军第6410工厂等在人才培养、科技服务、毕业生就业等方面开展校企深度合作,实现生、校、企共赢。

2021届毕业生就业地区流向全国28个省、自治区、直辖市(毕业生就业主要地区流向见图6-7),留在河北省就业的毕业生人数占全部就业人数的50.34%,其中河北企业就业人数占企业就业总人数的68.71%;留在邢台区域内就业的毕业生占省内企业就业人数的27.57%(如图6-8所示)。(注:企业就业人数是指就业人数中减去专升本、参军入伍人数)

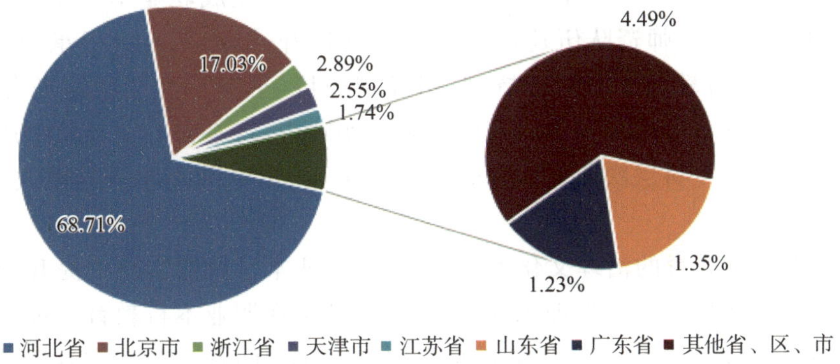

图6-7 应届毕业生企业就业主要地区流向

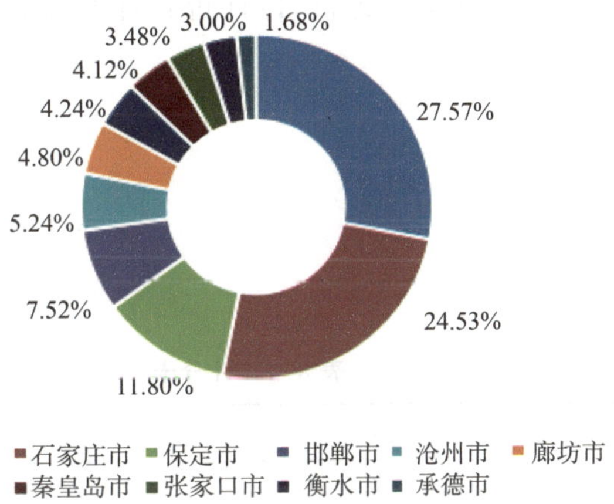

图6-8 应届毕业生省内各地市企业就业流向示意图

7 面临挑战

7.1 面临的挑战

一是职业本科教育和职业专科教育协调发展的挑战。职业本科教育试点学校,尤其是今后一定时期内本科、专科并存的职业技术大学,一方面要勇于担当起职业本科教育的实践任务,另一方面要继续保持职业专科教育的高质量发展,在办学投入、人才培养、硬件建设、科研服务等方面需要做好整体协调。

二是职业技术大学院校治理的挑战。同样由于本科、专科并存,高职专科教育在长期办学过程中形成了具有自身特色的校园文化、学校教育教学管理与治理模式。既要传承专科阶段所积淀的优良办学传统，又要适应新形势下各层次职业教育高质量发展的大环境，提升院校治理水平和治理能力现代化，是目前职业技术大学面临的一个重大挑战。

7.2 拟采取的对策

一是坚持职业专科教育的办学特色不变色，并在职业本科教育实践中反哺高职专科。学校要统筹本科、专科建设，既要按照“十四五”规划保质保量地完成职业本科学校建设，又要保证高职专科层次的资金投入、师资队伍建设等各方面的提升，继续积极申报承担“提质培优”“双高计划”等促进职业专科教育发展的支持型、引导型项目（平台），为社会输送合格的专科层次技术技能人才。在举办本科层次职业教育的探索与实践中，将本科办学经验中适用于高职专科教育的部分消化吸收到专科层次职业教育教学当中来，优化专科人才培养模式，促进职业专科教育更高质量发展。

二是继承高职专科教育的治理文化不弱化，并在职业本科教育实践中提升治理水平。学校要赓续专科办学阶段所形成的办学理念和文化传统，防范在职业本科教育管理和评价中受到数量众多的普通本科学校的影响而出现偏离职业教育方向的问题。坚持职业教育办学类型，进一步加强内部管理体制改革，进一步完善政府、行业组织、同行联盟、合作企业及社会文化多元共治的外部治理结构，要把教育评价作为推进院校治理的重要手段，对教育教学质量进行过程评价、增值评价、结果评价和综合评价，以评价管理的高效化、科学化不断提高学校治理水平。

8 附表

表 8-1 计分卡

院校代码	院校名称	指标		单位	2020 年	2021 年
16203	河北科技工程职业技术大学	1	就业率	%	97.42	95.54
		2	毕业生本省就业比例	%	50.40	68.12
		3	月收入	元	4 149.81	4 500.85
		4	理工农医类专业相关度	%	92.38	92.38
		5	母校满意度	%	96.00	96.50
		6	自主创业比例	%	1.50	1.49
		7	雇主满意度	%	97.00	96.49
		8	毕业三年晋升比例	%	95.11	95.43

注：指标 4 理工农医类专业相关度，数据采集平台自动计算为 75.13%，而学校实际情况为 92.38%。原因：1. 数据采集平台中专接本升学人员无法填写是否对口（填上“对口”上传后该项仍是空白），而本校数据是按将专接本升学学生计入对口得出，为 92.38%；2. 该数值按“理工农医类专业对口就业人数/学校理工农医类专业毕业生数”计算为宜，但数据采集平台系统里未区分理工农医类，将包括非理工农医类专业在内的所有专业计入，故自动计算是按“理工农医类专业对口就业人数/学校所有专业毕业生数”，为 75.13%。

表 8-2　学生反馈表

院校代码	院校名称	指标			单位	2019 级	2020 级
16203	河北科技工程职业技术大学	1	全日制在校生人数		人	5 960	5 686
		2	教书育人满意度				
			(1)课堂育人	调研人次	人次	20 691	21 862
				满意度	%	99.27	99.48
			(2)课外育人	调研人次	人次	21 832	21 660
				满意度	%	98.98	98.85
		3	课程教学满意度				
			(1)思想政治课教学	调研课次	课次	652	1 279
				满意度	%	99.51	99.48
			(2)公共基础课(不含思想政治课)	调研课次	课次	1 304	3 964
				满意度	%	98.79	98.56
			(3)专业课教学	调研课次	课次	7 172	4 476
				满意度	%	99.57	99.46
		4	管理和服务工作满意度				
			(1)学生工作	调研人次	人次	19 201	20 083
				满意度	%	98.88	98.25
			(2)教学管理	调研人次	人次	21 552	22 437
				满意度	%	98.76	98.94
			(3)后勤服务	调研人次	人次	10 572	8 695
				满意度	%	95.84	95.93
		5	学生参与志愿者活动时间		人日	108 810	89 214
		6	学生社团参与度				
			(1)学生社团数		个	67	67
			(2)参与各社团的学生人数		人	13 010	13 531

注:学生参与的社团名称及各社团在 2020 学年的成员数量详见附表 8-2-1。

表 8-2-1　社团名称及成员数量

序号	社团名称(全称)	现有成员(人)
1	青年志愿者协会	6 167
2	武术协会	282
3	外语协会	726
4	晨曦文学社	576
5	电子维修协会	405
6	数字建模协会	390
7	梦之舟星剧团	687
8	吉他协会	368
9	乒乓球协会	380

续表

序号	社团名称(全称)	现有成员(人)
10	摄影协会	552
11	轮滑协会	290
12	兰亭书社	385
13	创业与就业协会	582
14	演讲与辩论协会	630
15	缘色动漫协会	509
16	平章汉服社	229
17	翰轩棋社	405
18	科技创新协会	496
19	汽车爱好者协会	461
20	魔术协会	191
21	羽毛球协会	345
22	人民防空志愿者服务队	470
23	时代先锋社团	972
24	军事协会	620
25	心理协会	791
26	川正跆拳道协会	205
27	飞翼无人机社团	282
28	工业机器人协会	295
29	记者站	330
30	大学生艺术团	1 023
31	微博协会	282
32	服饰装饰技术协会	392
33	服装高级定制研究会	348
34	资源与环境工程系创新创业协会	92
35	资源与环境工程系环境检测协会	78
36	建筑工程系学生创新创业协会	160
37	建筑工程系 BIM 信息化协会	171
38	汽车工程系巴哈大赛研究会	200
39	汽车工程系互联网＋双创协会	193
40	经济管理系市场营销服务队	271
41	经济管理系四维创新协会	163
42	经济管理系 M－3A 研究会	159
43	机电工程系逆向工程研究会	222
44	机电工程系大学生双创协会	175

续表

序号	社团名称(全称)	现有成员(人)
45	机电工程系智能制造技术工创坊	129
46	机电工程系机械创新设计工创坊	188
47	机电工程系液压气动技术工创坊	178
48	机电工程系模具技术工创坊	159
49	机电工程系机电技术工创坊	163
50	艺术与传媒系新视界传媒社	202
51	艺术与传媒系创意源设计协会	178
52	艺术与传媒系顶点视觉站	169
53	信息工程系大数据技术应用创新协会	92
54	信息工程系云计算技术应用创新协会	83
55	信息工程系工业互联网应用创新协会	65
56	信息工程系信息安全协会	329
57	信息工程系人工智能与嵌入式研究会	210
58	信息工程系物联网研究会	255
59	信息工程系虚拟现实研究会	146
60	电气工程系物联网技术应用创新工作室	129
61	电气工程系电子技术应用创新工作室	147
62	电气工程系现代电气技术应用守敬创新工作室	159
63	电气工程系工业机器人技术应用创新工作室	165
64	电气工程系传感器终端通信技术应用守敬工作室	100
65	电气工程系微控制技术应用创新工作室	92
66	电气工程系工业信息化技术应用创新工作室	68
67	电气工程系智能控制技术应用创新工作室	185

表 8-3　教学资源表

院校代码	院校名称	序号	指标	单位	2020 年	2021 年
16203	河北科技工程职业技术大学	1	生师比	—	14.69	14.40
		2	“双师”素质专任教师比例	%	79.22	87.24
		3	高级专业技术职务专任教师比例	%	37.21	34.75
		4	教学计划内课程总数	门	1556	1653
			其中:线上开设课程数	门	856	898
			线上课程课均学生数	人/门	145	129
		5	校园网主干最大带宽	Mbps	10 000	10 000
		6	校园网出口带宽	Mbps	5 000	5 200
		7	生均校内实践教学工位数	个/生	1.02	1.09
		8	生均教学科研仪器设备值	元/生	16 830.39	17 614.37

表 8-4　国际影响表

院校代码	院校名称	指标		单位	2020 年	2021 年
16203	河北科技工程职业技术大学	1	全日制国(境)外留学生人数(一年以上)	人	19	50
		2	非全日制国(境)外人员培训量	人日	40 320	10 234
		3	在校生服务“走出去”企业国(境)外实习时间	人日	840	1 890
		4	专任教师赴国(境)外指导和开展培训时间	人日	2 587	3 484
		5	在国(境)外组织担任职务的专任教师人数	人	45	50
		6	开发并被国(境)外采用的专业教学标准数	个	16	17
			开发并被国(境)外采用的课程教学标准数	个	418	434
		7	国(境)外技能大赛获奖数量	项	28	0
		8	国际合作科研平台数	个	0	0

注 1:由于新冠肺炎疫情影响,学校指标 2 和指标 4 的 2021 年填报数据中,部分课程是线上进行的。
注 2:部分指标逐一列出见附表 8-4-1 至表 8-4-6。

表 8-4-1　指标 1　全日制国(境)外留学生人数(一年以上)

序号	学生姓名	国籍	性别	所属系部	来华学习专业	学习期限
1	××× WILLIAM ×××	喀麦隆	男	汽车工程系	汽车制造与装配技术	2018.09—2021.07
2	××× GREENFIELD ×××	喀麦隆	男	电气工程系	电气自动化技术	2018.09—2021.07
3	××× NGWA ×××	喀麦隆	女	建筑工程系	建筑设计技术	2018.09—2021.07
4	×××ABARANGENG	喀麦隆	男	经济管理系	国际经济与贸易	2018.09—2021.07
5	××× ALI ×××	喀麦隆	男	信息工程系	软件技术	2018.09—2021.07
6	××× AXEL	喀麦隆	男	汽车工程系	汽车制造与装配技术	2018.09—2021.07
7	××× CADDY ×××	喀麦隆	女	服装工程系	服装设计与加工	2018.09—2021.07
8	×××SIEMENI ×××	喀麦隆	男	机电工程系	机械设计与制造	2018.09—2021.07
9	××× KANA ×××	喀麦隆	女	经济管理系	工商企业管理	2018.09—2021.07
10	××× ZAMBOU ×××	喀麦隆	男	汽车工程系	汽车制造与装配技术	2018.09—2021.07
11	××× FOTIO ×××	喀麦隆	男	电气工程系	通信技术	2019.09—2022.07
12	××× MICHAEL ×××	喀麦隆	男	电气工程系	电气自动化技术	2019.09—2022.07
13	××× FANDA ×××	喀麦隆	男	建筑工程系	建筑设计技术	2019.09—2022.07
14	××× PATENG ×××	喀麦隆	男	机电工程系	机械设计与制造	2019.09—2022.07

续表

序号	学生姓名	国籍	性别	所属系部	来华学习专业	学习期限
15	××× NJI ×××	喀麦隆	男	艺术与传媒系	环境艺术设计	2019.09—2022.07
16	××× KONYINGONG ×××	喀麦隆	男	电气工程系	通信技术	2019.09—2022.07
17	××× DIEUDONNE ×××	喀麦隆	男	服装工程系	服装设计与加工	2019.09—2022.07
18	××× LENNY ×××	喀麦隆	男	经济管理系	国际经济与贸易	2019.09—2022.07
19	××× VENCESLUS ×××	喀麦隆	男	经济管理系	旅游管理	2019.09—2022.07

注：按教育部职业教育与成人教育司（简称“职成司”）要求，提交报告时指标佐证必须有真实姓名，此次出版为保护个人信息，姓名只保留中间一部分。

表 8-4-2　指标 2　非全日制国（境）外人员培训量

名称	地点	人数	日期	天数	培养人数	合计（人日）
中泰汉语语言培训	钉钉线上	60	2021.01—2021.03；2021.07—2021.09	120	120	7200
新能源汽车培训	钉钉线上	33	2020.11	1	33	33
旗袍培训	钉钉线上	69	2021.05	1	69	69
电气技术培训	ZOOM	10	2021.04	1	10	10
汽车培训	钉钉线上	252	2021.07	1	252	252
喀麦隆留学生	实地	15+11	2020.09—2020.12；2021.02—2021.06	180	15+11	2670
					合计	10234

表 8-4-3　指标 3　在校生服务“走出去”企业国（境）外实习时间

名称	地点	人数	日期	天数	合计（人日）
中德合作办学项目	德国施马卡尔登应用技术大学	28	2020.11—2021.01	70	1960（28×70）

表 8-4-4　指标 4　专任教师赴国（境）外指导和开展培训时间

姓名	地点	人数	日期	天数	合计（人日）	上报数据（人日）
王 D×	钉钉	1	2020.11	1	33	33
王 Z×、臧××、张×	钉钉	3	2021.05	1	69	69
丁××	ZOOM	1	2021.04	1	10	10
王 D×	钉钉	1	2021.07	1	252	252
赴国外博士	线上	33	2020.08—2020.10；2021.04—2021.07	300	3120	3120
					合计	3 484

注：按教育部职成司要求，提交报告时指标佐证必须有真实姓名，此次出版只保留姓氏，为区分同姓者保留第二字首字母。

表 8-4-5 指标 5 在国(境)外组织担任职务的专任教师

序号	在国(境)外组织担任职务的专任教师姓名及职务	序号	在国(境)外组织担任职务的专任教师姓名及职务
1	刘 C× 泰国敏布里职业技术学院 顾问	26	臧×× 日本云雪国际公司 版师
2	马 D× 德国施马卡尔登应用技术大学 顾问	27	范×× 美国设计师协会会员
3	马 D× 泰国敏布里职业技术学院 顾问	28	王 ZG 美国设计师协会会员
4	李 X× 泰国敏布里职业技术学院 顾问	29	刘 H 美国设计师协会会员
5	许× 泰国敏布里职业技术学院 教学顾问	30	牛×× 美国设计师协会会员
6	张 J× 泰国敏布里职业技术学院 教学顾问	31	周× 美国设计师协会会员
7	褚×× 泰国敏布里职业技术学院 教学顾问	32	文×× 美国设计师协会会员
8	陈× 泰国敏布里职业技术学院 教学顾问	33	王 R× 美国设计师协会会员
9	马× 泰国敏布里职业技术学院 教学顾问	34	贡×× 美国设计师协会会员
10	李 X× 泰国东部职业教育机构 顾问	35	杨×× 美国设计师协会会员
11	马 J× 泰国东部职业教育机构 教学顾问	36	王 ZH 美国设计师协会会员
12	于×× 泰国东部职业教育机构 教学顾问	37	岳×× 美国设计师协会会员
13	李 Y× 泰国东部职业教育机构 教学顾问	38	张 Z× 美国设计师协会会员
14	范×× 泰国东部职业教育机构 教学顾问	39	王 F 美国设计师协会会员
15	王 ZG 泰国东部职业教育机构 教学顾问	40	孙× 美国设计师协会会员
16	王 J× 泰国东部职业教育机构 教学顾问	41	范×× 南非格特西班德职业技术学院服装学院 荣誉院长
17	孙× 美国设计师协会会员	42	肖×× 美国设计师协会会员
18	岳×× 南非格特西班德职业技术学院 特聘教师	43	张 J 美国设计师协会会员
19	张 J 南非格特西班德职业技术学院 特聘教师	44	吴×× 美国设计师协会会员
20	孙× 日本云雪国际公司 设计师	45	刘 Q× 美国设计师协会会员
21	马 C× 日本云雪国际公司 培训师	46	张 X× 美国设计师协会会员
22	李 Z× 日本云雪国际公司 技术开发	47	刘 L× 美国设计师协会会员
23	李 X 日本云雪国际公司 模特指导师	48	赵× 泰国素叻他尼技术学院 教学顾问
24	王 W× 泰国素叻他尼技术学院 教学顾问	49	王 D× 泰国素叻他尼技术学院 教学顾问
25	霍×× 泰国素叻他尼技术学院 教学顾问	50	盛×× 泰国素叻他尼技术学院 教学顾问

注:按教育部职成司要求,提交报告时指标佐证必须有真实姓名,此次出版只保留姓氏,为区分同姓者保留第二字首字母,仍不能区分的保留第三字首字母。

表 8-4-6 指标 6 开发并被国(境)外采用的专业教学标准数和课程教学标准数

序号	被国(境)外采用的专业标准	被国(境)外采用的课程教学标准数	国(境)外采用该专业标准的学校
1	中德合作机械制造与自动化专业	17 个	德国施马卡尔登应用技术大学 泰国敏布里职业技术学院
2	中德合作汽车电子技术专业	18 个	德国施马卡尔登应用技术大学 泰国敏布里职业技术学院
3	中德合作电气自动化技术专业	22 个	德国施马卡尔登应用技术大学 泰国敏布里职业技术学院
4	中德合作机电一体化技术专业	23 个	德国施马卡尔登应用技术大学 泰国敏布里职业技术学院
5	车辆工程本科专业	30 个	德国施马卡尔登应用技术大学 泰国敏布里职业技术学院
6	机械制造与自动化本科专业	31 个	德国施马卡尔登应用技术大学 泰国敏布里职业技术学院
7	电气自动化技术本科专业	24 个	德国施马卡尔登应用技术大学 泰国敏布里职业技术学院
8	服装设计与工艺专业	31 个	南非格特西班德职业技术学院 泰国敏布里职业技术学院
9	服装与服饰设计专业	30 个	南非格特西班德职业技术学院 泰国敏布里职业技术学院
10	人物形象设计专业	28 个	南非格特西班德职业技术学院 泰国敏布里职业技术学院
11	鞋类设计与工艺专业	19 个	南非格特西班德职业技术学院 泰国敏布里职业技术学院
12	产品艺术设计专业	26 个	南非格特西班德职业技术学院 泰国敏布里职业技术学院
13	服装设计与工程本科专业	32 个	南非格特西班德职业技术学院 泰国敏布里职业技术学院
14	市场营销(服装营销与管理)专业	45 个	南非格特西班德职业技术学院 泰国敏布里职业技术学院
15	新能源汽车技术专业	21 个	泰国素叻他尼技术学院 泰国彭世洛职业技术学院
16	旅游管理专业	21 个	泰国曼谷工商管理与旅游学院 泰国敏布里职业技术学院
17	电子商务专业	16 个	柬埔寨磅陈省理工学院 俄罗斯信息技术学院
	合计 17 个专业标准	课程数共计 434 个	

以下为 434 个课程教学标准被国(境)外采用的具体情况(表 8-5 至表 8-21):

(1)《中德合作机械制造与自动化专业》专业标准,被德国施马卡尔登应用技术大学和泰国敏布里职业技术学院采用;同时,如下 17 个课程标准被德国施马卡尔登应用技术大学和泰国敏布里职业技术学院采用。

表 8-5 《中德合作机械制造与自动化专业》专业标准

序号	《中德合作机械制造与自动化专业》被国（境）外采用的课程教学标准	序号	《中德合作机械制造与自动化专业》被国（境）外采用的课程教学标准
1	机械制图及 CAD	10	机械加工设备
2	材料技术	11	工业工程学
3	工程力学	12	机械制造工艺学
4	机械制造基础	13	计算机辅助设计
5	公差配合与技术测量	14	数控加工技术
6	电工及电子技术	15	机械创新设计
7	机械加工技术	16	先进制造技术
8	机械设计	17	识图训练及制图测绘
9	金属切削原理及刀具		

（2）《中德合作汽车电子技术专业》专业标准，被德国施马卡尔登应用技术大学和泰国敏布里职业技术学院采用；同时，如下 18 个课程标准被德国施马卡尔登应用技术大学和泰国敏布里职业技术学院采用。

表 8-6 《中德合作汽车电子技术专业》专业标准

序号	《中德合作汽车电子技术专业》被国（境）外采用的课程教学标准	序号	《中德合作汽车电子技术专业》被国（境）外采用的课程教学标准
1	汽车机械基础	10	汽车电路与电气系统的检测与修复
2	汽车构造与拆装	11	汽油发动机电控系统检测与修复
3	工程力学和材料学	12	汽车安全与舒适系统的诊断与修复
4	电子技术基础	13	汽车传动系统的检测与修复
5	车辆驱动技术	14	汽车转向、行驶与制动系统的检测与修复
6	电气系统设计	15	汽车维修企业管理
7	车辆电子工程信息学	16	汽车故障诊断与维修技术
8	微处理器	17	汽车市场营销
9	通信网络	18	汽车公关礼仪

（3）《中德合作电气自动化技术专业》专业标准，被德国施马卡尔登应用技术大学和泰国敏布里职业技术学院采用；同时，如下 22 个课程标准被德国施马卡尔登应用技术大学和泰国敏布里职业技术学院采用。

表 8-7 《中德合作电气自动化技术专业》专业标准

序号	《中德合作电气自动化技术专业》被国（境）外采用的课程教学标准	序号	《中德合作电气自动化技术专业》被国（境）外采用的课程教学标准
1	电路基础	12	电子测量技术
2	模拟电子技术	13	电力电子技术
3	电路技术Ⅰ	14	工业电子技术Ⅰ、Ⅱ
4	数字电子技术	15	自动控制系统实例分析（自动化技术）

续表

序号	《中德合作电气自动化技术专业》被国(境)外采用的课程教学标准	序号	《中德合作电气自动化技术专业》被国(境)外采用的课程教学标准
5	电路技术Ⅱ	16	PLC 控制系统编程与实现(控制技术)
6	电气 CAD	17	变频器与伺服系统应用技术(电子驱动技术)
7	C 语言	18	单片机小系统的设计与制作(单片机)
8	电子线路 CAD	19	总线系统
9	电机拖动与检修	20	工厂供配电
10	常用电气设备控制与检修	21	自动线安装调试与检修
11	自动化仪表应用技术	22	监控组态软件应用技术

(4)《中德合作机电一体化技术专业》专业标准，被德国施马卡尔登应用技术大学和泰国敏布里职业技术学院采用；同时，如下 23 个课程标准被德国施马卡尔登应用技术大学和泰国敏布里职业技术学院采用。

表 8-8 《中德合作机电一体化技术专业》专业标准

序号	《中德合作机电一体化技术专业》被国(境)外采用的课程教学标准	序号	《中德合作机电一体化技术专业》被国(境)外采用的课程教学标准
1	工程力学	13	电子测量技术
2	机械制图及 CADⅠ	14	电力电子技术
3	机械制图及 CADⅡ	15	工业电子技术Ⅰ、Ⅱ
4	机械制造	16	自动控制系统实例分析(自动化技术)
5	材料技术	17	PLC 控制系统编程与实现(控制技术)
6	公差配合与技术测量(制造计量技术)	18	变频器与伺服系统应用技术(电了驱动技术)
7	电工及电子技术	19	单片机小系统的设计与制作(单片机)
8	电子技术	20	总线系统
9	机械设计	21	工厂供配电
10	设计学	22	自动线安装调试与检修
11	PLC 编程及应用	23	监控组态软件应用技术
12	机床电气控制		

(5)《车辆工程本科专业》专业标准，被德国施马卡尔登应用技术大学和泰国敏布里职业技术学院采用；同时，如下 30 个课程标准被德国施马卡尔登应用技术大学和泰国敏布里职业技术学院采用。

表 8-9 《车辆工程本科专业》专业标准

序号	《车辆工程本科专业》被国(境)外采用的课程教学标准	序号	《车辆工程本科专业》被国(境)外采用的课程教学标准
1	机械制图Ⅰ	16	单片机原理及应用
2	机械制图Ⅱ	17	汽车电器设备
3	AutoCAD	18	发动机原理与汽车理论

续表

序号	《车辆工程本科专业》 被国(境)外采用的课程教学标准	序号	《车辆工程本科专业》 被国(境)外采用的课程教学标准
4	高级语言程序设计	19	汽车设计
5	理论力学	20	UG 三维设计
6	电工电子学	21	新能源汽车技术
7	机械原理	22	汽车制造工艺学
8	材料力学	23	汽车电子控制技术
9	机械设计	24	汽车专业英语
10	公差配合与技术测量	25	汽车保险与理赔
11	金属材料及工艺	26	汽车企业管理
12	液压与气压传动	27	汽车营销与策划
13	汽车构造与拆装Ⅰ	28	汽车检测技术
14	汽车构造与拆装Ⅱ	29	专用车结构与设计
15	CATIA 软件	30	汽车排放与噪声控制

(6)《机械制造与自动化本科专业》专业标准，被德国施马卡尔登应用技术大学和泰国敏布里职业技术学院采用；同时，如下 31 个课程标准被德国施马卡尔登应用技术大学和泰国敏布里职业技术学院采用。

表 8-10 《机械制造与自动化本科专业》专业标准

序号	《机械制造与自动化本科专业》 被国(境)外采用的课程教学标准	序号	《机械制造与自动化本科专业》 被国(境)外采用的课程教学标准
1	机制专业导论	17	液压与气压传动
2	计算机高级语言	18	测试技术
3	画法几何及机械制图Ⅰ	19	机床电气自动控制及 PLC
4	画法几何及机械制图Ⅱ	20	金属切削原理与刀具
5	机械 CAD	21	机械加工设备
6	计算机辅助设计	22	数控技术
7	理论力学	23	机床夹具设计
8	材料力学	24	机械制造工艺学
9	机械工程材料及热处理	25	先进制造技术
10	金属工艺学	26	机械设备故障诊断与维修
11	机械原理	27	逆向工程
12	机械设计	28	机械创新设计
13	电工与电子技术Ⅰ	29	生产运作管理
14	电工与电子技术Ⅱ	30	自动线与自动机
15	控制工程基础	31	模具设计与制造技术
16	公差配合与技术测量		

(7)《电气自动化技术本科专业》专业标准，被德国施马卡尔登应用技术大学和泰国敏布里职业技术学院采用；同时，如下24个课程标准被德国施马卡尔登应用技术大学和泰国敏布里职业技术学院采用。

表8-11 《电气自动化技术本科专业》专业标准

序号	《电气自动化技术本科专业》被国(境)外采用的课程教学标准	序号	《电气自动化技术本科专业》被国(境)外采用的课程教学标准
1	机械制图与CAD制图	13	工业机器人现场编程
2	电路	14	工业机器人虚拟仿真
3	模拟电子技术	15	传感器与仪表
4	数字电子技术	16	大中型PLC应用技术
5	常用电气控制设备	17	供配电技术
6	单片机小系统的设计与制作	18	自动化生产线调试与检修
7	电机及电力拖动	19	电子线路CAD
8	电力电子技术	20	液压与气动技术
9	自动控制原理	21	专业英语
10	现代企业管理学	22	EDA技术
11	小型PLC实践应用	23	现场总线与工业网络
12	变频器与组态软件应用	24	集散控制系统

(8)《服装设计与工艺专业》专业标准，被南非格特西班德职业技术学院和泰国敏布里职业技术学院采用；同时，如下31个课程标准被南非格特西班德职业技术学院和泰国敏布里职业技术学院采用。

表8-12 《服装设计与工艺专业》专业标准

序号	《服装设计与工艺专业》被国(境)外采用的课程教学标准	序号	《服装设计与工艺专业》被国(境)外采用的课程教学标准
1	服装常用设备使用与维修	17	服装制作工艺Ⅰ
2	服装材料	18	服装制作工艺Ⅱ
3	中外服装史	19	服装制作工艺Ⅲ
4	素描	20	服装制作工艺Ⅳ
5	服饰色彩与图案	21	服装CADⅠ
6	服装设计Ⅰ	22	服装CADⅡ
7	服装设计Ⅱ	23	立体裁剪Ⅰ
8	服装设计Ⅲ	24	立体裁剪Ⅱ
9	服装设计Ⅳ	25	现代服装工程管理Ⅰ
10	时装画Ⅰ	26	现代服装工程管理Ⅱ
11	时装画Ⅱ	27	CorelDRAW
12	服装结构制图与样板Ⅰ	28	Photoshop应用基础
13	服装结构制图与样板Ⅱ	29	服饰手工艺

续表

序号	《服装设计与工艺专业》 被国(境)外采用的课程教学标准	序号	《服装设计与工艺专业》 被国(境)外采用的课程教学标准
14	服装结构制图与样板Ⅲ	30	服装展示
15	服装结构制图与样板Ⅳ	31	针织服装技术
16	服装工业用样板		

(9)《服装与服饰设计专业》专业标准,被南非格特西班德职业技术学院和泰国敏布里职业技术学院采用;同时,如下 30 个课程标准被南非格特西班德职业技术学院和泰国敏布里职业技术学院采用。

表 8-13 《服装与服饰设计专业》专业标准

序号	《服装与服饰设计专业》 被国(境)外采用的课程教学标准	序号	《服装与服饰设计专业》 被国(境)外采用的课程教学标准
1	服饰色彩	16	服装结构制图与样板Ⅳ
2	素描	17	服装制作工艺Ⅰ
3	服饰图案	18	服装制作工艺Ⅱ
4	中外服装史	19	服装制作工艺Ⅲ
5	服装材料应用	20	服装制作工艺Ⅳ
6	时装画	21	立体裁剪Ⅰ
7	服装款式构成设计	22	立体裁剪Ⅱ
8	服装设计Ⅰ	23	服装市场营销
9	服装设计Ⅱ	24	服装商品企划
10	服装设计Ⅲ	25	服装品牌发展史
11	服装设计Ⅳ	26	CorelDRAW
12	服装设计Ⅴ	27	Photoshop 应用基础
13	服装结构制图与样板Ⅰ	28	服装 CAD
14	服装结构制图与样板Ⅱ	29	服装展示
15	服装结构制图与样板Ⅲ	30	服饰手工艺

(10)《人物形象设计专业》专业标准,被南非格特西班德职业技术学院和泰国敏布里职业技术学院采用;同时,如下 28 个课程标准被南非格特西班德职业技术学院和泰国敏布里职业技术学院采用。

表 8-14 《人物形象设计专业》专业标准

序号	《人物形象设计专业》 被国(境)外采用的课程教学标准	序号	《人物形象设计专业》 被国(境)外采用的课程教学标准
1	化妆基础Ⅰ	15	服装样板基础
2	化妆基础Ⅱ	16	服装制作工艺
3	时尚新娘妆造型	17	服饰色彩
4	发型造型基础	18	服装陈列Ⅰ

续表

序号	《人物形象设计专业》 被国(境)外采用的课程教学标准	序号	《人物形象设计专业》 被国(境)外采用的课程教学标准
5	素描	19	服装陈列Ⅱ
6	时尚美甲	20	服装立体造型设计
7	中外服装与化妆史	21	形体训练
8	服装材料应用	22	社交礼仪
9	时装画	23	知名服饰品牌赏析
10	服饰图案	24	电脑辅助设计Ⅰ
11	人物形象管理Ⅰ	25	电脑辅助设计Ⅱ
12	人物形象管理Ⅱ	26	时尚人物摄影
13	服装设计Ⅰ	27	时尚买手
14	服装设计Ⅱ	28	时尚纹绣

(11)《鞋类设计与工艺专业》专业标准,被南非格特西班德职业技术学院和泰国敏布里职业技术学院采用;同时,如下19个课程标准被南非格特西班德职业技术学院和泰国敏布里职业技术学院采用。

表8-15 《鞋类设计与工艺专业》专业标准

序号	《鞋类设计与工艺专业》 被国(境)外采用的课程教学标准	序号	《鞋类设计与工艺专业》 被国(境)外采用的课程教学标准
1	服饰图案	11	男鞋设计
2	素描	12	女鞋设计
3	鞋靴色彩设计	13	鞋靴款式构成设计
4	鞋靴材料	14	男鞋结构设计与制作
5	脚型测量与鞋号	15	女鞋结构设计与制作
6	鞋靴结构设计基础	16	运动休闲鞋结构设计与制作
7	鞋靴工艺基础	17	鞋靴数字化制版技术
8	鞋靴设计基础	18	春夏鞋靴产品设计开发
9	鞋靴效果图	19	秋冬鞋靴产品设计开发
10	鞋靴计算机辅助设计		

(12)《产品艺术设计专业》专业标准,被南非格特西班德职业技术学院和泰国敏布里职业技术学院采用;同时,如下26个课程标准被南非格特西班德职业技术学院和泰国敏布里职业技术学院采用。

表8-16 《产品艺术设计专业》专业标准

序号	《产品艺术设计专业》 被国(境)外采用的课程教学标准	序号	《产品艺术设计专业》 被国(境)外采用的课程教学标准
1	图案设计	14	皮革文化创意产品设计与制作
2	素描	15	男鞋设计
3	产品色彩设计	16	男鞋制版与工艺

续表

序号	《产品艺术设计专业》 被国(境)外采用的课程教学标准	序号	《产品艺术设计专业》 被国(境)外采用的课程教学标准
4	产品材料与工艺	17	女鞋设计
5	产品设计原理与方法	18	女鞋制版与工艺
6	皮具产品工艺基础	19	产品数字化制版技术
7	鞋靴结构设计基础	20	秋冬皮具产品设计开发
8	产品设计表达	21	春夏皮具产品设计开发
9	产品计算机辅助设计	22	皮具产品检测
10	女包制版与工艺	23	产品策划与营销
11	男包制版与工艺	24	设计管理
12	功能包制版与工艺	25	皮具产品电子商务
13	箱包设计	26	服饰陈列与搭配

(13)《服装设计与工程本科专业》专业标准，被南非格特西班德职业技术学院和泰国敏布里职业技术学院采用；同时，如下 32 个课程标准被南非格特西班德职业技术学院和泰国敏布里职业技术学院采用。

表 8-17 《服装设计与工程本科专业》专业标准

序号	《服装设计与工程本科专业》 被国(境)外采用的课程教学标准	序号	《服装设计与工程本科专业》 被国(境)外采用的课程教学标准
1	素描	17	服装制作工艺——高级时装定制
2	服装机械设备	18	时装画技法(一)
3	服饰色彩与图案	19	时装画技法(二)
4	服装材料学	20	服装设计——女装设计
5	中外服装史	21	服装设计——男装设计
6	服装设计——服装款式设计基础	22	服装设计——品牌服装设计
7	服装制图与工艺基础	23	立体裁剪(一)
8	管理学基础	24	立体裁剪(二)
9	服装结构制图与样板——基础款式结构设计	25	服装 CAD
10	服装结构制图与样板——女装结构设计	26	服装 CAD、CAM 应用
11	服装结构制图与样板——男装结构设计	27	服装生产技术管理
12	服装结构制图与样板——礼服结构设计	28	服装商品企划
13	服装制作工艺——基础款式工艺	29	服装市场营销
14	服装制作工艺——女装工艺	30	服装品牌运营管理
15	服装制作工艺——男装工艺	31	CorelDRAW
16	服装制作工艺——礼服工艺	32	Photoshop

(14)《市场营销(服装营销与管理)专业》专业标准，被南非格特西班德职业技术学院和泰国敏布里职业技术学院采用；同时，如下 45 个课程标准被南非格特西班德职业技术学院和泰国敏布里职业技术学院采用。

表 8-18 《市场营销(服装营销与管理)专业》专业标准

序号	《市场营销(服装营销与管理)专业》被国(境)外采用的课程教学标准	序号	《市场营销(服装营销与管理)专业》被国(境)外采用的课程教学标准
1	基础素描	24	服装设计Ⅳ
2	设计素描	25	服装设计——品牌成衣设计
3	时装画Ⅰ	26	服装常用设备使用与维修
4	时装画Ⅱ	27	服装材料
5	时装画Ⅲ	28	中外服装史
6	时装画Ⅳ	29	服饰色彩与图案
7	服装结构制图与样板基础Ⅰ	30	立体裁剪
8	服装结构制图与样板基础Ⅱ	31	服装市场营销基础
9	服装结构制图与样板基础Ⅲ	32	服装商品色彩构成
10	服装结构制图与样板基础Ⅳ	33	人物形象管理
11	服装结构制图与样板——女装	34	服装商品概论
12	服装结构制图与样板——男装	35	消费心理学
13	服装工业用样板	36	服装商品企划Ⅰ
14	服装制作工艺基础Ⅰ	37	服装商品企划Ⅱ
15	服装制作工艺基础Ⅱ	38	服装市场营销实务
16	服装制作工艺基础Ⅲ	39	Photoshop
17	服装制作工艺基础Ⅳ	40	CorelDRAW
18	服装制作工艺Ⅰ	41	服装企业生产管理
19	服装制作工艺Ⅱ	42	视觉营销(VMD)Ⅰ
20	服装制作工艺Ⅲ	43	视觉营销(VMD)Ⅱ
21	服装设计Ⅰ	44	品牌服装专卖店营销策划
22	服装设计Ⅱ	45	品牌服装专卖店销售实务
23	服装设计Ⅲ		

(15)《新能源汽车技术专业》专业标准,被泰国素叻他尼技术学院和泰国彭世洛职业技术学院采用;同时,如下 21 个课程标准被泰国素叻他尼技术学院和泰国彭世洛职业技术学院采用。

表 8-19 《新能源汽车技术专业》专业标准

序号	《新能源汽车技术专业》被国(境)外采用的课程教学标准	序号	《新能源汽车技术专业》被国(境)外采用的课程教学标准
1	汽车机械基础	12	特斯拉汽车电路与电气系统的检测与修复
2	汽车构造与拆装Ⅰ	13	★特斯拉新能源汽车动力电池与管理技术
3	汽车构造与拆装Ⅱ	14	★特斯拉新能源汽车驱动电机及控制技术
4	电工及电子技术Ⅰ	15	★特斯拉新能源汽车 PDI 检查与维护保养
5	电工及电子技术Ⅱ	16	★特斯拉汽车转向、行驶与制动系统的检测与维修
6	汽车单片机	17	特斯拉新能源汽车充电系统的检测与修复

续表

序号	《新能源汽车技术专业》被国(境)外采用的课程教学标准	序号	《新能源汽车技术专业》被国(境)外采用的课程教学标准
7	汽油发动机管理系统的诊断与修复	18	特斯拉新能源汽车传动系统的检测与修复
8	车载网络系统检测与修复	19	★特斯拉新能源汽车综合故障诊断
9	新能源汽车概述	20	特斯拉新能源汽车安全与舒适系统的诊断与修复
10	汽车服务企业管理	21	汽车电路与电气系统的检测与修复
11	★新能源汽车动力电池与管理技术		

(16)《旅游管理专业》专业标准,被泰国曼谷工商管理与旅游学院和泰国敏布里职业技术学院采用;同时,如下 21 个课程标准被泰国曼谷工商管理与旅游学院和泰国敏布里职业技术学院采用。

表 8-20 《旅游管理专业》专业标准

序号	《旅游管理专业》被国(境)外采用的课程教学标准	序号	《旅游管理专业》被国(境)外采用的课程教学标准
1	旅游英语口语训练	12	旅游学概论
2	实用礼仪	13	模拟导游
3	★旅游政策与法规Ⅰ	14	旅行社计调与外联
4	旅游政策与法规Ⅱ	15	旅游营销与策划
5	★导游基础知识Ⅰ	16	★酒店综合业务
6	导游基础知识Ⅱ	17	景区规划与运营
7	★导游业务Ⅰ	18	★旅行社经营管理
8	导游业务Ⅱ	19	会展策划与实务
9	★旅游规划与设计	20	创意旅游
10	服务心理学	21	茶艺与调酒
11	旅游人力资源管理		

(17)《电子商务专业》专业标准,被俄罗斯信息技术学院和柬埔寨磅陈省理工学院采用;同时,如下 16 个专业标准被俄罗斯信息技术学院和柬埔寨磅陈省理工学院采用。

表 8-21 《电子商务专业》专业标准

序号	《电子商务专业》被国(境)外采用的课程教学标准	序号	《电子商务专业》被国(境)外采用的课程教学标准
1	电子商务	9	进出口单证与操作
2	跨境电商运营	10	网络营销
3	国际市场营销	11	国际贸易地理
4	商务英语写作与翻译	12	社交与商务礼仪
5	贸易政策与措施	13	现代企业管理
6	业务磋商与谈判	14	基础会计
7	国际金融	15	英语口语
8	外贸函电	16	海关通关实务

表 8-22 服务贡献表

院校代码	院校名称	指标		单位	2020 年	2021 年
16203	河北科技工程职业技术大学	1	全日制在校生人数	人	16 019	16 158
			毕业生人数	人	4 959	5 092
			其中:就业人数	人	4 831	4 865
			毕业生就业去向	—	—	—
			A 类:留在当地就业人数	人	3 297	2 449
			B 类:到西部地区和东北地区就业人数	人	49	56
			C 类:到规模以下企业等基层服务人数	人	2 299	2 775
			D 类:到规模以上企业就业人数	人	1 534	713
			其中:到 500 强企业就业人数	人	547	683
		2	横向技术服务到款额	万元	2 056.73	2 057.00
			横向技术服务产生的经济效益	万元	19 508.00	19 508.00
		3	纵向科研经费到款额	万元	915.50	916.00
		4	技术交易到款额	万元	1 185.00	1 185.00
		5	专利申请/授权数量	项/项	329/129	625/521
			其中:发明专利申请/授权数量	项/项	26/4	60/23
		6	专利成果转化数量	项	8	25
		7	专利成果转化到款额	万元	49.6	56.00
		8	非学历培训项目数	项	238	254
		9	非学历培训时间	学时	265 528	287 648
		10	非学历培训到账经费	万元	1 087.61	1 095.47
		11	公益性培训服务	学时	3 960	4 800
		主要办学经费来源(单选):省级财政(√) 地市级财政( ) 区县级财政( ) 行业企业( ) 其他( )				

注:上表中指标 2、3、4 前后两年数据相同,原因:教育部 2021 年质量年报(即 2019—2020 学年院校年报)中涉及科研的指标 2、3、4 采集的数据是 2020 自然年的;截至目前,由于未到年终,2021 自然年的指标 2、3、4 数据尚不能确定,经咨询上级单位,要求上报至教育部 2022 年质量年报(即 2020—2021 学年院校年报)中的指标 2、3、4 也采集 2020 自然年的数据,故数据未变。

表 8-23 落实政策表

院校代码	院校名称	指标		单位	2020 年	2021 年
16203	河北科技工程职业技术大学	1	年生均财政拨款水平	元	19 404.95	17 823.22
			其中:年生均财政专项经费	元	12 825.83	11 395.56
		2	教职员工额定编制数	人	1 103	1 103
			在岗教职员工总数	人	1 002	856
			其中:专任教师总数	人	645	682
		3	企业提供的校内实践教学设备值	万元	4 161.80	3 719.61
		4	生均企业实习经费补贴	元	326	0
			其中:生均财政专项补贴	元	—	—
		5	生均企业实习责任保险补贴	元	40	0
			其中:生均财政专项补贴	元	—	—
		6	企业兼职教师年课时总量	课时	36 247	43 062
			年支付企业兼职教师课酬	元	5 188 800.00	6 118 600.00
			其中:财政专项补贴	元	0	0

报告二　2022 年度高等职业教育质量报告

（2021—2022 学年）

2022 年学校年报编制说明

2021 年，学校圆满完成年度工作任务，在疫情常态化防控、项目建设、职业本科建设、思政育人、教学改革、师资队伍建设、社会服务能力、招生就业工作、国际合作交流、基础设施建设、治理能力提升等方面亮点突出，为学校持续高质量发展奠定了坚实基础，实现了“十四五”良好开局。全国高等职业学校校长联席会议 2022 年 2 月遴选公布了 60 所高职院校资源建设优势学校、60 所高职院校服务贡献典型学校、100 所高职院校学生发展指数优秀院校、100 所高职院校教师发展指数优秀院校名单，河北科技工程职业技术大学成为河北省唯一“大满贯”院校。

2022 年，是“十四五”规划的承上启下之年，也是迎接党的二十大隆重召开的喜庆之年，又是职业教育提质培优、改革攻坚的关键之年。2022 年，新《中华人民共和国职业教育法》（以下简称《职业教育法》）颁布实施，确立职业教育与普通教育具有同等重要地位，破解职业教育发展的瓶颈障碍，为进一步深化改革提供了制度保障，职业教育发展迈上新阶段。这一年，学校牢牢把住人才培养质量关，有效推进育训结合分流分类培养复合型人才、政军校企共建高水平产教融合综合体、打造高水平“双师”“四能”教师队伍、生态布局打造技术服务高地、打造军民融合特色职教范式等重点工程，顺利实现“双高”项目各项任务预期目标，育人质量、服务能力显著，标志性成果丰硕，实现了高质量发展，在全省起到示范引领的职教改革先锋作用。

——学校顺利通过教育部财政部“双高计划”建设 2019—2021 年中期绩效评价检查，国家“双高计划”中期自评报告获专家组“优秀”评价。

——学校立项省高水平高职学校、省高水平专业群、省高水平产教融合实训基地等 22 个河北省高职创新发展行动计划（2022—2025 年）项目。

——学校职业本科招生专业达到 16 个，主持或参研职业本科专业教学标准 18 项；获批职业本科学士学位授予单位。

——本学年共获国赛一等奖 2 项，二等奖 1 项，三等奖 4 项。同时承办 2022 年全国职业院校技能大赛高职组河北赛区装备制造大类汽车技术赛项，斩获全国一等奖。2021 年全国职业院校技能大赛“优秀裁判员”获奖 1 人、“优秀工作者”获奖 1 人。

——学校获批建设“河北省人机环境热控制技术与装备重点实验室”“河北省外国院士工作站”等省级科研平台 2 个（省级科研平台累计 22 个）。

——校企以联合共研、技术服务、成果转化等方式开展产业、企业技术攻关项目 230 项，其中“电动汽车热管理关键技术的研究与应用”项目在 2021 年度河北省科技奖励大会上荣获河北省科学技术进步奖；横纵向科研到款 2 477.64 万元。

——获得知识产权项目 238 个，其中发明专利授权 33 件。

——2022 年河北科技工程职业技术大学汽车工程系教师党支部作为第二批“全国党建工作

样板支部”建设单位验收通过；马列教学部党支部入选第三批“全国党建工作样板支部”培育创建单位；河北省师德标兵年度新增 1 人。

——2021 年 11 月，教育部公布全国行业职业教育教学指导委员会（2021—2025 年）和教育部职业院校教学（教育）指导委员会（2021—2025 年）组成人员名单，学校 7 人分别在 5 个行指委、2 个教指委担任委员。

——2021 年全国职业院校技能大赛教学能力比赛获一等奖 1 项、三等奖 2 项。2021 年 10 月在河北省高校第二届外语课程思政教学比赛决赛中荣获高职高专组特等奖。

——学校获批首批省级思政课名师工作室；2 名思政课教师获教育部首届思想政治理论课教师教学展示大赛一、二等奖；3 名教师获河北省青年教师思政课教学比赛（本科组）一、二、三等奖；获批 1 个省级思政课教师教学创新团队。

——学校荣获 2022 年河北省大中专学生志愿者暑期文化科技卫生“三下乡”社会实践活动优秀单位荣誉称号。

——推选的学生创业案例被评为“河北省高校毕业生就业创业典型案例”，入选教育部学生服务与素质发展中心组织的 2022 年第五届“闪亮的日子——青春该有的模样”大学生就业创业人物事迹。

——承担教育部 2021 年第二批产学合作协同育人项目 4 项。《校企“六协同”育人 高端定制助推产业转型发展》《互通式教学打破工学壁垒，递进式培养打造德技尖兵》两个案例获评教育部产教融合校企合作典型案例。2022 年，全国高职院校首批“产教融合 100 强”和“创新创业 100 强”（简称“双百强”）院校名单由金平果中国科教评价网予以公布，学校成功入选。

——获批檀润华省级外国院士工作站，共建长城汽车泰国人才培养基地，获批教育部中外语言交流合作中心教学资源库建设项目，国际化办学取得新进展。

——在金平果 2022 年职业本科院校综合竞争力排名中学校位列第 2 位，在高职发展智库“2022 中国高等职业院校改革活力指数排行榜”中学校位列第 22 位。

1 基本情况

1.1 办学定位

学校是独立设置的公办本科层次职业高等学校，也是河北省首批公办职业技术大学。学校立足邢台、服务河北、辐射京津，面向军地高端装备制造业及生产性服务业，对接河北省高端产业和产业高端打造智能制造、信息技术、新能源汽车等学科专业，形成“以工为主，工、经、管、艺协调发展”的高水平学科专业群，建设成为服务国家战略、支持区域发展、促进产业升级的全国一流、具有一定国际影响力的高水平职业技术大学。

1.2 专业设置

2022 年紧盯河北省经济社会发展需要，积极落实学校学科专业“十四五”发展规划，瞄准高端产业和产业高端，以服务战略性新兴产业和区域主导产业为导向，以技术复杂度高、确需长学制培养为依据，对接新能源汽车、高端装备制造、新一代信息技术等战略性新兴产业，以及纺织服装、建筑、现代服务、能源等优势传统产业的高端，布局新能源汽车工程技术、智能制造工程技术等本科专业，重点打造8个专业群，形成以汽车工程、机电工程、电气工程专业群为主体，以信息技术、管理服务专业群为融合支撑，以服装工程、建筑工程、能源动力专业群为发展特色的“一体两翼”专业群布局。2021—2022学年，学校共开设74个专业，其中重点专业29个，职业本科专业16个，高职专科专业58个。

1.3 在校生规模与生源分布

目前学校全日制在校生17 897人，其中高职专科生17 565人，职业本科生332人，普通高中生源13 519人，中职生源2 654人。

2022年高职专科总招生计划5 300人，录取5 300人，最终报到5 145人，报到率97.1%。从生源省份来看，河北省录取4 545人，本省生源占比85.75%；省外录取755人，占比14.25%。从生源质量来看，有5 116人为第一志愿录取，较2021年一志愿录取率有所提高。

1.4 师资队伍结构

学校师资力量雄厚，拥有一支师德高尚、技艺精湛、专兼结合、结构合理、数量充足的高素质“双师型”教师队伍（教师基本情况见表1-1）。2022年教职工总数为1 272人，其中专任教师995人，聘任校外企业骨干、行业精英252人来校兼职任教，外籍教师7人。专任教师中，具有高级职称教师307人，占比30.85%；具有硕士以上学位教师845人，占比84.92%；“双师素质”专任教师857人，占比86.13%；45岁以下教师774人，占比77.79%。生师比为15.45。2022年学校共有1人获河北省师德标兵，45人获邢台市燕赵英才卡（B卡），邢台市第八批市管优秀专家考核通过1人，邢台市“从教三十年”教师11人。

表1-1 学校2020—2022年教师基本情况

序号	指标	单位	2020年	2021年	2022年
1	教职工总数	人	858	919	1 272
2	其中：专任教师总数	人	645	686	995
3	生师比	—	14.69	14.30	15.45
4	“双师素质”专任教师比例	%	79.22	85.94	86.13
5	高级专业技术职务专任教师比例	%	37.21	34.11	30.85
6	具有硕士以上学位教师占专任教师比例	%	85.27	87.17	84.92

1.5 教学条件

1.5.1 教学用房情况

学校现有三个校区，分别位于泉南西大街（东校区）、太行路（西校区）、邢州大道（此为在建校区）。截至2022年9月，学校总占地面积515 842.58平方米，校舍总建筑面积为475 634.58平方米，教学科研及辅助用房面积为227 279.66平方米，专业教学实训用房77 701.23平方米，行政办公用房为62 055.55平方米，学生宿舍面积117 285.45平方米。校内实践教学场所184个，校外实践教学场所635个，省级以上实训基地7个。运动场60 000.3平方米，室内体育用房13 776.73平方米，大学生活动用房5 030平方米（占地及用房情况见表1-2）。

表 1-2 占地面积、教学用房及学生宿舍情况

项目		数值
占地面积	总占地面积(平方米)	515 842.58
	生均占地面积(平方米)	28.82
教学科研及辅助用房	教学科研及辅助用房总面积(平方米)	227 279.66
	生均教学科研及辅助用房面积(平方米)	12.70
学生宿舍	学生宿舍总面积(平方米)	117 285.45
	生均宿舍面积(平方米)	6.55

注:生均值按总值÷17 897(全日制本专科生总数)计算。

1.5.2 图书文献资源

学校现有图书 142 万册,新增纸质图书 56 000 册,中文纸质专业期刊 570 种,电子专业期刊 7 500 种,电子图书 422 845 册,电子期刊 120 000 册,学位论文 2 650 000 册,音视频数字资源 456 小时,数字化资源总量 18 000 GB,数据库 11 个。图书流通量 72 204 本次,电子资源访问量 2 627 299 次,电子资源下载量 122 100 次(图书文献资源总体情况见表 1-3)。

表 1-3 图书馆藏书与生均图书数

项目		数值
纸质图书	纸质图书总数(册)	1 420 000
	当年新增纸质图书数(册)	56 000
电子图书	电子图书总数(册)	422 845
生均图书数(册)		100.34
高职综合类学校基本办学条件合格指标(册/生)		80

1.5.3 教学实验设备

学校教学仪器设备总值 30 465.78 万元,当年新增 1 749.98 万元,生均教学科研仪器设备值 17 022.84 元/生,教学用计算机(终端)台数 6 853 台,百名学生配教学用计算机台数 38.01 台/百生。拥有校内实践教学场所 184 个,其中虚拟仿真实训室 12 个,培训基地 53 个,应用技术研发中心 38 个;省级以上实训基地 7 个(教学科研仪器设备情况见表 1-4)。

表 1-4 教学科研仪器设备情况

项目	数值
教学科研仪器设备资产总值(万元)	30 465.78
生均教学科研仪器设备值(万元)	1.70
当年新增教学科研仪器设备值(万元)	1 749.98
新增教学科研仪器设备比例	5.74%

1.5.4 教学信息资源

经过智慧校园二期建设,校级数据库及“一表通”平台已经建设完毕,现已实现学生校内一张表,教工校内一张表,初步做到学校数据“一数一源”。通过加强智慧校园信息化基础设施和数据设施建设,目前校园网出口带宽已达到 6 000 Mbps,校园网主干最大带宽 40 000 Mbps,网络接入信息点 2 000 个、管理信息系统数据总量达 6 000 GB。全校已经实现 WiFi 6 无线网全覆盖。

“智慧+”软硬件信息化教学条件巩固升级。2022 年,学校组织各教学单位充分利用信息化

平台及专业资源库、在线开放课、虚拟仿真平台等资源，实施线上线下混合式教学。高效运行“一平三端”教学平台，以泛雅网络教学平台为中心，实现对课堂教学、学生自学和教务管理的全流程管理，覆盖课前、课中、课后日常教学全过程。2022 年教学运行大数据显示，教师访问量 760 万余次，学生访问量 4 亿余次，活跃课程门数 1 069 门，上传资源总量 2.5 万个，运行 5 580 班次，教学使用效果良好。教务系统增加专业分流新功能等，解决本科课程模块化教学分班管理，有效配合学校人才培养模式的创新；教务系统和喜鹊儿 APP(手机客户端)年均师生访问量 70 余万人次。学校智慧教室占比逐步提升，专业课程教学常态化使用智慧教室；东、西校区 110 间多媒体教室更新安装云桌面，打造教师个性化教学空间，解决传统教学环境的局限性，有效减少运维成本。

2 学生发展

2.1 立德树人

学校深入学习贯彻落实习近平总书记重要讲话和《国家职业教育改革实施方案》《职业教育提质培优行动计划(2020—2023 年)》等文件的重要精神，紧紧围绕立德树人根本任务，积极推进新时代职业学校思想政治工作改革创新，把习近平新时代中国特色社会主义思想进教材、进课堂、进头脑工作贯穿到教育教学全过程、落实到管理服务各环节、覆盖到所有教育者和被教育者，教育广大教职工和青年学生增强“四个意识”，坚定“四个自信”，做到“两个维护”，促进党的理论创新成果内化于心、外化于行，为奋力推进“中国特色高水平职业院校”项目建设，实现学校高质量发展提供坚强的政治思想保证。

2.1.1 不断加强党的最新理论学习

坚持以习近平新时代中国特色社会主义思想为指导，制定了《2022 年政治理论学习重点内容安排》，并根据疫情防控要求，指导全校教职工通过线上线下、自学等形式，开展“周一夜学”、“三会一课”、主题党日等活动；进一步推广使用“学习强国”学习平台，学校注册使用学员 16 700 余人，有 160 余名学员获市级、校级“学习之星”，激发了广大师生政治理论学习的积极性、主动性。围绕党的青年运动史、建团 100 周年大会精神、新时代的伟大成就、党的二十大专题，通过支部大会、座谈会、主题团日等深入开展“永远跟党走 奋进新征程”主题教育实践活动；组织策划了“国旗下思政公开课”“我是青春领读人”等系列学习教育活动，组织拍摄《一起向未来》《百名青年送决议》等一系列文创作品，两部作品更是得到“学习强国”宣传报道，把党史学习的浓厚氛围延伸到了每个有青年学生的地方。

2.1.2 构建“一主两辅”思想政治教育体系

一主是主课堂，两辅是第二课堂和实践课堂。

(1) 守正创新，持续深化“四维协同”育人模式

充分发挥思想政治理论课作为落实立德树人根本任务的关键性课程作用，积极打造理论课堂、线上课堂、移动课堂、实践课堂四维度交互贯通的“四维课堂”，创设以新媒体、新技术元素为依托的立体化教学情境，立足“线上线下结合、理论实践结合、课内课外结合”实现协同育人，形成了河北科工大思政课“四维协同”教学模式，扎实推进新时代思政课守正创新。

(2) 因时而进，持续推进“智能＋教育”的实践教学项目

目前，马克思主义学院已建成省级虚拟仿真实践教学项目“燕赵风雨路 太行英雄魂”，荣获河

北省职业教育优秀虚拟仿真实训课程。以时间为轴，以燕赵英雄儿女壮烈故事为重点，为学生提供沉浸式、交互式学习体验，以具有创新性的教学方式激发课堂活力，提升育人效果。

(3)“做活做火”，持续打造思想政治理论课精品在线开放课

建成省级精品在线开放课程 2 门，校级在线开放课程 3 门，《思想道德与法治》《毛泽东思想和中国特色社会主义理论体系概论》两门课程分别获省级精品在线开放课一、二等奖。前者累计有 2 050 个学校（单位）的 62 342 人选课，MOOC 在线讨论量累计超 186 万，累计日志总数达超 1 985 万，后者选课人数高达 63 328 人，互动次数累计 732 922 次，辐射范围持续增大，影响力增强，为全国高职思政课教学提供了邢台范式。学校获批首批省级思政课名师工作室；2 名思政课教师获教育部首届思想政治理论课教师教学展示大赛一、二等奖；3 名教师获河北省青年教师思政课教学比赛本科组一、二、三等奖；3 名教师获河北省职业院校技能大赛教学能力比赛一等奖；获 1 项省教学成果三等奖；获批 1 个省级思政课教师教学创新团队等。同时，作为河北省高职高专思政联盟会长单位，以“公办高校与民办高校结对帮扶”为突破口，探索出结对帮扶“五联”新模式，开展对口帮扶 50 次，集体备课 26 次，请名师 40 人开展示范课 50 次，捐赠 24 万元共计 5 446 册书籍，为整体提升河北省高职高专思政课水平做出了重要贡献，受到省教育厅的肯定与表扬。

2.1.3 持续深化课程思政工作体系改革

构建了“一个领导小组、两个平台、三类德育课程、四级督导机制”的“1234”课程思政工作体系，坚持“课程思政”“科教融合”“课证融合”“专创融合”“赛教融合”的“五融合”理念，依托“专任教师＋思政教师＋辅导员＋能工巧匠”的复合型课程思政教学团队，充分挖掘专业课程中的思政元素，实现思政课程与课程思政的有机统一。学校立项建设融入思政教育的在线开放课程 81 门，在线课程选课人次超过 100 万人，其中 1 门课程获评国家级精品在线开放课程，1 门课程获评国家级课程思政示范课程，22 门课程获评省在线精品开放课程。全面落实了校级领导、中层党务干部、系主任讲思政课任务。

2.1.4 进一步强化青年学生理论武装

一是抓实“青年马克思主义者培养工程”。各级“青马班”积极邀请学校党政领导、专家学者和先进人物授课，通过专题讲座、集中学习、典型分享、交流研讨等，扎实推进习近平新时代中国特色社会主义思想入脑入心（如图 2-1 所示）。二是持续深化“青年大学习”网上主题团课学习。定期

图 2-1 河北科工大青年马克思主义者培养工程 2022 春季培训班开班

召开系部党政领导班子专题推进会，学习数据每周通报。2022年，学校累计参与人数近30万人次，各级团干部、学生会工作人员示范带头，引导学生自觉参与学习，切实提升参与率。2022年3月，校团委荣获河北省优秀高校团委。2022年5月，信息工程系团总支荣获2021年度"河北省五四红旗团支部"。2022年5月，荣获2021年度邢台市五四红旗团委，邢台市五四红旗团支部(总支)1个，邢台市优秀共青团干部2人、邢台市优秀共青团员4人。

案例2-1：从"心"着力，以"大思政课"为牵引推动思政课改革创新

习近平总书记强调，"'大思政课'我们要善用之"。参天之木，必有其根；怀山之水，必有其源。一直以来，河北科技工程职业技术大学遵循"德能并蓄，敏行担当"的校训，坚持"八个相统一"的精神内涵，始终高度重视思政课改革创新工作，认真落实立德树人的根本任务，从高质量完成党建巡察、河北省第二批高校思想政治理论课质量专项评估工作到获批"全国党建工作样板支部"；从获批省校两级教师教学创新团队到建设省级思政课河北科技工程职业技术大学祁凤华名师工作室；从获评省级精品在线开放课2门到建成校内虚拟仿真实践教学项目"燕赵风雨路 太行英雄魂"；从积极参加全国高职思政联盟"为建党一百周年献礼"活动到常态化开展省高职"公办-民办"20家院校思政课对口帮扶工作。学校以"大思政课"建设为牵引，通过党建引领、师资建设、教学改革，从"心"着力走出了一条特色鲜明、与时俱进的思政课教育教学守正创新之路。

坚持党对思政工作的领导，把握"中心轴"。马克思主义学院党支部在学校党委领导下，始终把政治建设摆在首位。以习近平新时代中国特色社会主义思想为指导，以党支部为战斗堡垒，把控意识形态，探索职业院校思政教育创新，用先进的理论武装头脑、健全的机构推进落实、完善的机制保障效果，以高质量党建引领思政工作的高质量发展。2022年2月21日，学校马克思主义学院党支部正式入选第三批"全国党建工作样板支部"培育创建单位。

坚持建设高素质专业化思政课教师队伍，增强"凝心力"。要让思想政治理论课成为点亮心灯的好课，离不开政治素质过硬、情怀深厚广博、业务精湛高超、人格谨严正直的高素质专业化思政课教师队伍。2021年3月，学校祁凤华名师工作室获批省级思政课名师工作室，多次邀请国内高校思想政治理论课名师在师资培养、课堂教学等方面进行示范、指导，搭建了促进青年教师专业成长和自我提升的发展平台，打造了一支新时代有成就、有影响力的思政课教师团队。同年5月，马克思主义学院正式确定为河北省第二批职业教育思想政治课教师教学创新团队立项建设单位。同时，作为河北省高职高专思想政治理论课建设联盟会长单位，学校坚持在全省高职高专院校思想政治理论课建设上下功夫，大力推进对口帮扶工作。以"公办高校与民办高校结对帮扶"为突破口，以课程建设、集体备课为发力点，探索并持续深入挖掘结对帮扶"五联"新模式，形成了"精品课程共享、课程经验共鉴、能力水平共进"的良好局面。

坚持思政课教学创新改革，搭建"连心桥"。学校坚持以"八个相统一"为指导，紧紧围绕立德树人根本任务，不断进行改革和探索，增强学生对思政理论课的获得感。学校致力于把握思政课建设规律，构建起"一主两辅"思想政治教育体系，形成了河北科工大思政课理论课堂、线上课堂、移动课堂、实践课堂"四维协同"教学模式，"做活做火"了思想政治理论课精品在线开放课，打造了"燕赵风雨路 太行英雄魂"虚拟仿真实践教学项目，通过体验式学习，激发课堂活力，提升育人效果。

坚持开发利用本地红色资源，抒写"丹心谱"。学校以"知行合一"理论为指导，结合本地红色资源，通过主题鲜明、内容新颖的主题教育活动，实现学生亲身参与、深度融入，打造多元化实践教学模式。建立校外实践课堂，拓展时空视野。学校相继在中国人民抗日军政大学纪念馆、郭守敬纪念馆、李保国纪念馆、桥西法院等多地设立校外思政教育实践基地，组织开展形式多样的实践教学活动：在以"青春向党 奋斗强国"为主题的实践活动中纪念五四运动，铭记历史感受青春力量；

开展《岁月征程》传唱以及河北科工大版《岁月征程》MV摄制活动，结合中国人民抗日军政大学（以下简称"抗大"）陈列馆、李保国科技馆、冀南革命纪念馆、晋冀鲁豫边区纪念馆等红色教育基地、城市建设地标，弘扬"郭守敬精神""抗大精神"，厚植家国情怀，激扬青春风采。通过深入挖掘源于本地的抗大文化、郭守敬文化等地方资源的教育价值，提炼太行山红色基因遗传代码，将抗大精神、吕玉兰精神、李保国精神等形成案例，融入教学，让学生重温革命历史，接受红色洗礼。

船的力量在帆上，人的力量在心上。"大思政课"建设以来形成的一系列规律性认识和成功经验，为思政课建设守正创新提供了重要基础，进一步增强了开拓"大思政课"建设新局面的能力和信心。

2.2 育人成效

2.2.1 学生学习满意度

本年度，学校通过第三方问卷对学生学习满意度进行了调查。结果显示，在校生总体满意度为96.37%，其中课堂育人满意度为98.89%，公共基础课教学满意度为98.91%。专业课教学满意度为99.42%；应届毕业生满意度为96%，毕业三年内毕业生满意度为96.92%。

本年度，学校还针对线上教学情况开展了两次问卷调查，其中秋、春季学期分别采集了10 821份、7 939份数据，学生的总体满意度分别为92.2%、93.6%（具体见表2-1）。

表2-1 学校2021—2022学年线上教学满意度情况

调查维度	秋季学期	春季学期
总体满意度	92.2%	93.6%
对所在系部教学管理满意度	94.1%	95.4%
对教师线上教学组织与课堂管控的满意度	95.4%	97.1%
对教师线上教学内容的满意度	95.9%	97.2%
对教师线上教学资源的数量和质量满意度	95.8%	96.8%
对教师线上教学作业布置与批阅的满意度	95.6%	96.3%
对教师线上辅导答疑的满意度	95.9%	97.3%
学生对自己线上学习效果的满意度	92.3%	94.0%

2.2.2 校园文化与学风

学校赓续邢职精神、军需传统，围绕"匠心军魂"文化育人核心理念，多层次构建"匠心军魂"文化体系，组织实施了"理念入脑入心、治理能力提升、校风教风学风建设、校园环境优化"四项工程，成效显著。

（1）培根铸魂，实施理念文化入脑入心工程

规范学校形象系统设计，在校园建筑物、日常办公场所等推广使用学校规范的形象标识，通过文化石、文化墙等展示文化标识；在各种文化活动中使用校徽校旗校训，广泛传唱校歌，在潜移默化中传播学校核心文化理念。

（2）完善制度，实施治理能力提升工程

将"匠心军魂"核心文化理念落实到专业标准、人才培养方案和教学实施等各个层面，融入教学管理、教学诊改、人才培养、科学研究、技术服务、党建思政等12个方面300余项规章制度中，形成了一套完善的现代化高校治理体制机制，营造了运行高效、规范有序的校园治理环境，增强了质

量文化意识，规范了办学行为和师生行为。

（3）规范行为，实施校风教风学风建设工程

通过“三大计划”持续打造“求实创新、精益求精”的校风、“敬业精业、乐教善学”的教风、“纪律严明、砥砺奋进”的学风，将“匠心军魂”作为文化基因，融入师生血脉转化为独有的行为特质。大力推进“文化奋进”计划：广泛开展人文素养课程和公益劳动周，举办高雅艺术进校园、阳光体育进校园等活动，激发学生活力；开展国际交流与合作，推动文化交融，激发学校办学活力。大力推进“军魂育师”计划：通过军风军魂培育师德师风，打造具有家国情怀、地方离不了、行业有影响的师资队伍；激励广大教师不忘立德树人初心，牢记为党育人、为国育才使命，做“四有”好老师。大力推进“军风塑行”计划：继承军校传统，坚持实行“带班员”制度，严格实行“一日生活制度”，进行规范要求和管理，强调时间上的秩序化、纪律性和执行力；坚持每周一升旗仪式后举办“国旗下的思政公开课”活动，年均参与人数达 5 万人次，收到良好效果；组建“红星团”开展军事技能训练和国防教育特色活动，并设立红星党支部开展党建活动，培养学生“雷厉风行、纪律严明”的军人作风。培养“四会”带班员 186 名，圆满完成 2022 级新生军训工作；2022 年学校共计 431 名学生光荣参军入伍，其中在校生 9 人，毕业生 422 人（5 人直招士官），远超学校大学生征集任务数 188 人。

（4）环境育人，实施校园环境优化工程

围绕核心文化理念，加强顶层设计，制定了校园环境文化建设规划设计方案，系统规划了独具特色的校园环境。以“守敬路”“精技路”“军风路”“军需路”等文字命名道路；建设校史馆、守敬文化广场、红星礼堂、军队文化长廊、党建长廊等文化场所；打造校训石、守敬问天雕塑、浮雕墙、石刻等校园文化设施；构建了“一湖三馆三堂三厅四广场六中心”的校园育人环境。通过环境文化的熏陶，让学生在潜移默化中受到“匠心军魂”核心文化理念的感染和教育。

经过不断创新、锤炼、实践，河北科技工程职业技术大学“匠心军魂”文化育人效应凸显，使得学校发展和人才培养迸发出蓬勃活力。学校获得“全国高职院校魅力校园”“全国普通高校毕业生就业工作先进集体”“河北省文明校园”等一系列荣誉称号。学校“匠心军魂”文化育人成果被国家主流媒体多次报道，产生了广泛影响。

良好的校风学风培育了优秀的大学生集体和个人。根据河北省教育厅《关于评选 2021—2022 学年省级三好学生、优秀学生干部和先进班集体的通知》《河北省教育厅关于评选河北省普通高等学校 2022 届优秀毕业生的通知》文件要求，组织评选省级先进班级 3 个、省级优秀学生干部 7 名、省级三好学生 24 名，省级优秀毕业生 161 名；评选校级先进班级 22 个、校级优秀学生干部 136 名、校级三好学生 587 名，校级优秀毕业生 108 名。西部计划志愿者 2021 届优秀毕业生李永康在云端参加了共青团成立 100 周年主题团日活动。

案例 2-2：“河北科工大榜样大学生年度人物”评选引领青年学生奋发向上

为深入贯彻落实全国高校思想政治工作会议精神和中共中央、国务院《关于加强和改进新形势下高校思想政治工作的意见》精神，紧紧围绕立德树人根本任务，积极培育和弘扬社会主义核心价值观，深入挖掘和宣传表彰大学生先进典型，学校持续开展了“河北科工大榜样大学生年度人物”评选工作。

面向全校学生寻访在社会实践、学术科研、创新创业、自强不息、见义勇为、孝老爱亲、全面发展、多才多艺等方面具有突出成绩或感动他人的事迹，经过逐级寻访、系部推荐、学校综合评审、公示等环节，最终机电系王树生、艺术与传媒系付宗烨、建筑工程系李论、资源与环境工程系张齐星、机电工程系王宝成五位同学获得 2021 年科工大榜样大学生年度人物奖；建筑工程系贾泽彬、艺术与传媒系李冰、服装工程系孔慧慧、信息工程系王佳祺、电气工程系阳光五位同学获得 2021 年科

工大榜样大学生年度人物提名奖。

学校已经连续三年举办榜样大学生年度人物的评选工作，在全校范围内营造学生奋发向上的良好氛围，引导青年学子以奋斗的姿态投身建功新时代的实践中，培育和践行社会主义核心价值观，发挥先进模范的示范引领作用。三年累计评选出榜样大学生团队与个人70余名，科工大"范"儿的榜样大学生充分展现了学校学生在各个方面拼搏奋斗取得的优异成绩和当代大学生的青春风采，生动诠释了"德能并蓄，敏行担当"的校训。

2.2.3 学生指导与服务

(1) 推行"五包五进"制度，全面联系学生

近400名党员干部参与"五包五进"包联制度，对接服务系部、学生党支部、年级、班级、社团，关注学生的课堂、宿舍、食堂、讲座、网络，提高了学生管理教育工作的及时性、实效性。

(2) 深入推进共青团改革，做好政治引领

一是规范化建设基层团组织，认真落实"三会两制一课"，推动将团的建设纳入高校党的建设总体格局同规划、同部署、同考核。扎实推进"学社衔接"工作，学社衔接率达94.6%。二是严格落实团学领域重大事项信息报送制度，健全校内舆情发现研判和处置机制，进一步提高综合研判和风险预警能力；严格落实团学新媒体"三审三校"制度，坚决避免因发布不当内容引发舆情；积极开展新媒体队伍作风建设和工作培训，切实提升风险防范意识和工作专业化水平。三是深化政治举荐，落实"两个一般、两个主要"要求，使"推优"工作逐步成为党组织发展青年党员的主要渠道，使共青团员成为党组织发展青年党员的主要来源。

(3) 深化学生会组织改革，做好学生服务

一是深化改革，引导学生会更好地服务青年学生成长成才。贯彻落实共青团中央、教育部、全国学联联合下发的《关于推动高校学生会(研究生会)深化改革的若干意见》，以及《高校学生会组织深化改革评估工作方案》，改革运行机制，明确职能定位，严格遴选程序，坚持精简原则，规范召开学生代表大会，不断加强作风建设。二是严格落实《新时代学联学生会工作实施方案》，开展团学骨干作风集中整治，开展"我为同学做实事"主题实践活动(见图2-2)。组织各级团干部、学生会工作人员围绕帮助同学解决学业进步、就业发展、家庭困难、身体健康、社会融入等，切实服务解决青年学生学习、生活的突出困难和问题。

图2-2 "我为同学做实事"主题实践活动

（4）深入开展“疫”线服务，做好后勤保障

后勤管理处本着“服务为本，师生至上”的理念，以饱满的工作热情和积极的工作状态为师生提供高效的后勤服务。健全问题反馈机制，召开学生座谈会，广泛收集学生对后勤服务的意见和建议，不断提升服务质量和服务水平。饮食上，对原材料来源、饭菜制作的每个工序严格把关，制定学生一周菜谱、送餐方式，各餐厅筹备一次性餐盒、餐具用来给学生们送餐到宿舍使用，不仅准备了一次性筷子、勺子、装米饭使用的餐盒和装汤的汤碗，还有四合一餐具包等。贴心服务为学生创造了良好的学习生活氛围，得到学生的好评。

（5）巩固资助工作体系，做实做细学生资助

一是有计划、有重点、有针对性地开展学生资助政策宣传。全面落实“1222”资助政策宣传制度，全年发放“资助政策宣传信”和“学生享受资助说明信”并如期回收回执 1 万余份，开展毕业生和新生资助课 200 余节次，确保政策宣传和教育引导及时到位。二是巩固奖、勤、助、贷、补、免多元混合资助工作体系。完善特殊困难救助机制，推动奖学金、勤工助学、国家助学金、生源地助学贷款、特殊困难补贴、学费减免等家庭经济困难学生资助工作扎实开展，确保受疫情影响学生应助尽助。三是圆满完成了 2022 年学生资助工作。评审国家奖学金获奖学生 26 名，发放奖励 20.8 万元；评审国家励志奖学金获奖学生 756 名，发放奖励 378 万元；评审国家助学金受助学生 5 280 名，发放奖励 871.2 万元；资助建档立卡家庭经济困难学生 551 人次；评审学校奖学金获奖学生 3 223 名，发放奖励 182.37 万元（含评审各类单项奖学金获得者 581 人次，奖励金额合计 27 万余元；技能竞赛奖励获得者 231 人次，奖励金额合计 24 万余元）。

（6）做好安全工作，强化学生自我教育管理

2022 年 5 月，学生原创《圈套》《境外贷款》等反诈短剧，对全校学生进行安全教育，阅读点击量 5 000 余次（见图 2-3）。2022 年河北省教育厅发布了《关于 2021 年度全省学校安全工作先进集体和先进个人的通报》，学校又一次荣获“河北省学校安全工作先进集体”荣誉称号，安全工作处处长魏林国被评为“河北省校园安全工作先进个人”。

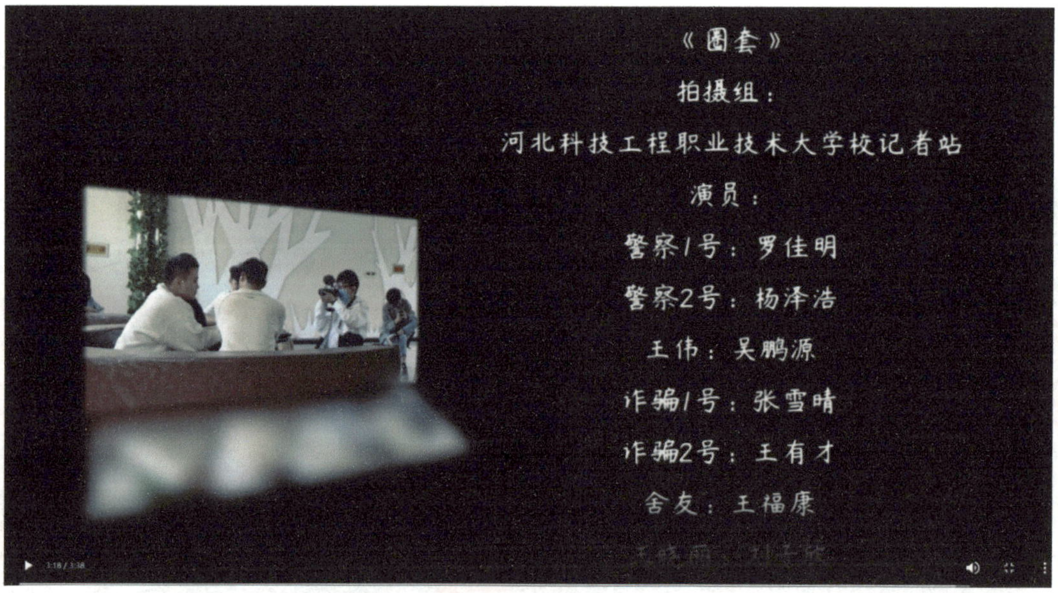

图 2-3　河北科工大原创反诈短剧《圈套》

2.2.4 美育和劳动教育

（1）开设“双必修”劳动教育课程

一是面向大一学生，开设《劳动教育》公共必修课程，共 1 学分、16 课时，分为劳动教育理论和劳动教育实践两部分，2021—2022 学年教学工作运行良好；二是公益劳动周课程稳步推进。结合学校教学计划安排，对接劳动周系部班级，完善劳动周动员、劳动周教育、劳动纪律制定、劳动周成绩汇总等关键环节，确保校园公益劳动周顺利开展。

（2）推进劳动教育课程资源长期建设

全面开展劳动教育理论教学工作，利用暑期组建劳动教育课程教研团队，通过集中学习、集体备课、统一规范、分类收集的形式，完成劳动教育课程资源库建设，确保 2022 级新生劳动教育教学工作顺利实施，为未来课程建设和科研水平提升夯实基础。

（3）创新开展校园劳动月活动

一是举办校园首届劳动技能大赛。成功组织 10 个系 50 名选手参与校园首届劳动技能大赛，赛项涵盖计算机组装、服装收纳、叠军被、包饺子、消防器械使用等多项内容，经过层层比拼，评选并授予 13 名学生“劳动能手”荣誉称号。二是开展“爱国卫生大清扫”“寝室文化节”“文明宿舍评比”等活动。组织全校同学对宿舍、实训场所等公共场所进行环境卫生大清扫，共评选“文明宿舍”60 个，“文明个人”200 余名。三是邀请全国技术能手赵卫老师开展“劳动进课堂”线上讲座，传递新时代劳动精神内涵与实践魅力，吸引万余名学生参与。

案例 2-3：听全国技术能手赵老师讲劳动故事

学校每年围绕劳动育人开展各项活动，加强青年学生的教育引导，丰富学校劳动教育模式。2022 年学校邀请全国技术能手、国务院政府特殊津贴专家赵卫老师开展了线上劳动教育主题讲座，作为今年校园劳动月的一项重要活动，1 万余名学生聆听了讲座（见图 2-4）。讲座中，赵卫老师结合个人经历，从劳动精神、工匠精神的解读入手，层层递进地剖析了劳动的内涵与魅力。他以自身为例，从我投入、敬业求实、做有心人三个方面生动形象地向学生们讲解了劳动带给人的改变，并寄语全体学生要脚踏实地、努力学习，在大学阶段全方位地提升自己，通过努力奋斗、勤奋拼搏实现自身价值。

图 2-4 听全国技术能手赵老师讲劳动故事

（4）积极开拓美育空间

首先，丰富艺术类选修课供给。新增《中国传统工艺》《旗袍表演》《摄影》等校本美育类选修课，艺术类选修课总数达 30 余门，要求工科类学生至少选修 1 门艺术类选修课，提高艺术修养。其次，开展丰富多彩的艺术活动。依托各艺术类社团组织开展比赛与展览活动，陶冶艺术情操；依托艺术传媒系建设剪纸、扎染、彩陶、木雕等艺术工作室，学生跟随艺术大师、“非遗”传承人学习传统工艺。

2.2.5 社会实践与志愿活动

（1）引导青年学生在实践中了解国情、社情、省情

一是开展“三下乡”“燕归巢”社会实践活动。围绕党史学习教育、理论宣讲、乡村振兴等专题，积极组建暑期社会实践团队 20 余支，分散性实践 3 000 余人，引导和帮助广大青年学生上好与现实相结合的“大思政课”。科工大学子积极投身志愿服务、基层治理、实地调研、兼职锻炼等社会实践活动（见图 2-5），在观察实践中学党史、强信念、跟党走，受到了社会各界的一致好评。学校“净水益农”学生团队摘得“最美新邢台人”称号，他们创新设计“连户分散式地埋污水处理系统”首次实现农村生活污水净化和环境美化两大功能，《牛城晚报》予以报道（见图 2-6）。同时该项目在第七届中国国际“互联网＋”大学生创新创业大赛总决赛上荣获大赛“青年红色筑梦之旅”赛道银奖。目前，该系统以巨鹿为试点辐射到周边区域，完成 4 县 46 个村 5 000 余户的建设。二是做好大学生“调研河北”社会调查活动。学校团委广泛宣传、积极动员，共征集作品 85 项，参与学生 600 余人次，经过择优推荐、专家评审等，学校荣获二等奖 1 项，三等奖 1 项，彰显了青年学生为新时代建设经济强省美丽河北贡献青春力量的良好风貌。学校荣获 2022 年河北省大中专学生志愿者暑期文化科技卫生“三下乡”社会实践活动优秀单位荣誉称号。

图 2-5 河北科工大暑期“三下乡”党史学习红帆实践团系列活动

图 2-6　获首届“最美新邢台人”称号的河北科工大净水益农学生团队

案例 2-4:“大钊故里　青春绽放”——科工大学子“返家乡助发展”社会实践获表彰

学校资源与环境工程系阚旭在家乡河北省唐山市乐亭县召集建筑工程系黄尧、张煜苒等 17 名志同道合的伙伴成立了“大学生初心志愿服务队”，助力大学生“返家乡助发展”社会实践活动（见图 2-7）。他们利用两个月时间，一起走进社区，进行垃圾分类与卫生清扫；来到老党员、空巢老人、失能老人家里开展“寸草心”爱老敬老行动；利用自己的专业知识，走进温室大棚帮助农户进行“日常农药配比、棚内温湿度精准测量”等工作，助力乡村振兴；就近加入疫情防控工作中，承担车辆登记、日常消毒、入户排查等任务。服务队志愿签到总时长累计达 1 000 余小时。人均服务时长 37 小时，服务队的事迹先后被河北教育网、乐亭青年微信公众号、河南科技日报、唐山劳动日报等报道，并被多家媒体转载。

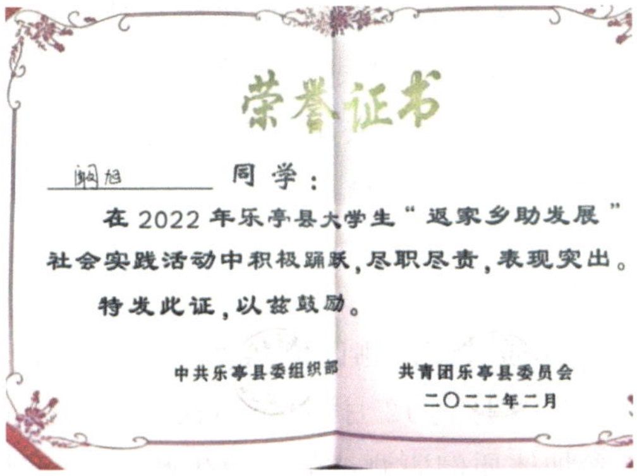
荣誉证书

阚旭　同学：

在 2022 年乐亭县大学生“返家乡助发展”社会实践活动中积极踊跃，尽职尽责，表现突出。

特发此证，以兹鼓励。

中共乐亭县委组织部　共青团乐亭县委员会

二〇二二年二月

图 2-7　中共乐亭县委组织部、共青团乐亭县委员会表彰科工大学子“返家乡助发展”社会实践活动

(2) 志愿服务,彰显新时代青年学子担当

扎实推动全校青年学生志愿服务活动深入持久有效开展,用实际行动续写"雷锋日记",涌现出一批优秀的"科工大志愿者":闫欣悦、阚旭、黄尧、张煜苒、黄守国、姜艳超、岳梓晗、王有才、孟欣怡、白素素、史伟佳、李睿广……让志愿服务精神永放光芒(见图 2-8)。认真贯彻落实团省委《在防控疫情阻击战中充分发挥共青团生力军和突击队作用》的文件精神,引导广大团员青年投身防控疫情第一线践行初心使命。在防控疫情过程中,三百余名学生主动参与学校和家乡的疫情防控志愿服务工作,收到表扬信 50 余封,服务范围覆盖了全省所有城市的多个街道、乡镇,彰显了新时期学子的情怀与奋进;深入组织开展学雷锋志愿服务、全市"资源节约、青春先行"垃圾分类志愿宣传、"助力创城 • 文明交通"志愿服务等活动,为疫情防控阻击战贡献青春力量。

图 2-8　电子商务 2021 级学生闫欣悦等参与冬奥会志愿服务工作

案例 2-5:科工大李保国志愿服务先锋队被评为邢台市优秀青年志愿服务组织

李保国志愿服务先锋队在学校党委领导下,在共青团邢台市委的指导下,开展了疫情防控、"寸草心"爱老敬老、助力创建文明城、垃圾分类进社区、"'河'我一起,保护母亲河"等多项志愿服务活动。在这些活动中,青年志愿者们积极参与,率先垂范、群策群力,认真地完成了工作,并受到多次表扬。众多"红马甲"在校园和社会当中形成了一道道亮丽的风景线,用实际行动践行了"奉献、友爱、互助、进步"的志愿服务精神。共青团邢台市委、邢台市青年志愿者协会发布了《关于表彰"邢小牛"优秀青年志愿服务组织、优秀青年志愿者、最美志愿者的决定》,学校李保国志愿服务先锋队荣获"2021 年度邢台市优秀青年志愿服务组织"称号(见图 2-9)。

2.2.6　学生体质与健康

(1) 关注学生体质健康

根据教育部体育卫生与艺术教育司"关于落实《学生体质健康监测评价办法》等三个办法有关工作的函"的精神,制定了学校体质测试管理办法,2021 年 9 月到 12 月,对全体在校生进行了《国家学生体质健康标准》的测试工作。2021—2022 学年参加体质健康测试的专科生数 11 175 人,参加率为 64%,体测达标率为 73%,其中优秀率为 1%、良好率 6%、及格率为 66%、不及格率为 27%。

图 2-9　2021 年度邢台市优秀青年志愿服务组织“李保国志愿服务先锋队”

(2) 组织多样体育活动

2021 年 10 月，学校举办第三十一届田径运动会，11 支学生代表队、14 支教职工代表队 500 余名运动员参加比赛。为喜迎 2022 年北京冬奥会，深化体教融合，丰富学校体育文化生活，2021 年 12 月，学校举办“筑梦冰雪 · 相约冬奥”第三届冰雪运动会。与此同时，学校充分利用“邢职新青年”微信公众号、易班 APP、微博等网络思想教育阵地充分宣传北京冬奥会，校园广播同步循环播放冬奥会宣传歌曲，广大青年学生积极学习并推广冬奥会手势舞，录制完成了河北科工大版本冬奥会手势舞《一起向未来》与河北科工大版本《相约冬奥　一起加油!》宣传片。在 2021 年河北省大学生健美操比赛中，学校运动员工硕(汽车系汽电 2020 级学生)用娴熟的动作和精彩的表演，展现了科工大学生的精神风貌，获得裁判的一致认可，斩获乙组男子单人操亚军，获得“优秀运动员”称号，这是学校首次参与健美操赛事并取得优异成绩(图 2-10)。2021 年 12 月，中国大学生篮球联赛 CUBA 三级联赛河北省预赛，学校男女篮双双获得冠军(图 2-11)。

图 2-10　河北科工大学生在 2021 年河北省大学生健美操比赛中获亚军

图 2-11　河北科工大男篮在中国大学生篮球联赛 CUBA 三级联赛河北省预赛中获冠军

(3) 促进学生心理健康

学校持续通过一系列措施积极引导学生以乐观向上的态度面对现在的生活和学习，构建强有力的心理育人格局，为学生心理健康保驾护航。一是推进大学生心理健康教育课程建设。贯彻落实《高等学校学生心理健康教育指导纲要》精神，面向大一学生开设了大学生心理健康教育必修课，本科生共开设 16 学时，以课堂教学为主，专科生共开设 32 学时，实行以课堂教学和慕课教学结合的形式。根据社会发展、学校特色、学生特点不断探索、更新课程内容和形式，提高教学水平，开展课程调研，加大课程研究投入，推动课程建设水平不断上升。二是加强心理健康教育工作队伍建设。加大对兼职心理健康咨询教师的培养力度，邀请心理学专家为有学习心理学意向的辅导员和专业教师提供专业培训和讲座。定期组织专业心理咨询师进行个案督导以及共同学习，内容涉及心理动力学疗法、精神分析与人格发展、大学生心理问题的识别与诊断、大学生团体辅导技能等。全年学习共计 30 次。三是完成新生心理普查工作。采用《SCL-90》和《大学生心理健康调查表》对 2022 级新生进行了心理健康普查，共计 7 400 余名学生参加了测试，测试结果显示学校新生总体心理健康状况良好，存在心理问题学生名单发送各系并要求辅导员建立心理跟踪档案。四是开展常规咨询工作。心理健康咨询室运转情况良好，设立咨询热线和网络留言板，疫情期间 24 小时全面开放，学生返校后安排具备心理咨询师资质专业人员开展现场咨询工作，每天咨询接待能力 2 人次。全年心理咨询中心共接待咨询学生 161 人，合计 677 次。五是组织开展心理健康月系列活动。2022 年 5 月开展了以“用心追梦 · 不负韶华”为主题的大学生心理健康节活动，活动借助网站、QQ、微信等平台进行了广泛宣传，内容包括心理大讲堂、“走进心世界”、“强心健体，勇敢追梦”、“阳光心理工程”、“AI 密友”、“青春逐梦　疫路前行”等，起到了增强学生心理健康意识、促进学生健康成长的重要作用。六是打造“绿色通道”心理健康教育基地，推进校医共建模式。2021 年 8 月，学校成功与邢台市第三医院达成协议，携手共建“绿色通道”心理健康教育基地，实现校医双方资源共享、优势互补、合作共赢。2021—2022 学年，共建双方开展学术交流 4 次，心理咨询通道转介 20 次，学校心理咨询师队伍综合能力明显提升，依托基地共建，信息化技术、大数据技术在心理健康教育领域的应用取得初步进展，咨询预约、接待、记录、存档环节趋向标准化，学校心理健康服务水平不断提升，为解决重症心理个案处理提供了新的思路与帮助。

2.2.7 工匠精神培育和传承

以技能大赛为重要抓手培育和传承工匠精神。健全"分层打造、重点培育"的技能竞赛管理机制，选择汽车、服装、信息技术等优势赛项做重点突破，选育了 20 多支高水平种子团队；完善三级协同扁平化管理体系，把握备赛、参赛、办赛各环节，全方位提升学校技能育人、赛教相长的影响力。学校以赛促学促教的国-省-校三级大赛育人机制，也打出了科工大过硬的人才培养质量的口碑，为学校综合竞争力加持重要砝码。

2022 年，学校共参加全国职业院校技能大赛国赛 12 项（参赛赛项数全省第一，另获省赛一等奖、二等奖 10 多项），取得国赛一等奖 2 项、三等奖 4 项的优异成绩。校史上首次举办全国职业院校技能大赛汽车技术赛项，联合河北广播电视台，在国赛中首创现场直播的方式大获成功，社会各界在各平台点击量超过 5 200 万人次，学校获得汽车行指委、省教育厅等大赛相关方高度赞许。

2.2.8 就业质量与职业发展

学校紧紧围绕"稳就业、提质量"这一中心任务，以"抓关键、拓市场、强服务"为核心开展毕业生就业工作，坚持校、系两级"一把手工程"，落实"书记校长访企拓岗促就业"专项行动，依托智慧就业服务平台，赋能"121"信息服务体系，克服疫情不利影响，构建"互联网＋"就业工作新格局，全力促进毕业生更加充分、更高质量就业。

案例 2-6：高位统筹　访企拓岗促就业专项行动落地落实

河北科技工程职业技术大学认真贯彻落实党中央、国务院关于高校毕业生就业工作的决策部署，坚持就业优先，以访企拓岗为抓手，加强岗位供给，完善就业促进长效机制，为毕业生就业、校企合作持续赋能，努力促进毕业生更充分更高质量就业。

一、专班推进，在工作落实上出实招

面对就业工作面临的新形势、新任务、新挑战，校党委会专题研究部署 2022 届毕业生就业工作，制定访企拓岗促就业专项行动实施方案。围绕毕业生就业重点区域京津冀，明确了书记、校长正职包"京津"、副职包"地市"、教学系部依据人才培养方向包"行业"的行动原则；围绕学校"三核双融"专业集群布局，瞄准重点领域和区域列出拓展企业清单，深度了解用人单位需求和对毕业生的知识、能力、素质要求，推动学校深化教育教学改革，提高人才培养质量；将访企拓岗专项行动纳入考核评优体系，作为年度就业工作考核和领导班子个人考核评优重要内容，确保各项工作举措落地落实。

二、着眼长远，在校企合作上做文章

将访企拓岗促就业专项行动与构建学校就业育人工作长效机制紧密结合。通过访企拓岗校企交流，了解企业的人才发展战略和招聘需求，寻找合作切入点，采用订单培育、就业实习实践基地建设、引企进校、产业学院共建等方式，促进人才培养供给侧和产业需求侧结构要素全方位融合，为更好地服务企业、促进毕业生更充分更高质量就业提供保障。依托学校"187 工程"和"设站进区"工作成效，围绕乡村振兴特别是地方支柱产业对人才的需求，强化地方产业布局与人才招录的精准对接，拓展毕业生服务区域乡村振兴发展新空间。

三、责任领衔，在目标达成上下功夫

通过线下走访、线上访谈相结合，探索市场化、联盟化、共享化就业市场资源开拓机制，为毕业生开拓更多就业岗位和机会。继 2020 年书记、校长中青在线云端推荐毕业生之后，2022 年开展直播带岗活动，为蓝池集团有限公司、深圳慧通商务有限公司等优质企业招募毕业生；线上与晋州市委市政府对接、线下走访邢台开发区管委会，由两地政府部门代表辖区企业与学校签署战略合作协议；挖掘汽车、服装职教联盟，“军民融合协同发展联盟”企业资源，发挥高端装备制造专委会、能源动力和国防科技就业指导委员会成员优势，新开拓企业 115 家；2022 届毕业生岗位供给 60 000 多个，生均比为 1∶10 以上。

（1）就业基本情况

2022 年学校毕业生人数再创新高，达 5 550 人。面对疫情影响和毕业生总量增加双重压力，学校积极贯彻落实就业优先政策、夯实主体责任，完善“128”常态化就业工作体系，线上线下联动，聚焦指导帮扶，优化服务举措，确保就业工作总体稳定，毕业生初次就业去向落实率达 94.20%。

2022 届毕业生中，毕业生本省去向落实率为 48.18%。面向企业就业的人数为 3 679 人，占毕业生总数的 66.29%；毕业后读本科人数为 1 061 人，占毕业生总数的 19.12%；毕业生入伍人数为 392 人，占毕业生总数的 7.06%（近几年毕业生参军入伍情况见图 2-12）；自主创业率为 1.52%（毕业生毕业去向分布情况见图 2-13）。毕业生面向三次产业就业人数为 3 756 人，其中面向第二产业 2 899 人，面向第三产业 817 人。

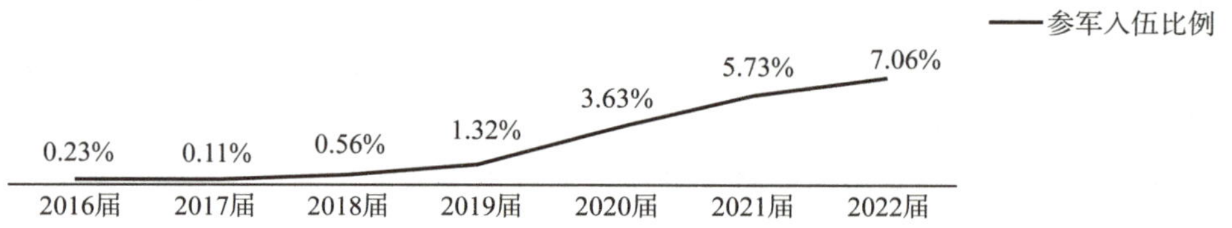

图 2-12　毕业生参军入伍比例变化

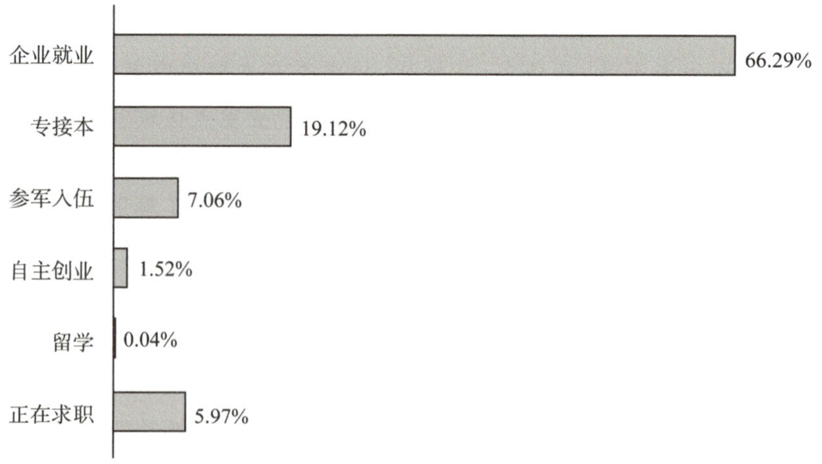

图 2-13　毕业生毕业去向分布比例

（2）就业质量

①毕业生平均月收入

企业就业毕业生月综合平均收入（含自主创业毕业生）为 4 385.89 元。近几年受疫情和经济下行压力影响，毕业生月综合平均收入略有波动，但总体看呈增长趋势（如图 2-14 所示）。

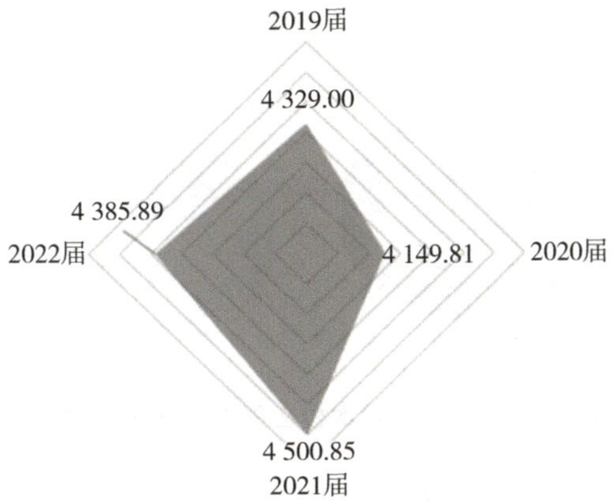

图 2-14 近四届毕业生月综合平均收入(单位:元)

②毕业生工作与专业相关度

应届生对口就业率总体为 97.12%。各院系学生就业签约的主要行业与主要职业均与本专业有密切相关(见表 2-2)。

表 2-2 各院系毕业生签约的主要行业和主要职业

院系名称	该院系毕业生签约的主要行业类	该院系毕业生签约的主要职业类
电气工程系	电子电气设备制造业	电气/电子
服装工程系	纺织、服装、皮革制造业	服装/纺织/皮革
会计系	企业、金融业	财务/审计/税务/统计
机电工程系	机械设备制造业	机械/仪器仪表
建筑工程系	建筑业	建筑工程
经济管理系	零售业	销售
汽车工程系	其他服务业	机动车机械/电子
信息工程系	信息传输、软件和信息技术服务业	计算机与数据处理
艺术与传媒系	各类专业设计与咨询服务业	美术/设计/创意
资源与环境工程系	化学品、化工、塑胶制造业	环境保护

③毕业生就业现状满意度

2022 届毕业生离校三个月后对工作现状的满意度为 87%,高于全国高职和"双高校"平均水平(见图 2-15)。

图 2-15 毕业生就业现状满意度

④用人单位(雇主)满意度

2022 年聘用过学校毕业生的用人单位对毕业生的总体满意度为 98.50%,其中很满意为

43.75%，满意为 54.75%（见图 2-16）。所有受访用人单位均愿意下一年度继续聘用学校毕业生。

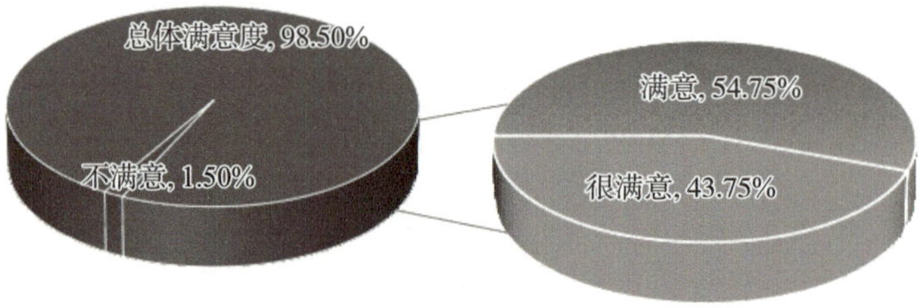

图 2-16　用人单位对本校应届毕业生的总体满意度

⑤用人单位对毕业生个人素质的满意程度

2022 年聘用过学校毕业生的用人单位对毕业生个人素质的总体满意度为 87%，其中对政治素养、职业规范与职业道德、创新意识等方面很满意为 37.5%，满意为 50%；对社会责任感、主动性和进取心很满意的程度更高（见图 2-17）。

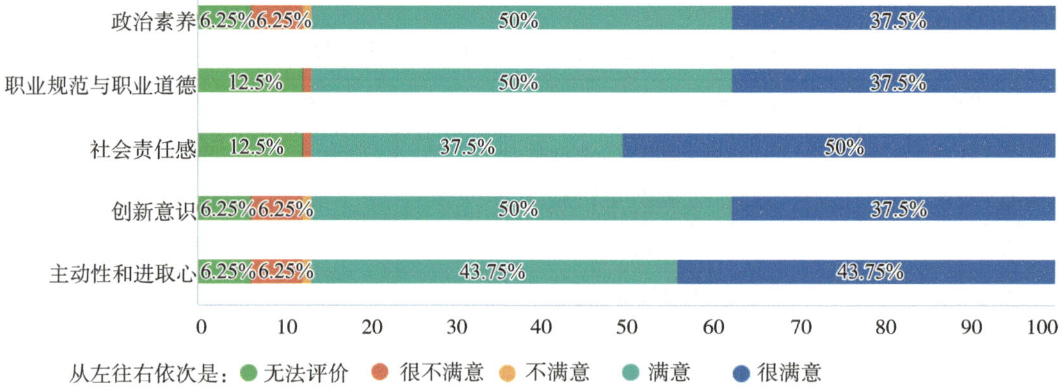

图 2-17　用人单位对毕业生个人素质的满意程度

⑥用人单位对毕业生各项工作能力的满意程度

2022 年聘用过学校毕业生的用人单位对毕业生各项工作能力的总体满意度达到 87%以上，其中对沟通与交流能力和动手操作能力很满意（均达到 37.5%）（见图 2-18）。

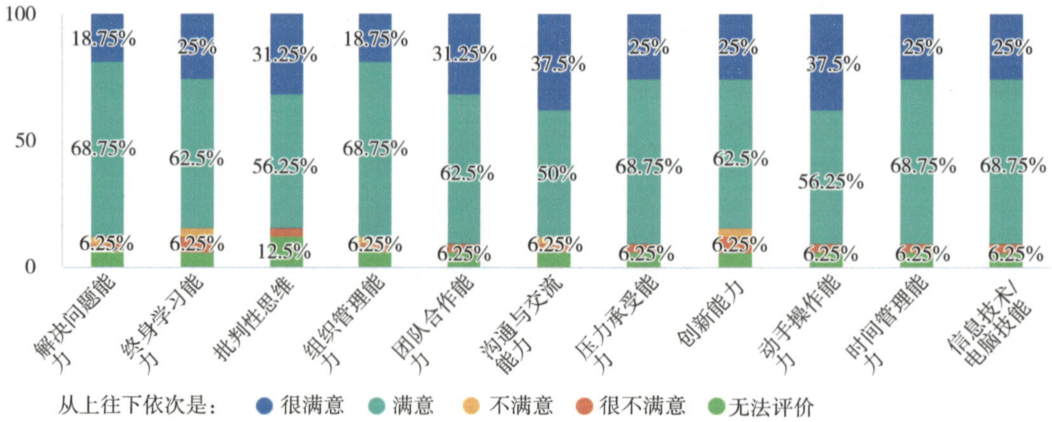

图 2-18　用人单位对毕业生各项工作能力的满意程度

⑦用人单位对毕业生各项知识水平的满意程度

2022年聘用过学校毕业生的用人单位对毕业生各项知识水平的总体满意度达到88%以上，其中对专业基础知识很满意(达到31%)(见图2-19)。

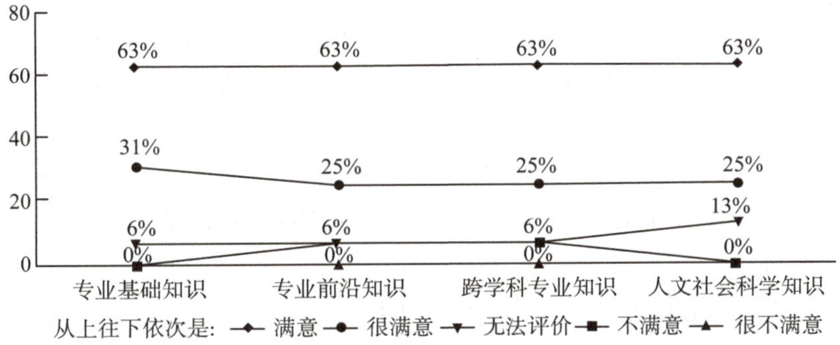

图2-19 用人单位对毕业生各项知识水平的满意程度

(3) 职业发展

2022届毕业生离校三个月后的离职率为33%，低于全国高职和"双高校"平均水平，毕业生就业稳定性较好。

毕业生毕业三年后有职位晋升的比例稳定在95%以上，2019届为95.87%，毕业生就业竞争力较强(见图2-20)。

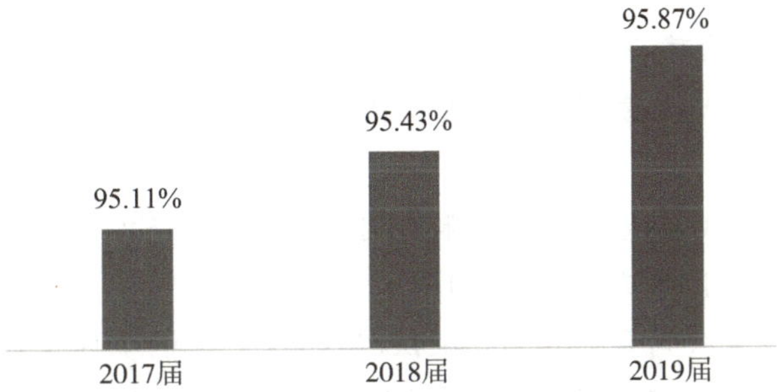

图2-20 毕业生毕业三年后的职位晋升比例

2.2.9 创新创业

聚焦"建设创新创业教育新高地"核心目标，持续优化"三阶段"课程筑基、"三级平台"实践提升、"四维驱动"协同引领的双创育人体系，探索科工大双创教育新模式。

(1) 持续开展双创通识教育，打造双创混合式金课

落实立德树人根本任务，不断完善"通识教育—专业教育—实践项目"三阶段双创课程体系，持续开展创新创业通识课程教育，目前已开设通识教育课程2门，专创融合课程32门，实现专科生全覆盖；强化《创新与创业基础》和《职业发展与就业指导》混合式资源建设，2022年两门课程双双获得"河北省职业教育精品在线课程"和"河北省高校就业创业指导名师金课"称号。

(2) 稳步推进双创师资培养，打造百人双创团队

选聘校内外创新创业导师，基本建成校内外百人双创导师团队；举办线上"创新创业教育师资培训班""创新创业金种子导师训练营""四季同行训练营"等导师培训，累计达87人次，有效提升了导师创业指导能力。1名教师获全国教学创新大赛副高组三等奖，10名教师入选邢台市创业指导专家库。

(3) 持续组织双创实践活动，开展双创卓越训练

开展"第六届创新创业活动月"系列活动，组织第七届大学生职业生涯规划大赛、就业能力提升系列讲座、个性化生涯辅导及就业咨询等，累计参与4 300余人次；组织"互联网+"等创新创业大赛，第八届"互联网+"大赛累计2 572个项目报名参赛，共斩获国家银奖1项、铜奖3项、入围奖1项，河北省金奖4项、银奖11项、铜奖16项，单项奖1项；组织开展"青年红色筑梦之旅"活动，组建了164支团队、200余师生深入乡村大地，着力打造生动的思政大课堂；组织参加"河北省首届大学生简历设计大赛暨大型线上模拟招聘活动"，分别获20强、50强和100强，学校荣获优秀院校奖。推选的学生创业案例被评为"河北省高校毕业生就业创业典型案例"，入选教育部学生服务与素质发展中心组织的2022年第五届"闪亮的日子——青春该有的模样"大学生就业创业人物事迹。

(4) 扎实开展双创孵化实践，打造优质众创空间

积极开展国家级科技型中小企业申报、工商注册培训、科技政策、企业研发费用加计扣除政策解读等活动，鼓励在孵项目参与各类创新创业赛事。2022年吸纳8个优质项目入园孵化，在孵项目达到26个；协助6个项目完成工商实体注册，取得营业执照项目达到20个，注册率超过70%；协助1家企业获批科技型中小企业，2家企业提交高新技术企业申报资料；入选"创新创业100强""大学生创新创业就业服务基地"。

案例2-7：电子商务专业在校生自主创业典型案例

河北科工大经济管理系电子商务专业2001班学生刘清波，邢台市巨鹿县人，2003年11月出生，入学以来刻苦学习专业知识技能，学习成绩优异，课余时间自主学习PR影视设计、JAVA、PHP等后端网站建设、新媒体运营、创业等其他专业领域知识技能，通过地推、淘宝客、电话销售、淘宝店铺代运营、拼多多店铺代运营、亚马逊代运营、eBay代运营等实践，锻炼和提升专业技能。

2022年8月31日河北顶圣电子商务有限公司成立，注册资本300万元，法人代表刘清波，注册地位于河北省邢台市襄都区泉南东大街29号。

河北顶圣电子商务有限公司致力通过Shopee(B2C)平台把境内优质、实惠的商品销往境外。产品类目横跨家居用品、服装、宠物用品、办公用品、户外用品、3C数码、日用百货等多个领域。目前主营5个站点8家店铺8类商品：中国台湾地区站3个店铺，主营家居生活、服饰、宠物用品；巴西站2个店铺，主营户外运动和3C电子产品；马来西亚站1个店铺，主营母婴玩具；波兰站1个店铺，主营家居生活；越南站1个店铺，主营日用百货。

河北顶圣电子商务有限公司现有六名团队成员，在校期间均有过半年以上的Shopee平台运营经验，其中5名为河北科工大在校大学生，负责店铺运营管理，主要工作职责为了解跨境相关平台规则动态，查看分析店铺数据，售前售后客户服务，明确市场定位，精细化选品，关键词优化产品，优化图片，制定活动日计划，进行引流款广告测品，提升店铺权重。河北顶圣电子商务有限公司从上新选品到关键词转化到产品单价提升，到产品动销，到订单处理，售后服务均摸索出一条比较系统合适的经营路线。

河北顶圣电子商务有限公司目前主要经营站点为中国台湾地区站与巴西站，销售额占比百分之八十以上，其次为马来西亚站与波兰站，销售额占比百分之二十左右，月广告投放平均约8 000元，单店日均流量500左右，平均转化率约为7%，店铺客服回复率80%以上，店铺平均评价4.9分，客户满意度较高。公司目前处于养成期，月均销售额28 104.24元，毛利润率为36.84%，运营状况良好。

3 教学改革

3.1 专业群建设

3.1.1 持续优化专业群结构

以职业本科为核心的专业(群)布局逐步优化。学校以服务环渤海三大战略性新兴产业集群和区域主导产业为导向,对接纺织服装、建筑、现代服务等传统产业高端,以汽车工程、机电工程、电气工程专业群为主体,以信息技术、管理服务专业群为融合支撑,以服装工程、建筑工程、能源动力专业群为发展特色,初步形成以融合与特色为两翼共同支撑装备制造主体专业群发展的“一体两翼”专业群布局(如图 3-1、图 3-2 所示)。

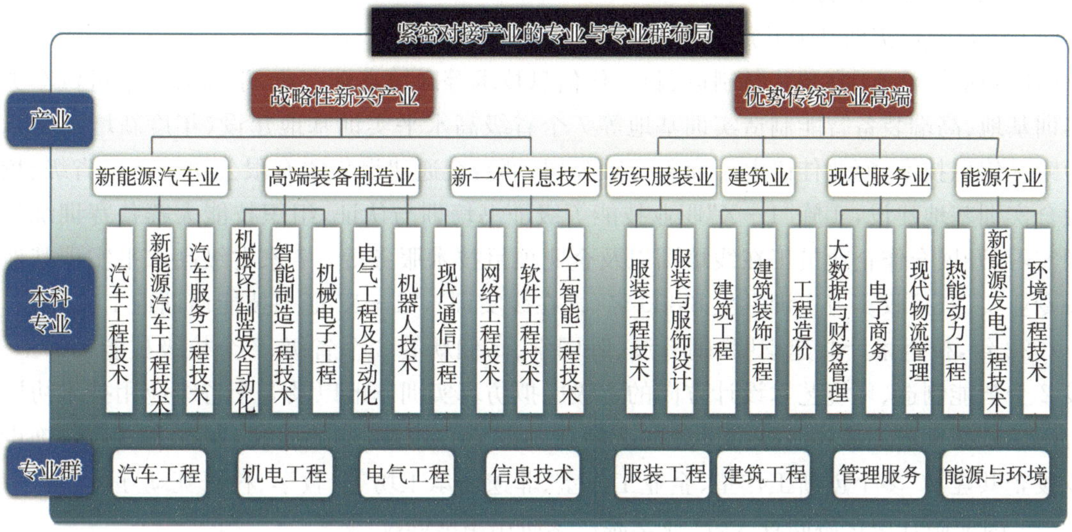

图 3-1 省域高端产业、产业高端与学校专业(群)布局图

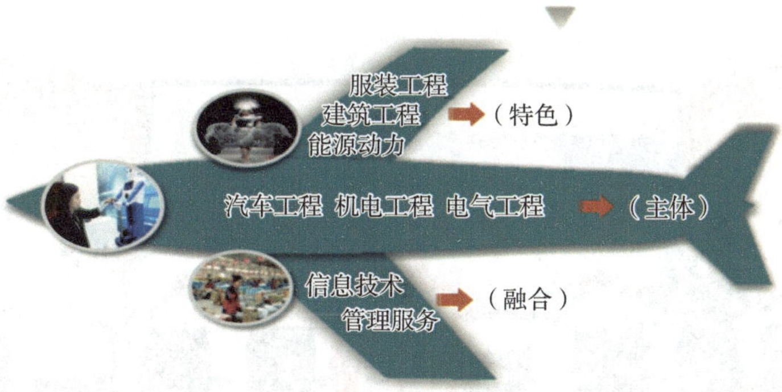

图 3-2 学校“一体两翼”专业群布局图

2022 年学校出台《专业设置与管理办法》《本科专业建设标准》等文件,规范、系统地指导本科专业设置与建设工作。上半年学校新获批汽车服务工程技术、机械电子工程技术、软件工程技术等 6 个本科专业,职业本科专业数量达 16 个,本科、专科招生专业总数达 63 个;累计组建专业群

10 个，专业群专业占学校专业总数比例达 97%，其中拥有汽车、服装、机电、电气、信息技术等省级高水平专业群 7 个，拥有国家级高水平专业群 1 个；紧密契合京津冀产业结构调整，专业群覆盖河北省支柱产业、主导产业比例达 82.5%。

3.1.2 持续优化专业结构

学校构建了专业评价与动态调整体系。紧盯京津冀产业调整需求、地方发展急需，以提升专业服务贡献为核心，初步搭建以职业本科教学评价、专业评价、学生评价等为主体的全链条、多维度教学质量评价体系。学校从专业实力和发展潜力两个维度建构专业评价指标体系，基于智慧校园、教诊改数据平台实施常态数据监测，实施分类评价与建设。按品牌类、新兴类、问题类、夕阳类专业分类，确定专业群内新建、停建、转向、整合改造的专业；年度引导院系结合自身实际，果断停、撤 15 个专科专业(方向)，本科、专科协调发展，整体优化了办学专业供给。

3.2 校企双元育人

3.2.1 产教融合平台打造

(1) 产教融合实训基地开放共享，打造区域协同育人平台

面向新能源汽车、高端装备制造、新一代信息技术等区域高端产业，学校大力推进汽车类生产性实训基地、高端装备智能制造实训基地等 7 个省级高水平实训基地建设(年度新增 3 个)，以及华为鲲鹏信息技术、河北佳诺电子商务有限公司、邢台交通建设集团有限公司等 7 个省级、校级产教融合实训基地建设，实施“1+X”职业技能等级证书培训与认证，组织技能大赛备赛训练与校内实训实习，开展合作企业员工在线培训以及企业项目技术服务等。7 家省级高水平实训基地年度开展专业实训、接收实习实训学生 8 800 名(含在线实训)，“1+X”证书技能培训近 1 000 人。

2022 年，校企累计共建李明、阚有波、陈国学、高佃新等 3 个省级、7 个校级技能大师工作室，建设 2 个智能制造、环境艺术设计方向的省级虚拟仿真实训基地以及 3 个省级应用技术协同创新中心。学校高标准完成省级创意设计产业创新实训中心建设，支持服装、制鞋、传媒、装饰设计等专业校企共建 20 多个创新工作室、企业工作室、非遗传承工坊等，教学、科研互动互补。

(2) 因地制宜深化协同育人，产业学院产学研用精准匹配

深化“一群一院”协同育人格局，产教资源深入融通。针对不同专业群的行业特色，精准契合区域产业、因地制宜选择合作形式，推进产学研用资源共享(见图 3-3)。面向“一群一院”校企合

图 3-3 河北科工大与邢台市交通建设集团邢台交建产业学院签约

作格局，指导10个产业学院将企业的资金、生产条件与高校的科研能力、人才培养，按照资源需求进行精准匹配；结合地方经济发展需求，有序开展订单班学生培养、实训基地共建、师资互兼互聘、技能大师工作室建设等合作。本年度产业学院新增特色合作项目12个，在运行的产教融合实训基地达到15个，合作企业年度投入2 492万元，实现项目、师资、技术、信息等产教深入融通（见表3-1）。2022年学校参与申报工信部“专精特新产业学院”专项，组织合作申报教育部“职业教育现场工程师专项培养计划合作企业”4家、河北省产教融合型企业2家。

表3-1　校企共建2021—2022年产业学院特色项目(部分)

专业群名称	合作企业	企业性质	产业学院名称	特色建设项目
汽车检测与维修技术专业群	长城汽车股份有限公司	民营，民族车企	长城汽车学院	联合长城泰国工厂建立中泰汽车产业学院
服装设计与工艺专业群	际华集团股份有限公司	央企，原军队保障性企业，世界500强	际华服装学院	军旅户外服装工作室
新一代信息技术专业群	华为技术有限公司	民营，世界500强	鲲鹏产业学院	HCIE教师认证项目
智能制造专业群	SMC(中国)有限公司	世界500强，知名气动和自动化元件研发制造商	智能制造产业学院	高级定制青苗班合作项目
智能建造专业群	邢台市交通建设集团有限公司	国企，河北省建工行业龙头企业	邢台交建产业学院	装配式建筑技术创新中心
网络工程技术专业群	新大陆科技集团有限公司	民企，上市企业，国家技术创新示范企业	新大陆物联网产业学院	技能大赛工作室
智能控制技术专业群	深圳市汇川技术股份有限公司	民企，中国工业自动化控制与驱动技术的领导者，国家产教融合型企业	汇川智能控制产业学院	智能控制技术服务与培训中心

案例3-1：佳诺电商产业学院校企双育，紧扣“112”多元合作新模式

为进一步探索“校中企、企中校、校企合一”教学新模式，河北科工大经济管理系在分析学校和系部教师对电子商务专业近五年就业市场的调研和毕业生就业状况的数据基础上，提出“112”多元合作新模式，即1年实习（企业根据业务需求选拔招募不少于20名优秀学生签订四方协议，这些学生以员工和学生的双身份进入产业学院接受为期一年的跟岗实习，通过“订单式”任务达到现代学徒制教育目标）；1个月实训（班级轮换开展为期一个月的实训）以及2种培训（师资培训和社会培训）。校企共建跨境电商工作室，以真实的跨境电商平台为载体开展教学和实操实训。工作室模式中校企角色相同，分工不同。企业提供软件、各平台账号，学校则提供办公场所、设施、设备、人员等，学生在企业导师的指导下使用企业平台账号进行实操，体验真实企业工作环境，转换“学生”与“员工”双重身份。

针对学生到企业跟岗实习一年影响期末成绩与学分认定这一问题，系领导高度重视，经过多番讨论与研究，最终制定了《经管系产业学院学生学分转换试行办法》(以下简称《办法》)。《办法》中规定了学分认定与转换的细则与流程，为了能够实现学分成绩精准转换，让课程技能点与企业运营技能点较好地对应，《办法》按照经管系教学培养方案将实习基地分为了五个实习小组，分别为B2C跨境电子商务(阿里巴巴)、B2B跨境电子商务(亚马逊)、全网营销(FACEBOOK等)、直播电商、跨境电商外贸综合服务。通过结合各课程技能点和企业运营流程，将每一门具体课程纳入五个小组之中，该门课程在当下实习小组中实现学分成绩的认定和转换。

通过教师培训和真实电商业务实操，学生“1+X”证书考试通过率保持在90%以上。顶岗实习学生的实习效果获得百家企业好评。教师实训实操能力跟紧了市场步伐，解决了教师下厂锻炼

“最后一公里”的问题。教师横向纵向课题获得了企业平台，联合科研能力得到提升。

目前，电商 2001 级刘清波等 6 位同学开始创业，注册了河北顶圣电子商务有限公司。该公司共开设 8 家店铺，主要面向中国台湾地区、东南亚的马来西亚以及南美的巴西市场。具体为中国台湾市场 3 个，巴西市场 2 个，马来西亚市场 1 个。目前 8 家店铺均已出单，日均出单量 60 件左右，日销售额 3 000 元左右。

(3) 以产业学院为依托，校企协同育人规模逐步提升

各专业群分别依托企业冠名产业学院，对应不同人才发展路径，给予“守敬科坊”“高端定制”“现代学徒制”等适恰的培养模式，涌现出 HCIE 教师认证项目、高级定制青苗班以及“技能大师工作室”等切实有效的合作方式。年度新增特色学徒制试点 4 个，新建创新工作室 20 余个。在产业学院协同育人布局下，年度专业群订单班数量达 39 个，新增比亚迪、热风、德龙钢铁等订单班学生数 1 678 人。

智能制造产业学院、长城汽车产业学院、旭阳现代学徒制学院的岗位实习学生范围扩大，轮岗、顶岗进一步丰富，工学交替、实岗育人模式逐步推广。长城汽车学院联合长城泰国工厂建立中泰汽车产业学院；际华服装学院探索“课工接续，岗职贯通”工作室培养模式，新增军旅户外服装工作室；智能制造产业学院与 SMC(中国)公司实施的校企合作、工学交替岗位实习模式，入选了机械行业职业教育产教融合典型案例。

3.2.2 中国特色现代学徒制改革

(1) 示范现代学徒制学院，打造产业工匠人才培育标杆专业

学校统筹建设行业示范性现代学徒制学院，拓展优质学徒培养规模。重点面向新能源汽车、装备制造等区域主导产业，累计开设服装设计与工艺、应用化工技术等相关专业方向 13 个以上，累计学徒培养规模达 1 500 人。与河北中煤旭阳能源有限公司等行业龙头企业合作建设现代学徒制学院，构建三层组织管理体系；建立了“院长轮值制度”，设立了“教学执行委员会”，形成了招生招工一体化、工学交替、成本共担等 27 项管理制度；制定了行业认可的学徒培养相关标准，推动人才培养与产业转型升级相适应。河北中煤旭阳能源有限公司将该模式推广至全国 7 个生产园区，带动当地职业院校现代学徒制改革，培育了一大批行业工匠人才。

(2) 完善现代学徒制培养框架，把好工匠人才入口出口质量关

校企建立了“平台支撑、学期错位、实岗育人”的双主体育人长效机制，构建了包括 27 项制度的现代学徒制培养框架，在省内能源化工、现代服装、汽车技术、环境保护等领域形成广泛影响。创新“先招工后招生”招考制度，通过企业招工、学校单招测试等考核即确认企业员工和学校学生双身份。精准六维对接构建一体化培养体系，创新了学徒学期错位、实岗育人培养方案以及企业扩招班“校一企一校”在岗、分类培养管理机制(如图 3-4 所示)。完善工匠型技术技能人才出师标

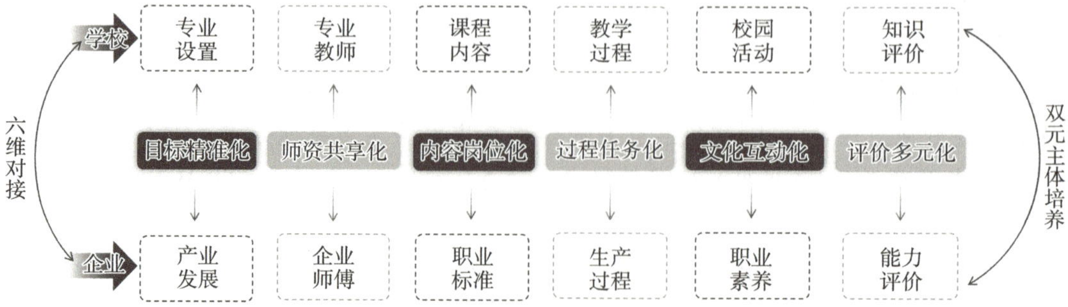

图 3-4 校企六维对接一体化培养现代学徒体系图

准，探索加强师徒关系的柔性管理方式；注重学徒质量评价标准化，出台了《现代学徒制教学质量监控与评价》《现代学徒制岗位出徒规范》等考核评价制度，形成了与中国特色学徒制相适应的质量评价标准，保障工匠人才一体化培养的成效。

案例 3-2：互通式教学打破工学壁垒，递进式培养打造德技尖兵——“双轨互通、三段递进”现代学徒制培养模式

作为国家首批现代学徒制试点单位，河北科技工程职业技术大学与际华三五零二职业装有限公司在校企双主体集团化合作办学的“际华服装学院”这一平台基础上深入开展互融合作，联合实施了服装设计与工艺专业现代学徒制人才培养工作。经过校企多年的探索实践，创新了特色鲜明的“双轨互通、三段递进”现代学徒制人才培养模式，培养了特色鲜明、产业急需的服装专业燕赵工匠，实现了全新的现代学徒制培养路径，人才培养取得了显著成效。

通过“双轨”设计，校企之间在招生、教学团队、培养内容与方法、考核内容与形式等方面架通了校企之间的桥梁，架设了 5 条合作培养轨道，搭建了“双生源、双导师、双标准、双考核、双证书”的校企共育平台(如图 3-5 所示)。

图 3-5 “双轨互通”现代学徒制培养模式

通过企业课程的“三段”式构建，采用“悟”“精”“承”递进式教学设计，在学徒的工作态度、岗位能力、职业素养等方面形成了三阶段阶梯式培养的做法(如图 3-6 所示)。

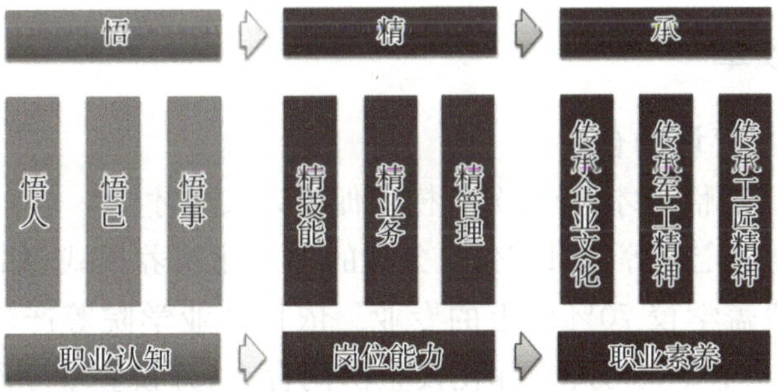

图 3-6 “三段递进”现代学徒制培养模式

河北科技工程职业技术大学自服装设计与工艺专业现代学徒制项目实施以来，总结了 6 个项目案例与展板，1 次入编 2017 年河北省高职高专书记校长联席会议汇报材料，1 次入选教育部第一批现代学徒制试点 2017 年度检查情况综述案例，1 次入选 2019 年河北省创新发展行动计划项目建设优秀案例，1 次入选 2021 年中国教育网络电视台“提质培优、增值赋能”产教融合典型交流案例。2018 年以来，辽宁机电职业技术学院、漯河职业技术学院、河北机电职业技术学院、石家庄财经职业学院、承德工业学校等 10 多所省内外职业院校来学校交流现代学徒制试点工作经验，并推广应用学徒培养经验，受益学生万余人。光明日报、中国教育报、中国青年报、河北教育网、河北电视台等国家级、省市级媒体30多次报道学校学徒制工作成效，给予学校工匠型人才培养成绩充分肯定，产生了较大的社会影响。2022年，受教育部职业教育与成人教育司委托，中国教育发展战略学会公布了2021年产教融合校企合作典型案例名单。学校提报的《互通式教学打破工学壁垒，递进式培养打造德技尖兵——“双轨互通、三段递进”现代学徒制培养模式》入选。

3.2.3 职教集团推进人才培养

(1) 化零为整实施集团化办学，校企双擎产教拓征程促双升

学校着力发挥集团优势，多方聚合服务区域产业升级。牵头2个省级以上职教联盟、2个省级职教集团，涉及13所本科院校、上百所中高职院校等，职教集团吸纳成员单位总数170家。河北省汽车职教集团基于产业需求制定了省级汽车专业群人才培养方案，构建了“专业基础培养+工程实践实训+专业素质拓展”的“平台+模块”课程体系；针对五大培养方向设计五大课程模块，形成机制、团队、课程、资源的校企双主体顶层设计。紧密对接长城汽车、领途汽车、金后盾专用车等地方特色企业百余家，共建河北省汽车专业公共实习实训基地，56所学校的4 529名学生在长城产业学院实训实习得到提升。在职教集团80多所职业院校的支援下，长城汽车圆满完成年度订单，为学校工学交替企业实践积累了经验，创造了一定的经济效益和社会效益。学校牵头的河北省纺织服装集团，联合河北省纺织服装行业协会，面向实际岗位打造融通产教链条，探索职业本科人才培养新路径。坚持一体设计、学段衔接，打造“中-高”“高-本”人才贯通培养“立交桥”；优化职教集团内部中职、高职、职业教育本科多级办学体系；打造专业信息共享、教学资源共享、实训基地共享的职教平台，校企合力提升人才培养“契合度”。

(2) 大力推进集团化办学合作，增强岗课赛证融通

牵头实施中高职衔接联合培养学生2 000多人并组织学生参与合作企业专业实习、岗位实习等，成员学校、企业联合培养学生2.07万名；形成职教集团奖学金设立方案，激励学生技能立身、以赛促学，更好地保障集团化办学。2022年省职教集团举办全国职业院校技能大赛1项，省级技能大赛8项，举办职工技能大赛4项，开展技术服务及研发项目141项，开展各项培训27.6万人天；年度职教集团内累计110余所职业院校8 000余人参与“1+X”证书制度试点。

3.3 人才培养模式改革

3.3.1 分流分类培养与育训结合

(1) 多元培养高质量适恰人才，分流分类模式促进人人成才

推广现代学徒制、高端定制等“3615”分流分类的多元化培养模式（如图3-7所示），校企联合推进任务式人才培养，覆盖学校70%以上的专业。依托产业学院等产教融合平台，应用化工技术、服装设计与工艺等13个专业（方向）深化校企协同育人，开设企业学徒班，累计学徒培养规模达1 400人，在省内能源化工、现代服装、汽车技术、环境保护等领域形成广泛影响。学校将创新工作室建成项目教学提质升级的依托和校企合作协同创新的载体，形成了相对完善的工作室培养模式；守敬科坊、创新工作室达到60余个，合作企业深度参与专业规划、课程设置、教材开发、教学设计与实施等。新能源汽车、智能制造等专业群高端定制订单班规模达500余人，精准供给新能源汽车、先进装备制造等区域战略性新兴产业所需技术技能人才。基于优势特色培养模式，学校通过省教育厅推荐参评国家教学成果奖项目2项，在省内高职院校中处于领先地位。

(2) 构建“三重两化”体系，培养职业本科层次人才

学校明确“一基四能”高层次技术技能人才定位与规格，创新“重技术、重实践、重发展、模块化、综合化”人才培养理念，构建“两平台三模块”课程体系和“三三三”实践教学体系，设置个性选

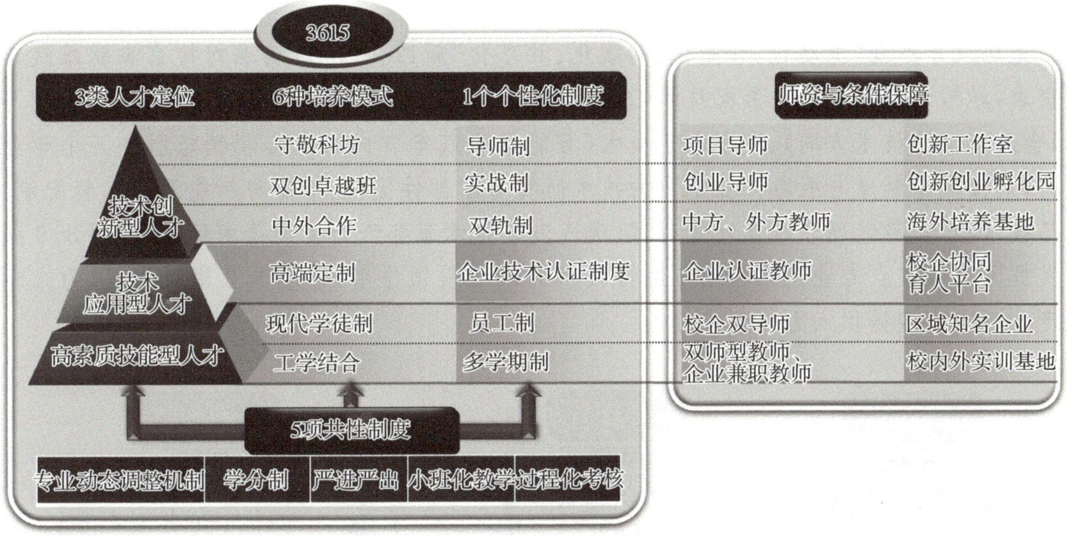

图 3-7　学校“3615”分流分类培养模式

修模块满足学生多样化发展需求。设置“课程-课程群-专业”三级实践项目，引入企业实际问题，以“真题真做”提升学生解决复杂技术问题的综合能力。2022 年新能源汽车工程技术等 16 个专业开启职业本科人才培养，通过河北省学士学位授予单位和授权专业实地考察，成为首批职业本科学士学位授予单位。

(3) 校企合作推进课程体系改革，深化课岗融通综合育人

首先，校企合作基于工学结合、课证融通等“五融合”理念，开发专业课程内容；其次，对接技能大赛标准优化专业教学标准和课程标准，完善以赛促学促教的国-省-校三级大赛育人机制，全方位提升学校技能育人、赛教相长的影响力。2022 年，学校共参与各级各类技能大赛 187 项，参加全国职业院校技能大赛国赛 12 项，取得国赛一等奖 2 项（见图 3-8）、二等奖 1 项、三等奖 4 项的优异成绩。成功承办全国职业院校技能大赛汽车技术赛项，联合河北广播电视台，在国赛中首创现场直播，社会各界在各平台点击量超过 5 200 万人次。

图 3-8　学校 2022 年获 2 项全国职业院校技能大赛国赛一等奖

案例 3-3：专业群分类成才，探索创新人才培养新模式

入选“双高计划”中国特色高水平专业群（A 档）建设单位以来，学校汽车检测与维修技术专业群创新探索人才培养新模式，个性化挖掘学生潜力，帮助学生精准定位专长方向、明确未来职业规划和发展，形成了“专业群＋产业链”“两分流＋四阶段”“模块化＋递升型”的特色培养模式。

一、专业群十产业链

为适应汽车产业“电动化、智能化、网联化、共享化”新四化布局，精准对接京津冀雄汽车产业发展需求，学校以汽车制造与装配技术（含特种车辆改装方向）、新能源汽车技术、汽车检测与维修技术（含汽车试验技术方向）、汽车电子技术（智能网联汽车方向）、汽车营销与服务五个专业构建专业群，对接汽车制造与服务产业链中的技术研发与零部件优化、节能与新能源汽车装配制造、汽车产品技术检测、智能网联汽车功能调试、现代汽车技术服务五大关键技术环节（如图 3-9 所示），充分发挥国家级重点专业汽车检测与维修技术的核心引领作用，带动专业集群发展，为京津冀雄汽车产业迈向高端提供人力资源支撑。

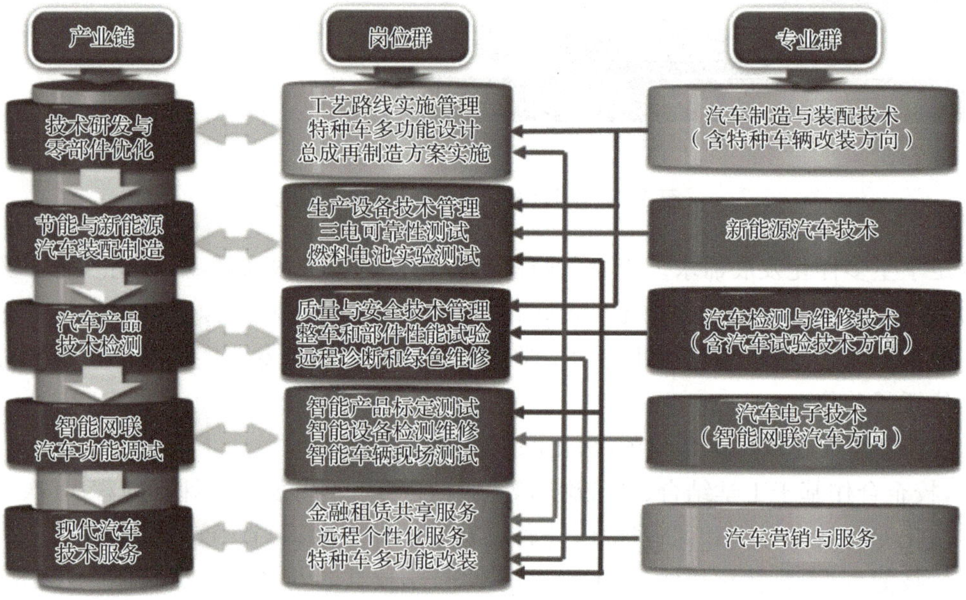

图 3-9　汽车专业群与产业(链)的对应关系

二、两分流十四阶段

设计实施基础培养、专业方向、专长发展、顶岗实习四阶段学业成长链，四个阶段目标、知识、能力分层，学生专业能力培养逐级提升。基础阶段掌握通识基础知识、综合基础能力、专业基本知识和基础技能，为第一次专业分流奠定基础；专业方向阶段掌握专业核心知识和核心能力，为第二次专长分流奠定专业基础；专长发展阶段分别强化不同路径的专长能力，为企业顶岗、入职成长奠定基础（如图 3-10 所示）。

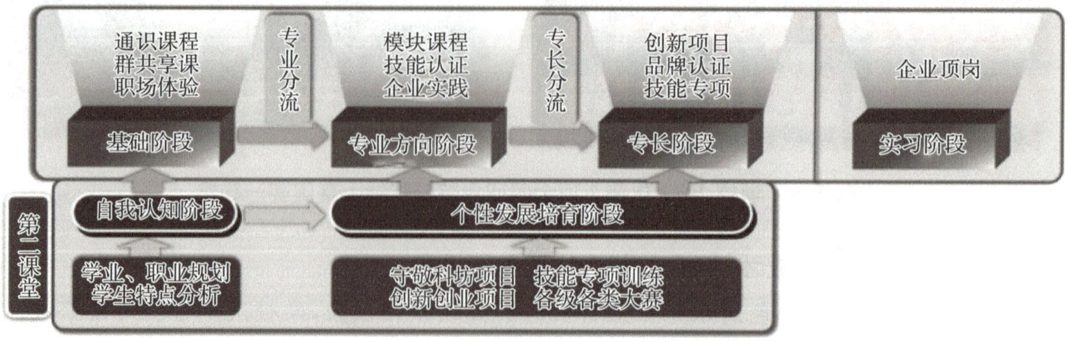

图 3-10　汽车专业群“两分流、四阶段”培养运行机制

学业导师四个阶段全程指导学生学业成长，指导学生根据不同路径、不同需求，在不同阶段选修必要的群内专业拓展模块、X证书模块和群外信息技术、商务运营、人文素养等模块，拓展学生的复合能力。

三、模块化+递升型

打造有较大选择空间的模块化、递升型课程超市，将课程体系分为公共基础模块、专业模块和自选模块三类模块群。公共基础模块主要是指学校的平台课程模块。自选模块主要是指汽车专业群内自选模块、汽车专业群外自选模块、国际交流项目模块、升学深造模块、人文素养模块。

以专业模块为例，专业群共享模块是专业群内应知应会的内容，是群内学生学习的专业基础；专业方向模块是群内各专业核心能力培养的关键部分，依照“分流分类”的原则，将课程按专业方向分组并进行模块化改革。同时将相关课程对接专业职业技能等级标准中的认证模块，实现X证书认证模块的初级、中级和高级三级能力模块完全嵌入课程体系。专长项目模块通过技能专项模块课程，强化技能训练，培养高素质技能型人才；通过品牌专项模块项目化课程与企业认证，利用校企共建品牌实训基地，实现“高端定制”技术应用型人才培养；通过创新创业模块强化技术创新、创意与创业能力训练，实现技术创新型人才的培养（如图3-11所示）。

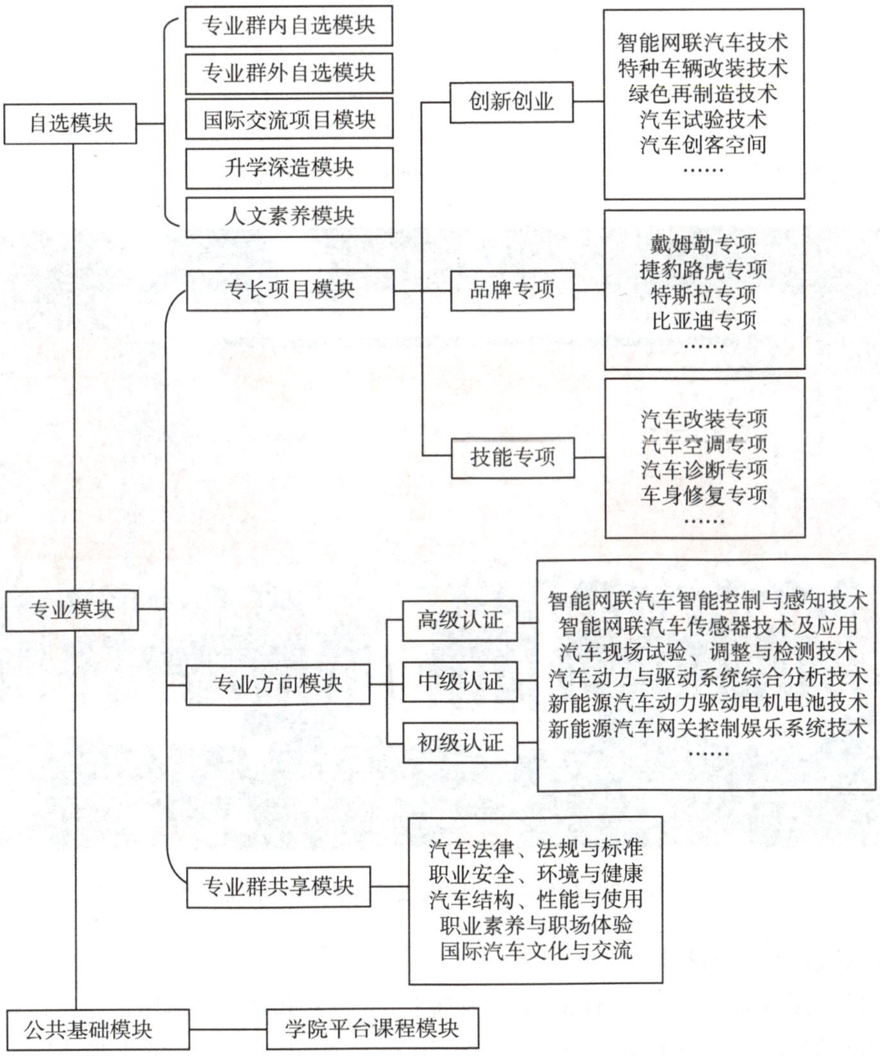

图3-11　汽车专业群“模块化、递升型”课程体系

案例 3-4:“技能立身,劳动强国”:学校成功举办 2022 年全国职业院校技能大赛汽车技术赛项并获一等奖

2022 年“中银杯”全国职业院校技能大赛汽车技术赛项(高职组)8 月 8 日至 9 日在学校成功举办。来自 31 个省、自治区、直辖市和新疆生产建设兵团的 61 支代表队的领队、指导教师、参赛选手齐聚河北,展开了一场高水平的技能比拼。河北科技工程职业技术大学和无锡商业职业技术学院、湖南汽车工程职业学院、深圳职业技术学院、浙江交通职业技术学院、广西交通职业技术学院 6 名选手荣获一等奖,12 名选手荣获二等奖,18 名选手荣获三等奖。6 名指导老师获得“优秀指导教师奖”。6 家企业单位获得“汽车技术赛项贡献奖”。

本次大赛既是一次紧张、激烈的全国性高水平技能大赛,更是对职业教育改革和制度创新成就的一次集中展示,对推动职业教育高质量发展起到了积极作用。为更好地宣传职业教育,推广大赛成果,河北科技工程职业技术大学作为承办校联合河北广播电视台,首次采用现场直播方式,连续 4 天 6 场累计 600 分钟,对大赛开幕式和闭幕式、四个模块的比赛进行全方位立体式呈现(如图 3-12)。大赛期间,邀请承办校领导、职教界专家、大赛专家组成员、专业教师、行业企业代表、往届获奖选手等做客直播间,介绍筹备情况、解读职教政策、分析赛事特点、分享参赛感悟、共话行业前景。外围记者带领大家走进比赛现场和观摩区,通过镜头近距离感受紧张激烈的比赛氛围;参观汽车教学资源展、合作企业展、参赛院校成果展,全方位了解汽车行业职业教育的发展状况。据统计,人民日报客户端、央视频、学习强国、中国教育电视台、河北卫视、河北少儿科教频道、河北广播电视台视频号、冀时客户端等数十家媒体平台对大赛实况进行了全面报道。大赛结束当日,各平台点击量已超过 5 200 万人次,大大提升了职业教育社会认知度和技能大赛影响力。

图 3-12 2022 年全国职业院校技能大赛汽车技术赛项

3.3.2 “1+X”证书制度试点

在岗课对接、课赛融通、岗赛一体的改革基础上,学校积极推广“学历证书+‘X’个职业技能等级证书”,将技能证书考评内容融入岗课教学、岗赛实训,逐步完善“岗课赛证”综合育人机制。出台了学校《“1+X”制度试点工作管理办法》《“1+X”制度试点经费管理办法》等文件,将证书遴选、课证融合改革、考核站点建设、考核管理、经费使用等多方面规范管理、系统推进；与头部企业共同制定5个X证书职业技能等级标准。2022年学校申报X证书试点专业43个(涉及39项证书)，占全校专业总数的86%，且证书考核已覆盖全校所有系部。年度申报参加“1+X”证书考核的学生1 097人；本学年已对943名学生进行培训考核，通过率达到98%。

案例3-5：校企合作“1+X”证书　中铁二十局集团“1+X”项目办授予学校优秀教学奖

由中铁二十局集团有限公司主办、中铁建安工程设计院有限公司承办、西安三好软件技术股份有限公司协办的“1+X”建筑工程施工工艺实施与管理职业技能等级证书2021年总结表彰暨2022年试点工作推进会在线上召开。

2021年，学校在“1+X”建筑工程施工工艺实施与管理职业技能等级证书考试工作中，成绩突出，得到中铁二十局集团“1+X”项目办的肯定，授予学校“省级考务管理中心”的荣誉；学校在相关教学组织工作中积极融入“1+X”证书，不断创新，表现优异，在该等级证书中级培训的过关率为88.5%，荣获“优秀教学奖”(见图3-13)。

会上，学校建筑工程系主任张广峻以院校视角分享了建筑工程施工工艺实施与管理职业技能等级证书(中级)书证融通教学方案与人才培养，介绍了建筑工程施工工艺实施与管理等级证书助推学校建筑工程系专业群建设工作的相应成果，发言的精彩内容得到了与会代表的一致好评。

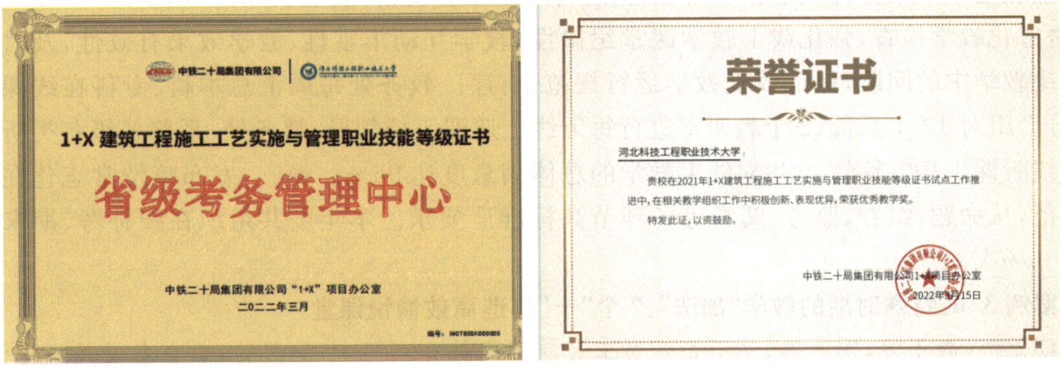

图3-13　中铁二十局集团“1+X”项目办授予学校优秀教学奖

3.4　“三教”改革

3.4.1　推进教学方法改革

(1) 加强数字化资源建设与应用

①一书一课，校企合作打造数字化课程体系。学校以课程教材建设为抓手，健全“一书一课”同步共建、校-省-国三级递进的培育机制，校企协同开发、应用共享，不断深化本科专业内涵建设。注重数字化资源融合创新，引导各专业吸收行业发展的新技术、新工艺、新方法，校企合作开发活页式、工作手册式、融媒体专业课教材，积极开展虚拟仿真实训课程建设。2022年，教务处完成第五批52门立项课程验收工作，投入150万元打造58门课程教材一体化建设项目、20个新形态教材项目和4部数字教材，122门课程在智慧职教MOOC学院、学银在线等平台开展混合式教学，累计开课期数424期，累计选课人数929 397人次。学校主持或参与省级以上专业教学资源库建设18个，新建省级及以上专业教学资源库7个(含本科2个)，打造了校企共享、校内外通用的数字化课程资源体系。

②梯队迭代，教改积淀收获教学资源丰硕成果。2022年，学校认定校级精品在线课程30门，评选了《汽车构造与拆装(第3版)》等20部首届校级优秀教材，获评省级职业教育在线精品课程33门、虚拟仿真实训课程2门；《汽油发动机管理系统故障诊断与修理》等8门课程被省教育厅、行指委推荐参评2022年国家职业教育在线精品课程，《汽车工程系　汽车构造与拆装》等6部教材被推荐参评国家"十四五"规划教材。

(2) 推进信息化课堂教学改革

①学起来、动起来、忙起来，以学生为中心开展"课堂革命"。学校从三个方面着力提升课堂质量，一是推动混合式教学改革，充分利用信息化平台及资源库、在线课资源，实施线上线下混合式教学，布置课前任务，加强课前检测，让学生课前学起来；二是深化"三教改革"，优化教学设计，改变传统的教师"一言堂"模式，采用项目教学法或任务教学法，让学生课上动起来；三是强化教学管理，领导带头深入课堂听课，教务处加强教学检查，狠抓各项教学制度落实，规范各类教学文件，扩大教考分离课程范围，优化作业布置与评改，规范开展辅导答疑，让学生课后忙起来。

②疫情防控下教学运行由有序平稳到质量提升。疫情期间，学校坚持"线上+线下"同步课堂直播教学，构建"12345"新模式，即"一个目标、两个兼顾、三个阶段、四个课堂、五个维度"。第一，教务处发布在线教学通知、规范等20余次，发布在线教学简报15期，分享推广教学案例、典型经验近30个，保障线上教学由"平稳运行"向"质量提升"转变。第二，组织开展"线上+线下"常态化教学检查，强化线上教学课堂纪律性、教学互动丰富性、教学效果有效性，及时发现和解决教学中的问题，保证线上教学运行规范、有序。教务处每周汇总本科、专科在线课程信息，分5组对13个系部、2个教研室进行每天线上巡课。校领导、教务处、系部各级各类听课人员在线听课1 400多次，学生对线上教学的总体满意度达96%。第三，发布疫情常态化在线考试规范，从命题、组卷、监考、阅卷等各环节高标准严要求。本年度共组织在线补考、期末考试等620场次。

案例3-6：特殊时期的教学"加法"：7个"十"打造高效愉悦课堂

疫无情，教不停，网无限，学不止。科工大教师们结合实际，总结经验，整合各类教学资源，以丰富的直播互动方式，全力高效地开展线上教学，力保学生不仅"在线"而且"在学"。虽然授课方式和地点变了，但是老师们依然秉承着"高效愉悦"的初心；虽然学习方式和地点变了，但是所有科工大青年的学习热情仍然高涨。

一、抗疫情+强技能

主动积极不停训，师生努力不放松。实践教学以大赛集训的形式继续，科学制定了疫情防控时期的训练备赛方案，争取最大程度减小疫情对技能大赛训练的影响。"即使有疫情，我们也不放弃比赛！"共同期待疫情早日过去，期待刻苦训练的同学们取得优异成绩！(见图3-14)

教师每周精心组织线上集体备课会，制定详细备课安排，有骨干教师公开示范课、青年教师进行说课展示、聆听专家讲座等多种丰富形式。集体备课会使得教师们互相学习互相借鉴、取长补短集中探讨交流，切实提升教学质量。

二、在线投影+视频监课

封闭在校内教学区的教师，在严格落实疫情防控措施的前提下，有序组织学生去教室开展线下授课。教务处通过多媒体教学智能管控系统进行在线巡课，统筹兼顾课堂教学和疫情防控(见图3-15)。系领导带头进行动态式教学巡查，有效防止学生"躺平式"学习，高质量保证"线上+线下"课堂教学效果。

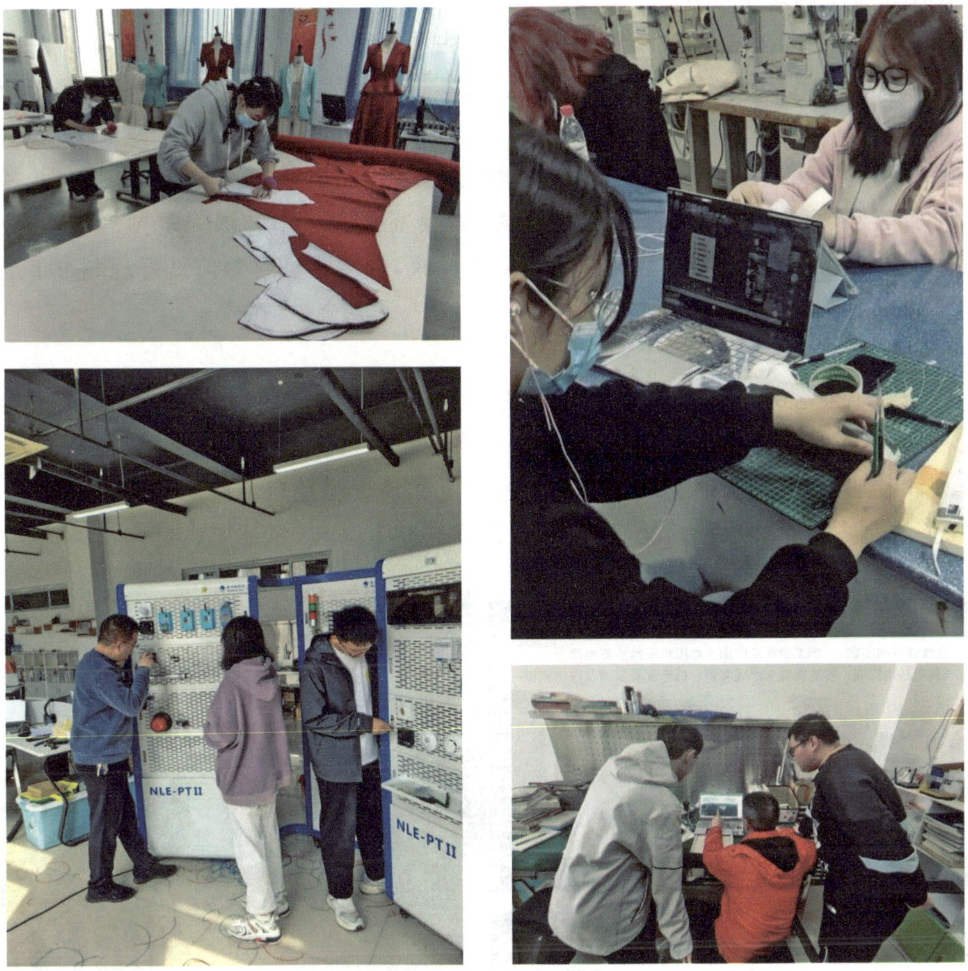

图 3-14　河北科工大以大赛集训形式开展实践教学

图 3-15　河北科工大“在线投影+视频监课”课堂教学

三、直播课堂十辅助学习软件

多数课堂采用“钉钉直播十职教云 APP”作为主要教学平台。课前十分钟准时进入直播间，开启课堂签到。首先点评职教云上的课后作业，回顾上节课的重点内容，并随机连线互动，使线上教学有交流感。

上课过程中随时由班委拍照，了解学生的学习状态。在职教云平台开展投票、抢答、头脑风暴、讨论、测验等互动环节，有效防止学生上课走神，提高课堂效率。课间老师和学生亲切交流关于封校期间的学习生活情况，关心学生身体和心理健康，给学生讲解如何更好地树立目标，营造张弛有度的学习氛围。

四、线上理论十线下实践

搭建线上线下混合式教学组织架构，全班分小组开展协作学习（如图 3-16 所示）。教师利用钉钉群直播，共享屏幕讲解，学生到无安全隐患的实训室或机房学习，边听讲解边操作。课代表负责工具发放和整理、布置作业、安排值日、实训室卫生和检查收尾等工作。老师采用职教云平台互动，解决任务实施中知识和技能的教学难点，激发学生学习兴趣，保证完成实践任务。

图 3-16　河北科工大“线上理论十线下实践”课堂教学

五、翻转课堂十学生“出声思考”

教师作为倾听者和引导者，对某一任务逐步深入剖析，启发学生“出声思考”。譬如鞋类设计与工艺教研室张若老师的《时尚流行资讯》课程。课前，布置时尚资讯收集与分析的任务，并提出具体要求，同时提供可参考的时尚资讯平台。课中各小组逐一展示，进行学生互评、教师点评。课后各小组需要完善学习任务，并重新提交（如图 3-17 所示）。

六、顶岗实习十毕业指导

指导教师利用“超星学习通”对顶岗实习进行信息化、过程化、动态化监管评价。根据学生的需求开展个性化辅导，实现对学生实习情况的精准高效全覆盖。指导教师借助 QQ、微信、腾讯会议、直播课堂等交流工具与学生进行“线上零距离沟通”，积极对毕业论文（设计）开展远程指导，组织学生进行多种形式的集体讨论、共性学习和进度汇报，及时提出并解决难点问题。

图 3-17 河北科工大"翻转课堂+学生'出声思考'"课堂教学

七、专业答疑+思政小课堂

线上班级群既是日常辅导答疑交流群，又是每日"思政小课堂"平台。老师在课后布置作业和问卷调查，了解学生的学习感受、心理状态及对课程的反馈与反思。发布课程思政知识链接，增加知识性的同时，培养学生正确的人生观、世界观、价值观。

"互联网+"教学，给了河北科工大学子别样的大学生活。

3.4.2 推进教材建设

深入推进课程教材一体化建设。一是分批推进课程标准制定、修订工作。先本科后专科分批开发课程标准，开展工作任务与职业能力分析，对接新技术、新工艺、新材料、新方法，梳理课程知识点和技能点，优化课程内容。二是完成第五批课程验收，推进第六批 58 门课程教材一体化建设和 20 个新形态教材项目，打造优质数字资源，鼓励出版数字教材。三是组织校级精品在线课评审、课程思政典型案例、专创融合典型案例、课堂革命典型案例评选，以评促改。

案例 3-7："选建评"加强教材监管，"五融合"开发保证教材质量

河北科技工程职业技术大学坚持正确的政治方向和价值引导，全方位贯彻落实《全国大中小学教材建设规划(2019—2022 年)》《职业院校教材管理办法》精神，通过建立机构、优化制度、注重落实、强化评估，系统性推进了新时代职业教育教材选用及建设工作的科学化和规范性。

优化"一三三"管理体系，强化教材建设制度。贯彻党和国家教材建设方针政策要求，出台《教材管理办法》《教材建设与选用委员会章程》《教材建设工作实施方案》等制度文件 5 部，建成由学校教材建设与选用委员会一级统筹，马工程教材、公共基础课及境外教材、专业教材建设和选用工作小组三类分管机制；建立了贯穿教材选用、编写评价、满意度抽查全过程的系部、教材科、学校三级审查机制，确保选用、建设教材内容价值导向正确，思想内容科学，程序流程规范。

"三梯队"拓展教材选用主体，严控教材选用质量。一是每学期最少举办一次教材展活动，邀请社会影响力大、职业院校认可度高的出版社进入学校深度互动，教师结合亲身体验和教学需求确定任课教材与教参，有效保证了被选教材质量；二是教材建设与选用委员会对标高素质技术技能人才培养要求和产业生产技能需求，制定系统、完善的教材选用标准，为教材选用审核提供依据，对将要选用和正编写的教材进行全面审核，从内容的思想性、科学性、适宜性给出全面评价，确保优质教材进入学院教材选用备选库；三是教材建设与选用委员会确定拟选用教材名单后，提交学校党委会审核，最终由教材科统一采买、发放。

学校教材建设与选用委员会实行学期例会制，2020 年至今，围绕教材选用召开 2 次党委会，组织 2 次教材审查工作，累计审查 2 000 余部教材，思想政治理论课选用马工程教材率 100%，学校使用教材全部符合国家规定。

执行教材选用质量评估机制，动态调整学校教材备选库。建立教材使用成效监测评估制度，通过师生座谈、样书抽检、问卷调查等方式，对各专业教材进入课堂后的教学成效、使用反响进行调查评估，动态调整学院教材备选库。截至目前，专业课选用国家规划教材率达37%，专业课程工学结合教材使用率达93%，新形态教材使用率达20%，学生教材使用满意度达95%。

"五融合"一书一课同步共建，打造校本特色职业教育教材。学校坚持校企双元开发、新形态载体、一书一课同步共建的工作模式，有序推进"岗课赛证"综合育人教材建设，打造具有河北科技工程职业技术大学特色的高质量职业教育教材。适应智能化、信息化发展需要，学校制定《职业教育规划教材建设方案》，坚持在线课程与新形态教材一体化建设，坚持"课程思政""赛教融合""科教融合""课证融合"以及"专创融合"的"五融合"开发原则，坚持以一线教师、行业领域专家、企业技术人员和能工巧匠于一体的编写团队为工作主体，深入挖掘体现立德树人和专业特色的思政元素，及时将企业新技术、新工艺、新标准、新规范、新案例等纳入教学内容，开发了一批反映产业技术升级、技术技能型人才成长规律的高质量教材。截至目前，学校建有国家精品在线课程1门，国家级课程思政示范课程1门，校企合作开发教材855部，编写公开出版教材140余部，其中国家规划教材42部，新形态教材17部、一体化立项建设新形态教材80余部。

3.4.3 推进教师队伍建设

(1) 着力打造高水平"双师""四能"教师队伍

集聚10名行业领军人物和技术技能大师，累计培养400名"四能"骨干教师，"双师"比达86 %以上，企业一线兼职教师占比近25%；打造了2个国家级、3～4个省级教师教学创新团队，获得全国职业院校教学能力比赛一等奖，建设了一支专兼结合、结构合理的"双师""四能"教师队伍。

(2) 构建"五阶段四维度"教师发展促进体系

河北科技工程职业技术大学基于教学工作诊断与改进全面质量管理思想，统筹做好教师层面的顶层设计——教师发展促进体系，保障"双师型"教师队伍建设。该体系按照"从新手到专家"的职业发展一般规律，将教师职业发展划分为入职期、发展期、骨干期、带头人期、专家期"五阶段"，以目标标准系统为出发点，以教师培训系统为主体，以教学比赛系统为促进，以条件保障系统和制度激励系统为支撑，以诊断改进系统保良性运行，"四维度"保证教师每个阶段的职业发展需要。在由教育部高等教育司提供指导、全国高校教师网络培训中心组织的1 000余所高校参加的2022年全国高校教师发展中心工作研讨会上，学校教师发展中心主任刘庆华教授受邀以"职业院校教师培训系统建构与运行"为题做专题报告。

案例3-8：全方位设计教师培训系统，四元教学设计在线工作坊在教育部高校网培中心上线

河北科技工程职业技术大学统筹设计教师发展促进体系，以目标标准系统为出发点，为处于不同发展阶段的老师提供"灯塔"和"刻度尺"，在此基础上帮助教师找差距、定目标，设计教师培训系统。

一是培训框架基于能力发展阶段。整体上沿着教师职业发展阶段，从教学能力、专业实践能力、教科研能力、师德师风四个方面，提供有针对性的培训，助力不同发展阶段教师的能力提升。

二是培训项目对应工作任务。对应职业发展不同阶段教师所面临的主要挑战性任务设置培训项目，如骨干期教师主要挑战任务是主持一门课程的开发，设置培训项目为基于四元教学设计的课程开发工作坊；带头人期的主要挑战性任务是开发并优化一个专业的课程体系，设置的培训项目为基于典型工作任务分析法的课程体系开发工作坊。

三是培训内容聚焦系统方法。培训项目所依托的系统方法，如四元教学设计(4C/ID)、典型工作任务分析法(BAG法)等，均为当代国际先进的且适合职业教育的系统方法，符合当代职业教育改革方向，通过培训能够帮助老师们明确教学改革方向、掌握系统方法，有效解决教师不明确课改方向、不掌握课改方法的问题。

四是培训方式符合方法掌握规律。人对系统方法的掌握一般要经历“不知道也不会做——知道但不会做——初步理解并能试做——理解并能做到——无意识也能做到”几个阶段。以往教师培训常用方式为讲座，但通过讲座只能帮助老师们达到“知道但不会做”阶段，对帮助他们掌握系统方法而言效果不佳；采取“带着做”的工作坊方式，能帮助老师们对系统方法达到“理解并能做到”阶段。培训系统中的主要培训项目，均采取工作坊方式开展。

以基于四元教学设计的课程开发工作坊为例，一位培训师指导2～3位学员，参加培训的老师边培训边利用四元教学设计对自身课程进行再设计，每个培训主题安排一次培训和至少一次辅导(如图3-18所示)，培训前学员自己学习网课，培训时由培训师带着澄清认识、加深理解，学员课后完成并提交任务，辅导时培训师结合学员任务完成情况进行反馈，达成较好的培训效果。

图3-18 河北科工大教师参加四元教学设计工作坊

五是运行机制借鉴“学分银行”做法。学校定期或不定期推出培训项目，老师们可以根据自己所处发展阶段，选择自己方便的时间参加培训。只有积累了某个发展阶段所要求的全部培训项目合格证书，才可以换取这个培训阶段的结业证书。

六是着力做好条件保障。培训系统中主要培训项目已完成开发，有些培训项目则是精选了校外的精品培训项目。另外，服务于所开发出的校本培训项目，建立了培训师团队，为培训系统良性运行奠定了物质基础。

七是完善了激励制度。在职称评定、绩效考核等方面均对获得职业发展阶段培训结业证书的老师设定了相应的加分，为培训系统的良性运行提供了动力。

教师培训系统为处于不同发展阶段的老师们提供了提升能力的“抓手”，推动了校本培训项目及培训师队伍建设。

为保障培训系统实施，学校着力做好培训项目的开发及培训师队伍建设，目前已完成基于典型工作任务分析法的课程体系开发工作坊、基于四元教学设计的课程开发工作坊、基于学习科学的教学设计、教学技巧工作坊(ISW)、教学方向课题申报与研究、科研方向课题申报与研究等6个校本培训项目的开发及相应的6个培训师团队的建设。其中四元教学设计工作坊培训项目在教育部全国高校教师网络培训中心网站开设线上工作坊，多次面向全国教师开展培训(如图3-19所示)。

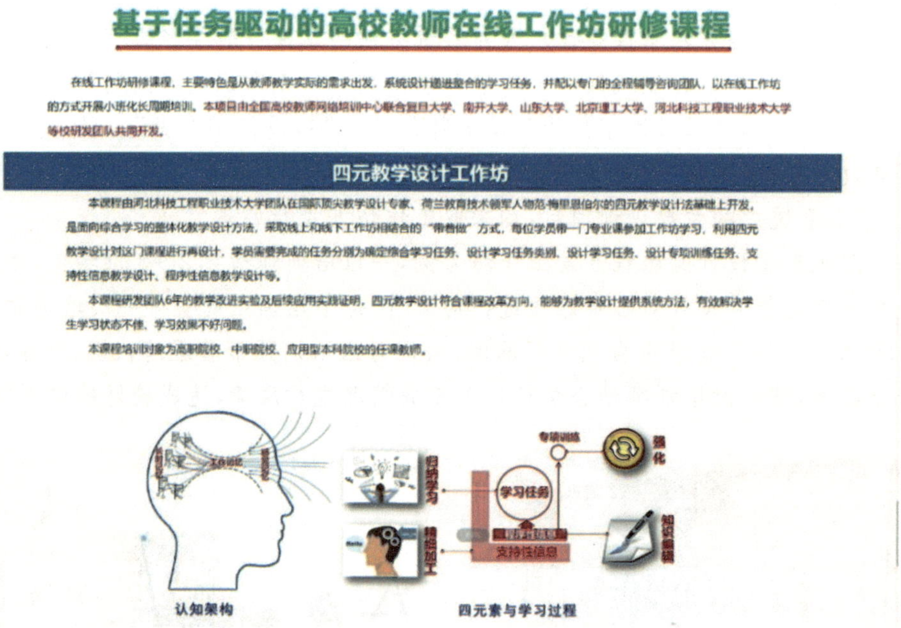

图 3-19　四元教学设计在线工作坊在教育部高校教师网培中心上线

通过工作坊方式培训教师达 806 人次，教师教学能力明显提升，2019—2021 年在教师教学能力比赛中，获得国家级一等奖 3 项、二等奖 3 项、三等奖 4 项，位列省内第一、全国第三。

4　服务贡献

4.1　服务乡村振兴

4.1.1　乡村人才培训

搭建乡村人才培训平台，精准实施乡村人才培训。实施乡村振兴战略，是党的重大决策部署，是决胜全面建成小康社会、全面建设社会主义现代化国家的重大历史任务。乡村振兴包括乡村产业、人才、文化、生态、组织全面振兴，而人才是实现乡村振兴的关键。学校结合邢台区域乡村产业发展实际，着力开展环冀南乡村企业人才继续教育与人力资源再开发，积极开展面向企业的学历与非学历融合继续教育与培训服务，设立企业成人学历继续教育定制班，开设学历与技能提升双课程。现有环乡村企业定制班 50 余个，在册学员 3 000 余人。为助力乡村产业、人才、文化发展和振兴做出了应有贡献；举办省级“大数据赋能乡村振兴”理论与实践高研班，共有 100 余名来自乡镇干部、邢台市乡村振兴局、高校教师和乡村企业信息技术创新人员参加了此次培训，共 400 余人天。为更好地开展乡村人才培养与人力资源开发，学校积极与邢台市农业局联系，启动现代农业培训基地建设，并积极申报“河北省农业厅现代农业培训基地”，探索现代农业人才培养培训体系，为乡村人才振兴搭建稳固平台。

案例 4-1：科技扶智　振兴乡村——“大数据赋能乡村振兴”理论与实践高级研修班

科技扶智，巩固脱贫攻坚成果。学校成功主办了河北省人社厅“大数据赋能乡村振兴”理论与实践高级研修班项目。在学校统一筹划部署下，通过信息工程系与继续教育培训部的共同努力，在马来西亚专家、新华三集团的鼎力支持下，河北省乡镇、市乡村振兴办、企事业等信息化数字化技术人员共100余人参加了培训，其中50余人参加了线下培训，近50人参加了线上培训。“大数据赋能乡村振兴”理论与实践项目是学校秉承服务发展理念，为助推数字经济建设、服务乡村振兴国家战略，积极响应河北省人社厅“专业技术人员知识更新工程”部署，申报并获批的。为开拓专业技术人员视野，创新大数据赋能乡村建设理念，我们聘请马来西亚的专家 Syaheerah Lebai Lutfi 博士围绕大数据相关理论及前沿研究进行了远程专题讲座，精彩的讲座极大开拓了大家的国际视野，汲取了国外大数据在乡村建设过程中的应用等先进经验。新华三集团的陈永波总监及信息工程系的骨干教师、国内专家、本校教学名师，分别从案例解读、实际应用及生态体系建立等方面进行了多维度的讲解和分析，基础理论与上机实操相结合，高质量完成培训任务。

本项目主要培训内容包括“大数据＋农业农村融合案例解读、大数据相关理论及前沿研究、‘1＋X’推动农业农村大数据应用人才建设、大数据下的商业智能、大数据平台运维讲座”以及专题讲座“大数据分析——大数据挖掘、大数据可视化、大数据管理、大数据安全、Hadoop 生态体系、大数据服务农业信息化专题——政务大数据项目案例、公检法大数据项目案例、大数据产教融合交流会、大数据平台部署实战”等。对从大数据赋能乡村振兴的国内外发展趋势、宏观理论研究到大数据农业农村人才建设、大数据在乡村农业振兴、大数据商业智能实战分享及具体的大数据分析应用等方方面面做了全面的培训指导，参训专业技术人员跟踪分享“大数据”相关理论前沿研究、赋能乡村发展的实践经验，了解“大数据赋能乡村振兴”的意义及本行业最新发展趋势，相关理论水平、实际专业能力大幅提高，参训者科研、开发推广与应用能力大幅提升（见图 4-1）。为实现大数据赋能乡村振兴的目标发挥积极作用，也对于加快推进农业农村现代化、赋能乡村振兴具有重要意义。

图 4-1　河北科工大主办省人社厅“大数据赋能乡村振兴”理论与实践高级研修班项目

4.1.2 带动式科技服务乡村振兴

实施带动式科技服务，鼎力支持乡村振兴战略。学校以专项行动、系列培训等形式实施“带动式科技服务乡村振兴”计划。依托科技特派员工作室，开展科技特派员科技服务专项培训 6 次，组织科技特派员深入乡村和县域企业开展科技政策、知识产权、高新技术与科技中小企业政策、科研平台申报等专项行动 10 余次，引导组织 97 名科技特派员及 26 名“三区”（边远贫困地区、边疆民族地区和革命老区）科技人才，深入县域产业企业及乡村，开展技术推广、技术服务、技术培训等科技帮扶 1 000 余次，为贫困县推广新技术 50 项，举办培训 120 场次，培训技术骨干及农民 5 000 人次，鼎力支持乡村振兴战略。

4.1.3 驻村服务队服务乡村振兴

建立张家口市宣化区西庄子村驻村乡村振兴服务队等示范点。自驻村以来，学校工作队始终将服务理念贯穿到各项帮扶工作中，时刻把群众冷暖放在心上，逐户走访听民声，情系群众办实事，及时把暖心服务送到村民身边，以实际行动推进“相约冬奥——扛红旗、当先锋”专项活动的深入开展。中国农历虎年春节期间，学校驻张家口市宣化区塔儿村乡西庄子村工作队免费上门为村民拍摄“全家福”，用镜头记录下村民合家团聚的美好时刻，为乡亲们送上了一份特殊的新春礼物（见图 4-2）。

图 4-2 河北科工大驻村乡村振兴服务队为村民拍摄的“全家福”

4.2 服务区域发展

4.2.1 创新服务模式

（1）持续推进“设站进区”服务地方模式，服务区域产业打造科工大品牌

依托科技服务工作站搭建县校互动平台，推出立地式技术服务举措，落实支持区域制造业产业链发展政策，建立“一系一链”“一系一龙头”“一师一企”等服务模式，围绕链主企业及上下游企

业开展校企合作项目165项，不断增加合作项目数量和深度，提升服务区县产业发展贡献度。依托“内坊外站（校内守敬科坊、校外科技服务工作站）”“科技特派员工作室”，开展“带动式科技服务”专项行动10余次，引导组织师生深入县域产业企业及乡村，开展技术推广、技术服务、技术培训等1 000余次，开展技术研发与技术服务项目230项，科研项目到款2 478万元。

（2）进一步落实人才强校和服务地方战略，实现“共生共荣”技术合作生态

不断提升学校教育教学、科研工作水平和服务社会能力，建立校企专家“互通互用”交流机制，聘请30名企事业单位知名专家担任学校客座教授，召开“河北科技工程职业技术大学客座教授暨邢台市制造业产业链专题研讨会”“邢台市科技成果转化研讨会”，针对邢台市产业链创新发展、人才培养机制、成果孵化转化、产业链转型升级等内容深度研讨；遴选6名老师为校级企业服务专家，打造学校创新技术服务样本，塑造学校科研创新服务品牌。

案例4-2：设站进区，助推邢台县域科技创新跃升

学校在国内职业教育领域首创“设站进区”技术服务体系，依托科技服务工作站搭建县校互动平台，推出一系列立地式技术服务政策，支持重点产业链发展，实现专业链-产业链对接，打通科技服务“最后一公里”，助力乡村振兴，高效加速邢台中高端制造业城市建成，推动邢台县域科技创新跃升；开展科技服务产生经济效益年均2亿元，支持邢台7个县域实施科技创新跃升计划，服务发展水平大幅提升。

一、县校合作，创新服务区域新模式

学校不断推动政校企深度合作，助力县域经济发展再上新台阶，搭建县校互动平台，面向重点制造业、县域产业链、县域企业、乡村振兴等多个领域，定期组织科技服务工作站开展技术服务、技术咨询、技术培训等活动，进一步把智库资源优势转化为经济发展优势、把教育优势转化为人才优势，深化政产学研合作和协同创新，助推县域经济高质量发展（如图4-3所示）。

图4-3　县校合作举办“多彩威县-魅力邢职”互动周活动

二、补链强链，支持邢台重点产业链发展

以科技服务工作站为依托，支持邢台市制造业重点产业链高质量发展，工作站重点对接制造

业“链主企业”。实施链主企业承包制，根据工作站专业特色，承包产业链内的重点企业。落实“补链强链”计划。创新专家流通机制，实施“送智入企”，遴选科研带头人、技术能手作为技术服务专家，面向“链主企业”，开展长期带动式技术服务，助力企业创新发展。紧扣“3+2”产业布局，搭建创新平台。

三、精准布局，专业群-产业链深度对接

根据系部专业方向，围绕县域主导产业精准布局，机电智能制造电气专业群对接任县先进装备制造产业，汽车专业群对接威县新能源汽车产业，信息专业群对接清河电商产业，服装专业群对接宁晋服装产业等，实现专业链精准对接县域产业链。

四、设站进区，夯实服务效果

首创设站进区技术服务体系，深入雄安新区、威县、临城等县域建设10个县域科技服务工作站，实现一县一站；定期派驻固定教师、不定期选派流动教师依托技术服务站开展服务工作驻站巡站，保障服务站高效运行；打造站站互通协同走访机制，联合开展各类服务，提升综合服务能力；采用“一师一企”模式，一位教师深度对接一个县域企业，开展伴生式技术帮扶工作（如图4-4所示）。

图4-4　河北科工大（邢职）科技特派员工作站与科技服务工作站揭牌

案例4-3：创新科技服务模式，实现校地共赢发展

科技服务站作为河北科技工程职业技术大学专业与区域产业连接的纽带，积极主动对接当地科技部门、县域内龙头企业，解决了服务对象“最后一公里”问题。平乡科技服务工作站自2018年5月设立以来，河北科技工程职业技术大学电气工程系三个科研创新团队积极与平乡县科技局合作，重点开展与区域龙头企业科技服务的“沉浸式”合作，创新团队持续纳入新鲜年轻的力量，利用暑期集中采用陌生式拜访、扫街模式，创新开展科技服务工作，摸索出了一套完整的科技服务体系、管理方法以及青年教师锻炼成长的办法。

一、重点企业“沉浸式”合作，科技服务落到实处

与区域龙头企业开展全方位的合作。河北欧耐机械模具股份有限公司是铸造智能装备华北区域龙头，服务站与公司的装备事业部、气筒事业部、制管事业部、有色生产事业部开展紧密合作，累计参与技术研讨100多余次，主持参与新产品开发10项，其中激光自动切管机控制系统的开发、自动拧螺丝机控制系统、智能扇形浇注机自动控制系统、“V”法浇注线自动控制系统等多个项目投放市场，用户反响良好，累计合同额8 000多万元。

二、搭建信息服务平台，辐射周边区域

通过走访调查发现，县域企业由于受到地域的限制，难以吸引技能型人才，也很难留住高水平的研发人才，生产中遇到的实际技术问题不能够及时得到咨询和解决，这是企业遇到的最大问题。

科技服务站解决企业的燃眉之急，加强技术培训，为他们建立信息咨询服务平台，助力企业的发展，使得生产更加顺畅。平乡科技服务站团队成员积极开展技术交流、讲座、沙龙等活动 100 余次，开展技术人员培训 300 余人次，给企业开展技术咨询、现场技术指导服务 200 余次，服务站在邢台地区东八县有了较高的知名度和良好的口碑。“我们文化水平不高，以前在自动化设备装置上遇到电气问题只能网上查查、自己摸索、一知半解。”河北欧耐机械模具股份有限公司员工赵现飞以前在工作中经常会遇到许多专业问题，“服务站的老师们来了之后，他们耐心地给我们进行现场示范讲解，用简单的方法和通俗的语言解释现象、阐述原理，使我们懂得了现象背后的原理、彻底掌握了知识技能，提高了自己的技术水平，非常感谢他们。”服务站为企业提供技术咨询，借助信息化手段，依托“现代电气技术服务中心”“守敬创新工作室”等平台，建立了“科工大自动交流”手机微信沟通群，里面汇集了邢台地区各个行业电气自动化的知名专家 20 余人，周边企业电气技术人员 200 多名，技术服务咨询内容广泛，包含电气产品试验、电气产品性能测试、电气产品维修与维护、电气技术咨询与交流、电气自动化控制方案论证、电气技术资料收集与推广等，有问题随时沟通交流，有效解决了企业对技术的需求。“在群里发个微信，问题就能解决，不用转一大圈问这问那了，而且都是实实在在的回答，少走了弯路、节省了时间。”河北某科技公司经理刘光华说。

三、采用扫街陌生拜访模式，青年教师高效融入科技服务

河北科工大电气工程系以科技服务工作站为平台，组织团队的青年教师和守敬工作室学生利用暑期集中开展“扫街陌生拜访式”的科技服务社会实践活动（如图 4-5 所示）。创新团队在平乡周边县域累计走访了河北利江生物科技有限公司、河北汇丰农资有限公司、绿源污水处理厂、邢台天富自行车有限公司等 100 家企业，企业参与人次 500 多人。在利江生物生产车间针对现场废酸储罐中液位数据传输到中控数据波动问题分析原因并提出了解决方案；在绿源污水处理厂对污泥池的污泥浓度和曝气池的溶解氧的数据测量和采集设计了技术方案；飞顺航空科技河北有限公司的智能多功能汽车强力启动电源产品在使用中存在电压不稳的问题，通过交流沟通，决定作为专题带回来跟企业合作一起研究共同解决……

图 4-5 河北科工大科技服务工作站韩会山团队在企业现场指导

4.2.2 强化成果对接

(1) 科技共享和成果转化压茬拓展

构建"产业导向-内坊外站-三库建设-技术经纪人-成果孵化-成果对接-成果转化"体系，建设了"产业企业技术需求库""校企技术专家库""科技成果库"，开发了"校级应用创新成果中试项目"，构建了"校企专家互通互用"机制，逐步完善产业链创新链融合体系，面向制造业重点产业链企业，开展"邢台市科技成果转化研讨会""科技成果直通车""知识产权培训专题培训""制造业标准规范专题讲座""冀中南地区创新方法深度应用培训班"等系列成果对接活动，增强企业科技创新能力，实施成果转化56项，成果转化收益150万元。

(2) 知识产权宣传和培训结出硕果

依托国家知识产权信息公共服务网点、河北省知识产权培训基地，深入60余家企业、25所中小学开展知识产权宣传活动，解决企业问题，开展知识产权科普。针对重点对接企业中的技术难点，撰写16篇专利专题分析报告，建立16项专项数据库，指导企业确定研发方向，实现技术服务与知识产权服务的融通，挖掘服务典型案例4项，"冰雪运动下肢生物力学分析与应用"获省级优秀案例。在全校范围开展知识产权培训4次，提升专利申报质量。

案例4-4:推进产学研深度融合，助力地方经济发展

河北科技工程职业技术大学信息工程系教师团队基于临城科技服务站，构建科技服务、社会服务、社会培训服务网络，推进产学研深度融合，把党史学习教育成果转化为扎实推进"我为群众办实事"实践活动，用科技助力临城创新发展、绿色发展、高质量发展。

一、急企业之所需，针对性开展科技技术培训

在数字化转型过程中，企业上云是一项基础性工作。科技服务站借助学科技术优势，组建了大数据与云计算智囊团队，针对临城企业开展保姆式企业上云指导，包括开展企业信息系统建设调研、企业云平台建设指导、指导开展云平台巡检、协助完成两个批次企业上云项目验收等工作，提升了制造业与互联网融合发展水平。科技服务站协助河北普乐泵业科技有限公司的OA、人力、ERP、CRM、产品追溯等管理系统"上云"后，库存周转期从80天降低至60天，管理成本下降19%。"我县高度重视企业上云工作，在科技服务站技术帮扶指导下，2021年实现新增上云企业26家，为推动制造企业加快数字化转型、实现高质量发展做出了重要贡献。"县科技局相关负责人表示。

二、建立技术支撑团队，助力企业创新

企业创新是企业管理的一项重要内容，是决定公司发展方向、发展规模、发展速度的关键要素。临城县科技局2021年7月组织成立的县科研团队任命河北科工大临城科技服务站李军老师担任副团长，团队对企业创新管理内容进行了全面梳理，总结了包括小建议、小设计、小革新、小发明、小创造的"五小"创新法，深入企业厂房，围绕实际工作中的热点和难点问题，以提高工作和服务质量、节能降耗、安全生产等为课题开展交流活动。组织19家企业在河北冷水湖生态农业开发有限公司，对企业创新大赛规程进行了宣讲，并集中培训了企业科技创新技术和方法。9月13日，深入明盾技术河北有限公司进行企业科技创新宣讲交流。一年来，科技服务站将"五小"创新法应用于实践，持续助力企业开展创新活动，促进企业效益提升。

三、建立实践基地，产学相长共促进

"学以致用，产学相长"一直是科技服务站老师工作的出发点和落脚点。2021年10月，在河北君临药业有限公司-河北科技工程职业技术大学实践基地签约仪式上，公司负责人表示，这是开启产教融合协同育人的第一步，今后双方将切实发挥自身优势，培养出更多适应新时代的产业人才，为地方经济的发展贡献力量。服务站老师不仅解决了企业的实际问题，而且将所有在企业一

线解决的问题编成教学案例，应用到教学中去，同时充分调研了企业的人才需求，为专业群建设及人才方案优化注入了新思路。

4.3 服务科技创新

4.3.1 技术研发平台打造

建设关键技术学科平台与服务平台，提升技术研发与转化水平。在技术技能创新服务平台建设方面不断探索与实践，构建了“四共支撑四链融合”平台建设模式，打造了“一体多元分层次”平台体系。获批建设“河北省人机环境热控制技术与装备重点实验室”“河北省外国院士工作站”等省级科研平台2个，省级重点实验室和院士工作站实现突破，省级及以上科研平台累计22个；获批“邢台市车用先进复合材料重点实验室”等市级科研平台5个，市级科研平台累计14个。学校平台建设水平不断提高，平台体系架构不断丰富，产业链方面，建有军民融合技术研究院、区域高新技术研究院；创新链方面，校企共建42个“省市校”科技创新平台；成果链方面，建有国家知识产权信息公共服务网点等孵化平台5个；育人链方面，建有省级实训基地、众创空间9个。以平台为载体，校企合作单位数量稳步提升、合作形式不断多样、合作内容持续丰富、利益交汇面不断扩大，平台体系在对接服务邢台区域高端装备制造、新能源汽车、新一代信息技术、先进性服务业等产业领域实现全覆盖。

案例4-5：“四共”支撑“四链”融合，赋能邢台中高端制造业聚集城市建设

“建立以企业为主体、市场为导向、产学研深度融合的技术创新体系”是习近平在十九大报告中，对产学研深度高效合作提出的目标要求。当前我国职业院校创新平台功能单一、条块分割，产学研合作不够深入，产业链、创新链、成果链、育人链衔接不畅。学校立足区域产业，顶层设计、优化布局，坚持“四共”支撑，深化“四链”融合，搭建了“一体多元分层”平台体系，促进产学研深度共生，不断赋能邢台中高端制造业聚集城市建设。

一、“四共”支撑，构命运共同体

校企共建，学校坚持扩大与企事业单位利益交汇点与合作形式，协同共建平台体系，与30余家企业共建省市级技术创新中心、产业技术研究院等科研平台累计20家；专家共用，学校聘用企业兼职专家深入校园开展项目研究与实训教学，企业邀请学校专家深入企业解决技术难题，学校聘请冀中能源股份有限公司等30家企业30名专家为学校客座教授，在学校开展企业项目研究与实训实践，学校200余名技术服务专家深入企业开展技术服务；项目共研，学校教师和企业专家联合，以共同申报、承担和转化等形式开展纵向产业共性技术难题研究；技术共商，以技术交流、专家论坛等形式军地校企四方共同商讨技术发展前沿（如图4-6所示）。

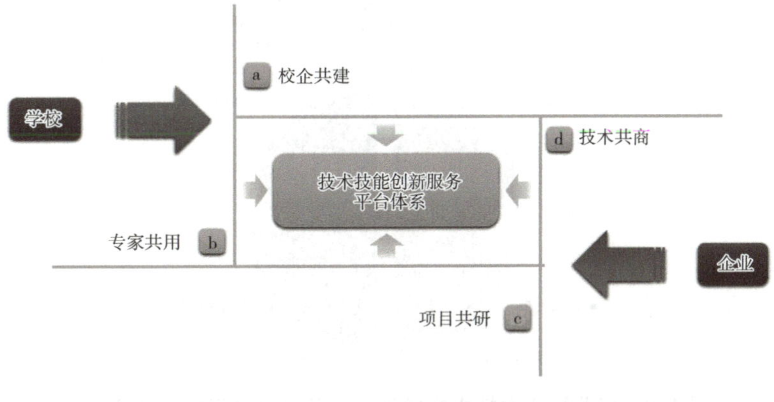

图4-6 河北科工大“四共”支撑技术技能创新服务平台体系

二、“四链”融合，促技术市场化

面向产业链、创新链、成果链和育人链建设融合平台体系。建设面向邢台装备制造等8大产业链的技术研究院、面向10个县域产业园区创新链的创新中心、面向成果链的孵化平台、面向育人链的学生科创实训平台，形成“整合资源对接产业集群-项目研究服务区域创新-成果孵化促进转移转化-师生科创培养创新人才”的四链融合平台体系，以技术市场化为导向，平台载体功能相互整合，人才培养、项目研究、成果产出与技术转化更具服务产业针对性（如图4-7所示）。

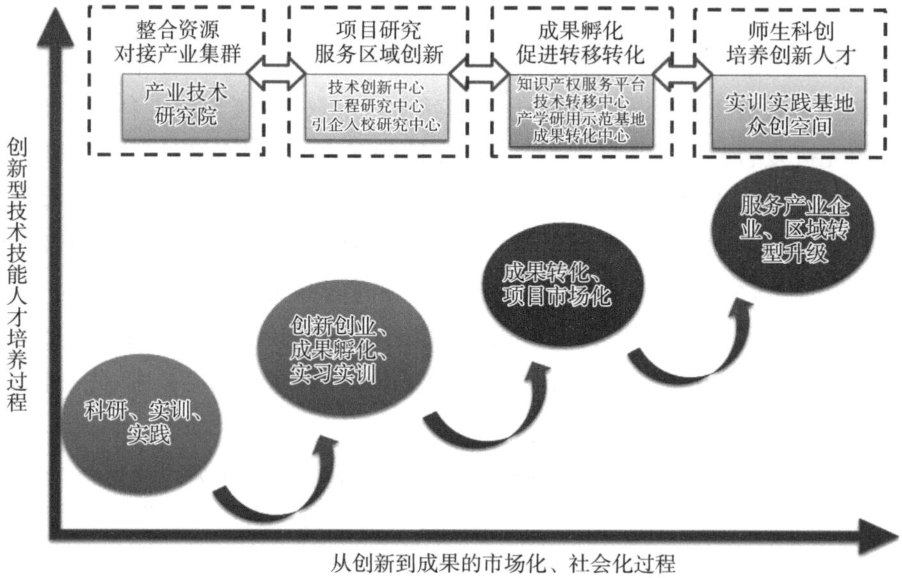

图4-7　河北科工大科技创新“四链”融合平台体系

三、“四能”导向，助师生提能力

技术技能创新服务平台以“学校-企业-创业”三导师为指导、以“科研-实训-成果-产品”四项目为驱动，有效提升师生创新能力、实践能力、就业能力和创业能力等四种能力（如图4-8所示）。整合“参与科研与技术服务项目的500名教师”“学校聘请的30名企业客座教授”和“80名创业导师”三导师资源，师生共同参与科技创新、实习实训、成果孵化转化、创新创业等四类项目累计500项，提升师生能力，带动创新型人才培养。

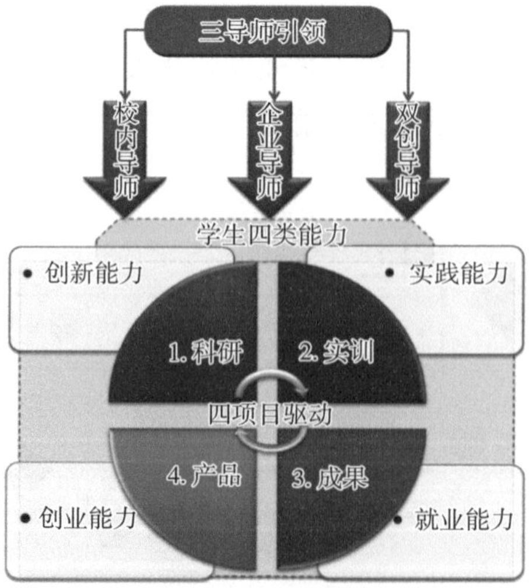

图4-8　河北科工大技术技能创新服务平台培养学生能力体系

四、“四互”驱动，建对接强引擎

交流互通，建立军地政校行企互通机制多方参与主体，在人才培养、技术交流、成果转化等多方面实现深度互通交流。项目互动，建立军地校企“项目互动”机制，促进科技成果转化、熟化、产业化。科教互融，建立科技成果和技术人才相互融合机制，校企双方互利共荣。资源互享，细化学校专业领域与资源，建立资源互享机制，共同引领区域产业发展。

学校通过在技术技能创新服务平台建设的不断探索与实践，构建了“四共支撑四链融合”平台建设模式，打造了“一体多元分层次”平台体系（如图 4-9 所示）。产业链方面，建有军民融合技术研究院、区域高新技术研究院；创新链方面，校企共建 42 个省-市-校科技创新平台；成果链方面，建有国家知识产权信息公共服务网点等孵化平台 5 个；育人链方面，建有省级实训基地、众创空间 9 个。以平台为载体，校企合作单位数量稳步提升、合作形式不断多样、合作内容持续丰富、利益交汇面不断扩大。校企合作多元要素深度融合，共荣共生。以平台为支撑，科研项目和成果转化在河北省职业院校排名前列，专利授权量排名第一，年均成果转化 50 项；500 名教师参与科技研发、技术服务，2 000 名学生参与企业项目，师生创新、实践、就业和创业能力大幅提升；围绕邢台区域智能制造等 8 大产业升级需求，专业群深度对接邢台制造业产业链，培训高技能人才 6 000 人次，输送 1 000 多名产业急需的创新型人才，开展技术研发与服务项目 470 项，帮助产业企业搭建科研平台 18 个、申请专利 120 余项，申请高新技术企业 63 家，不断助推邢台传统制造业产业迈向中高端发展。

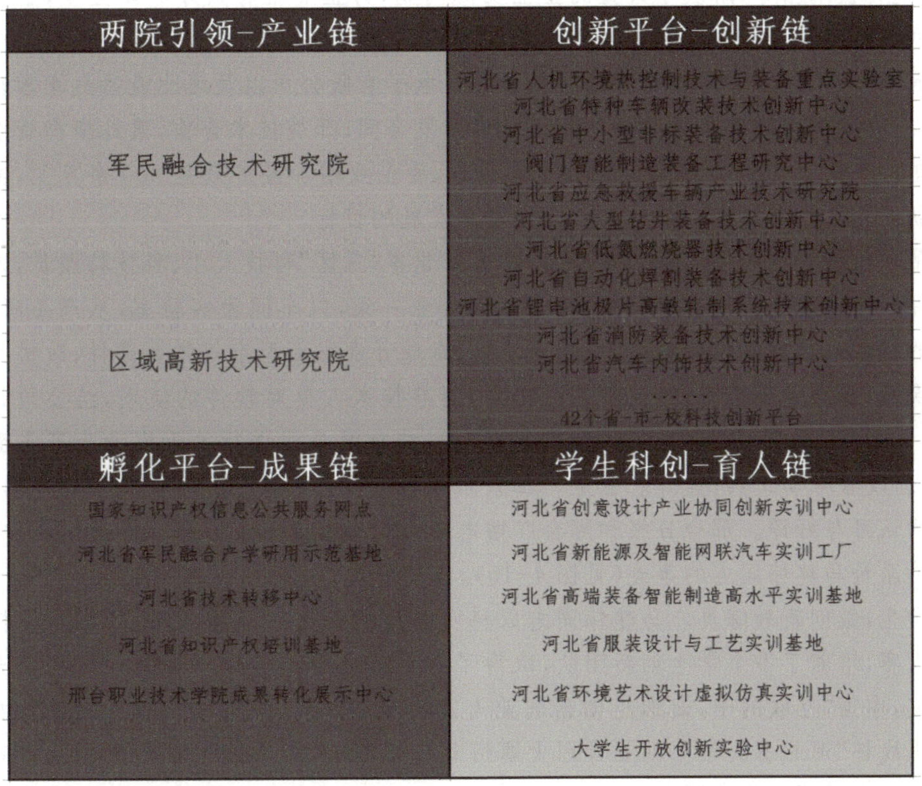

图 4-9 河北科工大“一体多元分层次”科技创新平台体系

4.3.2 军民两用技术创新与应用

建成军民融合技术研究院，示范京津冀军民融合产学研用。2022 年，军民融合技术研究院完成“1＋4”平台体系布局建设。“1”即“河北省军民融合产学研用示范基地”，“4”即军工特种车辆技术研究所、军警特种服技术研究所、应急救援技术研究所和先进热工及新能源技术研究中心等4大技术研究所。军民融合技术研究院依托“1＋4”平台体系，面向航空航天、军用特种车、军用特种服装、应急救援装备领域，承担军队、军工企业、军工大学、军民融合领域企业等单位科研项目30项，其中，实施成果转化项目20项，获得河北省委军民融合办20万“军民融合奖励事项资金”奖励。申请河北省委军民融合创新团队1项，申请入库项目1项，申请河北省军民融合促进会副理事长单位，启动保密资质认证工作，京津冀军民融合产学研用示范作用不断加强。

案例4-6:科研创新追梦前行　技术服务奉献担当

专注专业，做科研带头人。河北科技工程职业技术大学教师马建伟现担任“河北省汽车工程技术应用研发中心”副主任、“汽车先进零部件技术方向”技术带头人和“新能源专用车研发团队”负责人。在车辆工程领域，他深研十四年，不断创新，带领团队取得丰硕成果。与河北金后盾专用汽车制造有限公司合作的“复合式变体车轮的研发”项目，已通过军事交通学院专家验收，解决了国内军队后勤保障车辆上行走机构的问题，填补了国内该领域的空白；与邢台先锋超声电子有限公司合作的“电动载人轨道车的设计与开发”在印度进行了产品验收，得到印度铁道部的认可，随后准备批量出口。作为第一发明人，独立撰写并申请专利12项，均获得授权。带领“新能源专用车研发团队”围绕新能源清扫车领域开展研究，以优异成绩完成学校考核。

服务区域，做企业贴心人。马建伟团队以威县科技服务工作站和隆尧县科技服务工作站为纽带，对企业进行技术指导，解决了大量的企业实际问题，为企业推荐人才和毕业生，解决了企业的人才需求问题。与邢台市百强企业优科豪马轮胎工业(河北)有限公司、军工企业河北金后盾专用汽车制造有限公司、河北省高新企业邢台先锋超声电子有限公司以及河北隆昌汽车零部件股份有限公司、河北安鼓机械制造有限公司等签订技术开发合同，开展技术合作，累计横向资金到款达到46万元，通过技术合作、新产品的开发和咨询服务，为企业增加经济效益300余万元，实现了技术研发密切联系企业生产，服务地方企业，促进经济发展的目标。

技术帮扶，做科技特派员。马建伟同志作为河北省“三区”科技人才、科技特派员，对河北隆昌汽车零部件股份有限公司进行科技帮扶，深入到企业一线，以车间为实验室，从产品研发到检测，带领企业的技术人员攻克技术难关，成功为北汽、奇瑞开发出新型空气弹簧部件；改进了缸筒与活塞的配合误差，提高了合格率；对技术人员培训，指导技术人员对软件的使用，给公司带来了数百万的订单。马建伟同志还被选派到邢台广通农业科技有限公司进行关于农业生产方面的科技服务工作，帮助改善劳动工具，提升农业生产工人水平，逐步提高生产效率和农作物产出质量，受到受援单位的认可与好评。邢台日报和邢台广播电视台以《精准解难纾困　推动创新发展》为题报道了科技特派员马建伟同志的事迹(见图4-10)。

指导学生，做创新教练员。马建伟同志以科研方面的积累反哺教学，指导学生积极参加各类创新创业大赛，培养了多个学生创新团队，取得了一系列成绩，主要有：中国创新创业大赛获得河北省一等奖，中国“互联网＋”大学生创新创业大赛国家三等奖，河北省大学生TRIZ专项赛国家一等奖，“挑战杯”河北省大学生创业计划大赛河北省二等奖，中华职教社创新创业大赛河北省三等奖等。在从事科研工作的同时，马建伟同志十分注重学生科研能力的培养，组建了由5名学生组成的特种装备研发工作室，开展军用特种装备的设计与研发。目前该工作室正开展军用两栖车和军用房舱的设计与研发工作。

图 4-10　邢台广播电视台、邢台日报等媒体报道河北科工大科技特派员马建伟事迹

4.3.3　技术应用成效

建立长期培育机制，科技创新水平不断提升。制定科研规划，谋篇布局，引导系部不断凝聚科研方向，聚集科研资源，培育高水平项目，加强区域关键技术研发信息搜集，拓宽纵向科研项目申报渠道，建立科研能力提升系统，形成长期培育机制，开展科研项目申报与研究、高水平奖项、论文写作、知识产权等专题培训。科研项目承担、科技成果产出、科技成果获奖不断取得突破，创新能力不断提升，承担各级各类纵向科研项目 240 项，纵向科研项目到款 838 万元，承担横向科研项目 230 项，横向科研项目到款 1 640 万元。热工中心主任许慧娟主持的“电动汽车热管理关键技术的研究与应用”项目荣获 2021 年度河北省科学技术进步奖三等奖。

案例 4-7：河北科工大“最美”科技人

近年来，学校科技创新工作成果丰硕、亮点纷呈，背后离不开全体师生的努力，更凝聚着全体科研人员和团队的心血。他们中，有将科技成果转化为实实在在的生产力、让科研成果产生巨大经济和社会效益的科技创作者；还有在枯燥的数据里耐得住寂寞，在漫无边际的黑暗中探寻光明、解决科技难题的科研人员。他们孜孜以求、精益求精，是应用科研的攀登者。他们是河北科技工程职业技术大学的“科技达人”，王文明老师就是其中的一位。

王文明，河北科技工程职业技术大学博士、教授、工程师，河北省优秀教师、学校教学名师，河北省“三区”服务科技人才。他主要从事机械设计与制造、农牧业机械化装备等方向的教学科研与产业化工作。近年来，主持省级自然科学基金面上项目 1 项、省教育厅重点项目 2 项，主持横向课题 11 项，横向到账 140 余万元，取得了良好的社会、经济效益。

王文明针对我国捡拾压捆机上的部件“弹齿滚筒式捡拾器”大多仿制国外机型、设计机理不清晰的问题，突破传统图解法和解析设计方法的局限，采用虚拟样机技术与试验验证相结合的方法，多因素综合，获得了具有普遍意义的捡拾器弹齿运动规律，成功匹配了最优结构参数和工作参数，为其设计提供了理论基础，为实际生产提出了指导意见。针对玉米联合收获机剥皮装置剥净率低、破损率高、摘穗装置堵塞等问题，综合应用液压技术与电子技术优化设计机具，实现了摘穗部件堵塞后的机动清理，且能实现非对行收获，提高了机具整机性能，研究成果已应用于企业机具生产中。针对生物质固体成型燃料、压块饲料等产品成型中能耗高、生产率低的问题，结合物料的可压缩性、应力松弛和蠕变特性等流变参数，对物料压缩设备压块机主要工作部件进行优化设计，获得了压缩过程中工艺参数与物料参数的最佳取值范围和最佳匹配关系，为生物质压缩成型减小能耗、提高效率及制品质量提供了理论依据。

4.4 服务民生福祉

4.4.1 社区教育服务

回应社区军民需求，助力城市文明建设。克服疫情带来的不利影响，坚持开展社区教育服务。通过利用户外和社区场地以及在线学习等多种方式，开展书法、绘画、少年儿童篮球训练营等社区继续教育服务工作，完成了少年篮球训练营项目，社区及老年教育活动项目 5 300 余学时。社区教育学员组建艺术团队，积极开展公益演出 100 余场，为邢台城市文明建设做出了积极贡献。着力开展社区教育平台建设，在现有的社区教育学院基础上，贯彻《关于开展全民数字素养与技能培训基地申报工作的通知》(中网办通字〔2022〕22 号)文件精神，认真组织申报“全民数字素养与技能培训基地”，建立更稳固的社区教育平台。

4.4.2 退役军人培训

稳步推进培训基地建设，校企协同开展退役军人培训。积极贯彻中共河北省委军民融合发展委员会办公室、河北省教育厅、河北省人力资源和社会保障厅、河北省军区政治工作局联合下发的《关于开展河北省军民融合技术保障人才培训基地申报工作的通知》精神，组织申报了“河北省军民融合技术保障人才培训集聚地”。与退役军人事务局、沙河军创园协同开展退役军人培训服务工作，在疫情形势严峻情况下采取线上线下交互、直播录播同步等多种形式共完成退役军人适应性培训 720 余人天，高质量完成培训任务。

4.5 开展高质量职业培训

4.5.1 高质量完成国培省培项目

高质量完成 2021 年度国培省培项目，助力职教师资素质提升。按照河北省教育厅和项目办关于 2021 年度职业院校素质提升计划和职教师资培训整体规划，克服疫情影响，圆满完成 2021 年度 12 个国培项目的培训任务，培训来自全省的中高职院校教师 370 余名。培训项目覆盖汽车类专业(含新能源汽车与智能网联汽车)、服装类专业、机械制造大类、信息工程类等专业类别及思想政治理论课程类教师培训，项目类别分别为“课程实施能力提升(含技能大赛指导教师)”“产业导师特聘”“名师名匠培养”“名师名匠团队培育”“公共基础课教学能力提升”“教师企业实践”等项目类别，确保培训质量，所有培训项目学员满意度达到 90 分以上。

4.5.2 不断拓展国家级师资项目

不辍于行，继续申报并中标 2022 年度国家级中高职师资培训项目 16 个。学校积极组织 2022 年度职业院校素质提高计划投标和项目申报工作，取得显著成效。一是中标项目类别得到扩展。“三教改革研修”“名师名校长育训”“校企双向交流”等培训大类课程实施能力提升，“1＋X”证书制度种子教师培训、名师名匠团队培育、产业导师特聘、访学研修、名校长培育等多个项目类型中标。二是专业覆盖面得到拓展。专业覆盖交通运输大类(汽车营销专业技能大赛指导教师课赛融合与技能训练培训)、装备制造大类(复杂部件数控多轴联动加工、汽车技术专业汽车营销专业技能大赛指导教师课赛融合与技能训练培训)、电子信息大类[嵌入式技术应用开发、虚拟现实(VR)设计与技术专业技能大赛指导教师课赛融合与技能训练培训]、轻工纺织大类(服装设计与工艺专业技能大赛指导教师课赛融合与技能训练培训)、工业机器人集成应用职业技能等级证书、新一代信息系技术共同体、高端装备共同体"双师型"名师(名匠)工作室和技艺技能传承创新平台、环境管理与评价专业国家级教师教学创新团队研修、装备制造带领创业导师特聘、公共基础课教学能力提升思想政治理论课教师培训、轻工纺织大类访学研修、《职业教育法》校长培训、思想政治课教学共同体等,中标培训项目 16 个,中标数量名列我省同类院校前列。

4.5.3 建好"双师型"教师培训基地

强化"双师型"教师培训基地建设,培训平台不断优化。积极组织进行教育部教师工作司 2023—2025 国家级"双师型"教师培训基地申报工作。其中以汽车系汽车类专业为牵头单位申报了国家级"双师型"教师培训基地申报工作。另外还有电子信息类、建工类、资源环境类、服装专业等,应省内外其他职业院校邀请,作为核心成员组织并提交了申报资料。

4.5.4 精准开展多元化社会培训

社会培训多元化,精准对接有成效。面对疫情防控常态化,学校面向企业、邢台各县区,突出需求导向精准服务特色,广泛开展各类培训项目,社会培训总规模达到 39 850 余人次。一是组织开办旭阳集团助理级干部培训班、汽车新能源汽车培训等 90 余项职业技能培训项目,其中社会人员培训 38 260 余人次。二是加大企业定制班招生力度,在德龙钢铁、旭阳焦化、邢台交建集团、邢台消防支队、安踏、河北华清光电材料有限公司等企业定制班基础上,继续拓展合作企业,2022 年企业定制班报名参加成人高考人数 817 人。目前企业定制班本专科学生规模为 3 004 人,占成人在校生总数的 49.08%。

5 国际合作

5.1 中外合作办学与对外交流

学校与德国施马卡尔登应用技术大学共同举办中德合作项目 4 个,中德合作项目入选 2019 年河北省高水平职业教育中外合作办学优秀案例。合作院校德国施马卡尔登应用技术大学成为河北省教育厅授牌的首个高职院校学生海外实习基地。学校注重项目运营与管理工作,多点对接,多方发展,为项目良好运营持续发力。

一是引进德方教学资源。学校引进德方优质课程和数字化资源 30 余个,共同制定开发课程标准 31 项。

二是加强内涵建设。完成了机电一体化技术、电气自动化技术 2 个专业延期申报,深化合作办学水平。

三是项目招生情况良好。2022 年度秋季学期实现中德学生招生 222 名,项目学生录取分数线超过学校 10%的专科专业分数线,招生质量得到提升。发放国际交流奖学金 9.6 万元,惠及学生百余名。

四是搭建交流平台。学校今年引进德方教师 7 名,为中德项目学生开展线上专业教学。中德教师共同探讨和制定人才培养方案,推荐近 300 人次的本科生参与德国国际工程周讲座,接触行业最新研究成果。项目教师每年参加德国院校举办的国际工程周活动,展现学校教师语言能力和专业水平。在中外交流机制下，学校赴海外研修教师 126 人，3 名学生将赴德国施马卡尔登应用技术大学继续攻读本科学位。今年七月，汽车工程系相关项目负责人参加中德先进职业教育(SGAVE)合作项目启动会议，为项目学生培养发言献策。

五是发挥媒介作用。邢台市与德国施马卡尔登城市建立了点对点友好城市交往机制，学校机电工程系与邢台市广宗县为对接帮扶单位。学校充分发挥合作办学项目作用，为产业需求牵线搭桥。今年八月，在学校中德合作办学项目基础上，德国科利尼集团中国项目负责人赫尔穆特·斯特拉特一行企业代表到学校参观访问，对高校技术支持实力进行了解，并前往广宗县的工厂园区实地考察，就广宗县招商引资工作进行深入洽谈。

5.2 来冀留学与交流

围绕加强国际学生培养的教育站位，学校累计招收来自喀麦隆、泰国等国家留学生 100 余名。一是重视留学生招生工作。在相关系部和包联责任教师指导下，2022 年 6 月，9 名喀麦隆留学生完成培养计划，顺利毕业。学校 2 个境外办学点共招收 54 名泰国学生，开展“中文＋传统文化”和“中文＋职业技能”人才培养。二是完善留学生管理工作。在外国留学生与中国学生趋同管理机制下，学校为来华留学生设立奖学金，激励留学生学得好、学得真、学得优。上半年为喀麦隆在校留学生发放奖学金 7.3 万元，促进形成留学生争优评优的学习氛围。三是扩大学生交流。汽车工程系组织 142 名汽车专业本科生参加莫斯科理工大学为学校开展的赛车专业知识交流会，中俄师生全英文交流，专业知识和英语水平得到锻炼提升。资源环境与工程管理系组织学生参加马来西亚创新化学比赛，师生共同参与，用英语做课件，录参赛视频，入围六强。基础部英语教师助力学校本科学生与美国弗吉尼亚社区学校学生开展“一帮一”学习互助结对活动，中美学生分享生活和学习的方方面面，相互提高语言交流水平。

5.3 职业教育走出去

学校践行服务“一带一路”倡议，积极拓宽外事发展道路，深耕中外合作办学，进一步优化境外办学布局，建立建成国际交流合作机制。

一是主动作为，推进境外服务培训。学校持续推进师生对外交流工作，切实提高外事管理服务水平，最大程度提高对外开放程度。本着职业教育站位，依托优势专业群、“守敬工坊”、中泰汽车产业学院等平台，与本土企业、中资企业、“一带一路”共建国家及国际高水平应用技术类大学开展合作，学生对外交流 300 余人次，服务走出去企业赴海外实习量达 340 人天。在对外交流机制下，学校充分发挥教学、专业、师资等优势，为合作院校及意向学校开展培训等，师资海外培训量达 18 636 人天，提升教师语言能力，扩大学校国际影响力。

二是专业输出，探索海外人才培养模式。学校聚焦高质量国际教育发展水平，聚集优势教育资源，探索海外学徒制人才培养道路，开发“中文＋新能源汽车”人才培养模式。一方面多方合力，基于学校与泰国素叻他尼技术学院合作基础，联合长城汽车泰国分公司企业讲师，制定泰国新能源汽车人才培训标准和方案，打造课程教学一体化平台。在中泰汽车产业学院和长城班的合作框架下，学校实现新能源汽车专业输出泰国素叻他尼技术学院，制作中泰双语课程资源，包括中泰双语视频 100 余个、中泰双语课件 100 余个，《动力电池》《驱动电机及控制技术》教材两部。另一方面成果初现，为项目持续推进奠定基础。2022 年暑期开展“中文＋新能源汽车知识”培训 1 000 余人天，中泰语言与技术中心开展暑期汉语教学 1 500 余人天。在培训过程中，学生们从新能源汽车知识基础学起，并结合中文教学和中华传统文化讲解，最终培训通过率达 100%。2022 年 7 月，泰国素叻他尼技术学院汽车专业教师一行到长城汽车制造（泰国）有限公司实地访问，深入了解长城汽车实训基地，为校企人才共育铺设道路，也为中泰职业教育合作谱写新的篇章。

三是人文交流，拓宽国际发展新道路。学校鼓励教师参加外事交流，全方面提升教师对外交流能力，学习国际先进教育经验。一方面打造全校师生投入对外交流的外事环境。学校教师参加"The 6th International Conference on Mechanical Engineering and Robotics Research"和"The Third International Conference on Electronics and Communication：Network and Computer Technology"等国际学术会议，并发表会议论文，进一步拓宽教师科研发展道路，提升教师国际交流能力和水平。在各部门配合下，学校参加河北省人社厅"大数据赋能乡村振兴"理论与实践——科技扶智巩固脱贫攻坚成果高级研修班，对接马来西亚国家合作，服务国家政策，助力合作国家经济社会发展。学校携同泰国敏布里技术学院参加了人社部组织的"工业 4.0 背景下泰国职业教育和劳动技能提升"访谈。此次访谈被外研社和泰国当地媒体报道，加深了中泰两校对澜湄地区人才培养认识。另一方面加强对外宣介。学校每年参加"5·18"廊坊经济贸易洽谈会，并以会议为契机，推进与国外院校合作项目。该项目先后被人民日报海外版、人民网、河北教育网媒体报道。积极开拓对外交流窗口，组织合作院校参与世界职业技术发展大会。参加第九届"一带一路"中德经济合作对话会，把握中德合作大方向。扩展国际知名度，参加全球工匠联盟（亚太区）筹备委员会成立会，提升学校国际化水平，创造对外交流合作新优势。

案例 5-1：搭建起河北职业教育与国际人才培养的桥梁，人民日报海外版予以报道

2022 年 5 月 24 日，河北科技工程职业技术大学与泰国素叻他尼技术学院、中国长城汽车制造（泰国）有限公司共同举办"中文＋职业技能（泰国长城班）人才联合培养"线上揭牌仪式（见图 5-1）。泰国素叻他尼技术学院校长施拉维、长城汽车东盟区域生产副总裁李光宇、长城汽车股份有限公司泰国副总裁高威名、河北科技工程职业技术大学校长马东霄等在中泰两国 3 个会场出席揭牌仪式。人民日报海外版以《中泰高校企业合办泰国长城班》进行了报道（见图 5-2），河北新闻网也以《泰国长城班"云揭牌"河北科工大探索"中文＋职业技能"发展模式》为题进行了报道。

图 5-1　泰国长城班"云揭牌"中外校企三方签约

泰国长城班是河北省高职院校在海外建立"中文＋职业技能"人才培养基地的首次尝试，是河北科技工程职业技术大学围绕国家"一带一路"倡议、配合中国企业"走出去"和国际产能合作、探索"中文＋职业技能"发展模式取得的新突破。泰国长城班将搭建起河北职业教育与国际人才培养的桥梁。泰国素叻他尼技术学院校长施拉维表示："未来将有越来越多的泰国青年在长城班内进行新能源汽车技能的学习，为他们以后的就业和人生发展打开一扇新的大门。"

长期以来，河北科技工程职业技术大学积极响应中国教育"走出去"、服务中资企业发展的方针，不断挖掘合作企业需求。2021 年，该校在泰国成立"中泰汽车产业学院"，实现对泰国素叻他尼技术学院的教育输出目标。2022 年，在国内有关部门和长城汽车集团的支持下，该校与泰方合作共建服务中资企业的长城班，以"个十百千万"的产学研为目标（用一个产业带动十个专业，培养百名本土师资，输出千人企业计划，建设万余碎片集成课程），以"中文＋新能源汽车技能"的教学方式，为长城汽车制造（泰国）有限公司提供泰国人才储蓄池。

（来源：人民日报海外版、河北新闻网）

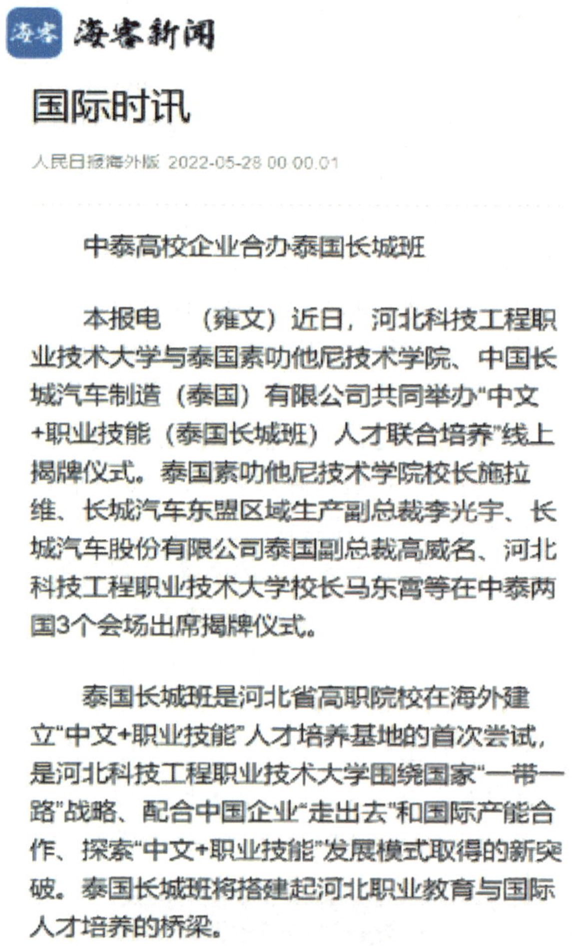

海客新闻

国际时讯

人民日报海外版 2022-05-28 00:00:01

中泰高校企业合办泰国长城班

本报电 （雍文）近日，河北科技工程职业技术大学与泰国素叻他尼技术学院、中国长城汽车制造（泰国）有限公司共同举办“中文+职业技能（泰国长城班）人才联合培养”线上揭牌仪式。泰国素叻他尼技术学院校长施拉维、长城汽车东盟区域生产副总裁李光宇、长城汽车股份有限公司泰国副总裁高威名、河北科技工程职业技术大学校长马东霄等在中泰两国3个会场出席揭牌仪式。

泰国长城班是河北省高职院校在海外建立“中文+职业技能”人才培养基地的首次尝试，是河北科技工程职业技术大学围绕国家“一带一路”战略、配合中国企业“走出去”和国际产能合作、探索“中文+职业技能”发展模式取得的新突破。泰国长城班将搭建起河北职业教育与国际人才培养的桥梁。

图 5-2 《人民日报》海外版报道中泰高校企业合办泰国长城班

6 政策保障

6.1 落实依法办学

学校坚持党委领导下的校长负责制，全面贯彻落实新《职业教育法》，以职业本科建设为契机，围绕立德树人根本任务，修订发布《河北科技工程职业技术大学章程》，健全完善《党委议事规则》《校长办公会议事规则》《工会工作细则》《教职工代表大会工作细则》等规章制度，健全党委统一领导、校长独立行政、党政分工合作、协调运行的工作机制，充分发挥工会、教代会的民主管理、民主监督职责。出台《关于实行二级学院管理体制改革的实施办法》，完善二级学院管理组织结构、二级学院联席会制度等，进一步激发了办学活力。健全政行企校组成的理事会，完善理事会治理机制，召开年度理事会。健全“专家治学”等组织，设立学术委员会、本科专业建设委员会、教材选用委员会，完善各个委员会章程，发挥专家治学功能。着力打造依法依规治校的制度管理体系，修订完善人才培养方案指导意见、校企合作、专业建设、教师队伍管理、教材建设与管理等人才培养制度 50 余项，提升了学校人才培养水平，有力推进了院校治理能力现代化。

6.2 专项实施

6.2.1 以优秀质效通过“双高”中期评价

以建设特色高水平职业技术大学为导向，学校系统推进“1 个加强”“4 个打造”“5 个提升”“1 个特色”建设重点工程（见表 6-1），深耕军民融合、深化产教融合。学校依托项目库管理系统等平台，建立“双高”目标导向的 KPI 考评体系，组织单位承接融入“双高”任务的年度 KPI，以红橙黄三色预警反馈项目关键进度抓实建设质量；依项目管理系统及时矫正 KPI 达成抓实风险控制。

表 6-1 学校河北省高水平高职学校建设 11 个重点工程完成情况

序号	一级项目（重点工程）名称	主要负责单位	项目完成情况
1	加强党的建设	组织人事部、马克思主义学院	超额完成
2	打造技术技能人才培养高地	教务处	超额完成
3	打造技术技能创新服务平台	科技发展中心	超额完成
4	打造高水平专业群	汽车工程系、服装工程系	完成
5	打造高水平“双师”队伍	组织人事部、教师发展中心	超额完成
6	提升校企合作水平	教务处	完成
7	提升服务发展水平	科技发展中心、继续教育部	超额完成
8	提升学校治理水平	学院办公室、组织人事部	完成
9	提升信息化水平	现代教育技术中心、教务处	完成
10	提升国际化水平	外事办公室	完成
11	深耕军民融合发展	科技发展中心	超额完成

在年初通过河北省第一轮“双高计划”（2019—2021 年）建设整体评价与验收的基础上，学校精心谋划中期迎评方案，倾力统筹、高效调度，组织专班力量完成获专家组“优秀”评价的国家“双高计划”中期自评报告，“高分”评价的双高绩效数据表、评价信息表，以及 27 份“双高建设”典型案例。“双高计划”中期任务超额完成，总目标实现程度为 77%，质效高、特色明、成效强，建设期新增 197 项国家级标志性成果（年度获 60 多项），位列金平果 2021 年全国高职院校综合竞争力排行榜第 23 位。学校获评国家“双高计划”建设全省中期绩效评价第一名，顺利通过教育部财政部“双高计划”建设（2019—2021 年）中期绩效评价检查。

6.2.2 提质培优任务建设取得阶段成效

在提质培优、高质量发展的关键年，学校分级分类、归口协同开展省级提质培优建设绩效管理，将省厅批准的 34 项任务以及自动承接的 8 项任务融入教学单位年度工作业绩考核，以考促建、以评促建。2022 年项目库立项 33 个校级项目并投入财政资金 2 887 万元（另追加 13 个本科建设重点项目，预算 4 332 万元），跟踪、管控提质培优重点项目、难点任务，组织 3 次月度项目推进会，强化全过程管理，严格把关项目经费支出与进度，其中两类项目按节点标准完成资金支付。

学校完成世界职业教育产教融合博览会线上展览，向 2022 年世界职教大会提交 2 份职教改革发展典型案例，充分宣传展现了学校“双高计划”、提质培优计划建设成效经验以及培养“工-匠-人-才”优秀毕业生的突出成绩。形成 10 余份提质培优典型案例并在中国教育网络电视台、中国教育报、河北广播电视台等省级以上媒体报道，如期、高质量完成 2021—2022 年提质培优行动计划阶段性任务。

6.2.3 创新发展行动计划有序建设

2022 年，学校立项省高水平专业群、省高水平产教融合实训基地等 22 个河北省高职教育创新发展行动计划（2022—2025 年）项目，完成建设方案制定与提报并启动系列建设任务（见表 6-2）。将重点教学项目建设融入各教学单位年度业绩考核，融合提质培优任务统筹推进、协同管理，并达成年度项目新增和绩效增量。9 个教学单位结合“十四五”专业发展规划，在建设内容、建设举措、建设机制等方面摸索创新，积累了 30 多项亮点、精品专业建设成果，高质量完成项目建设年度任务。学校获评 2 个教育部产教融合校企合作典型案例，获评“金平果排行榜”产教融合 100 强、创新创业 100 强。

表 6-2 学校入选河北省高等职业教育创新发展行动计划（2022—2025 年）项目结果

序号	学校名称	项目类别	专业群名称/项目名称	备注
1	河北科技工程职业技术大学	XM-1 省域高水平高职学校	汽车制造与试验技术专业群	1 项
2		XM-2 省域高水平专业群	建筑钢结构工程技术专业群	3 项
3			智能控制技术专业群	
4			大数据与财务管理专业群	
5		XM-3 职业教育专业教学资源库	新能源汽车工程技术专业教学资源库	3 项
6			服装工程技术专业教学资源库	
7			大数据技术专业教学资源库	
8		XM-4 职业教育精品在线开放课程	JAVA 程序设计	4 项
9			模拟导游	
10			居住空间室内设计	
11			汽车保险与理赔	
12		XM-5 高水平专业化产教融合实训基地	新一代信息技术高水平产教融合实训基地	3 项
13			电子商务高水平专业化产教融合实训基地	
14			高水平数智财经产教融合实训基地	
15		XM-6 校企共建“双师型”教师培养培训基地	物联网专业校企共建“双师型”教师培养培训基地	2 项
16			装备制造类专业校企共建“双师型”教师培养培训基地	
17		XM-7 示范性虚拟仿真实训基地	智能制造工程技术虚拟仿真实训基地	1 项
18		XM-8 应用技术协同创新中心	装配式钢结构应用技术协同创新中心	2 项
19			工业 APP 数字化应用技术协同创新中心	
20		XM-9 省级示范性职业教育集团	河北省汽车职业教育集团	1 项
21		XM-10 高水平职业教育中外合作办学	机械制造与自动化专业中德合作办学	1 项
22		XM-11 省级技术技能大师工作室	李明精密制造技术大师工作室	1 项

6.3 质量保障

6.3.1 抓实内部质量保证体系运行

学校形成了优化的“五纵五横五深向”螺旋提升质保体系架构，以特色鲜明的“11211 计划”全面推进诊改运行，2020 年秋季学期学校接受并通过了省高职院校教学诊改工作检查专家组的网上复核与现场复核，2021—2022 学年继续在其他专业群开展诊改工作，促进了学校发展目标的逐步实现，学校办学水平和人才培养质量得到提升。毕业生初次就业率稳定在 97%以上，教学满意度稳定在 99%以上。2022 年 3—5 月面向全校征集教学诊断与改进工作典型案例，收到各系部和职能部门报送的案例 30 余项。《纵横深三向架梁立柱“11211”六维筑基垒台》获评职业院校教学工作诊断与改进制度建设优秀案例。

扎实推进“智慧邢职”平台建设，实现教学质量管理平台与学校教务系统的数据精准对接，形成内部质量保证系统的数据动态化采集与分析，强化了教学质量分析与改进，保障了教师教学质量管理。学校坚持质量年报制度，“双高建设”以来保质保量地完成了每年度“人才培养工作状态数据采集与管理平台”填报工作，编制了学校年报和企业年报，并进行了学校-省-国家三级发布。

每年委托第三方评价机构合作完成学校综合竞争力诊断分析、专业诊断、学生成长评价等报告，为学校招生、就业及教育教学改革提供数据佐证；完成在校生、毕业生等的满意度调研工作，为学校“双高建设”验收提供数据支撑和原始材料佐证，提高了教育管理和决策的科学水平，提升了学校内部治理能力。

6.3.2 提升内部治理效能和教育评价效度

学校把教育评价改革作为内部治理的一个重要手段，认真落实全国教育大会深化教育评价改革任务和中共中央、国务院《深化新时代教育评价改革总体方案》，围绕学校教育教学、职称评审、学生评价等方面，对标对表，逐项逐条梳理，初步形成问题台账，针对问题形成改革任务工作清单，探索建立定量与定性相结合的适应新时代的教育评价体系。大力推进目标绩效考核、岗位聘任周期考核工作，发挥教育教学评价的积极正向功能，促进了内部质量保障体系建设，提高了院校治理效能。

学校紧扣职教类型特点，从高职育人目标出发设计教育评价体系，建立了包括德育评价、教学评价、教研评价、科研评价等在内的多元评价体系。紧扣院校治理效能，从评价技术和方法出发设立教育评价指标，对教育教学质量进行过程评价、增值评价、结果评价和综合评价。比如，系部教学质量评价小组对教师评价从现场听课、教学组织过程、教学效果、教学信息反馈情况、专业能力及各系部根据各专业特点制定的其他考核方面设置具体评价指标，系部可结合实际制定本系部的评价实施方案，提交评价结果时需附上评价方案和打分依据。通过教育教学评价改革，学生评教实现了即时评价、过程评价和结果评价，其中结果评价次数近 10 000 人课/学期，极大提升了教学评价的效度。2021 年度，资源与环境工程系、汽车工程系、机电工程系等部门考核绩效为 A 档，140 名教师个人考核为优秀，激发了干部职工干事创业、争先创优的动力。

6.4 经费保障

2021 年度学校办学经费总收入 46 022.07 万元，年财政专项拨款 15 023.66 万元，年生均财政拨款 9 940.91 元。

相较于 2020 年度，2021 年度办学经费总收入整体上呈上升趋势，其中，生均拨款和年生均财政专项经费均呈现增加态势，各项收入水平明显提高（见表 6-3）。

表 6-3　办学经费 2020 年度和 2021 年度总收入结构及变化情况

项目名称		2020 年度	2021 年度	增长值	增长比例
学校经费收入情况	学校经费收入总额(万元)	44 259.77	46 022.07	1 762.30	3.98%
	学校经费总收入/折合在校生总数(元/生)	24 798.63	25 523.29	724.66	2.92%

相较于 2020 年度，2021 年度在设备采购、日常教学经费、图书购置费及师资建设、教学改革及研究几项支出上均略有增加，整体上呈现增长态势(见表 6-4)。

表 6-4　办学经费 2020 年度和 2021 年度总支出结构及变化情况

单位：万元

项目名称					2020 年度	2021 年度	差异数额	增长比例
学校经费支出情况	学校经费支出总额				43 985.63	44 984.26	998.63	2.27%
	征地			金额	0	1 833.36	1 833.36	—
				比例	0.00%	4.08%	—	—
	基础设施建设			金额	3 815.02	4 070.98	255.96	6.71%
				比例	8.67%	9.05%	—	—
	设备采购			金额	5 420.76	5 460.30	39.54	0.73%
				比例	12.32%	12.14%	—	—
	教学改革及研究			金额	2 612.14	2 640.37	28.23	1.08%
				比例	5.94%	5.87%	—	—
	师资建设			金额	598.9	603.9	5	0.83%
				比例	1.36%	1.34%	—	—
	图书购置费			金额	273.81	290.40	16.59	6.06%
				比例	0.62%	0.65%	—	—
	日常教学经费使用情况	日常教学经费		金额	8 552.84	8 701.20	148.36	1.73%
				比例	19.44%	19.34%	—	—
		其中	实验用耗材	金额	1 149.02	1 150.80	1.78	0.15%
				比例	13.43%	13.23%	—	—
			实习专项	金额	900.10	950.80	50.70	5.63%
				比例	10.52%	10.93%	—	—
			聘请兼职教师经费	金额	670.38	690.45	20.07	2.99%
				比例	7.84%	7.94%	—	—
			体育维持费	金额	77.03	80.40	3.37	4.37%
				比例	0.90%	0.92%	—	—
			其他	金额	5 756.31	5 828.75	72.44	1.26%
				比例	67.30%	66.99%	—	—
	其他支出			金额	22 712.16	21 383.75	−1 328.41	−5.85%
				比例	51.64%	47.54%	—	—

6.5 疫情防控

学校加强组织领导，强化责任，党政同责、勠力同心、周密安排，形成强大工作合力，确保了疫情防控各项工作科学有序的开展。学校细化应急指挥体系，组建了防疫工作专班，设办公室、疫情处置工作组、教职员工健康信息工作组、学生健康信息工作组、教育教学工作组、后勤保障组、安全保卫组和督导检查组等“一办十组”，具体分工落实疫情防控各项任务。

全校上下按照上级部署和要求，持续用力，强化风险意识，科学精准做好疫情防控各项工作，巩固疫情防控成果，严守生命安全防线。一是坚持疫情防控例会制度，落实上级和属地防疫会议精神，聚焦问题，严抓细节，精准施策，查漏补缺；二是严格执行领导干部 24 小时在岗带班和专人值班制度，特别强调值班期间对突发事件或紧急情况、涉“疫”信息报送等要求；三是严抓校园入口管控，认真执行 24 小时门岗应急值守和安全保卫制度，确保入校人员底数清、身份明，接触人员可追溯，活动范围可管控；四是实施登记建册，建立由各单位疫情防控第一责任人组成的“疫情防控信息报送群”，强化师生健康管理；五是实行“楼栋长-楼层长-宿舍长”三级网格化管理，建立了包括楼栋内学生及工作人员信息台账、卫生间及饮水设施分布、应急物资储备清单等楼栋基础信息数据库，制定了全员核酸检测预案和应急物资发放预案，学校一旦出现密接、无症状感染者、阳性病例等突发疫情，确保第一时间上报、第一时间研判、第一时间处置，将疫情影响降到最低程度。

在一同战“疫”的日子里，学校筑起战“疫”后盾，全力做好后勤保障，筑牢师生思想防线，保障师生健康。学校后勤管理处根据防疫要求和服务保障工作实际，制定了科学详细的工作方案和工作预案。一是坚持“快储备、早储备、多储备”原则，备齐备足防疫物资。二是定期开展环境整治消杀，由专人每日定时、定点、定频对教室、宿舍、食堂、体育馆、楼梯间、会议室、卫生间、实验室等公共场所和重点部位进行全方位的卫生清理、消毒、通风，加强对学生经常触摸的物品（快递外包装）和器械定期消毒，做到全面、彻底、不留死角。三是严格食堂和学校水电暖管理，及时消除各类安全隐患，有力保障学校食品安全，满足师生在就餐、洗浴、运动、热水供应等方面的生活需求。四是在校医院建立临时隔离点，由学校医护人员统一管理。学校注重宣传，做细做实思想教育工作。首先，充分利用广播、校园网、展板、条幅标语等方式载体，多渠道、多形式做好师生防疫教育宣传工作，强化师生防疫意识。其次，及时回应师生关切，做好各类舆情引导。同时，开通了线上学生心理热线，强化心理健康教育引导，并通过包班党员、学生党员等队伍做好线上学生服务引导工作，筑牢师生思想防线，确保舆情疫情双保险。

常态化疫情防控下，为保障教育教学工作平稳高质量运行，学校坚持“标准不降低、质量不打折”的教学要求，结合教学计划精心制定了教学实施方案，积极打造“线上+线下”双管齐下的混合式教学模式，并根据疫情发展形势，适时动态调整教学实施方案。在这期间，定期组织教师开展线上、线下集体备课会，安排骨干教师公开示范课、青年教师进行说课展示，组建教学团队，整理教学资源，开放优质在线课程，同时成立教学督导组，严把线上教学政治关、质量关、科学关。师生通过钉钉、学习通、智慧职教、超星等学习平台进行交流互动、答疑解惑，线上线下教育教学工作有序衔接、有力推进。

案例 6-1：疫情之下，“你”的守护筑起坚不可摧的校园防线

新学期开始，由于疫情防控，辅导员郭杰彬第一时间住进了学生宿舍。

化身“数据员”，分地区整理返校学生轨迹台账，形成时间点和行程线；单独建立未返校学生台账，形成人数点和地区线；每日按照学生隔离情况，更新信息台账，形成类别点和人员线。化身“搬运工”“送货员”，让学生吃上热饭，喝上热水。化身“流调员”，整理有疫情地区返邢学生的流调报告；凌晨1点，修改、完善、报送；凌晨3点，浴室、食堂、超市日常接触人员排查整理。

化身“巡检员”，每晚学生宿舍转一转。化身“心理师”，聊聊天，谈谈心，投之以温暖，报之以温情，守好“大家庭”的温馨。化身“排查员”，做好体温监测、核酸摸排，排查地区无遗漏，24小时全力以赴。化身“宣讲员”，发挥班长、宿舍长主动性，发扬学生党员、团员的先锋性，宣讲防疫政策，做好无死角守护，贯通线下网。

学生因为父亲出意外住院，晚上8点急匆匆来到郭杰彬老师的办公室，想请假回家看看。“他的急切我看在眼里，他的泪水也滴在我心里。”第一时间沟通，第一时间报送。在防疫的关键时期，学生请假未获准许。在办公楼的楼道里，递上纸巾，擦拭泪水，拍拍他的肩膀，抚平焦虑。与他的妈妈打电话，跟他用心交流，用真心换真心，用真情换共情，既是情感的交流，也是责任的传递；既是理解的共鸣，也是防疫的守护。晚上10点，送学生回宿舍，买上一袋水果，嘱咐他每天早中晚都来找老师一次或者打一个电话，告知家里面的情况。第二天一大早，主动发消息问他家里面的情况。三四天后家里面情况平稳，才算是稍微安安心。

“我们既要在学生身边，也要在学生心里。既要把学生当成自己生命的一部分，给予爱和关怀，也要把学生当成‘大人’，教会他们明晰责任和担当。”

卜慧楠、刘鹤年……这些辅导员都像郭杰彬一样，开展工作讲求“精准于点，聚焦于线”，一点一滴，脚踏实地做，才织密了防疫网；日常管理遵循“线上线下，贯通两网”的方法，24小时做好日常守护，24小时做好线上暖心；处理情况沿着“以心换心，共情共进”的路径，每个学生融入老师的内心，同心共情，才形成了防疫之下的师生共融体，共同奋进担当使命，共渡这个难关，迎来属于我们共同的春暖花开（见图6-1）。

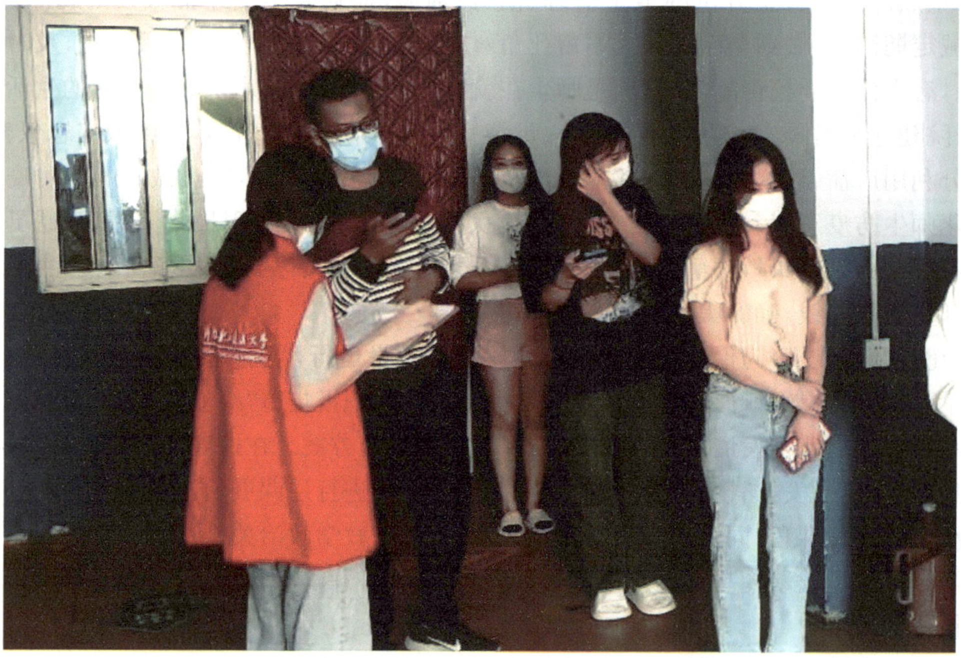

图6-1 辅导员卜慧楠（左二）在学生生活区防疫一线

7　面临挑战

7.1　存在问题

（1）国际化双向合作交流典范面临挑战

学校大力建设中德职业本科合作典范和东南亚“中文＋职业技能”工坊试点，成效显著，但受疫情影响，师生赴国（境）外学习交流、服务企业“走出去”等工作推进存在一定困难。

（2）职业教育理论研究需要深入推进

作为职业教育创新发展的积极实践者，学校对现代职教体系建设及国家职业本科政策、规律进行了初步研究和落地实践，但是研究还不够深入和系统，国家级职教改革课题立项偏少，需加强力量着力突破。

7.2　改进措施

（1）多形式合作创响“守敬工坊”海外品牌

学校将拓展学生海外实习渠道，充分利用信息化手段，以多种合作形式积极开展师生跨境交流项目，依托中德联合办学项目和“守敬工坊”不断扩大职教改革海外影响力。

（2）理论实践相结合探索职教创新发展成果

针对现代职教体系建设和职业本科发展中的难点与堵点，给予政策倾斜，培育研究团队，建立专家智库，理论研究与实践探索相结合，形成创新发展成果和可推广的经验做法。

7.3　下一步建设思路

在国家推进产业转型升级、建设技能型社会、推动科技自立自强的新形势下，作为职业本科教育先行者，学校着力培养产业亟须的高层次技术技能人才，服务河北、辐射京津；担当职业本科实践探索的使命，锻标准、补制度、献政策；积极融入区域经济社会建设，夯实技术技能积累与创新，增强职业本科适应性，为打造中国特色、国际一流的职业技术大学踔厉奋发、示范引领。

8　附表

表 8-1　计分卡

名称：河北科技工程职业技术大学（16203）

序号	指标	单位	2022 年
1	毕业人数	人	5 550
2	毕业去向落实人数	人	5 341
	其中：毕业生升学人数	人	1 061
3	毕业生本省去向落实率	%	48.18

续表

序号	指标	单位	2022 年
4	月收入	元	4 385.89
5	毕业生面向三次产业就业人数	人	3 756
	其中:面向第一产业	人	40
	面向第二产业	人	2 899
	面向第三产业	人	817
6	自主创业率	%	1.52
7	毕业三年晋升比例	%	95.87

表 8-2 满意度调查表

名称:河北科技工程职业技术大学(16203)

序号	指标	单位	2022 年	调查人次	调查方式
1	在校生满意度	%	96.37	70 410	第三方问卷调查
	其中:课堂育人满意度	%	98.89	124 347	第三方问卷调查+生评数
	课外育人满意度	%	98.88	51220	第三方问卷调查
	思想政治课教学满意度	%	99.03	176 025	第三方问卷调查+生评数
	公共基础课(不含思想政治课)教学满意度	%	98.91	140 820	第三方问卷调查+生评数
	专业课教学满意度	%	99.42	140 820	第三方问卷调查+生评数
2	毕业生满意度	—			
	其中:应届毕业生满意度	%	96.00	15 917	麦克思调查
	毕业三年内毕业生满意度	%	96.92	13 776	第三方问卷调查
3	教职工满意度	%	97.36	6 174	第三方问卷调查
4	用人单位满意度	%	98.40	6 564	第三方问卷调查
5	家长满意度	%	92.33	17 837	第三方问卷调查

表 8-3 教学资源表

名称:河北科技工程职业技术大学(16203)

序号	指标	单位	2022 年
1	生师比	%	15.45
2	“双师”素质专任教师比例	%	86.13
3	高级专业技术职务专任教师比例	%	30.85
4	教学计划内课程总数	门	1 570
		学时	226 308
	教学计划内课程-课证融通课程数	门	395
		学时	43 582
	教学计划内课程-网络教学课程数	门	1 126
		学时	142 826

续表

序号	指标	单位	2022 年
5	教学资源库数	个	25
	其中:国家级数量	个	1
	接入国家智慧教育平台数量	个	1
	省级数量	个	10
	接入国家智慧教育平台数量	个	5
	校级数量	个	9
	接入国家智慧教育平台数量	个	9
6	在线精品课程数	门	234
		学时	58 493
	在线精品课程课均学生数	人	413
	其中:国家级数量	门	4
	接入国家智慧教育平台数量	门	1
	省级数量	个	156
	接入国家智慧教育平台数量	门	23
	校级数量	门	74
	接入国家智慧教育平台数量	门	70
7	编写教材数	本	194
	其中:国家规划教材数量	本	20
	校企合作编写教材数量	本	155
	新形态教材数量	本	55
	接入国家智慧教育平台数量	本	0
8	互联网出口带宽	Mbps	6 000.00
9	校园网主干最大带宽	Mbps	40 000.00
10	生均校内实践教学工位数	个/生	1.1
11	生均教学科研仪器设备值	元/生	17 022.84

表 8-4 国际影响表

名称:河北科技工程职业技术大学(16203)

序号	指标	单位	2022 年
1	接收国(境)外留学生专业数	个	8
	接收国(境)外留学生人数	人	9
2	被国(境)外采用的课程标准数	个	45
3	在国(境)外开办学校数	所	2
	其中:专业数量	个	2
	在校生数	人	54
4	中外合作办学专业数	个	4
	其中:在校生数	人	609
5	专任教师赴国(境)外指导和开展培训时间	人日	18356
6	在国(境)外组织担任职务的专任教师数	人	50

续表

序号	指标	单位	2022 年
7	国(境)外技能大赛获奖数量	项	12

表 8-5　服务贡献表

名称:河北科技工程职业技术大学(16203)

序号	指标	单位	2022 年
1	全日制在校生人数	人	1 7897
2	毕业生就业人数	人	4 168
	其中:A 类,留在当地就业	人	2 469
	B 类,到西部和东北地区就业	人	87
	C 类,到中小微企业等基层就业	人	1 315
	D 类,到大型企业就业	人	2 332
3	横向技术服务到款额	万元	1 639.85
	横向技术服务产生的经济效益	万元	21 750.00
4	纵向科研经费到款额	万元	837.79
5	技术产权交易收入	万元	150.00
6	知识产权项目数量	项	238
	其中:专利授权数量	项	181
	发明专利授权数量	项	33
	专利成果转化到款额	万元	101.90
7	非学历培训项目数	项	91
	非学历培训学时	学时	318 808.00
	非学历培训到账经费	万元	707.34
8	公益项目培训学时	学时	5 350.00

表 8-6　落实政策表

名称:河北科技工程职业技术大学(16203)

序号	指标	单位	2022 年
1	年生均财政拨款水平	元	12 400.91
2	年财政专项拨款	万元	15 023.66
3	教职员工额定编制数	人	1 103
	教职工总数	人	1 272
	其中:专任教师总数	人	995
4	企业提供的校内实践教学设备值	万元	2 148.00
5	企业兼职教师年课时总量	课时	38 175.00
	年支付企业兼职教师课酬	万元	690.45
6	年实习专项经费	万元	950.80
	其中:年实习责任保险经费	万元	0.00

注:2022 年未纳入现代教育提升计划资金 4 509 万元。

报告三 2023 年度高等职业教育质量报告
（2022—2023 学年）

2023 年学校年报编制说明

2023 年是全面贯彻落实党的二十大精神的开局之年，是依照新修订的职业教育法谋划事业发展的开篇之年，也是落实《关于深化现代职业教育体系建设改革的意见》部署的起始之年。2023 年同样是落实“十四五”规划的半程之年，是首轮国家“双高计划”的收官之年，也是多个国家级成果和项目评选结果的“亮相”之年，是河北科技工程职业技术大学进入本科发展新阶段的转型之年。

为全面总结学校教育教学情况，主动接受社会监督，不断提高教育教学质量，办好人民满意的职业高等教育，学校按照《关于做好职业教育质量报告（2023 年度）编制、发布和报送工作的通知》要求，由年报编制小组研讨形成了“学校年报”和“企业年报”的写作大纲，在大纲基础上分章节进行了各部门协作工作的分解，经系部、职能处室年报信息员的共同努力，完成了《河北科技工程职业技术大学职业教育质量报告（2023 年度）》和 3 份企业年报的编制工作。

一年来，河北科技工程职业技术大学着眼于高质量发展，坚守干在实处的状态、走在前列的心态、勇争一流的姿态，以“双高计划”建设和职业本科教育为重点，高质、高效、高标落实每一项部署，持续提升关键办学能力，以产教联合体、共同体为依托深化产教融合，以人才培养为中心深化专业建设和教学改革，以应用型科研为主提高服务贡献能力，高质量完成面上推进、重点突破及特色发展工作，持续提升育人质量，形成了一系列标志性成果。

党建引领高质量发展能力全面增强。获评全国党建工作样板支部 2 个、全国五四红旗团委，获批河北省首批党建工作示范高校、河北省先进基层党组织。

入选卓越高等职业学校三大榜单。《2023 中国职业教育质量年度报告》分东部地区、中部和东北地区、西部地区，各评选出 50 所人才培养卓越高等职业学校、50 所服务贡献卓越高等职业学校、50 所产教融合卓越高等职业学校。东部地区共有 17 所高职院校入选全部三大卓越榜单，河北科技工程职业技术大学入选 2023 年三大卓越榜全榜单和一项案例。这是学校继 2021 年、2022 年两年蝉联入选教师、学生、服务、资源四大榜单全榜单后第三次入榜全榜单，为河北省唯一连续三年入榜全榜单院校。

全国职业本科院校排名第 2 位。河北科技工程职业技术大学在 2022 年、2023 年软科中国大学本科院校主榜排名中学校位列全国第 496 名、494 名；在金平果 2022 年、2023 年职业本科院校综合竞争力排名中学校位列全国第 2 位。

获评国家教学成果二等奖 2 项。《教育部关于批准 2022 年国家级教学成果奖获奖项目的决定》（教师〔2023〕4 号）批准河北科技工程职业技术大学、河北省军民融合促进会完成的《基于培育军工精神的高职“军教融合”人才培养模式改革与实践》，中国汽车工程学会、上海蔚来汽车有限公司与包括河北科技工程职业技术大学在内的 9 所职业院校共同完成的《基于产业引领，竞赛支撑，多元协同的汽车工程实践教育平台建设探索与实践》为2022年职业教育国家级教学成果奖获奖项目。

获评国家在线精品课程8门。2023年1月12日，教育部公布2022年职业教育国家在线精品课程名单，河北科技工程职业技术大学《汽车转向、行驶与制动系统故障诊断与修理》《计算机文化基础》《PLC控制系统编程与实现》《汽油发动机管理系统故障诊断与修理》《建筑钢结构施工》《服装结构制图与样板——男装》《汽车电路与电气系统故障诊断与修复》《女装结构设计》共8门课程入选。

获评“十四五”职业教育国家规划教材17部。2023年6月教育部公布《首批“十四五”职业教育国家规划教材书目（“十三五”复核教材）》，河北科技工程职业技术大学《建筑设备工程（第四版）》《PLC控制系统编程与实现（第三版）》等8部教材获评“十四五”新申报教材，《建筑钢结构施工（第2版）》《汽车电气设备原理与检修（第5版）》等9部教材获评“十三五”复核教材。

全国职业院校技能大赛取得好成绩。2023年全国职业院校技能大赛服装设计与工艺赛项获一等奖，会计实务、业财税融合大数据应用、电子商务技能、汽车故障维修、汽车营销、信息安全管理与评估等6赛项获二等奖，模具数字化设计与制造工艺等7赛项获三等奖。

获三项省教科研成果二等奖。2023年，河北省教育厅公布了第三届河北省教育科学研究优秀成果评选获奖名单，河北科技工程职业技术大学遴选的3项成果均荣获二等奖，这是继2021年学校遴选6项成果全部获评河北省教学成果奖之后的又一喜人成绩。

入选发改委产教融合典型案例。2023年，国家发展改革委发布50个职业教育产教融合典型案例，河北科技工程职业技术大学《军民互动共建产业协同创新中心　产教互融创新现代学徒制培养模式》入选。

获河北省科学技术进步奖1项。“电动汽车热管理关键技术的研究与应用”项目荣获河北省科学技术进步奖。

获批省级科研平台2个。获批建设“河北省人机环境热控制技术与装备重点实验室”“河北省外国院士工作站”等省级科研平台2个，还获批“邢台市车用先进复合材料重点实验室”等市级科研平台5个。

技术服务到款2 069万元。横向技术服务项目155项，成果转化项目79项，其中专利转让项目56项。

发表*Nature*期刊第一作者论文。2023年，河北科技工程职业技术大学电气工程系楚飞鸿博士在硅异质结太阳能电池的晶硅/非晶硅界面优化设计研究领域取得重要进展，并以第一作者身份将研究成果以“Prediction of sub-pyramid texturing as the next step towards high efficiency silicon heterojunction solar cells”为题发表在国际著名期刊*Nature Communications*（2023，14：3596）上。

获省首届职教优秀论文奖30篇。2023年6月，河北省职业教育学会公布了河北省第一届职业教育优秀论文评选结果，河北科技工程职业技术大学遴选推荐的33篇论文中，共30篇获评相关奖项，其中一等奖10篇，二等奖14篇，三等奖6篇，获奖率达90%以上，超全省58%的平均获奖率。

获评黄炎培杰出校长奖。2023年河北科技工程职业技术大学马东霄获黄炎培杰出校长奖。

入选新时代职校名师（名匠）。于万海入选新时代职业学校名师（名匠）名校长培养计划（2023—2025年）名师（名匠）培养对象，同时获得“河北省师德标兵”荣誉称号。

优秀学生“星”光闪耀。张齐星同学获得2023年世界职业院校与技术大学联盟（WFCP）世界大会"卓越学生成就奖"金奖，河北科技工程职业技术大学是7所中国获奖院校之一，是河北省唯一获奖院校。夏志燕同学获得WORLD MODEL 2023世界模特大赛中国河北总决赛冠军。阚旭同学获评"中国大学生自强之星"。

英语与数学建模竞赛名列前茅。"中国教育电视台·外研社杯"职场英语挑战赛，赵俊霞老师指导的学生以河北赛区特等奖第一名身份参加全国决赛，获特等奖第4名，全国共10名，是获得全国特等奖的河北省唯一职业本科院校。高等学校"世纪之星""外研社·国才杯""理解当代中国"大学生外语能力大赛，学生在河北赛区复赛中获得金奖1项、银奖4项、铜奖4项，获奖数量在三所职业本科院校中位列第一。学生获"高教社杯"全国大学生数学建模竞赛省级二等奖1项，获得第十五届"中国电机工程学会杯"全国大学生电工数学建模竞赛国家级三等奖1项。

获评河北省示范性中外合作办学项目。2023年4月，经由河北省教育厅组织的专家评审和实地考察等评估考核，机械制造与自动化专业入选2022年度"河北省示范性中外合作办学项目"。

1 人才培养

1.1 学校类型与发展定位

河北科技工程职业技术大学(原邢台职业技术学院)(Hebei Vocational University of Technology and Engineering)，简称"河北科工大"，是一所以工科为主的全日制本科高校，一所走在高职教育改革前列、享誉全国的职业高等学校，也是现代职业教育事业发展背景下国家设立的职业本科试点学校。作为本科层次公办职业技术大学，河北科技工程职业技术大学以本科为重点，本专科协同发展。

学校守正创新、勇毅前行，继续朝着把学校建设成为人才培养质量高、服务区域发展能力强、引领职教改革突出的高水平职业技术大学这一目标踔厉奋发，有序有效地推进职业本科基本建设，深化职业本科和高职专科教育教学改革，全面提高人才培养质量。

1.2 人才培养目标及服务面向

1.2.1 立足调查研究，界定本专科人才培养定位

学校组织研究专班，持续开展政策研究、理论研究、职业人才研究，把握职业本科与高职专科的共同点是工作岗位在生产和服务一线，逻辑起点是职业和工作，本质是技术，办学路径是产教融合、校企合作；不同点是职业本科培养的是服务工程师、生产工程师、测试工程师、产品工程师等高层次技术技能人才，知识要达到本科层次，能解决复杂技术问题，高职专科培养的是技术员等高素质技术技能人才，知识"必须够用为度"，能解决一般技术问题。

1.2.2 立足自身特色，明确职业本科人才培养目标

学校以调查研究为指导、以产业需求为依据，同时深度结合学校办学特色，将职业本科人才定位提炼为"一基四能"，即在智能化背景下，立足邢台、服务河北、辐射京津，职业本科专业培养的是面向军地高端装备制造业及生产性服务业，德智体美劳全面发展，具有一定的科学文化水平，良好的人文素养、科学素养、职业道德，鲜明的军工精神、工匠精神，一定的国际视野，胜任科技成果与实验成果转化工作，掌握较为系统的基础理论知识，具备过硬的专业技能、较强的数字化能力、创新能力和复杂技术问题解决能力的高层次技术技能人才。

1.2.3 立足区域经济,打造高端专业人才培养阵地

学校以创建高水平职业技术大学办学定位为指引,主动适应京津冀经济转型及军民融合战略高质量发展,特别是产业基础高级化、产业链现代化对高层次技术技能人才需求,立足邢台、服务河北、辐射京津,面向军地高端装备制造业及生产性服务业,对接河北省高端产业和产业高端打造智能制造、信息技术、新能源汽车等学科专业,遵循职业教育规律和人才成长规律,为区域产业转型升级培养德智体美劳全面发展的社会主义建设者和接班人(图 1-1 为学生参加河北省分区域高校毕业生专项招聘活动的情景)。

注:左二为学校国旗班毕业生,右一为同届毕业生参加河北省分区域高校毕业生专项招聘活动

图 1-1 学习强国邢台学习平台:河北科技工程职业技术大学筑梦青春 "职"引未来

1.3 专业设置与结构调整

对接京津冀产业需求,进阶优化"一体两翼"专业布局。学校坚持以服务环渤海三大战略性新兴产业集群和区域主导产业为导向,聚焦军地"产业基础高级化、产业链现代化"需求,以建设高水平职业教育本科大学为统领,持续优化专业布局,构建以工为主,工、管、艺协调发展的学科专业体系。对接新能源汽车、高端装备制造、新一代信息技术等战略性新兴产业,对接纺织服装、建筑、现代服务等传统产业高端,以汽车工程、机电工程、电气工程专业群为主体,以信息技术、管理服务专业群为融合支撑,以服装工程、建筑工程专业群为发展特色,优化形成以融合与特色为两翼共同支撑装备制造主体专业群发展的"一体两翼"专业群布局(如图 1-2 所示)。

2022—2023 学年设有 16 个职业本科专业,涵盖工学、设计学、管理学三个学科门类,包括装备制造、轻工纺织、交通运输、电子与信息、资源环境与安全、土木建筑、财经商贸、文化艺术 8 个专业大类 10 个专业类,学制有两年制、四年制。2023 年,学校全部 16 个专业成为学士学位授权专业。2022—2023 学年高职专业总数为 48 个(含中外合作办学 4 个专业)。招生专业总体情况见表 1-1。

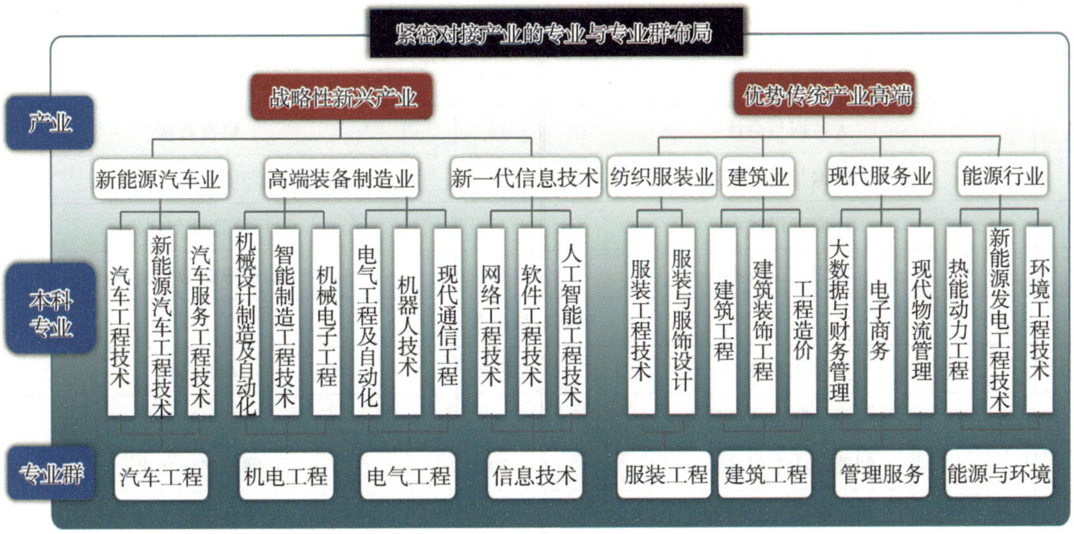

图 1-2　省域高端产业、产业高端与学校专业(群)布局图

表 1-1　河北科技工程职业技术大学 2022 年招生专业一览表

高职专科层次			
序号	专业名称	序号	专业名称
1	汽车检测与维修技术	25	新能源汽车技术
2	汽车智能技术	26	汽车制造与试验技术
3	服装设计与工艺	27	服装与服饰设计
4	时尚表演与传播	28	鞋类设计与工艺
5	市场营销(服装营销与管理)	29	机械制造及自动化
6	机械设计与制造	30	机电一体化技术
7	数控技术	31	无人机应用技术
8	电气自动化技术	32	工业机器人技术
9	智能控制技术	33	现代通信技术
10	应用电子技术	34	物联网应用技术
11	建设工程监理	35	建筑钢结构工程技术
12	工程造价	36	建筑设计
13	建筑工程技术	37	环境艺术设计
14	全媒体广告策划与营销	38	数字媒体艺术设计
15	视觉传达设计	39	建筑装饰工程技术
16	移动互联应用技术	40	计算机网络技术
17	人工智能技术应用	41	大数据技术
18	云计算技术应用	42	电子商务
19	市场营销	43	现代物流管理
20	工商企业管理	44	旅游管理

续表

高职专科层次			
序号	专业名称	序号	专业名称
21	大数据与会计	45	财富管理
22	大数据与财务管理	46	环境监测技术
23	环境工程技术	47	环境管理与评价
24	应用化工技术	48	钢铁智能冶金技术
职业本科层次			
序号	专业名称	序号	专业名称
1	机械设计制造与自动化	9	服装工程技术
2	智能制造工程技术	10	网络工程技术
3	机械电子工程技术	11	软件工程技术
4	电气工程及自动化	12	现代通信工程
5	机器人技术	13	生态环境工程技术
6	汽车工程技术	14	建筑工程
7	新能源汽车工程技术	15	大数据与财务管理
8	汽车服务工程技术	16	服装与服饰设计
中外合作办学			
序号	专业名称	序号	专业名称
1	电气自动化技术	3	机械制造及自动化
2	机电一体化技术	4	汽车电子技术

1.4 招生及生源质量

1.4.1 统筹制定招生计划，以本带专提质量

学校根据发展战略和本专科专业设置，深入各系调研探讨，制定当年本专科招生总计划。遵循学校发展战略，优化专业结构，并逐年增加本科专业招生计划。本科专业招生计划的增加带动了专科专业招生质量提升，报到率稳定在96%以上。2023年招生情况见表1-2。

表1-2 学校2023年计划招生数、实际录取数及报到率

层次	高职专科		职业本科	
区域	全国	河北	全国	河北
招生计划数	2 675	2 260	2 940	2 240
录取数	2 674	2 260	2 937	2 240
报到数	2 571	2 208	2 823	2 154
报到率	96.15%	97.70%	96.12%	96.16%

数据来源：高等职业院校人才培养工作状态数据采集平台与高等教育质量监测国家数据平台

近三年学校招生计划逐年向本科专业倾斜，2023年本科招生专业16个，招生计划2 940人，较去年增加790人；专科招生专业38个，招生计划2 675人。专科招生专业根据就业市场的变化，

并综合考虑与本科专业协同发展的关系，减少 16 个；新增加专升本招生计划 594 人，录取 594 人，最终报到 583 人。

案例 1-1：落实“三度”招生举措提升生源质量

河北科技工程职业技术大学结合高考招生的特点，采取了多形式的招生策略，落实“三度”招生举措，提升生源质量。一是通过开设招生抖音账号、微信公众号等，通过定向、定时发布、鼓励学生转载等措施，提升招生宣传“广度”；二是对原生源基地进一步巩固联系，做好邮寄资料，拓展省外招生基地，进行实地走访等定向宣传，提升招生宣传“精度”；三是选拔本科学生骨干现身说法参与招生宣传工作，教师全员参与当好招生宣传员联络员，拓展全员参与的“维度”。通过落实“三度”招生举措，2023 年本专科新生报到率均超过 96%，生源结构得到进一步优化。

1.4.2 控制在校生总规模，本科生数稳增长

学校为在国家职业本科教育试点工作和“双高计划”建设中做出更大、更加积极的贡献，坚持职业本科和高职专科协同发展，放缓在校生规模增长速度，2022 年由于本科招生专业由 2021 年初次招生的 5 个扩展到 16 个，在校生数增加 2 327 人；2023 年在校生数较去年增加 1 138 人。近三年在校生情况见表 1-3。

表 1-3 学校 2021—2023 年在校生情况

年份	高职专科(人)	职业本科(人)	总数(人)
2021 年	17 049	332	17 381
2022 年	17 332	2 376	19 708
2023 年	15 077	5 769	20 846

数据来源：高等职业院校人才培养工作状态数据采集平台与高等教育质量监测国家数据平台

2021 年、2022 年高职专科在校生数基本持平，2023 年随着专科专业减少而减少了 2 255 人；职业本科在校生数逐年增加，2023 年相较去年又增加了 3 393 人，契合了学校发展职业本科教育、促进高职教育高质量发展的目标。近三年在校生规模变化情况见图 1-3。

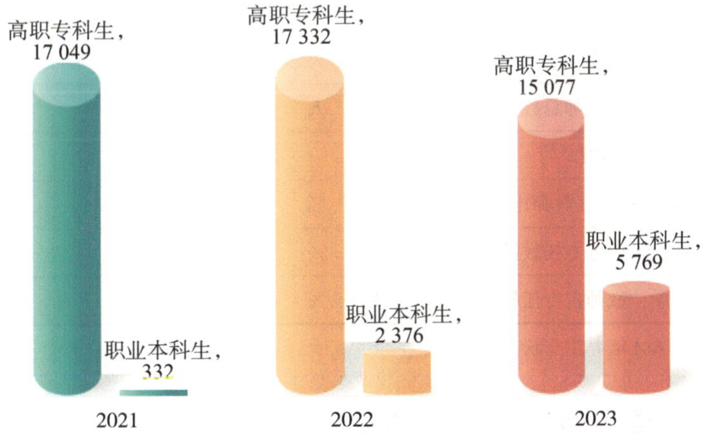

图 1-3 近三年在校生规模变化(单位：人)

数据来源：高等职业院校人才培养工作状态数据采集平台与高等教育质量监测国家数据平台

1.4.3 体测纳入评价体系，倒逼学生强体质

学校将体测成绩纳入学生评价体系，测试成绩列入学生档案。对体测不达标的学生，按照规

定准予补测一次，补测不合格就必须补考，补考仍不合格则不给予“三好学生”等荣誉称号的评定资格，也不能顺利毕业。倒逼大学生注重体育锻炼，增强自身体质。

2022—2023 学年，参加体质健康测试的本科生 2 241 人，体测达标率 77.6%，优秀率 0.2%、良好率 6.8%、及格率 70.6%、不及格率 22.4%。参加体质健康测试的专科生 6 503 人，体测达标率 83%，优秀率 0.1%、良好率 3.2%、及格率 56.8%、不及格率 39.8%。学校十分关注学生体质健康，坚持“一日生活制度”，每年对新生进行为期两周的军训，根据学生兴趣开展篮球、排球、足球、瑜伽等大学体育课分项目教学及课外体育活动，引导、指导学生加强锻炼。

1.5 教师队伍建设

1.5.1 高质量引进人才，优化师资队伍结构

一是加强人才引进制度建设。根据新形势、新要求，修订完善了《河北科技工程职业技术大学引进博士研究生暂行规定》，构建人才引进长效机制，为进一步引进高层次优秀人才提供制度保障。二是落实本省招聘政策。结合学校发展需要，选聘博士 11 人，公开招聘硕士 43 人，其中从“双一流”学校和“双一流”学科建设高校毕业的有博士 5 人、硕士 15 人。高层次人才的引进使学校师资队伍数量和质量得到了提升，师资队伍在年龄结构、学历结构和专业结构等方面都得到进一步优化。

2023 年学校现有校内外专兼职教师共计 1 555 人，生师比 14.91。其中，专任教师 1 165 人，占校内教师总数比例为 91.02%，聘任校外企业骨干、行业精英 275 人来校兼职任教，占校内教师总数比例为 21.48%，占专任教师比例为 23.61%。专任教师中，具有高级职称教师 385 人，占比 33.05%，具有硕士以上学位教师 881 人，占比 75.62%，“双师”素质专任教师比例 61.80%，45 岁以下教师 827 人，占比 70.99%。学校 2021—2023 年师资队伍结构情况见表 1-4。2023 年学校共获国家级教学名师 1 人，教育部新时代职业学校名师（名匠）名校长培养计划 1 人，河北省师德标兵 1 人，邢台市“从教三十年”教师 55 人，河北省高校黄大年式教师团队 1 个等。

表 1-4　2021—2023 年教师基本情况一览表

序号	指标	单位	2021 年	2022 年	2023 年
1	教职工总数	人	919	1 112	1 280
2	其中：专任教师总数	人	686	995	1 165
3	校外兼职教师总数	人	238	252	275
4	生师比	—	14.35	16.09	14.91
5	“双师”素质专任教师比例	%	85.94	86.13	61.80
6	高级专业技术职务专任教师比例	%	34.84	30.85	33.05
7	具有研究生学位教师占专任教师比例	%	87.17	84.92	75.62

数据来源：高等职业院校人才培养工作状态数据采集平台

1.5.2 强化师德师风建设，激发教师榜样力量

修订并制定了河北科技工程职业技术大学《师德师风建设管理规定》《师德失范行为负面清单及处理办法》《师德师风教育学习管理规定》《师德师风考核管理规定》《师德师风档案管理规定》《教职工荣休仪式实施办法》《优秀教师、优秀教育工作者评选表彰管理规定》等 7 项师德相关制度。组织全校教师利用国家智慧教育公共服务平台，开展“师德集中学习教育”暑期研修，完成学校优秀教师、优秀教育工作者、李保国式教师等评选表彰工作。经过系部推荐、学校研究等程序，

共计评选出 91 名优秀教师，13 名李保国式教师，42 名优秀教育工作者，13 个红烛教研室。

1.5.3 提升教师教学能力，打造职业教育金师

一是实施“双高工程”。实施“高层次工程”，与企业联合开展高层次学术研究、科技攻关、技术革新等项目，提升教师业务水平。实施“高影响力工程”，通过参加或指导学生参加技能大赛，参与大赛裁判工作、国内外研修和学术交流，提高教师行业影响力，形成“教师能力双高提升制度”。聘请了党的二十大代表、国务院特殊津贴获得者、全国技术能手曹国辉、国家级技能大师李明等产业导师开展技能培训和进行技术指导，提升教师专业技能水平；机械设计制造与自动化专业团队通过河北省遴选被推荐参评国家级职业教育教师创新团队，智能装备与检测技术教师团队成功入选首批“河北省高校黄大年式教师团队”，团队中 6 人获聘全国职业教育专家指导委员会委员，8 人获聘地方政府高级顾问；“汽车运用与维修技术”职业教育教师教学创新团队顺利通过教育部首批验收；于万海入选新时代职业学校名师（名匠）名校长培养计划（2023—2025 年）名师（名匠）培养对象，同时获得“河北省师德标兵”荣誉称号；高英敏、赵勇等老师参加了 2023 年新加坡研修项目，丁广文老师参加了德国大学主办的国际工程周学术交流活动，并为德方进行了示范课程教学；赵胜老师先后被聘为 2023 年山西省电子商务职业技能大赛（高职）裁判员和 2023 年度河北省电子商务职业技能大赛（中职）裁判员；陈雯、赵亚玲、卢魁等老师获邀担任省内外教学能力大赛专家评委，提升了学校的美誉度；在河北省职业院校技能大赛教师教学能力比赛中，梁晓琳等教师团队、郑鹏等教师团队获得二等奖，高联辉等教师团队获得三等奖；梁晓琳等老师获得 2023 年度河北省教师教育教学信息化比赛一等奖，张冉老师获得河北省职业院校技能大赛智慧物流教师赛二等奖，董玉老师获得 2023 年辅导员职业能力大赛二等奖；卢魁代表学校参加 2023 年河北省高校外语教学大赛暨第十四届“外教社杯”全国高校外语教学大赛，获河北赛区特等奖，是获得特等奖的唯一职业本科院校。

二是落实教师发展促进体系。该体系以目标标准系统为出发点，以教师培训系统为主体，以教学比赛系统为促进，以条件保障系统和制度激励系统为支撑，以诊断改进系统保良性运行（见图 1-4）。第一，目标标准系统建造“灯塔”和“刻度尺”，提取了教学能力、专业能力、研究能力三个能力维度，再加上师德师风，形成“四维度教师能力素质模型”，基于这个模型制定了教师发展总标准，发挥“灯塔”作用；基于职业能力发展一般规律，将教师职业发展划分为入职期、发展期、骨干期、带头人期、专家期五个阶段，为处于不同发展阶段的教师衡量自身发展状况确立了明确的“刻度尺”。第二，教师培训系统提供“能力提升帮助”。纵向五阶段、横向四维度均设置了适宜的培训项目，采取“全程伴随式”培训，要求教师带着实际教学改革任务参加培训，以“带着做、做中学”的方式开展培训。培训过程中学员边学习方法边利用方法开展教学改革，培训师同时也是教学改革咨询师，全程伴随，手把手指导，通过“预习、讲、做、指导反馈、优化”五步循环，帮助教师们在掌握方法的同时初步完成教改任务，促进教学改革“落地”（见图 1-5）。第三，教学比赛系统发挥“牵引作用”。对应四维度教师能力素质模型，将比赛分为教学能力比赛和专业能力比赛两类，每一类均设置“校级-省级-国家级”三级比赛机制。将主要培训项目融入赛前培训，以赛促培训，实现了更好的培训效果。第四，制度激励系统激发“发展动力”。设置发展五阶段培训结业证书，在职称评定、绩效考核中设置培训结业证书加分项，从发展期到专家期分值依次升高，引导各阶段教师向更高阶段发展。第五，条件保障系统提供“物质基础”。建立稳定的培训师团队和教研团队，提供教改咨询和个性化指导，同时开发示范样例、课改案例、任务书、微课视频等立体化资源，为老师们提供全方位学习支持。第六，诊断改进系统服务“教师发展可见”。建设基于大数据采集与管理的教师发展信息平台，确保顺利诊断改进系统实施。

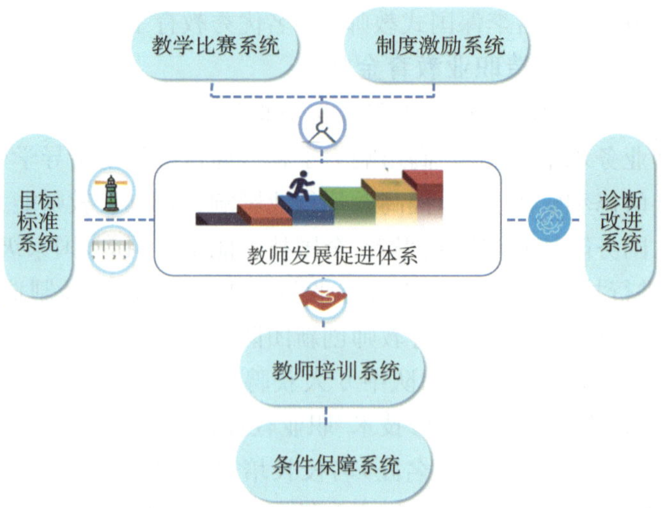

图 1-4 教师发展促进体系示意图

图 1-5 基于学习科学的教学设计工作坊校本培训

河北科技工程职业技术大学以教师能力提升为突破口深化“三教改革”，依据全面质量管理理念，构建教师发展促进体系，打造高水平职教金师。“双高”建设期内，学校教师共获得国家级技能大赛教学能力比赛奖项 11 项，省赛奖项 38 项；获评 3 个国家级职业教育教师教学创新团队，4 个省级团队；获评教育部新时代职业学校名师（名匠）培养对象 1 人；获评国家课程思政示范团队 1 个，获评国家课程思政名师 8 人；“构建‘五阶段四维度’教师发展促进体系，保障‘双师型’教师队伍建设”案例入选教育部国家级教诊改典型案例，并入编《2022 年职业院校教学诊断与改进典型案例集》。

案例 1-2：“团队工作坊”打造国家级教学创新团队

河北科技工程职业技术大学创新国家级职业教育教师教学创新团队培育模式，以“团队工作坊”为载体，以“制度支撑、名师引领、任务驱动、动态评价”为团队培养路径，以校企合作为基础，建立由校级名师、企业专家、行业大师组成的师资库，设置扎实的课改任务，分师德师风、教学方法、专业技能、教学改革、科研研究、社会服务六大方面的项目，"分梯队、分层次、分方向"打造一流师资队伍，助力团队优秀人才成长，并通过绩效管理对进入工作坊的教师进行动态评价，形成可复制推广的范式（如图 1-6 所示）。环境管理与评价专业教学创新团队立项以来，获得国家教学成果二等奖、省教学成果二等奖，入选"国家级课程思政教学名师和教学团队"，形成一系列国家级、省级精品在线课程，入选教育部"国家级职业教育教师教学创新团队"，2021—2023 年团队指导学生在世界级、国家级、省级以及行业大赛中共获奖 58 项。

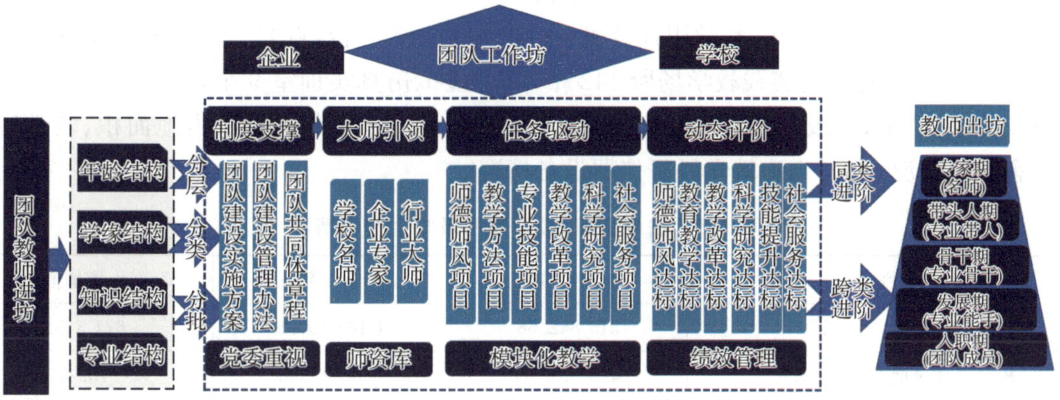

图 1-6 "团队工作坊"培育国家级教学团队路径示意图

案例 1-3："一行动三工程"打造教师教学团队

在职业本科教育加速发展的 2022 年，河北科技工程职业技术大学继续加强师资培育工作，强化师资队伍内涵建设，打造重师德、优结构的"四能"教师教学创新团队。一是持续实施"红烛一荣光"行动，建构"亮剑铸魂"师德体系；二是实施"引智聚优"工程，聘请国内外行业企业领军人才、技能大师；三是实施师资"提振"工程，在"双师"基础上，培养"理-实-教-研""四能"教师，形成"双师四能"提升制度；四是实施师资"精进"工程，培养技术专家型骨干教师，提升专业群带头人行业影响力。具体如图 1-7 所示。

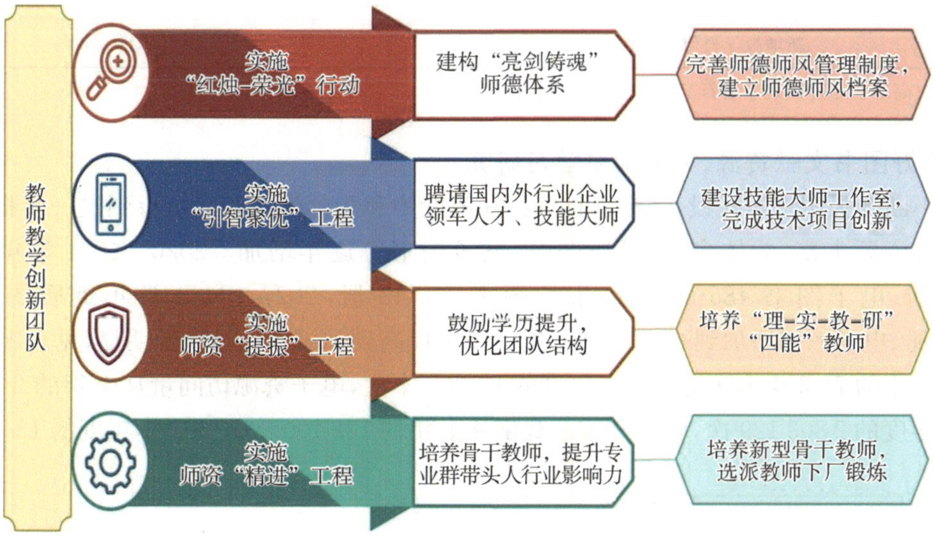

图 1-7 "一行动三工程"打造教师教学创新团队

1.6 办学条件与教学资源建设

1.6.1 持续提升办学条件，优配教学仪器设备

学校总占地面积 1 187 190.9 平方米，其中运动场面积 142 430 平方米；校舍建筑总面积 634 984.58 平方米，当年新增校舍面积 64 350 平方米；教学及辅助用房 356 326.66 平方米，其中教室 165 225 平方米，专业教学实训用房及场所 139 178.08 平方米，大学生活动用房 10 030 平方米，图书馆 19 092.7 平方米；行政办公用房 82 358.55 平方米；生活用房 165 925.85 平方米，其中学生宿舍 132 285.45 平方米；教学仪器设备总值 33 648.15 万元，当年新增 3 576.68 万元，生均教学科研仪器设备值 1.71 万元；教学用计算机(终端)台数 7 758 台，百名学生配教学用计算机台数 39.32 台/百生。拥有校内实践教学场所 142 个，其中虚拟仿真实训室 9 个，培训基地 49 个，应用技术研发中心 40 个；省级以上实训基地 10 个。表 1-5 为本学年与上学年占地面积、教学用房及学生宿舍变化情况，表 1-6 为教学科研仪器设备情况。

表 1-5　占地面积、教学用房及学生宿舍情况

项目	上学年数值	本学年数值	增加值
总占地面积(平方米)	515 842.58	1 187 190.9	671 348.32
校舍总建筑面积(平方米)	475 634.58	634 984.58	159 350
教学及辅助用房(平方米)	227 279.66	356 326.66	129 047
专业教学实训用房(平方米)	77 701.23	139 178.08	61 476.85
学生宿舍(平方米)	117 285.45	132 285.45	15 000

数据来源：高等职业院校人才培养工作状态数据采集平台

表 1-6　教学科研仪器设备情况

项目	数值
教学科研仪器设备资产总值(万元)	33 648.15
生均教学科研仪器设备值(万元)	1.71
当年新增教学科研仪器设备值(万元)	3 576.68
新增教学科研仪器设备比例	10.63%

数据来源：高等职业院校人才培养工作状态数据采集平台

1.6.2 建好图书文献资源，方便师生学习研究

学校不断加强图书馆建设，文献信息资源保障能力和为师生服务能力得到进一步提升。图书馆文献信息资源丰富，载体多样，纸质图书、电子图书等逐年增加。2020—2021 学年纸质图书 1 364 000 册、电子图书 485 000 册、生均图书 81.42 册，2022—2023 学年纸质图书增加到 1 481 560 册、电子图书增加到 610 660 册、生均图书提高到 104.23 册，增幅明显(见表 1-7)。图书流通量从上年的 72 204 本次提高到本年度的 84 205 本次，电子资源访问量从上年的 2 627 299 次提高到本年度的 2 803 129 次，电子资源下载量从上年的 122 100 次提高到本年度的 134 083 次，增幅明显。

表 1-7 图书馆藏与生均图书数

项目		数值
纸质图书	纸质图书总数(册)	1 481 560
	当年新增纸质图书数(册)	61 560
电子图书	电子图书总数(册)	610 660
	电子图书(册)	482 704
	电子期刊(册)	127 500
	音视频(小时)	456
	学位论文(册)	1 650 000
	数据库(个)	11
本学年图书流通量(本次)		84 205
生均图书数(册/生)		104.23
工科类高职学校基本办学条件合格指标(册/生)		60
工科类本科学校基本办学条件合格指标(册/生)		80
专业期刊(种)	中文纸质专业期刊	570
	外文纸质专业期刊	12
	电子专业期刊	7 500

注:生均图书按折合在校生数 20 073 人计算。
数据来源:高等职业院校人才培养工作状态数据采集平台与高等教育质量监测国家数据平台

案例 1-4:“伴阅读”直播导读创新阅读活动

为激发大学生的读书热情,鼓励大学生爱上阅读、享受阅读,河北科技工程职业技术大学图书馆创新阅读推广形式,主动贴近大学生爱好和生活,开展了以抖音为平台、以直播为形式的“伴阅谈”直播导读推广活动(见图 1-8)。活动招募部分学生导读者,通过 7 期节目共介绍了 7 个主题的 14 本书,分别是:爱国主题,《狂人日记》《最后一次演讲》;亲情主题,《背影》《傅雷家书》;文化主题,《中国文脉》《文化苦旅》;传记主题,《苏东坡传》《周恩来传略》;哲理主题,《走在人生边上》《人生值得》;友谊主题《伟大的友谊》《云烟过客》;自然主题,《瓦尔登湖》《森林之花》。为了加强体现阅读与分享的结合,导读者们分别就自己阅读的内容撰写了相应的书评,用以补充片段式阅读在思想和内容表达上的不足之处。直播累计 800 余人观看,体现了利用新媒体的流量优势探索阅读推广新模式的努力和求索。

图 1-8 河北科工大图书馆开展“伴阅读”直播导读活动

1.6.3 建好教学信息资源,更好服务师生教学

学校进一步提升硬件基础设施,建设覆盖全校的新型高速智能网络。全面升级校园网络设备和线路,重点区域双链路,万兆骨干,千兆到桌面,网络出口带宽已达 25 700 M;完成 IPV6 链路升级改造;建设覆盖全校的新型、跨校区无缝漫游的融合泛

连接校园智能无线网络，方便师生员工在校园内利用各种终端随时随地使用无线网络访问校园网资源；升级改造云计算平台，现有 26 台 2 路服务器、2 台 4 路服务器，满足学校信息化建设的需求。

学校共有 165 门公共选修课程采用了网络、慕课教学，158 门专业课程（其中本科 29 门）已在“中国大学 MOOC”、超星学习通等平台上线运行。主持 2 个教学资源库参评国家级资源库，其中主持申报智能制造工程技术专业教学资源库，共同主持申报机械电子工程技术专业教学资源库；参与 1 项机械设计制造及自动化国家教学资源库建设。计算机网络技术专业资源库获批河北省省级优质资源库，2023 年持续面向在校学生、企业、社会学习者开放学习，在校学习者达到 37 340 人，企业用户与社会学习者所在单位数量达 341 个，资源使用率和社会效益显著。《金属切削原理与刀具》《机械工程材料分析与选用》等 15 门课程获评河北省在线精品课程。

1.7 立德树人落实机制

1.7.1 党建引领团建发力，育德育心立德树人

学校党委始终高度重视党的建设工作，充分发挥基层党组织的战斗堡垒作用，坚持用习近平新时代中国特色社会主义思想铸魂育人。各系部党总支紧紧围绕“为党育人、为国育才”自觉履行党建主体责任，紧紧围绕学校中心工作深入推进党建“双创”、基层党组织结对共建、加强干部队伍建设等工作，紧紧围绕“立德树人”根本任务，把开展学习贯彻习近平新时代中国特色社会主义思想主题教育同学校“十四五”规划、职教本科建设等重点工作结合起来，持续推进“双高”党建项目，把党的政治优势转化为行动引领，扎实推进双高建设党建“四红”行动。学校《优质创建示范引领以高质量党建引领学校高质量发展》获评河北省高校党建工作案例一等奖。2023 年马列教学部党支部成为第三批“全国党建工作样板支部”，工作案例《“三心”共创 知行并驱，倾力推动党建工作高质量发展》获评河北省委教育工作委员会公布高校党建工作典型案例评选三等奖并在河北新闻网转发。

案例 1-5：“1＋3＋2”党建工作模式引领学校高质量发展

河北科技工程职业技术大学党委全面落实从严治党要求，坚持以高质量党建工作为引领，着力打造“1＋3＋2”党建工作模式（一个格局、三点聚焦、两项举措），全面开启以一流党建引领学校高质量发展的“奋进之笔”（见图 1-9）。一是谋篇布局，构建“三部两线”工作格局，架设党建工作“立交桥”。党委在学校转设升本、疫情防控、人才培养、干部人才等办学治校和事关改革发展稳定大局上发挥领导核心作用，打造党建工作“司令部”；党总支围绕系部重大事项和师生切身利益方面严把政治关，发挥政治核心作用，打造党建工作“指挥部”；基层党支部在教育管理监督党员、组织宣传凝聚服务师生上发挥战斗堡垒作用，打造党建工作“作战部”；加强纪委监督执纪，架设党建工作“高压线”；强化党员示范引领，筑牢党建工作“生命线”。二是固本强基，围绕三点聚焦，把稳党建工作“风向标”。聚焦铸魂育人，筑牢基层党组织思想根基；聚焦政治把关，健全基层党组织运行机制；聚焦党员示范，强化基层党组织政治引领。三是提质培优，实施两项举措，强化党建工作“红引擎”。奋力实施党建“136”领航计划，为学校事业发展保驾护航；倾力实施党建“四红”行动，扛好学校高质量发展大旗。近年来学校荣膺国家、河北省各类荣誉 30 余项，广大师生获省级以上荣誉 600 余项，学校始终走在全国同类院校前列，得到了社会各界的广泛认可。

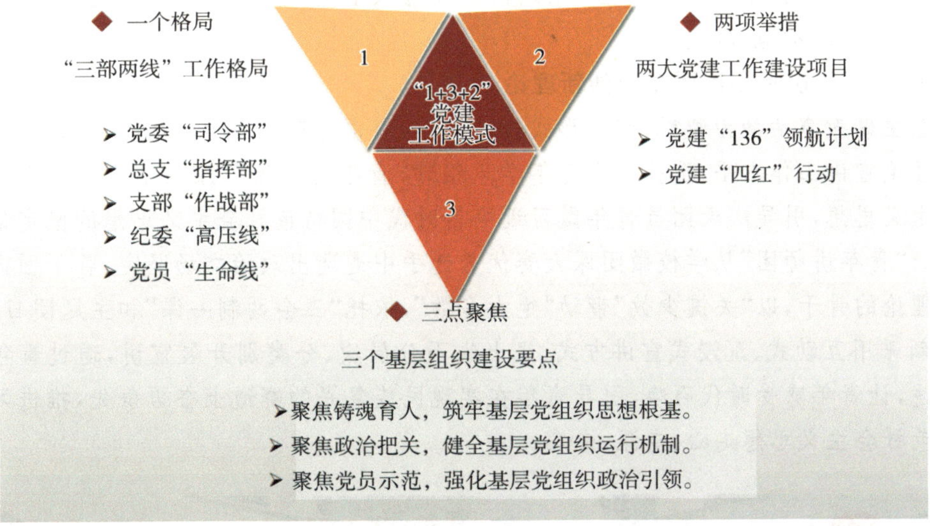

图 1-9　学校"1＋3＋2"党建工作模式

案例 1-6:学生党支部一系一品牌党建育人

河北科技工程职业技术大学加强新时代学生党支部建设,创新党建育人方式,形成了一系一品牌,提升学生党支部育人成效。信息工程系搭建了"三横""三纵""三育人计划"的"3＋3＋3"学生党建工作体系,横向建立了以"初心学堂党员活动室""红色使命辅导员工作室""红心向党团学组织工作室"为平台,纵向以"党总支""党支部""党小组"为依托,横纵结合,推出了"新生导航计划""团学组织创新计划""特色文化培育计划",打造立体式全方位的党建思政教育格局,形成服务学生、推动系部发展的强大合力,不断提升职业本科人才培养质量。电气工程系围绕"红色精神铸魂、传统文化筑基、职业本科立向、学生培育植根",持续推进"四位一体、亮剑铸魂"党建工作品牌建设,2022 年获批河北省党建工作样板学生党支部,2023 年完成学生党员活动中心建设工作,并申报建设全国党建工作样板支部。

坚持以党建带团建,团组织的活力持续增强。组织策划了"学习二十大 永远跟党走 奋进新征程""青春暖邢""雷锋月""大学生社区实践计划"等主题实践活动,组织拍摄《强国一代有我在》MV,多项活动得到学习强国、河北共青团微博、中国青年网等众多媒体广泛报道,2023 年团属新媒体累计推送稿件 352 篇,阅读量达 100 万以上,在全省基层团组织微信公众号影响力排行榜常年位列前五名;2023 年学校团委获评河北省优秀高校团委,学校会计 2003 班团支部入选 2022 年度全国高校"活力团支部"最具服务力 TOP100 榜。

开展"五包五进"工作,教工党员结对教学班级及学生社团,定期到班级、宿舍、课堂和校园等地方与学生走访谈心,用自己的"真心、诚心、爱心、细心"与学生进行交流和沟通,让每一位同学感受到了学校和老师的关心和爱护,同时也强化了教工党员的党性修养。每位包班党员通过开展党团课讲座、主题活动等,坚定了团员青年的理想信念,提升了党员的政治理论水平,做到了党建带团建、团建促党建、党团教育同步推进。为 38 个学生社团配齐指导教师 76 人,倾力打造"足球联赛""新生杯乒乓球赛""绿植领养"等"一社一品"校园文化活动品牌,严格执行社团年审制度,不断推动学生社团健康有序发展,微博协会荣获河北省 2022 年度活力社团。

抓实"青年马克思主义者培养工程"大学生骨干培训。校系两级"青马工程"积极邀请学校党政领导、包班党员教师、专家学者和先进人物授课,理论学习和社会实践相结合,激励青年学生在实践中成才,在服务中成长,校系两级全年累计培训 723 人。以"青年讲师团"为示范,利用宣讲、专题研讨、微视频、小程序等多种渠道，积极开展“榜样大学生”“冀青之星”“最美大学生”评选等活动，充分发挥榜样的示范效应。

案例 1-7：青年讲师团传播党的创新理论

学校以主题教育活动为契机，创新形式打造品牌，引领青年深入学习，进一步提升面向广大团员青年的理论宣讲工作水平，选拔优秀青年学生组建“青年讲师团”，深入学习习近平新时代中国特色社会主义思想，引导广大团员青年做习近平新时代中国特色社会主义思想的坚定信仰者和忠实实践者。“青年讲师团”从学校微团课大赛优秀选手中遴选出政治立场坚定、善于面向青年传播党的创新理论的骨干，以“关键少数”带动“绝大多数”，依托“三会两制一课”和主题团日活动（见图 1-10），创新采用互动式、沉浸式宣讲方式，线上线下分层次、分类别开展宣讲，通过青年讲师绘声绘色的讲述，让青年感受时代召唤，引导青年在实现民族复兴的赛道上奋勇争先，推进习近平新时代中国特色社会主义思想走心、走深、走实。

图 1-10　习近平新时代中国特色社会主义思想“青年讲师团”

1.7.2　推进思政课程建设，启智润心铸魂育人

学校切实把思政课程作为落实立德树人根本任务的关键课程，开展马克思主义理论教育，用习近平新时代中国特色社会主义思想铸魂育人。从高质量完成党建巡察到省第二批高校思想政治理论课质量专项评估工作获评优秀；从获批省校两级教师教学创新团队，到建设省级思政课河北科技工程职业技术大学祁凤华名师工作室；从获评省级精品在线开放课 2 门，到建成河北省职业教育优秀虚拟仿真实训课程“燕赵风雨路　太行英雄魂”；从成功举办教育部两项国家级培训项目，到常态化开展省高职“公办-民办”20 家院校思政课对口帮扶工作；从牵头河北省 5 名高职思政课教学名师参加全国高职思政联盟“为建党一百周年献礼”活动获得最佳组织奖，到所录课程入选全国数字马院联盟资源库供全国高职思政课教师参考学习，河北科技工程职业技术大学在办好思政课方面取得了可喜成绩，在改革创新中提升了思政课的教学质量和水平。马列教学部党支部工作案例《“三心”共创 知行并驱，倾力推动党建工作高质量发展》获评河北省委教育工作委员会公布高校党建工作典型案例评选三等奖并在河北新闻网转发，《打

造“四个驱动 协同铸魂”党建品牌 引领思政工作高质量发展》荣获河北省政研会2023年度基层思想政治工作三类优秀案例。

这一年，学校牵头河北省职业教育学会高职学校思想政治与教学工作委员会、河北省职业教育学会高职学校思想政治与教学工作委员会，联合省内20家高职院校、30余名骨干教师共建省级在线精品课程1门，获评省级首批优秀虚拟仿真实训课程1门。作为第三批“全国党建工作样板支部”培育创建单位，成功打造“党建长廊”，常态化开展建设工作，马列教学部党支部在全国高校思想政治工作网“思政网育人号”平台发布工作动态和创新成果等信息47篇，在“党建之窗”新媒体平台发布各类信息80余篇。

案例1-8：知行并驱　思政课教师学用贯通

河北科技工程职业技术大学马列教学部党支部聚焦立德树人根本任务，以党建工作高质量发展引领思政育人，“知行”并驱，深化学用贯通。一是牢记根本“三注重”。“注重学”，聚焦党的最新理论成果，将学习成果融入思政课教学全过程；“注重讲”，制定专题宣讲方案，形成“线下宣讲＋云宣讲＋微宣讲”融合发力格局；“注重感”，以红色教育基地为载体，组织教师到中国共产党历史展览馆、洪崖洞等地开展沉浸式体验学习。二是支部共建“结对子”。制定支部结对共建方案，组织开展“共上主题党课”“共过主题党日”“共同集体诵读”“共赴红色基地”“共观爱国影片”“共建课程思政”“共建样板支部”“共促学生成长”等共建活动，协同推进党建工作。三是行走红色“大课堂”。立足京冀丰富的红色文化资源，设立包括李保国纪念馆、邢台市博物馆在内的校外大思政课实践教学基地10余个。

案例1-9：从“心”着力　共享思政教改新方案

一是坚持建设高素质专业化思政课教师队伍，增强“凝心力”。通过“专职教师＋特聘导师”制度配齐师资队伍；实施“专题理论强基”计划和“专题实践研修”计划，提高师资教科研水平，获批河北省思想政治课教师教学创新团队、河北省思想政治理论课名师工作室，马克思主义学院党支部入选第三批“全国党建工作样板支部”培育创建单位。

二是坚持思政课教学创新改革，形成“中心线”。遵循思政教学规律，以“八个相统一”为指导，探索形成了理论、线上、移动、实践交互贯通的“四维协同”教学模式，获河北省教学成果奖三等奖；教师荣获教育部首届思想政治理论课教师教学展示大赛一、二等奖各1项；河北省教师教学能力比赛一等奖2项、二等奖1项；河北省青年教师思政课教学比赛本科组奖项4项。

三是坚持开发利用本地红色资源，抒写“丹心谱”。校内持续推进“智能＋教育”实践教学项目，建成全省首家思政课实践教学基地“思政学堂”，“燕赵风雨路　太行英雄魂”教学项目获评河北省首批虚拟仿真实训课程。校外坚持深挖邢襄历史教育资源，依托抗大纪念馆、邢台市博物馆等教学基地，厚植学生家国情怀，激扬青春风采。

四是坚持以点带面对口帮扶，绘就“同心圆”。牵头成立河北省高职高专院校思想政治理论课建设联盟，与省内20家院校签订对口帮扶协议，建成省级在线精品课程1门，开展“思政专家进校园”系列讲座50多场，捐赠书籍资料9 230册（套）、实践教学手册6.6万册，探索出结对帮扶“五联”新模式。

1.7.3　强化课程思政建设，融合价值知识能力

学校把握课程思政育人本质，践行“全员全过程全方位育人”理念，寓价值引领于知识传授，并与能力培养融为一体，深入挖掘各类课程和教学方式中蕴含的思政政治教育资源，把思政元素贯穿到课程教学过程中，在课程教学过程中以自然而然的方式实现价值塑造和思想引领的隐性教育目标。

制定学校《课程思政建设指导纲要》，284门立项课程完成课程思政教学改革，评选校级课程思政典型案例35个、示范课程10门，以点带面、示范引领全校课程思政建设。获评省级以上课程思政项目5个。立足国家级、省级优质在线课程资源，打造了数字化课程思政教育体系；组织研究、编印《课程思政案例集》3册。黄耀华、黑玉清、贾晓凡、马晓君、徐近团队作品荣获“2023年外语课程思政优秀教学案例征集与交流活动”全国优秀教学案例二等奖、省级特等奖。

1.7.4 践行“三全五育”理念，促进学生全面发展

学校以学生成长成才为中心，创新方式方法，调动各方力量，打好“三全育人”组合拳，践行“五育并举”。各系部、教务处、学生处、后勤处等各部门通力合作，教师、学生工作者、后勤人员联动，回应学生需求，助力学生全面发展。

学校不断完善德智体美劳全面发展的育人体系。推动习近平新时代中国特色社会主义思想进教材、进课堂、进头脑，用党的创新理论铸魂育人。完善“大思政”工作格局，推动思政课程与课程思政联动。体系化设计第二课堂活动方案，将第二课堂活动纳入人才培养方案，明确10个学分要求，设置思政素养、创新创业实践、竞赛活动等七大模块，开发《形象管理》《体能塑形》等10门特色美育体育劳动教育选修课，创新公益劳动周实践课，促进学生德智体美劳全面发展。

学校大力弘扬工匠精神，厚植劳动光荣的良好风尚，不断完善劳动教育实施体系。一是丰富《劳动教育》课程体系，加强课程资源建设。组织教师团队精心打造《新时代大学生劳动教育》慕课资源，完成八章共计48小节课程录制，顺利通过河北省劳动教育教指委资源库验收。二是组织开展校园劳动技能大赛。为营造崇尚劳动、尊重劳动的校园氛围，通过积极筹备、前期动员、层层选拔，成功组织10系50名选手开展饺子制作、应急救护、软绳梯制作、军被整理及物品收纳、计算机装调五个竞赛项目的比拼（见图1-11），授予何静等18名同学“劳动能手”荣誉称号。此外，积极筹备并参与河北省本科院校学生劳动技能竞赛，指导学生获得省级一等奖5项、二等奖4项、三等奖6项、优秀奖13项的优异成绩。三是积极开展多项劳动教育活动。围绕学校“五育并举”教育

图1-11 校园劳动技能大赛“软绳梯制作”

实施方案，以实践育人、活动育人、文化育人为主线，创新开展校园劳动月活动，丰富学校劳动教育模式，共评选“文明班级”40 个，“文明宿舍”60 间，“文明个人”462 名；邀请全国劳动模范张铭连老师举办“弘扬劳模精神，做新时代有志青年”专题报告会，为万余名学生现场讲述劳动故事，传递当代劳动精神内涵与实践魅力；组织开展多次“爱国卫生大清扫”活动，教育引导学生积极投身校园劳动，提升学生劳动素养，美化校园环境和学习生活氛围。四是组织开展公益劳动周活动。结合学校教学计划，组织开展学生公益劳动周任务，完善劳动动员、劳动教育、劳动纪律监督等环节，确保劳动周顺利开展，为学校各部门提供学生辅助力量，保证校园封闭管理期间各项工作的正常运转，提升学生整体劳动观念水平。

学校强调健康与运动技能的培育，全面提升体育教学活力。学校坚持体教融合，增强学生身体素质，提高运动技术水平，体育课程建设和体育竞赛成绩取得双丰收。两门体育课程获省信息化教学课程案例三等奖，舞龙运动、体能塑形等多项体育课程都完成了在线课程建设。本学年组织了历时 17 天、48 场比赛的“北方杯”大学生篮球联赛（如图 1-12），依托微博平台全程线上直播，吸引了全校师生的广泛关注和热情支持；组织了第三十二届田径运动会，引导师生走进运动场，享受运动快乐，练就强健体魄；校女子篮球队在今年的中国大学生篮球三级联赛全国总决赛上勇夺全国第六；在河北省第二十一届大学生运动会上斩获男篮、女篮双冠军，勇夺 7 枚金牌、3 枚银牌、8 枚铜牌，获得田径男子、女子团体亚军，团体总分第二，创造了学校在省大运会上的历史最好成绩；会计系财富管理 2201 班付琦程同学勇夺第七届中国大学生武术散打锦标赛男子乙组 58 公斤级全国冠军（如图 1-13）。

学校着力深化心理健康教育工作，培养身心健康、和谐发展的人。一方面，推进大学生心理健康教育课程建设，开展课程调研，根据社会发展、学校特色、学生特点不断探索、更新课程内容和形式。组织开展“积极心理学”系列课程，邀请心理学专家赵若清开展 8 期“积极心理学”专题网课，观看总量达三千人次，平均每期学生点赞量近七千，有效提升学生心理韧性。出版教材《大学生心理健康》入选国家“十四五”规划教材。另一方面，深化大学生心理健康教育工作。一是完善心理

图 1-12　河北科工大 2023 年“北方杯”大学生篮球联赛

图 1-13　河北科工大学生在中国大学生武术散打锦标赛中获得冠军

健康教育体制机制，制定大学生心理健康教育指导方案，明确具体负责协调和组织全校心理健康教育的教学、实践、咨询、危机工作。二是完成新生心理普查工作，对 2023 级新生进行了心理健康普查，共计六千二百余名学生参加了测试，测试结果显示新生总体心理健康状况良好，存在心理问题学生名单发送各系并要求辅导员建立心理跟踪档案。三是常态化推进心理咨询工作。心理健康咨询室运转情况良好，设立咨询热线和网络留言板，心理咨询热线全年 24 小时在线，安排具备心理咨询师资质专业人员开展现场咨询工作，每天咨询接待能力 6 人次。四是组织开展心理健康月系列活动。先后开展了开学季心理健康活动、“5 · 25”大学生心理健康节。活动以“青春逐梦 · 勇毅前行”为主题，借助网站、公众号等平台进行了广泛宣传，内容包括心理大讲堂、“走进心世界心理测试”、“趣味心理运动会”、“阳光心理工程”、“朋辈谈心理沙龙”、心理征文大赛、心理漫画大赛、和谐宿舍创意大赛、医教合作亲诊、团体沙盘、正念冥想减压放松等（见图 1-14），起到了增强学生心理健康意识、促进学生健康成长的重要作用。

图 1-14　河北科技工程职业技术大学举办趣味心理运动会

学校深入贯彻落实教育部、河北省关于“一站式”学生社区综合管理模式的工作部署，制定出台了《河北科技工程职业技术大学“一站式”学生综合管理模式建设方案》，突破现有模式和物理空间的局限进行谋篇布局，建成“一站式”学生服务大厅2个，以“一站式”学生社区为载体，开展了系列思政教育实践活动。坚持在不断提升后勤服务满意度中影响人，推行“接诉即办”机制，对学生提出的咨询、建议、投诉、报修等给予快速响应、高效办理、及时反馈和主动治理，给学生起到一种榜样示范的作用和潜移默化的教育；坚持在不断加强公益劳动的社会效应中感染人，将公益劳动纳入学校教学计划，学生跟随“食堂阿姨”“公寓伯伯”等老师傅、老工匠，参与到食堂管理、公寓管理、环境卫生、植树种草等一线工作中，让学生在劳动的过程中，了解后勤工作，认同教职工劳动价值，从而达到服务育人的目的；坚持在不断建设优化校园文化氛围中熏陶人，以重要节日为契机，围绕“三八”国际妇女节、端午节、毕业季、开学季等重要时间节点，开展赠送饮品、粽子、免费自助餐会、开学第一面等丰富多彩的特色活动，打造有温度的后勤服务，发挥好环境育人的功能和实效。

1.8 教学建设与改革

学校统筹职业本科建设、“双高计划”验收两个基本面，以“金专业、金课程、金教材、金场地、金教师”为抓手持续推进内涵建设，倾力开展六个方面工作，高质量完成面上推进、重点突破及特色发展工作，形成了一系列标志性成果，提升了关键办学能力，助力学校争做“职业本科教育领跑者”。学校对比56所国家高水平高职学校的建设成效，排名第38位，位列2023年中国高职院校改革活力指数排行榜第48位。

1.8.1 提供学生多路径发展新范式：“以人为本，分类发展”

作为职业本科教育的先行者和“双高”建设单位，学校统筹本科和专科的人才培养改革，服务学生全面发展探索分类培养模式，服务高质量人才培养构建协同育人机制保障，发挥了示范引领作用。

一是“3615”分流分类模式促进人人成才。细分三类人才定位，匹配实施六类人才培养模式，开发个性选修课172门，建成在线课程239门、新形态教材187部；近五年全国职业院校技能大赛获奖总数44项、“互联网＋”双创大赛获奖18项；毕业生平均起薪点达到5 014元；X证书通过率达92.1%，助力2 986名新增劳动力技能提升。教研项目“基于工匠精神高职院校分流培养分类成才人才培养模式研究与实践”获河北省教育厅教学成果二等奖。

二是创建守正创新的职业本科人才培养顶层设计。确定“一基四能”人才定位，将现场工程师培养目标细化为掌握扎实的技术基础知识，具备过硬的专业技能、较强的数字化能力、创新能力和复杂问题解决能力。构建“三重两化”人才培养体系，确定重技术、重实践、重发展、模块化、综合化的培养理念，开发突出实践、个性发展的“平台＋模块”课程体系，注重基础课设置，突出实践环节，理论实践比例约为1∶1。

三是探索分类发展的职业本科人才培养路径。双元深度融合培养拔尖创新人才。实施“卓越现场工程师培养计划”，遴选有技术情怀的优秀学生组建试点班，携手长城汽车等区域龙头企业，以学徒制形式合作培养本科层次拔尖创新人才，培养过程工学交替，项目教学真题真做，探索形成深度双元育人模式，丰富了现代学徒制的新内涵。强化实践培养高层次技术技能人才。构建“三三三”实践教学体系，设置春、夏、秋三学期，安排校内实训、项目实践和企业实习三类实践环节，实施“课程-课程群-专业”三级实践项目，真题真做或真题仿做，提升学生的专业技能和解决复杂问题能力（如图1-15、图1-16所示）。

图 1-15　汽车工程系学生在做发泡实验

图 1-16　学生小组在项目学习中研讨

四是构建校企协同的职业本科人才培养保障机制。建立“一群一院”协同育人机制，每个专业群携手一个域内行业头部企业，以“八个一”标准共建产业学院，依托产业学院合作实施现场工程师、典型生产实践等协同育人项目。完善“标准引领”的制度体系，研制人才培养标准、课程标准、主要环节质量标准、学士学位授予标准等系列标准，制定与本科人才培养相适应的管理制度，健全质量保障体系。

五是“多形式衔接”打造职教本科贯通培养新路径。积极探索“中职—高职—职业本科”贯通的人才培养模式，与河北城乡建设学校等3所中职学校联办“3＋4”贯通培养本科班；与河北康德重工装备科技有限公司联合开展工业机器人技术专业“2＋2＋2”培养试点；新能源汽车技术等6个专业开展“专升本”培养，首批招生580人。

案例1-10：全方位高标准推进职业本科专业内涵建设

一是全面推进国家专业教学标准研制。牵头起草汽车工程技术、汽车智能网联工程技术、电气工程及自动化、工程造价4个专业教学标准，参与起草24个本科、专科专业教学标准，为国家专业教学标准制定贡献了科工大智慧；二是积极探索职业本科人才培养路径。2023年3月出台《河北科技工程职业技术大学“卓越现场工程师培养计划”实施方案》，遴选了汽车工程技术、电气工程及自动化、机械设计制造及自动化3个本科专业，依托产业学院联合头部企业，以中国特色学徒制为主要培养模式，共同开展卓越现场工程师培养；三是全面保证人才培养方案质量。学校16个本科专业，通过广泛开展企业调研，在分析高层次技术技能人才岗位特征和能力要求基础上，构建“两平台三模块”课程体系，校企合作共同开发了具有本科专业特色的人才培养方案。通过“线上＋线下”的方式，学校和系部多轮次开展了本科专业人才培养方案论证会，学校领导高度重视，全程参与研讨、指导，实现了人才培养方案的高标准；四是高质量完成学士学位授权获批工作。学校顺利通过学士学位授权现场考察，受到河北省学位办专家组高度认可。2022年12月，学校获批学士学位授权单位，新能源汽车技术等16个首批专业获批学士学位授权专业；五是职业本科办学经验获省厅工作研讨会认可。2022年9月，学校基于学情分析和专业调研实际，聚焦办学定位、人才培养体系，系统总结了职业本科人才培养典型做法与经验，提报《关于推进职业本科建设的报告》，获得省教育厅主管领导和省内同仁高度认可。

案例1-11：深层次高质量提升专科专业培养效能

一是特色学徒制培育生产现场急需工匠型人才。支持服装设计与工艺、应用化工技术、汽车检测与维修技术、电气自动化技术等专业（方向）开设企业学徒班（含现代学徒制、企业新型学徒制），校企协调，共培育生产现场急需的高素质、复合型工匠型人才累计1 400人；二是分类培育技术创新人才、企业定制人才。学校大力支持系部将创新工作室建成项目教学提质升级的依托和校企合作协同创新的载体。学校共运行60余个守敬科坊、创新工作室，形成了相对完善的工作室培养模式。新能源汽车、智能制造等专业群高端定制订单班规模达500余人，精准供给新能源汽车、先进装备制造等区域战略性新兴产业所需技术技能人才，获得2022年全国职业院校技能大赛（高职组）汽车技术赛项一等奖（图1-17为职业技能大赛故障诊断备赛实操）。基于优势特色培养模式，学校本年度通过省教育厅推荐参评国家职业教育教学成果奖项目2项，在省内职业院校中领先；三是积极推进“学历证书＋X证书”试点。学校将技能证书考评内容融入岗课教学、岗赛实训，逐步完善“岗课赛证”综合育人机制。学校申报37项X证书试点证书，专业覆盖率达到100％，年度培训考核3 000多人次，证书通过率超过90％。

1.8.2 贡献高水平专业群建设范本：“五融五进”建专业群

汽车专业群携手“链主”企业，创新“五融五进”路径，实现产教资源的融合共生，为中国特色高水平专业群建设提供实践范本。

一是组群逻辑融入产业链主需求，增进高端育人。基于汽车产业链数智化、多功能、综合化的发展趋势，与链主企业长城汽车共建产业学院，围绕技术中试类岗位群，组建汽车专业群，开展职教本科层次的工学交替、订单培养，强化高层次技术技能人才的双元育人，获河北省教学成果一等奖。

图 1-17　职业技能大赛故障诊断备赛实操

二是培养模式融入多元人才路径，促进全面发展。与十大品牌车企开展高端订单班培养企业急需人才，技能大师工作室传帮带培养有技艺绝活的高技能人才，守敬科坊引入企业项目培养创新型技术技能人才；巴哈大赛工作室以赛促学，将各类比赛转化为实际教学项目，培养高层次技术技能人才（如图 1-18 所示）。

图 1-18　课赛融合课程新能源汽车整车电子控制技术教学

三是教学资源融入先进行业技术，改进教学质量。联合中车行开展国家专业教学标准研制，联合长城汽车申报现场工程师国家专项，联合捷豹路虎等名企承接现代职业教育体系改革重点任务 10 项，以改革项目建设驱动新技术、新标准、新规范融入教学资源，切实提高教学质量和水平。

四是师资队伍融入企业顶尖人才，精进“双师”结构。建立校企师资互通机制，柔性引进“链主”企业家、工程院士、技术专家、技能大师等企业高层次人才优化师资结构，构建钻石结构的校企混编“双师”队伍，获批国家首批教师教学创新团队。图 1-19 为产业导师指导学生实践教学。

图 1-19　产业导师指导学生实践教学

五是平台基地融入企业培训体系，推进育训结合。联合特斯拉、捷豹路虎等十大车企共建新能源及智能网联汽车培训基地，融入企业培训体系打造国家级汽车类生产性实训基地，提升企业员工技术技能水平。

1.8.3　一体化建设“金课金教材”，推广优质教学资源

一是“五融合”分批推进课程立项建设。以课程建设为载体，校企协同推进教学资源建设与应用。年度投入 180 万元，完成第六批 63 门立项课程验收，立项建设第七批 45 门本科在线课程，累计 176 门在线课程在智慧职教 MOOC 学院、学银在线等平台共享优质资源。

二是“校省国”进阶参评精品课程项目。落实“校-省-国家”三级递进的优质课程共享机制。落实校级-省级-国家级三级递进的优质课程资源开放共享机制，认定校级在线精品课程 30 门，获评国家在线精品课程 8 门(见表 1-8)，省级精品在线课程 15 门(见表 1-9)、专业教学资源库 2 个，12 门课程推荐省厅参评一流线下课程，完成 16 门国家级在线精品课程培育。

表 1-8　2022 年度国家在线精品课程 8 门

序号	课程名称	系别	课程负责人
1	汽车转向、行驶与制动系统故障诊断与修理	汽车工程系	曹景升
2	计算机文化基础	信息工程系	褚建立
3	PLC 控制系统编程与实现	电气工程系	陈丽
4	汽油发动机管理系统故障诊断与修理	汽车工程系	曾宪均
5	建筑钢结构施工	建筑工程系	张广峻
6	服装结构制图与样板——男装	服装工程系	王丽霞

续表

序号	课程名称	系别	课程负责人
7	汽车电路与电气系统故障诊断与修复	汽车工程系	李晓伟
8	女装结构设计	服装工程系	臧莉静

数据来源:《教育部办公厅关于公布 2022 年职业教育国家在线精品课程名单的公告》

表 1-9　2022 年河北省职业教育精品在线课程 15 门

序号	课程名称	系别	课程负责人
1	网络工程方案设计与实施	信息工程系	董会国
2	HTML5 网页设计技术	信息工程系	郗君甫
3	传感网应用开发 X 证书课程	电气工程系	曹世超
4	光传输系统组建、维护与管理	电气工程系	毕艳军
5	市场调研	经济管理系	赵忆岚
6	成本会计实务	会计系	白思然
7	运动控制技术及应用	电气工程系	董永刚
8	汽车 CAD 技术	汽车工程系	霍志毅
9	金属切削原理及刀具	机电工程系	冯和平
10	机械工程材料分析与选用	机电工程系	高军芳
11	汽车安全与舒适系统检测与修复	汽车工程系	王大鹏
12	汽车评估技术	汽车工程系	冯子亮
13	汽车营销策划	汽车工程系	李美丽
14	书籍设计与制作	艺术与传媒系	杨志红
15	环境与人类	资源与环境工程系	郭有才

数据来源:2023 年 4 月《河北省教育厅关于公布 2022 年机关党委职业教育数字教学资源建设项目验收评审结果的通知》附件 2《2022 年河北省职业教育精品在线课程名单》

三是新增主持或共建省级以上专业教学资源库 3 个,获省级推荐立项国家级项目。

四是校企双元合作开发,校社对接出版优质教材。组建校企双元建设团队,对接新业态、新模式、新技术,以项目为载体组织教材内容,立项建设本科教材 37 部。目前 9 部教材入选高等教育出版社数字教材选题计划,39 部教材与出版社进行了初步对接;已出版 1 部职业本科数字教材,评选了《汽车电气设备原理与检修(第 5 版)》等 14 部校级优质教材,5 部教材被省厅推荐参评国家优质教材,获评 2 部省级优秀数字教材,17 部入选"十四五"职业教育国家规划教材(含复核的教材)(见表 1-10)。

表 1-10　首批"十四五"职业教育国家规划教材 17 部

序号	教师姓名	教材名称	所属专业大类	备注
1	鲍东杰	建筑设备工程(第四版)	土木建筑	新申报 333
2	陈丽	PLC 控制系统编程与实现(第三版)	装备制造	新申报 338
3	马英	机械制图(第 4 版)	装备制造	新申报 346
4	鲁民巧	汽车构造与拆装(第 3 版)	装备制造	新申报 349

续表

序号	教师姓名	教材名称	所属专业大类	备注
5	王丽霞	服装结构制图与样板——基础篇	轻工纺织	新申报 355
6	刘学明	汽车文化(第 2 版)	交通运输	新申报 368
7	李莉	机械加工设备	装备制造	新申报 431
8	张广峻	建筑钢结构施工(第 2 版)	土木建筑	复核 361
9	李树元	电机控制技术	装备制造	复核 626
10	马璇	机械基础	装备制造	复核 737
11	于万海	汽车电气设备原理与检修(第 5 版)	装备制造	复核 835
12	王丽霞	服装结构制图与样板——提高篇	轻工纺织	复核 995
13	于万海	汽油发动机管理系统故障诊断与修理(第 2 版)	交通运输	复核 1208
14	褚建立	计算机组装与维护情境实训(第 3 版)	电子信息	复核 1503
15	褚建立	网络综合布线实用技术(第 4 版)	电子信息	复核 1582
16	欧亚丽	城市景观设计	文化艺术	复核 2318
17	夏万爽	室内设计基础与实务	文化艺术	复核 2372

注:“备注”中序号为教育部 2023 年 6 月公布的《首批“十四五”职业教育国家规划教材书目》序号。
数据来源:《教育部办公厅关于公布首批“十四五”职业教育国家规划教材书目的通知》附件 1。

案例 1-12:创新“横向进阶、纵向递升、思政贯穿”课程体系

河北科技工程职业技术大学在总体构建“两平台三模块”课程体系的同时,引导鼓励各系部根据专业特点加强专业课程体系建设,不断优化课程结构。环境与管理评价专业依托教育部现代学徒制首批试点项目和国家创新团队建设,依据重点环保企业的职业岗位工作能力分析,创新形成了基于产教融合的“横向进阶、纵向递升、思政贯穿”的环保类工匠型人才培养的模块化课程体系(见图 1-20)。总结了学生能力水平提升分层级递进式规律,将课程体系按照模块化设计,分层融入企业岗位标准、证书标准、行业标准;有机融合思政元素、知识元素和技能元素,重新分布设置能力进阶化的课程内容;设置多平台课程评价体系,丰富课程评价维度,及时掌握学生能力水平提升情况,形成了模块化课程体系。

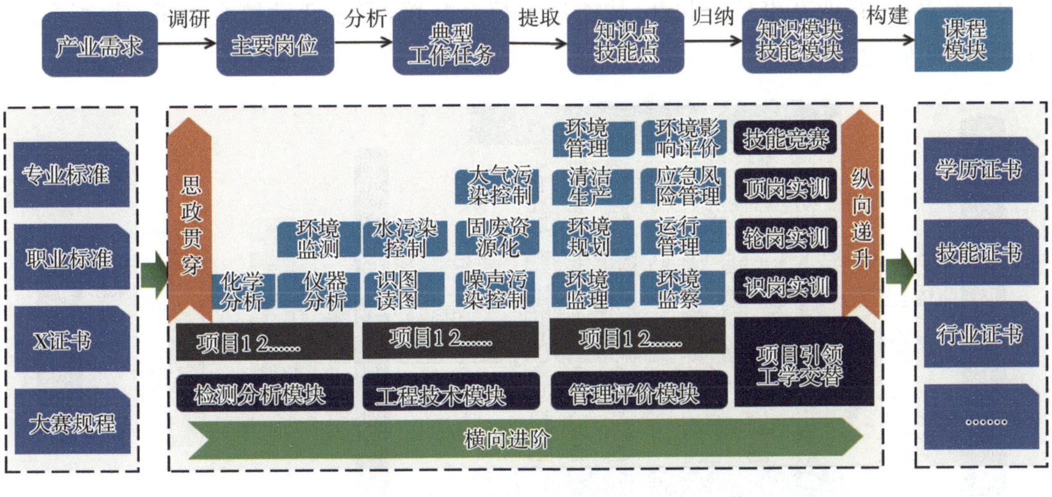

图 1-20 “横向进阶、纵向递升”双螺旋型专业群模块化课程体系

1.8.4 采用工学交替新策略:“双线交叉融合,三阶段螺旋提升”

与头部企业深度产教融合,实施校企双主体交替系统培养,按照学校人才培养规律和企业人才岗位成长过程构建“双线交叉融合,三阶段螺旋提升”的工学交替分段式教学。实施“学习—实训—再学习—再实训”的工学交替的教学组织安排,形成特色鲜明的“双主体、多形态、分段式、工学交替”教学组织模式(如图 1-21 所示)。

按照学习专业理论知识、提出问题,制定改进措施,参加实习实训,发现新的问题,进一步学习理论知识,再制定改进措施,再参加实习实训的循环螺旋递进模式,最终解决提出的问题。在学校期间以企业任务载体贯穿整个学习过程,在企业期间以企业为主完成学校既定培养目标,两个育人主体交替配合,理论学习与实践训练相结合,课堂学习与企业实习相结合,教学过程与生产过程相结合,使学生能在企业真实的工作岗位上提升职业素养和专业技能,实现校企共赢。

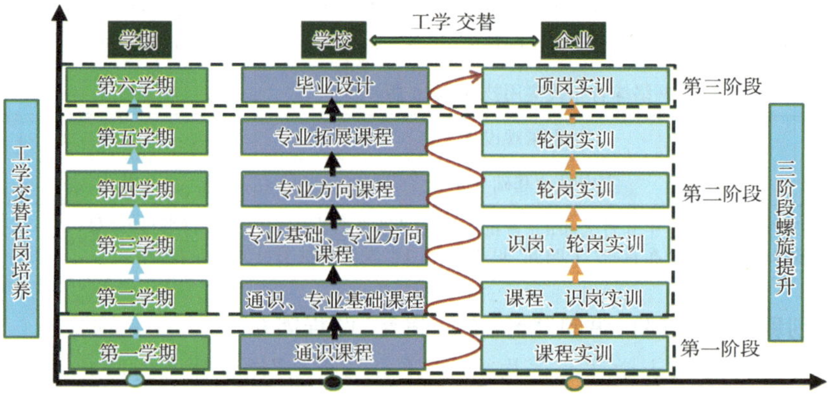

图 1-21 “三阶段螺旋提升式”专业教学模式

1.8.5 打造岗课赛证融通综合育人新模式:“岗课赛证研创融合”

“岗课赛证研创融合”育人理念是在高职“分流分类”培养理念下和“岗课赛证”融合育人的基础上,融入科研与创新创业元素,形成了教育教学改革新理念,即联合区域行业头部企业共建实训基地、现代学徒制学院、创新创业中心等育人载体,实现工学交替,形成“1+X”行业企业特色学徒制,形成“以岗定教、以赛促创、以研导教、以证助岗、以创领岗、教赛结合”校企协同育人机制;实施专业课程校企共建,行业赛事校企共办,技能证书校企共培,研创活动校企共举,建立了多元共建共享机制(如图 1-22 所示)。

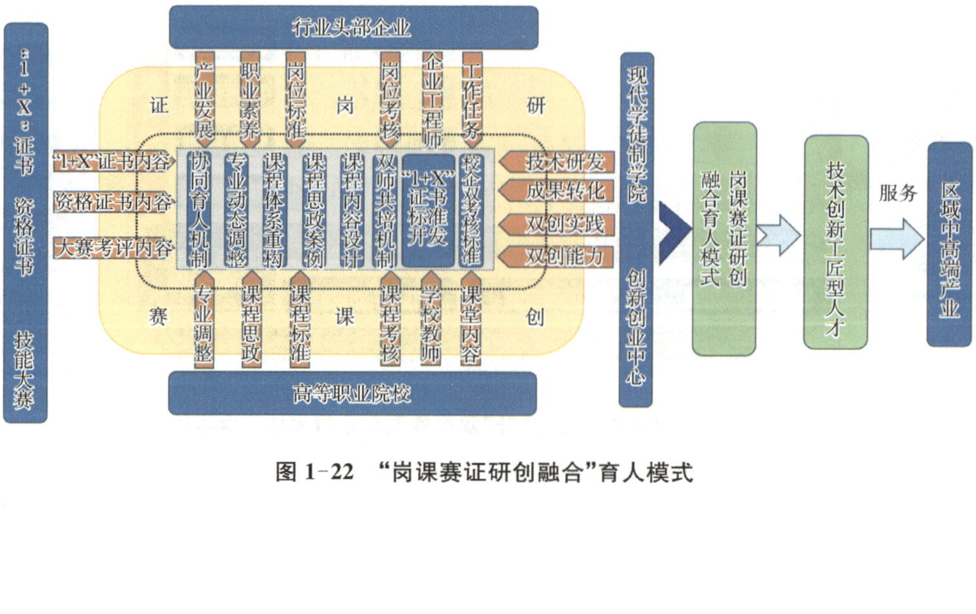

图 1-22 “岗课赛证研创融合”育人模式

赛训平台是基础，围绕专业建设以赛促教（见图 1-23）；教师团队是关键，教师制定训练计划、深入分析研究赛项内容、创新指导方式、与学生建立无障碍沟通渠道（见图 1-24）；备赛机制是保障，分层培养、重点突破，形成量的积累和质的突破。

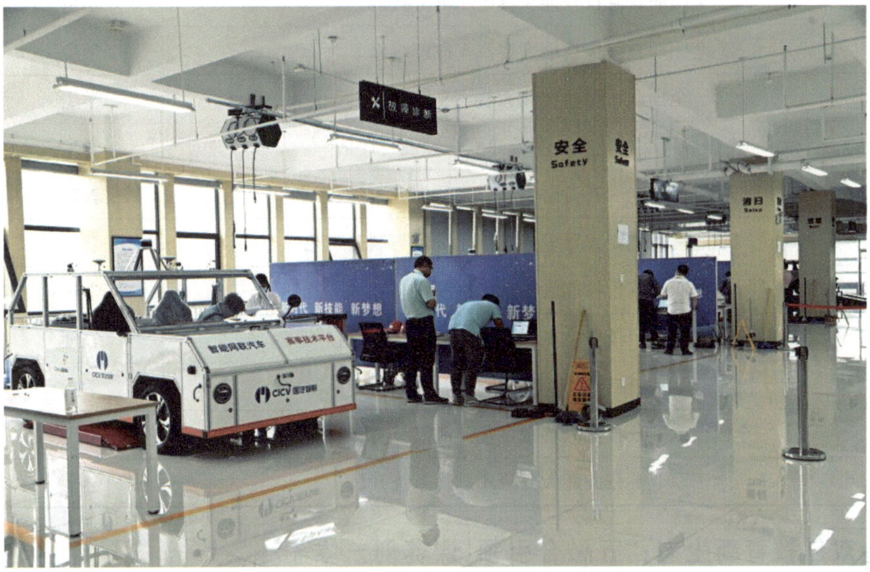

图 1-23　技能大赛智能网联汽车技术赛项实训基地

图 1-24　全国职业院校技能大赛专业课程教学

2023 年学校在全国职业院校技能大赛中取得了 1 个一等奖、6 个二等奖、7 个三等奖的好成绩（见表 1-11）。

表 1-11　2023 年全国职业院校技能大赛获奖情况

序号	大赛名称	大赛组别	所获奖项
1	全国职业院校技能大赛服装设计与工艺	学生	一等奖
2	全国职业院校技能大赛会计实务	学生	二等奖

续表

序号	大赛名称	大赛组别	所获奖项
3	全国职业院校技能大赛业财税融合大数据应用	学生	二等奖
4	全国职业院校技能大赛电子商务技能	学生	二等奖
5	全国职业院校技能大赛汽车故障维修	学生	二等奖
6	全国职业院校技能大赛汽车营销	学生	二等奖
7	全国职业院校技能大赛信息安全管理与评估	学生	二等奖
8	全国职业院校技能大赛业财税融合大数据应用(教师组)	教师	三等奖
9	全国职业院校技能大赛模具数字化设计与制造工艺	学生	三等奖
10	全国职业院校技能大赛智能网联汽车技术	学生	三等奖
11	全国职业院校技能大赛汽车故障维修(教师组)	教师	三等奖
12	全国职业院校技能大赛区块链技术应用赛项	学生	三等奖
13	全国职业院校技能大赛数字化产品设计与开发	学生	三等奖
14	全国职业院校技能大赛应用软件系统开发	学生	三等奖

1.8.6 打造双创教育新生态:“五融合引领、课赛创一体”

聚焦“扎实推进双创教育提质升级”核心目标,围绕工作要点,以“思创—专创—科创—孵创—产创”五融合为引领,优化“课赛创一体”双创育人模式,打造全链条贯通的双创教育生态体系,探索科工大职教本科双创教育新模式。

一是迭代升级双创通识课程。聚焦立德树人根本任务,迭代更新双创通识课程,将课程内容与双创实践和大赛进行一体化融通设计,改进教学方法,实现“课赛创一体”模式升级;对职教本科课程标准进行优化,完成两门在线课资源更新迭代。获评 2023 年“河北省高校优秀职业生涯咨询特色工作室”荣誉称号。

二是稳步推进双创师资培养。持续建设“百人双创导师队伍”,举办课程师资培训班、“双创导师研修班”“金种子训练营”“项目实战成长营”等,选送教师参加各类师资提升、课程建设、大赛组织等培训班,覆盖各系创新创业导师及全部任课教师,累计达 92 人次,重点培育了 30 名优秀创新创业导师。承办“2023 年河北省高校生涯发展教育与就业指导课程骨干教师培训班”,覆盖全省 64 所高校 87 名骨干教师;2 名教师获河北省 2022 年“高校就业创业指导课程教师教学大赛”一等奖和三等奖;2 名教师获 2023 年“河北省高校生涯发展教育与就业指导课程教师教学大赛”一等奖和三等奖,持续提升学校创新创业教育在职教领域的影响力。

三是持续开展双创卓越训练。深入实施系列卓越计划,着力办好“卓越班”,针对性提供专业前沿培训和项目指导,培育创新创业项目,培养创新创业拔尖人才。完成第五期卓越班教学,结业 81 名学生,全部报名参加“互联网+”大赛,其中 5 人获省级奖项;1 个学生团队现已注册公司。圆满完成第六期卓越班招新,招收学员 95 名,并已正常开班教学。

四是深入组织双创实践活动。进一步拓宽大学生创新创业训练和实践渠道,丰富创新创业训练和实践形式。围绕“职业生涯体验、就业能力提升和点燃双创激情”组织开展各类双创实践活动。借助院系两级平台,组织“第七届大学生双创活动月”和“就业创业体验周”,累计 5 000 余名学生参与;举办首届全国大学生职业规划大赛,目前已完成校赛组织,5 名选手入围省级复赛,目前正在备赛中;开展“简历门诊”“个体咨询”120 余次;组织开展青年红色筑梦之旅活动,组建了

178 支团队、200 余师生深入乡村大地，着力打造生动的思政大课堂。实现在校生参与双创各级各类实践活动超过 85%。

五是扎实开展双创大赛组织。依托“专业-院系-校”三级竞赛体系，强化大赛引领，组织“互联网＋”等创新创业大赛。组织第九届“互联网＋”大赛校赛、省赛，累计 2 375 个项目报名参赛，共斩获国赛金奖 1 项，铜奖 3 项，河北省金奖 5 项、银奖 17 项、铜奖 12 项，单项奖 1 项，实现推荐省赛项目 100%获奖；获中华职业教育社主办的第六届中华职业教育创新创业大赛全国一等奖，第七届河北省省赛一等奖 1 项、二等奖 3 项，冠军项目已被推荐至国赛；组织河北省第二届大学生文化创意设计大赛，获省级二等奖。

案例 1-13：军工精神浸润培养创新型技术技能人才

河北科技工程职业技术大学各专业将军工精神、精工标准融入人才培养规格，以“练思想、练作风、练纪律、练意志、练体魄、练军事技能”为工作原则，牵手行业共建“双创工厂”，培养又红又专的创新型技术技能人才（见图 1-25）。以机电工程系为例，一是构建红岩“三级竞赛平台”，通过参与“汇川杯”全国智能自动化创新大赛等技能大赛，将“工匠精神”全方位融入大赛全过程，培养学生技术技能素养，通过铸牢军魂意识，强化学生的理想信念，提升学生的职业素养；二是构建红船“创新创业平台”，邀请汇川等企业创业英才与行业导师倾情指导，积极参加中国各类双创大赛，培养学生创新创业意识。学生参加“互联网＋”大赛、创新创业大赛、创新创业方法大赛、青年创意大赛等各种赛项，成绩优异，多项赛项进入全国总决赛。在中华职业教育社主办的第六届中华职业教育创新创业大赛全国总决赛中，取得全国一等奖的历史性突破。在全国“互联网＋”大学生创新创业大赛中，一个项目获得国家级铜奖，另一项目进入最终决赛。

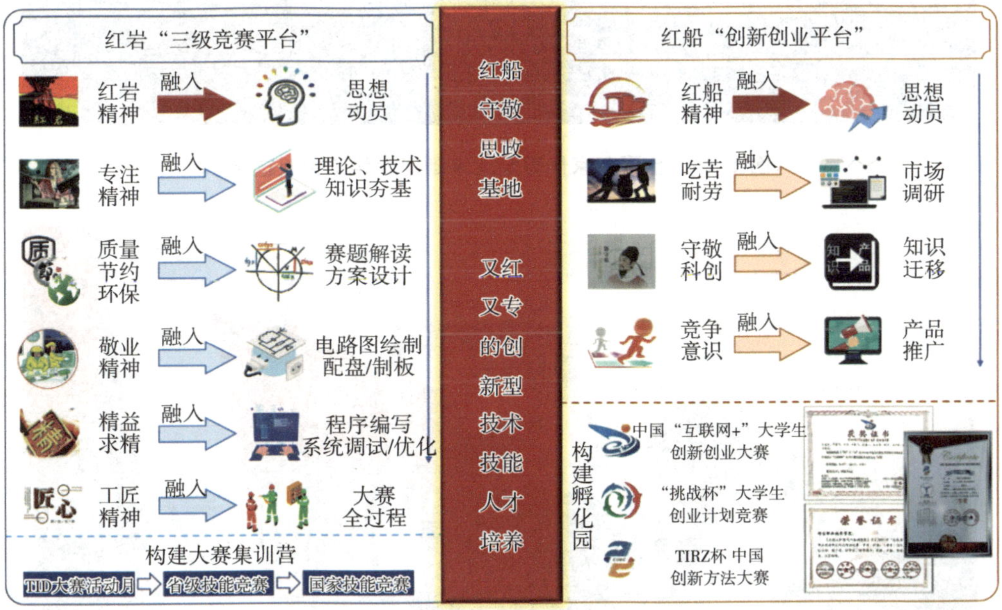

图 1-25　军工精神贯穿双创培养示意图

1.9　巩固就业质量

学校高度重视毕业生就业，多种形式开拓就业渠道，优化落实访企拓岗。

一是前移就业指导工作，加强择业观、就业观教育。及早了解毕业生就业预期，为毕业班配备就业指导教师，引导学生做好顶岗实习和就业咨询、引导，及时、全面、精准掌握学生就业信息，以高度的责任心切实做好就业指导与教育工作。由主管辅导员为同学们做形势分享和就业指导，解读近年高校毕业生就业数据，帮助学生根据市场实际状况和个人能力转换择业思路，端正就业心态。

二是大力开拓就业市场，进一步扩大毕业生就业推荐网络。组织开展毕业生推荐、就业市场建设与调研工作。发动教师从学科产教融合、横向课题方向开拓用人岗位；优化落实访企拓岗，系部引企进校宣讲时多引入往年能留住毕业生的就业单位；充分挖掘往届毕业生资源，利用他们的工作关系和人际关系资源以及创业学生的资源，进一步扩大就业网络（如图 1-26、图 1-27 所示）。多次开展专题会议，研究、督促落实毕业生就业工作，深挖教师和优秀校友资源，在提高就业去向

图 1-26　全国多家优秀企业来到河北科工大双选会

图 1-27　双选会上学生认真了解用人单位

落实率的同时，不断提高就业质量，特别是寻求和扩大与世界500强、中国500强等大公司和龙头行业公司的接触与合作。深入开展“访企拓岗促就业”工作，各系部走访企业均在30家以上，新拓展企业均在12家以上。

案例1-14：固本培元务实致远，适应就业创业新格局

河北科技工程职业技术大学统筹推进毕业生就业创业工作，坚持深化对就业创业工作的不断探索，实现了毕业生更充分和更高质量就业。一是“坚持顶层设计，制度建设与新形势同频”，二是“贯彻落实‘四个到位’，强化就创业工作保障”，三是“凝心聚力‘五个度’，注重就创工作过程”，四是“注重提升工作成效，持续增强社会影响力”，五是“‘招、培、就’三位一体，打造高质量就业品牌”，为确保就业稳定提供了科工大方案，凝练成新形势下开展大学生就业创业工作的典型经验，入选河北省教育厅2022年度毕业生就业创业工作典型案例。

2023届毕业生总人数为5 292人，毕业去向落实率为98.60%，待业或暂不就业毕业生人数占总人数的1.4%。升学比例为16.6%。

多数毕业生初期就业较为稳定，离职率为26%。离职原因主要是薪资福利偏低、工作要求高导致压力大（见图1-28）。

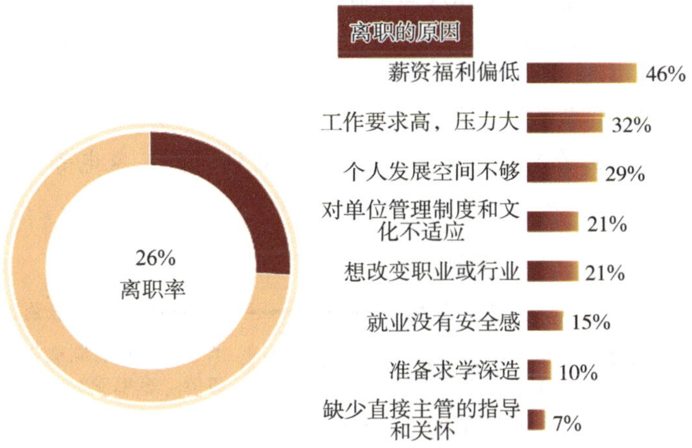

图1-28 2023届毕业生踏入职场初期的稳定程度

数据来源：麦可思-河北科技工程职业技术大学2023届毕业生培养质量评价数据

2023届毕业生的工作与专业相关度为71%，从近三届数据来看（分别为64%、63%、71%），本校毕业生的工作与专业相关度整体趋势持平（见图1-29）。

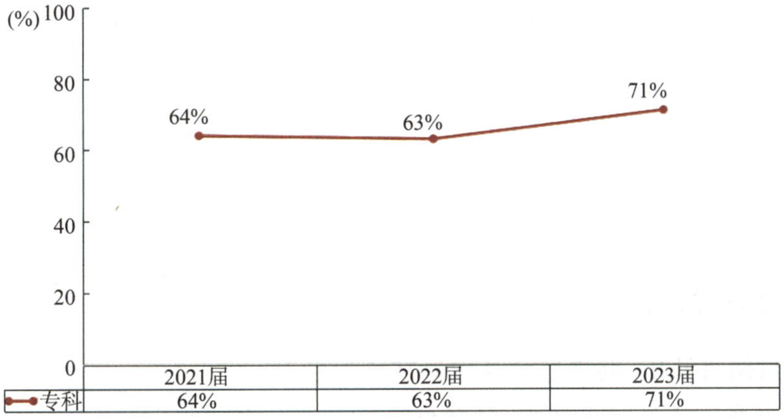

图1-29 毕业生的工作与专业相关度

数据来源：麦可思-河北科技工程职业技术大学2023届毕业生培养质量评价数据

2023届毕业生的就业满意度为87%，毕业生对工作氛围(93%)、工作内容(91%)、薪酬福利(88%)、职业发展空间(88%)的满意度均较高(见图1-30)。

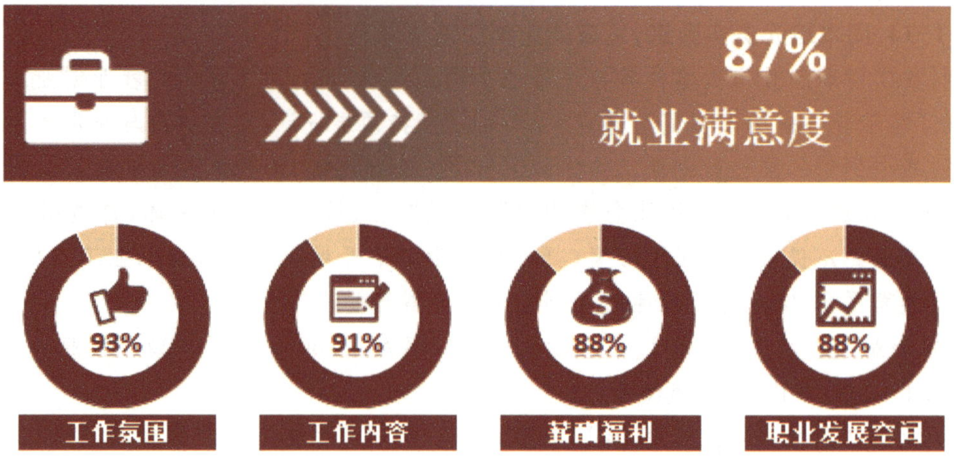

图1-30　2023届毕业生对就业质量的满意度

数据来源：麦可思-河北科技工程职业技术大学2023届毕业生培养质量评价数据

2023届毕业生自主创业的比例为4.7%，自主创业的毕业生主要集中的领域是纺织、服装、皮革制造业(14.2%)，其次是电子电气设备制造业(含计算机、通信、家电等)(8.7%)(见图1-31)。

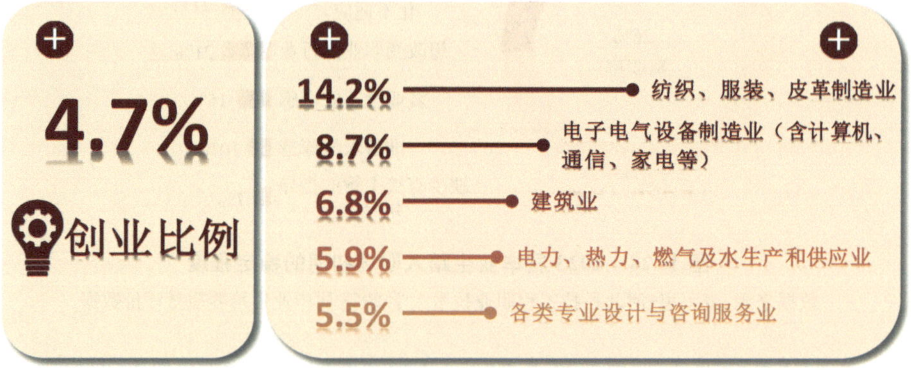

图1-31　2023届毕业生自主创业情况

数据来源：麦可思-河北科技工程职业技术大学2023届毕业生培养质量评价数据

2　服务贡献

2.1　服务乡村振兴战略

2.1.1　壮大乡村振兴队伍，助推邢台县域科技创新跃升

围绕邢台县域乡村产业，聚集资源，精准布局，选派13名“三区”科技人才、36名科技特派员、完善建设“太行山区新农村建设科研团队”“环境工程技术创新团队”“农产品电商服务创新团队”

“太行古村落保护创意设计团队”等乡村振兴领域创新团队4个，乡村振兴科技人才队伍达到120余名。“三区”科技人才、科技特派员、创新团队以乡村振兴产业课题研究为基点，深入县域乡村开展农产品电商、农产品物流、农村厕所改造、民宿旅游项目设计、农村企业技术难题解决等系列科技扶贫项目。2022年，学校乡村振兴人才立项“农村粪污、污泥养殖蚯蚓资源化利用生态产业化研究”等省级指令性项目1项，省市级项目10余项，面向县域农村、农村企业、农业企业开展技术推广、技术服务、技术培训等科技帮扶800余次，为贫困县推广新技术60项，举办培训110场次，培训技术骨干及农民6 000人次，鼎力支持乡村振兴战略。

案例2-1：瞄准环境治理症结，提升农村人居品质

习近平总书记提出了“厕所革命”的号召，保证农村群众的生活品质。河北科技工程职业技术大学王怀宇带领“环境工程技术创新团队”与巨鹿县环保局深度对接，调研走访200多个村庄，深度了解高寒地区和平原地区农村群众生活习惯和当地厕所建设情况。环境工程技术创新团队根据北方厕所建设特点，双瓮式、三格式和卫生旱厕等优缺点和适用环境，提出适用于不同农村环境下的精准改造方案。团队负责人王怀宇被评为河北省农厕治理的技术专家，对河北省各地城市厕所改革进行指导和考核服务百余次（如图2-1）。

图2-1　省农厕治理技术专家王怀宇老师（左一）现场指导

案例2-2：服务水库移民后期扶持民宿旅游项目

沙河市太行山区现有朱庄水库、东石岭水库两座大中型水库，共有14个移民村，4个移民相关村。河北科技工程职业技术大学戴杰老师带领太行古村落保护创意设计团队以渐滩老村为中心发展旅游项目，根据渐滩老村发展特点和地域特征，以点带面、整体布局，深度对接沙河市水务局，围绕沙河市大中型水库移民后期扶持集中连片项目，进行民宿旅游设计，改造民宿布局，完善民宿环境，帮助村民打造能吃、能住、能玩为一体的乡村旅游项目，助力渐滩村成为冀中南太行水上明珠。设计项目包括山村停车场及水库南岸的停船码头鸟瞰、码头观光台鸟瞰和局部设计、山村周边的梯田花海设计，山村街道绿化美化、村前游园及立体观景台、农耕文化的展示空间，改造办公区、会议室、大食堂等。该项目符合一村一品休闲农业，是邢台乡村旅游精品工程。该项目投资 4 000 万元，根据目前旅游人次及消费水平进行测算，项目建成后，预计 3 个移民村集体经济收入每年增收 15 万元以上，户均年增加收入 1.2 万元以上。

2.1.2 驻村工作落到实处，当好乡村振兴发展“火车头”

学校驻张家口市宣化区西庄子村工作队围绕驻村工作五项职责，聚焦产业发展，紧贴村情民情，深入贯彻执行各级党委和政府关于巩固拓展脱贫攻坚成果同乡村振兴有效衔接的决策部署，加强对群众的思想引导和教育，以创建党建示范村为目标，推动村“两委”班子履职尽责、担当作为，不断提高党组织标准化规范化建设水平(如图 2-2 所示)。做大做强绿色果蔬种植业，依托鑫磊蔬菜种植专业合作社，申请各类奖补项目 5 项，累计申请资金 145 万元，项目落地 2 个，到位资金 55 万元。扶持生猪养殖项目，协助拓宽销售渠道，生猪存栏量达到 1 200 只。在巩固原有集体经济增收项目的基础上，2023 年促成两个片区光伏并网，装机总容量 72 千瓦，集体经济年增收 2.4 万元。实施“三项工程”，大力推进村庄人居环境整治，探索“组织建网、党员在网、群众用网”模式，打通基层治理的“最后一公里”。驻村帮扶各项工作举措稳步推进，促进脱贫人口持续稳定增收，驻村帮扶取得了阶段性成果。

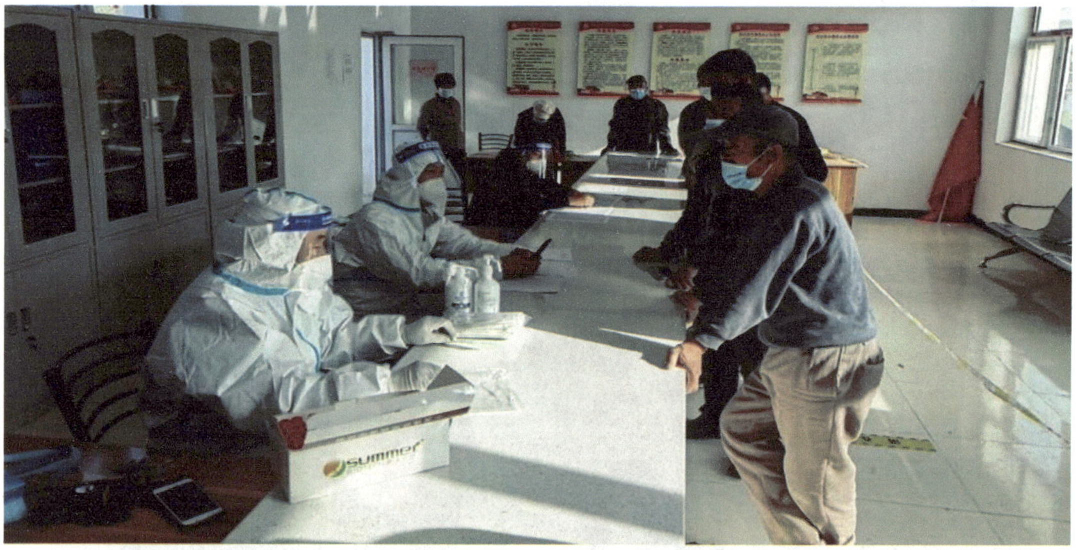

图 2-2 2022 年下半年河北科工大驻村工作队在疫情防控一线

2.2 提供人才支持

2023 年以来，服装工程系积极推进访企拓岗活动，共走访企业 42 家，新拓展企业 12 家。开拓了国家军需产品质量检验检测中心、北京德威信科技发展有限责任公司、温州市大荣纺织仪器有限公司、福建道诚集团有限公司、福建三基设信息科技有限公司、晋江健儿鞋服有限公司、九牧王股份有限公司、361°集团、福建柒牌集团有限公司、福建利讯集团有限公司、利郎(中国)有限公司、特步集团等 12 家优质企业。

通过访企拓岗了解了用人单位需求，为进一步优化人才培养与就业服务，更好地服务企业人才需求，促进服装和制鞋专业学生高质量就业奠定了扎实的基础。通过组织线上线下招聘会和精准帮扶等措施，帮助 100 余名学生达成就业意向。

2023 届毕业生中,81.1%的毕业生在京津冀沿线省市就业。其中,有 63.1%的人在河北就业(见图 2-3)。

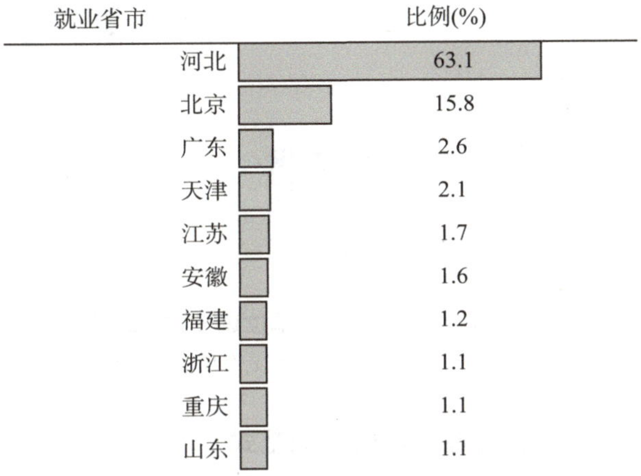

图 2-3　2023 届毕业生企业就业主要地区流向

数据来源:麦可思-河北科技工程职业技术大学 2023 届毕业生培养质量评价数据

2.3　开展技术服务

2.3.1　完善科研平台体系架构,提升引领产业发展能力

完善科研平台管理办法,实施平台分类精准化管理,提高科研平台建设水平。深度融合区域产业发展技术需求,围绕区域新能源、新能源汽车、装备制造等领域,统筹规划组织申报河北省科技厅、教育厅、社科联等科研平台,引导系部整合学科资源,聚焦科研方向,提高科研平台建设水平(见表 2-1)。2022 年,获批建设"河北省人机环境热控制技术与装备重点实验室""河北省外国院士工作站"等省级科研平台 2 个,省级重点实验室和院士工作站实现零突破;获批"邢台市车用先进复合材料重点实验室"等市级科研平台 5 个,学校平台建设水平不断提高,平台体系架构不断丰富,平台体系在对接服务邢台区域高端装备制造、新能源汽车、新一代信息技术、建筑工程、先进性服务业等产业领域实现全覆盖。图 2-4 为近三年以学校为依托单位建设省市级平台的情况。

表 2-1　2022 年学校获批科研平台一览表

级别	序号	科研平台名称	管理部门	审批部门
省级	1	河北省人机环境热控制技术与装备重点实验室	科技处	河北省科技厅
	2	河北省外国院士工作站	汽车系	河北省科技厅
市级	1	邢台市车用先进复合材料重点实验室	汽车系	邢台市科技局
	2	邢台市能源管理与环境控制技术重点实验室	科技处	邢台市科技局
	3	邢台市矿山检测与计量装备技术创新中心	机电系	邢台市科技局
	4	邢台市装配式建筑技术创新中心	建工系	邢台市科技局
	5	邢台市数字创意设计产业技术研究院	艺术系	邢台市科技局

数据来源:高等职业院校人才培养工作状态数据采集平台

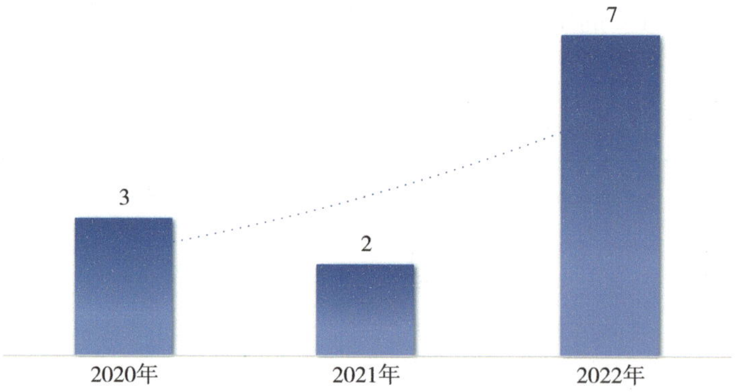

图 2-4 近三年以学校为依托单位建设省市级平台对比

数据来源:高等职业院校人才培养工作状态数据采集平台

案例 2-3:建"四链融通"平台,打造产学研深融范式

围绕邢台产业布局,扩大"产业链、创新链、成果链、育人链"交汇面,建设面向产业链的产业技术研究院、面向县域产业创新的创新中心、面向成果转移转化链的孵化平台、面向区域人才培养的科创平台。打造"校企共建-专家共用-项目共研-技术共商"平台建设模式,形成"整合资源对接产业集群-项目研究服务区域创新-成果孵化促进转移转化-师生科创培养创新人才"的四链融通平台体系(如图 2-5 所示)。"双高建设"以来,学校成功建设"区域高新技术研究院",省级重点实验室、技术创新中心等省级高水平平台由 0 个跃升至 6 个,打造国家级知识产权服务、省级产学研用示范基地、技术转移中心等成果孵化平台 5 个,建设"守敬科坊"等师生科创平台 35 个。与 30 余家企业共建省市级技术创新中心、产业技术研究院等科研平台累计 18 家;聘请冀中能源股份有限公司等 30 家企业 30 名专家为学校客座教授,在学校开展企业项目研究与实训实践,学校 200 余名技术服务专家深入企业开展技术服务,专家共用,联合开展企业技术项目研究累计 625 项,学校师生和企业专家联合开展纵向产业共性技术难题 250 项,军地校企四方面向高端装备制造、新能源汽车、防护服等领域开展技术共商 20 余次。

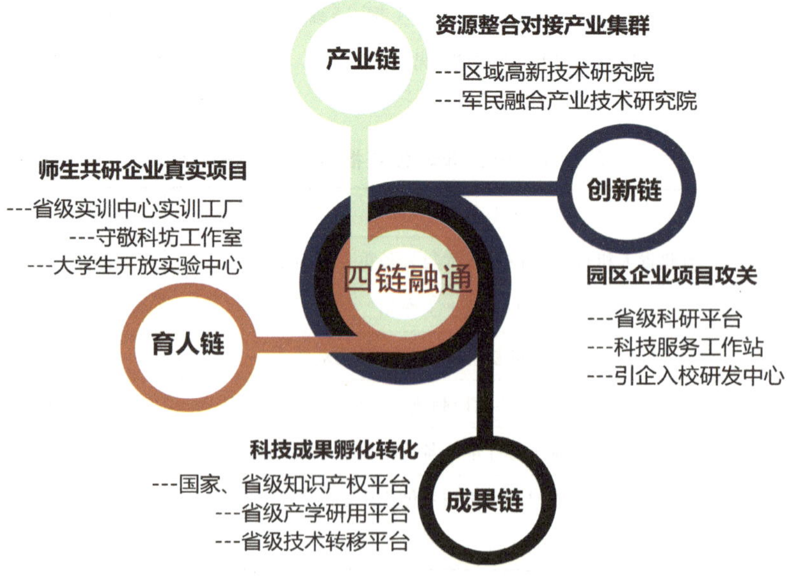

图 2-5 "四链融通,共建共享"科研平台实现产学研深度融合示意图

2.3.2 拓展多元技术服务模式,不断增强与企业合作黏性

基于"内坊外站"技术服务模式,按照"一条产业链,一个校领导"模式,实施"一系一龙头"系部精准对接。开展"送智入企""引智入校"专家共用计划,遴选校内技术服务专家面向单个企业开展专利转申报、新技术开发、平台建设、技术改造、纵向项目共研等多元化合作项目,不断增强与企业合作黏性,聘请 32 名校外企业专家为客座教授,面向全校师生开展科研讲座、企业课题研究、产业成果产出系列项目,校企合作实现共生式纵深发展。建立学校专家库、成果库、企业技术需求库,鼓励 18 个创新团队深度服务产业企业(如图 2-6、图 2-7 所示),引导团队扎根企业一线,培育李

图 2-6　创新团队在企业现场开展技术咨询与技术服务(右二为电气系韩会山老师)

图 2-7　创新团队在企业现场开展技术咨询与技术服务(左一为机电系叶安英老师)

保国式科技服务团队;加强团队协作,提升团队凝聚力,引导团队产出一批产业价值高、市场前景强的科研成果,扩大团队在行业领域的影响力,打造科研团队名片。2022 年,面向区域企业开展技术服务项目 155 项,技术服务到款额 2 069 万元。近五年学校开展技术服务到款情况如图 2-8 所示。

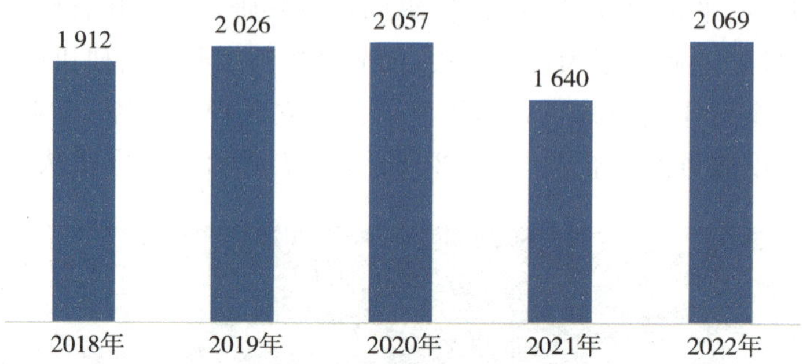

图 2-8 学校近五年开展技术服务到款额(单位:万元)

数据来源:高等职业院校人才培养工作状态数据采集平台

案例 2-4:科技服务站强化校企融合与技术服务

河北科技工程职业技术大学通过科技服务站进一步加强校企融合度,区域技术服务能力得以稳步提升。一是完善科技服务站管理机制,实施专人总体负责、教研室管理督促、专家领衔走访的运行体系;二是培育走访人员,优化完善相对稳定的走访队伍,打造企业协同中心,提升走访质量;三是充分发挥博士作用,鼓励深入企业,带头多方位服务企业和提高服务质量,增加科研和技术服务项目;四是加强市级科研团队工作力度,进一步提升技术服务能力和服务区域经济贡献度;五是系主任带头深入对接县域,加强与政府沟通、企业合作,通过商业模式创新、内部控制改进和税收方案优化为企业减少内耗,提高效益;六是深入调研,强化科研服务能力,推进科研成果转化。仅会计系一个系全年共对接信都区和临城县政府科技部门 6 次、走访企业 44 次,横向技术服务到款额 150 余万元,完成科技成果转化 5 项,到款额 14 万元。

案例 2-5:入企联建服务工作站,多元合作增黏性

河北科技工程职业技术大学机电工程系王俊强博士带领的"新能源与先进装备技术"研究团队与邢台纳科诺尔精轧科技股份有限公司深度合作,积极落实学校"一企一师(团队)不断线"政策,在技术攻关、装备升级、知识产权保护、成果转化等多个方面进行高质量服务。王俊强博士带领团队在企业内部与企业合作建立"企业服务工作站",依托工作站,建立入企绿色通行证制度,组建驻企主力团队,梳理企业技术难题,围绕技术升级联合开展产业技术攻关项目(如图 2-9)。依托工作站,团队解决企业急需的生产技术难题 5 项,帮助企业授权发明专利 4 项。以合作申请纵向课题的方式,共申请立项省级、市级重大科技专项项目 2 项,助力企业完成产业技术升级,帮助企业陆续荣获"全国五一劳动奖状"、第三批国家重点支持的专精特新"小巨人"企业、河北省制造业单项冠军企业、河北省技术发明奖三等奖等诸多荣誉。

案例 2-6:聚焦市域一号工程开展技术服务

《邢台市制造业高质量发展"十四五"规划》将振兴"两汽一拖"产业作为"一号工程",重振制造强市的历史辉煌。河北科技工程职业技术大学聚焦河北省及市域汽车产业政策,联合邢台市委办公室、邢台市工信局、邢台市科技局,走访了河北长征汽车制造有限公司、河北红星汽车制造有限公司、邢台华戎装备制造有限公司(以下简称"华戎一拖")等重点企业。针对"两汽一拖"领域企业对高素质技术技能人才需求迫切、企业研发能力不足等问题,为了打通人才链与产业链、创新链精准对接"最后一公里",以传统汽车、新能源汽车、工程车辆、特种车辆的控制器开发、测试与标定等

图 2-9 王俊强博士在“企业服务工作站”开展技术攻关

技术为契机，成立由 2 名企业工程师与 3 名专业教师组成的高校端 HIL 性能测试工作室，将产业端存在的实际问题引入高校中，双方共享研究成果和资源，推动技术创新，形成“互助共赢”的科研团队，以此培养汽车控制器测试开发、测试与标定人才，校企协同开展的《新能源拖拉机双动力系统研制》项目已挖掘撰写专利 8 项。

案例 2-7：师生团队解企业难题促校企共生

企业真实技术难题项目具有实效性快、技术依赖强、追求低价等特点，为能快速响应河北沃茵环保科技有限公司企业技术需求，河北科技工程职业技术大学李鑫带领智能监测终端与装备研发创新团队建立创新工作室，以项目为纽带，引入学生开展科研，壮大师生科研队伍，快速响应企业需求（见图 2-10）。团队以创新方法为抓手，以专利为载体，以课题为目标，建立分层梯度成长模式，让学生通过大赛、专利、企业真实项目等培养阶段实现梯次成长。李鑫带领师生团队深度服务河北沃茵环保科技有限公司，通过专家共享、特派团派驻、平台共建等方式，开展系列伴生式服务，

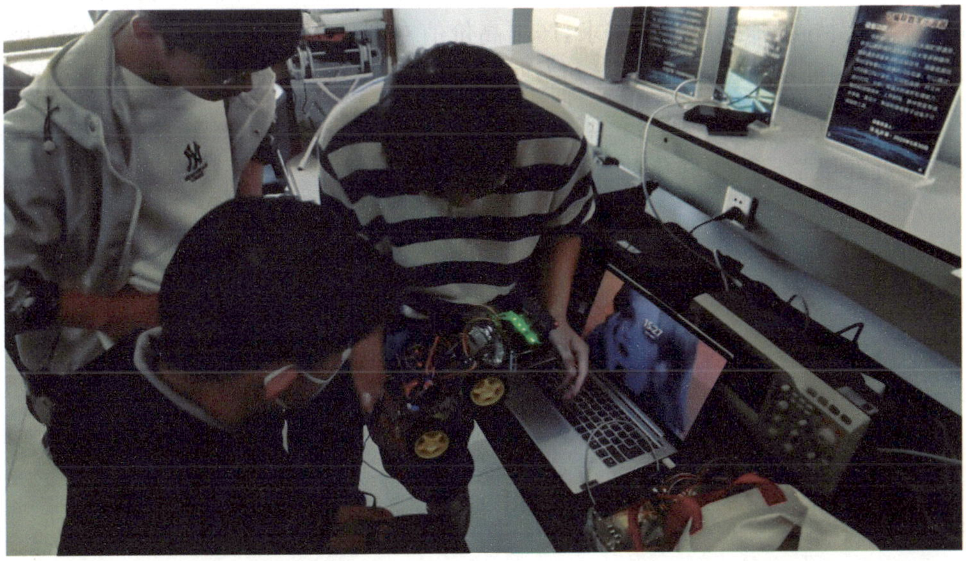

图 2-10 李鑫师生团队在创新工作室开展企业项目研究

与企业实现共生共荣。帮扶企业获得"专精特新""高新技术企业"称号,团队成员获得河北省科技厅授予的科技英才"双百双千"工程—"科技型中小企业创新英才"称号(见图2-11)。2022年,李鑫团队与企业共建工信厅创新平台1个,面向企业开展技术服务实现到款120余万元,为企业带来了2 000余万元的产值。

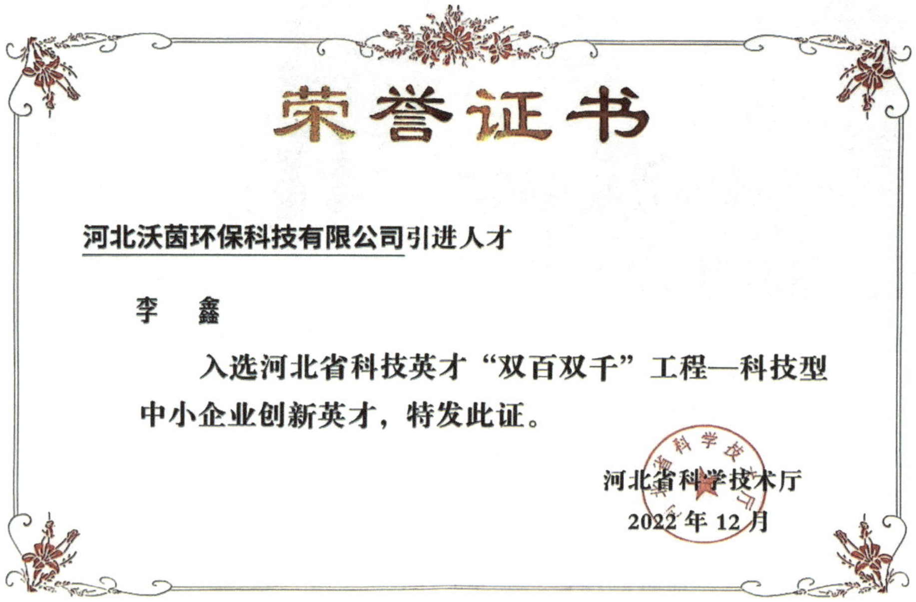

图2-11 河北科工大教师李鑫获"科技型中小企业创新英才"称号

2.3.3 强化知识产权平台服务能力,助推成果转化与共享

依托省级技术转移中心,完善成果转化管理体系与机制,探索科技成果分类评价机制,完成成果转化专题分析报告1份,为邢台市科技局科技成果转化工作作政策参考;组织15人参加技术经理人(中级)专项培训,提升技术经理人专业能力。依托国家、省级知识产权服务网点,开展知识产权质量提升计划,引导教师围绕产业需求,产出高价值专利,深入百余家企事业单位开展知识产权挖掘与申报服务,帮助企业撰写16篇专利专题分析报告,建立16项专项数据库,挖掘服务典型案例4项,发明专利授权26件,实施科技成果转化79项,"冰雪运动下肢生物力学分析与应用"获省级优秀案例。近五年学校成果转化项目情况如图2-12所示。

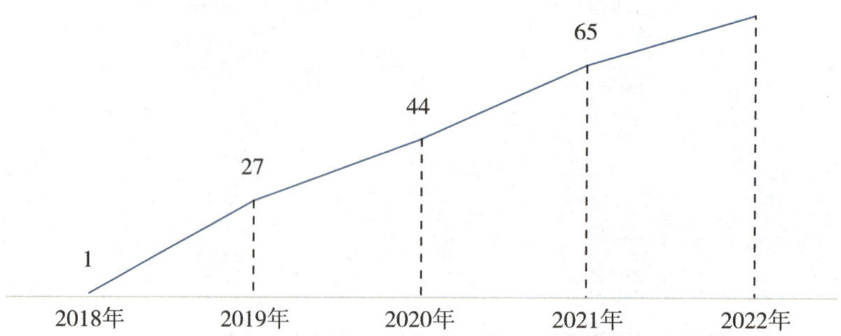

图2-12 学校近五年实施科技成果转化项目变化情况(单位:项)

数据来源:高等职业院校人才培养工作状态数据采集平台

2.3.4 不断深耕专项领域，高水平成果产出连续获突破

落实常规培训，强化科研意识，营造科研氛围，开展博士论坛、学术讲座等系列活动，充分发挥研究人员的主观能动性。挖掘学校博士人才、科研基础扎实人才、高水平科研项目承担人才，引导不断凝聚科研方向，深耕专项领域，产出高质量成果；引导科研团队发挥团队效应，鼓励团队成员积极开展学术交流，合作完成科研项目与成果。2022 年，学校发表 SCI、EI 等三大检索论文 32 篇，中文核心 29 篇。其中，2022 年学校热工中心团队承担的“电动汽车热管理关键技术的研究与应用”项目荣获河北省科学技术进步奖三等奖（见图 2-13）。项目团队致力于能源系统热控制与能量管理领域关键技术研究，研究能力不断增强。

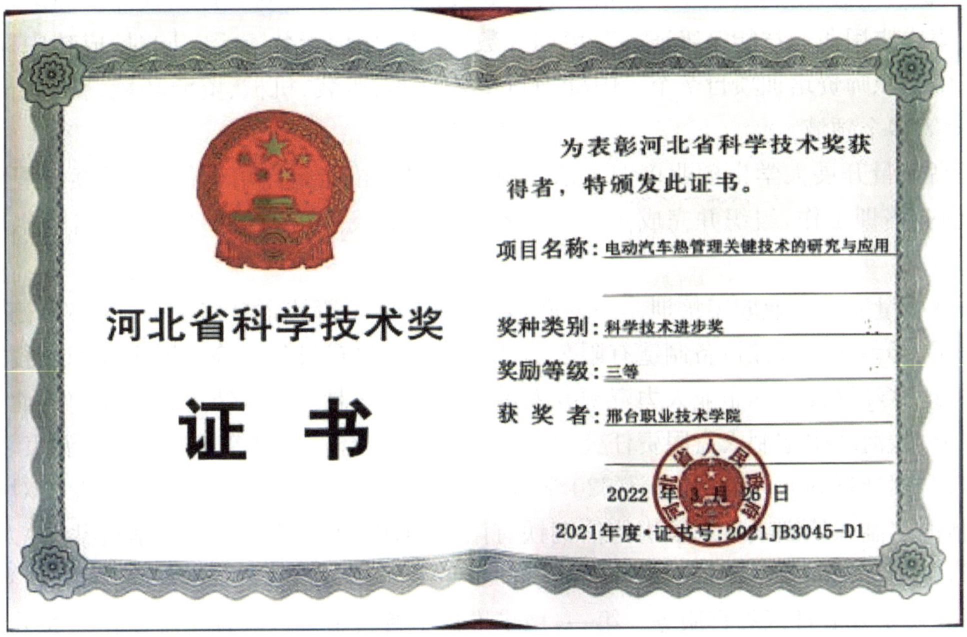

图 2-13 学校“电动汽车热管理关键技术的研究与应用”项目获省科技进步奖

2.4 开展社会培训

2.4.1 规范有序发展学历继续教育，服务全民终身学习需要

河北科技工程职业技术大学根据社会需要和自身办学定位、办学条件，聚焦特色、控制规模、保证质量，举办学历继续教育。学历继续教育在册人数稳步提升，2020 级、2021 级、2022 级专科在册学生 5 474 人、本科在册学生 1 142 人。完善《河北科技工程职业技术大学成人高等教育课程考核管理规定》等 5 项学历继续教育制度，对秦皇岛市渤海科技中等专业学校、怀安县职业技术教育中心、衡水市武邑奋飞职业技术中等专业学校等三家校外教学点进行检查，并对邯郸康源中等专业学校、保定华中高级技工学校（陆港校区）等五所意向合作院校开展实地考察调研，遴选有效站点，规范和加强办学管理，规范教学组织实施，全面落实教育教学要求，为学习者接受优质高等教育提供更好服务。

走访调研企业人才培养需求，加大企业学历定制班宣传力度，突出需求导向精准服务特色，深化“技能培训＋学历服务”双提升内涵，在保持德龙钢铁、旭阳焦化、邢台交建集团、邢台消防支队、北京安踏、河北华清光电材料有限公司等现有企业定制班基础上，新增河北鑫达集团和河北吉元体育文化发展有限公司两家企业，开展企业人才学历继续教育定制班服务。

2.4.2 高质量举办非学历教育，服务国家战略与经济社会发展

河北科技工程职业技术大学主动服务国家战略、经济社会发展和人的全面发展，依托学科专业优势和特色，举办各类培训、进修、研修等非学历教育活动，提升受教育者的专业素质、职业技能、文化水平或者满足个人兴趣。

一是高质量完成2022年度国培项目。2023年学校共承担《职业教育法》校长培训等16个2022年度培训项目，所有项目均按省厅文件要求于2023年8月底前高质量完成，学员满意度达到90分以上。例如装备制造大类产业导师特聘（中高职）国培项目，培训人数49人，培训天数180天；技能大赛指导教师课赛融合与技能训练培训（装备制造大类）“复杂部件数控多轴联动加工技术（高职）”项目，培训人数40人，培训天数6天；“1＋X”证书制度种子教师培训国培项目“工业机器人集成应用职业技能等级证书”，培训人数30人，培训天数5天。同时，成功中标2023年度国家级中高职师资培训项目7个。中标项目覆盖汽车、服装、机械、资源环境、就业指导、“互联网＋”大赛等多个领域。

二是高质量开展大学生创业培训。依托市本级职业技能定点培训机构，继续开展应届毕业生GYB创业培训工作，组织并完成4 000余名学生参加线上培训，最终2 031名学生取得合格证书。

三是高质量完成企业职工培训。一方面，各系部充分发挥校企合作优势，为邢台德龙钢铁实业有限公司、邢台华电数控设备制造有限公司、SMC自动化有限公司等开展企业职工技能培训工作，为服务地方经济发展和企业人力资源开发做出了应有贡献。如服装工程系面向河北春光农业开发有限公司、河北中宝制衣有限责任公司、际华集团股份有限公司等5家企业开展服装、制鞋生产管理培训，累计近500人参训，共计520学时，培训到款30余万元。另一方面，深度对接企业需求，开发新的定制式培训项目。承担德信钢铁有限公司印尼职工培训工作，学员共31人，培训时长3个月，进一步拓展了企业培训服务面向。

四是高质量开展社区教育服务。第一，稳步推进学校紫金社区教育学院工作。充分利用校内资源，积极开展老年和社区继续教育服务工作，以科技楼四楼、八楼为主要活动地点，推进疫情后社区教育入校，为社区及老年教育提供优质环境，年活动规模逾8万人天。第二，积极推进全民终身学习活动。组织实施了2023年河北省全民终身学习活动周开幕仪式，省直、市直相关部门负责同志，驻邢台市大中专院校分管负责同志，开放大学、老年大学主要负责同志，以及学习之星获奖代表等90余人现场参会，为构建全民终身学习型社会做出应有贡献（见图2-14）。第三，积极申报典型项目及案例。依托学校社区教育办学特色，积极申报并入选“职业院校服务全民终身学习项目”第二批实验校、《职社融合终身教育助力和谐社区》入选河北省社区教育、老年教育典型案例。

五是高质量开展退役军人教育培训服务。学校积极承担首批自主就业退役士兵培训进高校试点工作。结合相关文件精神，形成继续教育与培训部牵头，学生处、教务处、招就处协同的运行体系，建立健全退役士兵培训管理工作机制，制定详细的工作实施方案，致力于更好地满足复学、复读、升学退役军人培训要求，同时总结凝练形成可借鉴性经验，推进退役军人培训工作多元化发展。

案例2-8：构建退役军人职业发展服务联盟共同体

河北科技工程职业技术大学2008年以来一直坚持开展退役军人教育培训服务，2018年被批准成为邢台市首批“退役军人教育培训基地”和“河北省退役军人培训机构”，基于政府支持，发挥学校专业优势，利用学校强大的原军队保障性企业资源体系，协同本地区就业创业服务系统，搭建

图 2-14　2023 年河北省全民终身学习活动周期间领导视察学校紫金社区教育学院

支撑性拓展性协同培训、就业、创业平台，服务地方退役军人继续教育工作，为区域产业人才供给注入了红色血液。着力顶层设计，建立多部门统筹协调机制。省、市退役军人事务部门对退役军人培训就业创业服务进行宏观统筹规划，政府引导学校积极响应，与邢台市自主择业军转干部就业创业服务中心、信都区军融信息科技有限公司、沙河军创园区及县域军创园区等构建协同培训、协同推进就业、助力创业的战略合作框架，校企优势互补、资源共享，学校为培训主体，政校企互为支撑协同完成培训、就业创业服务，打造政校企共建、资源共享、能力共训、就业共推、创业共助的退役军人职业发展服务联盟共同体(见图 2-15)。

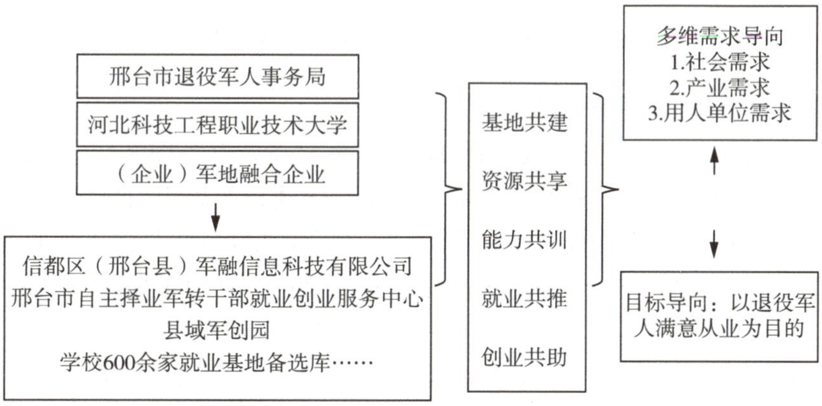

图 2-15　退役军人职业发展服务联盟共同体构架

2.5　服务国防建设

2.5.1　加强国防宣传动员，落实征兵任务

组织开展国防理论和国防精神教育宣讲会，培养学生树立国防安全意识。以退役复学优秀大

学生为骨干、各系征兵负责老师为指导，以班、宿舍为单位，小规模、多频次实施精准宣传动员；通过悬挂横幅、宣传栏、宣传海报、宣传优秀退伍士兵事迹、线上线下征兵政策宣讲会、咨询热点、征兵QQ群、各系大会及班团会等方式，广泛宣传、解答大学生入伍政策，积极调动同学们参军的热情；“新生带班员”在带班过程中向新生传递国防安全知识，形成参军报国、无上光荣的征兵氛围，增强全体学生的国防观念，培养学生爱国意识，促进学生整体素质的全面发展。根据征兵政策，认真梳理各工作环节，做好服兵役资助工作，严肃征兵纪律，确保廉洁征兵，以公开透明的方式保证征兵工作在阳光下进行。2022年9月1日至2023年8月31日，河北科技工程职业技术大学共计369名学生光荣参军入伍，其中在校生11人，毕业生358人，远超学校大学生征集任务数。图2-16为党委书记刘彩琴为2023年应征入伍大学生代表佩戴红花。

图2-16　党委书记刘彩琴为2023年应征入伍大学生代表佩戴红花

2.5.2　加强后备力量建设，提升素质本领

学校建立健全大学生征兵常态长效机制，成立“国防后备营”（见图2-17），做好国防后备人才的教育教学工作，着力把“国防后备营”打造成为学生党团建设的思想引领阵地、国防建设的人才储备阵地，为新时代国防和军队建设做出积极贡献。制定印发《河北科技工程职业技术大学学生“国防后备营”组建管理规范》，按照“编建规范化、训练军事化、管理正规化、保障制度化”要求，招募并培养营员350名；严格落实军事训练、管理考核等环节，组织营内评优工作，评选优秀标兵65名；积极承办邢台市高校“国防后备营”授旗仪式，活动得到中央电视台、河北日报、河北新闻网、邢台头条等多方媒体广泛关注。

2020年以来，河北科技工程职业技术大学积极响应党中央号召，深植家国情怀，矢志助力强军，积极输送优秀大学生参军入伍，为邢台市征兵工作走在全省前列做出了突出贡献（见图2-18）。

图 2-17　邢台市高校“国防后备营”授旗仪式在河北科工大举行

图 2-18　携笔从戎赴军营　绽放青春谱华章

2.6　促进职业教育发展

2.6.1　制定国家专业教学标准

汽车工程系牵头完成汽车职教本科 3 个专业国家专业教学标准的研制工作，在第十八届全国汽车职业教育年会论坛上，获得了相关领导、与会专家、企业院校的一致好评和高度认可。受行指委委托，该系牵头 12 所院校，开展了全国新能源汽车工程技术专业课程标准研制与资源库建设工作。

机电工程系参与完成2项教育部装备制造大类专业实训教学条件建设标准制定工作，其中高英敏参与机械设计制造及自动化专业标准制定工作，蒲筠果参与智能机电技术专业标准制定工作。

2.6.2 狠抓落实，高质量完成职教国培项目

依托学校获批的国家级职业教育“双师型”教师培训基地等，开展职教国培项目并圆满完成。2023年7月26日—31日，国家级教学师资培训项目《服装设计与工艺技能大赛指导教师课赛融合与技能训练培训项目》教学安排围绕课赛融合展开，邀请了服装设计与工艺技能大赛评委2人、获奖学生指导教师2人、企业技术专家1人等省内外专家教授5人作为培训教师，参训学员40人，全部取得培训结业证书。环境管理与评价专业2021年成功入选第二批国家级教师教学创新团队，为进一步深化团队建设，2023年8月成功举办国家级教师教学创新团队研修国培项目，环境管理与评价专业国家级教师教学创新团队围绕团队教师教学能力提升、团队共同体构架和协作、对接职业标准的课程体系开发、模块化教学模式实践创新，总结凝练团队建设经验和成果等方面的培训，打造新时代德技双馨、创新协作、结构合理的高水平职业教育教学创新团队，示范引领高素质“双师型”教师队伍建设。

作为全国重点建设职业教育师资培训基地，河北科技工程职业技术大学主办了“国培计划(2022)”工业机器人集成应用证书制度种子教师培训项目，来自全省26名机器人课程教师和项目培训团队成员参加了培训研修项目；主办了教育部“实施职业院校教师素质提高计划”——2022年度国家级“名师名匠思想政治课教学共同体研修”培训项目、“思想政治理论课教师培训”，全省20家思政课教师教学创新团队35名教师参加了项目研修。在形成高质量、有特色、可借鉴、可推广的思想政治课教学共同体建设的河北范式层面又进了一步。通过专家引领、团队研修、展示交流的方式，围绕着职业院校师德师风建设、职业院校教学共同体建设的思考与实践、交流研讨并完善团队共同体建设方案、教学法教学技能提升、红色资源模块交流展示、思政教师教学能力大赛经验分享等内容，充分发挥兄弟院校的聚合之力，促进了河北省职业院校思政课教师和教师教学创新团队成员在教学能力、团队建设方案、团队教师能力建设、团队建设等方面的经验与模式的推广。

2.6.3 牵头引领，推进河北省域职教体系改革

一是向河北省教育厅提交省域职教体系改革相关研究报告，包括职业教育人才支持政策研究报告、河北省产教融合型企业建设政策研究报告、河北科技工程职业技术大学本科职教发展设想与面临的问题及解决建议、高技能人才队伍建设存在的难点卡点和建议等。

二是积极参与现代职教体系建设改革重点任务省级遴选，包括“2023年职业教育优质教材”5项、“2023年职业教育校企合作典型生产实践项目”1项、“2023年具有国际影响力的职业教育标准、资源和装备”1项、“具有较高国际化水平的职业学校”1项。

三是深化职业本科教育改革，探索职业本科发展路径。作为河北省首批公办职业本科学校，河北科技工程职业技术大学持续发力，深化职业本科教育教学改革，围绕职业本科办学内涵、人才培养模式改革等方面研究成果，2022—2023学年学校领导在省内外会议做典型发言、报告6次，在《中国职业技术教育》发表专题文章1篇，分享职业本科试点经验。武汉铁路职业技术学院、新疆轻工职业技术学院、重庆工商职业学院、河北软件职业技术学院等近10所省内外高职院校来校交流职业本科办学经验。承办河北省职教本科工作研讨会，组织了职业本科课堂教学观摩、实训基地参观以及人才培养与课程建设研讨会等活动，对推动河北省职业本科教育高质量发展产生积极影响。

四是牵头成立河北省职业教育学会高职学校思想政治与教学工作委员会，学校当选主任委员单位，彰显学校引领河北省高职学校“三教改革”工作的辐射影响力。承办邢台市职教活动月专项活动，宣传推介邢台高职学校办学经验与成果。学校的《习近平新时代中国特色社会主义思想概论》慕课第一期开课已有 10 000 余人选课，累次互动次数达 108 322 次；《思想道德与法治》课程已成功在“智慧职教 MOOC”平台第八次上线，累计 2 253 个学校（单位）的近 25 万人选课，SPOC 课使用人数近 12 万人，MOOC 在线讨论量累计近 485 万；《毛泽东思想和中国特色社会主义理论体系概论》进行第五次更新，选课人数高达 94 200 人，互动次数累计近 160 万次，辐射范围持续增大，影响力增强，为全国高职思政课教学提供了邢台范式。

五是河北省高校思想政治理论课名师工作室发挥“头雁效应”，形成了区域协同共建的“大思政课”建设格局。通过培训学习、现场观摩、会议研讨等方式，充分发挥教学名师的引领、示范、辐射和带动作用，将“河北科技工程职业技术大学祁凤华名师工作室”建成了青年教学带头人的培育基地、教师教学发展的高端集智平台和教育教学改革的创新源头。工作室依托省公办高校与民办高校思想政治理论课对口帮扶项目，牵头组织省内 20 家高职民办、公办院校进行思政课结对共建，为区域高职院校思政课教师提供了交流互动的平台，打破了地域界限，凝聚、盘活、共享各高职院校思政课优质资源，帮助结对的高职院校固根基、强弱项、补短板，促进了区域思政课建设的互联互动，形成了区域协同共建的“大思政课”建设格局。名师工作室负责人祁凤华担任全国高职高专院校思想政治理论课建设联盟副秘书长、河北省高职高专院校思想政治理论课建设联盟秘书长，参与多项省际推广活动，比如“2023 年中高职思政课教师（含德育管理干部）教学改革创新能力提升研修班”在广西南宁开班，项目负责人祁凤华教授以《新时代马克思主义学院内涵式发展的思考》为题做了报告。

2.6.4 同心筑梦，致力新疆职教高质量发展

河北科技工程职业技术大学积极响应党中央和河北省委组织部支援西部的号召，选拔最合适、最优秀的教师到祖国最需要的地方去，充分发挥自身优势，在专业建设、人才交流、科研合作等方面推动对口援助工作出成果、出亮点，以实际行动助推新疆职业教育高质量发展，不断谱写援疆工作新篇章。

近三年先后选派机电工程系副主任蒲筠果，汽车工程系副书记、全国职业院校技能大赛汽车营销赛项专家刘学明，服装工程系优秀青年教师张静等入疆开展工作。援疆干部人才进疆后，认真贯彻执行党中央关于援疆工作的指示精神和河北省援疆工作前方指挥部第二师分前指的工作要求，与新疆兵团第二师铁门关市广大干部群众同甘共苦、并肩作战，用心、用情、用智、用力推进援疆工作，紧紧围绕铁门关职业技术学院中心工作，履职尽责、勇于担当，以积极进取、争创一流的不懈追求，为对口支援职业院校发展传经送宝，得到师市党委和铁门关职业技术学院的充分肯定，中共新疆兵团第二师铁门关市委员会作出《关于表彰河北省第九批援疆工作先进集体和优秀个人的决定》（师市党发〔2023〕6 号）弘扬先进、宣传典型，并颁发证书。2023 年，河北援疆干部人才二师党总支以“发挥特长 以赛促教 支援边疆建设”为题、铁门关职业技术学院以“专业赛场献芳华，千里援疆育桃李”为题发布新闻对河北科技工程职业技术大学援疆教师予以宣传（见图 2-19）。

案例 2-9：万里山海冀疆情，教育援疆谱华章

河北科技工程职业技术大学教师刘学明勇于担当，2011 年 11 月第二次欣然入疆援疆，发挥学校汽车类专业的办学优势，将本校实验室规划、精品课程建设、教师团队建设、教学科研等方面的资源和经验引入铁门关职业技术学院，有力促进了该院的改革发展。作为国赛汽车营销赛项的

图 2-19 “专业赛场献芳华,千里援疆育桃李”:援疆教师指导学生获技能大赛一等奖

专家,凭借组织、策划、指导、执裁的丰富经验,在指导青年教师和学生参赛方面取得突出成绩(如图 2-20、图 2-21 所示),在 2023 年自治区技能大赛汽车营销赛项中,刘学明所带领的团队在多个比赛模块中排名第一,荣获一等奖;在 2023 年全国职业院校技能大赛高职组“汽车营销”赛项比赛中荣获团体三等奖。援疆期满,铁门关职业技术学院专门发函挽留刘学明同志继续援疆三年,以“千里援疆路 深深职教情”向河北科技工程职业技术大学表示感谢,并赠送锦旗“万里山海冀疆情 教育援疆谱华章”(见图 2-22)。

图 2-20 援疆教师刘学明以赛促教指导学生提高专业技能

图 2-21 刘学明指导新疆生产建设兵团代表队获得 2023 年国赛三等奖

图 2-22 校长马东霄接受锦旗"万里山海冀疆情 教育援疆谱华章"

2.6.5 承办职业技能大赛

学校积极承办河北省、全国性职业技能大赛，继成功承办 2022 年"中银杯"全国职业院校技能大赛汽车技术赛项（高职组）之后，又承办了 2023 年河北省职业院校技能大赛高职组、中职组赛项 2 项，全国高职高专院校思政微课教学大赛，集中展示了职业教育改革创新成果，提升了职业教育的社会影响力。

2023 年河北省职业院校技能大赛（高职）智能网联汽车技术赛项由河北省教育厅、河北省人力资源和社会保障厅、河北省工业和信息化厅主办，河北省汽车职业教育集团、河北科技工程职业技术大学承办，来自全省 11 所院校的 20 支代表队同场竞技。大赛密切对接新能源汽车和智能网联汽车产业发展，面向智能网联汽车整车及系统(部件)辅助研发、生产制造等岗位，通过智能网联汽车“装配与调试”和“仿真与测试”两大竞赛模块，考查选手对智能网联汽车领域知识和技能的掌握情况。5 月 20 日圆满完赛，河北科技工程职业技术大学元帅涛、李晓云获得冠军，贾勇乐、张昊获得二等奖。

2023 年河北省职业院校技能大赛(中职组)服装设计与工艺赛项由河北省教育厅主办、河北省纺织服装职业教育集团承办。作为职教集团牵头单位，河北科技工程职业技术大学服装工程系派出教师，与企业专家共同组成评委组、仲裁组为大赛执裁。4 月 1 日—2 日，大赛圆满完成。

2023 年河北科技工程职业技术大学成功承办全国高职高专院校思想政治理论课微课教学大赛复赛。

3 文化传承

3.1 传承红色基因

学校高度重视红色基因的传承，将之融入日常教育教学和校园文化建设中，旨在为学生们树立正确的世界观、人生观和价值观。学校通过构建“匠心军魂”文化育人体系，锤炼出一批批理想信念坚定、技术技能精湛、行为作风硬朗、创新意识超强的高素质技术技能人才。中国教育报 2022 年 11 月 24 日第 12 版刊登《以文化之力锻造人才之质——河北科技工程职业技术大学构建“匠心军魂”文化育人体系》(见图 3-1)。

12 教育视窗 电话:010-82296888 82296879

2022年11月24日 星期四 广告

中国教育报

以文化之力锻造人才之质

——河北科技工程职业技术大学构建“匠心军魂”文化育人体系

薪火相传，创新构建“匠心军魂”文化体系

搭建“四个平台”，全方位推进“匠心军魂”文化体系

实施“四项工程”，多层次构建“匠心军魂”文化体系

激发活力，“匠心军魂”文化育人成效映现

图 3-1 《中国教育报》教育视窗栏目报道河北科工大“匠心军魂”文化育人体系

3.1.1 传承军队文化，弘扬军风育人精神

坚持完善“军风育人”体系。学校将红色基因融入学生的日常学习和生活中，助力他们树立正确的世界观、人生观和价值观，将传承红色基因作为培养新时代优秀人才的重要环节，坚持“技术立校、军风育人”的办学理念，致力于传承和发扬军队文化，培养学生具备军人般的优秀素质。

持续推进军人作风提振计划。坚持实施“新生带班员”制度、一日生活制度以及每年为期两周的军事训练（见图 3-2），学生们在严格的纪律要求中，感受到军队文化的严谨作风和忠诚品质。2023 年按照“会讲、会做、会教、会做思想工作”的“四会”标准培养带班员 160 名（近三年培养带班员情况见图 3-3），通过校系两级协调共管，科学有序地做好军训安排和推进工作，圆满完成 5 300 余名新生的军训任务，评选军训先进个人 247 名。在此基础上，探索组建学生“国防后备营”，招募并培养营员。

图 3-2　2023 级新生开学典礼暨军训成果汇报表演

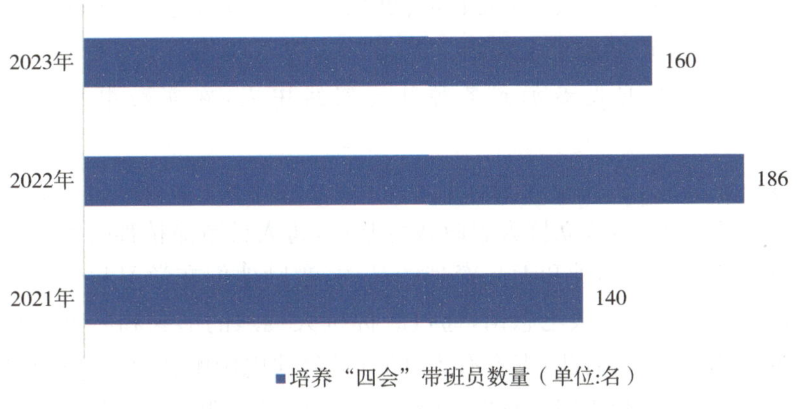

图 3-3　近三年学校培养“四会”带班员情况

加强《军事理论》课程建设。贯彻落实《普通高等学校军事课教学大纲》精神，多次组织19名任课教师开展课程教研活动，统一规范讲授内容和课程课件，圆满完成《军事理论》教学任务；组织3名教师参与“2023年全省高校军事教师培训”和“河北省2022年度职业院校教师素质提高计划国家级培训”，提升任课教师综合素质；选派教师高珊参与“河北省第八届高校军事教师授课竞赛”，在全省本专科85名教师中荣获省级二等奖。

此外，还通过发放军事题材观影券等方式，让学生更加直观地了解我军战斗感人的故事，强化其爱国情怀，为国家和人民培养了一批又一批具有社会责任感和爱国情怀的新时代优秀人才。

案例3-1：军风育人，退伍学生发挥“鸿雁效应”

河北科技工程职业技术大学有着约20年军队办学历程，积极响应国家大学生应征入伍政策，并对退伍后复学学生进行重点关注和培养，涌现了一批优秀退伍生。他们严以律己，各方面积极带头，执行力强，起到了“鸿雁效应”，对学校培养更多优秀青年起到了积极推进作用。

心情参军报国梦，做军中好男儿。刘智奇，男，2018年考入河北科技工程职业技术大学经济管理系，并于同年响应国家号召参军入伍，服役于北京卫戍区某部队。在部队刻苦训练，表现突出，于2019年参加中华人民共和国成立70周年庆典活动，担任国旗护卫队成员，以“敢于吃苦，勇于担当”的优良作风圆满完成工作任务。曾获2019年北京卫戍区政治工作部中华人民共和国成立70周年庆典专项任务荣誉证书、2020年警卫第三团委员会“四有”优秀士兵、2020年警卫第三团政治工作处团嘉奖。

退伍不褪色，勇做“头雁”志愿服务行。刘智奇同学在部队服役两年后退役复学。在校期间各方面表现优秀，具有很强的执行力，做事雷厉风行。2021年12月—2022年2月参加了北京冬奥会冬残奥会张家口赛区国宾山庄帮扶工作，任河北科工大团队负责人及疫情防控消杀组组长，并作为邢台市帮扶代表在帮扶工作座谈会上发言。以认真踏实的工作态度得到冬奥会张家口国宾山庄包联保障服务组的高度认可。获得2022年中共张家口市崇礼区委组织部“最美工作者”“先进工作者”荣誉称号。2022年6—9月，刘智奇同学再次作为学生志愿者负责人带队，受邢台市委委派参与秦皇岛北戴河东山宾馆支暑志愿者服务工作，工作期间服从命令、听从指挥，任劳任怨、努力工作，得到了领导的肯定和表扬。

传承军风育人特色，助力学生成长成才。刘智奇同学曾担任两届新生带班员，政治素质过硬，工作认真。在新生军事训练中，能够灵活处理各种突发问题，圆满完成了军训任务。日常生活中，仍保持在部队的优良作风。2021年、2022年，积极参加生源地社区的疫情防控工作。2022年9月，在校期间参加了学校的疫情防控志愿服务工作，得到大家一致好评。在他的带领下，越来越多的学生自发参加到各种社会实践中来，在实践中践行社会主义核心价值观。

3.1.2 传承太行革命文化，弘扬爱国主义精神

学校坚持大思政教育理念，成立抗大思政教育基地，将太行革命精神融入课堂教学，使学生们深刻认识到革命先烈们的奋斗精神和无私奉献的品质，激励他们在学习和生活中积极向上、拼搏进取。学校还组织学生们参观抗大纪念馆，通过瞻仰抗大英烈的形象和聆听讲解员的介绍，直观感受抗大精神。通过组织“强国有我，青春有为”的红色经典电影配音大赛、“缅怀同胞先烈 汲行前进力量”国家公祭日悼念、“烈士纪念日”主题教育、“家国又清明 鲜花献英烈”主题教育实践等红色文化宣传活动（见图3-4），引导学生树立和坚持正确的历史观、民族观、国家观、文化观。系列活动不仅帮助学生更好地理解和认同社会主义核心价值观，同时也促进了太行革命文化的传承

和爱国主义精神的弘扬。

图 3-4 赴信都区烈士陵园开展“家国又清明 鲜花献英烈”主题教育实践活动

案例 3-2:薪火相传,传承红色基因

河北科技工程职业技术大学依托非遗传承创新中心,遵循“把红色资源利用好,把红色传统发扬好,把红色基因传承好”的理念,用非遗中优秀的传统艺术手法与太行山丰富的红色资源相结合来讲好新时代的故事,通过在学生中开展革命场景描绘、最美党旗剪纸、廉洁教育剪纸等专题活动,使学生更深刻地学习党史、认识党史,更好地树立共产主义信念,感受红色基因中崇高的精神力量。以剪纸等工艺创作的党史人物、党史事件等作品在红色文化宣传中也起到了重要的作用。

3.1.3 用马克思主义武装头脑,培育核心价值观

“青马工程”是学校培养优秀青年学生的重要举措之一。通过定期培训、实践锻炼和理论学习等方式,学生们深入学习了马克思主义基本原理,掌握了科学的世界观和方法论。学校扎实开展学习贯彻习近平新时代中国特色社会主义思想主题教育活动,牢牢把握“学思想、强党性、重实践、建新功”的总要求,推动主题教育往深里走、往心里走、往实里走。升旗仪式和国旗下的思政公开课也是学校推行社会主义核心价值观的重要活动(见图 3-5)。在升旗仪式中,学生们感受到国家的尊严和荣誉,增强了对祖国的热爱和敬意。在国旗下的思政公开课中,老师们引导学生们深入学习社会主义核心价值观的内涵和实践要求,帮助他们树立正确的价值观念和行为准则。这些实践活动不仅有助于培养学生的社会责任感和爱国情怀,更能够引导他们树立正确的价值观念和行为准则。

案例 3-3:“三维发力”构筑“红色矩阵”

河北科技工程职业技术大学建筑工程系依托“党员活动室”“包班党员大讲堂”“廉洁文化厅”三大平台,“三维发力”构筑起党员活动、教育、警示“红色矩阵”。一是建设党员活动室“红色港湾”,本着“政治引领有力,教育党员有力,宣传政策有力,凝聚党心有力,服务党员有力”“五个有

图 3-5　开学第一课“国旗下思政公开课”主题升旗仪式

力”总要求开展党员活动；二是构筑包班党员大讲堂“红色熔炉”，使“党员包班活动有场所，红色基因传承有平台，立德树人有阵地”，全年围绕党的二十大精神、理想信念、社会主义核心价值观等开展主题讲座50余场；三是绘就廉洁文化厅“红色地图”，以“廉洁文化”和“六大纪律”为主题板块串点成线、串珠成链，绘就“廉洁文化地图”，营造崇廉尚廉的浓厚氛围。

3.2　培养工匠精神

学校大力传承和培育现代工匠精神，发挥工匠型教师团队的引领作用，建好用好技能大师工作室，将工匠精神融入专业教育，培养拔尖创新型人才。获“2023年邢台大工匠年度人物”称号的李元海、“金剪刀技能大师工作室”负责人王丽霞等老师凭借自身过硬技术本领，在教育教学中高标准锤炼学生的技术技能水平，手把手熏陶匠心匠艺（见图 3-6、图 3-7）。邀请劳动模范来作报告，将工匠精神在潜移默化中影响学生（见表 3-1）。

表 3-1　近两年邀请劳动模范、技术能手作报告情况

序号	时间	报告主题	专家	荣誉称号
1	2022. 5. 22	劳动精神与工匠精神	赵卫	全国技术能手、国务院政府特殊津贴专家
2	2023. 5. 18	弘扬劳模精神，做新时代有志青年	张铭连	全国劳动模范
3	2023. 4. 15	深刻领会二十大精神，从“管理＋载体＋品牌”赋能思想政治教育工作	刘岩	全国五一劳动奖章获得者、全国最美高校辅导员
4	2023. 4. 27	传承五四精神，弘扬社会正气	毛泽楠	河北省“冀青之星”、市级青年岗位能手

图 3-6　长城新媒体报道“2023 年邢台大工匠年度人物”李元海

图 3-7　“金剪刀技能大师工作室”王丽霞教授指导学生

案例 3-4:“匠心军魂”育人体系锻造人才之质

河北科技工程职业技术大学薪火相传，创新构建了独具特色的“匠心军魂”校园文化育人体系，通过全方位的“四个平台”、多层次的“四项工程”建设，将文化的种子播进育人沃土，锤炼出一批又一批理想信念坚定、技术技能精湛、行为作风硬朗、创新意识超强的高素质技术技能人才。围绕“匠心军魂”文化育人核心理念，搭建了思政教育、实践教育、“双创”教育、社会实践四大平台，构筑全方位文化育人模式。组织实施了“理念入脑入心、治理能力提升、校风教风学风建设、校园环境优化”四项工程，成效显著。近年来，学生获得全国职业院校技能大赛奖项数量居河北省同类院校前列，毕业生深受用人单位好评。学校“匠心军魂”文化育人成果被国家主流媒体多次报道，产生了广泛影响。

案例 3-5:“厚匠德、精匠术、育匠星”工匠型人才培养体系

河北科技工程职业技术大学将工匠精神融入人才培养体系，强化德、术、技的统一，以资源与环境工程系为例，构建了基于产教融合的“厚匠德、精匠术、育匠星”环保类工匠型人才培养体系(如图 3-8 所示)，即基于习近平生态文明思想的三大基本理念构建“大环保课程思政”“匠德”培养体系、基于产教融合思想的“岗课赛证”“匠术”培养体系、基于职教创新人才生成逻辑的“产学研创”“匠星”培养体系，打造一批“明法规，懂工艺，精技能，会创新”的工匠型环保人才，成为区域绿色发展人才供给高地、产学研协同创新重要力量。

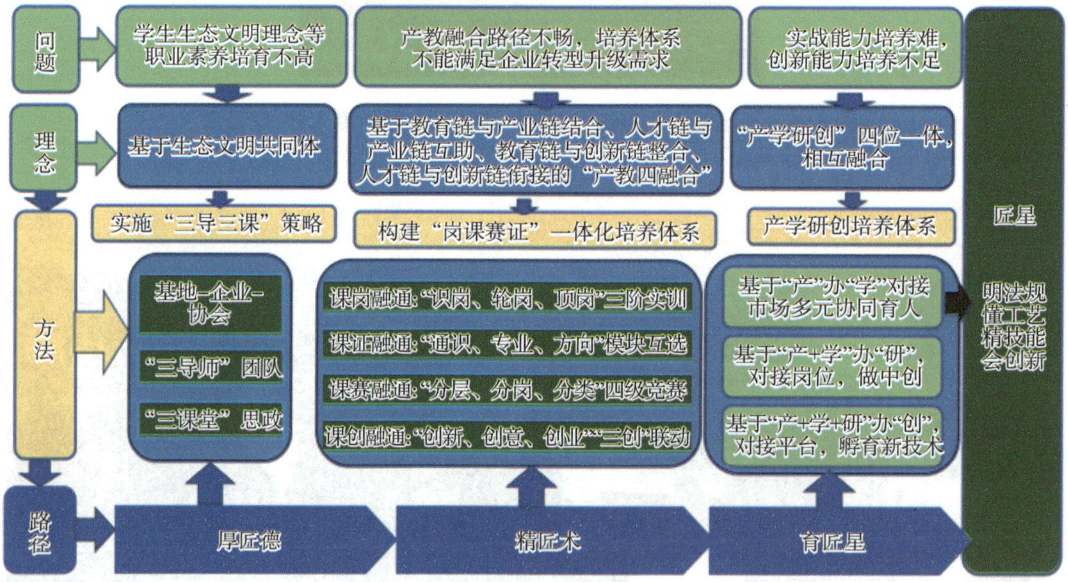

图 3-8 “厚匠德、精匠术、育匠星”工匠型人才培养体系

3.3 开展文化素质教育

3.3.1 开足开实文化素质课程，提高大学生文化素养

学校设置“平台+模块”课程体系，通识课程平台以文化素质教育课程为主，其中通识必修课包括思政(思想道德与法治、中国近现代史纲要、马克思主义基本原理、毛泽东思想和中国特色社会主义理论体系概论、习近平新时代中国特色社会主义思想概论、形势与政策)、外语(大学英语Ⅰ～Ⅳ)、信息技术(信息技术基础、人工智能基础)、劳育、职业发展(大学生职业发展规划、创新创业基础、大学生就业指导)、军事教育(军事训练、大学生军事理论)、体育、语文(大学语文、沟通与

表达、应用文写作、中华优秀传统文化）等，工科类专业最低 47 学分，财经艺术类专业最低 45 学分（见图 3-9）；通识选修课分为人文社科类、艺术与美育类、自然科技类、经济管理类等课程，艺术类专业除外的所有学生至少选修美育类 1 门课程（近五年美育活动开展情况见表 3-2）；理工类专业学生须选修 1 门人文社科类或经济管理类课程；经管艺术类专业学生须选修 1 门自然科技类课程，不少于 6 学分。

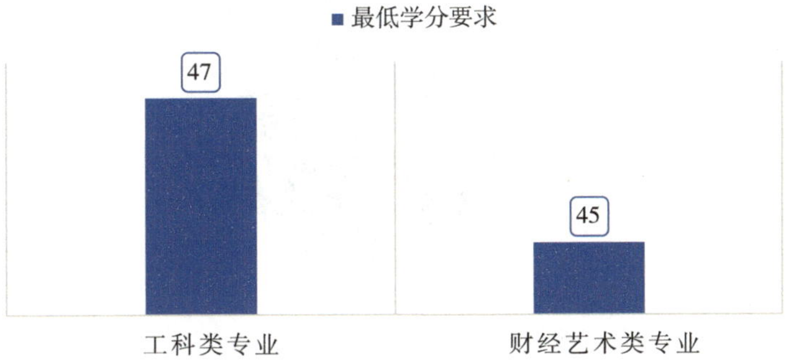

图 3-9　通识必修课学分要求

表 3-2　近五年美育活动开展情况

序号	时间	活动名称	人数(人)
1	2019 年	红色配音大赛	150
2	2020 年	“爱我中华・强我国防”国防教育主题演讲比赛	100
3	2021 年	“声临其境”红色配音大赛	100
4	2022 年	“音”你而来校园歌手大赛	200
5	2022 年	“众志战疫情、阅春待花开”主题摄影征文活动	300
6	2022 年	“党在我心中，永远跟党走”朗诵大赛	120
7	2022 年	“燕赵青年说”演讲比赛	100
8	2023 年	“音符跳动，青春高歌”校园歌手大赛	400
9	2023 年	“向上吧！发光青年”校园歌手大赛	500
10	2023 年	“强国有我，青春有为”红色经典电影配音大赛	200
11	2023 年	“光影秋韵，相册里的科工大”主题摄影活动	150
12	2023 年	“春之悸动对话光影”主题摄影大赛活动	240
13	2023 年	“廉洁润初心，铸魂担使命”主题朗诵活动	50
14	2023 年	廉洁文化书法展	50

案例 3-6：尚艺树人，与美同行

河北科技工程职业技术大学深化美育课程改革，引进《艺术导论》《音乐鉴赏》《美术鉴赏》等 8 门线上美育课程资源，完成了学校年度河北省高校美育工作评估。学校建设完成校本美育选修课《中国传统工艺》并在智慧职教 MOOC 上线运行，课程从传承和弘扬中华优秀传统文化的角度出发，以优秀传统工艺为切入点，使学生了解传统工艺的发展历史、类别和体系，具备赏析传统工艺作品的基本能力，提高学生的传统文化认知水平，并且通过剪纸、陶艺、木艺、蓝染、金石传拓等代表性工艺的认知与实践，培养学生的动手操作能力，发掘学生的创造力，培育精益求精的专业素质。

3.3.2 用好社会实践大课堂，培养新时代文明大学生

学校将社会实践作为一项系统工程来抓，为学生进行长期、长效的社会实践活动提供保障，建立了一批实践基地，吸引学生参与实践、指导学生学会实践，在社会实践中提升文化素质，淬炼青春。近五年社会实践、志愿服务活动情况见图 3-10。

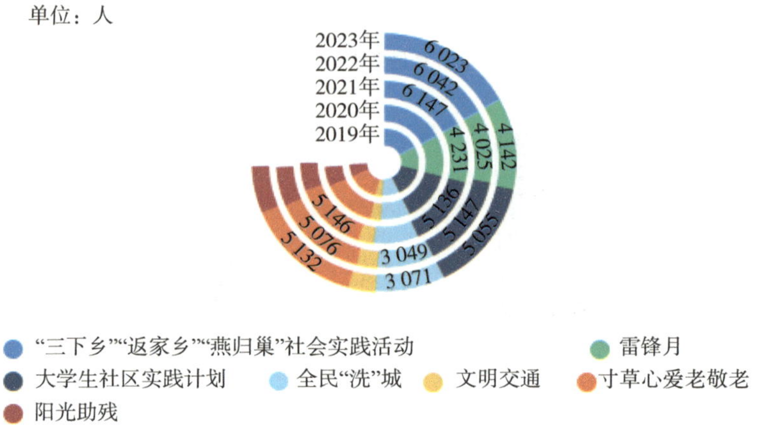

图 3-10 近五年社会实践、志愿服务活动情况

打造志愿服务品牌，在青年心中播撒文明种子。持续推进"我为同学做实事"志愿服务常态化，帮助同学切实解决学业进步、就业发展、家庭困难、身心健康、社会融入等问题，将党史学习教育成果不断转化为服务青年的生动实践。"'5＋1'思想引领朋辈服务"项目在河北省首届高校学生会服务同学项目大赛中荣获"二十优"项目。动员广大学生志愿者融入校园环境建设，扎实组织开展"校园先锋""美化环境初体验""弯腰行动从我做起""爱护校园我们在行动"等公益志愿服务活动，在服务奉献中践行新时代团员青年的责任和担当，在朋辈引领中不断增强科工大学子的爱校荣校情怀。

学校先后在邢台市特殊教育学校、邢台市光荣院和福利院、河北省荣誉军人康复医院、鸿溪社区、团结苑小区、文苑社区、金华舒怡苑小区等单位建立了 10 余个志愿服务基地，坚持开展学雷锋、卫生清扫、义务献血、交通协管、爱心资助、结对帮扶等各类志愿服务活动。社区联创共建活动多措并举，社区卫生清理、停放车位施划、宣传设施建设、抗疫知识宣传等各项联创共建活动深受社区居民好评。全面推进参与全市"资源节约、青春先行"垃圾分类志愿宣传、污染防治攻坚战、光盘行动、文明旅游、文明上网、环境保护、关爱老人、精准扶贫等各类志愿服务工作。学校志愿服务活动为社会文明进步做出了自己的贡献，在校内外树立了良好的形象(图 3-11、图 3-12)。

案例 3-7:"三化"运作擦亮志愿服务品牌

学校大力打造邢台市青年志愿服务品牌，持续提升科工大青年的志愿服务能力和质量，完成了大量卓有成效的志愿服务工作。加强志愿服务项目供需对接，常态化开展各类志愿服务活动，志愿服务项目大赛获得新突破。学校志愿服务活动在品牌化运作、社会化运作和项目化运作三种工作模式下，不断向纵深发展。目前，建立志愿服务基地 78 个，联合区域内社区、医院、公益服务组织开展"守望童行-云支教""小橘灯助残""寸草心爱老敬老"等多项品牌化志愿服务活动，积极组织青年大学生参加 2022 年寒假"返家乡"社会实践活动，切实帮助大学生提升社会化技能，累计参与学生 5 万多名。2022 年度，学校李保国志愿服务队再次荣获"邢台市优秀青年志愿服务组织"称号，10 名师生荣获"邢台市优秀青年志愿者"称号。

图 3-11　河北科工大学生为河北省图书博览会提供志愿服务

图 3-12　河北科工大学生参加全国科普日志愿活动

3.4　文化传承与创新

3.4.1　赓续中华文脉，弘扬民族精神

学校紧扣时代脉搏，推动中华优秀传统文化焕发生机。创新形式，通过课程学习、沉浸式体验、歌舞表演等多种方式，让大学生学习了解中华优秀传统文化，增强大学生对中华优秀传统文化

的认同感和归属感。

案例 3-8:职业本科实训项目与地域人文结合

河北科技工程职业技术大学深入挖掘专业与文化、院校与地方、知识与素养的深层次联系，提升实训项目的文化内涵，让学生在专业学习中更加珍视传统文化。一是实训项目选择与地域人文相结合。在建筑行业及建筑环境参观项目中，选择邢台博物馆和第六批全国重点文物保护单位邢台开元寺作为参观地，突出了地域人文和专业知识的结合。教师结合邢台古城建城史、开元寺现存殿阁、实地文物对学生进行了引导讲解，将“邢台”命名、上古井邑、沙丘宫苑、祖乙迁都等史实介绍给学生，从建城史到现代城镇划分，让每个人亲身感受到建筑的千年演化(如图 3-13 所示)。通过学生沉浸式体验，引导学生做好中华优秀传统文化的忠实传承者和弘扬者。二是实训作业成果与专业拓展相结合。实训作业成果要求学生记录实训内容及感受，以实训过程中所看、所听、所想为总结要点，同时联系建筑行业发展情况，将文化与专业结合、古建筑保护与新技术应用结合、传统化与智能化结合，提升学生的综合素养和创新思维。

图 3-13　教师在实训过程中结合邢台开元寺建筑风格进行讲解

案例 3-9:“教学四平台、育人五导向”教学模式突出文化传承

河北科技工程职业技术大学环境艺术设计专业结合国家方针、行业要求和人才培育方向，以传承中华人居环境文化为己任，将“精在体宜”的中国古典环境艺术设计观作为教学理念，以线下教学平台、线上课程平台、技能大赛培育平台和“1+X”证书培训平台为“教学四平台”，以“科学思维”“文化认同”“创新意识”“审美需求”“精诚服务”为“育人五导向”，形成“教学四平台、育人五导向”的混合式教学模式。以线下教学为例，线下教学作为传技育人的主要平台，各类课程与实习将传统文化理念融入教学内容，将中国古典环境艺术设计观的职业综合素养融入课程标准、授课计划中，做到经典理念进课堂，运用具备古典意蕴的典型工作任务，让学生在设计实际项目中提升专业技术能力和综合职业素养双向培育。日常教学过程中，课程组老师时常共同研讨经典理念、传统文化入课堂的具体做法，通过技能点、知识点和典型项目加强“育人五导向”的培育。

以课程《居住空间室内设计》为例，在“软装品设计”模块，为让学生体会传统陈设理念，融入“叙事表达”概念，将唐、宋、元等朝代的陈设案例作为授课案例，让学生通过分析陈设品的造型、线条和色彩搭配体会不同朝代的文化美学，主要贴合“育人五导向”中的“文化认同”“审美需求”，培育学生对传统设计观的认同感（如图 3-14 课件所示）。又如在线开放课《环境景观规划设计》，课程负责人欧亚丽老师以“育人五导向”中的“创新意识”“审美需求”“精诚服务”为主要切入点，在课程结构中设计“导引”环节，每个环节结合本单元内容设置了传统园林理念中的文化自信、创新意识、古典造园的天人合一等育人理念，引领单元学习（如图 3-15 课程大纲所示）。

图 3-14 “软装品设计”课件（部分）融入传统设计理念

环境景观规划设计的专业领域

- 1.1 导引：绿水青山就是金山银山——树立环保意识，保护生态景观
- 1.2 说课
- 1.3 认识景观设计师
- 1.4 识别环境的景观风貌
- 1.5 任务与测评

环境景观规划设计的4个方法

- 2.1 导引：言不尽意，立象以尽意——爱国情怀，文化自信，以形式构成中的中国因素引带出环境景观的设计与构图
- 2.2 方法1：主题构思法
- 2.3 方法2：创意构图法
- 2.4 方法3：风格流派法
- 2.5 方法4：空间结构法
- 2.6 任务与测评

环境景观规划设计的工作流程

- 3.1 导引：重知识、善技能、创新型——工匠精神和中华民族造园的精湛技艺
- 3.2 景观设计的阶段步骤
- 3.3 景观设计的五个要点
- 3.4 景观的设计语言
- 3.5 任务与测评

图 3-15 《环境景观规划设计》课程大纲（部分）融入传统文化理念

3.4.2 讲好非遗故事，加强保护传承

学校建有非遗传承创新中心，现有蔚县“剪纸·高佃新剪纸大师”工作室、“邢窑·陶艺”工作室、“木旋·木艺”工作室、“豆面印花·蓝染”工作室和金石传拓工作室，申报了“邢绣”非遗工作室

项目，进行太行山文化带古村落研究，与广宗县件只乡东张魏村签订了框架合作协议，与威县老纺车土布纺织、蔚县剪纸国家级非遗传承人签订了校企合作协议，提供创新设计支持，以促进当地的传统工艺的传承与发展(图 3-16 为学生在工作室进行剪纸实践，图 3-17 为河北科工大教师在“土布印花”工作室向学生传授土布编制工艺)。

图 3-16　学生在蔚县剪纸工作室进行剪纸实践

图 3-17　教师在“土布印花”工作室向学生传授土布编制工艺

项目《不离不“器”——传统手工艺助力区域乡村振兴开拓者》获第八届“互联网＋”大学生创新创业大赛省赛铜奖；项目《柳编——传统手工艺助力乡村振兴开拓者》获第九届“互联网＋”大学生创新创业大赛省赛银奖；作品《事事平安套装》获 2023 年河北省文创和旅游商品创意设计大赛银奖(图 3-18 为《事事平安套装》在济南参加文创作品展)；作品《太行泉城美丽邢台系列》《正方案香插系列》《邢台博物馆文创系列》《守敬治水系列》《字绘邢台系列》获 2023 年邢台市文创和旅游商品创意设计大赛优秀奖；作品《书香润廉(龙鳞装)》在 2023 年由省人民政府外事办公室主办的

“京畿福地·河北友礼”外事礼品征集评选活动中获得铜奖和最佳网络人气奖。

图 3-18　河北科工大非遗创意作品《事事平安套装》在济南参加文创作品展

案例 3-10:“龙鳞装”装点“京畿福地·河北友礼”

河北科技工程职业技术大学注重传承和弘扬传统文化,大力推进非遗课程进校园,践行工匠精神,培育专业人才,增强学生的民族自豪感和文化自信。艺术与传媒系非遗传承创新团队采用中国传统书籍装订方式“龙鳞装”工艺,创新实践,创作出《书香润廉(龙鳞装)》,作品内容通过古圣先贤、信资印票、以物明志、承物得心四个部分,展示了中国人民以至公无私之心行正大光明之事,克己奉公、克勤克俭的传统美德,也鼓励青年一代当肩负起国家重任,信念如炬,趋光而行。“龙鳞装”遇风则灵动翻飞、抚平是一幅画、卷起为一卷书,给读者不同的阅读体验(如图 3-19 所示)。作品在由省人民政府外事办公室、省文化和旅游厅、省人民对外友好协会共同主办的“京畿福地·河北友礼”外事礼品征集评选活动中获得铜奖和最佳网络人气奖。

图 3-19　非遗传承创新作品《书香润廉(龙鳞装)》入选“京畿福地·河北友礼”

3.4.3 创新校园文化，深化价值引领

建设优良校风、教风、学风，激励学生爱学校、爱学习、共建校园文明。精心设计和组织开展劳动技能、文娱体育等校园文化活动。积极拓展校园文化建设载体，开展形式多样、内容丰富的校园文化活动，营造文明校园浓厚创建氛围。

在主流思想宣传活动中，组织广大师生开展"国旗下思政公开课""歌声中的党史"等丰富多样、主题鲜明的党史学习教育活动。各党总支举办了党史报告会、知识竞赛、主题班会、交流座谈会等不同形式的活动。学校组织开展了"喜迎二十大、永远跟党走、奋进新征程""学习党的二十大精神 争做新时代好青年""学生干部座谈会暨宣传贯彻党的二十大精神青马学员说"等系列主题活动。

在校园文体活动中，组织开展各种教职工文体活动，发挥群团组织作用。举办庆祝"三八"国际妇女节趣味运动会、教职工乒乓球赛、教职工羽毛球赛等活动，活跃了教职工的业余生活。举办各种学生文体活动，丰富大学生校园课余生活。如组织开展劳动技能大赛、读书节等活动，提高大学生思想道德素养，营造文明和谐、团结进取的校园文化氛围。

在深化廉政警示教育中，建设校园廉洁文化，实施"学习敬廉、文化养廉、阵地育廉、教育守廉、制度固廉、监督促廉、行动践廉"的"七廉工程"，将廉洁教育与党团组织生活、校园文化活动、师生社会实践等有机结合，探索形成常态化、长效化廉洁教育机制。积极做好"六个一"活动，努力打造"一系一品，一支部一特色"的廉洁文化特色。艺术传媒系举办的"廉洁润初心 创意达内涵"廉洁文化展，包括书法绘画、创意海报、扎染剪纸等创意作品百余幅，营造了崇廉拒腐、尚俭戒奢的文化氛围，党员干部们充分感受到廉洁文化的浸润，在艺术熏陶中得到启示，在自省自警中增强廉洁意识。案例《"四育""青"廉花 · 花开香满园》荣获廉洁教育系列活动优秀案例，《不变的初心》获视频类一等奖，《扬廉洁清风，做新时代青年》获征文二等奖，剪纸《盛世清风》获设计类二等奖。师生创作的海报作品《廉"正"》《反腐防蛀》《廉政是对人民的承诺》《君当如竹》等 4 件作品，代表省教育厅参加"清风廉韵——省直机关廉洁文化作品展"活动荣获优秀奖。

在专业与校园文化结合上，服装工程系发挥专业特长，结合学校军风育人办学理念设计开发了系列学位服、导师服和校长服，已完成该项目的效果图方案 2 套。待进一步细化局部结构和工艺设计后，体现学校特色的学位服在功能性、便利性、美观性等方面将更加完善，为校园文化增添一道新的风景线。

案例 3-11：多措并举创新廉洁文化育人实践活动

河北科技工程职业技术大学将廉洁教育纳入学校育人体系，不断增强师生崇尚廉洁意识。建设廉洁文化长廊、廉洁文化教室，在专业工作室张贴廉洁文化标语，引导师生学廉、思廉。持续推进廉洁文化育人实践活动，相继开展了"加强党风廉政建设，做'四有'好老师"廉政第一课、"廉洁润初心 铸魂担使命"廉洁教育讲座、"寓教于乐学雷锋，树廉洁之风"文艺演出、"以'清'育人，以'廉'润心"观影展、"以廉为美，以廉为乐"诵读会、"守廉守规守纪，尽职尽心尽力"学团干部讨论会、"'清'风进校园，花语寄'廉'心"摄影展、"画笔描绘美景，廉洁播种心中"写生活动、"听京东大鼓，感廉洁文化"、"以青春之力书写新时代'廉洁答卷'——诗文警句默写"等系列活动，形成了党员干部廉洁从政，教师廉洁从教、廉洁育人的良好氛围。

3.5 文化传播与服务

3.5.1 拥抱新媒体，扩大校园文化影响

学校充分利用官方新媒体平台矩阵[微博、微信、抖音、快手、哔哩哔哩（简称"B 站"）、企鹅号]

等(见图 3-20),定期发布和传播学校新闻、活动、校园文化、校园生活等推文、短视频和微电影,同时与学生和校友进行互动,增强他们对学校的归属感和认同感。在“2023 河北校园微博发展论坛”上,河北科工大微博协会荣获 2022 微博校园河北渠道“优秀运营团队”。

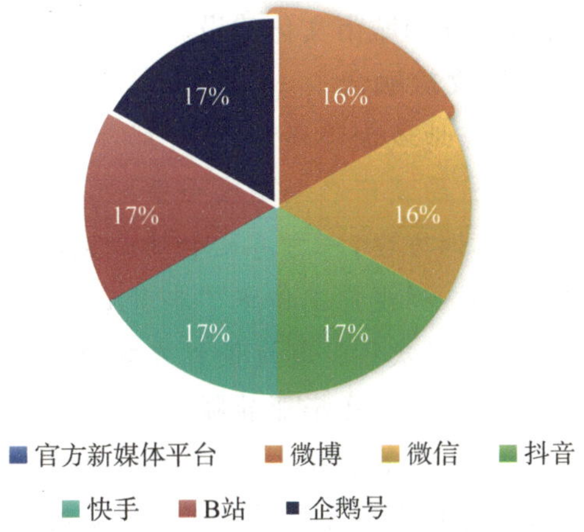

图 3-20 学校官方新媒体平台矩阵

服装工程系利用“小服君”QQ 公众号、“襄衣装苑”微信公众号等新媒体平台,引导师生网上言论,倡导网络文明。

3.5.2 融入新元素,推动城市文化建设

学校积极参与邢台城市文化建设,为城市注入新的文化元素。学校与市文旅局、市旅游协会、邢台博物馆、古开元寺等单位就邢台特色文创产品开发展开了深度合作,同时也为学生提供实践机会。教师带领文创团队的学生以传统工艺和非遗为依托,为邢台博物馆、古开元寺、邢台图书馆等单位开发了系列特色文创产品(见图 3-21),对宣传邢台城市文化起到了积极的作用,为“太行泉城,美丽邢台”建设和文化兴市战略贡献了科工大力量。

图 3-21 河北科技工程职业技术大学开发邢台博物馆文创产品

为充分发挥科研在文化传承与传播中的引领作用，教师积极开展课题研究，先后完成了《乡村振兴战略下邢台市文化创意产业对策研究》《弘扬和传承传统手工艺，促进城乡文化创意产业发展》《传统工艺赋能乡村文化产业振兴对策研究》《推动文博文创产业发展，促进河北省文物保护利用和文化遗产保护传承创新研究》等课题，课题研究侧重于工艺实践、资源建设，探索服务地方传统工艺和传统文化发展的创新模式，推动城市文化建设。

案例 3-12：聚焦文创，助推区域文旅融合

河北科技工程职业技术大学聚焦地域优势资源，通过邢台市文旅局校政企三方合作，以“聚焦文创　创意增效”为主题，由邢台文旅局调研各县域文创需求，发布至学校艺术与传媒系，系部根据需求分配至专业，专业根据需求设计方案，三方齐心协力，搭建平台，促进产教融合。充分利用“品牌视觉形象设计工作室”“‘互联网＋’视觉工作室”“非遗工作室”，融合理论教学、综合实训、实验设计、毕业设计等，老师们根据命题多次讨论制定设计方案分配和责任分配、分导师开展精准靶向指导、动员全体毕业生服务本区域产业。在毕业导师责任制上，多维度评价教师教学能力，从命题选题到作品打样、作品制作、作品展览，最后作品企业输出，全程导师跟踪负责，有效提升毕业设计作品质量。毕业生以主人翁的心态积极参与到邢台文化资源的挖掘和整理中，通过田野调研和设计实践相结合，发掘优秀传统文化的基因要素、审美趣味、文化意蕴，探寻新时代文旅融合，设计赋能的路径与方法，呈现了100余套精美设计作品，涉及邢台地区的文化场馆、旅游景区、传统手工艺当代创新、红色文化传播创意、地方品牌设计再造等，展示当代大学生的社会责任和文化担当，也展示了同学们的创造性转化能力，凸显校政企协同育人机制的成效。图 3-22 为市政府领导参观学生为邢台文旅创作的作品。

图 3-22　市政府领导参观学生为邢台文旅创作的作品

3.5.3　适应新需求，传播中国文化精神

学校与泰国素叻他尼技术学院共建了“中文教育教学中心”，推广国际中文教育，开展“中文＋职业技能”人才培养项目，派遣基础课部教师尤苏青和汽车工程系教师张华赴泰国境外办学项目开展中文教学和新能源汽车技术教学。2022 年线上招收了 21 名泰国留学生，开展了“中文＋新能源汽车技术”学生培养项目；2023 年招收 12 名留学生。暑假期间河北科技工程职业技术大学学生分别赴泰国和马来西亚进行了海外实习交流，参与了学校在泰国的中泰语言与技术中心、中

泰汽车产业学院等境外办学项目的活动，开展“中文＋职业技能”中泰学生一帮一结对教学和学习。在合作院校马来西亚拉曼大学的协助下参加了课堂教学、文化体验、工厂认知实习等项目。这一系列的海外实习交流活动不仅提升了学生跨文化交际水平，还拓展了他们的国际视野，传播了汉语与中华传统文化。

学校面向留学生开展文化体验交流活动，图书馆特地策划以汉字和泰语竞猜为主的“文字联动”体验活动(见图 3-23)。活动通过相互临摹、竞猜中文和泰文展开激烈角逐，并在游戏过程中为留学生讲解相关汉字、成语和诗词的含义和文化背景。活动现场场面热烈，产生了很好的效果和反馈。

图 3-23　河北科工大学生与泰国留学生开展“文字联动”体验活动

4　国际合作

4.1　中外合作办学

4.1.1　扩大境外办学规模，推广“守敬科坊”模式

学校秉持开放包容、世界眼光办教育的理念，深耕境外办学，谋划海外“守敬科坊”布局。河北科技工程职业技术大学总结凝练出的“守敬科坊”人才培养模式，随着国家“一带一路”建设步伐，为泰国、缅甸、南非等东盟和非洲国家提供了中国职教方案，在提升我国职业教育国际影响力方面做出了积极贡献。

根植于与泰国素叻他尼技术学院的合作基础，与素叻他尼技术学院共建“中文教育教学中心”，派遣教师赴泰国开展对外汉语教学及专业教学，推广国际中文教育，进一步扩大学校国际影响力(见图 4-1)；与泰国芭提雅技术学院、亚索通农业技术学院等 6 所泰国职业院校签署合作备忘录，就学生培养、课程建设、师生互访等方面达成共识，在教育资源优化配置、扩大学校教育资源输出方面的探索更进一步；与中国建材国际阿联酋公司合作成立“新能源产业(阿联酋)教育实践基地”，为师生海外交流牵线搭桥，加大教育资源输出步伐；精准对接“一带一路”共建国家职业教育需求，积极搭建中国-东盟合作战略平台，开展面向泰国、马来西亚等国家的国际职教师资培训，进一步扩大学校国际影响力。

图 4-1 尤苏青老师赴泰国境外办学项目开展教学活动

4.1.2 打造中德合作品牌,彰显国际化辐射效益

一是形成了国际认可的创新应用型人才培养体系。自 2015 年起,学校与德国施马卡尔登应用技术大学共同举办四个中外合作办学项目,分别为机械制造及自动化、汽车电子技术、机电一体化技术和电气自动化技术。双方均选取了强势专业,共同制定了人才培养方案和教学计划,形成了国际认可的创新应用型人才培养体系,德方承认其中 60 个学分。

二是加强引进优质资源。在充分利用本校优质教育平台的基础上,引进德方优质教育资源,其中包括德方专业核心课程 36 门,数字化教材、资源等 40 项;本年度累计邀请 13 名德方教师讲授德方专业课(见图 4-2)。

图 4-2 德方教师为中外合作办学项目班学生授课

三是项目规模逐年扩大。2023 年度秋季学期实现中德学生招生 236 名，创历史新高(见图 4-3)。2023 年在校生人数为 670 人，累计毕业生 415 名。

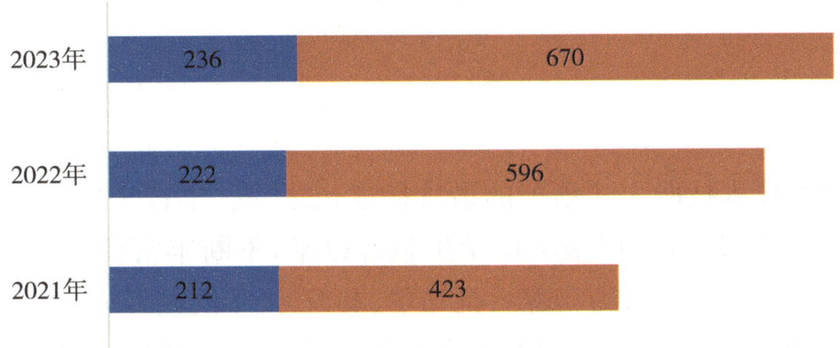

	2021年	2022年	2023年
■招生人数	212	222	236
■在校生数	423	596	670

图 4-3　近三年中外合作办学项目招生数和在校生数(单位:人)

四是项目学生毕业去向选择众多。本年度有 6 名学生顺利通过德方考试，赴德国施马卡尔登应用技术大学继续攻读本科学位；18 人国内升本；9 人入伍；其他就业于国内军工企业、国企、民营单位等，就业率达 98%，进一步地促进国际化发展，实现了为社会育才、为国家育人的使命。

案例 4-1：深耕细作筑品牌，开拓国际合作新局面

河北科技工程职业技术大学与德国施马卡尔登应用技术大学自 2015 年合作创办了机械制造与自动化专业高等专科教育项目以来，形成了一套国际认可的应用型人才培养体系，德方承认两个学期的课程和学分。项目共引进德方优质课程 13 门、数字化教育资源 9 项，累计邀请德方教师 21 人次。项目注重打造国际化师资队伍，2017 年起每年派教师参加德国施马卡尔登应用技术大学举办的“国际工程周”活动，介绍我国先进制造行业的最新研究进展和前沿技术，获得了德国师生的一致认可(见图 4-4)。项目为学生打造国际化培养平台，设立国际合作与交流奖学金，鼓励

图 4-4　河北科工大教师丁广文在德国“国际工程周”为德国师生开展讲座

学生出国交流，参加研学、国际技能大赛、学术会议和海外实习等。2018 年至 2023 年，该项目累计 49 名学生赴德国继续深造，在四个合作办学项目中占比 64.5%。2023 年 4 月，经由河北省教育厅组织的专家评审和实地考察等评估考核，机械制造与自动化专业入选 2022 年度“河北省示范性中外合作办学项目”。

4.2 留学生培养

来华留学教育是海外技术技能人才培养的最直接途径之一。学校来华留学工作坚持服务国家外交大局和“一带一路”倡议，自开展来华留学生教育以来，不断丰富留学生培养类型，实现生源、培养层次和校园文化的多元化，着力培养一批知华、友华、爱华的国际人才。

2022 年，学校招收泰国籍留学生 21 名，以“中文＋新能源汽车技术”“中文＋传统文化”人才培养模式开展留学教学，疫情期间通过互联网平台线上为泰国留学生开展汉语语言教学、中华传统文化及新能源汽车专业知识讲解，开展舞龙舞狮、陶瓷、剪纸等文化体验活动，培养懂中文、会技能的技术技能人才。2023 年春季学期赵亚玲老师为留学生开展中文课堂教学(如图 4-5 所示)。

图 4-5　赵亚玲老师为泰国留学生开展中文课堂教学

4.3 多元化交流

学校鼓励师生参加外事交流，全方面提升广大师生对外交流能力，拓宽国际视野。一方面学校坚持师资队伍“强基础、重质量”的建设原则，每年派出教师参与国际工程周、戴姆勒铸星计划等学术交流活动。教师们用英语分享交流机械、电气、电子领域研究成果，介绍我国先进制造行业的最新研究进展和前沿技术。中德教师在交流中实现资源互融互通，在培训中实现师资共同成长，在研讨中搭建中外科研平台。学校积极拓展教师对外交流渠道，提升教师国际化教学能力。2023 年学校选派 15 名教师赴新加坡、泰国、德国等国家参加学术讲座或海外教学活动；积极承接省级项目，搭建交流学习平台，提供河北省高等教育人工智能与教育教学培训平台，鼓励教师参与多种形式的培训学习，塑造国际化师资队伍，全面提升教师国际化素养。另一方面学校积极搭建对外交流平台，开拓学生国际视野。开展与北美弗吉尼亚社区学院学生中文“一帮一”学习活动，助力推广国际中文教育，传播中国声音；组织学生赴泰国、马来西亚等国家和地区参加大学生海外实习交流活动，提高学生跨文化交际能力；组织学生参加“德国工程周”线上学术讲座，对标国际课程，提升学生学习能力。

学校深化国际交流，为学生定制多样化国际交流项目。汽车工程系学生参加俄罗斯理工大学汽车知识专业培训，扩展专业知识储备；资源与环境工程系同学入围马来西亚化学大赛，一名同学获得世界职业院校与技术大学联盟（WFCP）“卓越学生成就奖”金奖（见图 4-6）；服装工程系同学获得 WORLD MODEL 2023 世界模特大赛中国河北总决赛冠军；来自建筑工程系、汽车工程系等的多名学生参加大学生海外实习交流活动。丰富多彩的国际交流活动拓宽学生国际视野，增强国际竞争力。

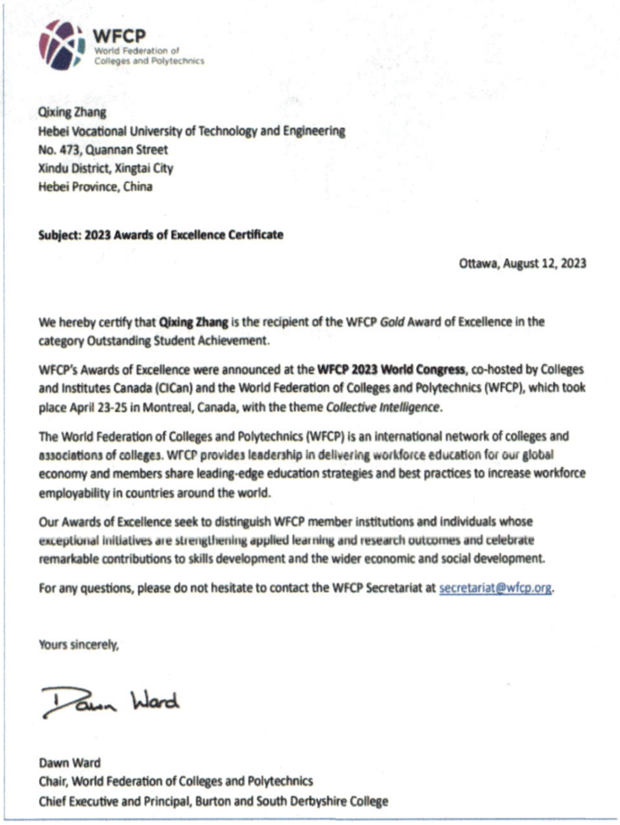

WFCP
World Federation of Colleges and Polytechnics

Qixing Zhang
Hebei Vocational University of Technology and Engineering
No. 473, Quannan Street
Xindu District, Xingtai City
Hebei Province, China

Subject: 2023 Awards of Excellence Certificate

Ottawa, August 12, 2023

We hereby certify that **Qixing Zhang** is the recipient of the WFCP *Gold* Award of Excellence in the category Outstanding Student Achievement.

WFCP's Awards of Excellence were announced at the **WFCP 2023 World Congress**, co-hosted by Colleges and Institutes Canada (CICan) and the World Federation of Colleges and Polytechnics (WFCP), which took place April 23-25 in Montreal, Canada, with the theme *Collective Intelligence*.

The World Federation of Colleges and Polytechnics (WFCP) is an international network of colleges and associations of colleges. WFCP provides leadership in delivering workforce education for our global economy and members share leading-edge education strategies and best practices to increase workforce employability in countries around the world.

Our Awards of Excellence seek to distinguish WFCP member institutions and individuals whose exceptional initiatives are strengthening applied learning and research outcomes and celebrate remarkable contributions to skills development and the wider economic and social development.

For any questions, please do not hesitate to contact the WFCP Secretariat at secretariat@wfcp.org.

Yours sincerely,

Dawn Ward

Dawn Ward
Chair, World Federation of Colleges and Polytechnics
Chief Executive and Principal, Burton and South Derbyshire College

图 4-6 张齐星同学获得 2023 年世界职业院校与技术大学联盟“卓越学生成就奖”金奖

4.4 推动职业教育走出去

学校坚持服务国家发展战略，以合作共赢、开放办学的理念站在教育走出去第一方阵，以高水平、高质量的要求推进“一带一路”建设工作向前发展。

4.4.1 “中文+职业技能”人才培养

依托学校优势专业群，应泰国院校邀请，学校选派基础课部教师尤苏青和汽车工程系教师张华赴泰国敏布里职业技术学院和素叻他尼技术学院开展“中文+新能源汽车”教学，累计培训

2 000 余人天。两位老师以扎实的专业基础和丰富的教学经验获得泰方院校师生一致好评；学校以“中文＋新能源汽车”“中文＋电气自动化技术”等人才培养方式开展留学生人才培养，在教学的同时提升课程建设水平，提升专业和课程的就业适配度，培养懂中文、会技能的技术技能人才。孙云霞、赵亚玲、郑天竹、李迎雪四位老师承担了德信钢铁印度尼西亚 31 名员工的汉语培训工作（见图 4-7）。

图 4-7　孙云霞老师为德信钢铁印尼员工开展汉语培训

案例 4-2：“中文＋职业技能”满足“一带一路”国家人才需求

河北科技工程职业技术大学积极响应国家“一带一路”倡议，与境外国资企业德龙钢铁紧密合作，创新实践“中文＋职业技能”的全要素融合人才培养模式，共同研发了一系列具有国际竞争力的职业技能培训课程，以中文为媒介，将职业技能培训与语言学习相结合，为“一带一路”共建国家培养全能型语言技术技能人才，为中国走出去企业提供人才技术支持，为教育输出提供“科工大方案”。2023 年根据学校与印尼德信钢铁集团公司达成的合作协议，为其开展为期 3 个月的德信钢铁有限公司印尼员工“中文＋职业技能”培训项目。学员们汉语的听说读写能力取得了显著的进步，不仅全面提升了语言应用水平，而且全部达到了汉语三级水平，满足了企业在中-印尼员工之间进行流畅语言交流的需求；此外，在加强中文水平的基础上，学员们通过深入学习，对钢铁生产的全流程有了全面的了解，掌握了从烧结矿生产、高炉炼铁、转炉炼钢、炉外精炼、连铸到钢材轧制的整套工艺流程及其基本原理（见图 4-8）。这不仅有利于他们学习钢铁冶炼和设备检修维护的基本知识，还使他们熟悉了钢铁智能生产中冶金过程参数检测的方法以及相关的仪器、仪表，为未来工作打下了坚实的基础。

4.4.2　课程标准认证

学校服务国家政策发展大局，对标国际标准，参与课程认证，面向海内外共享教育资源。服装工程系的“服装生产技术员Ⅴ级”获得埃塞俄比亚劳工部课程认证立项；无人机应用技术专业被柬埔寨国家技术培训学校纳入教学体系，不断扩大学校国际影响力。

图 4-8　河北科工大教师为“中文＋职业技能”培训班讲授专业课

5　产教融合

5.1　健全产教融合发展机制

学校以国家级市域产教联合体申报工作为重要抓手，以系部与政行企深度合作为重要基础，加强政校行企协同，健全产教融合发展机制，构建产教融合、科教融汇职业教育新生态。

创新“灵活有序”的联合体运行机制。发挥政府主导作用，强化政策激励，制定《邢台市关于加快推进市域产教联合体建设的实施意见》《关于支持产教融合激励措施的通知》，实现了政校企有机融合、协同发力。成立邢台经济开发区产教联合体工作专班，建立政府主导、政策牵引、多方协同的管理体制。遵循“投入收益对等、责权利对等、决策权集中”原则建立联合体理事会，分配理事单位相应权力权重，协同决策联合体各项事务。制定联合体“财政＋”多元化资金投入与分配制度、利益冲突解决预案，实现利益博弈的协调平衡，顺利达成联合体发展目标。

建立校政行企协同推进的产教融合生态。以系部为单位，深化强化与产业、行业、专业相关各政府部门、企业(集团)、学会(协会)等的合作。2023 年建筑工程系与邢台市建筑工程学会、邢台市交通建设集团有限公司、南和经济开发区管理委员会以及南和区科技和工业信息化局深度合作，根据双方的特点，深挖企业需求，助力区域产业发展，形成产业、人才、科技、金融等要素集成创新的现代产业体系，营造政校行企协同推进的职业教育新生态。

5.2　市域产教联合体与行业产教融合共同体建设

5.2.1　牵头建设市域产教联合体，探索互融共生新模式

河北科技工程职业技术大学依托邢台经济开发区，联合 8 家政府部门、85 家企业、10 余家院校（科研院所）共建邢台经济开发区市域产教联合体，致力于建成兼具人才培养、创新创业、促进产业经济高质量发展功能的中部地区市域产教联合体典范，支撑市域产业经济高质量发展（图 5-1 为河北省教育厅办公室编印的《教育信息快报》予以报道的情况）。

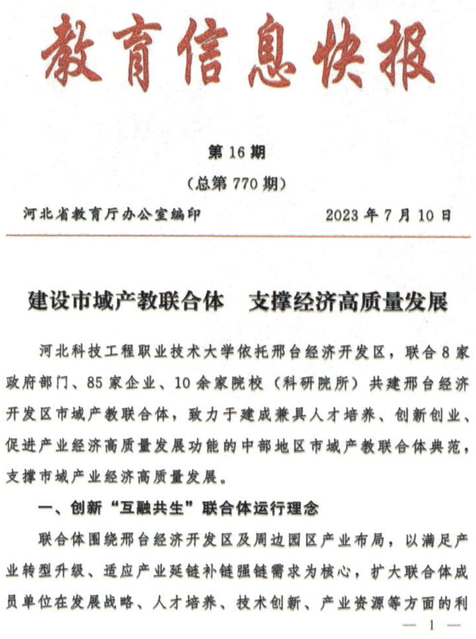
教育信息快报

第 16 期

（总第 770 期）

河北省教育厅办公室编印　　　　2023 年 7 月 10 日

建设市域产教联合体　支撑经济高质量发展

河北科技工程职业技术大学依托邢台经济开发区，联合 8 家政府部门、85 家企业、10 余家院校（科研院所）共建邢台经济开发区市域产教联合体，致力于建成兼具人才培养、创新创业、促进产业经济高质量发展功能的中部地区市域产教联合体典范，支撑市域产业经济高质量发展。

一、创新“互融共生”联合体运行理念

联合体围绕邢台经济开发区及周边园区产业布局，以满足产业转型升级、适应产业延链补链强链需求为核心，扩大联合体成员单位在发展战略、人才培养、技术创新、产业资源等方面的利

— 1 —

图 5-1　省教育厅《教育信息快报》报道学校建设市域产教联合体情况

一是一体化共生态合作模式，创新联合体互融共生理念。联合体围绕邢台经济开发区及周边园区产业布局，以满足园区产业延链、补链、强链需求为核心，扩大联合体成员单位在发展战略、人才培养、技术创新、产业资源等方面的利益交汇点与合作契合度，规避一次性、点对点合作形式，以多元化资产组合为纽带强化实体化运行，政府机构、产业企业、职业院校和科研机构同频共振，“产—教、产—产、教—教”全方位多维度融合，实体化设立人才共育“四中心”、技术创新“一站两院一市场”，建立“政府高度牵引，校企竞争轮值”运行制度，促进教育链、人才链、产业链、创新链有效衔接，促进园区形成产教赋能、创新驱动、高端引领，带动周边的产业体系，打造政产教研一体化共生态合作模式。

二是“四中心”梯次培养体系，适配“量大类别多”人才需求。邢台经济开发区处在全产业链发展的关键期，产业创新驱动下，不同层次和不同专业的技能人才、研究人才需求量大。联合体建设人才供需信息中心，畅通供需两端资源。依托协同教育中心，龙头企业深度参与，进行同领域、分阶段、一体化专业布点，构建“基础—发展—运用”的模块化课程体系，实施校企“双导师、双场域、双评价”教学，完善三段贯通、校企协同培养模式。打造学生实践中心，统筹企业岗位和学校计划，协调解决学生入园实习实训等配套问题。依托员工培训中心，针对岗前、岗中、岗后人力资源发展需求，畅通多元化员工培养路径。

三是“技—研—孵”技术创新模式，契合“面广频次高”技术需求。园区平台软实力不断增强背

景下，以创新培育新的增长点成为产业强链的关键举措。企业技术服务需求频次越来越高，联合体建设运行科技服务工作站，整合各校科技资源，常态化驻站巡站解决联合体企业技术升级、工艺改进等问题；同时，园区产业技术亟须突破共性核心技术，形成产业高地，联合体联合河北省科学院、燕山大学等科研机构，建设智能制造、新能源两个科创研究院，产业出题、院校解题、政府助题，解决产业共性难题（智能制造科创研究院开展技术升级项目情况见表 5-1）。成果孵化创业方面，依托技术交易大市场和中试基地，开展一批项目成果中试，构建“直通式”成果转化机制，支持合作成果园区落地孵化，强化创新驱动，实现产业能级提升。

表 5-1　智能制造科创研究院开展技术升级项目情况

序号	技术升级项目	服务企业名称	立项时间
1	SMC(中国)有限公司技术服务	SMC(中国)有限公司	2020.11
2	SMT 生产线气动效率提升	SMC 自动化有限公司	2021.11
3	阀门加工质量检测线设计开发	河北匡正检测技术服务有限公司	2021.10
4	一种新型胶轮车测速装置研制	河北匡正检测技术服务有限公司	2022.11
5	SMT 生产线气动效率提升	SMC 自动化有限公司	2022.06
6	SMT 生产线气动效率提升	SMC(北京)制造有限公司	2023.04
7	一种轴承外圈圆度检测装置的研制	河北匡正检测技术服务有限公司	2023.04
8	逃生门	河北匡正检测技术服务有限公司	2022.07
9	一种耐磨耐高温的搅拌摩擦焊装置及其工作方法	河北匡正检测技术服务有限公司	2023.07
10	一种搅拌机残渣处理装置及其处理方法	河北匡正检测技术服务有限公司	2023.07
11	面向智能窗的温度响应型纳米复合涂层可逆红外辐射调控的机制研究	河北省科技厅	2021.01
12	非结构环境下苹果采摘机器人平台关键技术研究	河北省科技厅	2021.05
13	多场耦合作用对电池极片轧机热辊的性能影响机制及其优化设计	河北省科技厅自然科学基金委员会	2021.6
14	高精度超宽幅电池极片辊压机产业化	河北省科技厅重大成果转化专项	2023.08
15	多物理场参数耦合作用下的动力电池极片热压辊快速升温性能及其优化方法研究	邢台市科技局	2022.12
16	SS304 和 Q235 异质钢搅拌摩擦焊接基础研究	邢台市科技局	2022.12
17	空调阻尼块物料冷却输送系统研究与开发	邢台市科技局	2022.12

四是“定制＋菜单”员工培训体系，满足“点散需求快”员工成长。园区单个企业员工成长需求具有“散、少、快”的典型特征，企业看不到培训效益的情况下，面向单个企业实施员工培训出现“校热企冷”现象。针对此问题，联合体整合员工成长培训需求，联合晶澳太阳能科技股份有限公司、中钢邢机、润泰救援等头部企业，共建高技能员工培训中心，打造“定制式＋菜单式”培训模式，建立员工培训、技能鉴定、专本课程之间学分互认转换标准及学分银行体系，推进技能培训与学历教育相互融通，满足企业人力资源开发不同阶段的成长需要。

5.2.2　组建行业产教融合共同体，探索职教集团新样态

重点围绕河北主导产业和战略新兴产业，企校联合组建行业产教融合共同体。牵头 SMC(中国)有限公司、际华三五零二职业装有限公司、北京寄云鼎城科技有限公司等企业，分别联合河北

工业大学、河北科技大学、河北师范大学，建设“全国机械行业智能装备与基础零部件制造产教融合共同体”“河北省纺织服装行业产教融合共同体”“全国智能电子信息行业产教融合共同体”，涵盖10所普通高校、9个行业组织、30所高等职业院校、77家企业等，汇聚产教资源，开展协同育人、继续教育和技术创新，实施“中高本”贯通培养，共建实训基地、企业培训中心等，以深化产教融合为主线，形成“优势互补、资源共享、互惠双赢、共同发展”的产教融合新发展格局。推动行校企标准化体系建设；促进教学资源提质升级，推动职普融通；促进共同体内科教融汇，协同创新；搭建继续教育集成平台，构建“学习型共同体教育体系”；打造共同体“协同出海”新范式。

牵头国家级汽车职教集团，产学合作服务京津冀汽车产业转型升级，联合申报智能网联汽车行业产教融合共同体。联合申报了河北省纺织服装行业产教融合共同体，逐渐转换河北省纺织服装职业教育集团的主体职能。转换后的行业产教融合共同体企业牵头单位为际华三五零二职业装有限公司，牵头高水平高等学校为河北科技大学，牵头职业院校为河北科技工程职业技术大学，成员单位涵盖政府机构、行业协会、中高职服装院校、服装龙头企业等，加快实现产教共融“抱团式”发展。

各系部、专业群还积极参与各个行业产教融合共同体的建设。经济管理系加入河北省电子商务产教融合共同体和河北省商业产业融合共同体，担任常务副理事长单位，加入全国物流与供应链产教融合共同体。建筑工程系参与全国智能建筑产教融合共同体、全国装配式建筑智能建造产教融合共同体等10余个产教融合共同体，被选为12个共同体的副理事长单位。信息工程系参与全国网络安全行业产教融合共同体、全国区块链行业产教融合共同体等14个共同体，在10个共同体中担任副理事长单位(见表5-2)。各系部、专业群建设行业产教融合共同体情况见图5-2。

表5-2　信息工程系参与产教融合共同体信息表

序号	参与共同体组织名称	荣获称号
1	全国网络安全行业产教融合共同体	副理事长单位
2	全国区块链行业产教融合共同体	副理事长单位
3	全国工业互联网行业产教融合共同体	副理事长单位
4	国家工业软件行业产教融合共同体	副理事长单位
5	软件和信息服务(数字技术)行业产教融合共同体	副理事长单位
6	全国软件和信息技术服务行业产教融合共同体	副理事长单位
7	全国嵌入式系统行业产教融合共同体	副理事长单位
8	全国网络空间安全产教融合共同体	理事单位
9	全国工业互联网安全行业产教融合共同体	副秘书长单位
10	全国信息技术应用创新行业产教融合共同体	副理事长单位
11	全国信息技术和AI应用行业产教融合共同体	副理事长单位
12	全国数字技术行业产教融合共同体	理事单位
13	信息技术行业产教融合共同体	理事单位
14	全国电子信息和网络安全行业产教融合共同体	副理事长单位

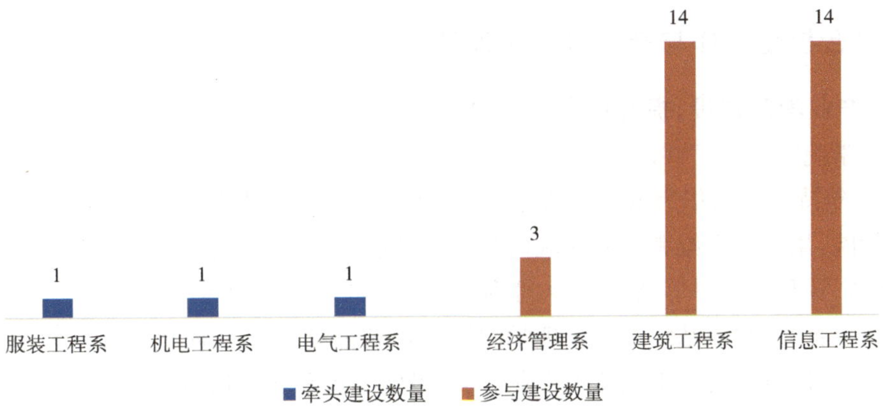

图 5-2　各系部、专业群建设行业产教融合共同体情况(单位:个)

5.2.3　共建产教融合综合体,做优创新平台助推军地产业发展

一是打造军民两用特色产教联合体。成立军民融合技术研究院,下设特种车辆改装技术创新中心,军警特种服研究所以及军民两用技术成果转化中心等。新增军民两用技术合作 88 项,技术攻关 14 项,孵化“军转民”“民参军”技术 43 项,专家智库年服务政府、企业 25 项(见图 5-3)。

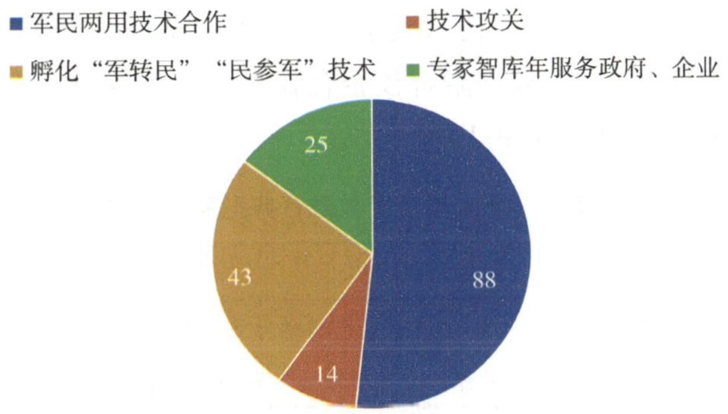

图 5-3　军民两用特色产教联合体服务军地项目情况(单位:项)

二是高新技术研究院助推产业转型升级。携手俄罗斯外籍院士、双一流高校博导,新建河北省人机环境热控制技术与装备重点实验室、河北省外国院士工作站;累计建有国家级创新服务平台 1 个、省级平台 10 个(见图 5-4),18 个科研团队以承包制服务冀中南装备制造等 8 个产业转型高端,攻关区域企业技术升级瓶颈难题。累计开展技术研发 413 项、联合攻关 152 项;专利总数居全省高职院校首位。

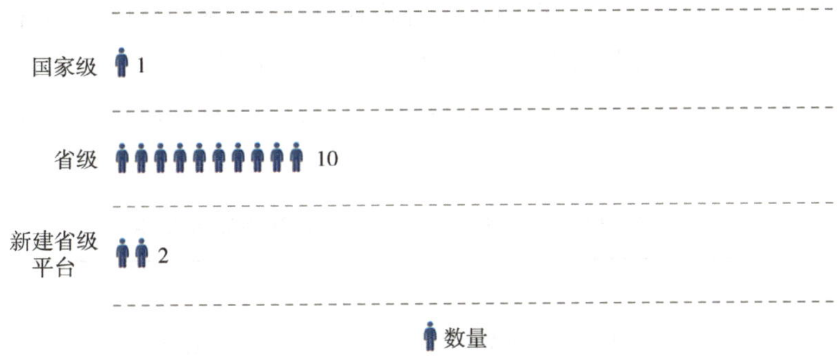

图 5-4　省级以上创新服务平台建设情况示意图(单位:个)

5.3 产教融合校企合作与产教融合实训基地建设

5.3.1 抓实产业学院建设，提升校企协同对接水平

践行产业学院“八个一”共建标准，联合行业龙头企业组建产业学院，共建省级区域共享型实训中心。2023 年持续推动华为 ICT 产业学院、新华三大数据产业学院等产业学院建设，新增中基华项目管理学院，累计建设鲲鹏产业学院（省级）、长城汽车产业学院等产业学院 10 个。校企共建基地、师资团队、课程与教材等增量明显，学徒班、订单班规模实现年度递增。与中基华工程管理集团有限公司校企共建“中基华工程管理学院”，推进智能建造在工程全过程管理中的应用，同时合作开设中基华订单班，建设工程监理专业 2021 级两个班和建筑设备 2021 级两个班进行工学交替实习。《河北科工大现代学徒制实现三方共赢》提质培优案例在中国教育在线网报道，为现代学徒制建设起到了示范作用，也阶段性检验了“旭阳现代学徒制学院”的办学成效。入选国家发改委职业教育产教融合典型案例 1 个、教育部产教融合校企合作典型案例 2 个（见表 5-3）。由机械工业教育发展中心和全国机械职业教育教学指导委员会联合征集的“机械行业职业教育产教融合校企合作典型案例”评选活动中，河北科技工程职业技术大学机电工程系报送的典型案例“双轨交叉并行、纵横循环迭代，开启专业群校企共赢新局面”“平台支撑 项目纽带 军地贯通：打造高职院校军民融合服务范式”“河北科技工程职业技术大学——与‘一带一路’心连心 享‘守敬科坊’花与果”成功入选。培育省级“工学交替、双向融合校企合作典型生产实践项目”1 个，校企累计共建李明、阚有波等省级、校级技能大师工作室 10 个。

表 5-3 职业教育产教融合典型案例名单

编号	省市	案例名称	案例单位
1	北京	“三融合、五共同”八年铸造产教融合共同体	联想集团
2	天津	深化“校企地”协同共建 推进产教融合聚“智”蓄“能”	津南区
3		聚焦“双碳”政行企校联动 打造融合发展“新典范”	天津交通职业学院
4	河北	加强校企合作 深化产教融合 推进产教双向发力助推工业城市转型升级	唐山市
5		军民互动共建产业协同创新中心 产教互融创新现代学徒培养模式	河北科技工程职业技术大学

建设校企合作典型生产实践项目，引导学生在真实职业环境中学习应用知识和职业技能。一是创新以“典型生产实践项目”为主体的“三统一”实践教学体系，形成生产实践项目的产出机制；二是创新“项目贯穿，多元评价，入职定岗”的生产实践项目的运行机制；三是打通双向循环产学研路径，提高技术协同创新发展实力。为保障校企合作典型生产实践项目科学运行，学校从“工学交替、双向融合培养”的人才培养特色出发，明确学校、企业、学生三方的职责、权益和分工，充分挖掘人、财、物资源的潜力，建成涵盖场所管理、师资培训、教学管理、招生考核等在内的制度体系（见表 5-4）。

表 5-4 校企合作典型生产实践项目管理制度体系

序号	管理制度名称
1	校企合作典型生产实践项目学徒试点工作指导方案
2	校企合作典型生产实践项目学徒试点工作实施细则（试行）
3	制定“校企合作典型生产实践项目学徒”试点专业人才培养方案的指导性意见

续表

序号	管理制度名称
4	校企合作典型生产实践项目学徒培养项目招生办法(试行)
5	校企合作典型生产实践项目学徒培养项目教学管理制度
6	校企合作典型生产实践项目学徒培养项目教学质量监控与评价
7	校企合作典型生产实践项目学徒培养项目专项资金使用管理办法
8	校企合作典型生产实践项目学徒培养项目“双导师”教师管理办法(试行)
9	校企合作典型生产实践项目学徒培养项目教师培训管理制度
10	企业员工素质提高计划训后跟踪指导管理办法

为进一步深化校企合作，依托产业学院建设共同开发专业课程，为双方提供了更多合作的机会和渠道。通过共同开发课程，学校与企业可以建立长期稳定的合作关系。在此背景下建筑工程系与邢台市交通建设集团有限公司、中基华工程管理集团有限公司、邢台市政建设集团股份有限公司、邢台建工集团有限公司、河北中冶智群装配式建筑科技有限公司等多家区域内行业龙头企业共同合作，开发《建筑设备工程》《建筑钢结构施工》《建筑材料》《建筑工程测量》等多门课程。专业课中，校企合作开发课程占比83.23%。

案例5-1:推进鲲鹏产业学院在河北落地生根

河北科技工程职业技术大学积极落实河北省委省政府鲲鹏产业发展战略，以华为鲲鹏产业学院为依托，对接鲲鹏技术链，与学校建设的新一代信息技术专业群进行专业融合、技术升级，校企合作共同建设基于鲲鹏技术的专业课程和实训项目，构建鲲鹏生态教学资源库，共同建设支持鲲鹏技术的实训平台、实践基地、实训室、培训中心。面向区域开展鲲鹏技术人才培训和鲲鹏技术服务，开展专业实践教学、技术资格证书培训、技能大赛训练、技术培训，培养了一批懂鲲鹏技术的教师队伍，其中10人取得鲲鹏生态方向资格认证;平台课程融入人才培养方案，提升了人才培养质量，210名学生通过鲲鹏技术HCIA级别认证，认证学生参加河北省职业院校技能大赛鲲鹏云技术开发与应用(高职组)赛项，获得省二等奖1项、三等奖1项，在全省范围内处于领先地位。学校新一代信息技术专业群影响力持续扩大，专业教师作为副组长参加全国计算机类专业实训条件建设标准审核，以职业本科代表院校参加全国高职电子信息学术年会，分享办学经验和教学模式，获得与会院校的高度评价。

案例5-2:“产业学院+场站工作室”培养人才

河北科技工程职业技术大学经济管理系依托电商产业学院进行了“教室+场站”的人才培养模式的探索，校企联动提升人才培养质量。一是引入高端，强化场站培养的质量。在市商务局、襄都区政府指引下与中国跨境电商头部企业重庆龙工场跨境电子商务投资有限公司达成人才培养、科研服务与师资培养提升的协议，探索共建电子商务科教融汇基地运行机制。这不仅增加了学生实战的机会，还开阔了学生的眼界，提高了学生专业技能的熟练度，提升了学生的就业层级，做法得到邢台日报等市级媒体的广泛报道。二是以点带面，提升全体学生的技能。在产业学院的框架下实践成立电子商务科技服务工作室，以教师带学生的方式接受各种社会委托，以培养学生专业技能为目的，使教师的专业技能紧跟市场发展的新形势，能够将新技术、新趋势及时地转化进课堂，从而带动更多学生的提升。新模式的实施下，学生技能水平逐渐提升，今年X证书的通过率提升到100%，在各级各类的大赛中也屡次实现自我突破，其中电子商务技能赛项追平了河北省的历史最好成绩。

案例5-3:佳诺电商产业学院"112"校企双育模式

为进一步探索"校中企,企中校,校企合一"教学新模式,在对电子商务专业近五年就业市场的调研和毕业生就业状况的数据分析基础上,提出"112"校企双育新模式,即1年实习(企业根据业务需求选拔招募不少于20名优秀学生签订四方协议,这些学生以员工和学生的双身份进入产业学院接受为期一年的跟岗实习,通过"订单式"任务达到现代学徒制教育目标),1个月实训(班级轮换开展为期一个月的实训)以及2种培训(师资培训和社会培训)。校企共建跨境电商工作室,以真实的跨境电商平台为载体开展教学和实操实训。工作室模式中校企角色相同,分工不同。企业提供软件、各平台账号,学校则提供办公场所、设施、设备、人员等,学生在企业导师的指导下使用企业平台账号进行实操,体验真实企业工作环境,转换"学生"与"员工"双重身份。通过教师培训和真实电商业务实操,学生"1+X"证书考试通过率保持在90%以上。顶岗实习学生的实习效果获得百家企业好评。

5.3.2 深耕实训基地建设,提升本科实践教学条件

建设新一代信息技术、电子商务、智慧财务管理等高水平产教融合型实训基地3个;面向高端装备制造业等重点领域,建设高水平智能制造技术开放型区域产教融合实践中心等8个省级区域产教融合学校实践中心;立足省级环境艺术虚拟仿真实训基地项目,扩容构建1个省级以上综合性虚拟仿真实训基地。面向新能源汽车等区域高端产业,推进高端装备智能制造实训基地等7个省级高水平实训基地建设,年度开展专业实训、接收实习实训学生8 000名。面向本科生校外实训实习,培育了长城汽车、北京精雕、汇川技术等一批省内外高水平企业研习、实习基地。校企合作持续探索共享开放实践基地建设模式,给广大师生提供更多的实操训练机会,强化学生动手能力,充分发挥实验实训室资源优势,提高学校实训设备的效能,将实训基地对专业、对院系、对学校师生、对社会公开,将实训资源、实训项目、实训流程、实训时间全面开放,支撑高素质技术技能人才培养。

依托实训基地搭建了一批中心、科普基地、工作室、研究院等教学、科研、技术服务、科普推广平台,为专业建设、课程建设以及技能竞赛创造了良好的基础条件。2023年获批河北省科技厅"高端制造与智能测控河北省科普示范基地"、河北省科学技术协会"智能装备与人工智能科普教育基地河北省科普示范基地"。依托实训基地,省级平台"河北省中小型非标装备技术创新中心"与"河北省阀门智能制造装备工程研究中心"运行良好,目标任务和阶段任务都顺利完成。依托现有建筑工程国家级实训基地开展了实训课程资源建设。根据本科教学、实训及技能大赛需求,建成装配式构件安装实训设备、数字化虚拟仿真测量系统,以及软件、结构试验设备建设、实践项目和场地建设等。与重庆龙工场跨境电子商务投资有限公司共建电子商务科教融汇基地;与河北三冬三夏商贸有限公司共建电子商务科技服务工作室;与邢台龙工场网络科技有限公司共建电商-物流一体化产教融合实践中心;开展网店运营推广X证书(中级)、阿里巴巴B2B数据运营X证书(中级)、物流管理职业技能等级证书(中级)、研学旅行课程设计与实施X证书(中级)考评,共计考核192人,合格188人,合格率达97.92%。

5.4 推进科教融汇

构建"技—研—哺"技术服务模式。"开启校企联合攻关、科教融汇新局面"与"横向联合纵向深入双轨交叉并行螺旋递进式校企合作"被推荐参评河北省职业教育校企合作示范项目,形成了30余项科研反哺教学案例。

“科教融汇”提质升级职业本科项目化教学模式。一是提升项目的挑战度、真实度，契合职业本科人才培养定位，选取来源于产业链头部企业的真实工作任务，构建科研项目库，动态更新并及时转化为教学项目，助力科研反哺教学。二是提升学生自主完成度，以学生为主体，以科研平台为依托，以项目为载体，以启发深度思考问题为引领，课内课外相结合，线上线下相结合，小组合作探究达成项目化教学目标，培养学生高阶思维和解决复杂问题的能力。

案例 5-4：创新产教、科教、科创三融人才培养模式

河北科技工程职业技术大学根据人才培养的现场属性和工程属性需求，遵循 SMART-CDIO 工程教育理念，与行业龙头企业深圳市汇川技术股份有限公司共建“汇川智能控制产业学院”“汇川技术服务与培训中心”，紧贴企业场景，实施企业专家进课堂、学生实训进汇川、毕业设计进汇川等多项举措，开展“汇川班”学徒制培养，创新“产教融合、科教融汇、科创融通”的人才培养模式（如图 5-5 所示）。一是采用“产业学院＋学徒制”的特色学徒制“汇川班”，校企合作，产教融合，提升学生系统集成的能力与水平。二是精选学生进入“守敬科坊”，开展科研与技术技能培训，做到科教融汇（见图 5-6）。三是精选学生进入“双创工厂”，开展创新与创业能力培训，实现科创融通。学生完成煤炭港口装船机防碰撞系统、短电弧切割控制等企业真项目；师生同力探索，形成烘胎温度控制、供电照明消防车车载控制系统等 20 余项科研反哺教学案例，使学校教育和实际生产需求相连接，提高人才的适应性。

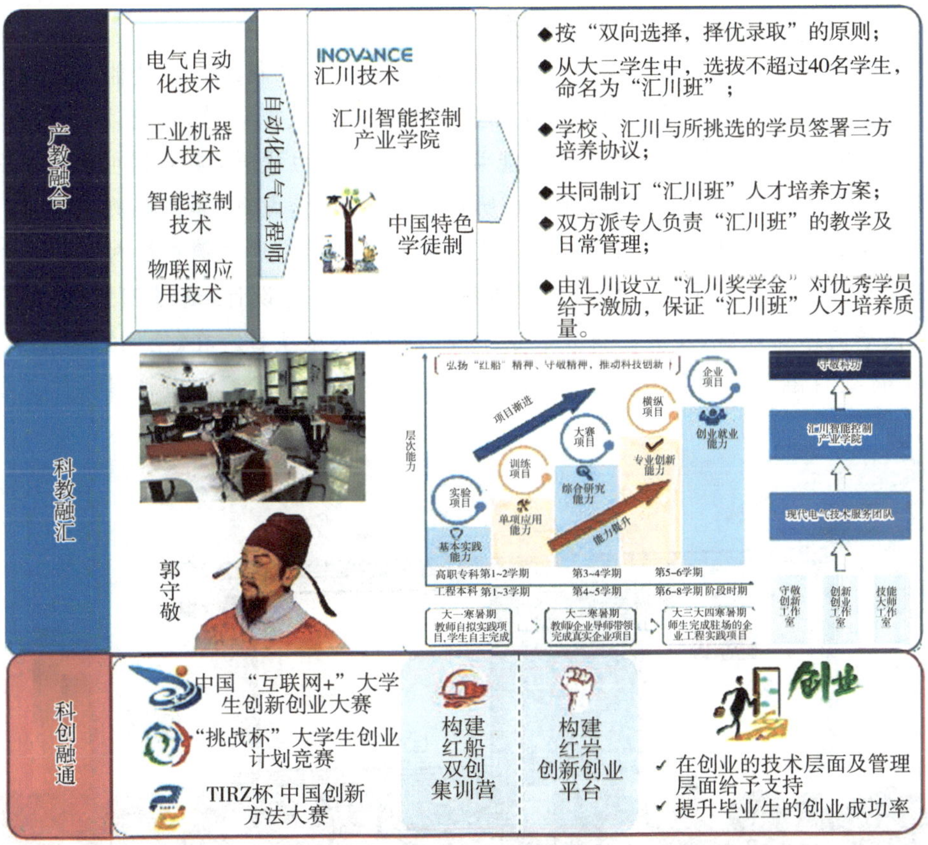

图 5-5 “产教融合、科教融汇、科创融通”的人才培养模式

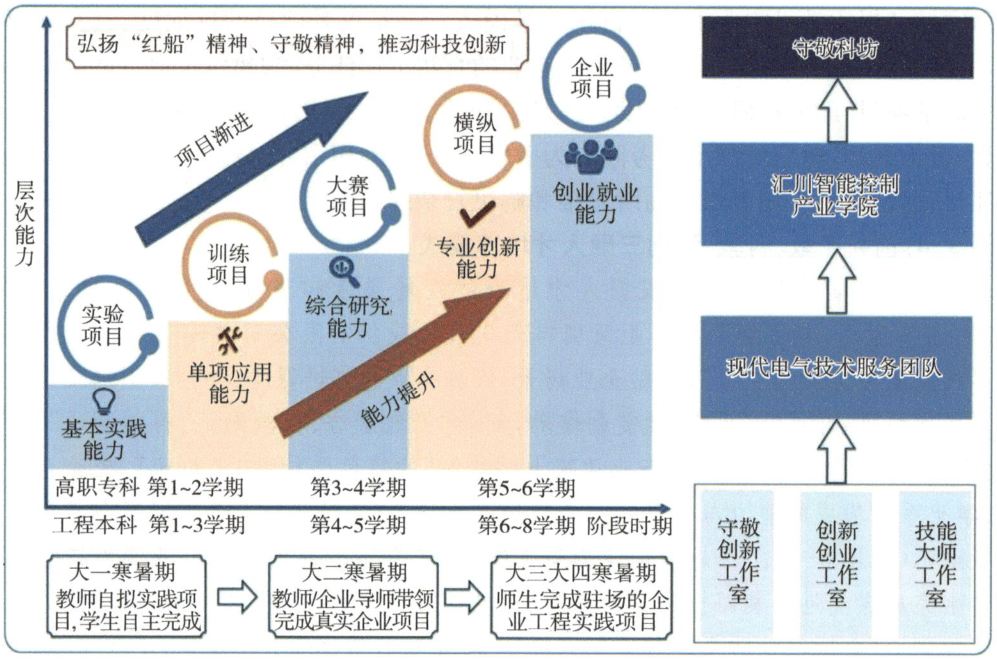

图 5-6 “守敬科坊”推进科教融汇

案例 5-5：以对外科技服务反哺专业教学

河北科技工程职业技术大学环境艺术设计专业始终秉承着“精进人才技能、服务地方产业”的教学理念，遵循“真实项目服务于教学任务，新型技术服务于技能训练，师生共研成长”的教学策略，有效利用对外技术服务项目促进学生技能训练和职业能力提升，丰富课堂教学。2023 年，专业完成 9 项对外技术服务，其中 5 项实现了科研项目反哺教学，做到“真实案例进课堂”，让学生在课堂中进行真实案例的训练，提升职业能力。戴杰老师受沙河市册井镇白庄村村股份经济合作社委托，于 2023 年 5 月至 6 月于白庄村完成了传统村落民宿创意设计，通过创意设计山村民宿，保护利用山村民居的原始风貌，发展民宿和农家小院的特色文旅项目。在《空间手绘快速表现》的课堂上，戴老师将项目融入教学任务“室外场景创意设计”中（见图 5-7），通过对实际工程项目的了

图 5-7 传统村落民宿创意设计项目引入课堂教学

解，学生掌握了在传统村落进行创意设计的方法，如何将外观设计融于环境，在内部进行艺术修饰，改造卫生间和厨房的现代化生活方式，达到外部古朴原始、内部现代舒适的效果。从层高、通风、采光等方向适当改善，居住更科学、更舒适。

6 发展保障

6.1 政策支持

6.1.1 河北省推出系列促进政策，狠抓绩效管理

一是出台系列文件做好顶层设计。出台《河北省职业教育改革发展实施方案》《关于推动职业教育高质量发展　加快建设技能型人才强省的实施意见》，实施高水平高等职业院校和专业(群)建设计划，打造高等职业教育发展高地；配发《河北省职业院校专业结构优化调整实施方案》等13个文件，在专业布局、人才培养、产教融合等方面完善顶层设计。

二是坚持"四个统筹"严格绩效管理。河北省创新管理模式，坚持"四个统筹"推动重大项目统筹管理。坚持任务统筹，将国家和省部署的各项改革发展任务以及正在谋划的"十四五"期间重点改革发展任务进行统筹，加速形成因地制宜、比学赶超、竞相发展的工作格局。坚持项目统筹。将国家和省"双高计划"、河北省高等职业教育创新发展行动计划、职业教育提质培优行动计划等重点建设项目统筹管理。坚持经费统筹，省级统筹重点建设项目经费和现代职业教育质量提升计划经费，对"双高计划"学校进行支持。坚持管理统筹，对各重点建设项目统筹管理，突出绩效导向，实施"动态管理、年度评价、中期调整、终点确认、优上劣下、优进劣出"动态管理机制，依托省级项目管理平台填报年度执行绩效，确保各项任务取得扎实成效。

6.1.2 学校建立分包"两落"机制，强化多元考评

一是机构健全，调度有力。健全职责明晰的组织机构，成立"双高建设"领导小组、项目组、资金组、项目办等，运筹"五圈三链"11个一级项目，从处室到院系、个人形成有效的执行链条。依托"双高项目"管理平台等2个系统，以一级项目为横向、归口部门为纵向实行矩阵式管理、常态化监测，畅通建设节点路线、任务协同等。

二是制度规范，分包"两落"。制定"双高项目"管理办法、绩效考核、专家指导等5个专项制度，规范各单位责权与项目管理环节；建立校领导分包重大项目机制及校长办公会、党委会听取重大项目落实情况制度，抓好重要紧急项目并分类督导；实施月推进会、季度报告制度，"落"地诊改理念、项目PDCA质量螺旋提升；形成"双高建设"项目成果数据库，"落"实成果辐射影响。

三是KPI多元考评，点面支撑。建立以"双高目标"为导向的KPI考评体系，聚焦"高、特、强"绩效，各单位承接融入"双高任务"的年度KPI，签订目标责任承诺书；细分教职工聘期、年度考核任务，实现绩效评价点面支撑，形成监测、改进与多元评价"三位一体"。依关键链技术将"双高项目"进行WBS分解，以红橙黄三色预警反馈项目关键进度，抓实建设质量；依项目管理系统及时矫正KPI达成，抓实风险控制。

6.1.3 推进现代职教体系建设改革，承接重点任务

一是制定配套政策。学校积极贯彻落实教育部、河北省教育厅有关推进现代职业教育体系建设改革重点任务(简称"重点任务")的文件要求(教职成厅函〔2023〕20号、冀教职成函〔2023〕36

号），结合学校实际印发了《河北科技工程职业技术大学关于推进现代职教体系建设改革重点任务的实施方案》，并组织全校性学习和项目落实。

二是强化管理机制。学校成立以党委书记、校长为组长的“学校现代职业教育体系建设改革重点任务”领导小组，统筹领导改革任务建设工作；由学校“双高办”（挂靠教务处）统筹 11 项重点任务建设，实施三级项目管理工作机制，做好项目与资源统筹，加大改革奖励力度，将重点任务承接情况纳入单位绩效考核，并强化项目指导、管控等组织保障。

三是对标承接任务。学校对标教育部各重点任务建设指南要求，按照省教育厅的指导要求，围绕“两翼五重点”任务布局，全面参与市域产教联合体等 11 类重点任务的承接遴选。5 月以来，组织申报项目总数达 46 项，获批省级推荐达 26 项，不含线下课程项目获省级推荐比率为 76.5%，涵盖市域产教联合体、行业产教融合共同体、国际化水平职业学校、信息化标杆学校、专业教学资源库、虚拟仿真实训基地等重点领域和整体性项目。

6.1.4 推进职业本科政策试点落地，实施“卓越计划”

一是完善职业本科人才培养方案。学校基于调研信息，修订了《人才培养方案指导性意见》，重点从以下三个方面对 2023 级职业本科人才培养方案进行调整和优化。第一是推进五育并举。对体育、美育、劳育等进行了调整，体系化设计第二课堂活动方案，规定第二课堂须修满 10 个学分；注重沟通表达能力培养，鼓励开设《大学语文》课程，不开语文课的专业要求学生选修一门沟通表达方面的选修课。第二是探索分类教学。基于学情分析和专业差异，将《高等数学》分为高数 A 和高数 B，将《大学物理》分为物理 A 和物理 B，内容上各有侧重。第三是强化实践教学。完善实践项目，设计具有综合性和开放性特征的课程项目和课程群项目（大作业），课内课外相结合，鼓励真题真做，创新项目化教学；此外，要求集中安排工学交替实习，企业学习时间累计不少于 3 个月。

二是实施“卓越现场工程师培养计划”。学校以探索职业本科办学路径形成具有高度示范引领价值的校企协同育人模式为目标，组建实验班，设定高于非实验班的培养目标和规格，携手行业龙头企业深度开展校企协同育人，创新项目化教学，实施工学交替，企业学习时间不低于 6 个月，毕业设计在企业完成，培养具备工程素养、擅长创造性解决实践问题的卓越现场工程师。在项目遴选、赛项参与等方面向试点专业倾斜，针对计划实施中的堵点、难点问题，开辟绿色通道，先解决问题后制定政策，全力保障试点改革顺利实施。此外，每个试点专业配套 30 万专项经费，保障运行。

6.2 院校治理

6.2.1 坚持党委领导下的校长负责制，持续推进治理制度体系建设

学校以政治建设为统领，以制度建设为抓手，坚持和完善党委统一领导、党政分工合作、高效协调运行的工作机制，贯彻落实党委领导下的校长负责制，党委书记切实扛起第一责任人职责，领导班子成员坚决落实“一岗双责”；围绕党委会和办公会两个学校议事和决策核心机制，不断完善议事规则，牢固树立制度意识、规则意识，严格执行“三重一大”制度，确保重大决策科学民主；扎实开展学习贯彻习近平新时代中国特色社会主义思想主题教育，把开展主题教育同学校“十四五”规划、职业本科建设等重点工作结合起来，制定《主题教育调查研究工作方案》，确定调研课题 80 项，认真检视查摆问题，把“问题清单”转化为“成效清单”，坚持“当下改”与“长久立”相结合，累计新增、修订各项制度办法校级层面 29 项、内设机构层面 27 项，形成了一套科学有效、务实管用的制度体系，切实深化拓展了主题教育成果，为各项事业发展筑牢根基。

制定河北科技工程职业技术大学章程，历经征求教职工代表意见，办公会、党委会审议，教育厅专家审议和修订，2023 年 9 月经省教育厅核准生效，成为升本后学校的新“宪法”。按照学校 2023 年工作要点，结合“双高建设”“提升院校治理能力”项目要求，出台了学校《规范性文件管理办法》，明确规范性文件从立项、会签到审定、发布的全过程要求，文件制定工作质量明显提升。建立了 OA 系统规范性文件管理库，扎实推进学校规范性文件清理工作，2023 年共梳理现行规范性文件 397 项。

6.2.2 提升智慧校园服务能力，稳步推进数据治理与应用

完成了校级主数据库建设；“一表通”平台正式上线运行，实现学生校内一张表，教职工校内一张表，自定义查询功能初步解决了教职工数据重复上报痛点，学校数据一数一源，并可以在移动端同步展示；建设了校级数据标准规范；网上办事大厅为师生用户提供查看学校各类信息资讯、新闻、通知公告和系统直通车的统一门户，让学校师生可以通过移动终端随时随地办理校内业务。

作为第一批试点院校，根据教育部职成司的工作要求，加快完善学校数据中心建设，按照教育部中台数据对接新标准，率先完成最新要求的 85 张数据表的数据上报；建立数据标准及数据治理体系，持续深入推进数字校园建设试点工作，同时，辅助各职能部门梳理所负责的业务数据表，结合职教大脑系统，为下一步持续自动推送数据做出整体对接方案，为完成学校“双高建设”及“十四五”整体建设目标、全国信息化标杆强校做有力支撑。持续推进数字化转型，成功入选教育部信息化标杆校。

6.2.3 牢固树立教学中心地位，筑牢职业教育质量意识

一是专题教学工作会议常规化。系部层面狠抓教学工作，每学期召开至少 1 次系部专题教学工作会议，开展 1 次考风考纪教育，并结合每周三系部例会及时了解并解决教学方面存在的问题。每个教研室每学期完成人才培养、“三教改革”等方面的教学专题研讨会 4 次以上，多方了解师生的教学诉求。

二是师生教学工作座谈会“实案化”。每学期召开本科教学、专科教学师生座谈会，梳理问题、意见和建议，随之召开问题改进和措施落实专题会，系部能解决的专人负责督办，属于学校层面的反馈给相关部门解决。

6.3 专项实施

6.3.1 突出政治引领，深化党建示范

在新时代党的建设总要求指引下实施“136”领航党建计划，推进党建工作与学校事业发展深度融合。创新党建工作模式，持续推进党建“双创”工作，完善“三部两线”党建工作格局，“三点聚焦”固根基，组织建设显成效。

学校党委全面贯彻落实新时代党的建设总要求，以习近平新时代中国特色社会主义思想为指导，紧扣立德树人根本任务，全面对标党建“双创”目标要求，筑牢思想建设根基，夯实组织建设堡垒，完善制度建设之纲，织密党风建设之网，推进党建与业务深度融合，逐步形成了“1+3+2”党建工作模式(一个格局、三点聚焦、两项举措)，即构建“三部两线”党建格局，聚焦政治把关、铸魂育人和党员示范三个基层组织建设要点，实施党建“136”领航计划和党建“四红”行动两大党建工作建设项目，完善体制机制，保证党的领导有效落实，以高质量党建引领事业发展，取得显著成效(图 6-1 为《光明日报》刊发学校高质量党建引领高质量发展的新闻)。

2022—2023 学年，学校新获得全国党建工作样板支部、河北省优秀高校团委，学校党委提交

08 教科文新闻
光明日报
"三点聚焦"固根基 组织建设显成效
河北科技工程职业技术大学高质量党建引领高质量发展

图 6-1 《光明日报》刊发学校高质量党建引领高质量发展的新闻

的《优质创建示范引领以高质量党建引领学校高质量发展》获评河北省委教育工委高校党建工作典型案例一等奖，马克思主义学院党支部提交的《"三心"共创"知行"并驱 倾力推动党建工作高质量发展》获评三等奖(冀教党建函〔2023〕19 号)；牵头成立了河北省职业教育学会高职学校思政与教学工作委员会；建成系列省级思政在线课，编印 1 册《课程思政案例集》；连续获评年度中国大学生自强之星等国家、行业级荣誉 20 余人次；连续两年获评高职院校教师发展指数优秀院校、学生发展指数优秀院校。

6.3.2 倾力建设"双高"，推动绩效创优

聚焦"双高建设"总目标和任务，2023 年统筹组织了三轮"双高项目"绩效自评，以评促建设、以评促诊改，职业本科学校关键办学能力不断提升。一是高质量完成国家"双高计划"2022 年度绩效自评工作，任务终期完成度 93%，收入、支出预算执行率分别为 93.02%、92.49%，撰写典型案例 21 份。二是高质量完成河北省"双高计划"(2019—2023 年)建设终期验收，省"双高校"、汽车高水平专业群、服装高水平专业群的任务终期完成度 100%，学校年度取得 100 项以上国家级、省级标志性成果。三是出台《河北科技工程职业技术大学国家"双高计划"终期绩效验收工作方案》，启动国家"双高"终期验收工作，初步完成第一轮自查自评绩效梳理，任务终期完成度近 100%。对比全国 56 所"双高校"建设成效排名第 38 位，在 197 所"双高计划"建设单位中排名第 48 位，建设成效位居国家高水平专业群建设单位前列。在金平果 2023 年职业本科院校综合竞争力排行榜中位列第 2 位。

6.3.3 推动创新发展，完成"行动计划"

学校高质量推进河北省高职创新发展行动计划(2022—2025 年)的 12 类、24 个项目建设(见表 6-1)。各项目的投入、产出以及资金使用达到了预期效果。

一是如期完成河北省高职创新发展行动计划(2022—2025 年)项目年度建设及自评，达成年度绩效增量，在建设举措、建设机制等方面实现多处创新。累计提交验收报告 3 份、年度绩效报告 23 份、典型案例 47 份，专业群等项目绩效位居全省前列。二是 2023 年立项年度"双高计划"、创新发展行动计划项目 21 个，立项暑期财政奖补项目 12 个，召开 5 次项目推进会，强化任务建设全过程管理，项目建设与支出有序推进，项目库立项项目资金支出率达 90%。

表 6-1 河北省高职创新发展行动计划 2022—2023 学年任务完成情况

项目编号	项目名称	具体项目	年度任务完成情况
XM-1	省域高水平高职学校	河北科技工程职业技术大学(省"双高计划"项目)	完成
XM-2	省域高水平专业群	汽车检测与维修技术专业群(省"双高计划"项目)	完成
		服装设计与工艺专业群(省"双高计划"项目)	完成
		建筑钢结构工程技术专业群	完成
		智能控制技术专业群	完成
		大数据与财务管理专业群	完成
XM-3	职业教育专业教学资源库	新能源汽车工程技术专业教学资源库	完成
		服装工程技术专业教学资源库	完成
		大数据技术专业教学资源库	完成
XM-4	职业教育精品在线开放课程	《JAVA 程序设计》	完成
		《模拟导游》	完成
		《居住空间室内设计》	完成
		《汽车保险与理赔》	完成
XM-5	高水平专业化产教融合实训基地	新一代信息技术高水平产教融合实训基地	完成
		电子商务高水平专业化产教融合实训基地	完成
		高水平数智财经产教融合实训基地	完成
XM-6	校企共建"双师型"教师培养培训基地	物联网专业校企共建"双师型"教师培养培训基地	完成
		装备制造类专业校企共建"双师型"教师培养培训基地	完成
XM-7	示范性虚拟仿真实训基地	智能制造工程技术虚拟仿真实训基地	完成
XM-8	应用技术协同创新中心	装配式钢结构应用技术协同创新中心	完成
		工业 APP 数字化应用技术协同创新中心	
XM-9	省级示范性职业教育集团	河北省汽车职业教育集团	完成
XM-10	高水平职业教育中外合作办学	机械制造与自动化专业中德合作办学	完成
XM-11	省级技术技能大师工作室	李明精密制造技术技能大师工作室	完成

6.3.4 推进提质培优,驱动高质量发展

学校共获批省域高水平高职学校、省域高水平专业群等河北省提质培优行动计划任务 34 项,另有自动承接的"推进本科层次职业教育试点"等改革任务 8 项,以及示范性虚拟仿真实训基地项目 1 项,承接任务总量在全省高职院校居前列。学校将提质培优行动计划与"双高计划""创新发展行动计划"进行任务统筹、项目协同、绩效并进,如期、高质量完成 2022—2023 学年提质培优行动计划建设任务,完成《学校院校数据对标分析》专项报告等多项调研,形成了 26 份提质培优行动计划典型案例,宣传推广了创意设计产业协同创新中心等项目标志性成果。

6.4 质量保障体系

6.4.1 聚焦质量提升,完善质保体系运行

扎实推进质量保证体系建设,从 2018 年推出并实施《邢台职业技术学院内部质量保证体系建

设与运行方案》，出台人才培养工作状态数据采集管理办法、人才培养质量年度报告制度、学生教学信息员制度等相关制度，到省教育科学"十三五"规划重点资助课题《基于智慧校园平台的高职五纵五横五深向质保体系构建与实施》的立项结题，再到随着职业本科教育的开展申报省教育厅人文社科研究项目《本科层次职业教育视域下内部质量保证体系的构建与实施研究》并结题，质保体系不断优化，相关成果获得第三届河北省教育科研研究优秀成果奖决策咨询报告类二等奖。

认真执行人才培养质量年度报告制度，编制发布高职"学校年报""企业年报"，并在开展职业本科教育后持续编写本科教学质量报告，2021 年、2022 年连续两年进入《中国职业教育质量年度报告》教师、学生、服务、资源四大榜单，蝉联大满贯；2023 年又接连入榜全榜单，成为东部地区 17 所入选三大卓越榜单的院校之一。

稳步推进专业群诊改，从五层面一平台强化信息化支撑，将诊改实施的做法经验升华为典型案例，多项入选国家、省级优秀（或最佳、典型）案例。继 2020 年《纵横深三向架梁立柱 "11211"六维筑基垒台》获全国职业院校教学工作诊断与改进制度建设优秀案例之后，2023 年《构建"五阶段四维度"教师发展促进体系，保障"双师型"教师队伍建设省级最佳实践案例》《基于 PDCA 诊改理念促进高职智能建造专业群数字资源建设》《深化诊改 深耕资源，打造精品在线课程——汽车转向、行驶与制动系统课程诊改案例》3 项被选为"2022 年职业院校教学诊断与改进典型案例"，《构建"五阶段四维度"教师发展促进体系，保障"双师型"教师队伍建设》1 项入编《2022 年职业院校教学诊断与改进典型案例集》。

加强与第三方评价机构合作，开展生源、短中期毕业生评价等工作，并建设利用好教学质量管理和数据平台，形成相关报告，为科学监测和评估本校人才培养质量提供依据。经统计，"双高建设"期内教学满意度持续在 93%以上。

6.4.2 强化从严治教，实施规范化教学管理

一是严抓教学秩序。全年开展 4 次学校层面学期初、期中教学检查，及时诊改一线教学中突出的问题。建立起开学周督查、教学检查周重点检查、日常巡查配合机制，实行系领导、教研室主任轮班制，对教师教学准备、学生上课情况、教学场地（含实训场所）进行全面检查。

二是落实听课制度。校领导、系领导、教研室主任以及专业带头人认真落实班级听课制度，一年听课 100 人次以上，其中校领导听课深入本科班级课堂听课评课 30 余次。在课堂现场听课基础上利用学校多媒体集中管理系统实现了远程在线听课，对课堂教学情况及时反馈和总结。教研室重点对 2022 年新进教师进行了教学督导，帮助其提升教学能力。

三是强化规范管理。认真落实"教师课堂教学工作规范"，加大课堂管控力度。制定了《工学交替指导性意见》《教学工作量计算办法》《实践教学工作管理办法》《实验室安全准入制度》等教学运行管理文件，针对教学运行关键环节优化梳理了多项管理规范。对标职业本科教学工作合格评估指标和基本要求，分类制定 38 项关键环节规范标准，全面规范各类教学文件。职业本科实践教学标准持续完善，规范性稳步提升。自 2023 级开始本科校外实习检查全覆盖，校内实习施行全员准入机制；本年度共有 17 个专业、1 801 人开展第五学期工学交替实习，人数较去年增加 186%，实现了工学交替岗位实习安全、有序开展。将岗位实习过程性管理纳入线上系统，本年度学习通开设岗位实习 15 批次，全年累计完成 12 046 人次的实习管理，做到精准管理、实时更新。本科毕业设计实现规范化管理。启动维普毕业设计管理平台，探索了适合学校的本科毕业设计管理流程，为第一届本科毕业（论文）设计管理工作积聚经验。持续推进教考分离，强化本科学位预警，年度组织本科的 50 门重要学位课程期中考试 523 场次（196 班次）。

6.5 教研驱动

学校将教育科学研究作为支撑、驱动和引领职业教育改革的重要抓手，通过教育科研探索职教发展规律、破解教育实践难题、引领职教改革创新。持续深化教育科学研究工作机制改革，不断提高教育科学研究能力和学术水平，以高质量的教育科研工作助推学校实现高质量发展，为推进高水平职业技术大学的建设奠定坚实基础。自入选“双高”建设计划以来，特别是转设为职业本科学校以来，学校高度重视教育科研工作，加强教育科研管理，充分调动广大教育科学工作者创新研究积极性，多措并举全面推进校-省-国三级成果奖评选工作，积极推动优秀成果的推广应用工作。

强化各级教学改革项目研究，围绕教学模式、教学方式、考核方式等方面立项校级教学改革项目，并将结项优秀者推荐申报省级教改项目。本学年学校教师主持省部级教学研究与改革项目12项。河北科技工程职业技术大学主持的《基于培育军工精神的高职“军教融合”人才培养模式改革与实践》、参与的《基于产业引领、竞赛支撑、多元协同的汽车工程实践教育平台建设探索与实践》2个项目获评国家教学成果二等奖。首批国家级职业教育教师教学创新团队课题研究项目《新时代高等职业院校汽车运用与维修(含新能源汽车)专业领域团队教师教育教学改革创新与实践》结题。第三届省教育科学研究优秀成果奖评选活动中，学校遴选推荐李贤彬教授主持的《基于智慧校园平台的高职五纵五横五深向质保体系构建与实施的研究》、高英敏教授主持的《基于工匠精神高职院校分流培养分类成长人才培养模式研究与实践》、郭安副教授主持的《基于“互联网+云平台”体系的高职信息化教学模式研究》3项成果均荣获二等奖，充分彰显了学校通过教育科学研究推动教育教学改革的努力。

6.6 经费保障

2022年度办学经费总收入48 073.46万元，在校生数20 846人，生均拨款19 001.36元，其中年生均财政专项经费6 434.72元。

相较于2021年度，2022年度办学经费总收入整体呈上升趋势，生均经费总收入虽略有减少(主要是由于本科专业由5个增至16个，在校生数增幅明显)，但生均拨款和年生均财政专项经费均呈现增加态势，各项收入水平明显提高(见表6-2)。

表6-2 办学经费2021年度和2022年度总收入结构及其差异

项目名称	2021年度	2022年度	差异数额	增长比例
经费收入总额(万元)	46 022.07	48 073.46	2 051.39	4.46%
经费总收入/折合在校生数(元/生)	25 523.29	23 061.24	−2 462.05	−9.65%

相较于2021年度，2022年度在经费总支出方面整体增长17.51%。职业本科基本办学条件在基础设施建设、设备采购等方面支出减少，在征地、师资建设、日常教学经费、图书购置等方面的支出均有所增长(见表6-3)。

表6-3 办学经费2021年度和2022年度总支出结构及其差异

项目名称		2021年度	2022年度	差异数额	增长比例
经费支出总额(万元)		44 984.26	52 862.8	7 878.54	17.51%
征地	金额(万元)	1 833.36	7 690.07	5 856.71	
	比例	4.08%	14.55%		

续表

项目名称			2021 年度	2022 年度	差异数额	增长比例
基础设施建设		金额(万元)	4 070.98	2 632.24	−1 438.74	−35.34%
		比例	9.05%	4.98%		
设备采购		金额(万元)	5 460.3	3 963.13	−1 497.17	−27.42%
		比例	12.14%	7.50%		
教学改革及研究		金额(万元)	2 640.37	2 606.56	−33.81	−1.28%
		比例	5.87%	4.93%		
师资建设		金额(万元)	603.9	640.65	36.75	6.09%
		比例	1.34%	1.21%		
图书购置费		金额(万元)	290.4	298.55	8.15	2.81%
		比例	0.65%	0.56%		
日常教学经费		金额(万元)	8 701.2	9 453.34	752.14	8.64%
		比例	19.34%	17.88%		
其中	实验用耗材	金额(万元)	1 150.8	1 160.8	10	0.87%
		比例	13.23%	12.28%		
	实习专项	金额(万元)	950.8	692.24	−258.56	−27.19%
		比例	10.93%	7.32%		
	聘请兼职教师	金额(万元)	690.45	700.59	10.14	1.47%
		比例	7.94%	7.41%		
	体育维持	金额(万元)	80.4	90.1	9.7	12.06%
		比例	0.92%	0.95%		
	其他	金额(万元)	5 828.75	6 809.61	980.86	16.83%
		比例	66.99%	72.03%		
其他支出		金额(万元)	21 383.75	25 578.28	4 194.53	19.62%
		比例	47.54%	48.39%		

7 面临挑战

7.1 存在问题及改进措施

一是亟须在现有师资团队中加快培育一批高层次人才。学校将加大柔性引进与培养高端师资人才的力度，积极参评国家级教师荣誉、行业专家荣誉，培育专业领军人物，尽快补足高层次人才相关标志性成果。

二是国际化合作交流典范面临挑战，服务企业“走出去”等合作企业与外方院校尚需拓展。学校将依托守敬工坊等平台，携手知名冀企“走出去”并建设海外本地化人才培养基地，扩大职教改革海外影响力。

三是尚需拓展对职业本科办学的系统研究和实践探索。学校将继续通过项目库立项等形式加强立德树人、协同育人、技术创新等研究与实践，进一步凝练教学改革成果，并率先在省内外形成办学经验。

7.2 下一步展望

一是强化“双高建设”特色成果推广。聚焦“高、强、特、新”，做好典型案例凝练、经验总结、成果推广与宣传等工作，彰显“双高建设”在育人成效、服务区域发展等方面的亮点。二是校内校外对标对表，提前谋划第二轮国家“双高计划”申报工作，重点打造存在短板的标志性成果。三是在职普融通、产教融合、科教融汇上谋求新突破。探索“三融”有效机制，深化“三教改革”，持续提升关键办学能力，引领职业本科专业建设，创新人才培养模式，打造职业本科办学品牌。

8 附表

表 8-1 人才培养质量计分卡

名称：河北科技工程职业技术大学(16203)

序号	指标	单位	2023 年
1	毕业生人数	人	5 220
2	毕业去向落实人数	人	5 218
	其中：毕业生升学人数	人	1 174
	升入本科人数	人	1 174
3	毕业生本省去向落实率	%	72.07
4	月收入	元	5014
5	毕业生面向三次产业就业人数	人	3 780
	其中：面向第一产业	人	91
	面向第二产业	人	2 003
	面向第三产业	人	1 686
6	自主创业率	%	1.55
7	毕业三年晋升比例	%	95.63

表 8-2 教学资源表

名称：河北科技工程职业技术大学(16203)

序号	指标	单位	2023 年
1	生师比	—	14.91
2	“双师”素质专任教师比例	%	61.80
3	高级专业技术职务专任教师比例	%	33.05
4	专业群数量	个	10
	专业数量	个	67
5	教学计划内课程总数	门	1 638
		学时	223 445.00
	教学计划内课程-课证融通课程数	门	388
		学时	43 875.00

续表

序号	指标	单位	2023 年
5	教学计划内课程-网络教学课程数	门	927
		学时	125 460.00
6	专业教学资源库数	个	12
	其中:国家级数量	个	0
	接入国家智慧教育平台数量	个	1
	省级数量	个	11
	接入国家智慧教育平台数量	个	6
	校级数量	个	2
	接入国家智慧教育平台数量	个	2
7	在线精品课程数	门	269
		学时	59 799.00
	在线精品课程课均学生数	人	240.16
	其中:国家级数量	门	8
	接入国家智慧教育平台数量	门	8
	省级数量	门	70
	接入国家智慧教育平台数量	门	16
	校级数量	门	56
	接入国家智慧教育平台数量	门	53
8	虚拟仿真实训基地数	个	10
	其中:国家级数量	个	0
	接入国家智慧教育平台数量	个	0
	省级数量	个	3
	接入国家智慧教育平台数量	个	0
	校级数量	个	7
	接入国家智慧教育平台数量	个	0
9	编写教材数	本	210
	其中:国家规划教材数量	本	18
	校企合作编写教材数量	本	176
	新形态教材数量	本	60
	接入国家智慧教育平台数量	本	17
10	互联网出口带宽	Mbps	25 700.00
11	校园网主干最大带宽	Mbps	10 000.00
12	生均校内实践教学工位数	个/生	1.07
13	生均教学科研仪器设备值	元/生	17 056.047

表 8-3 服务贡献表

名称:河北科技工程职业技术大学(16203)

序号	指标	单位	2023 年
1	毕业生就业人数	人	3 964
	其中:A 类,留在当地就业	人	2 786
	B 类,到西部和东北地区就业	人	119
	C 类,到中小微企业等基层就业	人	2 287
	D 类,到大型企业就业	人	1 647
2	横向技术服务到款额	万元	2 069.00
	横向技术服务产生的经济效益	万元	19 350.00
3	纵向科研经费到款额	万元	582.28
4	技术产权交易收入	万元	163.17
5	知识产权项目数量	项	85
	其中:专利授权数量	项	75
	发明专利授权数量	项	30
	专利转让数量	项	56
	专利成果转化到款额	万元	93.45
6	非学历培训项目数	项	80
	非学历培训学时	学时	3 858.00
	公益项目培训学时	学时	2 442.00
7	非学历培训到账经费	万元	1 301.57

表 8-4 国际影响表

名称:河北科技工程职业技术大学(16203)

序号	指标	单位	2023 年
1	接收国(境)外留学生专业数	个	1
	接收国(境)外留学生人数	人	21
	接收国(境)外访学教师人数	人	117
2	开发并被国(境)外采用的职业教育标准数量	个	7
	其中:专业标准	个	3
	课程标准	个	4
	开发并被国(境)外采用的职业教育资源数量	个	1
	开发并被国(境)外采用的职业教育装备数量	个	0
3	在国(境)外开办学校数	所	3
	其中:专业数量	个	2
	在校生数	人	21
4	中外合作办学专业数	个	4
	其中:在校生数	人	599
5	专任教师赴国(境)外指导和开展培训时间	人日	92
6	在国(境)外组织担任职务的专任教师数	人	51
7	国(境)外技能大赛获奖数量	项	4

表 8-5 落实政策表

名称:河北科技工程职业技术大学(16203)

序号	指标	单位	2023 年
1	全日制在校生人数	人	19 728.00
2	年生均财政拨款水平	元	12 863.73
3	年财政专项拨款	万元	16 279.83
4	教职员工额定编制数	人	1 103
	教职工总数	人	1 442
	其中:专任教师总数	人	1 165
	思政课教师数	人	66
	体育专任教师数	人	33
	美育课专任教师数	人	—
	辅导员人数	人	84
	班主任人数	人	—
5	参加国家学生体质健康标准测试人数	人	8 744
	其中:学生体质测评合格率	%	65.00
6	职业技能等级证书(含职业资格证书)获取人数	人	1 412
7	企业提供的校内实践教学设备值	万元	1 807.40
8	与企业共建开放型区域产教融合实践中心	个	8
9	聘请行业导师人数	人	275
	其中:聘请大国工匠、劳动模范人数	人	0
	作业导师年课时总量	课时	44 121.00
	年支付行业导师课酬	万元	494.16
10	年实习专项经费	万元	692.24
	其中:年实习责任保险经费	万元	0.00

注:2023 年未纳入的资金有提升高职办学水平 4 000 万元,现代教育提升计划资金 5 052 万元。

下篇

企业年报

报告四 2021 年度河北佳诺电子商务有限公司参与高等职业教育人才培养

1 企业概况

1.1 企业简介

河北佳诺电子商务有限公司，是线上线下全球资源融合的一站式跨境电商外贸综合服务提供商，公司秉承“成己为人、成人达己”的企业核心价值观，以“价值赋能、资源融合”为使命，以“平台＋产业＋人才”三大核心、以“供应链、渠道商、消费者”高度融合的协同网链为基础，致力于为用户提供包括跨境电商外贸综合服务、全流程物流解决方案、人才及中小微企业孵化、供应链、金融与财税支持等六大维度的一站式跨境电商外贸全链路综合服务(如图 1-1 所示)。

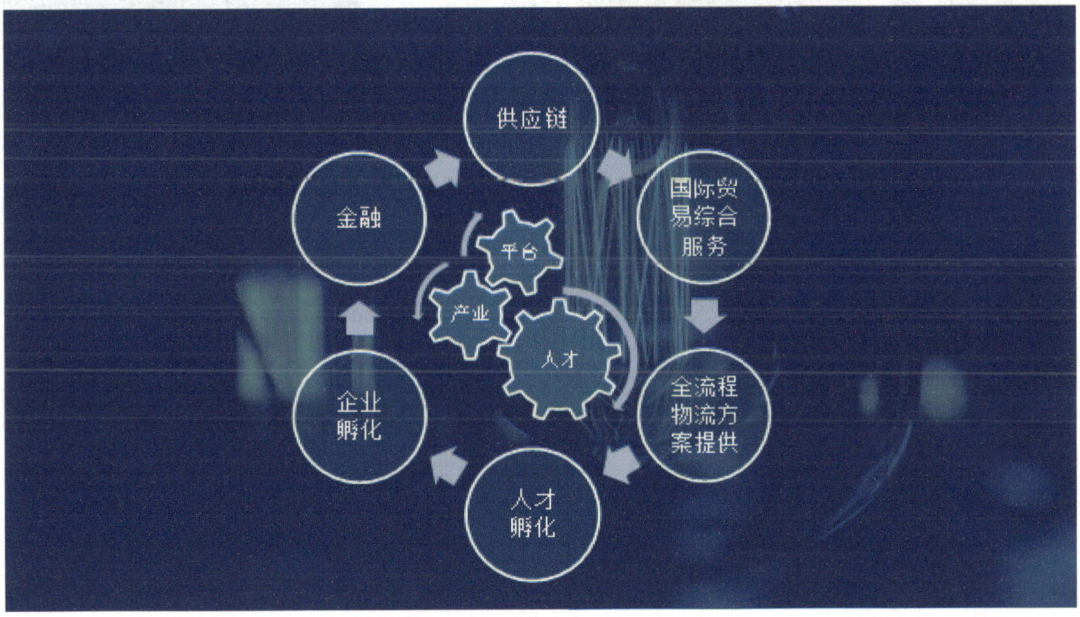

图 1-1 河北佳诺电子商务有限公司(后简称“河北佳诺”)服务体系简图

公司先后获得“河北省跨境电子商示范企业”、“河北省中小微服务外包示范企业”(见图 1-2)、“阿里巴巴最佳外贸综合服务商”等荣誉称号，先后设立河北科技工程职业技术大学“佳诺产教融合基地”、邢台学院“实践教学基地”。

公司运营邢台辖区内平乡县跨境电商园区、柏乡县跨境电商园区、内丘县跨境电子商务产业园等跨境电商园区(如图 1-3 所示)，通过孵化赋能，促进了传统企业转型升级。近三年来，共服务邢台区域中小企业 1 000 多家，孵化中小企业 67 家开展跨境电子商务，培训、孵化跨境电子商务人

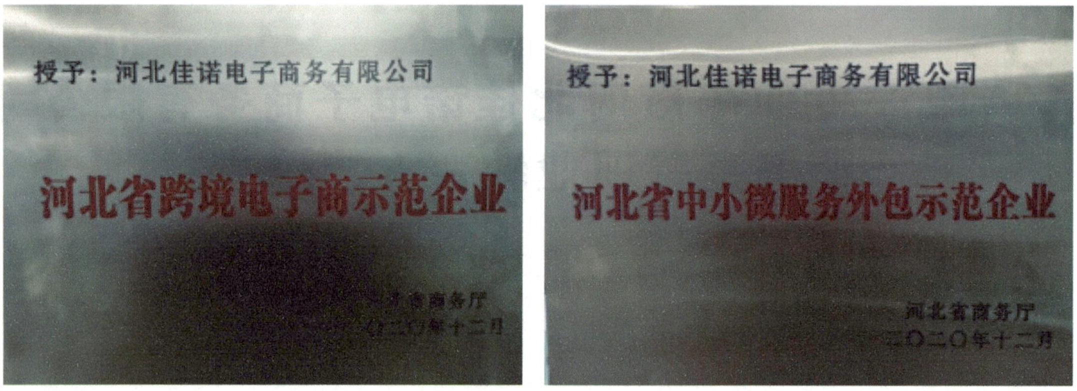

图 1-2　河北佳诺获省示范企业荣誉

才 1 100 多人，赋能企业注册海外商标 2 个(美国)，正在注册 2 个(美国)，助力 18 家企业产品认证 44 份。

目前园区内共入驻跨境电商企业 67 家，其中阿里巴巴平台会员企业 35 家，运营账号 45 个；亚马逊卖家 9 个，运营账号 9 个；有 eBay 卖家 1 个，运营 eBay 账号 1 个；企业独立站 25 个。

图 1-3　河北佳诺代运营园区

1.2　企业文化

企业核心价值观：

成己为人、成人达己

价值观：

创新、共赢、敬业、诚信

公司使命：

价值赋能、资源融合

1.3 企业发展历程

河北佳诺自2015年成立以来，经过七年的发展，已经成为一站式跨境电商外贸综合服务平台（如图1-4所示）。

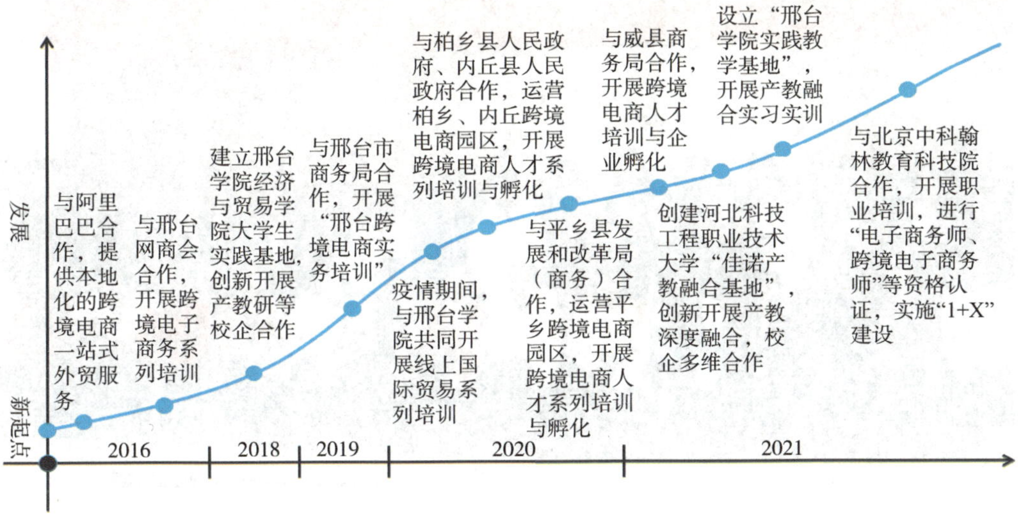

图1-4 河北佳诺发展历程

2015年10月，公司创建，打造线上线下全球资源融合的一站式跨境电商外贸综合服务平台；

2016年，开始与阿里巴巴深入开展战略合作，成为阿里巴巴外贸综合服务商"一拍档"；

2016年，开始与邢台网商会合作，开展跨境电子商务系列培训；

2018年，开展产教研校企合作，建立邢台学院经济与贸易学院大学生实践基地；

2019年，开始与邢台市商务局合作，帮扶开展"邢台跨境电商实务培训"；

2019年，成立创新创业导师团，提供一站式的人才与企业孵化；

2020年，开始与柏乡县人民政府、内丘县人民政府、平乡县发展和改革局（商务）合作，运营县域跨境电商园区，开展跨境电商人才系列培训与孵化；

2021年，与威县商务局合作，开展威县跨境电商人才系列培训与孵化；

2021年，与河北科技工程职业技术大学联合创建"佳诺产教融合基地"，开展应用型、创新型、复合型跨境电商人才培养与孵化项目。

2 参与职教办学总体情况

2.1 参与职教办学沿革

河北佳诺电子商务有限公司秉承"成己为人、成人达己"的企业核心价值观，以"价值赋能、资源融合"为使命，依托线上线下全球资源融合的跨境电子商务供应链资源优势，利用跨境电商孵化基地、跨境电商培训实训基地、跨境电商创新创业基地，与河北科技工程职业技术大学、邢台学院、河北机电职业技术学院、内丘县职业技术教育中心等职业院校和高校开展多维度的校企合作与职业教育。

2015年，通过聚合邢台区域中小微外贸企业资源，为大学生搭建了以"兴趣驱动、自主学习、技能培训和创新创业”为导向的平台，举办校园电商大赛、国际贸易技能大赛（如图 2-1 所示），通过“做中学，学中做”真题真做的方式，使学生适应未来电子商务发展。

图 2-1 河北佳诺组织首届大学生电商大赛

2018 年，与高校合作，成立大学生实践基地。

2018 年，公司派遣业务一线实操专家走进高校、职业学校（包括邢台学院、河北机电职业技术学院、内丘县职业技术教育中心等），结合行业现状、未来趋势以及企业跨境电子商务真实使用场景，创新课堂教学（如图 2-2 所示），传授国际贸易及跨境电子商务有关电商平台、产品、物流、支付、营销推广等专业性知识与实操技术能力。

图 2-2 河北佳诺深入高校课堂参与教学工作

2018 年，与高校联合开展“国际贸易”学科的改革与创新，举办亚马逊平台运营、阿里巴巴平台运营等有关国际贸易新业态下的实操技能培训。

2019 年，指导高校代表队参加第九届全国高校商业精英挑战赛“智欣联创杯”国际贸易竞赛总决赛，获得大赛总决赛一等奖（见图 2-3）。

图 2-3　河北佳诺指导大学生参加第九届全国高校商业精英挑战赛获奖

2.2　参与河北科工大职教办学大事记

公司自河北科技工程职业技术大学开设电子商务专业开始，就与学校在育人、用人方面形成了密切的企校合作关系。公司多次与学校共同商讨专业人才培养方案、学生实习、下厂锻炼等事宜。2021 年 4 月联合创办了佳诺产教融合基地，开启了校企联合招生、联合培养、双导师教学、一体化育人的全新合作模式。

2021 年 4 月，由柏乡县商务局主办，河北科技工程职业技术大学协同河北佳诺电子商务有限公司承办的“柏乡县跨境电商园区培训”如期举行，校企双方开启培训合作项目（见图 2-4）。

图 2-4　学校与河北佳诺联合开展柏乡县校企合作培训项目

2021 年 8 月，佳诺产教融合基地（产业学院）接收第一批在校留学生实习，来自不同专业的 7 位留学生将在基地完成为期 3 个月的跨境电商实操学习（见图 2-5）。产业学院根据每位学员特点为其量身定制不同的实践教学方案，达到兴趣与能力的双向匹配。

图 2-5　河北科技工程职业技术大学留学生在佳诺产教融合基地实习

2021 年 8 月，时任邢台市商务局副局长的张增广、崔向峰一行到佳诺产教融合基地参观指导（见图 2-6）。孔维功主任对基地（产业学院）运营现状、合作机制、发展规划等情况进行了介绍，局领导对此也提出一些建议和意见，希望校企合作在日后发展得到进一步提升。

图 2-6　邢台市商务局领导指导佳诺产教融合基地建设

2021 年 9 月初，学校副校长刘卫红带领处室机构相关人员督导查看佳诺产教融合基地（产业学院）（见图 2-7），对校企合作培养模式改革、科研项目创新、学生培养、发展规划等方面提出要求，不断提升校企产业学院质量。

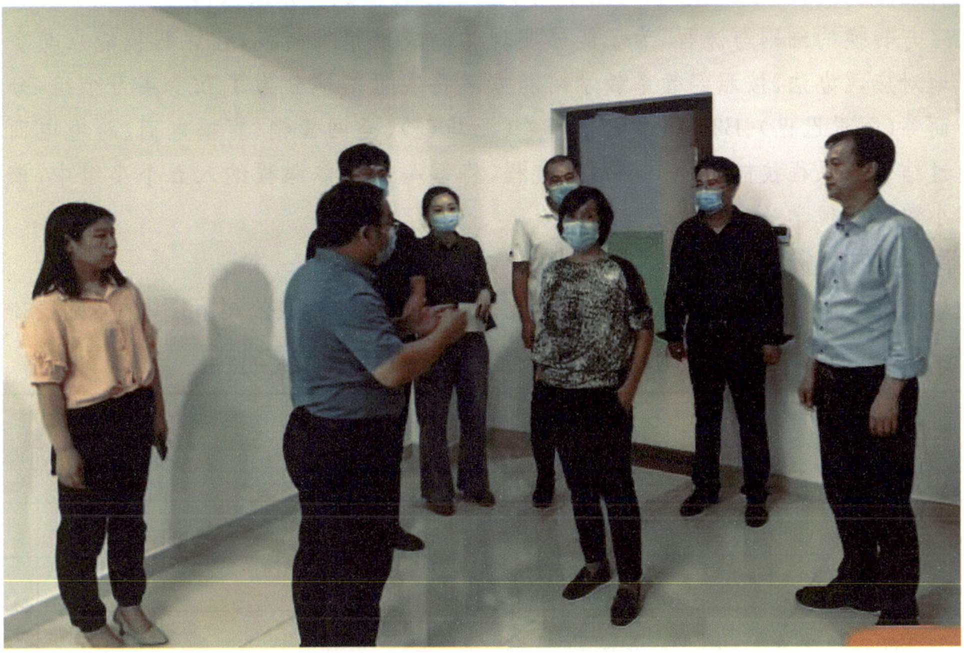

图 2-7 副校长刘卫红指导佳诺产业学院建设

2.3 参与职教办学成果

2.3.1 打造产教融合创新实践新高地

本科层次职业教育对产教融合发展模式提出了更高需求，为贯彻落实"教、学、科、研、创"融合发展，深度推进产教融合教育模式，我校"引企入校、引企入教"，与河北佳诺电子商务有限公司签订了产教融合合作协议，打造产教融合创新实践新高地。

在产学研用相结合发展理念指导下，校企共建"高校＋企业＋孵化基地"，以"平台＋产业＋人才"三大培养点为核心，以"理论＋实践"双重渠道并行为重点，充分发挥学校的专业基础与河北佳诺电子商务有限公司的外贸服务实践经验优势，建立"校中企""企中校"实习实训基地，实现与企业合作办学、合作育人、合作就业、合作发展。优化校企对接模式，完善专业与产业需求、课程内容与职业标准、教学与运营等层次对接标准，畅通专业设置、师资培育、课程开发、实习实训等环节，提升教师教学科研水平，实现立足区域发展，服务企业走出去及校企人才共育的根本目标。

案例 2-1：校企双育，实施人才培养"112"多元合作新模式

为进一步探索"校中企、企中校、校企合一"教学新模式，在学校和系部教师对电子商务专业近五年就业市场的调研和毕业生就业状况的数据分析基础上，提出"112"多元合作模式，即 1 年实习（企业根据业务需求选拔招募不少于 20 名优秀学生签订四方协议，这些学生以员工和学生的双重身份进入产业学院接受为期一年的跟岗实习，通过"订单式"任务达到现代学徒制教育目标）；1 个月实训（班级轮换开展为期一个月的实训）以及 2 种培训（师资培训和社会培训）。校企共建跨境电商工作室，以真实的跨境电商平台为载体开展教学和实操实训。工作室模式中校企角色相同，分工不同。企业提供软件、各平台账号，学校则提供办公场所、设施、设备、人员等，学生在企业导师的指导下使用企业平台账号进行实操，体验真实企业工作环境，转换“学生”与“员工”双重身份。

针对学生到企业跟岗实习一年影响期末成绩与学分认定这一问题，系领导高度重视，经过多番讨论与研究，最终制定了《经管系产业学院学生学分转换试行办法》(简称《办法》)。《办法》规定了学分认定与转换的细则与流程，为了能够实现学分成绩精准转换，让课程技能点与企业运营技能点较好地对应，《办法》按照经管系教学培养方案将实习基地分为了五个实习小组，分别为 B2C 跨境电子商务(阿里巴巴)、B2B 跨境电子商务(亚马逊)、全网营销、直播电商、跨境电商外贸综合服务。通过结合各课程技能点和企业运营流程，将每一门具体课程纳入五个小组中，该门课程在当下实习小组中实现学分成绩的认定和转换。

2.3.2 举办校内师资培训

截至目前，经管系已安排 15 位教师到河北佳诺电子商务有限公司下厂锻炼(见表 2-1)。

表 2-1 河北科工大教师赴河北佳诺下厂锻炼一览表

序号	下厂锻炼起止时间	教师
1	2021.07.10—2021.08.31	马晓琨
2	2021.07.08—2021.09.03	程 赟
3	2021.07.08—2021.09.03	邹 宏
4	2021.07.10—2021.08.22	吕 婷
5	2021.07.10—2021.08.22	郑煜煊
6	2021.07.10—2021.08.22	任晓宁
7	2021.07.07—2021.08.30	刘 兴
8	2021.07.08—2021.08.29	白玉萍
9	2021.07.07—2021.08.31	付 豪
10	2021.07.07—2021.08.31	加鹏飞
11	2021.07.18—2021.08.28	魏 伟
12	2021.07.10—2021.08.31	张 丹
13	2021.07.18—2021.08.28	路建彩
14	2021.07.10—2021.08.22	谷景祎
15	2021.07.10—2021.08.22	郑现伟

2.3.3 开发在线课程建设和新形态教材

企业优秀技术人才和业务骨干与河北科技工程职业技术大学教师联合开发人才培养方案、课程体系、职业培训标准，研发在线课程与新形态教材，已有多门课程完成录制并上线(如图 2-8 所示)。校企合作实现了优势互补、资源共享、人才流通，实现了校企人才共育，实现了培养知识扎实、技术过硬的高质量职业人才的发展目标。

图 2-8 校企合作开发在线开放课程

3 企业资源投入情况

企业在参与建设"跨境电商运营中心"产教融合基地的过程中,充分发挥企业自身的资源优势,保证了项目的顺利实施。以下是河北佳诺电子商务有限公司在参与学校合作项目运行管理过程中所投入的有形资源、无形资源及人力资源情况。

3.1 有形资源投入情况

3.1.1 财务资源投入情况

河北佳诺每年投入资金支持河北科技工程职业技术大学创新实践课程、学生技能大赛等。

(1) 企业每年投入经费 10 万元用于行业新技术研究。

(2) 企业每年投入经费 5 万元用于实践课程的创新。

(3) 企业每年投入经费 5 万元用于教学奖励。

(4) 企业每年投入经费 5 万元用于学生技能大赛。

(5) 企业每年投入经费 5 万元用于优秀学生奖励。

3.1.2 实物资源投入情况

河北佳诺在与河北科技工程职业技术大学合作过程中,通过共建电商直播中心、电商孵化基地等投入多项实物资源,具体见表 3-1。

表 3-1 河北佳诺支持河北科工大职业教育教学实物投入情况

序号	建设场所	建设面积(m^2)	设备名称	数量	备注
1	佳诺电商直播中心	60	聚光灯	4	
			提词器	1	
			直播电子白板	1	
			常规灯	24	

续表

序号	建设场所	建设面积(m^2)	设备名称	数量	备注
1	佳诺电商直播中心	60	文件柜	1	
			会议桌	1	
			音响	1	
			背景布	4	
2	佳诺电商服务中心	80	双人位办公桌	1	
			书架	2	
3	佳诺电商物流中心	60	童车(样品)	18	
			书架	3	
			椅子	10	
4	佳诺电商孵化基地	180	装饰画	1	
			展示架	8	
			空调	2	
			双人位办公桌	24	
			椅子	30	
			电脑	41	
			文件柜	4	
			饮水机	2	
			文化墙 6 m×3 m	2	
5	佳诺电商样品室	90	8 人会议桌	1	
			椅子	7	
			样品架	5	
			展示架	3	
			玩具车样品	26	
6	佳诺电商实训基地	90	投影仪	1	
			实训桌	51	
			实训椅	50	
7	佳诺电商综合办公室	80	沙发	1	
			茶几	1	
			文件柜	3	
			双人位办公桌	2	
			椅子	4	
8	佳诺电商财务室	80	展示架	4	
			双人位办公桌	1	
			直播架	1	
			文件柜	2	
9	佳诺电商会议室	60	6 人会议桌	1	
			椅子	7	
			双人位办公桌	2	
			文件柜	2	

续表

序号	建设场所	建设面积(m^2)	设备名称	数量	备注
10	佳诺电商创业基地	90	装饰画	3	
			空调	1	
			6人会议桌	2	
			椅子	9	
11	楼道文化长廊	50	文化墙	9	
12	以上区域的室内装修,包括墙面粉刷等				

(1)建设60平方米的“佳诺电商直播中心”。企业负责提供办公设备和装修,包括墙面粉刷、地毯改造、聚光灯、音响等。

(2)建设80平方米的“佳诺电商服务中心”。企业负责提供办公设备和装修,包括墙面粉刷、办公桌、书架等。

(3)建设60平方米的“佳诺电商物流中心”。企业负责提供办公设备和装修,包括墙面粉刷、书架、办公椅等。

(4)建设180平方米的“佳诺电商孵化基地”。企业负责基地的文化建设,并提供办公设备和装修,包括墙面粉刷、办公桌、电脑等。

(5)建设90平方米的“佳诺电商创业基地”。企业负责提供办公设备和装修,包括墙面粉刷、办公桌、椅子等。

(6)建设60平方米的“佳诺电商会议室”。企业负责提供办公设备和装修,包括墙面粉刷、会议桌椅等。

(7)建设90平方米的“佳诺电商样品室”。企业负责提供办公设备和装修,包括墙面粉刷、样品架、展示架等。

(8)建设90平方米的“佳诺电商实训基地”。企业负责提供办公设备和装修,包括墙面粉刷、投影仪、实训桌椅等。

(9)建设80平方米的“佳诺电商综合办公室”。企业负责提供办公设备和装修,包括墙面粉刷、沙发、茶几等。

(10)建设80平方米的“佳诺电商财务室”。企业负责提供办公设备和装修,包括墙面粉刷、展示架、文件柜等。

(11)企业负责楼道约50平方米的文化墙建设(学校投入2万元)。

具体如图3-1、图3-2所示。

图3-1 佳诺产业融合学院直播中心、样品室、孵化基地

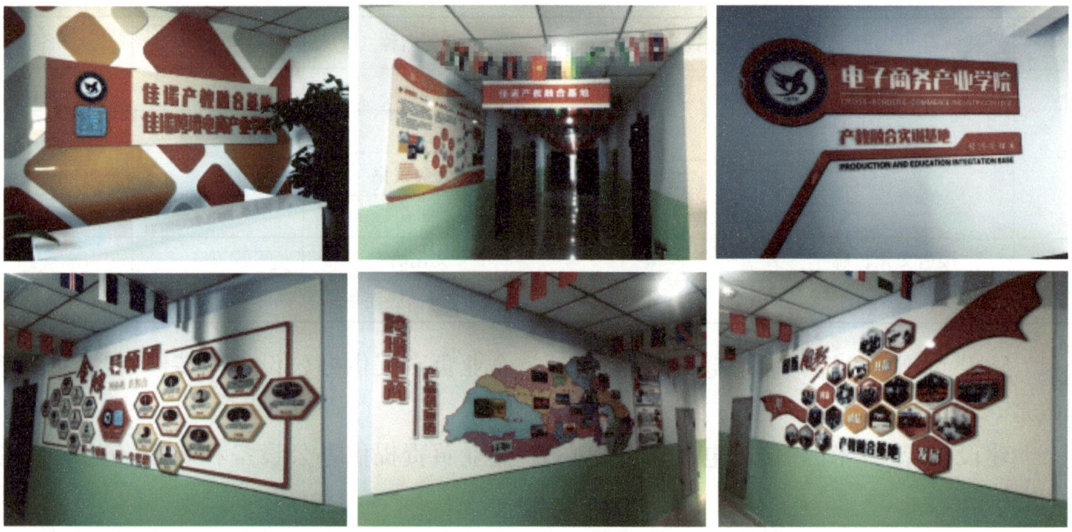

图 3-2　佳诺产教融合基地(产业学院)文化墙建设

3.2　无形资源投入情况

企业入驻学校,为学校提供了阿里巴巴、亚马逊等四个平台的 85 个真实账号(见表 3-2)供学生使用,派出有丰富经验的专业培训师对学生进行技术培训,解决实操中存在的问题,指导学生开展实践活动,共培训学生 300 余人。在企业导师的指导下,学生能够利用企业的品牌、商誉及企业提供的平台账号、产品熟练进行电商的跨境实操。

表 3-2　河北佳诺支持河北科工大职业教育教学无形资源投入情况

序号	平台	账户数量	单价(万元)	金额(万元)	总计(万元)
1	阿里巴巴平台账户	45	2.98	134.1	260
2	亚马逊卖家	9	5	45	
3	企业独立站	30	2	60	
4	eBay 卖家	1	4	4	
5	场地装修	1	16.9	16.9	

通过体验真实的企业工作流程,实现“学生”与“员工”双重身份的转换,学生的专业认知和操作体验得到提升,为双向流通高水平“双师”队伍建设提供了实践保障。通过实习,企业“成己为人,成人达己”的核心价值观深植头脑,企业的运营管理模式成为示范,为学生未来的创业提供了多方位的支持,真正起到人才孵化器的作用。

企业入驻学校,为教师提供了便捷的下厂锻炼机会,共有 20 余位教师深入企业,使双向传输模式顺利实现,有效提升了教学水平,探索出了企业岗位需求和高校课程设置、教学内容等深度融合的新途径。

3.3　人力资源投入情况

成立由企业内部与企业外部各行业专家组成的“创新创业导师团”。导师团成员来自亚马逊、谷歌、阿里巴巴、eBay、中国银行国际业务部、中国邮政、跨境物流专线、外贸企业、知识产权服务商等跨境电商各行业实践企业专家,共计 50 人,帮助河北科技工程职业技术大学解决学生遇到的实践问题，并为学生提供免费技术及管理培训服务，提升学生的理论水平和实践能力。其中，拥有15年专业培训经验、培训企业1 200家、培训学员上万人次的资深高级电子商务师王瑞华，还有高级电子商务师江晓娜常驻学校，负责现场的技术指导和问题解决。

4 企业参与教学情况

4.1 专业建设方面

河北佳诺电子商务有限公司作为一站式跨境电商外贸综合服务体，利用其自身影响力，与有关商协会、商务部门、跨境电商企业等达成合作，组建"跨境电商创新创业导师团"，形成汇集校企人才、具备高水平理论和实践教学实力的"双师"型师资队伍。

以佳诺产教融合基地为依托，在产业学院背景下，教师形成双向传输模式，既可以运用自己的专业知识指导实践，也可以通过与企业零距离接触，以企业真实项目为载体，开展科学研究，最终形成以电子商务为主要领域的多方面融合的科研课题，或与企业人员共同申报省级及以上科研项目，助力企业专家成为技艺大师，共同打造省级教学团队。

校企双方以"一核四翼"产业群为载体，为以电子商务专业为核心，以市场营销、物流管理、工商企业管理、财务管理为支撑的5个专业制定人才分流培养目标和培养方案，并为5个专业的人才培养提供短期实习和长期实训的保障。共同制定校企联合招生、分段育人、多方参与的双主体育人机制，共同制定规章制度，共同对实习学生进行考核评价。

4.2 学生培养方面

企业导师团成员与学校专业教师合作，采用理论与实践相结合、短期培训与长期培养相结合的教育孵化机制，形成学校和企业双主体、学生和学徒双身份的现代学徒制育人模式。

企业提供阿里巴巴、亚马逊、eBay等主要跨境电商平台真实店铺及账户，用于实践班学生的实战操作，在导师指导下，进行包括关键词整理、产品发布与优化、站内及站外引流与推广、全渠道营销、询盘获取及转化、客户跟进、订单执行等真实场景下的跨境电子商务外贸全流程作业。

4.2.1 短期培训长期培养孵化优秀人才

根据公司要求，河北科技工程职业技术大学每年组建长期的跟岗实习和短期的班级实训。

(1) 跟岗学习：学生以员工和学生的双身份进入产业学院接受为期一年的跟岗实习，通过"订单式"任务达到现代学徒制教育目标，实践产教融合。

产业学院选拔学生范围：经济管理系各专业。

产业学院学生基本素质及要求：身体健康，能适应工作强度；遵守学校、企业规章制度，无不良表现记录；懂礼貌、知礼仪，能积极主动与他人交流，有一定团队意识，能吃苦耐劳，能接受出差，完成理论知识的学习和实训及实习动手能力的提高；能够遵守协议。

实习流程：企业根据自身业务需求，例如网店美工、新媒体平台运用和客户服务等岗位，面向在校大二学生进行集中宣讲，选拔招募不少于20名优秀学生签订四方协议（企业、学校、家长、个人），进入产业学院接受为期1年的跟岗实习（流程见图4-1）。

企业为学生提供阿里巴巴、亚马逊等主要跨境电商平台的真实店铺及账户，学生在双导师指导下，完成场景布置、脚本创作、定位选品、产品优化与发布、站内及站外引流与推广、全渠道营销、

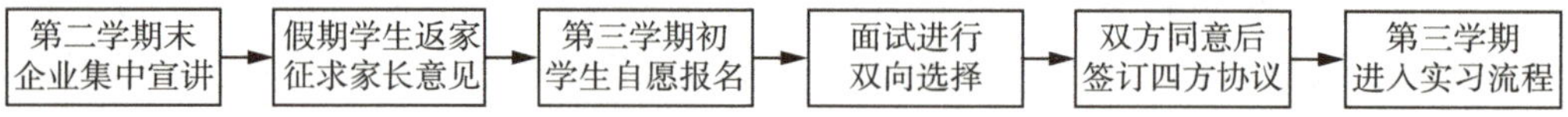

图 4-1　实习流程示意图

询盘获取及转化、客户跟进、订单执行等真实场景下的跨境电子商务外贸全流程作业，高效完成教学及实操任务，为成为应用型、复合型跨境电商人才夯实基础。学生在跟岗过程中采用薪酬与业绩挂钩原则，企业根据学生绩效表现支付报酬。

（2）班级实训：通过班级轮换开展为期一个月的实训，使学生通过真实工作任务，体验电商平台交易情境，提高专业认知和操作体验。

实训流程：学校根据电子商务、市场营销等专业的人才培养方案的培养需求，于第四学期或第五学期以班级轮替的形式进入产业学院，进行为期一个月的理论培训和实践演练，通过跨境电商平台交易的真实情境，提高专业认知和操作体验。

4. 2. 2　为学生提供实习、就业机会

公司根据需求从河北科技工程职业技术大学接收优秀实习及预就业学生，企业利用自身及产业园资源优势，提供学生毕业后在企业实习岗位与机会，并负责学生实习期间的培训、岗位、工作场地等条件，保证学生在实习期间的安全，安排指定企业师父对实习学生进行实习指导。通过一对一的现代学徒制方式，让学生迅速进入工作环境和负责岗位。

学生在公司实习期间，由企业人力资源部门牵头邀请各部门领导和指导教师进行实习巡访，了解学生在公司的工作情况和思想动态，解决学生在工作内容上的问题并从企业文化、工作认知等方面引导学生未来发展。同时，学校由系部牵头各教研室专职教师定期进行实习学生的电话巡访，了解学生实时动态，真正实现校企双方共同关注，为企业培养出创新型电子商务高素质复合型技术技能人才。

在充分发挥学校的专业基础和企业的实践场地和环境的基础上，推进产教深度融合，共同创建“高校＋企业＋孵化基地”的“产教融合”模式，以“平台＋产业＋人才”为三大核心，采用“理论＋实践”两手抓的形式实现共赢。通过合作，实现专业与产业需求对接、课程内容与职业标准对接、教学与运营对接，从而提高教师教学科研水平，增强学校办学能力，促进产学结合，达到服务地方经济建设、服务企业单位、服务学生的根本目标。

5　面临的问题与预期展望

5. 1　面临的主要问题

（1）产教融合不够深入，双方合作需进一步加强

由于高校与企业在目标、价值体系、沟通合作等方面存在一定的差异性，故产教融合中仍存在一些壁垒与限制。企业倾向于实际问题的短期解决，追求利益最大化，面临激烈的市场竞争，行事较为务实功利，希望高校为企业输送训练有素的学生；而高校则是选择长期培养的模式，希望学生与教师接受更多实务训练，为学生创造就业创业机会。要使产、教双方实现较好的融合，既要找到双方契合点，同时也需政府的推动与行业协会的指导，平衡企、校之间利益，激发各主体的积极性。

（2）师生共同参与度不够充分，受益面有待拓展

现有校企双元育人的主要形式是通过“跟岗实习＋班级实训”的方式进行，这就导致学校与企业在育人过程中没有形成一套全程进行充分交流和沟通的流程体系，导致最终学校培育出的人才不能完全满足企业的迫切用人需求，比如本产教融合项目中，只有部分优秀学生参加跟岗实习并得到提升。如何扩大产教融合的普适性和受益面，是今后产业学院建设中值得关注的问题。此外在产教融合师资培养方面，需要建立更完善的运作机制以保障实施，探索互聘共培、企业导师引进、联合培养等措施。如何让产教融合培养师资走上可持续发展之路，也是需要进一步研究的问题。

5.2 预期展望

（1）优化产业学院人力、物力资源

为了推动产教融合进一步深入，企业将派出业务能力强、道德高尚、富有责任心的业务骨干承担部分实践环节教学，将企业生产运营中真实的过程、问题案例以及经验传授给学生，激发学生学习兴趣，并提高学生对未来工作岗位的适应性。进一步丰富以企业的真实运营环境为载体的教学场地，让学生真刀真枪地参与跨境电商业务，还能提升学生成就感和职业荣誉感，让学生感受企业文化氛围，形成企业代入感。学校方面，由具有“双师”素质的教师深度参与企业运营，更好体现出教学的适应性和针对性，在与企业教师的不断接触中，进一步提升“双师”能力，从而起到学生、教师同时培育的作用。

（2）对接区域产业需求，推动多元主体参与

依托河北佳诺一站式全球资源融合的跨境电商资源优势，利用其自身影响力积极与区域内有关商协会、商务部门、产业园区、跨境电商企业等达成合作，构建跨境电商产教融合生态，形成跨境电商利益链、人才链，在服务地方产业发展的同时，为学生提供更广阔的实践、就业、创业环境。同时组建“跨境电商创新创业导师团”，加强不同行业产业内的跨境电商企业导师与学校专业导师沟通交流，拓展学校教师的专业视野，提升对本地产业的参与度。

6 结束语

产业学院是高职教育产教融合纵深发展的重要方向，产业学院能否取得效果的根源在于能否实现高校人才培养与企业创新发展的合作共赢。共享与融合是产业学院运行的逻辑起点，共享是高校与企业的利益平衡点，融合是高校与企业长久合作的保障机制。产业学院要立足产业、服务产业、引领产业，并以产业发展前沿作为人才培养的风向标，目前在与河北科技工程职业技术大学共建佳诺跨境电子商务新型产业学院的过程中突出了“服务地区产业”发展这一产业学院的根本目标，今后也将进一步做优做强，使教学内容紧随跨境电子商务业态的发展前沿，教学方法紧扣企业对学生职业能力、职业态度和职业素养要求，努力为区域内跨境电子商务产业提供人才支撑。

报告五 2021 年度新华三技术有限公司参与高等职业教育人才培养

1 企业概况

1.1 新华三技术有限公司简介

新华三技术有限公司是业界领先的数字化解决方案领导者，致力于成为帮助客户业务创新、数字化转型最可信赖的合作伙伴。新华三技术有限公司隶属新华三集团，集团拥有双总部，分别设在北京和杭州，公司行政总部位于朝阳区望京利星行中心，其控股母公司是紫光集团，位于北京市海淀区。

互联网业务广泛，技术品牌知名。公司拥有计算、存储、网络、安全等方面的数字化基础设施整体能力，能够提供云计算、大数据、数字化联接、信息安全、新安防、物联网、边缘计算、人工智能、5G 在内的一站式、全方位数字化平台解决方案以及端到端的技术服务。该公司也是 HPE 品牌服务器、存储和技术服务的中国独家提供商。

植根中国，新华三集团深耕行业三十余年，始终以客户需求为导向，提供场景化、客户化解决方案，支持运营商、政府、金融、电力、能源、医疗、教育、交通、互联网、制造等各行各业数字化转型实践。服务全球，公司产品广泛应用于近百个国家和地区，客户包括沃达丰、西班牙电信、瑞士电信、可口可乐、梦工厂、法国国铁、三星电子、巴西航空等。

掌握核心技术，力行标杆企业。作为世界级高科技产业集团，紫光集团以移动芯片设计为突破口，以存储芯片制造为纵深，关联云计算和整个网络产业生态，打造出了紫光特色的“从芯到云”产业链条。新华三集团(以下简称“新华三”)作为紫光集团的核心云网企业，助力紫光集团成为国内少数可提供从产品到咨询、设计、建设和运营的全产业链云网设备和服务企业，帮助客户创造更高价值。新华三致力于行业标准引领，丰富的行业案例为技能标准的建立提供依据。目前，新华三研发人员占比超过 50%，截至 2021 年 9 月底，专利申请总量超过 12 000 件，其中 90%以上是发明专利(见图 1-1)。

1.2 企业文化

企业文化品牌——领航者文化。

客户：以成就客户为核心使命，专注于全力支持客户的业务创新，为客户的持续发展与价值提升贡献最大的力量。

创新：以创新为立身之本，坚持以不断创新的技术、产品和解决方案服务客户，并持续推动行业的发展与进步。

激情：新华三人时刻满怀激情与梦想，开拓创新、锐意进取，为成就客户和推动创新持续贡献

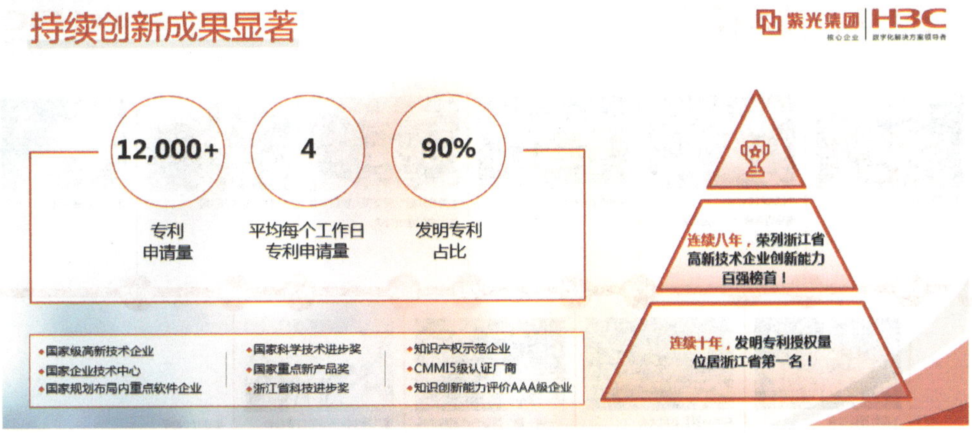

图 1-1　新华三公司自主创新成果

自己的智慧与能量。

共赢：倡导打通组织与思维的边界，全力建设开放、灵活的生态环境，与政府、客户、合作伙伴实现优势互补，携手助力“数字中国”的实现，共建普惠大众的美好生活。

积极履行企业社会责任。作为数字化解决方案领导者，新华三集团始终将“让数字化更有能量和温度”作为企业社会责任的使命与奋进方向。新华三视企业社会责任为发展之重任，以践行国家新经济发展战略为核心，通过不断创新信息技术产品与解决方案，以数字之能助推百行百业转型升级，为社会持续贡献价值（如图 1-2 所示），为国家重大事件、重大活动提供技术保障（如图 1-3 所示）；以数字之能践行善心善举，让城市有温度、生活有温情；以数字之能传递正能量，凝聚社会力量共绘责任画卷，创造人人悦享的美好生活。在教育、环保等公益领域尽善心施善行，连续多年编制、公布集团企业社会责任报告。2020—2021 年公司获得“可信云技术最佳实践微服务”等荣誉称号（如图 1-4 所示）。

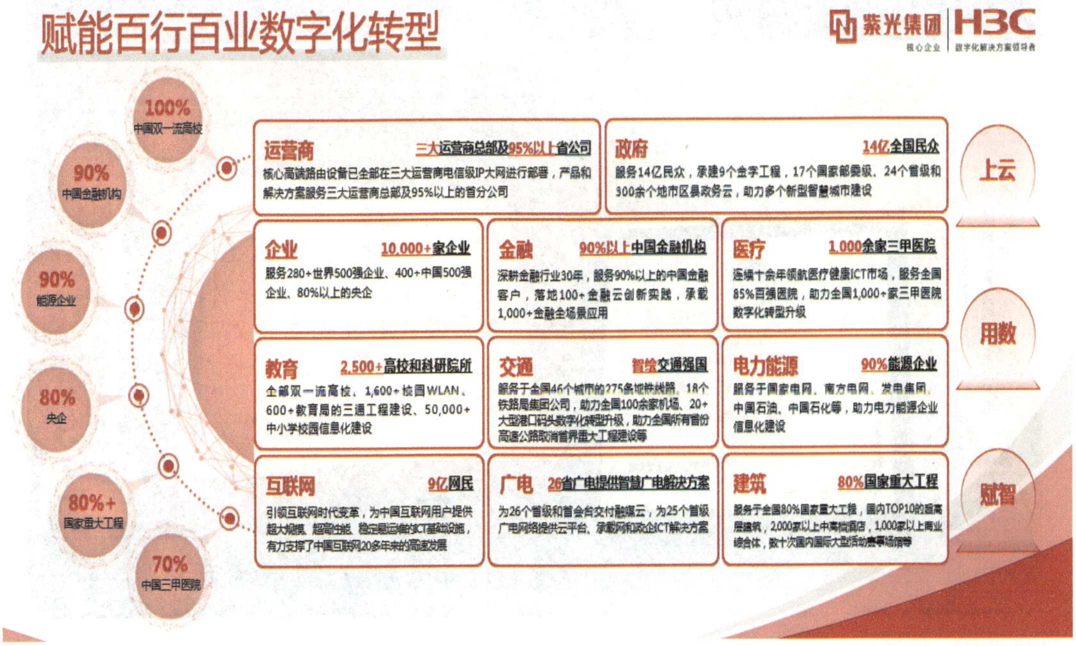

图 1-2　新华三赋能百行百业数字化转型

图 1-3 新华三重大事件技术保障

图 1-4 新华三 2020—2021 年获得的部分社会荣誉

1.3 “新华三人才研学中心”概况

新华三集团结合自身产业及数字经济转型与产业升级对人才的需求，在云计算、大数据、网络与信息安全、人工智能等产业领域开展校企深度合作，与院校共同培养新一代信息技术融合人才。2016 年，新华三通过整合紫光集团内优势资源，打造出新华三服务社会和产业、服务职业教育的核心部门：新华三大学。2021 年，新华三大学正式更名为“新华三人才研学中心”。

新华三人才研学中心从 2003 年起推出网络学院教育合作计划，目前在全国拥有 520 余家网络学院、40 余家云学院。课程体系涉及安全、无线、云计算、大数据、物联网等领域的 300 多门课程和 1 000 多套多媒体课件；每年开设多个技术水平的讲师培训班，至今累计培养教师 2 400 余名；联合渠道合作伙伴创立了业界首个人才联盟，在促进就业、帮助企业用人选人方面积极履行企业社会责任；同时建立人才资源平台，每年为各行各业输送上万名优秀人才。截至 2020 年年底，累计 30 多万人接受过培训，20 万多人获得各类认证证书，人才联盟成员达到 10 000 余家，遍布全国所有省份。

公司连续 4 年支持教育部全国职业院校技能大赛高职组计算机网络应用赛项，2019 年支持教育部全国职业院校技能大赛高职组大数据技术与应用赛项，连续 11 年举办“新华三杯”全国大学生数字技术大赛等重大赛事，取得了良好社会效应。获得教育部及行业权威机构颁发的“中国企业培训十大品牌”“十大影响力认证品牌”“高校网络技术教育杰出贡献奖”“亚洲教育贡献奖”“高校信息化创新奖”，并连续 9 年获“培训服务满意度金奖”“中国最具价值企业大学”等数个专业奖项。

2 参与职教办学情况

2.1 参与职教办学总体情况

创新驱动，人才先行。新华三始终将教育板块视为核心业务之一，建立人才智库，不断完善网络科技教育培训平台和人才知识管理体系，为中国培养和输送 IT 技术创新人才。随着国家职业教育政策的不断改革深入，新华三集团已在 2018 年将产教融合提升为公司战略，积极响应职业教育供给侧的改革互动，支持合作的高职院校高质量发展，共同助力新一代信息技术产业发展。

新华三人才研发中心致力于开展校企合作，参与高校大数据、云计算、人工智能等专业建设；贯彻《国家职业教育改革实施方案》精神，开展大数据平台运维“1+X”职业技能等级认证；在全国范围内遴选优秀高等职业学校合作建设课程资源；积极支持全国数据技术与应用职业技能竞赛，组织行业技能大赛；提供师资培训服务，以实训、实验设备共建等方式，实现学校专业设置与产业经济、教学内容与企业岗位的全面对接，使学校教育更好地服务企业、服务产业、服务社会，打通就业联盟，提高人才就业质量。

新华三一直大力支持应用型本科院校和高职院校的发展，在人工智能、大数据等相关技术领域开展校企深度合作，围绕网络技术、通信工程、软件工程、大数据、云计算、人工智能、智能制造、物联网等相关专业和方向为核心，共同建设新华三产业学院。

新华三对产教融合、校企合作的重视和投入是一贯且持续的，以“新华三大数据学院”“紫光芯云学院”“新华三数字工匠示范学院”“新华三网络学院”“新华三 IT 学院”“新华三人工智能特色班”“新华三联创班”等形式开展深度校企合作，实现双元育人。内容包含共同制定行业人才标准、人才培养方案、培育“双师型”教师队伍、联合进行教学资源开发等工作。新华三多年来积极推进产教融合、深度参与校企合作，在职业教育领域获得了以下资质或荣誉：

2020 年获批教育部“1＋X”智能网络应用与优化、无线网络规划与实施、集成电路检测技术应用职业技能等级证书培训评价组织；

2019 年获首批全国职业教育教师企业实践基地；

2019 年入选浙江省首批产教融合型企业；

2019 年获批教育部“1＋X”大数据平台运维职业技能等级证书培训评价组织；

2019 年成立“长三角人工智能产教联盟”，新华三集团当选理事长单位；

连续 4 年赞助全国职业院校技能大赛高职组——计算机网络应用赛项；

2019 年赞助全国职业院校技能大赛高职组——大数据技术与应用赛项，并获得大赛突出贡献奖；

2019 年荣获“中国最具价值企业大学”；

2019 年荣获中国 IT 教育论坛产教融合案例一等奖；

2019 年获“中国电子信息百强企业”；

2018 年获“亚洲教育贡献奖”；

2018 年荣获产教融合校企合作创新实践奖。

2.2 参与河北科工大办学大事记

自 2013 年起，河北科技工程职业技术大学（简称“河北科工大”，原邢台职业技术学院）与新华三共建“H3C 网络学院”，双方在实训基地建设、师资培训、人才培养、学生就业、课程资源建设、技能认证、技能竞赛等领域开展合作。随着合作不断深化，2020 年成立“邢台职业技术学院-新华三大数据学院”，不断探索产教融合的新途径。

2013 年 4 月，河北科工大（原邢台职业技术学院）信息工程系与杭州华三通信技术有限公司（新华三前身）签署协议，合作成立 H3C 网络学院（HNC），成为 H3C 最早的一批培训合作伙伴之一，开展 H3C 认证培训工作、推进 H3C 认证（如图 2-1 所示）。

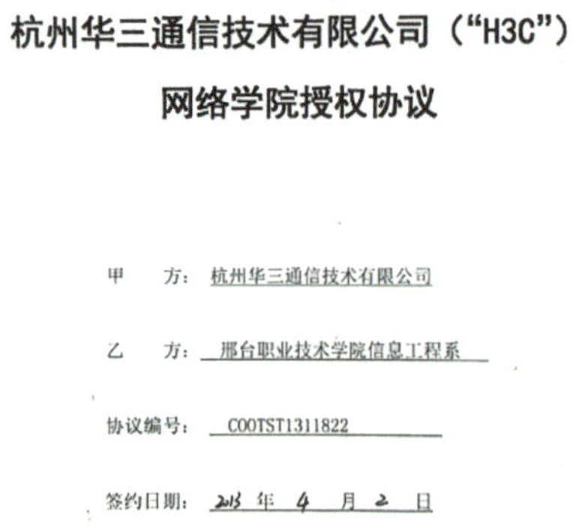

杭州华三通信技术有限公司（“H3C”）

网络学院授权协议

甲　方：杭州华三通信技术有限公司

乙　方：邢台职业技术学院信息工程系

协议编号：COOTST1311822

签约日期：2013 年 4 月 2 日

图 2-1　新华三与河北科工大 H3C 网络学院合作协议及挂牌

2014 年，河北科工大 3 名教师（李军、董会国、张静）参加杭州华三通信技术有限公司组织的 H3C 认证讲师培训，获得 H3C 认证讲师证书，正式开始独立组织 H3C 认证培训。2014 年起学校连续多年组织计算机网络技术、计算机应用技术等专业的学生参加网络工程师级别的培训和认证。

2015 年，新华三支持河北科工大建设 H3C 网络技术实验室，总投入约 50 万元。

2019 年，成立“长三角人工智能产教联盟”，新华三当选为理事长单位，新华三推荐河北科工大(原邢台职业技术学院)作为副理事长单位。

2019 年，新华三技术产教合作技术总监陈永波受河北科工大邀请加入大数据技术及应用专业建设指导委员会，参与大数据技术及应用专业人才培养方案的制定。

2020 年 8 月 20 日—21 日，河北科工大李静老师在新华三集团主办的“2020 年全国‘1＋X’大数据平台运维职业技能等级证书”师资培训中担任主讲教师，59 位全国各地高职院校的老师参加培训(见图 2-2)。

图 2-2 河北科工大李静老师担任“1＋X”证书全国师资培训主讲教师

2020 年 10 月，河北科工大李贤彬副校长与新华三大学刘小兵副校长共同签署战略合作协议，共建“邢台职业技术学院-新华三大数据学院”(见图 2-3)。在合作中，发挥学校的特色教育教学资源优势，引入新华三大数据相关产业资源，共同建设新型产业学院，开展大数据、云计算、计算机网络、人工智能等专业建设；共同研究相关产业和行业需求，制定产业人才的素质模型、技能标准、培养模式和能力鉴定标准，为产业人才的高水平培养奠定坚实的基础；开展针对教师的全方位产业技术培训，并与学校教师组成混编队伍，实现一课“双师”，从而创新职业教育培养模式。

图 2-3 校企双方签署战略合作协议及大数据学院授牌

2020 年 10 月，新华三授权河北科工大(原邢台职业技术学院)为新华三大数据平台运维职业技能等级证书全国师资培训基地。双方依托实习实训基地，积极响应国家“1＋X”政策，共同建设全国大数据平台运维职业技能等级证书邢台职业技术学院师资培训基地(见图 2-4)，面向全国开展师资培训工作。

图 2-4　河北科工大褚建立副校长参加全国师资培训基地揭牌仪式

2020 年 10 月在河北科工大(原邢台职业技术学院)成功举办了河北省“1＋X”大数据平台运维职业技能等级证书研讨会，河北省电子信息职教集团秘书长王喜年教授出席并致辞(见图 2-5)，新华三大学校企合作部经理徐静、赵磊针对“1＋X”大数据平台运维职业技能等级证书落地方案做了专题报告，参会教师针对该方案实施过程中遇到的困难和问题与新华三展开了深度交流。

图 2-5　河北省电子信息职教集团王喜年秘书长参加在河北科工大举办的研讨会

2020 年 10 月 19—24 日，新华三联合河北科工大举办了“1＋X”大数据平台运维职业技能等级证书师资培训(见图 2-6)，培训对象为来自全国中、高职职业院校大数据技术及其相关专业骨干教师，积极推进“学历证书＋若干职业技能等级证书”制度试点工作，提升“1＋X”大数据平台运维试点院校教师实施教学、培训和评价的能力，全面提高证书的教育培训质量。

图 2-6　全国大数据平台运维职业技能等级证书师资培训

2020年11月4日—8日，在新华三集团主办的大数据平台运维职业等级认证培训中，河北科工大信息工程系李静老师担任主讲教师（见图2-7），取得了良好的效果。

图2-7 河北科工大李静老师在深圳信息职业技术学院开展培训

2021年5月，新华三作为技术提供方，协助河北科工大（原邢台职业技术学院）承办河北省职业院校技能大赛“大数据技术与应用”赛项的承办工作，为学校承办省级职业技能大赛提供了大赛平台和技术支持保障。

2021年7月，河北科工大（原邢台职业技术学院）与新华三联合成功申报了河北省人社厅专业技术人才继续教育基地培训项目《“大数据赋能乡村振兴”理论与实践——科技扶智巩固脱贫攻坚成果》，本项目邀请新华三大数据相关领域的专家和从事乡村振兴的行业代表，共同分享大数据与科技扶智实践落地成功经验，为参加者提供政策启迪、理论支持、落地经验与产业实施建议，并拟通过5年的时间参与农村农业数字化改造方案制定、实施、跟踪服务等智慧农业发展实践，总结经验，形成可推广案例成果。

3 企业资源投入情况

新华三在参与河北科工大“1+X”证书培训、考核的运行管理过程中，由校企双方共同投入经费、师资、场地等，共同开发课程、培训资源等。以下是新华三技术公司参与学校合作项目运行过程中所投入的人力、物力和财力情况。

3.1 经费投入情况

（1）组织“新华三杯”信息技术类技能大赛，提供专项执行费200万元/年，用于奖励在“新华三杯”中取得优异成绩的学生。

（2）每年免费为学生进行“1+X”证书认证培训，公司投资100万元用于X证书校企共建考核站点运营，部分考试经费由公司提供。

（3）企业每年提供300万元用于校企共建技术团队的新一代信息技术应用创新研究。

3.2 人力资源投入情况

公司技术部、新华三人才研学中心派出优秀IT工程师，解决河北科工大在项目教学、社会培训、技术服务中遇到的技术问题等，并定期安排新华三人才研学中心培训讲师为学生提供免费技术培训，提升学生的理论水平和实践能力。公司每年组织企业技术专家进校开展高水平的讲座、报告，为师生带来前沿的信息技术发展趋势分析。

3.3 物力投入情况

新华三面向学校有关院系，由企业提供软、硬件设备或平台，在学校建设联合实验室、实践基地等，开发有关的实验教学资源，提升实践教学水平，包括共建实训室，提供新一代信息技术设备、技术培训教材、在线教学资源平台等。

4 参与河北科工大办学成果

4.1 创新信息技术类人才培养模式

在与河北科技工程职业技术大学（原邢台职业技术学院）长期校企合作育人中，双方不断探索创新人才培养模式，逐步形成“两途、三阶、四融、五元”的新一代信息技术人才培养模式（如图4-1所示）。2021年，该培养模式课题成果荣获河北省第十届职业教育教学成果奖二等奖。

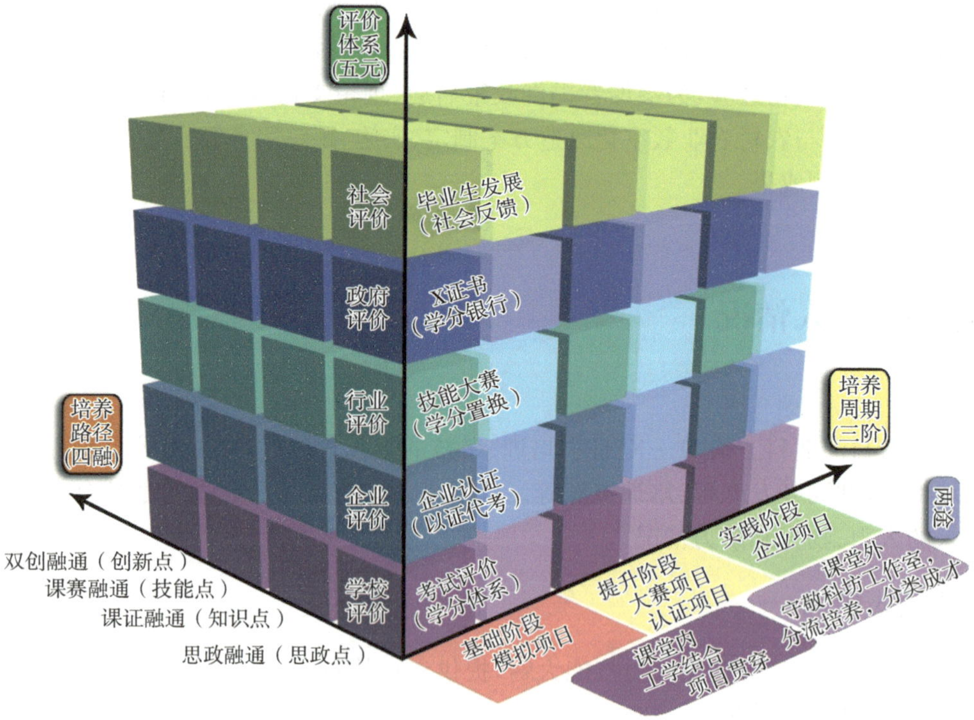

图4-1 校企双方探索形成的人才培养模式立体模型

4.1.1 “两途三阶四融五元”培养模式内涵

两途径：一是在课堂内，工学结合、项目贯穿教学；二是在课堂外，守敬科坊工作室分流培养、分类成才。

三阶段：基础阶段（模拟项目教学）、提升阶段（大赛项目、认证项目教学）、实践阶段（企业项目教学)。

四融合:思政融通、课证融通、课赛融通、双创融通。

五元评价:学校评价、企业评价、行业评价、政府评价、社会评价。

以产业学院为依托,搭建协同育人平台,校企共同开发人才培养方案,实施课、岗、证、赛融合,将企业认证和 X 证书的知识点梳理形成体系进入课程,专业对标技能大赛,以核心技能点倒推课程设置。

实施“项目导向、任务引领”,以项目贯穿教学,通过大赛项目、认证项目养成工程实践思维并具备初步工程实践能力,以反映企业实际生产需求的企业项目培养学生胜任工作岗位的综合职业能力。

在学校评价的基础上,实施以证代考、技能大赛成绩置换、X 证书学分银行置换等多种方式的评价体系。

4.1.2 校企联合培养模式成效

2013 年以来,依托 H3C 网络学院、新华三大数据学院,新华三先后参与了河北科工大(原邢台职业技术学院)计算机网络技术、大数据技术与应用专业人才培养方案的制定。以大数据技术与应用专业为例,其课程体系深度体现了课、岗、证、赛的融合,对标大数据平台运维工程师、大数据应用开发工程师等工作岗位的典型工作任务;融合新华三大数据平台运维“1+X”中级认证证书技能考核标准,设置了大数据平台运维专业核心课程和整周实训课程;融合了由新华三支持的全国职业院校技能大赛“大数据技术与应用”赛项的知识点和技能点,将大赛知识点融入课程,技能点分解到实践教学中。

在项目教学过程中,大量引用了新华三提供的项目案例“足球赛事数据分析”“航空数据分析”“篮球投篮数据分析”“招聘网站数据分析”“应用系统负载及磁盘容量预测分析”等用于教学。

在教学评价方面,大数据技术与应用专业实施了大数据平台运维课程的以证代考,学生统一参加新华三组织的大数据平台运维“1+X”认证考试,由认证考试成绩代替期末考试成绩;结合学校教务处的成绩置换文件,设置了大数据技术与应用大赛的专业课程成绩置换规则;设置了学分银行置换规则,通过大数据平台运维“1+X”中级认证可以置换大数据平台运维专业课和实训课的学分。

通过与新华三的深度合作,河北科技工程职业技术大学进一步改革创新了信息技术类专业人才培养模式,提高了技术技能人才培养质量。该校 2020—2021 年信息技术类专业获全国职业院校技能大赛国奖 4 项,省赛一等奖 10 余项。

4.2 持续提升教师工程实践能力

2019 年教育部等四部门印发《教育部等四部门关于公布首批全国职业教育教师企业实践基地名单的通知》(教师函〔2019〕9 号),新华三公司入选首批全国职业教育教师企业实践基地名单。由新华三组织教师开展技术培训、经验分享、项目研究等工作,提升教师的工程实践能力。

依托新华三人才研发中心的技术资源和平台以及产业学院等校企合作项目,河北科技工程职业技术大学信息技术类专业教师专业实践能力得到持续提高。2020 年该校多名教师参加了由新华三集团主办的师资培训,先后有 20 多名教师获得了 H3C 认证讲师证书(如图 4-2 所示)。

图 4-2　河北科工大教师获 H3C 认证讲师证书

4.3　校企双元开发课程和教材

新华三持续提供经费、师资、技术、平台等方面的支持，将产业和技术的最新发展、行业对人才培养的最新要求引入教学过程，通过课程或系列课程的建设，推动高校更新教学内容、完善课程体系，建成能够满足行业发展需要、可共享的课程、教材资源，并推广应用。

结合 IT 学生职业素养培养需求和教育部“1＋X”证书制度改革，联合其他企业和院校共同开发校企合作课程资源，尤其是 IT 学生软技能及职业素养、新华三认证“1＋X”课程等相关资源，提供社会共享服务行业人才培养。

河北科技工程职业技术大学作为新华三“大数据平台运维”首批认证试点院校和河北省牵头单位，2020 年与新华三合作在电子工业出版社出版了《大数据平台运维（中级）》教材（见图 4-3）。

图 4-3　校企合作出版《大数据平台运维（中级）》教材

在新华三的技术支持下，河北科工大开发了《Hadoop 大数据平台搭建》在线开放课程，并在智慧职教 MOOC 学院平台开课两期，累计选课人数达 5 222 人，参与教学职业院校单位达 74 个，课程质量得到了一致好评。

4.4 深化“1+X”技能证书培训与认证

新华三积极响应国家“1+X”政策，开展数字产业人才职业能力培训认证服务，开发了大数据平台运维、智能网络应用与优化、无线网络规划与实施等职业技能等级证书(初级、中级、高级)，助力高校培养出实践能力强、创新能力强、具备国际竞争力的高素质复合型人才。

新华三协助河北科技工程职业技术大学搭建了“1+X”认证培训服务平台，建成了河北省“1+X”认证考试中心。2020 年 12 月 6 日，在新华三的支持和监督下，河北科工大作为全国首次“1+X”大数据平台运维职业技能等级证书考点，顺利完成了认证考试的组织工作，邢台地区共有 55 名学生参加考试，47 名通过考试，通过率达 85%。2021 年 7 月 1 日，河北科技工程职业技术大学再次组织大数据平台运维“1+X”职业技能等级证书中级考试，本次考试有 28 名学生参加，通过率达到 100%(见图 4-4)。

图 4-4 2020 年、2021 年河北科工大大数据平台运维认证考试现场

到目前为止，该校共举办了三次大数据平台运维“1+X”证书考试。报名人数、通过率等均居全国同类专业前列。作为试点单位与考核站点，新华三与该校以此为契机，加大力度推进该项目的实施；除了面向本校提供“1+X”认证考试服务，还面向其他院校和社会考试机构提供认证考试服务。该考核站点在河北省“1+X”证书试点工作推进中起到了示范引领的作用。

2021 年 3 月 11 日，在新华三第四批“1+X”职业技能等级证书线上说明会上，河北科技工程职业技术大学信息工程系负责人在会上进行了大数据平台运维“1+X”认证工作推进情况介绍(见图 4-5)，详细分享了与新华三技术有限公司，在课程融通、师资培训、教材编写、证书考核等领域全方位的合作模式，该合作模式也成为 X 证书校企合作的典型案例，为其他试点院校所借鉴。

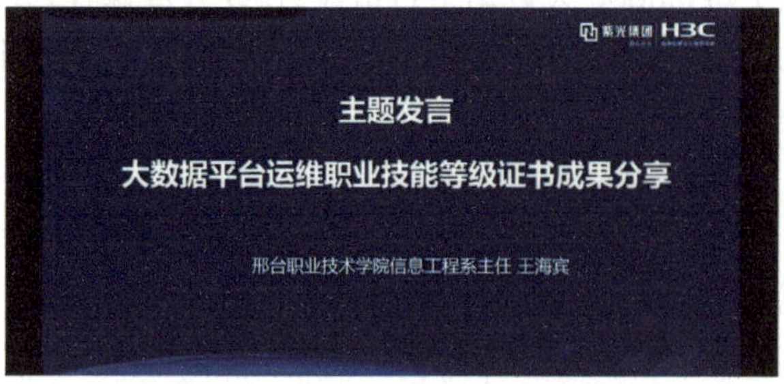

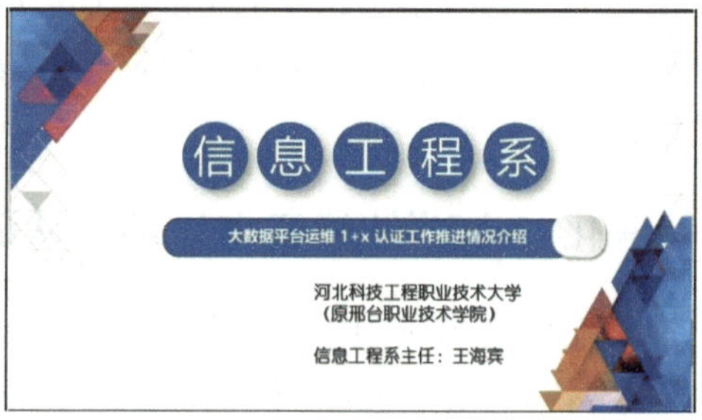

图 4-5　河北科技工程职业技术大学作主题汇报

4.5　组织开展职业技能大赛

新华三全面贯彻党的教育方针，适应中国特色社会主义新时代对技术技能人才培养的新要求，遵循职业教育教学规律，根据职业院校学生认知特点，全面培养学生的工匠精神、职业道德、科学文化素质、职业技能、就业创业能力等。坚持“以赛促教、以赛促学、以赛促改、以赛促建”，不仅每年开展“新华三杯”大赛，同时积极支持全国职业院校技能大赛“计算机网络应用”“大数据技术与应用”赛项和省级职业院校技能大赛“大数据技术与应用”“区块链技术与应用”等赛项，以促进学生综合素质、专业水平和创新能力的全面提升。

合作院校河北科技工程职业技术大学连续两年参加“大数据技术与应用”赛项，多次获得国赛和省赛奖项。其在 2020 年、2021 年河北省职业院校技能大赛中获得“大数据技术与应用”赛项(高职组)4 项省一等奖(见图 4-6)，2021 年代表河北省参加全国职业院校技能大赛获得“大数据技术与应用”赛项(高职组)全国三等奖等(见图 4-7)。

图 4-6　2020 年河北科工大获“大数据技术与应用”赛项(高职组)省赛一等奖

图 4-7　2021 年河北科工大获“大数据技术与应用”赛项(高职组)国赛三等奖

2021 年 5 月，在新华三的支持下，2021 年河北省职业院校技能大赛“大数据技术与应用”赛项（高职组）在河北科工大成功举行（见图 4-8），有来自全省 22 所院校 38 支参赛队 114 位选手参赛。河北科工大还在 2020 年、2021 年连续两年举办了第 10 届、第 11 届“新华三杯”全国大学生数字技术大赛（见图 4-9），参赛学生也取得了不俗的成绩，其中 2020 年获得了 2 项省二等奖、1 项省三等奖（见图 4-10）。

图 4-8　2021 年河北科工大承办河北省职业院校技能大赛“大数据技术与应用”赛项

图 4-9　2021 年“新华三杯”全国大学生数字技术大赛预赛

图 4-10　河北科工大学生 2020 年“新华三杯”全国大学生数字技术大赛获奖

4.6　打造多功能实训基地

新华三通过采取实训、实验设备共建等方式，实现学校专业设置与产业经济、教学内容与企业岗位的全面对接，助力河北科技工程职业技术大学构建高水平实训基地。双方共同打造集产业实践教学和社会技术服务于一体的多功能实训基地，为河北科技工程职业技术大学开展高水平实习实践教学提供服务，同时服务周边学校及区域相关行业企业员工技术培训。

2015 年，新华三支持河北科技工程职业技术大学建设了 H3C 网络技术实训室，主要用于完成基于 H3C 技术的各类网络实验，为学生熟练掌握 H3C 主流技术提供服务，并为学生参加 H3C 网络学院认证提供硬件保障，可支持开展 H3CNE 级别实验、H3CSE Routing&Switching 实验、H3CSE - Security 实验、H3CSE - WLAN 认证实验等。

2020 年，新华三支持河北科技工程职业技术大学搭建了大数据教学与实践管理系统（见图 4-11），开发了多个实践教学任务和基于真实数据的实训项目、综合训练项目，可支持大数据技术与应用专业全周期的项目化教学。依托该校信息工程系现有的计算资源和存储资源，该系统可同时支持 300 人开展线上实训教学，为大数据技术与应用专业的实践教学提供了保障。该平台不仅可以支持专业课程实践教学，同时还可以支持社会培训和技能大赛训练。

图 4-11　公司支持河北科工大建立大数据教学与实践管理系统

2020 年，新华三支持河北科技工程职业技术大学搭建了“1＋X”大数据运维实操考试系统（见图 4-12），可支持大数据平台运维“1＋X”认证的模拟训练和实操考试环节。该系统已经支持学校信息工程系完成 3 次认证考试工作。

图 4-12　公司支持河北科工大建立“1＋X”大数据运维实操考试系统

5 探索“三教改革”校企合作新模式

在师资培养培训方面，新华三与河北科技工程职业技术大学共建大数据平台运维师资培养培训基地，聘请行业龙头企业的专业人才和能工巧匠到学校担任兼职教师，建立了企业与院校骨干教师相互兼职制度。校企联合组建了高水平、结构化技术创新教学团队，激励教师主动适应信息化、智能化新技术变革，积极参与“学历证书＋若干职业技能等级证书”制度试点工作，提升了“1＋X”大数据平台运维试点院校教师实施教学、培训和评价的能力，全面提高了X证书的教学与培训质量。

在教材改革上，新华三与河北科技工程职业技术大学共同编写适合院校且满足大数据专业人才“学习内容、知识能力要求、职业范围”等要求的教材。河北科技工程职业技术大学大数据教研室教师参与新华三大数据平台运维教材编写，并建设“大数据Hadoop搭建技术”等在线课程，及时动态更新“1＋X”教材内容，实现书证融通、资源互通。

在教法改革上，新华三结合院校特点与河北科技工程职业技术大学一起探索、实践。该校大数据“1＋X”证书教学培训以校企合作、育训结合为教法改革切入点，强化教学过程的实践性、开放性和职业性，通过实验、实训、实习三个关键环节的改革，带动专业调整与建设，引导课程设置、教学内容改革。引入大数据、人工智能等现代教育技术，增进教学内容，改进教学方法，加强教学监督，推进教学与管理全面数据化与科学化。

6 未来合作展望

以产业需求为导向，通过校企双方多方面合作，培养出新一代信息技术产业急需、创新力强的高素质技术技能人才。校企双方共同推进“大数据平台运维”职业技能等级证书试点工作，以证促教，以证促学，以证促就业。

以省级以上教师教学创新团队标准打造本专业教学团队，校企共建网络、大数据等专业，针对产业发展和需求培养高层次“双师型”教师，每年选派教师参加行业工程实践机会，新华三为教师提供行业云计算、网络、安全、大数据等相关专业方向项目实践机会，帮助学校教师积累真实项目案例经验，提升教育教学专业能力，促进企业案例向教学成果的转化。

校企双方互聘互派，学校可根据教学计划聘请新华三专家工程师参与教学及实践活动，新华三将从学校“双师型”队伍中遴选优秀讲师参与新华三培训项目授课及教学产品项目开发等工作，共同编写活页式、工作手册式融媒体教材，建设专业核心课程的高职“金课”。

校企建立协同创新平台，打造产学研用紧密结合的众创空间，开展工业互联网等数字技术研究和科技成果转化，通过共同开展产业项目的申报与研发，为当地经济转型升级提供支持。

共同成立“河北科工大・新华三大数据创新应用研究院”，结合双方各自优秀的研发资源，面向京津冀地区大数据产业开展创新应用研究，联合申请国家教育部、科技部、省科技厅和省教育厅相关科研项目，开展课题合作。在大数据技术与应用、人工智能技术服务等专业课题方面探索职业教育新技术、新理念、新方法。

依托新华三自身所拥有的产业资源，通过新华三数字人才联盟为河北科技工程职业技术大学优秀学生提供校外新华三的实习机会、就业指导和就业推荐。由新华三根据自身条件和需要，提供学生实习实训岗位（包括时间、期限、地点、数量、岗位、待遇等），高校和企业共同制定有关管理制度，共同加强学生实习实训过程管理，不断提高实习实训效果和质量。

报告六　2021年度中基华工程管理集团有限公司参与高等职业教育人才培养

1　企业概况

1.1　企业简介

中基华工程管理集团有限公司(以下简称“中基华”)成立于2001年,是国内领先的综合性工程管理企业,河北省行业龙头企业、标杆示范单位。2020年,公司在全国建筑行业监理企业中标100强中位列前十,在河北省位列榜首。

公司拥有中华人民共和国住房和城乡建设部(简称“住建部”)颁发的工程监理综合资质,可以承接住建部全部14个大类的工程项目;同时拥有人防工程监理资质、工程咨询资质、工程造价咨询资质、信息系统集成工程监理资质、房建工程和市政工程施工总承包资质,并已通过ISO三大管理体系认证、3A信用等级认证。目前是中国监理协会会员,河北省监理协会副会长单位、北京市监理协会会员、邢台监理协会主席单位。

公司技术力量雄厚,专业人才配备齐全,中基华智库涵盖各专业领域专家学者,拥有国家注册一级建筑师、注册监理工程师、注册安全工程师、注册造价工程师、注册一级建造师、注册咨询工程师、河北省监理工程师以及其他专业技术人员1 500余人。中基华北京智库涵盖工程项目管理各专业领域的专家学者。

公司以工程项目管理软件进行辅助管理,配备先进的检测设备,能够优质高效地完成各项委托服务。可承揽的业务包括房屋建筑工程监理、市政公用工程监理、公路工程监理、水利水电工程监理、电力工程监理、通信工程监理、航天航空工程监理、农林工程监理、铁路工程监理、矿山工程监理、港口与航道工程监理、化工石油工程监理、冶炼工程监理、机电安装工程监理、人防工程监理、信息系统工程监理、工程咨询、工程造价咨询、项目代建、第三方评估、全过程项目管理、建筑工程及市政工程施工总承包等。

公司立足京津冀,放眼全国,在北京、石家庄、济南三地设立运营中心。在重庆、贵州、西藏、广西、黑龙江、雄安等地成立了39家分公司和2家全资子公司,服务客户遍布30个省、自治区和直辖市。公司荣获“河北省先进监理单位”“河北省安济杯”“河北省结构优质工程”“河北省安全文明工地”“长春市建设工程施工标准化管理示范工地”“华能集团最佳合作监理单位”“永康地产最佳供应商”等荣誉称号,在中铁置业集团项目第三方评比中荣获第三名,2020年被北京市住房和城乡建设委员会命名为外埠来京优秀监理单位。中基华历年共获得100多项省市级荣誉。

2019年公司在全国建筑业监理中标500强中排名第47位,2020年排名跃升至全国第10位,实现跨越式发展,2020年全年新增中标项目为1 167个,总投资额高达550亿。其中承担了雄安新区容东片区最大的E组团175万平方米安置房项目、单体17万平方米的保定电谷中心大厦项目、全国第八个批准建设的雄安超级计算机中心、北京通州潮白河森林生态景观项目、国网榆横至潍坊 1 000 kV 特高压项目及河北省农业银行精装修等重点项目的监理。

二十年来，中基华稳扎稳打，靠服务质量与信誉口碑在业内得到了长足发展。公司努力发扬“严谨、担当、高效、卓越”的企业精神，致力于以客户为中心，为客户创造价值；致力于实现商业成功，致力于为员工提供更广阔的发展空间，致力于为社会做出贡献。未来将努力把公司打造成一流品牌的全过程项目管理公司

1.2　企业文化

求实，扎实，朴实。用求实的心去攻克难题，用扎实的功底去呈现作品，用朴实的心去服务每一位客户。

企业愿景：立足京津冀，着眼全国，致力于成为具有社会公信力的品牌工程管理公司

企业价值观：奉献才智　服务业主　回馈社会

经营理念：相倚为强　协同发展

监理理念：安全第一　质量至上

质量理念：精诚打造精品　精品成就卓越

2　参与职教办学总体情况

2.1　参与职教办学沿革

中基华工程管理集团有限公司董事长袁建强毕业于河北科技工程职业技术大学(原邢台职业技术学院)建筑工程系，公司自成立以来与学校在产、学、研、用等各方面均有广泛的联系，一直致力于回馈母校、支持母校的发展。2014 年，公司与建筑工程系开展校企合作，在邢台职业技术学院新校区建设项目中，校企双方共同致力于推广 BIM 在工程中的应用和工程项目信息化管理，取得了良好的效果和可喜的成绩，得到建设单位和施工单位的一致好评，该工程也获得河北省省优工程。为深化推进双方的合作关系，2019 年公司与学校签署校企全面战略合作框架协议，达成了战略合作，强强联合、广纳人才、开拓市场，为公司实现全行业发展、全员共享战略目标打下坚实的基础。

公司在董事长袁建强先生的带领下，多年来积极投身公益事业，并与北大汇丰商学院助学慈善委员会、邢台市爱心协会等多家组织机构结成了公益同盟，共同为公益事业增砖添瓦。2008 年汶川地震、2013 年雅安地震、2016 年邢台洪灾、2020 年抗击新冠疫情，中基华都倾注了自己的爱心。百年大计，教育为本，多年来，公司累计资助贫困学生上百人。2018 年年初，中基华慈善基金的成立，更是开启了中基华慈善事业的新篇章。中基华慈善基金会宗旨为向高等院校提供奖学金及教学科研经费，资助学术交流、研究活动，资助贫困地区教育事业及其他有利于教育事业发展的公益活动，为社会培养不同层次的应用型技术技能人才。

中基华工程管理集团有限公司立足于国内建筑业市场与行业的需求，提出了与高等院校共建工程项目全过程信息化管理与技术创新中心的战略方针。中基华工程管理集团有限公司校企合作计划是通过企业与大学、高职院校建立合作关系，有效搭建校企合作平台，推进工学有机结合，实现校企双方共赢，有助于深入了解企业对高等院校教育教学和人才培养的要求，进一步拓宽毕

业生就业渠道,提高毕业生就业层次和就业质量。

公司自2014年就开始与学校进行校企合作,共同创新探索工学结合人才培养模式及内涵,包括共同制定人才培养方案、共同开发基于职业能力导向的课程及实训项目开发,以及通过订单班的形式进行现代学徒制的人才培养探索,致力提升学生的综合职业能力,同时依托各类线上教育平台提供具有针对性的岗位培训,以提高毕业生的就业质量并拓展其职业发展领域。

2.2 参与河北科工大办学大事记

2016年1月,首批15名学生赴中基华工程管理集团有限公司进行为期半年的顶岗实习,学生在工作岗位团结同事、吃苦耐劳、能力突出,综合表现优秀,受到公司同事及各级领导的一致好评。

2017年2月,学校再次选派20名学生赴河北中基华工程管理集团有限公司顶岗实习,学生表现优秀,公司领导高度认可,并结合公司长期发展战略规划提出要求逐步扩大推荐名额。

2018年7月,学校推荐25名学生和2名教师赴河北中基华工程管理集团有限公司监理综合实习和下厂锻炼,学生表现优秀,老师为企业业务发展献计献策,受到公司的一致好评。

2019年6月,公司董事长袁建强被聘为建筑工程系专业教学委员会专家,共同参与人才培养方案的制定。

中基华工程管理集团有限公司作为学校连续多年重要的合作伙伴,为了全面深化双方校企合作关系,2019年10月,校企双方共同签署了战略合作协议(见图2-1),在人才培养、师资培训、科研合作、社会服务、产业学院等方面开展全方位的合作,开启了校企合作新篇章。

图2-1 学校与中基华举行校企合作签约仪式

基于战略合作框架协议,自2019年起,成立中基华订单班,开展新型现代学徒制人才培养,每年连续为学校建筑工程系学生提供不少于3个月的工学交替生产性实习岗位,学校每年派遣至少5位老师和50名学生在企业进行为期1个月的专业技术和企业文化培训(见图2-2),探索新型现代学徒制人才培养,为中基华订单班的顺利实施培养师资力量。目前已经派出10名教师进驻企业进行顶岗实践锻炼。通过在企业的顶岗实践，教师专业技能得到显著提高，对公司企业文化有了全面了解，双方建立了良好的合作关系，为进一步的校企合作后续工作奠定了坚实基础。

图 2-2　中基华班在进行企业文化培训

2020 年 7 月，学校推荐 50 名学生和 5 名教师赴中基华工程管理集团有限公司雄安新区项目部进行监理专业顶岗实训和暑期教师下厂锻炼，学生的吃苦耐劳、积极学习，老师的优秀专业素养、敬业精神，受到公司项目部和公司总部的一致好评。

2021 年，建筑工程系领导带队，深入中基华工程管理集团有限公司调研（见图 2-3），与公司董事长袁建强、人力资源部部长许经理、人事部孙经理和各级工程师进行深入的交流与探讨，对建筑

图 2-3　学校建筑工程系赴中基华调研

工程技术、建设工程监理、工程造价、建筑工程设备、建筑钢结构等专业的建设和改革有了清晰的规划和布置。在会中双方共同提出共建工程项目全过程信息化管理与技术创新中心，深化双方合作内涵，扩大服务行业企业需求，进一步加深学校与企业间的联系。

自 2014 年开始校企合作至今，共有 7 届近 150 人在公司完成了三个月以上的企业顶岗实习，实习效果得到企业、学校和学生三方的高度认可，受到各方的一致好评，许多优秀的实习生选择毕业后到中基华集团就职，也为企业和学生提供了一个双向选择的平台。

2.3 参与职教办学成果

2.3.1 参与学校人才培养模式改革

河北科技工程职业技术大学建筑工程系从 2005 年开始，结合建筑业转型升级需求和区域经济发展需要及生源现状情况分析，依据“校企双育、分流培养、分类成才”的教育理念，提出“项目贯通、标准融入”特色课程体系和“五学递进”综合育人模式，以实际项目为载体、以任务为驱动，基于工作过程进行项目开发，岗、课、赛、证融通，进一步丰富“走中学”、“乐中学”、“做中学”、“赛中学”与“创中学”“五学递进”综合育人模式（如图 2-4 所示）。

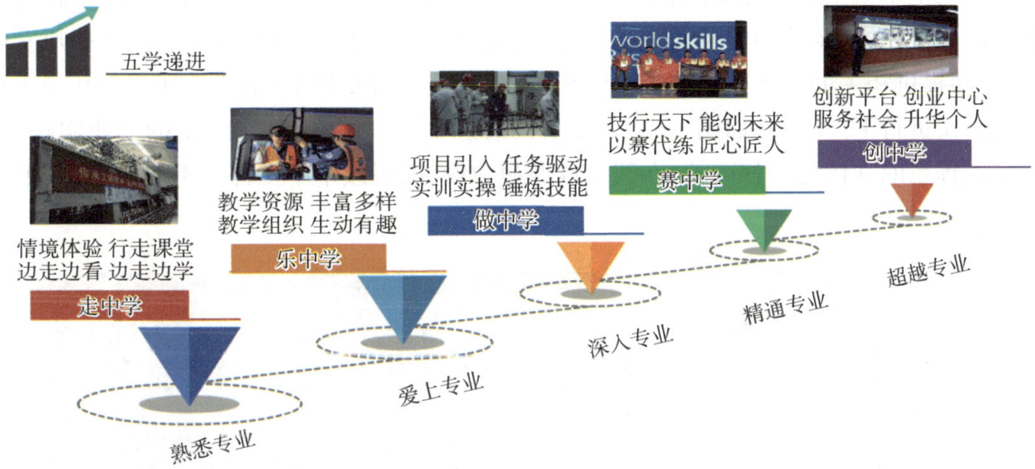

图 2-4 校企共同深化“五学递进”综合育人模式内涵

自 2014 年深度合作以来，中基华工程管理集团有限公司参与我校的人才培养工作，依据专业监理工程师、总监理工程师、项目负责人的岗位职业规划发展以及公司的人才需求，共建校企战略合作伙伴关系，把校企之间不充分、不稳定的合作提升为长期稳定、利益共融的战略联盟。企业参与学校的专业建设和人才培养，共同开展科研攻关、技术服务和行业培训，通过这些活动掌握行业发展最新动态，相互合作，共同提高，校企双赢。校企双方利用现有资源和条件，充分发挥各自的优势，积极推动人才培养模式的改革和创新。以“产、学、研、用”合作为抓手，建立校企利益共同体，将校企双方的利益与责任高度统一，实行“五统一”：统一领导、统一管理、统一规划、统一实施、统一检查考评。双方在师资力量提升、课程研发、行业培训、科研服务以及服务国家“一带一路”等方面进行深度合作、共建共享，实现了“三对接”：学校专业课程开发和企业培训资料对接、学校教学场地和项目工地无缝连接、学校骨干教师与公司优秀工程师对接。通过进行校企联合授课，教师在企业学到了实践知识，企业技术人员获得了扎实的专业理论知识，实现说与做互补，理论与实践一体化；校园文化与企业文化融合，不断提高学生的综合素质。

建筑工程技术和建设工程监理专业的学生，在第 5 学期到企业进行为期 12 周的工学交替顶岗实习，到企业工作岗位上真刀实枪工作，并严格按照企业的管理制度和工艺要求开展工作。同时整个实习期间，公司安排一到两次的轮岗，并定期、不定期举办公司级、项目级的工程管理、工程施工技术培训和企业文化培训，比如每期企业工学交替顶岗实习都要组织各类人文知识培训，在感受企业文化和工作氛围的同时，提高专业技能和职业道德素养水平，从企业的角度育人，培养教育"不放松、不断线"。

按照校企战略协议约定，河北中基华工程管理集团有限公司对我校学生给予较高的顶岗实习待遇，根据监理专业2019级学生反馈，他们对在中基华工程管理集团有限公司实习均感到收获满满，个人能力得到极大提高。公司为学生提供了良好的食宿条件，无论生活还是工作环境都得到了学生的一致好评，学生在工作中也学到了丰富的专业实践知识，在校所学理论知识也得到了融会贯通，并将其应用到实际工程之中。学校指导教师与公司领导多次进行沟通与交流，与参与企业实践的同学进行了座谈，参与各方一致认为学生在中基华工程管理集团有限公司的岗位实践对学生专业技能提高和职业素养提升是非常有效的，企业的顶岗实习能够弥补学校在人才培养方面的不足，是职业教育的一个很好补充，让校企合作育人从制度协议到具体措施真正落到了实处。

2.3.2 为学校提供师资培训

近五年来中基华工程管理集团有限公司与学校进行了广泛、深入的校企合作，在教师的暑期短期下厂锻炼工作中，企业为学校教师提供了丰富的岗位，根据学校教师的专业和教师发展规划要求，为教师提供相关的技术岗位和工程管理岗位，学校先后安排10余位教师到中基华工程管理集团有限公司进行下厂锻炼（如图2-5）。在下厂锻炼中，教师学习到了丰富的专业实践知识，在后续建筑工程系的立体化教材改革、在线开放课程建设、课程改革中发挥了重要的作用，推动了教学改革。

图2-5 校企联合开展BIM技术应用师资培训

2.3.3 校企合作进行课程及实训项目开发

为更好地促进河北科技工程职业技术大学建筑工程系学生的岗位技能提高、拓宽职业发展能力，公司投入大量人力、物力协助河北科技工程职业技术大学进行包括国家规划教材（如图2-6所示）、数字教学资源（如图2-7所示）在内的课程开发和实训项目开发（如图2-8所示），在实训项目配套文件的开发、编撰、评审过程中，中基华工程管理集团有限公司多名企业高层管理人员和技术骨干参与其中。现已有部分文件在河北科技工程职业技术大学建筑工程系相关专业课程和校内实训中投入使用。

图 2-6 校企合作主持编写的部分国家规划教材

图 2-7 校企合作共建数字教学资源

图 2-8 校企依托土木工程工法楼联合开发实训项目

2.3.4 校企联合开展科研创新

在多年的合作过程中，学校与中基华工程管理集团有限公司共同进行科研项目的申报和研究（如图 2-9 所示），通过双方科研项目研发工作的开展，提升了教师的科研水平和社会服务能力，同时也有效推动了校内教学课程和实习开发任务。

图 2-9　校企共同进行科研课题研究

为了提升教师及学生的创新创业能力，学生、教师、企业人员校企联合申报市级、省级创新创业大赛、“互联网＋”大赛等，推动了学校创新创业的工作。2021 年，3 个科研项目获批邢台市科技立项，10 余个项目参加校级“互联网＋”大赛，1 个项目获国赛铜奖，1 个项目获省赛金奖，3 个项目获省赛银奖（见图 2-10）。

图 2-10　学生在省技能大赛中获奖

3 企业资源投入情况

公司在参与学校订单班(中基华班)项目运行管理过程中,由校企双方共同进行经费、人力资源、场地等方面的投入。以下是河北中基华工程管理集团有限公司参与学校合作项目运行管理过程中所投入的人力、物力和财力情况。

3.1 经费投入情况

(1) 企业每年提供2万元用于校企合作团队的全过程工程项目信息化管理与技术创新研究。

(2) 企业设立奖学金,每年提供2万元用于学生技能大赛的奖励。

(3) 企业每年提供3万元用于“中基华班”优秀学生的奖助学金。

3.2 人力资源投入情况

公司各项目部派出优秀工程师,解决学生遇到的技术问题,并定期安排公司专业技术人员为学生提供技术和企业文化培训服务,提升学生的理论水平和实践能力。此外公司还安排企业高级工程师、业务骨干与学校对接,及时帮助学校解决专业教学、课程实训中的实际问题。图3-1为公司派员到学校建筑技术中心现场交流的情况。

图3-1 公司派员到学校建筑工程技术中心交流

3.3 物力投入情况

（1）企业在校新建 90 平方米的“中基华订单班多媒体教室”（见图 3-2）。企业出资负责装修，包括投影仪、吊顶、壁纸、气电改造，同时企业提供订单班专用服装以及配套培训手册。

图 3-2 中基华订单班多媒体教室

（2）企业在其公司投入新建 120 平方米的“中基华企业文化展厅”，展示企业发展历程、先进文化、典型工程、所获荣誉等，并作为培训教室为订单班学生和企业员工开展企业文化、专业技术培训。

（3）校企双方在校内共建建筑文化展馆（见图 3-3）。为了让学生、企业员工、社会公众更好地了解建筑发展历史、发展趋势，校企双方共同设计建筑文化展馆思路，按照“古代-现代-未来”的篇章顺序，展示了中华建筑文化历史，同时设置了建筑文化沙龙，邀请高校、行业企业技术专家、优秀校友开展专业讲座，一年来接待校内外高校、企业、行业协会、社会累计超过 6 000 人次。2021 年 9 月，获批邢台市“全民科学素质科普教育基地”（见图 3-4）。

图 3-3　校企共建建筑文化展馆

图 3-4　建筑文化展馆获批“全民科学素质科普教育基地”

4　企业参与教学情况

4.1　专业建设方面

中基华工程管理集团有限公司在河北科技工程职业技术大学建筑工程系各专业人才培养模式改革工作方面发挥了指导作用。校企双方共同制定了建筑工程技术专业、建设工程监理专业的分流培养、分类成才的人才培养目标和培养方案，并为这两个专业的人才培养提供实习保障。结合行业转型升级和企业发展需求，校企共同开发了建筑施工技术、建筑施工组织与管理、建筑工程质量控制、建筑工程投资控制、建筑工程清单计量与计价、建筑工程安全管理和BIM项目管理等课程，共同培育和组建了“双师型”教师团队，共同建设和组织实践教学，共同制定规章制度，共同对实习学生进行考核评价。

4.2 科研开发与技术服务

在几年的校企合作过程中，中基华工程管理集团有限公司和河北科技工程职业技术大学建筑工程系进行了深度的科研攻关和技术研究合作项目，河北科技工程职业技术大学建筑工程系教师依托中基华工程管理集团有限公司的相关项目共同申报科研项目，并依托公司在雄安新区的项目开展科研攻关和施工工艺技术研究工作，通过科研项目的校企合作提高了学校教师的科研水平、科研能力，继而在教学活动中、教学改革中、在线开放课程建设中和立体化教材的建设过程中获得喜人的成绩。

在与中基华工程管理集团有限公司的科研项目合作开发中，学校为企业在工程实践过程中面临的施工技术问题、施工工艺改良问题、施工管理问题进行技术攻关和技术研发（如图4-1所示），帮助企业解决了部分工程技术问题和施工管理问题，助推中基华工程管理集团有限公司进一步的发展，学校教师的科研攻关和技术研究得到中基华工程管理集团有限公司的好评，也进一步加深了校企合作的深度与广度。

图4-1 专任教师与企业人员共同研究施工工艺

4.3 学生培养方面

4.3.1 组建中基华班（订单班）

根据公司要求，河北科技工程职业技术大学每年组建一期“中基华班”，每期招收符合条件的学生进入“中基华班”，根据企业文化、专门技术等特殊需求，有针对性地对订单班学生实施定向培养(如图 4-2 所示)。学员选拔范围包括河北科技工程职业技术大学建筑工程系各专业学生；学员基本素质及要求是身体健康、吃苦耐劳，能适应工作强度；遵守学校、企业规章制度，无不良表现记录；懂礼貌、知礼仪，能积极主动与他人交流，有一定团队意识；认可中基华工程管理集团有限公司，认可建筑行业和先进建造技术行业；能够具有较高的理论知识和实践动手能力；能够遵守协议、讲求职业道德。

图 4-2　中基华班学员学习、了解企业文化

订单班的培养与管理工作由校企双方共同承担实施。公司向学校提出其相应职位的计划和具体人才需求标准，提供监理员、施工员、项目综合管理岗和造价员等工作岗位；公司根据企业岗位需求，提出专业技能课程及专业基础课程，双方共同制定专业方向课程体系。双方共同制定课程体系的原则如下。

(1) 公司负责制定以应用为目的的公共必修课程、专业必修课程模块。

(2) 双方共同构建符合行业、企业、岗位需求的素质拓展课程模块。

(3) 校企双方共同构建专业基本技能模块、专业方向模块、企业技能模块。

为充分利用校企双方的优势，发挥学校教育系统性和企业实践性的优势，为企业培养合格的高素质、高技能的应用型人才，同时也为学生实习、实训、就业提供更大空间。在公平、公正、合理、平等自愿、充分酝酿和理解的基础上，对于“中基华班”学生，采取校园选拔的方式选择学生进入中基华班，基本原则如下。

(1) 从 2021 级开始建工系将在以后每一年学校统招的“建设工程监理、建筑工程技术、工程造价、建筑工程设计、钢结构工程”等专业学生中，根据甲方需要，本着学生自愿的原则，组织不超过 50 名学生作为中基华班定向培养对象。

(2) 中基华班定向培养共分为四个阶段：订单班学员选拔、在校教学培养、在岗就业实习、毕业定向就业。经高等教育招生考试取得高等职业教育学籍的相关专业学生，由甲方经过选拔进入中基华班，第二学年由甲乙双方共同进行理论和实践教学培养，第三学年根据甲方生产经营需求在甲方进行在岗就业实习。

(3) 学生在校外实训中心，签订实习协议，进入企业实习。公司保证学生安全和缴纳人身意外险。中基华工程管理集团有限公司与订单班学生签订《定向培养意向书》，订单班学员根据公司需求进入各产品部开展认知、跟踪、顶岗实习。

4.3.2 为学生提供实习、就业机会

公司根据需求从河北科技工程职业技术大学接收实习及预就业学生，提供该学生到中基华工程管理集团有限公司实习的培训、岗位、场地、设备、材料等实习条件，保证学生实习期间的安全，并由企业指定的工程师或企业人员对实习学生进行实习指导。学生在公司实习期间，公司和学校教师共同对实习顶岗学生进行探访，了解学生在公司的工作情况及思想动态，疏导学生由学校走入企业的心理落差，稳定学生的工作情绪。真正实现中基华工程管理集团有限公司、河北科技工程职业技术大学双方共同关注，促进学生在公司的健康成长。校企双方以服务为宗旨，以就业为导向，大力推进校企合作人才培养模式。突出实践能力的培养，深化校企合作融合度，更新教学理念，依托企业优势，充分利用各类教学资源，建立深度合作、紧密结合、优势互补、共同发展的校企合作机制，提升学校的教育教学水平和人才培养质量，努力开创校企合作的新局面，实现公司、学校及订单班学员三方共赢的局面。在校企双方的共同培育下，学生的综合职业能力及职业素质得到显著提升，就业率及就业质量得到了极大的提高。

每一批参加企业实践的学生都会在自己的岗位上认真履行自己的职责，为企业的发展贡献自己的力量。在每一次的科研项目合作开发中，都有大量的成果被企业采用，助推企业乘风破浪。在深度合作的过程中，学校教师的专业能力和科研能力、学生的职业技能和岗位实践能力均得到提高，也为企业的发展解决了相应的难题，极大地提升了企业的发展能力，让企业尝到了校企融合的甜头。

从 2021 年开始，中基华工程管理集团有限公司工程部的技术专家将不定期到学校面向订单班教授专业课程，把企业的工程技术与施工管理案例拿到课堂，将企业的制度和文化传播到学校，将企业的规章制度融入订单班学员，与学校教师共同制定课程方案和实习指导书，以保证学校授课内容与工程一线技术更新的同步和一致。

5 面临的问题与预期展望

5.1 面临的主要问题

5.1.1 公司实际生产与学生实习的矛盾

按照企校共同制定的人才培养目标和教学大纲的要求，学校每一学年都会派一部分学生去公司进行下厂实习锻炼，但由于受企业规模、效益、实际生产任务的限制，有时公司无法为学生轮岗实习提供百分之百的保障。

5.1.2 深度校企融合的机制不完善

在教育部统筹规划及各级部门的推动下，学校也像其他职业院校一样积极开展深度校企融合，探索新经济下职业教育企校合作的新模式，如实习基地共建、工学交替、企校共同开展的课程

建设及师资建设等。但这些合作也与其他院校一样，存在着共性问题，即不少方面仍然是由学校主导的浅层次合作。如何更深层次参与企业发展规划和生产经营，也是高职院校需要解决的技术问题和管理机制问题。

5.1.3 师资力量难以支持更深层次的技术培训

由于学校教师大多数都是从学校毕业后直接走上教学岗位，教师对企业的了解比较少，对于专业知识的实践应用能力有较大欠缺，在为企业解决技术问题和管理问题时，有时会出现力不从心、无从下手的现象，造成目前学校的师资力量难以涉及一些更深层次的技术和管理难题，导致专业实践技术创新不够，更深层次的培训难以做到。

5.2 预期展望

5.2.1 校内实训基地建设

为使合作院校能够培养出更多、更优秀的从事满足企业生产、技术和管理的高素质技术技能人才，中基华工程管理集团有限公司不遗余力地与河北科技工程职业技术大学建筑工程系对接，派出企业中能力强的优秀骨干力量指导学校的实践教学改革，与学校共同开发实训项目（如图5-1所示）。同时会将公司的先进管理理念和工程技术提供给学校，协助学校建立校内实训基地，解决学校校内教学实践活动无法完全满足学生实习实训需求问题，同时也让教师与学生能够接触到本专业的前沿技术。

图5-1 依托实训基地共同开发实训项目

5.2.2 形成长效共赢机制打造校外实训基地

校外实训基地是培养学生职业素质的重要教学条件，为使学生更多地学习专业技术知识、更好地掌握专业技能、更快地进入职业角色，需要企校双方不断深化合作。通过校企合作办学、现代学徒制等办学模式的运作，解决当前企校合作过程中遇到的一系列相关问题。这样使学校培养的学生能满足企业生产、工作岗位的需求，能满足企业对技术技能人才匮乏、技术创新力量薄弱方面的需求，达到互惠互利、共赢发展的目的。

6 结束语

短短几年，中基华工程管理集团有限公司从最初的仅招收毕业生，到后来的合作开发专业和课程、专业实习、顶岗实习、教师培训、科研开发、合作共建全过程工程项目信息化管理与技术创新中心等深度合作，探索了一条企业、学校利用各自优势，各负其责，深度融合，资源共享，实现企业、学生、学校、教师、社会多赢的一条新路。到目前为止，参与工学交替顶岗实习的同学有 7 届近 150 人，在企业顶岗实习最终就业的有 30 多人。现在在校的中基华订单班有 1 个班 35 名学生。参与深入企业锻炼提高的教师有 10 人，企业专家每年到学校开展授课讲座 4 人次，签署的协议包括校企合作协议、校企合作中基华班奖学金管理办法、工学交替实习协议、技术服务协议书、横向课题协议、技术培训协议等涉及实习培训、技术服务、产业推广等多方面、多领域。这是一个从企业需求、行业发展，对接职业岗位，落地于专业建设、人才培养的新型校企合作模式。在合作过程中，企业深度参与指导，学校定位清晰，培养优质人才，双方均竭尽全力，责任分工明确，权利义务对等，形成命运共同体，一起书写校企融合的新篇章。

报告七 2022年度SMC(中国)有限公司参与高等职业教育人才培养

1 企业概况

1.1 SMC(中国)有限公司的发展历程

SMC是世界知名的气动元件制造和销售的跨国公司，成立于1959年，总部在日本。其销售网遍及全球81个国家和地区，现地服务有400个营业所，生产工厂分布在29个国家和地区，将世界各国SMC产品的生产、销售连成一体，为用户提供直接、完善的服务。

SMC起初是一家以粉末冶金法制造"烧结金属工业过滤器"滤芯为主的公司，经过几十年的不断努力与创新，SMC产品种类逐渐丰富，并依靠优秀的品质得到了无数用户的信赖。如今SMC已发展成一家全球规模的气动行业领军企业，公司早期设立的名称"SMC"(Sintered Metal Company，意为"烧结金属公司")由于已在世界享有多年盛誉而被沿用至今，成了全球统一的公司名称。

SMC(中国)有限公司[以下简称"SMC(中国)"]于1994年在首都北京成立，并以北京、上海为起点发展。公司事业发展历程见图1-1。

SMC在中国的事业发展历程	
1993	● 哈尔滨工业大学气动技术中心成立/北京理工大学气动技术中心成立
1994	● 1994年9月2日SMC（中国）有限公司成立/清华大学气动技术中心成立
1995	● 北京第一工厂奠基
1996	● 北京第二工厂奠基/中国工厂生产出第一支气缸/公司被批准为保税仓库
1997	● 北京第一、二工厂竣工并开始正式生产/SMC国际会议在北京召开
1998	● "SMC(中国)"被评为"北京市外商投资高新技术企业"
1999	● "SMC(中国)"被评为"全国外商投资双优企业"/通过ISO9002质量体系认证
2000	● 南京理工大学气动技术中心成立/注册成立SMC（北京）制造有限公司
2001	● 获得北京国际经贸合作奖/北京第三工厂奠基/通过ISO9001、ISO14001认证
2002	● 上海交通大学气动技术中心成立/上海分公司成立/"SMC(中国)"被评为"北京工业系统出口50强"
2003	● "SMC(中国)"获得"北京国际经贸合作奖"/被评为"BDA五大出口企业""BDA五大实际投资外商企业"
2004	● "SMC(中国)"技术中心奠基/"SMC(中国)"被评为"2004年度中国机械500强企业"（列第333名）
2005	● 上海分公司运营中心奠基/北京第四工厂奠基/"SMC(中国)"被评为"2005年度中国机械500强企业"（跃居第234名）
2006	● "SMC(中国)"被评为"2006年度中国机械500强企业"（跃居第228名） 据《日本经济新闻》发表的统计报告，SMC被评为"2005年度日本最佳企业300强"（第35位）
2007	● "SMC(中国)"被评为"2007年度中国机械500强企业"（跃居第223名）
2008	● "SMC(中国)"被评为"2008年度中国机械500强企业"（跃居第216名） "SMC Corporation"被评为"2008年度世界机械500强企业"（跃居第409名）
2009	● "SMC(中国)"被评为"2009年度中国机械500强企业"（跃居第219名）
2011	● SMC被国家市场监督管理总局认定为"中国驰名商标"
2012	● "SMC(中国)"被评为"2012年度中国机械500强企业"（跃居第184名）
2013	● "SMC(北京)"制造有限公司被北京市地方税务局评为"纳税信用A级企业"
2014	● SMC（北京）制造有限公司被国家质量检验总局评为"中国质量诚信企业"
2015	● "SMC(中国)"被国家海关总署评为中国首批AEO认证企业

图1-1 公司在中国的事业发展历程

SMC(中国)在北京设有4个工厂、1个技术中心(CTC),在上海设有特注品工厂(如图1-2所示)。SMC(中国)生产的气缸、电磁阀、F. R. L组合元件、冷冻式空气干燥机、接头等,供应着包括中国在内的81个国家和地区。SMC在北京、上海、广州、香港均设有物流中心,可迅速满足客户的需求。

图 1-2　公司的工厂和技术中心

SMC(中国)连续6年被评为"中国机械500强企业",SMC被国家市场监督管理总局认定为"中国驰名商标",SMC(北京)制造有限公司被评为"纳税信用A级企业""中国质量诚信企业"。

1.2　SMC(中国)有限公司的技术开发与应用

SMC(中国)有限公司有专门的技术开发体系,中国技术中心(CTC)成立于2005年,主要从事前沿气动技术的开发与研究、产品性能研究、非标品的设计与制造、系统开发与设计、产品3D建模及应用软件开发,并长期与多所大学合作(如图1-3所示),进行气动技术的基础研究、教学育人,SMC(中国)目前已与中国14所知名大学开展合作,并且在哈尔滨工业大学、北京理工大学、清华大学、南京理工大学、上海交通大学设有气动技术中心。SMC(中国)以"产学研"的理念为基础,为气动技术的革新而不断努力。

图 1-3　公司与高等院校合作

SMC(中国)技术中心重视产品研发与技术服务(见图 1-4),约 120 名工程技术人员能够快速对应中国市场各领域的需求及不同客户的特殊要求。

图 1-4 公司体系简图

SMC 的“气动控制技术”正广泛应用于汽车、半导体、电子、机床、食品、包装、印刷、医疗、制药、纺织等基础工业领域中。通过气动技术与尖端技术的融合,即使是在新一代信息技术、机器人、航空航天、新能源、智能制造等最尖端的产业中,气动技术也有着无限发展的可能。在半导体工程、液晶制造、生物医药、医疗器械等高新技术领域,SMC 的产品大显身手,气动技术正在不断扩大新的应用领域。

2 企业参与职教办学总体情况

2.1 企业参与职业教育办学的大事记

2008 年 3 月,日本 SMC 株式会社及 SMC(中国)有限公司捐资 5 000 万元作为原始基金,经北京市民政局批准成立北京 SMC 教育基金会。基金会自成立以来,历年的年度检查均合格。2010 年参加了规范化建设评估,评估等级为 3A。2016 年评估等级为 4A。基金会在登记管理单位北京市民政局以及业务主管单位北京经济技术开发区管理委员会的指导下,严格按照国家相关政策、法规以及《基金会章程》的规定,本着“产学结合、育教于人,为中国教育事业发展尽微薄之力”的基金会宗旨,向院校提供奖学金及教学科研经费,资助学术交流、研究活动,资助贫困地区教育事业及其他有利于教育事业发展的公益活动。

为了培养不同层次的应用型技术人才，SMC 提出了与高等职业技术学院共建气动技术协同创新中心的战略方针。公司于 2015 年开始实施校企合作人才培养模式，包括定向人才培养的订单班合作项目(青苗班)，以及致力于提升学生实践能力的教育课程研发项目，两者均立足于国内制造业市场与行业的需求，依托社会公共教育平台提供具有针对性的系统培训，以提高毕业学员的就业质量并开拓其求职门路。

SMC 校企合作计划是与大学、高职院校等建立合作共建关系的共赢举措，有效搭建了校企合作平台，推进工学有机结合，有助于深入了解企业对大学院校教育教学和毕业生培养的要求，进一步拓宽毕业生就业渠道，提高毕业生就业层次和就业质量。

2.2 企业参与河北科工大办学的时间线

2006 年 1 月，首批 30 名邢台职业技术学院(现河北科技工程职业技术大学)学生赴 SMC(北京)制造公司顶岗实习，学生表现优秀，受到公司领导的认可。

2008 年 6 月，公司专业技术人员尚庆华被聘为邢台职业技术学院机电工程系专业教学委员会专家，共同参与人才培养方案的制定。

2008—2015 年 SMC(中国)与邢台职业技术学院签订青苗班合作意向和教师下厂锻炼培训协议。学校每年派遣 3 位老师进驻企业，进行为期一个月的专业技术和企业文化培训，为青苗班的顺利实施培养师资力量。目前已有近 40 名教师进驻企业进行培训。通过培训对公司有了全面了解，为进一步的校企合作奠定了基础。

2015 年 7 月 6 日，邢台职业技术学院机电工程系教师在高英敏副主任的带领下，赴 SMC(中国)有限公司调研，并与公司人力资源部部长傅沛明、人事课课长谭详颖及各级工程师进行深入交流与探讨(如图 2-1 所示)，对机电工程系机械制造及自动化、机电一体化、模具、机械设计等专业的建设和改革有了清晰的规划和布置。

图 2-1　邢台职业技术学院机电工程系教师赴 SMC 公司调研

2015 年 10 月，SMC(中国)有限公司作为邢台职业技术学院机电工程系学生企业社会实践的重要基地，与学校签署了工学交替校企合作协议，每年不间断地为该系本科学生提供 3 个月的工学交替生产性实习岗位(如图 2-2 所示)。

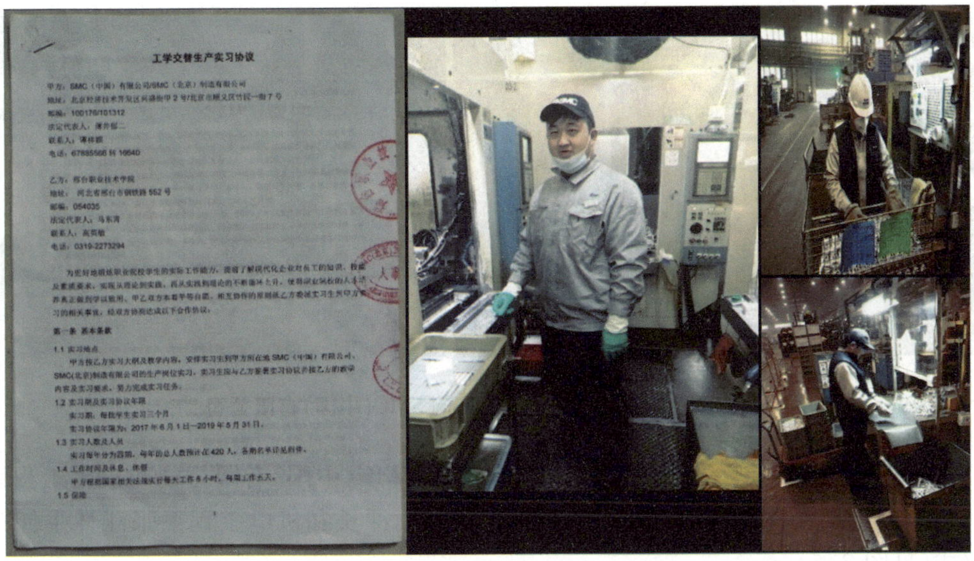

图 2-2　工学交替校企合作协议及学生工学交替实习场景

2016 年 6 月，邢台职业技术学院机电工程系第一批 108 名学生入驻公司，至今已有 2 000 多名学生在公司完成了 3 个月的企业实习，实习效果良好，企业、学校和学生三方都满意，许多优秀的实习生选择毕业到 SMC 就职，也为企业和学生提供了一个双向选择的平台(如图 2-3 所示)。

图 2-3　河北科工大(邢职)优秀实习学生获得荣誉证书

2016 年 6 月 30 日，学校副校长李贤彬率团对 SMC(中国)有限公司进行了参观访问(见图 2-4)。同 SMC 公司傅沛明等公司领导就进一步校企深度合作进行了深入探讨，为进一步推动双方合作指明了方向。

图 2-4　李贤彬副校长参观访问 SMC(中国)有限公司

2017 年 3 月 6 日，在前期“青苗班”试点的基础上，SMC(中国)有限公司与机电工程系合作的“青苗班”在学校正式开班，SMC 公司人力资源部谭祥颖课长和机电工程系张江林主任共同主持了开班仪式(见图 2-5)。

图 2-5　校企共建“SMC 青苗班”合作协议以及青苗奖学金的颁发仪式

2017 年 6 月 5 日，在 SMC(中国)有限公司第二会议室，邢台职业技术学院机电工程系张江林主任与公司傅沛明董事签署协议，共建 SMC 气动技术协同创新中心(见图 2-6)，大力开展气动元器件应用技术研发，培养气动元器件应用技术人才，为企业和社会培养优秀的气动技术人才开创工匠培养新纪元。

图 2-6　河北科工大(邢职)与公司共建 SMC 气动技术协同创新中心签约仪式

2017 年 11 月 18 日，学校机电工程系与 SMC(中国)有限公司校企战略合作签约仪式在该校会议室隆重举行(见图 2-7)。校长马东霄、副校长李贤彬、学校办公室主任魏勇、SMC(中国)有限公司人力资源部傅沛明部长、人事课谭详颖课长和机电工程系相关领导等出席了仪式，部分学生代表参与见证了签约仪式。

图 2-7　河北科工大(邢职)与 SMC(中国)校企战略合作签约仪式

2017 年 3—12 月，由 SMC(中国)有限公司赞助、邢台职业技术学院机电工程系承办的“SMC”杯大学生机械创新创意设计系列技能竞赛制图与构型能力大赛、三维设计大赛、机械创新设计大赛，在邢台职业技术学院顺利举办，2017 年 12 月 24 日举办了盛大的颁奖盛典，SMC(中国)有限公司傅沛明部长、人事课谭详颖课长出席了颁奖典礼，并为获奖选手颁奖(见图 2-8)。学校党委书记刘彩琴、校长马东霄、副校长李贤彬、教务处处长张国勋、学生处处长赵晓东、教务处实习实训科科长徐平和机电系领导出席了颁奖盛典。

图 2-8 河北科工大(邢职)“SMC”杯大学生机械创新创意系列竞赛颁奖典礼

2018 年 8 月,学校机电工程系安排 3 位教师赴 SMC(中国)有限公司参加 SMC 校企文化深度融合研讨会(见图 2-9)。

图 2-9 河北科工大(邢职)教师参加 SMC 校企文化深度融合研讨会

2017 年、2018 年应 SMC 公司邀请,机电工程系张江林主任、高英敏副主任分别带队参加“第七届中国机器人大会”“第八届中国机器人大会”SMC 公司展台,同公司总经理等领导进行了热情交流(见图 2-10)。

2018 年 10 月,SMC(中国)有限公司和邢台职业技术学院合作建设的“SMC 气动技术协同创新中心”投入使用(见图 2-11)。协同创新中心共分为气动技术体验厅、气动技术创新设计厅、气动技术展示厅、气动技术实训厅、气动技术研发室、气动技术培训室等功能模块,可用于学生实训、技术服务、技术创新、技术培训等。

图 2-10 河北科工大(邢职)系领导带队参加第七届、第八届中国机器人大会 SMC 展台

图 2-11 河北科工大(邢职)SMC 气动技术协同创新中心

2019 年 12 月,SMC(中国)有限公司李有林副总经理、尚庆华所长、谭祥颖课长等赴邢台职业技术学院出席 SMC 公司赞助的系列大赛颁奖典礼,并开展校企合作系列活动(见图 2-12)。

2021 年 6 月 1 日,SMC(中国)有限公司李华董事、尚庆华所长、谭祥颖课长等赴河北科技工程职业技术大学出席了智能制造学院签约仪式等校企合作系列活动(见图 2-13)。通过本次校企合作活动,学校与 SMC(中国)有限公司的合作水平得到提升,为双方在新的发展阶段进一步开展高层次、多维度、全方位合作打下了良好的基础。

图 2-12　公司与河北科工大（邢职）校企合作系列活动

图 2-13　公司与河北科技工程职业技术大学智能制造产业学院签约

2.3　参与河北科工大职教办学成果

2.3.1　供需对接，校企共建智能制造产业学院

以实现教育供给侧与产业需求侧同频共振为目标，河北科技工程职业技术大学与 SMC 共建智能制造产业学院，打造校企深度合作平台。以产业学院为平台和载体，推动产教融合与校企合作持续向广度和深度迈进，深入推进专业群建设，不断创新人才培养模式，促进专业链、人才链、产业链、创新链的有效对接，构建全方位、全过程协同育人长效机制。

2.3.2　纵向深入，构建校企双育“232”育人模式

结合“中国制造 2025”规划，对接产业技术技能人才需求，河北科技工程职业技术大学加大与 SMC 协同育人力度，构建了“两教会三引入双育人”的“232”育人模式。“两教会”即教会做人、教会做事，“三引入”即引入项目、引入案例、引入竞赛，“双育人”即学校育人、企业育人。

为实践“两教会”和企业育人模式，河北科工大开启了和 SMC 为期三个月的工学交替岗位实习。实习期间，校企双方通过强化企业的管理制度和工艺要求，锻炼提升学生的各项综合能力；企业不定期举办公司级、车间级的生产技术培训和社会知识培训，其中每期举行的人文知识培训“今生无悔”已经成为企业实践的一个特色项目（如图 2-14 所示）。学生在企业文化的熏陶下，提高了工作技能，端正了做人做事态度。校企双育人实现了培养教育“不放松、不断线”。

从工学交替岗位实习向纵深延展，扩展到学校老师和学生参与企业的技术改造和工艺规程制定（如图 2-15 所示），学校老师对企业员工进行技术培训，成为河北科工大与 SMC 校企双育人的一大亮点。

图 2-14　公司为河北科工大学生举办“今生无悔”人文知识培训

机制 152 班张森同学在 SMC 工学交替岗位实习中研制的 CK63 缸筒端面划伤消减方案、高利军老师参与的 CQ 缸筒加工生产线改造，都为企业做出了重要贡献。张森同学开发的设计方案使原来的端面划伤率由 16%降至现在的不到 1%，平均一年为公司节省成本 20 多万元，张森本人也被评为公司优秀实习生。高利军老师被聘为企业培训师。

图 2-15　河北科工大学生与车间主任讨论生产工艺问题

2.3.3　横向联合，开展三融合四阶段式岗位实习

工学交替岗位实习安排在第三学期，强化学校与企业、教师与师傅、产业与教学三融合，分为校内动员、企业培训、轮岗实操、总结评价四阶段，实施横向校企循环联合培养(如图 2-16 所示)。

(1) 校企共同制定岗位实习方案

校企双方在充分协商研讨的基础上，共同制定岗位实习方案，从岗位实习要求、实习任务目标、实习内容和计划等方面作出具体安排。

(2) 加强进企上岗思想动员工作

将严格遵守企业生产管理规定、确保师生人身安全作为关键环节，规范实习行为。实习之前召开实习动员大会，通过实际案例做好学生思想动员并组织纪律教育。同时规范管理部门、指导

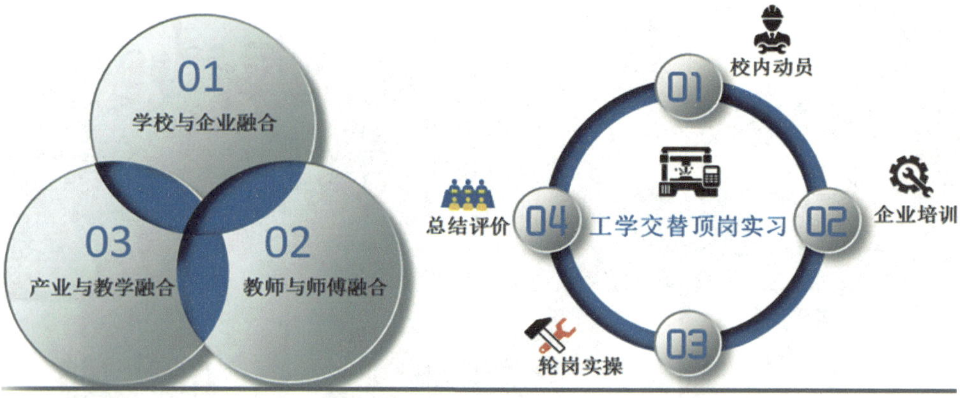

图 2-16　河北科工大学生在 SMC 三融合四阶段式工学交替岗位实习示意图

教师和学生的多边关系行为，严格执行企业生产管理，明确各方责任和义务。

（3）开发校企双元综合评价体系

采取校企双元共评方式，由双方共同从评价主体、评价内容、评价方法、评价标准等维度对学生实习效果进行综合评价。评价以过程考核为主，评价主体由企业指导技师、学校指导教师、企业人事部门组成，侧重考查学生的职业态度、职业能力和实训成果，最终根据双方的评价结果综合评出等级。

2.3.4　高级定制，青苗班有效提升人才培养质量

2017 年，河北科工大与 SMC 合作培养的"青苗班"正式开班。青苗班全方位引入公司企业文化和产品生产案例，由企业技术专家承担部分专业课程（如图 2-17 所示）。青苗班作为产教融合、校企联合办学的新形式，弥补了课本知识与社会发展之间脱扣的短板，使企业深度参与学校的人才培养过程，实现了校企优势资源的有机结合。

图 2-17　河北科工大与 SMC 校企合作共同培养青苗班

2.3.5 以赛促学，校企共同承办“SMC”杯技能大赛

实施以赛促学的教学模式，校企携手共同举办了八届“SMC”杯系列技能大赛（见图 2-18），获奖学生逾 500 人，公司支付大赛奖金近 60 万元。

图 2-18　河北科工大与 SMC 公司共同举办“SMC”杯系列技能大赛

3　企业资源投入情况

公司在参与河北科技工程职业技术大学订单班合作项目（青苗班）运行管理过程中，由校企双方共同进行经费、人力资源、场地等方面的投入。以下是 SMC（中国）有限公司参与学校合作项目运行管理过程中所投入的人力、物力和财力情况。

3.1　经费投入情况

（1）企业每年提供 6 万元用于教师的气动技术科技创新研究。

（2）企业每年提供 2.7 万元作为参与“青苗班”教学与管理教师的奖励。

（3）企业每年提供 2.5 万元作为学生技能大赛的奖金。

（4）企业每年提供 10 万元作为“青苗班”优秀学生的奖励（如图 3-1 所示）。

3.2　人力资源投入情况

公司各产品部派出优秀工程师为河北科技工程职业技术大学解决学生遇到的技术问题，并定期安排公司培训中心培训工程师为学生提供免费技术和企业文化培训服务，提升学生的理论水平和实践能力。SMC（中国）研发中心的张士宏博士为机电工程系签约兼职教师。制造一部课长许

图 3-1　公司提供经费奖励河北科工大“青苗班”优秀学生

建柱被聘为专业群建设技术专家。此外公司还有常驻学校的技术工程师宋立波在现场解决实际问题。

3.3　物力投入情况

(1) 建设 100 平方米的“SMC 企业文化厅”。企业负责装修，包括吊顶、地毯、壁纸、形象墙(含 65 寸显示器)、文化展板(25 平方米)、12 人会议桌、产品展柜(含 100 个气动元件)等。

(2) 建设 100 平方米的“SMC 气动技术体验厅”(见图 3-2)。企业负责装修，包括吊顶、地毯、玻璃墙、气电改造等。企业提供 10 台气动技术体验装置、40 台小型气动技术展示装置。

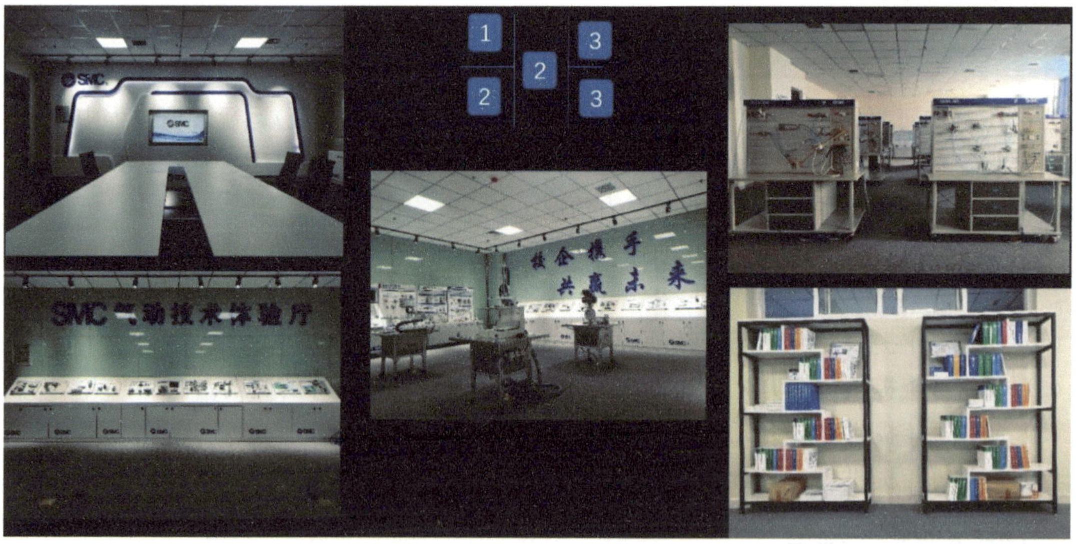

图 3-2　公司在河北科工大建设气动技术体验厅等

(3) 建设 150 平方米的“SMC 气动技术培训室”。企业负责装修，包括吊顶、地毯、壁纸、气电改造。企业提供培训手册与教材 300 册。

(4) 建设 120 平方米的“SMC 气动技术讲堂”。企业负责教室的文化建设。

(5) 建设 67 平方米的“气动液压技术工作室”。企业负责工作室的文化建设。

图 3-3　公司在河北科工大建设气动液压技术工作室等

(6) 企业负责楼道约 50 平方米的装修和文化建设,负责楼道玻璃门的建设(见图 3-3)。

(7) 建设 150 平方米的“SMC 气动元器件加工车间”。企业负责提供 8 台数控加工设备(见图 3-4)。

图 3-4　公司为河北科工大捐赠的数控加工设备

(8) 建设 33 平方米的“SMC 校企合作办公室”。企业负责提供办公家具和装修。

(9) SMC 公司为工学交替的学生提供免费的食宿(见图 3-5)。

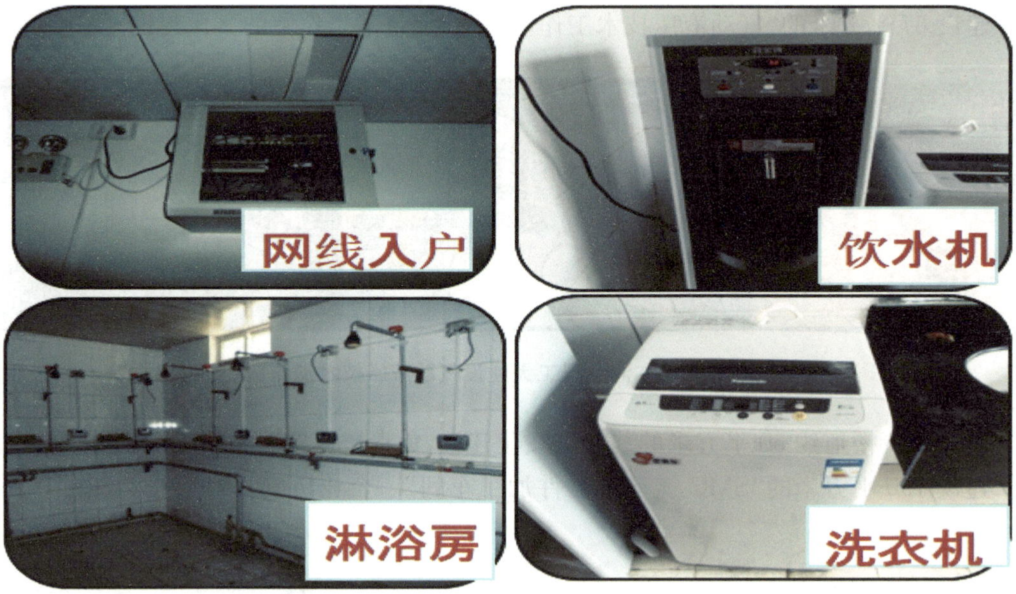

图 3-5　公司为河北科工大实习学生提供良好食宿环境

4　企业参与教学情况

4.1　专业建设方面

SMC(中国)有限公司在河北科技工程职业技术大学(邢台职业技术学院)机电工程系各专业人才培养模式改革工作方面发挥了指导作用。校企双方共同制定了机械制造与自动化专业、机电一体化专业的分流培养分类成才人才培养目标和培养方案,并为这两个专业的人才培养提供实习保障。为响应智能制造发展目标,共同开发了数控加工技术、机床电气控制、先进制造技术等课程,共同培育和组建了“双师型”教师团队,共同建设和组织实践教学,共同制定规章制度,共同对实习学生进行考核评价。

4.2　学生培养方面

4.2.1　组建青苗班(订单班)

根据公司要求,河北科技工程职业技术大学(邢台职业技术学院)每年组建一期“青苗班”,每期招收符合条件的学生进入青苗班,根据企业文化、专门技术等特殊需求,有针对性地对订单班学生实施定向培养。

学员选拔范围:河北科工大机电工程系各专业。

学员基本素质及要求:身体健康,能适应工作强度;遵守学校、企业规章制度,无不良表现记录;懂礼貌、知礼仪,能积极主动与他人交流,有一定团队意识;认可 SMC(中国)有限公司,认可气动技术行业和先进制造技术行业;能吃苦耐劳,能接受出差,完成理论知识的学习和实训及实习动手能力的提高;能够遵守协议。

订单班的培养与管理工作由校企双方共同承担。公司向学校提出其相应职位的计划和具体人才需求标准，提供机械制造工程师、机械设计工程师、设备维修工程师等工作岗位；公司根据企业岗位需求，提出专业技能课程及其专业基础课程，双方共同制定专业方向课程体系。双方共同制定课程体系的原则如下：

(1) 公司负责制定以应用为目的的公共必修课程、专业先修课程模块；

(2) 双方共同构建符合学校要求、企业需求的素质拓展课程模块；

(3) 学校协助公司构建专业基本技能课程模块、专业方向课程模块、企业技能方向模块；

(4) 公司在以上课程基础上，构建面向企业应用的进入技能实训课程体系。

对于"青苗班"学生，采取校园招聘的方式进行，基本原则如下：

(1) 公司在第三学期末进行初步的宣讲、校园招聘及面试环节，与拟进入企业定制班的学生签订三方意向培养合同；

(2) 校企合作班的学生参加公司的免费培养，同时公司观察学生在校学习期间的表现；

(3) 根据公司培养计划，与学校协调第三学期或第四学期"工学交替顶岗实习"时间，为期三个月；

(4) 学生在学校第四学期授课完成后，进入公司实训中心顶岗实习；

(5) 学生在校外实训中心签订实习协议，进入公司实习。公司保证学生安全和缴纳人身意外险。

SMC(中国)有限公司人力资源部与订单班学生签订《定向培养意向书》，订单班学员根据公司需求进入各产品部开展认知、跟踪、顶岗实习。

4.2.2 为学生提供实习、就业机会

公司根据需求从河北科工大(邢台职业技术学院)接收实习及预就业学生，提供该学生到企业实习的培训、岗位、场地、设备、材料等实习条件，保证实习期间学生的安全，并由指定企业师傅对实习学生进行实习指导。

学员在公司实习期间，根据公司要求由公司人力资源部专员进行实习巡访，了解学员在公司的工作情况及思想动态，疏导学员由学校走入企业的心理落差，稳定学员的工作情绪。同时，学校定期对实习学员进行电话巡访，真正实现校、企双方共同关注，促进学员在公司的健康成长。

校企双方以服务为宗旨，以就业为导向，大力推进校企合作人才培养模式。突出实践能力的培养，深化校企合作融合度，更新教学理念，依托企业行业优势充分利用教学资源，建立校企深度合作、紧密结合、优势互补、共同发展的合作机制，提升教育教学水平和人才培养质量，努力开创校企合作的新局面，实现公司、学校及订单班学员三方共赢的局面。在校企双方的共同培育下，学生的综合职业能力及职业素养得到进一步提高，就业率及就业质量得到了极大的提高。

5 面临的问题与预期展望

5.1 面临的主要问题

1. 疫情防控背景下公司实际生产与学生实习的矛盾

在当前疫情防控形势下，北京市和邢台市具体情况各有差异。企业也会因此受到实际生产任务的限制。如何有效保障学生在企业期间的实习质量，需要校企双方合作建立行之有效的机制，

如制定《学生 SMC 实习突发情况处理方案》等。

2. 教育部《职业学校学生实习管理规定》出台后需重新完善深度校企融合的机制

在教育部统筹规划及各级部门的推进之下，河北科工大也像其他职业院校一样积极开展深度校企融合，探索新经济下职业教育企校合作的新模式，如实习基地共建、工学交替、企校共同开展的课程建设及师资建设等。但教育部等八部门在《职业学校学生实习管理规定》中对学生在企业进行岗位实习提出了更严格的要求。鼓励和支持职业学校和实习单位结合学徒制培养、中高职贯通培养等，合作探索工学交替、多学期、分段式等多种形式的实践性教学改革。在此背景下如何更深层次参与企业发展规划和生产经营，也是高职院校需要解决的技术问题和机制问题。

5.2 预期展望

1. 学生专业实践技能突飞猛进

校企合作新模式大大提升"工学交替、实岗育人"成效，学生有更多机会尝试不同工作，扮演不同社会角色，在逐步完成职业化角色转变的同时更准确地发现自己真实的潜力，丰富自我成长所需的企业实践阅历，专业技能和职业素养得到有效训练。

2. 教师科研实力得到大幅提升

教师以企业员工身份参与生产一线的真实项目，在企业项目的研发与生产过程中强化技术技能，为企业提出诸多合理化建议。教师与企业签订一系列技术服务协议，在为企业克服技术瓶颈的同时大幅提升了教师的科研攻关能力。

3. 企业运营效率得到显著提高

通过校企深度合作，有效实现了资源共享，弥补了企业人力资源的不足和空缺。通过校企之间循环迭代式的工学交替，轮流换人、轮岗换班、轮番补充，保障企业生产持续进行，提高企业的生产运营效率。教师循环不断为企业员工进行新技术培训，提高了企业员工的整体素质。

6 结束语

河北科技工程职业技术大学与 SMC(中国)有限公司的产教融合校企合作案例获得机械行指委校企合作机制优秀案例，后期校企双方将不断总结经验，在各种融媒体上积极发声和推广。在此基础上，企业、学校将继续利用各自的优势，各负其责，深度融合，资源共享，实现企业、学生、学校、教师、社会的多方共赢。

报告八　2022年度奇瑞捷豹路虎汽车有限公司参与高等职业教育人才培养

1　企业概况

1.1　企业简介

捷豹路虎(英文简称JLR)是一家拥有两个顶级奢华品牌的英国汽车制造商,属于印度塔塔汽车旗下,研发、生产、销售捷豹品牌和路虎品牌的全部汽车。公司主要业务是开发、生产和销售捷豹和路虎汽车。其中拥有辉煌历史的捷豹是世界上生产豪华运动轿车和跑车的主要制造商,而路虎则是全球生产顶级奢华的全地形4×4汽车制造商。

捷豹路虎具备世界一流的制造设备和工厂、令人惊叹的生产效率和强大的可循环体系,并掌控从采购、生产到运营的每一个环节,制定了可持续发展以及减少二氧化碳排放的综合解决方案,尽可能减少生产对于地球环境的影响。顶尖科技含量的产品,如捷豹的轻量化全铝车身、路虎全能四驱插电式柴油混合动力技术Range_e等,无不倾注着捷豹路虎对全球环境的责任和关爱。

捷豹(Jaguar),英国知名豪华汽车品牌,1922年诞生,创始人为威廉·里昂斯爵士。捷豹在中国市场拥有X系列豪华运动轿车、TYPE系列豪华跑车、PACE系列豪华轿跑SUV三大产品。

路虎(Land Rover),英国豪华全地形SUV品牌,创始人是莫里斯·维尔克斯,创立于1948年。路虎现拥有三大产品家族:揽胜系列、发现系列、卫士系列。

1.2　企业文化

1. 捷豹

自从捷豹品牌创立以来,就始终致力于为用户提供优雅迷人而又动感激情的汽车,在其历史发展的不同时期也涌现出了多款经典车型,奠定了捷豹品牌引领时尚潮流的地位。从连续多年登顶勒芒赛场的捷豹D-Type到被纽约现代艺术博物馆列为永久珍藏品的E-Type,再到被人们称为所能想象的最美观汽车的XJ13,从十年畅销的捷豹XK8,再到全新捷豹XJ,再到捷豹有史以来第一款SUV概念车C-X17于2013年法兰克福车展首次亮相,无论在哪个时期,捷豹始终以其优雅迷人的设计和卓越不凡的技术引领着豪华车市场的新潮流,成了代表时尚的奢华标志,并藉此在全球吸引了无数的追随者。

2012年,全球顶级汽车制造商捷豹启动其全新的品牌理念:ALIVE。

(1) 无可复制的生命力

捷豹在秉承捷豹纯正英伦风范的同时,更强调捷豹基因中无可复制的"生命力"。这种生命力代表的是忠于本性,而非随波逐流;崇尚的是挑战创新,而非因循守旧;讲究的是品味生活,而非堆砌奢华。捷豹,不仅仅是性能卓越的机器,它更是个人品质、生活追求的完美体现,它让所有驾乘者充满生命力。

(2) 科技生命力

以人的需求,重新定义汽车科技的一切,以科技之力,激发生命活力,是捷豹赋予科技的生命力。

2. 路虎

路虎公司(Land Rover)以四驱车而举世闻名,自创始以来就始终致力于为驾驶者提供不断完善的四驱车驾驶体验。在四驱车领域中,路虎公司不仅拥有先进的核心技术,而且充满了对四驱车的热情,它是举世公认的四驱车革新者。尽管路虎在不断改进产品,但它始终秉承其优良传统,即将公司价值与精益设计相结合。品牌文化包括以下四个方面。

①纯正:纯正是指将现实的、历史的因素理性地综合起来,在了解路虎的过去和传统的同时,努力寻求新的东西,走在时间的前面。它告诉我们要甘于奉献,充满热忱和激情,走自己的路,永不回头。

②胆识:自信有能力提高对生活的期望值并克服恐惧心理。每个人要勤奋工作,善于思考,诚实守信;探险时要注意把握分寸,做事情要有明确目的;在逆境中更要发扬团队精神;认准目标,勇往直前,虽泰山压顶而面色不改,有一种大无畏的英雄气概。

③探险:告诉人们要敞开心扉,拥抱世界。它是一种心态,一种对待生活的态度,它对每个人都给予关爱。它告诉人们要敢于标新立异,不懈追求。在茫茫原野中探险的目的十分明确,是为了努力去寻找保护环境的最佳途径。人和野兽同样喜欢探险,只不过野兽的探险是为了猎取食物。

④超凡:成为大自然的先驱者;富于同情心而勇敢执着;既有寻常人的情愫又有超凡的人格魅力;成为某方面的专家,但同时又平易近人;卓然而立而又决不自命不凡。它与领导才能和超凡魅力息息相关,闪耀着灵感的光芒,在任何情况下都能应付裕如。从不傲慢自大,孤芳自赏,或者恶意攻击他人。

1.3 企业发展

1. 捷豹

2004 年,捷豹正式进入中国市场。

2015 年,捷豹发布首款 SUV 车型 F-PACE。

2017 年,越级豪华运动轿车 XEL 上市。

2018 年,捷豹历史上首款豪华纯电轿跑 SUV I-PACE 在北京车展上市。

2020 年 12 月,世界品牌实验室编制的 2020 年度(第十七届)世界品牌 500 强排行榜在美国纽约揭晓,捷豹排名第 165。

2. 路虎

1948 年,第一款路虎诞生于英国。这是一款简单、新颖的铝制工作车。

1959 年,第 25 万辆路虎汽车驶离西米德兰(West Midlands) Solihull 的生产线,至此确立了路虎在市场上的成功地位。

1970 年,路虎揽胜刚一面市就引起了热烈响应。在巴黎卢浮宫汽车展上,揽胜的豪华设计赢得了广泛赞誉。

1989 年,在法兰克福汽车展上,路虎发现首次亮相,并迅速赢得高档 SUV 的美誉。1997 年,路虎神行者闪亮登场,再次将路虎品牌的 DNA 提升到新的 SUV 水平。

2002 年,第一间路虎城市展厅在中国上市,同年发现 2 在中国上市。

2003 年，路虎在中国成立办事处。

2004 年，制定上海、大连两处新的进口商，同时北京展厅开业，捷豹路虎的中国之旅正式启程。

2008 年 3 月，福特汽车公司出售路虎业务给印度塔塔集团。

2014 年 10 月，奇瑞捷豹路虎汽车有限公司工厂举行开业典礼（见图 1-1）。

图 1-1 2014 年 10 月奇瑞捷豹路虎汽车有限公司工厂开业典礼

2018 年 6 月，奇瑞捷豹路虎常熟工厂二期盛大开业（见图 1-2）。

图 1-2 2018 年 6 月奇瑞捷豹路虎常熟工厂二期盛大开业

2019 年 10 月，英图博略（Interbrand）发布的全球品牌百强榜上，路虎排名第 85。

2020 年 1 月，2020 年全球最具价值品牌 500 强榜单发布，路虎排名第 259 位。

2021 年，在英国格拉斯哥举行的 COP26 气候变化会议上，路虎承诺到 2040 年逐步淘汰化石燃料动力汽车。

2021 年，路虎 · 卫士 007 典藏版上市。

1.4 企业近况

作为英国最大的汽车制造商，捷豹路虎拥有凝聚辉煌历史的捷豹和豪华全地形 SUV 品牌路虎，两个品牌均以迷人设计、领先科技和非凡性能成为引领现代豪华车潮流的标志。

如今，国内汽车市场受到芯片等外部因素的影响，市场格局发生了较大的改变，2021—2022 年第一季度，捷豹路虎的营收达到了 44 亿英镑，全球销量为 78 825 台，环比持平。

作为“重塑未来”全球战略的发展基石，可持续发展领域持续创新成为捷豹路虎实现发展愿景的重要驱动之一。2022 年上半年，捷豹路虎在全球层面分别制定了可持续发展目标，宣布了新的人事任命以创新组织运营。在捷豹路虎“重塑未来”全球战略及“聚焦今日”计划的推进下，本财季共收获价值 2.5 亿英镑的提升。同时截至目前，捷豹路虎公司流动资产达 52 亿英镑，包括 37 亿英镑现金与短期投资以及 15 亿英镑的未提取信贷额度，预期将在全财年取得 5%的息税前利润率。在产品供需层面，三款重磅车型——全新一代路虎揽胜、揽胜运动版及路虎卫士——仍是全球最炙手可热的产品，累计贡献 20 万台订单需求的六成。伴随芯片短缺问题有序缓解，本财年产品交付及销量将持续获得提升。

未来，捷豹品牌和路虎品牌的所有车型都将提供纯电动版本，目前有约六成的路虎车型已实现零尾气排放，而捷豹品牌已成为一个全面电动化的豪华汽车品牌。作为诞生于二十世纪初的两个英伦豪华品牌，捷豹和路虎拥有相当雄厚的造车底蕴和独特的品牌调性。就目前的财报数据来看，捷豹路虎品牌在去年启动的“重塑未来”战略后，有着很大的改变。

面对正经历着沉淀破局新阶段的中国市场，捷豹路虎在 2021—2022 第一季度走出了稳健的步伐，而且捷豹路虎“打造领先豪华车企，传递高端客户体验”的企业愿景从未改变。

捷豹路虎始终将企业社会责任作为企业战略的重要组成部分，不断深入践行对中国市场的长期承诺。2022 年 11 月 21 日，中国宋庆龄基金会捷豹路虎中国青少年梦想基金足球捐赠仪式在上海举行。上海普陀女足学校所系曹杨二中、梅陇中学、金沙江路小学三所学校接受了训练用球的捐赠。来自捷豹路虎、中国宋庆龄基金会、英国驻上海总领事馆、普陀区青少年教育活动中心以及学生球员代表通过线上及线下的形式共同见证了这一梦想力量传递的时刻。捷豹路虎，以足球为媒，以梦想为引，再一次以实际行动为中国青少年们带来了关爱与助力(如图 1-3 所示)。

图 1-3 中国宋庆龄基金会捷豹路虎中国青少年梦想基金足球捐赠仪式

(图片来源:国际在线)

2 企业参与办学总体情况

2.1 企业参与职教办学沿革

2011 年 9 月 6 日,捷豹路虎与北京电子科技职业学院在京共同宣布,捷豹路虎在中国设立的首个校企合作项目——卓越培训项目——正式启动。作为捷豹路虎践行企业社会责任的重要举措之一,该项目致力于为中国汽车产业高技能型人才的培养打造具有国际水准的系统化教育平台。

此后,捷豹路虎在中国选取了 12 个省市,先后共同创建了 12 所合作院校,分别是长春汽车工业高等专科学校(现更名为“长春汽车职业技术大学”)、杭州技师学院、烟台汽车工程职业学院、北京电子科技职业学院(现更名为“北京科技职业大学”)、上海交通职业技术学院、西安汽车科技职业学院(现更名为“西安汽车职业大学”)、广东机电职业技术学院、成都航空职业技术学院、湖南机电职业技术学院、南京工业职业技术大学、河南交通职业技术学院、河北科技工程职业技术大学。

近年,捷豹路虎卓越培训项目不断壮大,合作院校数量在逐年递增(如图 2-1 所示),捷豹路虎相继与广东科学技术职业学院、广东交通职业技术学院等院校签署了 ATP 项目合作协议。

图 2-1 捷豹路虎卓越培训项目启动仪式

2.2 企业参与河北科工大职教办学大事记

2014 年参加捷豹路虎卓越培训项目洽谈会。

2016 年 6 月捷豹路虎卓越培训项目专家来校考察。

2016 年底签署捷豹路虎卓越培训项目合作意向书。

2017 年启动捷豹路虎卓越培训项目。

2017 年捷豹路虎精英学徒大赛首创佳绩。

2018 年捷豹路虎精英学徒大赛再创佳绩。

2019 年捷豹路虎卓越培训项目全国教师研讨会。

2021 年捷豹路虎卓越培训 EV 项目研讨会。

重要时间节点合作详情如下。

2017 年 12 月 1 日，捷豹路虎邢台卓越培训项目启动典礼隆重举行(见图 2-2)。捷豹路虎经销商技术支持高级经理王士权，邢台市政府副秘书长王冰海，学校党委书记张星河、校长马东霄、副校长李贤彬，捷豹路虎项目合作院校的领导嘉宾及汽车工程系全体师生共同见证了河北省首家、全国第 11 家校企共建人才培养基地的诞生。捷豹路虎邢台卓越培训中心正式揭牌之后，捷豹路虎负责人向学校交付了实训车辆的钥匙，并向捷豹路虎订单班的学徒代表发放了 iPad 教学设备。作为全国高职高专重点示范专业，捷豹路虎卓越培训项目将“英国现代学徒制”教学模式引入学校的教育教学中，充分吸收捷豹路虎公司在培训方面的成功经验，并对其精华教学课件进行本土化处理，将该公司全球技能认定与本校学生专业考核进行对接，在专业教学中使学员同步受到与国际接轨的专业技能培训。捷豹路虎邢台卓越培训中心的成立旨在通过深化校企合作，不断推进产教融合，以精良的课程指导和顶级的师资力量培养汽车专业杰出技术技能人才，打造国内高等职业教育人才培养的典范与标杆。

图 2-2 捷豹路虎卓越培训项目与邢台职业技术学院(河北科工大)合作

2019 年 2 月 26—27 日，捷豹路虎卓越培训项目 2019 全国教师研讨会在邢台职业技术学院(河北科工大)顺利召开(见图 2-3)。捷豹路虎上海培训中心卓越培训项目运营经理杨琴女士、项目运营主管黄丽女士、高级培训师顾吉林老师、高俊老师、经销商高级技师冯习武、初立强老师及全国 11 所项目合作院校老师参加了此次研讨会。

本次会议包含三个主题：一是捷豹路虎卓越培训项目学员能力模型探讨；二是捷豹路虎卓越培训项目课程大纲修订；三是捷豹路虎卓越培训项目毕业生就业竞争力分析。科工大王大鹏老师在研讨会上分享了邢台捷豹路虎卓越培训项目班对毕业生的管理及规划。

卓越培训项目基于捷豹路虎在职业培训方面多年的成功经验，保证学生从入校之初就开始接

图 2-3 捷豹路虎卓越培训项目全国教师研讨会在河北科工大召开

触、学习行业一流的技术。学校在培养学生的同时，能够借助捷豹路虎在资源、技术和就业方面的优势，充分发挥企业在职业技术教育管理中的积极作用。除了在硬件设施方面对学校和学生给予支持，捷豹路虎还参与了职业培训课程的设计和评估，并引入具有本土培训经验的讲师队伍，为学生获得国际水准的职业辅导尽心尽力。该项校企合作新机制使学生、企业与产业的需求融合更加紧密，互利共赢，进而为行业整体发展培养了更高水平的人才。

2021 年 10 月 13 日，捷豹路虎卓越培训 EV 项目建设研讨会在科工大邢台卓越培训中心举行（见图 2-4）。卓越培训项目经理钟诚、学校副校长刘卫红、汽车工程系相关领导以及双方负责同志参加会议。

图 2-4 2021 年度捷豹路虎卓越培训 EV 项目建设研讨会

会上，副校长刘卫红介绍了学校的历史发展、系部设置、教育教学、社会服务、国际合作等方面，同时阐述了学校在职业教育方面不断进取、自我革新、走在职教改革前沿的发展思路。培训项目经理钟诚对捷豹路虎的文化历史、市场份额等做了详细介绍。汽车工程系书记马金刚详细介绍了系部及专业发展，项目负责人王大鹏对场地建设、硬件设施、师资力量、文化建设、大赛获奖、学校周边设置、交通便利性及 EV 规划做了详细汇报。随后双方就经销商合作议题展开了深入对话，表达了对于河北捷豹路虎项目继续深化合作的殷切期盼。

会后，捷豹路虎一行对校史馆、奔驰项目、创客空间、巴哈项目、特斯拉比亚迪新能源项目场地进行了参观，对捷豹路虎场地文化升级提出了宝贵意见。同时，技术专家高俊老师对项目组各位老师本周的课堂教学进行了听课辅导，在课后就教学优点及建议向任课老师进行了反馈。最后，双方就此次检查过程中发现的问题进行了深度交流。捷豹路虎一行对学校的付出给予肯定，本次卓越培训 EV 项目建设研讨会圆满完成。

3 企业资源投入

3.1 人力资源投入

捷豹路虎卓越培训项目总部委派内部培训讲师负责开展学校项目教师培训工作(见图 3-1),针对机电维修和钣金维修两个模块开展培训,培训内容包括课堂教学方法优化、专业理论知识和实操技能水平。培训项目划分等级,有针对新教师的基础能力培训,也有针对老教师的技能进阶培训,能够有效提升项目组专职教师的理论水平和实践教学能力,各项培训效果良好,得到教师一致好评。

图 3-1 卓越培训项目教师参与线下培训

2021—2022 学年,河北科技工程职业技术大学捷豹路虎卓越培训项目的多名教师参与了各项培训,具体培训信息见表 3-1。

表 3-1 捷豹路虎邢台卓越培训中心教师参与培训情况统计表

序号	培训内容	培训形式	教师人数
1	捷豹路虎卓越培训 2022 年钣金讲师暑期认证	线下	2 人
2	捷豹路虎机电专业课程培训 & 机电教师资质认证	线下	1 人
3	捷豹路虎历史与文化品鉴	线上	7 人
4	捷豹路虎三级技师培训 &L460& 电动车授权技师 EVAP/ EVCP	线下	2 人
5	捷豹路虎机电专业课程培训 & 机电教师 L3 认证	线上	4 人

3.2 物力财力资源投入

捷豹路虎邢台卓越培训中心场地面积超过 2 800 平方米(见图 3-2),企业赞助无偿使用价值超过 500 万元的捷豹路虎车辆 7 辆,以及各种发动机台架、检测仪器、网站账号等(无偿使用设备清单如表 3-2 所示),企业总投入金额合计超过 900 万元。

图 3-2 捷豹路虎邢台卓越培训中心场地设施

表 3-2 捷豹路虎邢台卓越培训中心无偿使用设备清单

编号	名称	型号	单价(万元)	数量	总价(万元)	捐赠日期
1	D4 Gasoline Engine 汽油	L319	65	1	65	2019.8
2	X590 EV AWD 5DR SWB HSE 400PS，China V06C，AE590/590AF，2019	X590	65	1	65	2019.8
3	L551		40	1	40	2019.8
4	L538		40	1	40	2019.8
5	X260L		30	1	30	2019.8
6	X260L 车身		15	1	15	2019.8
7	卓越网账号		150	1	150	2019.8
8	TOPIx		10	1	10	2019.8
9	服装		7.5	1	7.5	2019.8
10	钣金耗材		5	1	5	2019.8
11	机电耗材		2	1	2	2019.8
12	SDD	CF－53MA367FW	10	1	10	2019.8
13	SDD	CF－53MA3K7FW	10	1	10	2019.8
14	Pathfinder		5	1	5	2019.8

续表

编号	名称	型号	单价(万元)	数量	总价(万元)	捐赠日期
15	电器盒		0.2	8	1.6	2019.8
16	iPad		0.4	12	4.8	2019.8
17	3.0DIESE2SERIES 发动机	3.0DIESE2 SERIES	5	1	5	2019.8
18	2.0LGTDIPETROL 发动机	2.0LGTDIPETROL	5	3	15	2019.8
19	发电机	JC2E19766	0.1	1	0.1	2019.8
20	压缩机	LR056302X1	0.1	1	0.1	2019.8
21	压缩机	LR056320	0.1	1	0.1	2019.8
22	传动轴	C2Z14185	0.1	1	0.1	2019.8
23	分动箱	LR050773	0.5	2	1	2019.8
24	大灯	LR048058	1	1	1	2019.8
25	大灯	28LR057267	1	1	1	2019.8
26	启动机	LR047574	0.2	1	0.2	2019.8
27	差速器	28LR051076	0.5	1	0.5	2019.8
28	方向机	C2Z2214	2	1	2	2019.8
29	方向机	LR058396	2	1	2	2019.8
30	减震器	C2D19108	1	1	1	2019.8
31	前减震器	LR060137	1	1	1	2019.8
32	捷豹路虎教学解剖发动机	3.0TDV6	5	1	5	2019.8
33	捷豹路虎教学解剖发动机	3.0V6SC	5	1	5	2019.8
34	2.0 汽油发动机	C2D22823	5	2	10	2019.8
35	2.0 汽油发动机	C2D22823	5	3	15	2019.8
36	3.0 柴油发动机	LR035100	5	3	15	2019.8
37	3.0SC 汽油发动机	LR079611	5	3	15	2019.8
38	6 速自动变速箱	LR024712	2	2	4	2019.8
39	8 速自动变速箱	C2D26225	2	2	4	2019.8
40	差速器	LR031377	0.3	3	0.9	2019.8
41	差速器	LR061681	0.3	4	1.2	2019.8
42	电子助力转向机	LR058396	1	1	1	2019.8
43	启动马达(智起)	LR047574	0.2	1	0.2	2019.8
44	起动机	LR063285	0.2	6	1.2	2019.8
45	起动机	LR007373	0.2	5	1	2019.8
46	Shock Absorber 减震器	C2D19108	1	2	2	2020.9
47	PTU 平行传输设备	LR051076	0.1	6	0.6	2020.9
48	涡轮增压器	LR056369	1	1	1	2020.9
49	涡轮增压器	LR074185	1	8	8	2020.9

续表

编号	名称	型号	单价(万元)	数量	总价(万元)	捐赠日期
50	涡轮增压器	JDE38464	1	1	1	2020.9
51	压缩机	LR058017	0.2	2	0.4	2020.9
52	油泵	LR025599	0.1	6	0.6	2020.9
53	仪表台出风口	LR034013	0.1	1	0.1	2020.9
54	后视镜	C2Z19390	0.1	6	0.6	2020.9
55	安全带	LR009305	0.05	8	0.4	2020.9
56	车身模块	C2D44310	1	2	2	2020.9
57	车门模块	C2D28471	1	1	1	2020.9
58	轮胎传感器	T2H4068	0.2	1	0.2	2020.9
59	减震器 DAMPER－SUSPE	C2D19108	1	2	2	2020.9
60	减震器 PROPSHAFT	C2Z14185	1	1	1	2020.9
61	智能钥匙 REMOTE CONTR	LR029699	0.1	2	0.2	2020.9
62	Head Lamp 大灯	LR048058	1	1	1	2020.9
63	Head Lamp 大灯	LR057267	1	2	2	2020.9
64	MACPHERSONS 空气减震器	LR060137	1	2	2	2020.9
65	内前围	J9C301674BC	0.2	2	0.4	2021.9
66	A 柱下	J9C302348AB8PVJ	0.2	7	1.4	2021.9
67	A 柱下(First Edition)	J9C302348DB8PVJ	0.2	8	1.6	2021.9
68	C 柱上	J9C351748AC0LKP	0.2	4	0.8	2021.9
69	壳体与隔热总成	EJ327M121AD	1	4	4	2021.9
70	加速踏板支架总成	EJV29W506CD	0.2	4	0.8	2021.9
71	后半轴	FK724B402AB	0.5	1	0.5	2021.9
72	燃油加热器	GJ3218K463AD	2	3	6	2021.9
73	右前驱动半轴总成	GJ323B436CA	1	2	2	2021.9
74	冷却风扇总成	GJ328C607BC	1	2	2	2021.9
75	前制动盘 18"	HJ321125AB	0.2	2	0.4	2021.9
76	碳罐总成 CN6	J2A39E857AC	0.2	5	1	2021.9
77	脚垫	J9C3130A22FA0QWR	0.05	10	0.5	2021.9
78	冷却模块	J9C319E839AB	0.5	1	0.5	2021.9
79	前下控制臂	J9C33A052AD	0.1	4	0.4	2021.9
80	前下控制臂(左)	J9C33A053AD	0.1	4	0.4	2021.9
81	前稳定杆总成	J9C35482CB	0.1	2	0.2	2021.9
82	后悬架弹簧	J9C35B749DA	0.1	5	0.5	2021.9
83	后下拉杆总成(右)	J9C35K898AB	0.1	2	0.2	2021.9
84	后下拉杆总成(左)	J9C35K976AB	0.1	2	0.2	2021.9

续表

编号	名称	型号	单价(万元)	数量	总价(万元)	捐赠日期
85	蒸汽管总成 CN6	J9C39A086AB	0.1	3	0.3	2021.9
86	侧围(左)		0.1	1	0.1	2021.9
87	侧围(右)		0.1	1	0.1	2021.9
88	MX733200CA、MX733200AA	转向机带横拉杆总成	0.1	5	0.5	2021.9
89	X260L 车身		10	1	10	2021.9
90	48V 电池总成	LR139593	1	1	1	2021.9
91	电池能量控制模块	T4K12033	1	1	1	2021.9
92	电动增压器	AJ814122	1	1	1	2021.9
93	自动变速箱	LR082674	5	1	5	2021.9
94	遥控系统钥匙	LR116874	0.1	1	0.1	2021.9
95	遥控系统钥匙	LR116874	0.1	1	0.1	2021.9
96	遥控系统钥匙	LR116874	0.1	1	0.1	2021.9
97	遥控系统钥匙	LR116874	0.1	1	0.1	2021.9
98	悬挂减震器	LR102249	1	1	1	2021.9
99	线束总成-主	LR146693	1	1	1	2021.9
100	涡轮增压器	JDE38736	1	1	1	2021.9
101	水箱散热器	LR140294	0.5	1	0.5	2021.9
102	三元催化器	LR054599	0.3	1	0.3	2021.9
103	驱动桥半轴	LR078570	0.5	1	0.5	2021.9
104	汽车线束	T4K5175	0.1	1	0.1	2021.9
105	汽车尾灯	LR111108	0.5	1	0.5	2021.9
106	分动箱	C2D49257	2	1	2	2021.9
107	发动机用曲轴位置传感器	LR049872	0.2	1	0.2	2021.9
108	发动机控制模块	T2R47887	1	1	1	2021.9
109	发动机	C2D22823	5	1	5	2021.9
110	发动机	LR110285	5	1	5	2021.9
111	电子驻车制动模块	LR072318	1	1	1	2021.9
112	电子控制模块	LR091252	1	1	1	2021.9
113	电动转向机	LR139509	1	1	1	2021.9
114	催化剂和颗粒	LR133692	1	1	1	2021.9
115	充电电缆	LR137602	1	1	1	2021.9
116	齿轮总成-转向	LR141681	0.5	1	0.5	2021.9
117	车前大灯	LR150084	2	1	2	2021.9
118	差速器	LR094620	2	1	2	2021.9
119	变速箱控制模块	C2D28003	1	1	1	2021.9

续表

编号	名称	型号	单价(万元)	数量	总价(万元)	捐赠日期
120	BCCM	LR133406	1	1	1	2021.9
121	电动转向系统	LR138594	1	1	1	2021.9
122	电动转向系统	LR138594	1	1	1	2021.9
123	发动机	C2D49901	5	1	5	2021.9
124	汽车尾灯	LR111106	0.5	1	0.5	2021.9
125	汽车尾灯	LR111106	0.5	1	0.5	2021.9
126	发动机	K4P36L084FA	5	1	5	2021.9
127	发动机	J3P36L084DA	5	1	5	2021.9
128	差速器	T2H24288	2	1	2	2021.9
129	驱动电机	L8D2-75764-AB	2	1	2	2021.9
130	Range Rover/L405	L405	120	1	120	2021.8
131	XJ	X351	40	1	40	2021.8
132	Defender/L663	L663	95	1	95	2022.8
133	总计				945.4	

捷豹路虎技术资料方面的授课采用无纸化教学模式，学生使用 iPad 进行车间维修手册、电路图、电器参考库的查阅和使用，一方面能够最大限度地降低技术上的滞后，经销商看到的技术材料和学生在学校看到的技术材料是完全同步的；另一方面可以实现学生就业后的无缝对接，直接就可以进行信息技术的查询。

对于卓越班的学员，公司在学生入班之后，为学生免费提供价值 200 元左右的捷豹路虎官方的售后技师服装(见表 3-3)，到目前为止，公司为河北科技工程职业技术大学汽车工程系 2015 届到 2021 届项目班学生提供超过 160 套服装。

表 3-3 河北科工大(邢台职业技术学院)卓越班学生工装统计表

邢台职业技术学院——2018 级

型号	款式	尺码	胸围(cm)	衣长(cm)	肩宽(cm)	袖长(cm)	腰围(cm)	臀围(cm)	裤长(cm)		参考身高(cm)	订购数量	人员名单
01	技术员夹克 	2XS	110	66	47	57					155		
		XS	114	68	49	58					160	2	
		S	118	70	51	59					165	1	
		M	122	72	53	60					170	6	
		L	126	74	55	61					175	13	
		XL	130	76	57	62					180	9	
		2XL	134	78	59	63					185	3	
		3XL	138	80	61	64					190	3	

续表

型号	款式	尺码	胸围（cm）	衣长（cm）	肩宽（cm）	袖长（cm）	腰围（cm）	臀围（cm）	裤长（cm）		参考身高（cm）	订购数量	人员名单
02	技术员长裤 	2XS					70	100	97		155		
		XS					74	104	99		160	1	
		S					78	108	101		165	2	
		M					82	112	103		170	7	
		L					86	116	105		175	11	
		XL					90	120	107		180	11	
		2XL					94	123	109		185	3	
		3XL					98	126	110		190	2	
04	T 恤 	2XS	90	61	39						155		
		XS	96	63	41						160	1	
		S	100	65	43						165	1	
		M	104	67	45						170	4	
		L	108	69	47						175	14	
		XL	112	71	49						180	11	
		2XL	116	73	51						185	4	
		3XL	120	75	53						190	2	
05	polo 衫 	2XS	90	61	39						155		
		XS	96	63	41						160	2	
		S	100	65	43						165	1	
		M	104	67	45						170	4	
		L	108	69	47						175	13	
		XL	112	71	49						180	11	
		2XL	116	73	51						185	4	
		3XL	120	75	53						190	2	

3.3 无形资源投入

捷豹路虎邢台卓越培训中心建设过程中得到了捷豹路虎的大力支持，为实训场地建设提供参考布置图纸，为理论授课智慧教室文化建设提供素材，为捷豹路虎卓越培训项目班学生和教师提供免费且丰富的电子学习资料；为学生培养、专业教学提供网络资源，TOPIx 与卓越网（见图 3-3）；捷豹路虎积极为毕业生联系经销商，为实习生提供适宜的岗位，并为实习生提供高于平均水平的实习薪资。

图 3-3　捷豹路虎为项目班学生提供的网络平台

4 企业参与教育教学改革

4.1 共同优化人才培养方案

捷豹路虎卓越培训项目积极参与优化专业人才培养方案，首先从人才培养标准入手，对专业人才标准的内涵、培养路径进行了充分调研和系统研究。通过与捷豹路虎公司持续研讨，并联合经销商开展了问卷调查和现场访谈，综合分析出包括标准意识、持续学习、规范操作、工作思路、技能素养、责任意识、自我管理、执行力等 15 项企业对项目毕业生核心能力的主要诉求，结合汽车国家职业标准、国家专业教学标准，开发了汽车专业人才标准（如图 4-1 所示），解决了人才定位与企业及社会人才需求错位的问题。

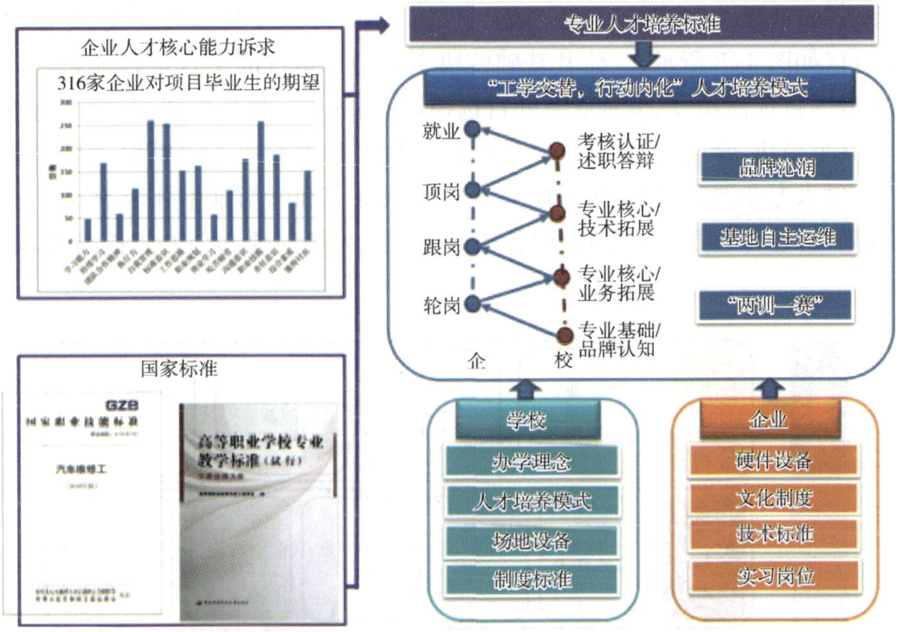

图 4-1 专业人才培养方案对应企业要求与国家标准

以人才标准为基础，对办学理念、人才培养特色、人才培养模式等的内涵、特征以及相互联系进行了系统研究。在"分流培养、分类成才"育人模式的基础上，根据专业特点创建了"工学交替，行动内化"的汽车专业群人才培养模式，通过校企品牌定制、校企循环互动、学生多维度参与、深度行动内化等核心培养举措，解决了企业参与人才培养深度不足，各种模式不相适应、不能互为支撑、不配套、不系统的问题。

4.2 共同完善课程体系

学校与捷豹路虎在课程体系重构与完善工作上通力合作，首先注重能力素养全面发展，通过行业企业调研明确了岗位能力需求，并据此确定了专业培养目标，包括素质目标、知识目标与能力目标。依据人才标准，重构课程体系，设置公共基础课、综合能力课、专业核心课、创新项目、能力拓展课等能力导向课程，贯彻课程体系和企业认证融通，保证基本职业素养与能力共生共长。

提出分流分类逐级提升理念，设计实施基础培养、专业方向、专长发展、顶岗实习四阶段学业成长链（如图 4-2 所示），四个阶段知识、能力分层，学生专业能力培养逐级提升。掌握基础知识和技能后，进行专业方向分流；掌握岗位专业核心知识和技能后，进行专长分流。

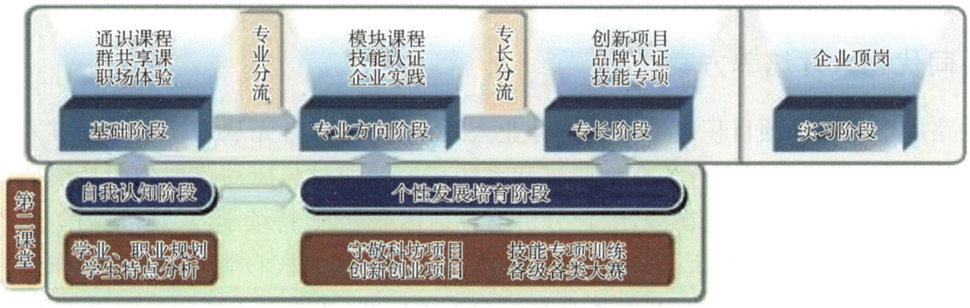

图 4-2　学生分类分流成长课程体系

课程体系遵循“底层共享，中层互融，高层互选”原则，分为公共基础模块、专业模块和自选模块三大类模块群（如图 4-3 所示）。公共基础模块主要是指学校的平台课程模块。自选模块主要是指汽车专业群内自选模块、汽车专业群外自选模块、国际交流项目模块、升学深造模块。专业模块分为专业群共享模块、专业方向模块、专长项目模块。其中专业方向模块对接职业技能等级标准，将有关内容融入专业课程教学，促进职业技能等级证书和学历证书相互融通。学生可以根据个人的职业规划，自选专业方向和专长项目，满足个性化发展需要和个人成长需求，实现素养与能力共生共长。

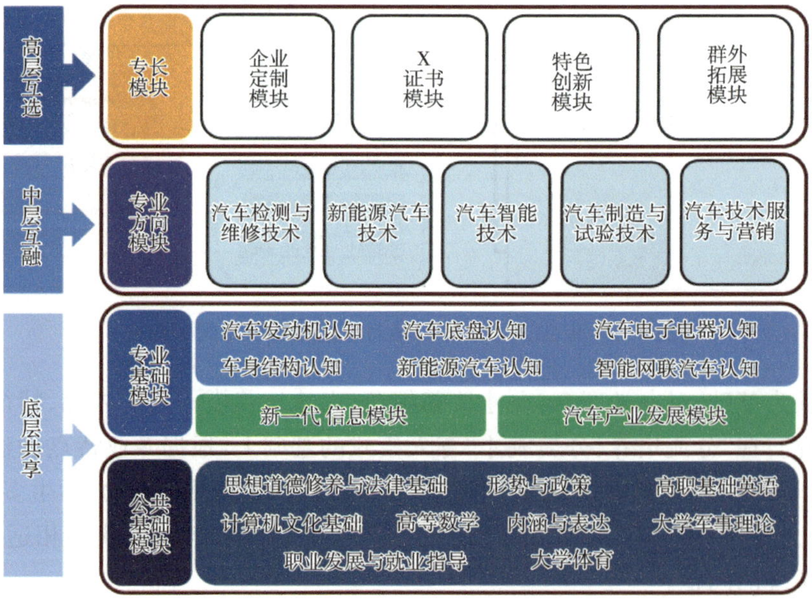

图 4-3　模块化、递升型课程体系

4.3　共同开展课程建设

对接捷豹路虎职业岗位技能标准，做好课程顶层设计。主要包括以下几个方面：一是划分学习情境，依据课程内容，选择学习载体，设计学习情境；二是设计学习单元，归纳出课程的典型工作任务，基于工作过程对学习内容进行序化，将每个学习情境分为若干个学习单元；三是选取任务载体，搜集相关的企业案例，选取具体工作为各单元学习的任务载体；四是搭建知识技能树，每个学习单元根据任务载体需要明确学习要求，梳理完成任务所需的理论知识和实践技能（如图 4-4 所示）。

图 4-4 课程建设流程

开发立体化课程资源学习包。按照“企业提供一手资源、学校二次开发”的方法，突出课程标准与职业岗位技能标准的对接，以课程标准、教学资源配置标准引领课程资源开发。首先明确界定了专业课程设计的方法与步骤、课程定位与培养目标、课堂活动与认知规律、线上线下混合式教学匹配、课程资源配置、课程资源的开发流程、课程评价与反馈等，同时结合企业提供的技术手册、电气电路图、诊断指引、企业案例、技术通告、操作视频、新技术视频等资源，开发了微课、动画、VR、学生手册、教学课件、学生工单、测试习题、典型案例的“八要素”教学资源包。

4.4 合作建设实训基地

按照“校企共建、标准对接、要素优化”的方法，校企联合建设了生产专属与教学专属“双属性”的实训基地（见图 4-5），深度融合企业真实生产专属属性，实现场地布局、设备配置、文化环境与企业标准对接；优化教学专属属性，从教学功能区划分、课堂教学活动配置与信息化配置三个方面支撑理实一体课堂教学的有效实施，解决了实训基地规划不合理、场地布局不专业、缺少职业文化、实训项目不能完全覆盖专业核心能力、支撑教学活动不充分、硬件投入资源重复等问题。

图 4-5 校企共建实训基地

4.5 联合培养师资队伍

学校和捷豹路虎构建了校企合作互补师资体系，针对校内师资队伍的专业实践能力水平、专业知识水平、职业素质水平、培育途径与方法、管理与考核机制等做了详尽描述，提出了“到企业中去”校内师资专业能力提升方案，教师参与企业培训与实践，解决了专业知识与企业脱轨、专业实践能力不足、专业发展缺少支撑、考核指标与方式单一等问题。同时，深度挖潜企业师资，提出了“从企业中来”企业师资成长伴随方案，组建由项目经理、企业培训师、人力资源部经理和技术经理组成的多元企业导师团，分别从职业规划、从业经历分享、课程指导、直接授课、赛事指导、就业指导、招聘会组织等方面提供支持，全程伴随订单班学生的学习成长，帮助学员在毕业后顺利进入经销商所在公司工作，给学员提供专业的指导及所需的帮助。

4.6 联合进行学生培养

4.6.1 学生选拔培养

根据公司卓越培训项目要求，结合学校具体实际，邢台职业技术学院(河北科工大)每年定于9月份组建一期“卓越培训订单班”，每期招收约30名学生进入卓越培训订单班，分为汽车检测与维修和汽车车身修复2个专业，根据企业文化、专门技术等特殊需求，有针对性地对订单班学生实施定向培养。学员需要具备相应的基本素质，即身体健康、能适应工作强度；遵守学校、企业规章制度，无不良表现记录；懂礼貌、知礼仪，能积极主动与他人交流，有一定团队意识；认可捷豹路虎汽车公司的企业文化；能吃苦耐劳，完成理论知识的学习和实训及实习动手能力的提高；能够通过捷豹路虎全球一级的等级认证，并且建议在经销商处完成实习。

河北科技工程职业技术大学是捷豹路虎在国内12所合作高校之一，也是河北省内唯一一所合作院校，项目起始于2015年11月，总投资超过1 600万元，场地建设面积超过2 800平方米，目前项目已经完成了七届学员的招生，首批学员顺利进入企业实习。项目发展至今，特色鲜明、优势显著，具体如下。

一是首次在华北地区高校引进“英国现代学徒制”。学员接受的是与英国完全同步的培养模式，每一位学员在有专门的订单班老师负责的基础上，还配备有来自企业的职业导师，记录学员每个阶段的学习成果，并帮助学员在毕业后顺利进入经销商处工作，给毕业生工作建议及所需的帮助。

二是首次将企业全球技能认定与校内考核对接。学员在校内阶段性考核的基础上，需要参加全球统一的卓越认证体系，取得的一级、二级认证与经销商从业人员认证完全相同，二级认证周期较企业来讲可缩短至少一年以上(捷豹路虎卓越认证体系最高为四级)。

三是河北科工大是目前京津冀地区唯一一所与捷豹路虎合作的院校，每年招收学员包含机电、钣金两个专业，采用iPad无纸化教学，应用的是与经销商实际生产完全相同的售后服务系统、维修诊断设备及相关技术材料。

4.6.2 学生专场招聘会

根据校企合作订单班的工作计划，每年的10月份，河北科工大汽车工程系组织举办捷豹路虎卓越订单班专场招聘会。在校企双方的共同努力下，来自京津冀鲁四地的经销商集中到校进行专场招聘宣讲。专场招聘会是增加学校和企业联系的一项重要活动。捷豹路虎专场招聘宣讲会，一方面通过介绍捷豹路虎卓越订单班的培养计划及相关课程，让企业真实地看到卓越订单班毕业生的人才培养质量和培养力度，另一方面来自各省的经销商分别进行企业文化、岗位需求、组织管理和职业发展的宣讲。

近两年到场的捷豹路虎经销商包括保定威神、北京惠通陆华、北京燕英捷、北京长久世捷、廊坊路泽、泰安力虎、唐山中进捷旺、天津中进捷旺等汽车销售服务公司，提供了包含维修技师、钣金技师、SA、销售等在内的超过50个岗位、远远大于2015级卓越班学员总数。此外天津申隆、内蒙古顺驰、邯郸威虎、深圳中汽南方机电等公司还提供了网络视频面试机会，为毕业生提供的人均岗位数量达到2.3个以上，在保证高就业率的前提下大大提升了就业质量和就业对口率。最终，经过校企双方的共同努力，保证卓越订单班全体同学与用人单位达成就业意向。

捷豹路虎专场招聘会的成功举办，不仅促进了校企合作的深度融合和可持续性发展，同时为汽车系毕业生提供了广阔的就业平台(如图4-6)，深化了捷豹路虎邢台卓越培训中心在企业心中的品牌印象。

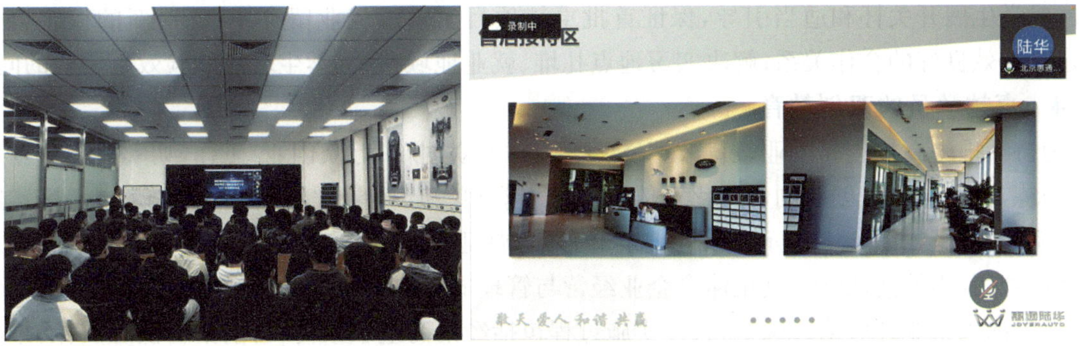

图 4-6　2022 年邢台捷豹路虎卓越培训项目线上招聘会

4.6.3　为学生提供实习就业机会

捷豹路虎联合市场与服务机构 IMSS 根据需求从邢台职业技术学院接收实习及预就业学生，提供该部分学生到企业实习的岗位、场地、设备、材料等实习条件，保证实习期间学生的安全，并由指定企业辅导员对实习学生进行实习指导。

在实习结束之后，经过经销商系统报名，学校同意之后，学生可以不需要参加培训直接进行捷豹路虎全球 JLR 二级认证。认证项目包括故障诊断、电气电路、机械测量、诊断设备操作、制动系统检测等维修项目，如果没有一次性通过，成绩保留，在 2 年之内有效。

为了更好地促进捷豹路虎卓越学员的实习和就业，密切追踪学生的具体实习情况，进一步加强学校与企业联合培养的范围和深度，学校项目组于每年 4 月对京津冀地区捷豹路虎经销商展开走访(如图 4-7)，为 10 月专场招聘会做准备。同时了解学生的实习情况，如工作岗位、待遇、后期

图 4-7　项目教师走访捷豹路虎卓越学员

发展，对学生展开关怀和适当引导，保证首批卓越项目学生的就业留存率；探讨新的校企合作安排，建立长效良好的合作关系；解决实习地点扎堆、就业地域狭窄、学生职场体验效果一般的问题。

4.6.4 卓越学员的双创教育

为持续推进高校创新创业教育改革，深入落实“大众创新、万众创业”工作，切实践行创新创业实践训练，在每年5月创新创业文化宣传月中，卓越订单班开展了“创新创业汽车人，实操实践实干家”系列活动(如图4-8所示)。其中“走进企业、遇见大咖”，是让学生深入企业一线，真实理解“学从何处用，用处何从学”，真正体会企业经营与管理的具体细节。“走进企业、遇见大咖”更多地鼓励学生深入企业开展第二课堂，具体实施过程包括经销商组织架构、售前销售演练、售后维修参观和企业导师讲授答疑等多个环节。

图 4-8 捷豹路虎卓越学院参与双创培训

这一类的活动能够让卓越订单班学员对汽车品牌文化、经销商系统运营、就业职场认识等内容有更加深刻的理解，为在校生就业创业做思想启蒙，为实践实干做科学指引，为学习创新做鼓励支持。此次活动让学生在项目学习的同时，对自身职业规划、就业职场环境、技能知识储备有了深入客观的认知，真正做到让“创新创业教育带来的时代回响”激荡在每个学员心中。

5 学校助推企业发展

学校开展捷豹路虎卓越培训项目，深入进行校企合作，共同探索适用于高职汽车专业的校企“六协同”育人模式，向企业输送高水平技术技能人才，助推企业高质量发展，提升自身服务能力。

学校汽车专业坚持新发展理念，确立了“服务学生成长、服务企业发展和服务产业升级”的目标，秉承“共建共享、共创共赢”的校企合作理念，持续与捷豹路虎这一国内汽车行业领军企业的深度合作，系统地创建了高职汽车专业校企“六协同”育人模式(如图5-1所示)。协同开发了对接区域产业的“高素质创新型”人才培养标准；协同制定了“对接岗位、分流分类”的特色人才培养方案；协同组建了双向互通师资团队；协同开发了模块化教学资源；协同建设了实训基地；协同构建了三方质量监测反馈体系。持续不断为捷豹路虎输送大批高质量技术技能人才，助推企业高质量发展。

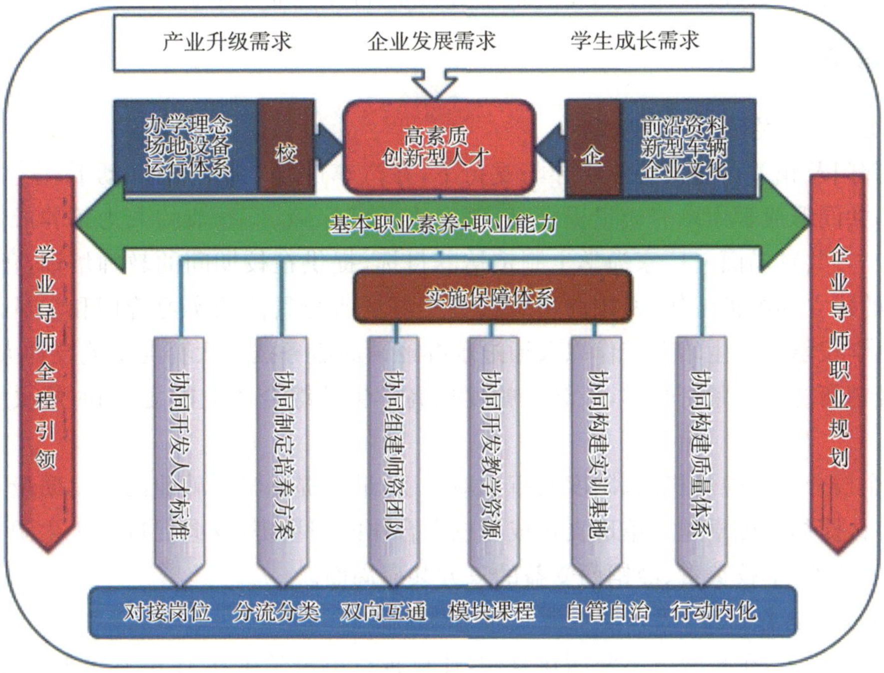

图 5-1 校企“六协同”育人模式

6 问题与展望

6.1 面临的主要问题

（1）学生就业地区有待开发

捷豹路虎汽车公司与河北科工大积极开展企校合作，探索市场经济条件下职业教育企校合作的新模式，在某些方面也取得了实质性的突破，如订单式培养、专业共建、实习基地共建、工学交替、企校共同开展的课程建设及师资建设等方面。学生的就业与出口是其中最关键的一环之一，目前订单班的学生主要就业去向是京津冀地区，但是在安徽、山西、内蒙古、辽宁等地并没有卓越培训项目，同时这些地区的经销商人才短缺严重，所以应该在今后努力扩大学生的就业区域，尽可能地避免学生的就业重叠，通过区域拓展进一步提高卓越订单班学生的就业优势。

（2）教师对外技术服务有待提高

卓越培训项目虽然给教师提供了企业学习的机会，学校方面也有相应的学校培养和行业交流的平台，但是项目组老师对外的科研与技术服务还需进一步提高。京津冀地区的产业升级，也迫切需要高等职业教育不断升级行业服务能力，但是目前合作院校教师普遍存在科研服务和攻关能力欠缺问题，为公司发展提供的科研、技术服务能力相对有限。因此，高等职业院校自身价值及其在企校合作中的吸引力无法完全彰显。

（3）国际交流与服务尚属空白区

捷豹路虎汽车有限公司是一家全球性企业，先后在英国、美国、印度、中国等建厂，但是卓越订单班的国际交流合作有待进一步加强，国际合作项目有待拓展，学生层面的国际交流不够，师生受益有限，对专业建设发挥的作用不明显。企业内训师、行业企业专家引入少，后续应重点加强。

6.2 预期展望

（1）学校、厂家、经销商三方联动

在政府部门及相关行业协会的指导与支持下，在汽车市场的引导与推动下，学校、厂家、经销商三方联动，共同形成学生培养质量提高、经销商人才有保障、厂家节约人力培养成本、提高综合服务水平的三方共赢局面。厂家为学生制定培养目标，提供在校期间的教师培训，负责实训设备与实践场地的建立和维护工作；经销商负责提供实习场所与具体的实习管理和学员认证的申请、报名等工作；学校承担学生培养工作以及通过承办经销商服务技能大赛与精英技师大赛来促进学校、厂家和经销商之间的紧密合作，最终大幅度提高学生的综合职业能力，同时解决学生实习、就业的问题。

真正的企校合作还应从机制、制度改革创新入手，最终提高学生就业的出口质量，明显提升学生就业水平，让捷豹路虎卓越订单班真正成为校企合作的明星班，反向促进学生生源质量的提高，真正实现厂家统筹、学校负责、经销商受益的三方共赢局面。

（2）深化企校合作程度，提升学生就业的绝对优势

在现有的基础上，企校双方不断深化合作，让卓越订单班学生在 JLR 系统中具备更多的机会和更大的优势，让学生的等级认证与职业发展有一定程度的挂钩，让学生在经过三年学校培养之后具备更多的就业优势和“差异性”。这样既能解决企业缺乏技术技能人才、人才培养成本高的问题，又能使学校满足学生实习、提高就业质量的需求，达到互惠互利、共赢发展的目的。

（3）提高学生的职业素养，真正培养大国工匠

为使合作院校能够培养出更多、更优秀的从事专业领域生产、技术和管理的高素质技术技能人才，应该将捷豹路虎汽车公司的“英国现代学徒制”和河北科工大的精益求精、雷厉风行的“军人作风”相结合，共同培养具备高超技艺且拥有高尚职业操守的德艺双馨型技能人才，同时提高学生就业的留存率和稳定性，大力缩短高技能人才培养的时间成本。

报告九　2022 年度厦门网中网软件有限公司参与高等职业教育人才培养

1　企业概况

1.1　公司简介

厦门网中网软件有限公司(以下简称“网中网”)成立于 2005 年,是正保远程教育的控股子公司,是一家专业从事会计类教学软件产品开发、服务、销售的高科技企业。公司位于鹭岛厦门,坐落在依山傍海、风景秀丽的厦门软件园生产基地,被厦门市科技局认定为民营科技企业,并通过软件企业(证书编号:厦 R－2006－0030)、高新技术企业(证书编号:GR200835100106)的认证。

网中网目前在北京设有子公司(北京网中网科技有限公司),在石家庄、武汉等地设有办事处。作为产教融合型企业,秉承“开放、融合、创新、共享”理念,联动政、行、企、校、研等多方资源,打造集专业基础、共建运营、协同育人于一体的教育服务生态,搭建财经、电商、物流、金融等四大专业领域数字化人才体系,为包括北京大学、厦门大学、东北财经大学、山西省财政税务专科学校、郑州财经学院、深圳信息职业技术学院在内的近 4 000 所院校客户提供全方位教育教学解决方案(如图 1-1 所示),客户遍布全国。

图 1-1　网中网公司为高校提供教育教学解决方案

网中网凭借强劲实力，连续 5 年获得行业最高 AAA 级企业信用等级证书，连续 10 年成为全国职业院校技能大赛高职组会计技能赛项合作企业，先后获得“2016 年度中国影响力职业教育品牌”“教育部疫情期间做出重要贡献的在线教学公司”“国家职业教育会计信息管理专业资源库共建企业”“教育部产教融合校企合作典型案例”“口碑影响力职业教育品牌”等国家级、省级荣誉称号（见图 1-2），并入选中国高等教育博览会“校企合作 双百计划”典型案例提名（见图 1-3）。

图 1-2　网中网公司所获荣誉

2021—2022 年度中国高等教育博览会
“校企合作 双百计划” 典型案例提名名单

217	教学改革类	校企合作产教融合遥感类应用示范课程建设	航天宏图信息技术股份有限公司
218	实践基地建设类	共享财务模式下的产教融合实践基地建设	厦门网中网软件有限公司
229	科技合作类	实验室风机节能降噪优化的研发	苏州顶裕节能设备有限公司
230	教学改革类	会计专业课堂教学一体化改革项目	厦门网中网软件有限公司
233	专业建设类	链接产业，服务高校，以 AI+X 为抓手，构建校企合作新生态实践探索	达内时代科技集团有限公司
234	教学改革类	财务决策虚拟仿真专业实践教学建设	厦门网中网软件有限公司

图 1-3　网中网公司入选“校企合作 双百计划”典型案例提名

网中网深耕教育近 20 年，始终致力于推动教学内容数智化改造和专业数智化升级，打破传统学科分界，创新产学研融合育才模式，发力“专业精深、视野开阔”的复合型、创新型新商科人才培养。从顶层设计入手，创新协同育人组织模式，引入前沿技术和产业资源，聚焦前沿和紧缺学科专业建设，搭建财经、电商、物流、金融等四大专业领域数字化人才体系，并配套从教学资源建设、实训条件升级到实习就业推荐等教学全过程服务支持，形成了一系列商科教育教学解决方案（如图 1-4 所示），引领未来技术、产业发展与人才培养有机融合，携手全国院校打造共商、共建、共享的商科教育责任共同体。

图 1-4　网中网公司商科教育教学解决方案示意图

主要业务范围如下。

（1）教学资源建设

以知识图谱为基础，通过“建用并进、持续迭代”视频、课件、案例、实训、教材等教学资源，服务专业教学活动，助力“三教改革”。

（2）在线教育服务

旗下的正保云课堂基于大数据分析中台，通过学校云空间及七大财经教育系统，构建覆盖教学全过程的云端一体化课程服务体系。

（3）实训条件升级

紧跟政策要求，追随科技热点，设计效果新潮，创新协同育人组织形式，提供多元化的实践育人解决方案，助力院校实训条件升级、改造。

（4）“1＋X”证书实施

为正保“1＋X”财务共享服务、RPA 财务机器人、企业管理咨询、京东物流智能仓储大数据分析职业技能等级证书试点工作提供技术支持和实施运营服务。

（5）就业推介服务

依托正保 467 万家企业雇主资源，发挥连接校企的纽带作用，为对口专业学生提供职业认证、实习指导、就业推荐等服务。

（6）产业学院共建

校企共同打造共商、共建、共享的商科教育责任共同体，根据企业需求进行定制化培养，优化人才供给，深化专业内涵建设。

（7）行业学术研讨

积极搭建全国院校交流平台，组织广大教师开展教学研讨，为教学改革、院校发展提供新思路、新方向，推动商科教育教学的升级发展。

(8) 师资团队建设

拥有丰富的课程资源、一流的师资团队、完善的培训体系、强大的设施条件，为院校教师提供多样化的师资培训、企业实践机会。

(9) 全国赛事服务

拥有连续 10 年国赛、省赛、行业赛等赛事服务经验，支持赛事场次超 100 000，覆盖数百万名师生，多次荣膺国家级、省级荣誉表彰，获社会广泛认可。

1.2 企业价值观

初心使命：财务人生，百年树人

未来愿景：财务教育领域的百年领导企业

基本行动：日行一善，每日一省

经营理念：追求全体员工物质和精神两方面的幸福，同时为社会的发展做出贡献！

“日行一善”是网中网公司企业文化的重要组成部分，更是公司倡导的每日行动(见图 1-5)。为鼓励员工践行“日行一善”，同时感谢员工父母为公司输送优秀人才，公司将向践行“日行一善”并通过考核的员工发放“孝顺金”。“日行一善”季度考核通过后，于次季度按月进行发放，“孝顺金”为每人 200 元/月，于每月 15 日左右发放。

图 1-5 公司开展“日行一善”活动

1.3 企业发展历程

公司自 2005 年成立以来，已走过 16 个年头(见图 1-6)。

2005 年 8 月 15 日，厦门网中网软件有限公司正式成立。

2006 年，自主研发的国内首个 B/S 架构的财会教学产品上线，首创将 3D 动画技术融入财会实训教学中，打开了财会教学软件开发新纪元。

2006—2010 年，获高新技术企业认证，获中国教育技术协会实训软件比赛一等奖 3 个、二等奖 5 个，获共青团授予的“青年创业实习基地”荣誉称号。

2011 年，被评为厦门守合同重信用企业。

图 1-6 公司主要发展历程

2012 年，获中国高等教育学会高等财经教育分会授予的“优秀合作伙伴”荣誉称号，获全国商业服务业“校企合作与人才培养优秀企业”荣誉称号，成为全国职业院校技能大赛高职组会计技能赛项、湖北“工匠杯”职业技能大赛、金砖大赛的技术支持单位，公司技术实力获得广泛认可。

2015 年，荣获厦门市知名商标、福建省著名商标，荣获中国商业联合会“企业信用评价 AAA 级信用企业”，通过国家科技部科技型中小企业技术创新基金项目验收。

2016 年起，正式加入正保远程教育，开启产教融合新纪元；先后荣获“2016 年度中国影响力职业教育品牌”和“2016 年度福建名牌产品”；牵头成立中国会计教育专家委员会，公司发展进入新的阶段。

2017 年起，财会“引企入校”项目财务共享中心投入运营，正保产业学院在全国 20 多个省市落地扎根，产教融合进入新阶段。

2018 年获教育部“产学合作协同育人项目优秀案例”，获“2018 年度品牌实力在线教育机构”。

2019 年荣获“科技创新在线教育品牌”，入选中国高等教育博览会推介案例。

2020 年入选“国家职业教育会计信息管理专业资源库共建企业”，入选教育部“支持高校在线教学服务方案的在线课程平台”，被高校在线开放课程联盟联席会授予“疫情期间做出重要贡献的在线教学公司”（企业所获荣誉如图 1-7 所示）。

2021 年，网中网率先推出大数据财务教学体系，引领财会教学软件开发新潮流。

图 1-7 公司所获荣誉

2　参与职教办学总体情况

2.1　参与职教办学沿革

网中网公司近20年来联合院校赋能财经发展、助力职业教育，与全国院校广泛开展各类型深度合作，多次获得国家、省级表彰、奖励、应用推广，主要合作内容和成效如下。

2.1.1　专业建设合作成效

(1) 共建产业学院。校企共同打造共商、共建、共享的财经教育责任共同体，根据企业需求进行定制化培养，优化人才供给，深化专业内涵建设。

吉林电子信息职业技术学院《由校企合作到产业学院，会计专业双元主体办学的探索之路》、广东工程职业技术学院《“大智移云”新信息技术背景下高职财务类专业产教融合人才培养模式的探讨》、咸宁职业技术学院《优势互补　多维融通——正保智能会计产业学院产教融合办学模式的实践探索》3个产教融合校企合作案例入选教育部2021年产教融合校企合作典型案例（见图2-1）。

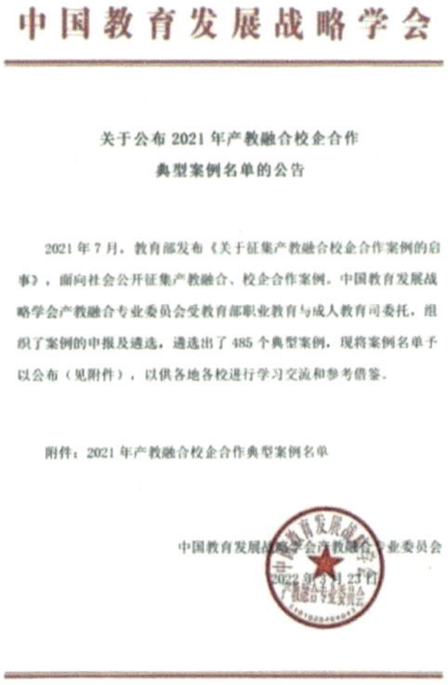
中国教育发展战略学会

关于公布2021年产教融合校企合作
典型案例名单的公告

2021年7月，教育部发布《关于征集产教融合校企合作案例的启事》，面向社会公开征集产教融合、校企合作案例。中国教育发展战略学会产教融合专业委员会受教育部职业教育与成人教育司委托，组织了案例的申报及遴选，遴选出了485个典型案例，现将案例名单予以公布（见附件），以供各地各校进行学习交流和参考借鉴。

附件：2021年产教融合校企合作典型案例名单

中国教育发展战略学会产教融合专业委员会
2022年3月23日

附件：2021年产教融合校企合作典型案例名单

序号	报送单位	案例名称
221	吉林电子信息职业技术学院	由校企合作到产业学院 会计专业双元主体办学的探索之路
252	广东工程职业技术学院 北京东大正保科技有限公司	“大智移云”新信息技术背景下高职财务类专业产教融合人才培养模式的探讨
283	咸宁职业技术学院	优势互补　多维融通——正保智能会计产业学院产教融合办学模式的实践探索

图2-1　公司与高职院校合作共建产业学院入选典型案例

(2) 全面推进现代学徒制。深化产教融合、校企合作，进一步完善校企合作育人机制，创新技术技能人才培养模式。

长春金融高等专科学校、深圳信息职业技术学院、长沙商贸旅游职业技术学院、咸宁职业技术学院4个国家级现代学徒制项目通过教育部验收（如图2-2所示）；东莞职业技术学院、延边职业技术学院2个省级现代学徒制项目通过验收；广西金融职业技术学院财务共享产业学院荣获广西壮族自治区高等职业教育示范性产业学院。

2.1.2　教学资源建设合作成效

以财会知识图谱为基础，通过“建用并进、持续迭代”视频、在线课程、课件、案例实训、教材等教学资源，服务专业教学活动，助力“三教改革”。

(1) 与多所院校共建课程入选国家级、省级精品课程（如图2-3、图2-4所示），部分成果如下。

长春金融高等专科学校
教育部第二批现代学徒制试点项目
验收总结报告

单位类型 高职院校
项目负责人 张炳[illegible]
填报日期 2019年8月

目 录

		3.6.1.2 九台农商行学徒班成绩单 3.6.2 正保学徒班考核实施过程和结论 3.6.2.1 2017级学生平台数据及成绩汇总 3.6.2.2 2018级学生平台数据 3.6.3 金道学徒班考核实施过程和结论 3.6.4 德邦物流班考核实施过程和结论 3.6.5 中锐网络班考核实施过程和结论 3.6.5.1 现代学徒制学生（学徒）考核与验收管理办法（暂行） 3.6.5.2《现代学徒制学生学分制管理办法（试行）》 3.6.5.3 中锐网络学徒班考核实施过程和结论
4. 校企互聘共用的师	工作组	组长：教务处长 成员：教务处副处长、各试点专业负责人、各合作企业代表
	2019年9月 预期目标、验收要点	2019年自检佐证材料清单
	预期目标： 1. 在学校增加负责各试点专业传授专业理论知识、培养基本技能的“专业导师”40人； 2. 在企业增加负责培训岗位技能“职业导师”40人，通过学校专业导师和企业职业导师交互授课的方式培养学徒； 3. 组建校企双方共同参与的技术服务团队，建立一支校企相融的师资团队，开展	4.1 企业导师人员名单（扩充） 4.1.1 九台农商行学徒班企业导师人员名单 4.1.1.1 九台农商行学徒班企业师傅聘任审批表 4.1.1.2 九台农商行学徒班师傅聘任协议书 4.1.1.3 九台农商行学徒班外聘教师工资2018-2019第一、二学期 4.1.2 正保学徒班企业导师人员名单 4.1.2.1 正保学徒班企业导师聘书 4.1.2.2 正保学徒班企业导师人员名单 4.1.3 金道学徒班企业导师人员名单

图 2-2 公司与高职院校合作开展现代学徒制项目通过教育部验收

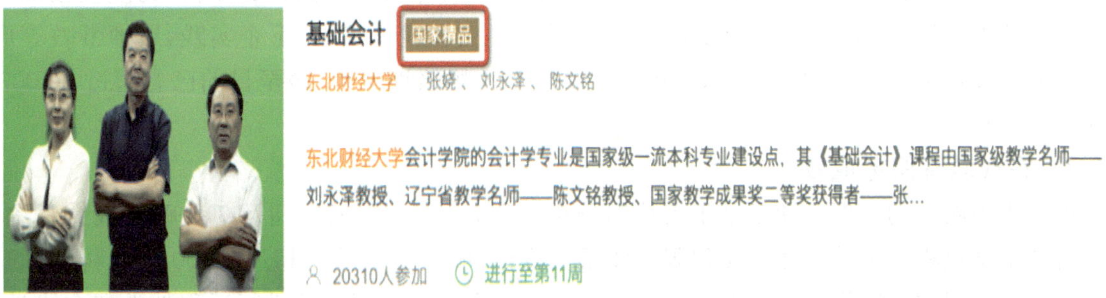

图 2-3 公司与高校共建国家级精品课程

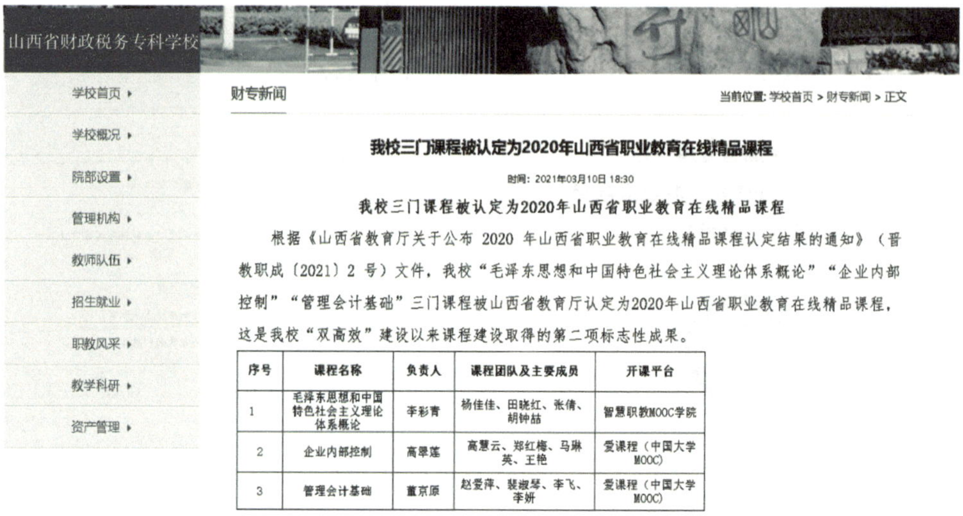

山西省财政税务专科学校

学校首页 ▸
学校概况 ▸
院部设置 ▸
管理机构 ▸
教师队伍 ▸
招生就业 ▸
职教风采 ▸
教学科研 ▸
资产管理 ▸

财专新闻

当前位置：学校首页 > 财专新闻 > 正文

我校三门课程被认定为2020年山西省职业教育在线精品课程

时间：2021年03月10日 18:30

我校三门课程被认定为2020年山西省职业教育在线精品课程

根据《山西省教育厅关于公布 2020 年山西省职业教育在线精品课程认定结果的通知》（晋教职成〔2021〕2 号）文件，我校“毛泽东思想和中国特色社会主义理论体系概论”“企业内部控制”“管理会计基础”三门课程被山西省教育厅认定为2020年山西省职业教育在线精品课程，这是我校“双高效”建设以来课程建设取得的第二项标志性成果。

序号	课程名称	负责人	课程团队及主要成员	开课平台
1	毛泽东思想和中国特色社会主义理论体系概论	李彩青	杨佳佳、田晓红、张倩、胡钟喆	智慧职教MOOC学院
2	企业内部控制	高翠莲	高慧云、郑红梅、马琳英、王艳	爱课程（中国大学MOOC）
3	管理会计基础	董京原	赵爱萍、裴淑琴、李飞、李妍	爱课程（中国大学MOOC）

图 2-4　公司与高职院校共建省级精品课程

东北财经大学《基础会计》被评为国家级精品课程；安徽财经大学《会计专业课堂教学一体化改革项目》入选 2021—2022 年度中国高等教育博览会“校企合作 双百计划”典型案例；嘉兴学院《数智化情境牵引下“业财融合”型会计人才培养路径的探索与实践》荣获 2021 年浙江省教学成果奖二等奖；山西省财政税务专科学校《管理会计基础》《企业内部控制》入选 2020 年山西省职业教育在线精品课程；辽宁经济职业技术学院《企业财务会计》《税务管理实务》课程入选 2020 年首批职业教育省级精品在线开放课程；甘肃林业职业技术大学《财务会计》入选 2019 年甘肃省职业教育在线精品课程；厦门华厦学院《财务管理课堂教学创新之“线上＋线下”“混合式”的虚拟仿真专业实践课程建设》入选中国高等教育博览会 2019 年“校企合作 双百计划”典型案例，并被评为福建省一流课程。

（2）与院校采用双元合作开发的方式，依据课程体系和课程标准共同编写了契合会计真实业务的新型活页式或工作手册式教材，部分成果如下。

《精编基础会计实务（手工全盘账及电算化）》《初级会计实务（第二版）》《会计基础（第三版）》《财务共享服务实务（初级）》入选“十三五”职业教育国家规划教材（见图 2-5）；《RPA 财务机器人开发与应用》入选江苏省“十四五”首批职业教育规划教材名单（见图 2-6）；《共享财务会计》《纳税实务》入选河南省“十四五”首批职业教育规划教材名单（见图 2-7）。

2.1.3　师资团队建设成效

公司丰富的课程资源、一流的师资团队、完善的培训体系和强大的设施条件，为院校教师提供多样化的师资培训、人员互聘、企业实践机会。通过线上和线下培训、下企实践、导师带教等形式进行多类型师资培训（如图 2-8 所示），年均开展超 100 场培训课程，截至目前已有超过 30 000 人次的院校教师参与。

2.1.4　在线教育服务成效

正保集团旗下的正保云课堂基于大数据分析中台，通过学校云空间及 7 大财经教育系统，构建覆盖教学全过程的云端一体化课程服务体系。疫情期间，全国共有超过 1 500 所本科、高职、中职院校通过正保网中网提供的正保云课堂等各类教学平台和课程资源进行远程教学和在线学习，累计学习人次超过 230 万人次，各类直播课程在线观看人数累计超过 200 万人次，受到高校在线开放课程联盟联席会的表彰（见图 2-9）。

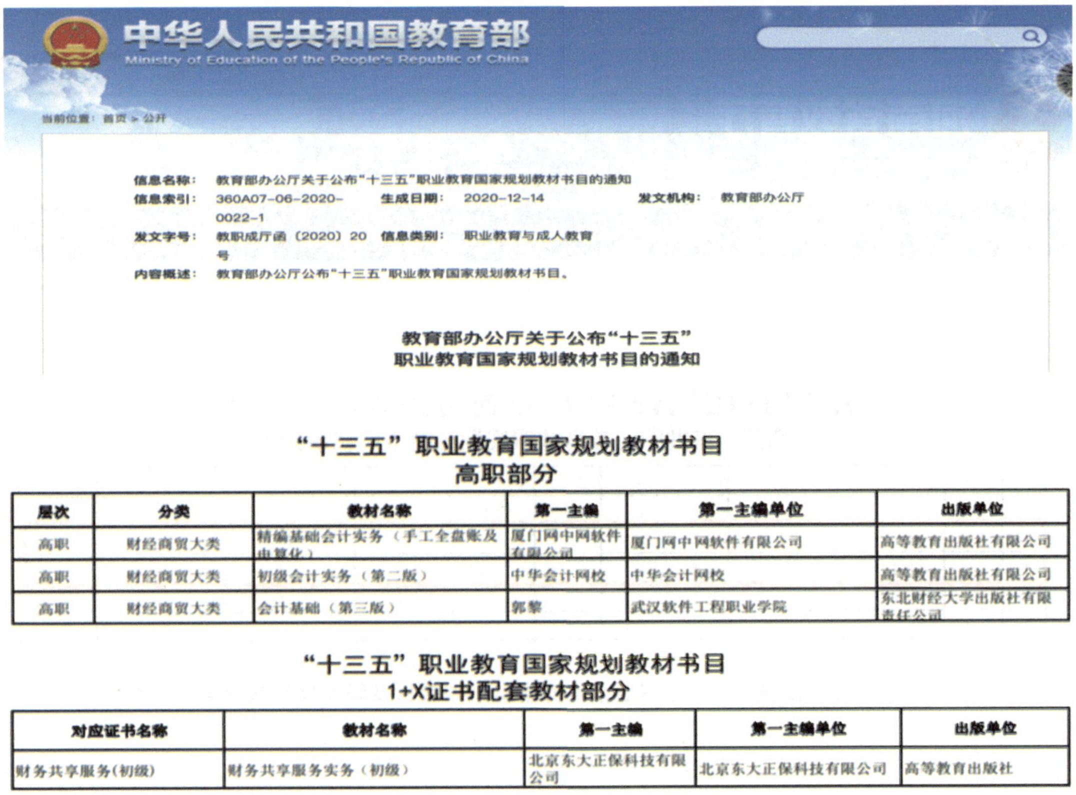

中华人民共和国教育部
Ministry of Education of the People's Republic of China

当前位置：首页 > 公开

信息名称：教育部办公厅关于公布"十三五"职业教育国家规划教材书目的通知
信息索引：360A07-06-2020-0022-1　生成日期：2020-12-14　发文机构：教育部办公厅
发文字号：教职成厅函〔2020〕20号　信息类别：职业教育与成人教育
内容概述：教育部办公厅公布"十三五"职业教育国家规划教材书目。

教育部办公厅关于公布"十三五"
职业教育国家规划教材书目的通知

"十三五"职业教育国家规划教材书目
高职部分

层次	分类	教材名称	第一主编	第一主编单位	出版单位
高职	财经商贸大类	精编基础会计实务（手工全盘账及电算化）	厦门网中网软件有限公司	厦门网中网软件有限公司	高等教育出版社有限公司
高职	财经商贸大类	初级会计实务（第二版）	中华会计网校	中华会计网校	高等教育出版社有限公司
高职	财经商贸大类	会计基础（第三版）	郭黎	武汉软件工程职业学院	东北财经大学出版社有限责任公司

"十三五"职业教育国家规划教材书目
1+X证书配套教材部分

对应证书名称	教材名称	第一主编	第一主编单位	出版单位
财务共享服务(初级)	财务共享服务实务（初级）	北京东大正保科技有限公司	北京东大正保科技有限公司	高等教育出版社

图 2-5　公司主编教材入选职业教育国家规划教材

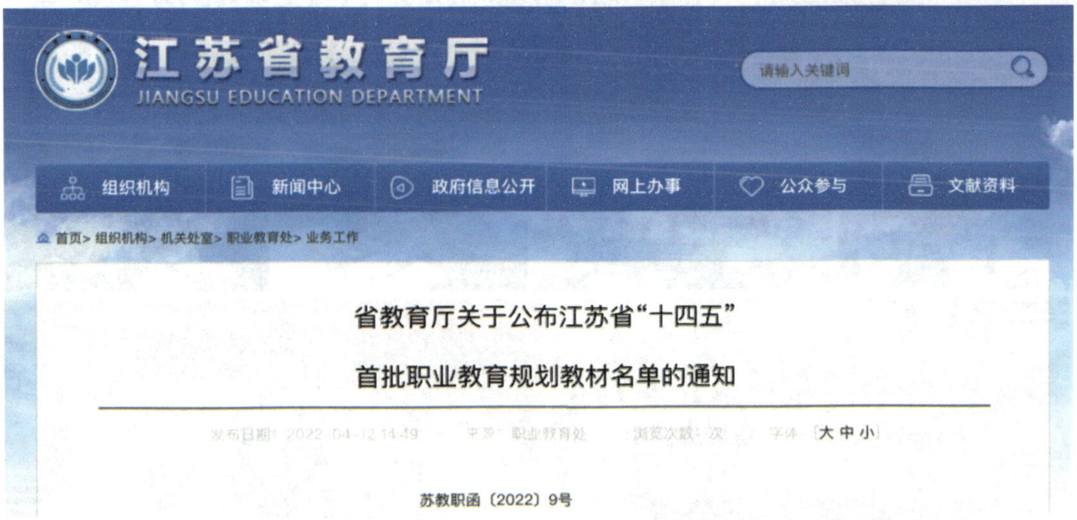

江苏省教育厅
JIANGSU EDUCATION DEPARTMENT

请输入关键词

组织机构　新闻中心　政府信息公开　网上办事　公众参与　文献资料

首页> 组织机构> 机关处室> 职业教育处> 业务工作

省教育厅关于公布江苏省"十四五"
首批职业教育规划教材名单的通知

发布日期：2022-04-12 14:49　来源：职业教育处　浏览次数：次　字体：[大 中 小]

苏教职函〔2022〕9号

图 2-6　公司参编教材入选职业教育江苏省规划教材

关于“十四五”首批职业教育河南省规划教材建设名单及“十四五”首批职业教育国家规划教材推荐名单的公示

357	高职专科	办公自动化——办公软件高级应用	9787030670786	夏连峰	河南职业技术学院	科学出版社	修订
358	高职专科	仓储与配送管理实务2	9787572502187	肖文珍	河南水利与环境职业学院	河南科学技术出版社有限公司	修订
359	高职专科	纳税实务	978-7-313-23853-5	肖　飒	郑州电力高等专科学校	上海交通大学出版社	修订
360	高职专科	共享财务会计	978-7313-23854-2	吕宏灵	郑州电力高等专科学校	上海交通大学出版社	修订
361	高职专科	市场营销学	9787564836542	周东亚	郑州电力职业技术学院	湖南师范大学出版社	修订
362	高职专科	管理实务	978-7-5347-9734-7	齐天锋	三门峡职业技术学院	大象出版社	修订

图 2-7　公司参编教材入选职业教育河南省规划教材及国家规划教材推荐名单

图 2-8　公司开展多类型师资培训

图 2-9　公司的正保云课堂提供在线教学服务得到表彰

2.1.5　"1＋X"证书实施成效

由网中网公司联合众多高等院校及行业领先企业等单位共同起草开发的《财务共享服务职业技能等级标准》入围第三批"1＋X"证书制度试点职业技能等级标准,《财务共享服务职业技能等级证书》入围第三批职业技能等级证书(图 2-10),公司参与"1＋X"证书制度试点工作。目前正保"1＋X"证书已覆盖全国中职、高职、本科等各层次的试点申报院校近 1 100 所,累计参训教师 25 000 人,试点学生 20 余万人,组织师资培训 20 余场、获证老师近 17 000 人,考试 10 余场,覆盖近 70 000 名考生。

附件 1

第三批职业教育培训评价组织及职业技能等级证书名单

序号	培训评价组织名称	职业技能等级证书名称
15	广州中望龙腾软件股份有限公司	建筑工程识图职业技能等级证书
16	廊坊市中科建筑产业化创新研究中心	装配式建筑构件制作与安装职业技能等级证书
17	北京东大正保科技有限公司	财务共享服务职业技能等级证书

图 2-10　公司开发的职业技能等级证书入选教育部第三批证书名单

2.1.6　教学条件建设合作成效

紧跟政策要求,追随科技热点,创新协同育人组织形式,提供多元化的实践育人解决方案,助力院校实训条件升级改造。

广州番禺职业技术学院《共享财务模式下的产教融合实践基地建设》入选 2021—2022 年度中国高等教育博览会"校企合作 双百计划"典型案例;江西科技学院《财务决策虚拟仿真专业实践教

学建设》入选 2021—2022 年度中国高等教育博览会“校企合作 双百计划”典型案例(见图 2-11);曲靖职业技术学院“大数据财税共享虚拟仿真实训基地”入选 2021 年云南省教育厅虚拟仿真实训基地建设项目;浙江旅游职业学院《正保财务云共享中心基于“1+X”课证融合的教改探究》项目入选 2020 年度浙江省产学合作协同育人项目;郑州财经学院“财会商圈虚拟仿真综合实验”入选 2019 年河南省教育厅虚拟仿真实验教学项目;郑州工程技术学院《EVC 企业价值创造虚拟仿真实验》入选 2019 年河南省教育厅虚拟仿真实验教学项目;郑州商学院《财务共享虚拟仿真实验项目》入选 2019 年河南省教育厅虚拟仿真实验教学项目。

图 2-11　公司参与的案例入选中国高等教育博览会典型案例

2.1.7　实习就业推介服务成效

网中网公司依托正保集团 467 万家企业雇主资源,发挥连接校企的纽带作用,为对口专业学生提供职业认证、实习指导、就业推荐等服务。2022 年,20 个正保定向人才培养培训项目已全部成功入选教育部高校学生司第一期供需对接就业育人项目立项名单(见图 2-12);同时,公司还为“1+X”证书优秀考生提供免费就业推荐计划(见图 2-13),每年推荐超 1 000 人上岗。

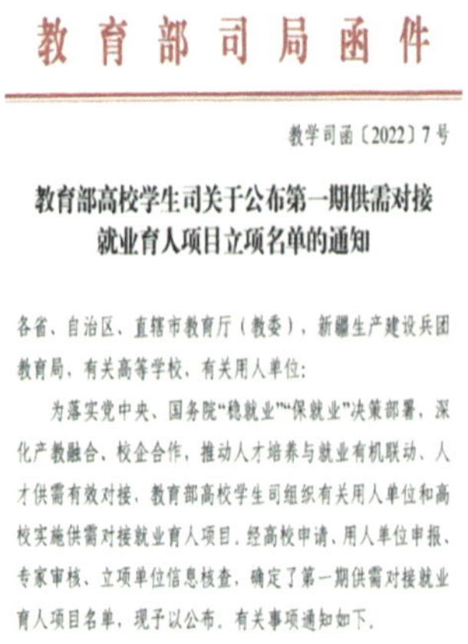

教育部司局函件

教学司函〔2022〕7号

教育部高校学生司关于公布第一期供需对接就业育人项目立项名单的通知

各省、自治区、直辖市教育厅(教委),新疆生产建设兵团教育局,有关高等学校,有关用人单位:

为落实党中央、国务院“稳就业”“保就业”决策部署,深化产教融合、校企合作,推动人才培养与就业有机联动、人才供需有效对接,教育部高校学生司组织有关用人单位和高校实施供需对接就业育人项目,经高校申请、用人单位申报、专家审核、立项单位信息核查,确定了第一期供需对接就业育人项目名单,现予以公布,有关事项通知如下。

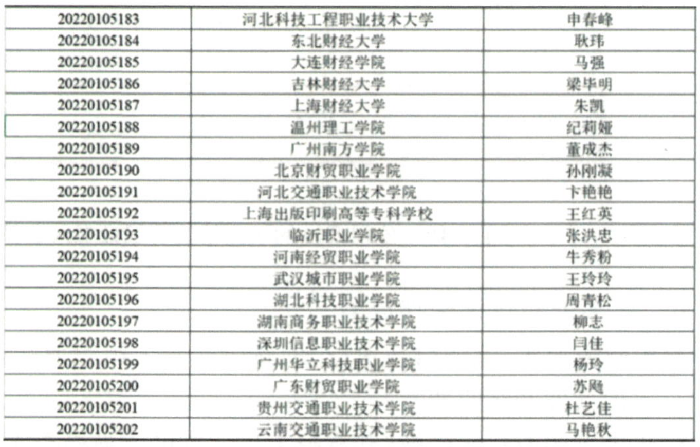

20220105183	河北科技工程职业技术大学	申春峰
20220105184	东北财经大学	耿玮
20220105185	大连财经学院	马强
20220105186	吉林财经大学	梁毕明
20220105187	上海财经大学	朱凯
20220105188	温州理工学院	纪莉娅
20220105189	广州南方学院	董成杰
20220105190	北京财贸职业学院	孙刚凝
20220105191	河北交通职业技术学院	卞艳艳
20220105192	上海出版印刷高等专科学校	王红英
20220105193	临沂职业学院	张洪忠
20220105194	河南经贸职业学院	牛秀粉
20220105195	武汉城市职业学院	王玲玲
20220105196	湖北科技职业学院	周青松
20220105197	湖南商务职业技术学院	柳志
20220105198	深圳信息职业技术学院	闫佳
20220105199	广州华立科技职业学院	杨玲
20220105200	广东财贸职业学院	苏飏
20220105201	贵州交通职业技术学院	杜艺佳
20220105202	云南交通职业技术学院	马艳秋

图 2-12　校企合作项目入选教育部供需对接就业育人项目

图 2-13　公司实施就业推荐计划

2.2　参与河北科工大职教办学大事记

公司自成立之初就与邢台职业技术学院(河北科技工程职业技术大学的前身)会计专业就频繁联系和展开合作,学校的会计专业在 2014 年独立成系后,彼此之间的联系更加紧密,合作更加广泛,与学校在专业建设、人才培养、课程建设、教材开发、技能大赛、基地建设等方面形成了密切的企校合作关系,多次共同商讨专业人才培养方案、学生实习就业、教师下企业实践等事宜。

2022 年,网中网公司与学校继续深化合作关系,以市场需求为导向,围绕人才培养质量提升,持续推进人才培养模式创新和传统教学育人手段改革,强化教学、学习、实训相融合的教育教学活动。

2022 年 3 月,网中网公司向河北科技工程职业技术大学捐赠初级会计师考试辅导用书与在线辅导课程,运用“线上+线下”的方式开展助学活动,使 500 余名学生受益,提升了学生的考试通过率。

2022 年 6 月,河北科技工程职业技术大学会计系领导走访网中网公司并进行交流,校企双方共同探讨在线开放课程制作、实习就业的合作方式以及“双师型”教师培养培训基地、教师下企业实践基地的建设与规划。

2022 年 9 月,网中网公司携手河北科技工程职业技术大学等院校共同整合优质资源,联合制定了《高职院校财务会计专业“双师型”教师培养培训管理手册》(见图 2-14)。

图 2-14　校企联合制定教师培养培训管理手册

2022 年 10 月，网中网公司季金总经理作为企业代表参与了学校大数据与财务管理本科专业人才培养方案的论证会(见图 2-15)，会上他对该专业的培养目标、课程设置与教学进度的安排从企业和市场用人方面给出了充分详尽的建议。

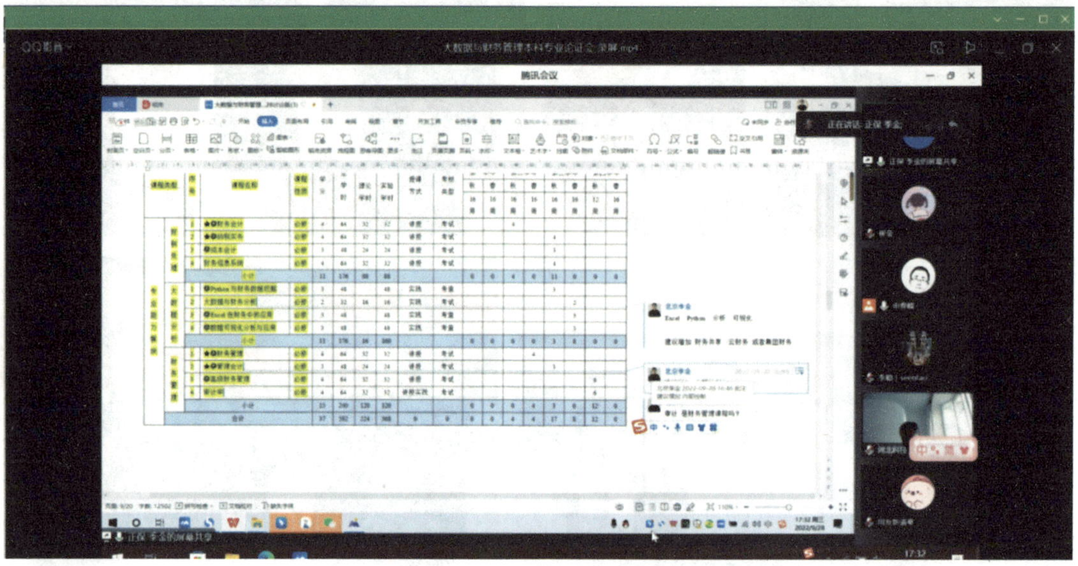

图 2-15　公司参与学校人才培养方案论证会

2022 年 11 月，网中网公司产业导师赵佳丽为老师们在线开展了一场以“Python 在财务中的应用”为主题的培训活动(见图 2-16)，让老师们尽快熟悉并掌握财经课程新技术的应用。

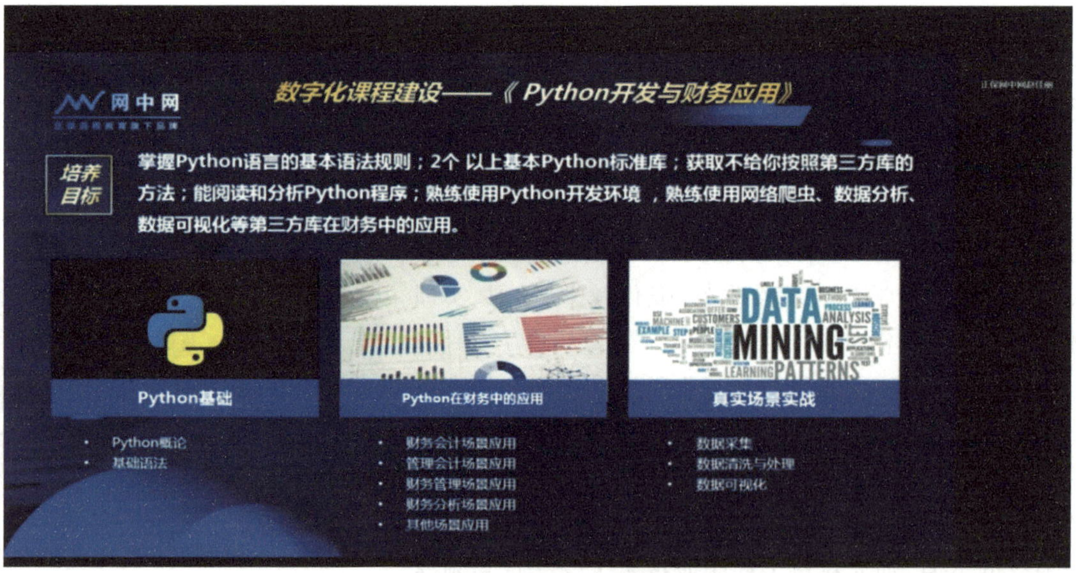

图 2-16　公司产业导师为学校教师开展培训

2022 年 11 月，网中网公司运用自身的装修设计资源，为学校会计系实训室改造项目进行了整体的布局设计(见图 2-17)，着重打造符合企业实际的实训环境，使学生足不出校就可以体验企业的工作氛围，为培养高素质的技术技能人才提供了环境保障。

图 2-17 公司参与学校会计系实训室改造

3 企业资源投入情况

网中网公司在与学校会计系进行深入合作与交流的过程中，充分发挥企业自身资源优势，对有形资源、无形资源、人才资源均进行了不同程度的投入。

3.1 人力资源投入

一是网中网公司内担任河北省财经职业教育集团的企业专家和产业导师参与指导学校会计系相关专业的专业发展规划、人才培养方案制定、课程设置和实习就业指导等活动（见图 3-1）；二

图 3-1　公司人员受聘担任河北省财经职业教育集团企业专家

是派遣专业导师开展“1+X”证书考前培训；三是为全国职业院校高职组会计技能大赛财务会计技能赛段的训练平台提供支持保障等；四是每年安排1～2名产业导师入校，对教师开展财经专业发展方向与趋势和信息技术在财会专业中的应用等培训，对学生进行职业化会计技能培训指导和相关大赛指导。

3.2　物力财力资源投入

网中网公司多次向学校捐赠初级会计职称考试课程《初级会计实务》和《经济法基础》，价值总计50余万元；每年投入近1万元用于学生技能大赛、“1+X”证书和优秀学生奖励等；提供价值近60万元的财务共享服务技能实训平台供学校教学和开展“1+X”证书培训工作使用。

3.3　无形资源投入

网中网公司为学校提供财税类专业岗位需求和职业能力需求调研报告，为学校相关专业的人才培养方案制定和申报职业本科专业提供了有力支撑；对学校暂未列入采购计划的金税三期纳税申报实践平台、RPA财务机器人、财务共享等教学平台提供免费的试用账号，为学校开展教学保驾护航；打造特色实践实习基地，为教师下企业锻炼和学生顶岗实习提供相适应的岗位；从两个角度帮助学生实现高品质就业，一方面开放公司内部就业岗位，优先录取相关院校到公司实习的学生，另一方面依托正保集团优势收集和整合多家实习企业招聘岗位信息，帮助学生实现对口就业；运用自身的装修设计资源，为院校实训室进行整体的布局设计，着重打造符合企业实际工作的实训环境，为培养高素质的技术技能人才提供环境保障。

4　企业参与学校教育教学改革情况

4.1　深度参与专业建设，共同构建岗课赛证课程体系

网中网公司组织团队开展了企业岗位需求和职业能力需求调研，编写了财税类专业岗位需求

和职业能力需求调研报告，学校会计系参考了该调研报告，从目前财税类各岗位横向排列和毕业生职业发展历程中岗位的纵向排列两个维度规划课程内容，打通从产业到教育再到人才的链条，打造“产业链、教育链、人才链”三链融合育人。

学校对接岗位需求，融入公司财务共享“1+X”证书、国家初级会计师资格证书及会计技能大赛相关教学内容，将大数据人工智能新技术、岗位职业素养贯穿课程体系，融入财务机器人、大数据分析等技术，培养学生的专业能力，人才培养方案形成“岗课赛证”四维融通的育人模式，使培养方案更加符合岗位需求。在教学运行中，将“理论教学，真账模拟，真账顶岗”三段递进循环教学螺旋提升岗位实践操作技能。基于企业评价标准和证赛标准，从“证书、大赛、真账”三方面验证人才培育质量，将“岗课赛证”融会贯通，全方位提升学生综合职业能力。

4.2 深度参与课程建设，共同打造项目化教学案例

网中网公司积极协助学校开展在线课程建设，在《会计基本技能操作》课程建设过程中，公司提供了大量的实践案例，与学校老师一起开发出项目化教学案例，为学生提供基于真实业务的实践环境，2022年《会计基本技能操作》获评河北省职业教育精品在线开放课程。公司在《财务管理》《纳税计算与申报》《统计基础》《货币金融实务》《成本会计》等课程的建设中，提供了经过优化的实际企业资料，为教师开发项目化教学案例提供了基础条件。目前《成本会计》在线开放课程已上传资料，力争获批2023年度河北省职业教育精品在线课程。其他4门课程业已完成校级验收，未来进一步优化资源，积极参与省级精品在线开放课程评选。

4.3 深度参与教材开发，共同编写面向职业岗位的教材

2022年，网中网公司联合河北科技工程职业技术大学、河北石油职业技术大学共同启动编写《税收优化与风险管控》教材。网中网整合该领域专业的师资团队，在技术、平台等方面提供资源支持，将税收法律法规的最新发展动态、金税四期对企业的影响、企业税务风险的识别与管控等行业最新发展引入教材，将行业对人才培养的最新要求反映在教材中。通过合作开发教材，助力河北科技工程职业技术大学更新教学内容、完善课程体系，建成能够满足行业发展需要、体现职业教育特点、可共享的课程和教材资源，并在全国进行推广应用。在新形态教材《成本会计》《基础会计》《会计基本技能操作》《财务管理》等的编写中，公司提供了票据模板、企业案例数据、教材审核专家等资源，未来还会为学校的教材建设提供其他方面资源的支持（图4-1为公司参与教材建设研讨活动情况）。

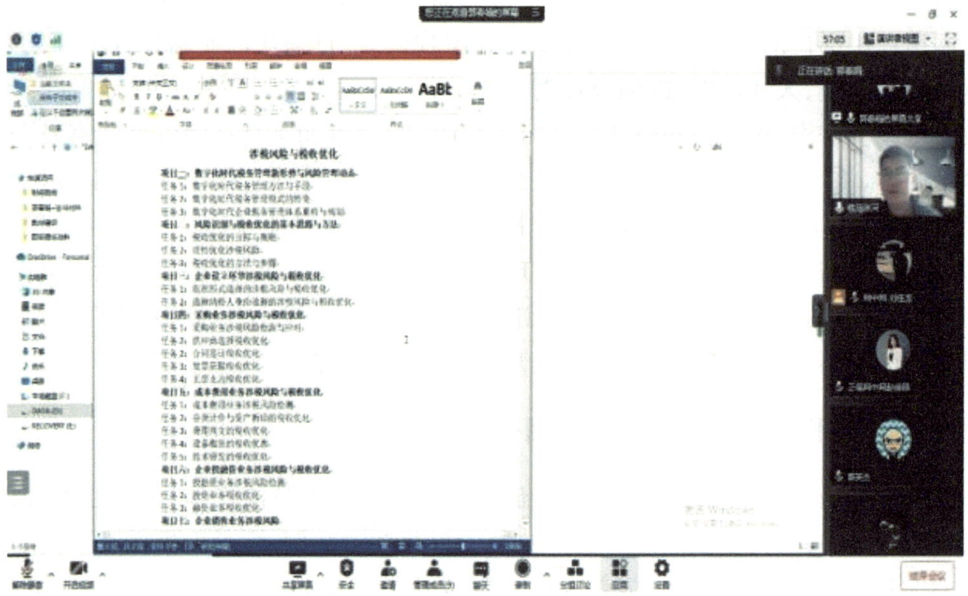

图 4-1　公司参与学校教材建设研讨活动

4.4　深度参与师资建设，共同培养“双师型”师资团队

网中网公司与学校签订校企合作协议，共建“‘双师型’教师培养培训基地”“企业实践基地”（见图 4-2），约定每年学校派遣一定数量的专业教师到企业开展实践。2022 年派遣高天宇、薛晓畅两名骨干教师到网中网进行顶岗实践，提升了教师的专业水平和业务能力，而教师在实践过程中也为企业提供了指导。公司选拔优秀讲师陈娟娟到学校开展财务共享课程的教学工作，最终实现了校企双方“固定岗＋流动岗”双向流动的人才机制，利于学校打造专兼结合的高素质“双师型”教师队伍。公司为学校教师参加各类形式的培训考试提供考前辅导资料和视频课程，帮助教师通过考试，截至目前，学校会计系中已有注册会计师 3 人、会计师 20 人、资产评估师 2 人、税务师 3 人、执业律师 2 人、房地产评估师 1 人、经济师 3 人，形成了一个优秀的“双师型”和专家型教师团队。

图 4-2　校企共建教师企业实践基地和培训基地

4.5　深度参与技能大赛，共同努力取得大赛新辉煌

网中网公司在学校会计技能大赛代表队准备历年的河北省和全国高职院校会计技能大赛过

程中为他们提供了相应的技术支持，包括备赛设备运用维护工作、仿真试题使用维护、云服务技术支持等，提供客服专员和网络双通道维护，保障了同学们顺利备赛。此外，公司还积极为学校联系大赛有关专家对其进行指导，因此学校近几年在河北省职业院校学生技能大赛高职组会计技能比赛中均获得一等奖(见图 4-3)。

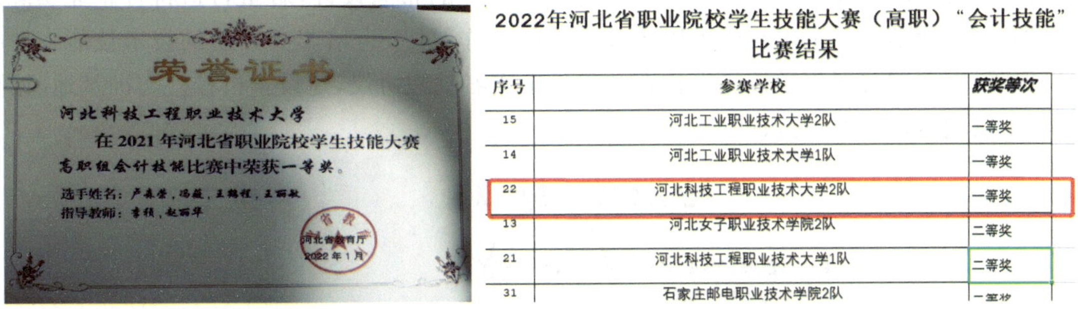

图 4-3　学校获河北省职业院校学生技能大赛一等奖

4.6　深度参与学生培养，共同实施技能培训与认证

网中网公司与学校从 2020 年开始合作开展“1＋X”证书培训和考核工作，共同试点财务共享服务技能等级证书的考核认证，学校也顺利获批了河北省“1＋X”财务共享服务职业技能等级证书(中级)考试试点单位。2022 年共有 35 名学生参加财务共享服务技能中级证书的培训认证，通过率 100%(如图 4-4 所示)，继续保持报名培训考核的学生全部通过认证的良好记录，被评价组织评为“1＋X”财务共享服务职业技能等级证书优秀院校代表。“1＋X”证书的试点开展工作有力地推动了学校将 X 证书课程有效融入人才培养体系，“1＋X”汇通人才育训工程进入实质性推进阶段。

正保远程教育
www.cdeledu.com

贺函

河北科技工程职业技术大学

贵校在2022年5月22日财务共享服务职业技能等级证书（中级）考试中，成绩合格的学生共有 35 人，考核通过率100%，考试成绩优异，教学成果丰硕，被我司评为优秀院校代表，特此向贵校致以诚挚祝贺！

正保远程教育作为教育部认定的第三批、第四批职业教育培训评价组织，“1+X”证书试点工作成效明显。目前累计2000余所学校参与试点、试点人数达28万、培训老师3万人次。基于正保的467万+合作联盟企业资源，为获得职业技能等级证书的学生提供就业服务，帮助近3万名学生走上对口工作岗位，获得行业企业的高度认可，成为财务相关岗位就业的“敲门砖”和“摇钱树”。

“1+X”职业技能等级证书采用市场化运作机制，在各项政策加持下日趋成熟和理性，旨在从根本上改变职业院校的课程结构与教学形态。正保基于20多年的教学经验不断创新与探索，完善优化技能标准和课程体系，为深化校企合作协同育人赋能，进一步促进在人才供给侧的改革。

北京东大正保科技有限公司
2022年5月23日

自由选择　改变未来
Your future,Your choice

图 4-4　公司致函祝贺学校“1＋X”证书考核认证通过率 100%

4.7 深度参与基地建设，共同打造校内外实训基地

网中网公司深度参与学校会计系校内实训基地建设，对学校暂未采购的金税三期纳税申报实践平台、RPA财务机器人、财务共享等教学平台提供免费的试用账号，为学校开展教学保驾护航；运用自身的装修设计资源，为校内实训中心进行了整体的布局设计，着重打造符合企业实际工作中的实训环境，使学生足不出校就可以体验企业的工作氛围，为培养高素质的技术技能人才提供了环境保障；网中网公司与学校签订校企共建学生实习基地协议，建设学校校外实训基地（见图4-5），为学生实现对口实习、对口就业。

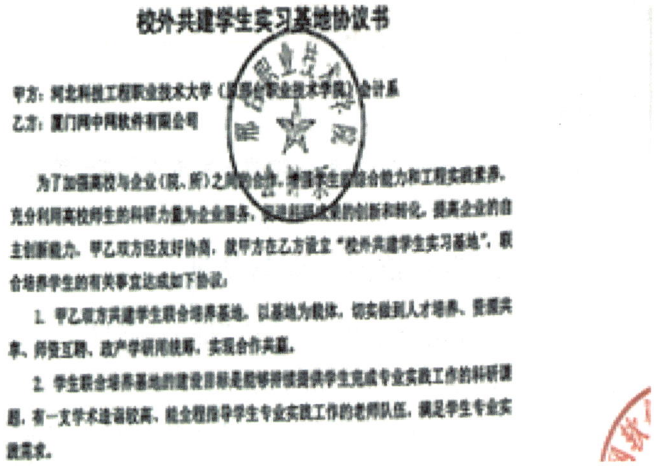

校外共建学生实习基地协议书

甲方：河北科技工程职业技术大学（[illegible]）会计系
乙方：厦门网中网软件有限公司

为了加强高校与企业（院、所）之间的合作，[illegible]综合能力和工程实践素养，充分利用高校师生的科研力量为企业服务，[illegible]的创新和转化，提高企业的自主创新能力。甲乙双方经友好协商，就甲方在乙方设立“校外共建学生实习基地”，联合培养学生的有关事宜达成如下协议：

1. 甲乙双方共建学生联合培养基地，以基地为载体，切实做到人才培养、[illegible]共享、师资互聘、政产学研用统筹，实现合作共赢。

2. 学生联合培养基地的建设目标是能够持续提供学生完成专业实践工作的科研课题，有一支学术造诣较高、能全程指导学生专业实践工作的老师队伍，满足学生专业实践需求。

图4-5 校企共建学生实习基地

5 学校助推企业发展

5.1 为企业提供优质师资

在与学校合作的过程中，学校派出会计系副主任、注册会计师、河北省会计领军人才（学术类）申春峰副教授参与企业的培训工作，为高校教师和企事业单位的财税人员培训了业财税融合的教学设计、企业所得税汇算清缴、纳税风险识别与管理、纳税筹划等课程，受到相关受训单位和个人的好评。未来公司将进一步挖掘学校更多的优质师资开展合作，开发更多面向企业的课程。

5.2 为企业输送优秀人才

河北科技工程职业技术大学毕业生专业基础扎实、动手能力强、工作态度认真，每年都向网中网公司输送数量不等的优秀毕业生，2022年因疫情暂时输送了6名优秀毕业生，分别被公司安排到培训助理、课程研发助理、销售等不同岗位，学生在岗位上表现优秀，得到各部门负责人的充分肯定。

5.3 助力企业产品升级迭代

网中网公司在研发和升级财务共享实践平台、金税三期税务实训平台、管理会计实践平台等

产品过程中，学校会计系组织老师深度参与了产品的研发或升级，提出了宝贵并且契合实际的意见和建议。公司采纳老师的建议，使产品更加符合各大院校的需求。

6 面临的问题与未来展望

6.1 面临的问题

6.1.1 聚焦项目点状合作，没有形成系统机制

网中网公司和学校目前是以分散式项目合作为主，在合作的过程中主要通过点和状的形式展开，这就导致了学校与公司之间没有形成统筹的项目规划以及完整系统的体制机制。因此校企双方应进行系统、深入、全方位的研讨交流，邀请产业专家从双方合作的顶层设计到整体规划做出一版独具特色且适合双方实际情况的设计方案，比如共建产业学院、订单班等，产业学院主要从项目运营管理、人才培养、实践基地共建、师资培育、社会服务、科研合作等方面开展。校企双方通过以上合作方式使各个项目的合作具有一定的关联性，形成统一的整体规划，最终实现校企双方合作的系统性，有效发挥双方的合作机制，提升合作效率，从而获得更大的合作成果。

6.1.2 产教融合深度不够，需要继续加强

网中网公司作为厦门市 2021 年建设培育的产教融合型企业，虽然与学校合作多年，但基本上都是浅层次、松散型、低水平状态的产教结合，校企协同、实践育人的人才培养模式尚未根本形成，需要在继续加强和深入合作的基础上找到双方契合点，同时也需政府的推动与行业协会的指导，平衡公司和学校之间的利益，激发双方的积极性，探索产教融合的平台载体建设和深度发展的管理机制体制建设。

6.1.3 面对面沟通不足，影响效率和质量

网中网公司虽然与学校建立了多年的深度合作关系，但在新冠疫情的影响下，近两年来校企双方更多的是进行线上交流和电话沟通，产业导师入校授课指导的次数越来越少，学校骨干教师到网中网下企业实践的机会也越来越少。由于校企双方合作项目事宜沟通交流不充分，影响了合作的进度与效率，从而影响双方合作的成果和质量。为了双方能够更好地合作，在新冠疫情防控允许的条件下尽量多次开展线下培训活动，另外也要充分发挥线上合作的优势，使校企双方共同努力，探索人才培养的新模式。

6.2 未来展望

6.2.1 高标准完成供需对接就业育人立项项目

针对教育部高校学生司第一期供需对接就业育人项目中 20 个“正保定向人才培养培训项目”之一的建设单位，正保将以人才引领发展、产业创新发展、经济高质量发展为目标，从教学资源、动画制作服务、线上学习平台、就业服务等方面对定向人才培养项目予以支持(见图 6-1)。利用正保会计网校的实务教学资源与全真模拟综合实训平台，结合多个行业特点，将学校需求及不同类型行业对人才的实践性需求渗透融入实训的各个环节中。通过实施校企“双导师”制度，定期考核学生学习情况，确保学习质量，实训结束后将为学生提供校外财会对口岗位顶岗实习推荐，从而促进学生毕业后的高质量就业。学校方面，由具有“双师”素质的优秀教师深度参与公司相关业务和实习实训，更好体现出教学的适应性和针对性，在与企业教师的不断接触中，进一步提升“双师能

力”，从而起到同时培育学生、教师的作用。

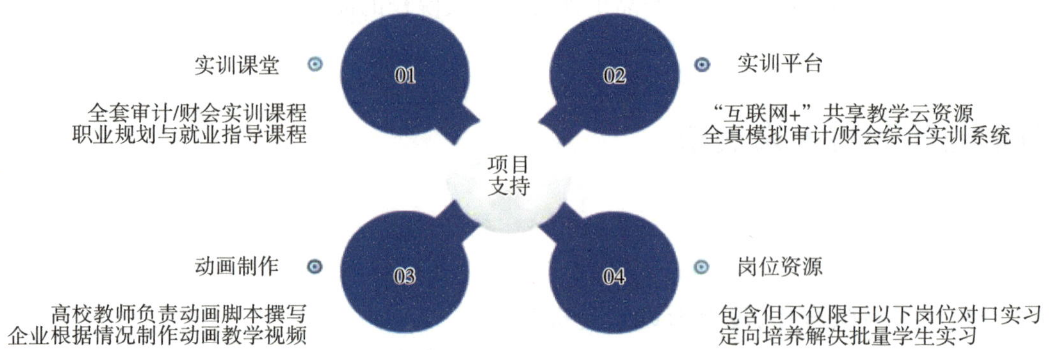

图 6-1　公司多方面支持供需对接育人项目示意图

6.2.2　谋划建设产教融合的产业学院

校企双方从建立产教融合平台、形成校企利益共同体、实现多途径校企合作、达到社会效益最大化四条路径，着手谋划共建产业学院，共同制定职教本科财会类专业的人才培养方案及教学计划，聚焦创新型人才培养模式，提升专业建设和人才培养质量。运用正保云课堂平台，实现教学过程及教学管理的信息化、智能化，推动教师采用线上线下混合的教学模式，提高课堂教学效率和教学质量；努力打造一个高水平数智财经产教融合实训基地，实现教学流程与产业工作过程相对接，最终打造集人才培养、科学研究、技术创新、企业服务、学生创业等功能于一体的示范性人才培养实体，探索形成产学深度合作的新型人才培养模式，充分发挥示范引领作用。

报告十　2023 年度北京锦达科教开发总公司参与高等职业教育人才培养

锦达企业年报编制说明

2021 年 10 月 12 日，中共中央办公厅、国务院办公厅印发《关于推动现代职业教育高质量发展的意见》；2022 年年底，继续印发了《关于深化现代职业教育体系建设改革的意见》，旨在鼓励和促进企业更深层次地参与高等职业教育，提升教育质量，培养更多符合市场需求的高技能人才。河北科技工程职业技术大学同北京锦达科教开发总公司优势互补，共生共建，打造校企融合典范，全面贯彻落实“职普融通、产教融合、科教融汇”会议精神，持续优化校企合作政策环境、推进企业参与职业教育及职业教育合作办学。

河北科技工程职业技术大学积极推进校企合作，深化产教融合，取得了一系列的建设成果。此年报编写旨在通过汇总成果、提炼亮点、总结经验、发现问题，有效加强校企深度合作，提升社会影响力，推动产教融合和人才培养，促进资源共享和互利共赢，为河北省纺织服装产业提供可参考、可借鉴的校企合作案例和最优方案。

本年报编写经历了以下过程：第一，明确编写目标，包括展示校企合作成果、总结经验、发现问题等；第二，收集整理资料，包括企业与学校合作的项目、投入的资源、学生培养情况、教学效果评估等；第三，编写内容，包括企业概况、合作情况、资源投入、教育教学改革、人才培养效果等方面的信息；第四，校企共同参审和完善，校企协同对报告进行多次审核和修改，确保内容的准确性和完整性，同时凝练亮点。最后是发布与分享，将企业年报发布在企业官方网站或社交媒体平台上，同时分享给相关的合作伙伴和行业组织以扩大办学影响力。

本年度北京锦达科教开发总公司（以下简称“北京锦达”）与学校重点在赛事举办、课程建设、师资培训、课赛融合、课证融合、岗课融通等方面展开合作。其中，在企业的大力支持下，学校当选为纺织服装领域“岗课赛证”融通职教联盟副理事长单位、服装 3D 数字化设计职业技能等级证书专家委员会副主任单位；王振贵被聘为服装 3D 数字化设计职业技能等级证书专家委员会副主任，王振贵、李紫星两位教师当选为纺织服装领域“1＋X”证书制度试点专家委员会委员；四名教师取得服装陈列设计“1＋X”职业技能等级证书考评员资格。另外，北京锦达为在线课程《服装 CAD/CAM 应用》、申报国家级“服装工程技术专业教学资源库”建设提供课程资源，参与课程建设；为学校承办和指导的河北省职业院校（中/高职）技能大赛提供软件、技术、设备及人员支持，确保大赛圆满成功。

校企合作成果丰硕，亮点突出，今后双方还将重点在产业学院、校内实习基地建设等方面深度合作，共建北京锦达实训基地，共同培养高质量技术技能型人才。

1 企业概况

1.1 北京锦达科教开发总公司概况

北京锦达科教开发总公司成立于 1993 年，注册资本 40 万元，企业性质为集体所有制。公司立足纺织服装行业，具有近 30 年的纺织服装行业教育培训工作经历和经验，以市场化手段打造产教融合、校企合作的公共性服务平台。

公司以服务纺织服装行业发展所需人才的职业技能标准开发、教育培训、科研与成果转化、技术推广、服务技能大赛等为主营业务。发挥“平台型”企业的优势，秉承“产业与教育融合、创新与发展并重、服务与质量一体”的原则，结合产业发展对职业教育改革创新需求，围绕职业院校“双高”建设、“三教”改革、“1＋X”证书试点、“岗课赛证”融通等新要求，提供纺织服装职业教育人才培养整体解决方案、师资培训、人才评价与就业服务。

2020 年 12 月，公司被教育部遴选为“1＋X”证书制度试点的第四批职业教育培训评价组织，拥有《服装陈列设计职业技能等级证书》和《纺织面料开发职业技能等级证书》两个“1＋X”证书评价资质，相继完成了证书考核大纲、题库、考核评价标准、考务系统的建设及相关师资培训等基础工作，在全国 28 个省、市、自治区的 200 余所职业院校开展了纺织服装“1＋X”证书考核，每年考生申报人数达到 1.6 万人，覆盖了全国 90％以上的纺织服装类高职和中职院校，在全国性社会评价组织中居于纺织服装领域首位（详见表 1-1）。2022 年两个证书被同时纳入教育部新版《职业教育专业简介》，并通过职业教育国家学分银行认定。

表 1-1　北京锦达 2023 年“1＋X”证书申报情况一览表

<table>
<tr><th rowspan="2">省区市数量</th><th rowspan="2">试点院校申报数量</th><th rowspan="2">高职院校数量</th><th rowspan="2">中职院校数量</th><th colspan="3">服装陈列设计证书</th><th colspan="3">纺织面料开发证书</th></tr>
<tr><th>初级申报人数</th><th>中级申报人数</th><th>高级申报人数</th><th>初级申报人数</th><th>中级申报人数</th><th>高级申报人数</th></tr>
<tr><td rowspan="2">28</td><td rowspan="2">208</td><td rowspan="2">113</td><td rowspan="2">95</td><td>4 923</td><td>6 077</td><td>530</td><td>1 170</td><td>2 897</td><td>247</td></tr>
<tr><td colspan="3">11 530</td><td colspan="3">4 314</td></tr>
</table>

作为职业教育培训评价组织单位，北京锦达科教开发总公司将积极与各试点院校开展深入合作，积极拓展纺织服装产业技术技能人才持续成长通道，更好地服务职业教育和产业发展。

1.2 企业发展历程

北京锦达科教开发总公司在建立之初，业务分散，后期逐步聚焦于职教领域。以下是公司发展时间轴。

1993 年，北京锦达科教开发总公司成立。

1994—2019 年，主要开展服装院校职业技能大赛的设备和技术支持，以及纺织服装领域技术开发、技术培训和咨询服务。

2020 年，北京锦达科教开发总公司正式成为教育部“1＋X”证书制度试点的第四批职业教育培训评价组织。

2021 年，纺织类专业“1＋X”证书配套教材、教学资源研讨会暨征集教材编委会成员会议圆满召开。

2021 年，纺织面料开发“1+X”证书配套教材开发主编工作会议顺利召开。

2021 年，举办第一届服装陈列设计“1+X”证书制度试点师资暨考评员培训班。

2021 年 9 月，服装陈列设计“1+X”配套教材出版统稿工作会议顺利召开。

2021 年 11 月，北京锦达科教开发总公司与浙江纺织服装职业技术学院联合承办的服装数字化设计“岗课赛证”融通研讨会暨全国职业教育纺织服装数字化产教联盟成立大会在宁波赛思学术会堂召开。

2021 年 11 月，全国首批“1+X”服装陈列设计职业技能等级认证考试顺利启动。

2022 年 5 月，全国首批服装陈列设计与纺织面料开发“1+X”职业技能等级证书颁发。

2022 年 9 月，北京锦达科教开发总公司申报的服装陈列设计、纺织面料开发职业技能等级证书学习成果认定材料获得学分银行学分，该学习成果进入职业教育国家学分银行学习成果名录。

2022 年 12 月，由中国纺织服装教育学会和北京锦达科教开发总公司联合组织制定的《服装 3D 数字化设计职业技能等级标准》(T/CTAES 01—2022)发布，正式成为一项新的行业团体标准，并于 2023 年 1 月 1 日起正式实施。

2023 年 3 月，全国纺织服装数字化应用专门委员会成立大会暨纺织服装数字化应用研讨会顺利召开。

2023 年 4 月，公司组织编著的《服装陈列设计》(初级/中级)作为部委级规划教材出版发行。

2023 年 7 月，由中国纺织服装教育学会颁发、北京锦达科教开发总公司评价认证的首批服装 3D 数字化设计职业技能等级证书颁发。

2023 年 12 月，“锦达”杯第三届全国职业院校学生服装商品展示技术技能大赛圆满落幕。

1.3 企业文化

企业目标：传承工匠精神，服务职业教育，打造百年品牌。

企业使命：专业、专注、创新职业教育。

企业宗旨：责育匠心，共创共享。

企业理念：创新、诚信、合作、共赢。

企业精神：团结、责任、奉献、成长，务实、效率、和谐、感恩(见图 1-1)。

图 1-1　北京锦达企业精神

1.4 企业主营

北京锦达科技开发总公司的经营范围是技术开发、技术培训、咨询服务(不含中介服务)、销售百货、针纺织品、机电设备、电子计算机、建筑材料、装饰材料、化工产品。

围绕职业院校专业建设、课程建设、技能竞赛、师资培训等方面内容,与全国各地多所院校进行深度合作,在人才培养方案等多方面融入企业元素,展示企业文化。公司相继开发完成了服装陈列设计和纺织面料开发两个职业技能等级证书初、中、高级职业技能等级标准建设,研发制定了培训考核实施方案、师资培训大纲、考核大纲、教学考核站点建设方案、颁证标准、题库样例、培训教材、教学资源库、系统平台等相关内容资源。北京锦达通过和学校不断拓展校企合作宽度和深度,建立新型校企关系,进一步提高人才培养质量,适应社会需求。

1.5 企业成就

1.5.1 职业技能等级标准建设

2021 年,在广泛征求行业学会、企业专家、院校骨干教师等相关业内人士的意见和建议的基础上,结合在企业、院校实地考察调研的成果,集中组织优质师资力量,开发制定出一系列职业技能培训、考核与评价的规范,编制并发布了“纺织面料开发”“服装陈列设计”两个证书的职业技能等级标准(见图 1-2、图 1-3),突出注重培养学生基于场景化的实战能力,也作为配套教材编写的基本依据,为学生提供清晰的职业发展路径。

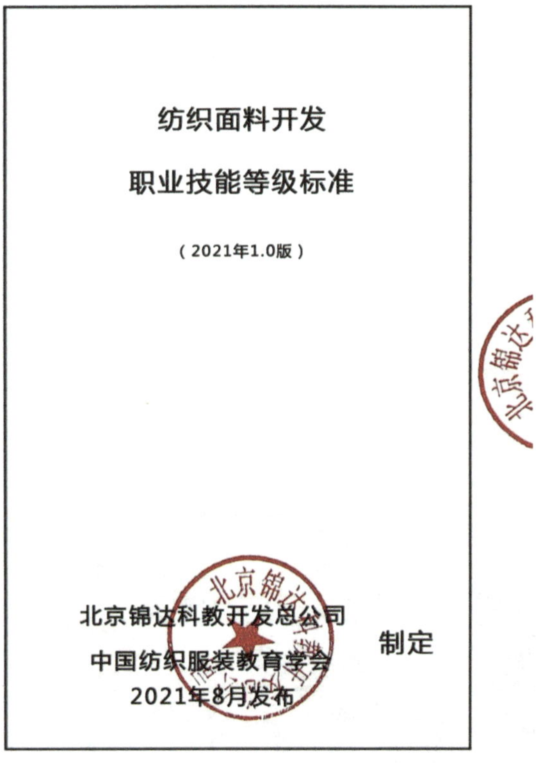

图 1-2 北京锦达与中国纺织服装教育学会编制发布纺织面料开发职业技能等级标准

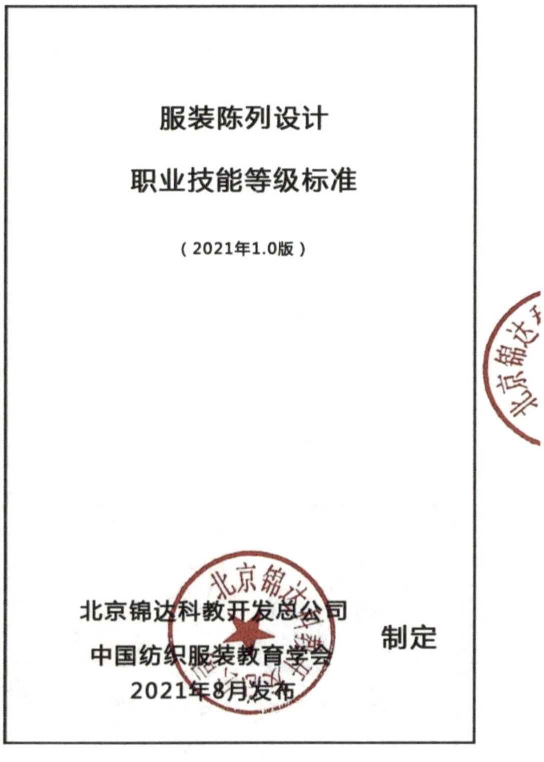

图 1-3 北京锦达与中国纺织服装教育学会编制发布服装陈设设计职业技能等级标准

1.5.2 推进培训师与考评员认证培训

企业已经面向全国2所职业本科、100余所高职院校、80余所中职院校开展培训10余次(如图1-4所示),培训人数多达1 000人次。师资及考评员培训起到了良好效果,无论在指导学生考证方面,还是在师资自身能力提升等方面,都起到了积极的作用。

图1-4 北京锦达开展"1+X"证书师资暨考评员培训

1.5.3 考核方案与评价认证模式

为提高证书的含金量和认可度,在考核评价方面,北京锦达推行"岗证"融通实操考核模式,以岗位核心职业技能为问题导向,模拟现实的职业场景,或在实际品牌卖场进行实操考核,使学生的技术技能与企业实际岗位技能需求接轨,提高院校实用型专业人才培养质量。

1.5.4 项目化配套教材建设

北京锦达以项目为载体,编撰配套教材,提升学生的实战技术能力,加强理论素养,革新设计理念,融入传统审美内涵,试图通过思考、实操、评比、改进等环节,对学生的技艺、审美、理念多角度、全方位进行提升和深化。公司通过线上线下方式,先后在江苏、山东等地的职业学院召开多次配套教材及教学资源研讨会(见图1-5),邀请了来自全国42所中高职院校、10余家企业的100多名专家、教师及专业技术人员参加研讨,成立了编审委员会,确定了任务型活页式配套教材的整体结构、内容、体例格式,并与中国纺织出版社达成了出版合作协议,明确了教材审定时间以及出版进度安排等事项,服装陈列设计配套教材已于2023年3月底在全国范围内出版发行(见图1-6),并被列入"十四五"部委级规划教材。

1.5.5 学习成果认证体系建设

公司不断完善"1+X"职业技能等级证书课程考核方案、健全书证融通学习成果认证体系。根据《职业教育国家学分银行建设工作规程(试行)》,北京锦达积极落实书证融通试点工作,在2021年完成辽宁省试点院校证书认证单元建设和书证融通工作的基础上,根据国家学分银行相关要求,2022年9月,服装陈列设计、纺织面料开发职业技能等级证书通过了职业教育国家学分银行学习成果认定评审,进入职业教育国家学分银行学习成果名录。

图 1-5　纺织面料开发“1+X”证书配套教材研讨会

图 1-6　服装陈列设计“1+X”证书配套教材

1.5.6　赛证融通的技能竞赛引领作用

2020—2023 年，北京锦达连续成功协办了第一届、第二届、第三届全国职业院校学生服装商品展示技术技能大赛（如图 1-7、图 1-8 所示）。本赛项以服装陈列与展示设计专业教学标准和服装陈列“1+X”职业技能等级标准为指导依据，结合世界技能大赛“商品展示技术”项目和专业实际岗位要求来组织命题，积极探索“1+X”证书制度人才培养新模式，为职业院校学生搭建开拓视野、展示才能的竞技舞台，促进服装陈列类高技能人才的培养和选拔。

图 1-7 “锦达”杯第三届全国职业院校服装商品展示技术技能大赛

图 1-8 “锦达”杯第三届全国职业院校服装商品展示技术技能大赛作品

1.5.7 服装 3D 数字化证书行业先行

2022 年 12 月，由中国纺织服装教育学会和北京锦达科教开发总公司联合组织制定的《服装 3D 数字化设计职业技能等级标准》(T/CTAES 01—2022)发布，正式成为一项新的行业学会团体标准，并于 2023 年 1 月 1 日起正式实施(图 1-9)。该技能等级标准的发布符合智能数字化产业升级需要，它为服装 3D 数字教学设定了规范和目标，这将有效促进服装人才数字化技能的提升，为培养产业需要的人才奠定了良好的基础。

中国纺织服装教育学会

中纺教〔2022〕65号

关于发布《服装3D数字化设计职业技能等级标准》的通知

各相关单位：

经研究，现批准《服装 3D 数字化设计职业技能等级标准（1.0版）》为学会标准，编号为T/CTAES 01-2022，现予发布，自2023年1月1日起实施。

附件：服装3D数字化设计职业技能等级标准

中国纺织服装教育学会

2022年12月6日

图1-9　北京锦达合作开发的《服装3D数字化设计职业技能等级标准》发布

2023年3月，在中国纺织服装教育学会和山东省人力资源和社会保障厅的指导下，联合举办了山东省“技能兴鲁”服装3D数字化设计职业技能竞赛、第一届全国服装3D数字化师生职业技能大赛，开辟了全国纺织服装数字化方面职业技能大赛的先河。本次赛事也为进一步深化服装专业教学改革，引领专业和课程建设方向，全面激发纺织服装职业院校师生服装数字化创新设计能力，加强高素质、高技能型人才培养发挥了积极作用。

1.5.8　促进职教联盟建设

北京锦达先后作为发起者或成员参与了全国纺织服装领域“岗课赛证”融通职教联盟（见图1-10）、全国职业教育纺织服装数字化产教联盟、纺织服装领域“1＋X”证书全国专家委员会等行业组织，加强了职业教育资源与行业企业人力资源的对接与融合，拓宽了“1＋X”制度试点推广、管理和执行的有效途径。

1.6　企业团队

公司是中国纺织服装教育学会副会长单位，下设6个职能部门（如图1-11所示），从业人员21人，其中正高级职称3人，副高级职称5人，中级职称8人，本科以上学历占83％，平均年龄35岁，是一支精干而富有活力的人才团队。公司同时聘请在行业内具有广泛影响力的50余位专家教授成立专家委员会，作为公司强大的顾问团队提供技术和专业支持。

1.7　发展愿景

传承中国工匠精神，服务中国职业教育，打造百年品牌公司。在五年内建设成纺织服装领域校企合作领军品牌。为实现这一目标，公司五年内重点工作将放在以下三大领域：紧随行业发展

图 1-10 北京锦达主办“岗课赛证”融通职教联盟会议

趋势，在职业院校中普及与推广人工智能与虚拟现实技术；紧跟国家职教改革方向，与相关院校联合研讨职业本科教学模式、研发职业本科教材及在线课程；紧密联系职业院校，加大投入力度，与职业院校共生、共进、共荣。

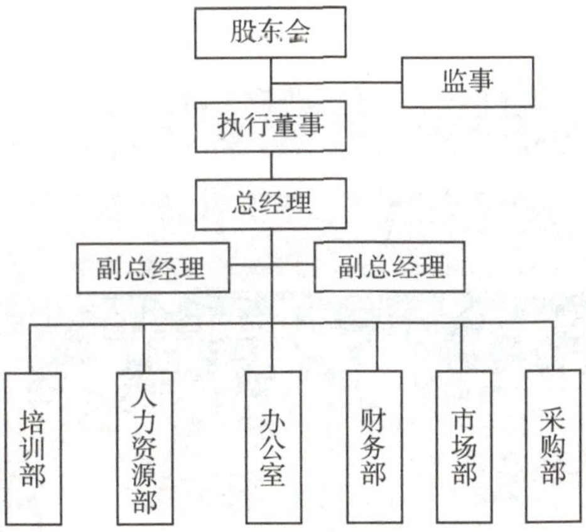

图 1-11 北京锦达科教开发总公司组织结构图

2 参与职教办学情况

2.1 参与职教办学总体情况

北京锦达科教开发总公司自 1993 年成立以来，在组织技能大赛、研发专业标准、开发课程体系、开发教学辅助产品、开展员工培训等方面与国内重点职业院校、图书出版机构有深度合作。

公司目前已与河北科技工程职业技术大学、浙江纺织服装职业技术学院、常州纺织服装职业技术学院、新疆轻工职业技术学院、山东科技职业学院、山东服装职业学院、青岛职业技术学院、嘉兴职业技术学院、黎明职业大学、山东鲁泰控股集团有限公司、雅戈尔集团、九牧王集团、鸿星尔克集团、岱银集团、浙江凌迪数字科技有限公司等200余家院校或企业，联合共建"1+X"证书师资培训基地，推进试点"岗课赛证"一体化职业技能人才培养（如图2-1、图2-2所示）。

图2-1　北京锦达与服装企业开展战略合作

图2-2　北京锦达参与服装设计大赛

2.1.1 课赛融合

2010年以来，在中国纺织服装教育学会的支持下，北京锦达科教开发总公司开始深度参与全国职业院校技能大赛（服装设计与工艺赛项）。北京锦达从为大赛提供单一的技术支持到为大赛及参赛职业院校研发课赛一体专用设备、从单一服务大赛扩展到为职业院校提供技术培训，凭借多年大赛技术支持和技术培训的优势，参照国赛实训设备、实训条件、学生状况等因素条件，联合相关企业及院校引入行业、企业标准，编写实训教材。

2.1.2 课证融合

自2020年国家在职业院校推进实施“1＋X”证书制度试点工作以来，北京锦达科教开发总公司积极响应，于同年6月1日在山东科技职业学院组织校企专家研讨纺织服装“1＋X”证书技能等级标准开发。初冬廷总经理多次以“1＋X”职业技能证书开发为切入点深入山东鲁泰控股集团有限公司、国人西服有限公司调研企业实际需求。经多次打磨，该公司申报的“服装陈列设计”和“纺织面料开发”职业技能等级证书入选教育部第四批“1＋X”证书公示名单（见图2-3）。

第四批职业教育培训评价组织和职业技能等级证书公示名单

序号	培训评价组织名称	证书名称
1	北大荒农垦集团有限公司	家庭农场畜禽养殖
2	北大荒农垦集团有限公司	家庭农场粮食生产经营
3	北大荒农垦集团有限公司	农业经济组织经营管理
4	山东省寿光蔬菜产业集团有限公司	设施蔬菜生产
5	北京中农服农业科技股份有限公司	农产品供应链与品牌管理
6	北京化育求贤教育科技有限公司	化工精馏安全控制
7	北京化育求贤教育科技有限公司	化工危险与可操作性(HAZOP)分析
8	广州南方测绘科技股份有限公司	测绘地理信息数据获取与处理
9	广州南方测绘科技股份有限公司	测绘地理信息智能应用
10	福建金创利信息科技发展股份有限公司	不动产数据采集与建库
11	北京市中煤教育科贸公司	煤矿智能化开采
12	北京市中煤教育科贸公司	矿山应急救援
13	北京市中煤教育科贸公司	煤炭清洁高效利用
14	国家电网有限公司	电力电缆安装运维
15	国家电网有限公司	输电线路施工及运维
16	国家电网有限公司	继电保护检修
17	国家电网有限公司	变配电运维
18	国家电网有限公司	装表接电
19	国家电网有限公司	变电一次安装
20	国家电网有限公司	变电二次安装
21	国家电网有限公司	电力系统营销服务
22	广东南方电力科学研究院有限公司	用户侧微电网工程应用
23	博努力(北京)仿真技术有限公司	发电集控运维
24	苏宁都客科技服务有限公司	新能源充电设施安装与维护
25	深圳百泰投资控股集团有限公司	贵金属首饰抗模
26	北京诺变韩真管理咨询有限公司	贵金属首饰制作与检验
27	中国轻工业联合会	鞋类设计与制作
28	北京锦达科教开发总公司	服装陈列设计

图2-3 北京锦达入选第四批职业教育培训评价组织名单

开展“1＋X”证书考核工作以来，北京锦达科教开发总公司为全国200余所职业院校培训教师1 000余人次。每年组织初、中、高级“1＋X”职业技能证书考核6次（如图2-4所示），累计考核15 000余人。

图 2-4 “1+X”纺织面料开发职业技能等级证书考试

2.1.3 学徒制校企双工育人

公司积极与相关院校在服装陈列设计专业开展“顶岗实习”和“岗位实训”，与学校共同做好师徒结对工作，共同探索工学交替、多方评价的现代学徒制“双主体”人才培养模式，学校和企业组成育人共同体，有效推动了学校的专业建设。

2.1.4 创建共管科研教学机构

公司与河北科技工程职业技术大学、山东服装职业学院、辽宁轻工职业学院等职业院校共同发起建立产教融合共同体，实行校企师资互兼互聘，共建共享高水平“双师型”教师队伍。公司加大实习和就业岗位供给，每年设定专门经费预算，与学校共建技术创新中心、产学研用协同创新平台等，发挥学校专业优势和企业的技术优势，将产业应用的工艺、技术融入教学实践，开发专业核心课程和实践能力项目，服务企业技术改造、工艺改进和产品升级。

2.1.5 校企共建人才培养方案

公司根据服装陈列设计和纺织面料开发职业技能等级标准，以行业、企业岗位需求为教学导向，建立“双师型”教师队伍，共同编制任务型配套教材，共同构建课程体系和实训方案，不断健全职业技能人才培训体系。在内容方面，注重培养学生的实践操作能力和职业素养，提供与实际岗位要求相符合的培训内容；在方式方面，采用多样化的培训方式，例如实训基地、校企合作等，提高学生的实践操作能力；在机制方面，建立完善的职业教育人才培训机制，包括培训计划、培训师资和培训资源等，确保培训的质量和效果。

2.2 参与河北科工大办学大事记

北京锦达在服装系服装工程技术和服装与服饰设计两个本科专业申报和验收期间，与学校共建“服装陈列虚拟仿真实训中心”，共建职业技能考核试点院校，辅助组织技能大赛并提供技术保障和服务，为两个本科专业成功通过专业建设验收做出了贡献。此外双方在实训基地建设、师资培训、人才培养、学生就业、课程资源建设等领域均有合作开展。

2.2.1 师资培训

2021—2022 年河北科工大 4 名教师（王振贵、吴丽华、孙建、李紫星）参加北京锦达科教开发总公司组织的服装陈列设计“1＋X”职业技能等级证书培训师和考评员培训并取得证书，证书有效期为三年（如图 2-5、图 2-6 所示）。

图 2-5　河北科工大教师获得服装陈列设计“1＋X”考评员证书

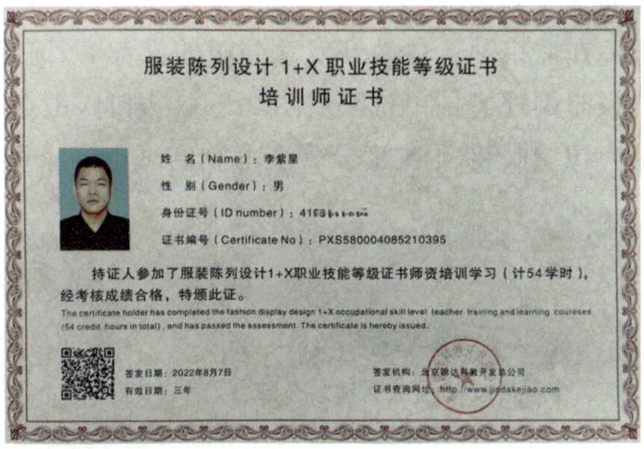

图 2-6　河北科工大教师获得服装陈列设计“1＋X”培训师证书

2.2.2　技能认证

2021 年，在北京锦达指导下，河北科技工程职业技术大学正式开始独立组织服装陈列“1＋X”职业技能登记证书考核工作，目前已经连续组织三年，累计考评 183 名学生及教师，其中包含保定职业技术学院、石家庄文化传媒学校 3 名教师（详见表 2-1）。

表 2-1　近三年参加服装陈列设计“1＋X”技能等级证书考核情况一览表

年份	报考人数	获证人数	获证率
2021 年	60	58	96.7％
2022 年	62	52	83.9％
2023 年	61	57	93.4％

由于河北科技工程职业技术大学在 2021 年服装陈列设计“1＋X”职业技能等级证书考核过程中组织得力，该校获得该年度“示范性考核站点”称号，李紫星在服装陈列设计“1＋X”职业技能等级证书考核工作中工作表现突出，被评为优秀指导教师（见图 2-7），王振贵被评为优秀考评员（见图 2-8）。

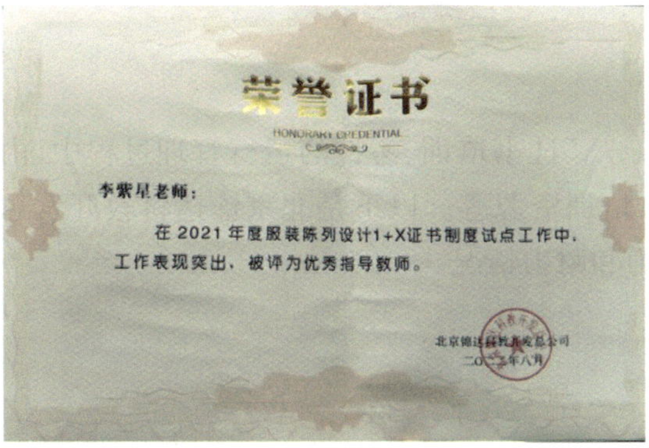

图 2-7　教师李紫星被评为服装陈列设计“1＋X”考评工作优秀指导教师

图 2-8　教师王振贵被评为服装陈列设计“1＋X”考评工作优秀考评员

2.2.3 融通职教

2021 年北京锦达科教开发总公司与中国纺织服装教育学会联合主办的“纺织服装领域‘1＋X’证书全国专家委员会、纺织服装领域‘岗课赛证’职教联盟成立大会”在青岛职业技术学院举行。在北京锦达科教开发总公司的推荐下，河北科工大被选为“纺织服装领域‘岗课赛证’融通职教联盟副理事长单位”(见图 2-9)。同时，王振贵和李紫星老师分别被北京锦达科教开发总公司聘为纺织服装领域“1＋X”证书制度试点专家委员会委员，任期三年(见图 2-10)。

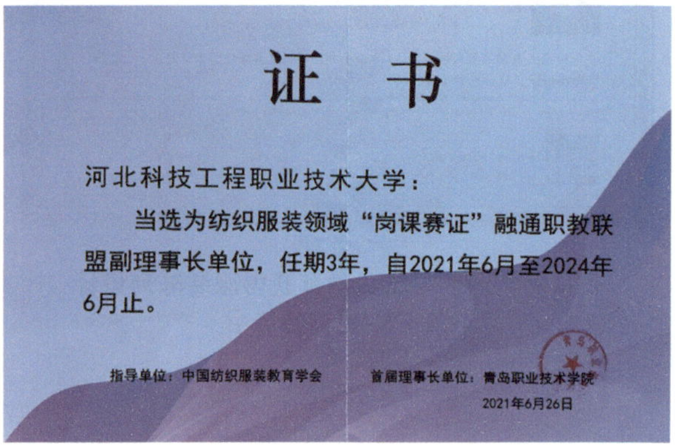

图 2-9 河北科工大被选为纺织服装领域“岗课赛证”副理事长单位

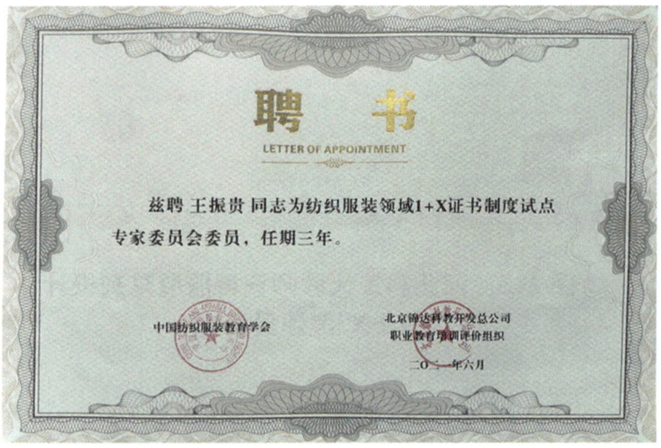

图 2-10 河北科工大教师王振贵被聘为纺织服装领域“1＋X”证书制度试点专家委员会委员

2.2.4 赛事技术支持

北京锦达全面贯彻党的教育方针，适应中国特色社会主义新时代对技术技能人才培养的新要求，遵循职业教育教学规律，根据职业院校学生认知特点，全面培养学生的工匠精神、职业道德、科学文化素质、职业技能、就业创业能力等。坚持“以赛促教、以赛促学、以赛促改、以赛促建”，不仅每年积极支持全国职业院校技能大赛服装设计与工艺赛项，而且在河北纺织服装职教集团举办河北省职业院校技能大赛(中/高职组)服装设计与工艺赛项期间，北京锦达派出专业技术人员到现场提供技术支持。

3 企业资源投入情况

北京锦达科教开发总公司在参与河北科工大“1＋X”证书培训、考核的运行管理过程中，由校企双方共同投入经费、师资、场地等，共同开发课程、培训资源等。以下是北京锦达科教开发总公司参与学校合作项目运行过程中所投入的人力、物力和财力情况。

3.1 经费投入情况

3.1.1 共建考核站点

北京锦达每年为参加“1＋X”证书认证的学生提供免费培训，为学校定期免费提供“1＋X”证书考评软件，以供学生练习及内测使用。除此以外，公司提供考核实操使用的服装，累计投入 45 余万元用于 X 证书校企共建考核站点运营，部分考试经费由公司提供(详见表 3-1)。

表 3-1　北京锦达科教开发总公司 2023 年投入考点建设费用明细

技能考核平台建设	在线课培训费用	服装租赁费用
38 万元	4.9 万元	1.1 万元

3.1.2　共建服装陈列资源库

企业每年提供近 50 万元用于校企共建服装陈列资源库的资源更新建设，其中 40 万元用于企业陈列资源库虚拟资源，8 万元用于视频资源拍摄和后期剪辑，2 万元用于学校现有视频资源合成制作。

3.2　人力资源投入情况

北京锦达科教开发总公司每年派出 3 名讲师入校进行技术培训及指导，累计指导 300 余人次。

企业人才研学中心派出优秀软硬件工程师，解决河北科工大在项目教学、组织大赛、大赛培训中遇到的技术问题等，并定期安排培训讲师为学生提供免费技术培训，提升学生的理论水平和实践能力。另外，公司每年组织企业技术专家进校开展高水平的讲座、报告，为师生带来前沿的服装陈列趋势分析。

3.3　物力投入情况

北京锦达科教开发总公司向学校提供证书考评专用软件一套，在同一局域网内 80 台计算机可同时使用；提供服装 CAD（V10 版本）软件一套；提供两门在线课程的免费学习机会。此外，学校共建虚拟实训平台，提供独立开发的在线课程，应用于实际教学当中，提升实践教学水平。

4　企业参与学校教育教学改革情况

4.1　参与专业建设，共同构建岗课赛证课程体系

探索校企合作共育的“岗课赛证”四维融通的育人模式，该模式旨在将岗位需求、课程内容、技能竞赛和职业资格证书等方面相互融合，以提高学生的职业技能和综合素质。

北京锦达科教开发总公司组织团队开展了企业岗位需求和职业能力需求调研，编写了纺织服装专业岗位需求和职业能力需求调研报告。学校参考了该调研报告，从目前纺织服装类各岗位横向排列和毕业生职业发展历程中岗位的纵向排列两个维度规划课程内容，打通从产业到教育再到人才的链条，打造“产业链、教育链、人才链”三链融合育人。

学校对接岗位需求，融入服装陈列设计“1＋X”证书及服装设计与工艺技能大赛相关教学内容，将服装创新意识、服装制作技术、岗位职业素养贯穿课程体系，融入人工智能、3D 虚拟技术，培养学生的专业能力。人才培养方案形成“岗课赛证”四维融通的育人模式，使培养方案更加符合岗位需求。在教学运行中，将“理论教学，技能训练，项目实操”三段递进循环教学螺旋提升岗位实践操作技能。基于企业评价标准和证赛标准，从“证书、大赛、项目”三方面验证人才培育质量，将“岗课赛证”融会贯通，全方位提升学生综合职业胜任能力。

4.2　参与课程建设，共同打造数字化课程

北京锦达与学校共建两门在线课程（《服装CAD/CAM应用》、《服装立体裁剪》）和一项专业资源库建设，利用企业拥有丰富实践案例和一线讲师团队的优势，努力协助学校打造一门国家级精品课和一个国家级专业教学资源库。

《服装CAD/CAM应用》在线课建设过程中，公司提供了大量的实践案例，与学校老师一起开发项目化教学案例，为学生提供基于真实业务的实践环境（见图4-1），2023年《服装CAD/CAM应用》获评河北省职业教育精品在线开放课程。公司在服装工程技术专业教学资源库建设中，提供了经过优化的企业实际案例，为教师开发项目化教学案例提供了基础条件（见图4-2）。目前，服装工程技术专业教学资源库已被评为省级优秀教学资源库，力争获批2023年度全国优秀专业教学资源库。

图4-1　公司深度参与《服装CAD/CAM应用》在线课程建设

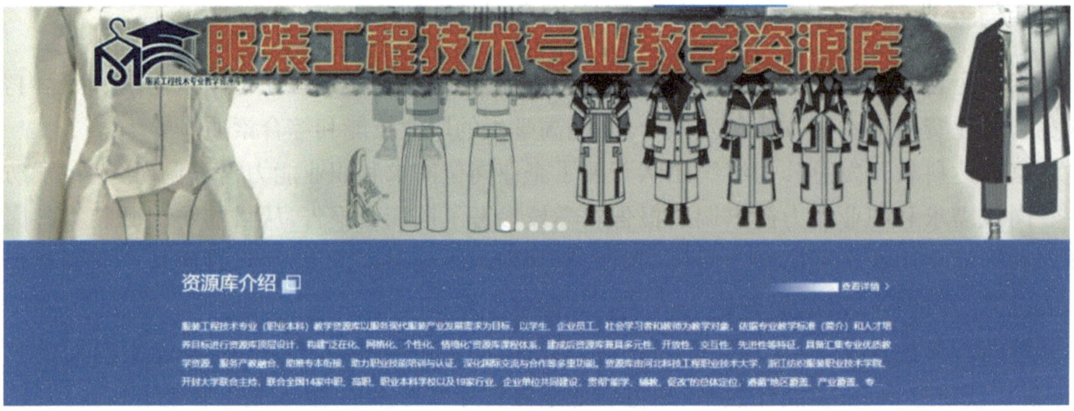

图4-2　深度参与服装工程技术专业教学资源库建设

4.3　参与教材开发，共同编写面向职业岗位教材

北京锦达联合河北科技工程职业技术大学、无锡工艺职业技术学院、山东科技职业学院等共

同启动编写“服装陈列设计‘1+X’职业技能证书”配套教材——《服装陈列设计》(高级)。本教材将贯通岗位需求与课堂理论，一本书解决教学和技能考评双重需求。

北京锦达科教开发总公司整合该领域专业的师资团队，在技术、平台等方面提供资源支持，将服装陈列的最新发展动态、陈列风格、陈列手法等行业最新发展引入教材，将行业对人才培养的最新要求反映在教材中。通过合作开发教材，助力河北科技工程职业技术大学更新教学内容、完善课程体系，建成能够满足行业发展需要、体现职业教育特点、可共享的课程和教材资源，并在全国进行推广应用。

4.4 参与师资建设，共同培养“双师型”师资团队

北京锦达科教开发总公司与学校签订校企合作协议，共建“‘双师型’教师培养培训基地”“教师下企业实践基地”，提升了教师的专业素质，选派优秀讲师朱大伟担任学校《服装CAD/CAM应用》课程的教学工作，最终实现了校企双方“固定岗+流动岗”双向流动的人才机制，有利于学校打造专兼结合的高素质“双师型”教师队伍。

4.5 参与技能大赛，共同努力取得大赛新辉煌

发挥校企合作优势，依托河北省纺织服装职教集团，在国赛、世赛、省赛选拔赛及行业赛等四级赛事中为学校提供设备和技术支持，为学校能在有同类院校参与的比赛中获奖保驾护航。北京锦达科教开发总公司为河北科技工程职业技术大学参加河北省及全国职业院校技能大赛提供了大量技术支持和设备支持，包括备赛设备运用维护、仿真试题使用维护等，提供客服专员和网络双通道维护，保障了同学们顺利备赛。此外，公司还积极为学校联系大赛有关专家对其进行指导，因此学校近几年在全国职业院校技能大赛中均获得优异成绩。2023年4月，学生在河北省第一届职业技能大赛中获得时装技术项目第一名(见图4-3)，5月，学校派出的团队在全国职业院校技能大赛中获得高职组服装创意设计与工艺赛项一等奖(见图4-4)。

图4-3 指导河北科工大学生获省第一届职业技能大赛时装技术项目第一名

图4-4 支持河北科工大获全国职业院校技能大赛一等奖

4.6 参与基地建设，提供优质校外实训基地

北京锦达深度参与学校校内陈列实训基地建设，改善了学校原陈列课程实训无场所、模拟无设备的处境。

北京锦达对学校暂未采购的服装陈列虚拟仿真软件提供免费试用账号，为学校开展教学和证书考核保驾护航；运用自身丰富的联盟企业资源，为河北科工大学生提供优质实训实习场所，让学生开阔眼界，为培养高素质的技术技能人才提供了环境保障，为学生走向国际舞台奠定基础；北京锦达科教开发总公司与学校签订校企共建学生实习基地协议，建设学校校外实训基地，为学生实现对口实习、对口就业。

5 学校助推企业发展

5.1 为企业提供优质师资

在与学校合作的过程中，服装工程系副书记王振贵副教授全程参与企业的培训和职业技能等级证书考核标准制定工作，受到相关受训单位和个人的好评。未来公司将进一步挖掘学校更多的优质师资开展合作，开发更多面向企业的课程。

5.2 为企业输送优秀人才

北京锦达为学校提供免费培训和物力、财力支持的同时，企业本身也逐步壮大，对各类人才的需求量都有提升。北京锦达每年都从学校择优录用 2～5 名优秀毕业生，多数毕业生被安排在智能制造、服装 3D 数字技术等相关培训部门。还有毕业生被公司安排到培训助理、课程研发助理岗位，学生在岗位上表现优秀，得到各部门负责人的充分肯定。

5.3 助力企业产品升级迭代

北京锦达科教开发总公司在研发课程和升级陈列设计虚拟平台过程中，学校组织老师深度参与了产品的研发或升级，提出了宝贵并且契合实际的意见和建议。公司在采纳老师的建议后，使产品更加符合各大院校的需求。

6 面临的问题与未来展望

6.1 面临的问题

6.1.1 合作项目有待进一步聚合集中，形成系统机制

北京锦达科教开发总公司和学校目前是以分散式项目合作为主，在合作的过程中主要通过点状的形式展开，这就导致了学校与公司之间没有形成统筹的项目规划以及完整系统的体制机制。因此校企双方应进行深入系统、全方位的研讨交流，邀请产业专家从双方合作的顶层设计到整体规划做出一版独具特色且适合双方实际情况的设计方案，比如共建产业学院、订单班等，产业学院主要从项目运营管理、人才培养、共建实践基地、师资培育、社会服务、科研合作等方面来开展。校企双方通过以上合作方式使各个项目的合作具有一定的关联性，形成统一的整体规划，最终实现校企双方合作的系统性，有效发挥双方的合作机制，提升合作效率，从而获得更大的合作成果。

6.1.2 产教融合有待进一步聚焦育人，强化协商共赢

北京锦达科教开发总公司作为纺织服装领域深入参与全国职业院校技能大赛、“1+X”证书考评、教材与虚拟平台建设的重要企业，虽然与学校合作多年，但基本上都是浅层次、松散型、低水平状态的产教结合，校企协同、实践育人的人才培养模式尚未根本形成，需要在继续加强和深入合作的基础上找到双方契合点，同时也需政府的推动与行业协会的指导，平衡公司和学校之间的利益，激发双方的积极性，探索产教融合的平台载体建设和深度发展的管理机制体制建设。

6.2 未来展望

6.2.1 建立河北省服装陈列设计“1+X”技能等级考核管理办公室

河北科工大作为河北省纺织服装教育集团牵头单位，本应引领省内高校更好完成职业技能证书考核工作起到带头作用，以确保学生职业技能与企业需求、中高职学分之间无缝对接，为此，企业和学校将共同推进河北省服装陈列设计“1+X”技能等级考核管理办公室的建设工作。

考核管理办公室的建立将提升河北科工大与其他中高职院校共享服装陈列设计学习资源的比例，促进共建共享虚拟仿真实训室以降低考核成本，确保考核的公平性、有效性。

6.2.2 谋划建设产教融合的产业学院

校企双方从建立产教融合平台、形成校企利益共同体、实现多途径校企合作、达到社会效益最大化四条路径着手谋划共建产业学院，共同制定职教本科服装专业的人才培养方案及教学计划，聚焦创新型人才培养模式，提升专业建设和人才培养质量。运用正保云课堂平台，实现教学过程及教学管理的信息化、智能化，推动教师采用线上线下混合的教学模式，提高课堂教学效率和教学质量；努力打造一个高水平纺织服装产教融合实训基地，实现教学流程与产业工作过程相对接，最终打造集人才培养、科学研究、技术创新、企业服务、学生创业等功能于一体的示范性人才培养实体，探索形成产学深度合作的新型人才培养模式，充分发挥示范引领作用。

6.2.3 开启服装3D数字化技能考核及培训新篇章

随着行业生产技术发展迭代，服装行业对数字化人才的需求快速升温，为适应这一人才需求变化，校企双方共策共谋，制订数字化人才培养计划。

2023年中国纺织服装教育学会主办了“全国服装3D数字化设计职业技能等级证书推进工作研讨会”，河北科工大服装工程系书记王振贵当选为服装3D数字化设计职业技能等级证书专家委员会副主任委员，北京锦达发布了3D数字化技能等级标准，这些都为2024年校企协同全面开展3D数字化人才培养工作奠定了坚实的基础，为校企合作开启了新篇章。

报告十一　2023年度汇川技术有限公司参与高等职业教育人才培养

汇川企业年报编制说明

校企合作，共建产业学院是推进职业教育产教融合的重要突破口，是适应新时期职业教育高质量发展的需要。其目标是培养出既有理论知识又有实践经验的高素质技术技能人才。为了全面反映校企合作企业的发展状况、成果及问题，进而推动这种模式的持续优化，编制2023年深圳市汇川技术股份有限公司参与高等职业教育人才培养年度报告。

·编制过程　1. 数据收集：从各合作项目、财务数据、学生反馈等多个维度进行全面的数据收集，确保信息的完整性。2. 数据分析：对收集到的数据进行整理、分类，并运用统计分析方法进行深入分析，挖掘数据背后的规律和趋势。3. 内容撰写：基于数据分析的结果，撰写年报内容，确保报告的准确性和客观性。4. 审核与修订：邀请专家及企业代表对初稿进行审核，并根据反馈进行必要的修订。

·年度工作亮点　1. 创建“汇川班”。校企共建产业学院，共建“产业学院＋现代学徒制”的中国特色学徒制“汇川班”。利用“汇川班”课程、企业案例、企业实践以及企业毕业设计，培养学生的现场属性，提升学生的技术技能水平。2. 打造“守敬科坊”，打造“双创工厂”。从科研与技术创新方面、创业与方法创新方面等，作为“汇川班”的有效补充，打造提升学生各项综合能力的平台，为学生提供锻炼的机会。3. 创建“鱼骨图”三级创新实践教学体系。在“课程项目—课程群项目—专业项目”三级实践教学体系的基础上，“汇川班”构建凸显模块化和综合化特征的“鱼骨图”创新实践教学体系，强调实训项目与课程、技术的联系，着力提升学生创造性解决复杂问题的能力，深度实践学校“三重两化”。

1　企业概况

1.1　公司简介：国内工控龙头，多业务并驾齐驱

深圳市汇川技术股份有限公司（后简称“汇川技术”）成立于2003年（图1-1为汇川技术大楼），专注于工业自动化控制产品的研发、生产和销售。2010年9月28日，深圳市汇川技术股份有限公司于深交所A股创业板成功上市（股票代码：300124）。汇川技术是中国工业自动化控制与驱动技术的佼佼者，也是集驱动、控制、电机、精密机械为一体的光、机、电、液、气一体化解决方案供应商；专注于工业自动化控制产品的研发、生产和销售，定位服务于中高端设备制造商，以拥有自主知识产权的工业自动化控制技术为基础，以快速为客户提供个性化的解决方案为主要经营模式，实现企业价值与

客户价值共同成长。

公司聚焦工业领域的自动化、数字化、智能化，专注“信息层、控制层、驱动层、执行层、传感层”核心技术，主要业务包括通用自动化、工业机器人、轨道交通、新能源汽车等，其通用自动化含各种变频器、伺服系统、控制系统、工业视觉、传感器、高性能电机、工业互联网等核心部件及一体化解决方案等，主要的下游行业涵盖 3C 制造、锂电、机床、包装、注塑机等。

图 1-1 汇川技术大楼

汇川技术现有员工 2 万余人，总部位于深圳，产研基地位于苏州，并在全球 20 多个国家和地区设有分子公司、常驻机构和服务中心（如图 1-2 所示）。

图 1-2 汇川技术分公司分布情况

1.2 企业文化：推进工业文明，共创美好生活

1. 顶层思想架构

公司愿景和使命：推进工业文明，共创美好生活。

公司核心价值观：以成就客户为先，以贡献者为本，坚持开放协作，持续追求卓越（如图 1-3 所示）。

公司经营方向：聚焦工业领域的自动化、数字化、智能化，专注“信息层、控制层、驱动层、执行层、传感层”核心技术，以 TOP 客户价值需求为导向，立足国内，拓展国际，为全球客户提供创新的解决方案与服务，追求规模和利润双增长。

先进文化 生生不息

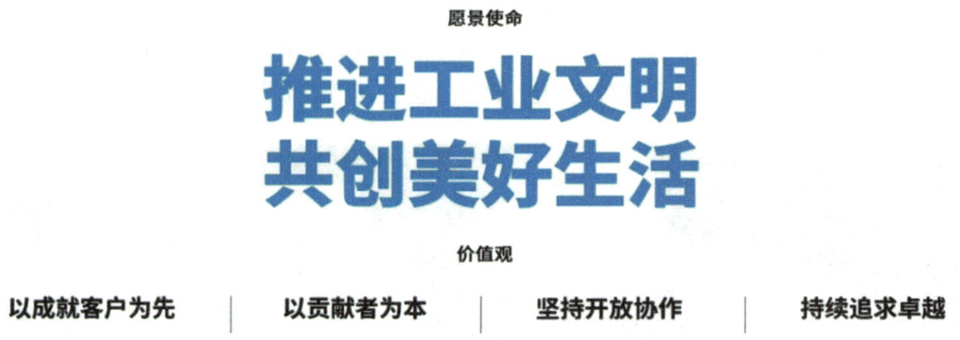

图 1-3 汇川技术企业文化核心价值观

2. 战略方向

通过多年积累，公司已经形成五个业务板块：工业自动化、电梯电气大配套、新能源汽车电驱和电源系统、工业机器人、轨道交通牵引系统。其中，电梯电气大配套业务处于稳健成长期，工业自动化业务处于快速发展期，新能源汽车电驱和电源系统与工业机器人业务处于战略投入期。在此基础上，公司还要加大海外市场拓展，重点布局数字化业务。

公司的顶层思想框架，站位高远，格局宏大；战略方向前瞻而明确，务实而可行。总体看，公司企业文化符合真善美的社会主义核心价值观，可以成为引领和推动公司实现可持续发展的精神支柱。

1.3 企业发展：多重赋能，持续做大做强

汇川技术经过 18 年高速发展，公司已经成为国内工业控制领域的领军企业。公司中专门从事核心平台技术、应用技术和产品开发的研发团队有 2 000 余人，并将销售收入的 10%投入研发。2021 年公司研发投入 16.85 亿元，研发费用率为 9.39%，累计获得 2 186 个专利及软件著作权。通过持续的高比例研发投入，公司进一步提升了电机与驱动控制、工业控制软件、新能源汽车电驱总成、数字化、工业机器人等方面的核心技术水平，巩固了其在该领域的领先地位。汇川秉持着“责任、专业、进取”和“务实、积极、多元”的人才观，持续加强与国内外院校的合作，积极获取明日之星。

企业发展历程如图 1-4 所示。

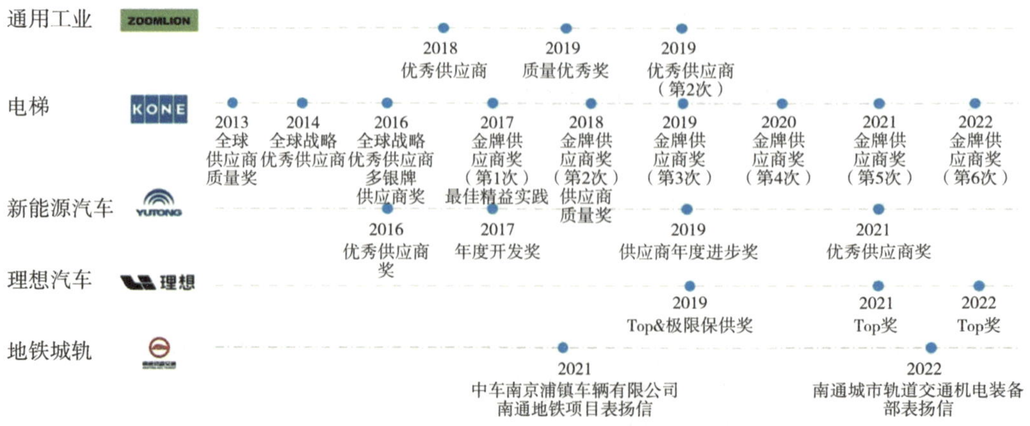

图 1-4 汇川技术业务发展历程

2003 年 4 月，公司成立，并开始 MD 系列变频器产品的开发；

2003 年 12 月，苏州默纳克控制技术有限公司成立；

2006 年，成立深圳市汇川信息技术有限公司；

2006 年，成立深圳市汇川控制技术有限公司；

2007 年 11 月，“交流永磁同步电机的高性能电流矢量驱动系统”“智能型变频阀门电动执行机构中的交流异步电机驱动系统”被评为“中国企业新纪录创新产品”；

2008 年 6 月，被深圳市福田区认定为“福田区 2008 年度民营领军骨干企业”；

2009 年 2 月，被深圳市科技局认定为“2008 年度深圳市重点软件企业”；

2010 年 9 月 28 日，汇川荣登深圳 A 股市场，股票代码：300124；

2011 年 5 月，成立长春汇通光电技术有限公司；

2011 年 6 月，成立汇川技术（香港）有限公司；

2011 年 7 月，成立北京汇川汇通科技有限公司；

2011 年 10 月，苏州汇川技术有限公司开业；

2011 年 12 月，成立杭州汇坤控制技术有限公司；

2013 年，成立南京汇川工业视觉技术开发有限公司；

2013 年，成立上海默贝特电梯技术有限公司；

2015 年，收购江苏经纬轨道交通设备有限公司，进军轨道交通领域；

2016 年 6 月，收购上海莱恩精密机床附件有限公司，完善工业传动方案；

2018 年，中海石油深圳分公司携手汇川技术合作攻关，首次在惠州某油田成功应用自行研制的海洋钻机变频器。我国海洋钻井设备第一次有了“中国芯”；

2018 年，汇川大学正式起航；

2019 年，汇川技术收购上海贝思特，完善电梯电气系统大配套方案能力；

2021 年 11 月 8 日，苏州大学—汇川技术未来智能制造研究院揭牌；

2023 年，汇川技术收购韩国 SBC，完善精密机械传动。

1.4 企业荣誉：不断努力，勇攀巅峰成就卓越

汇川技术一直致力于技术创新和产品研发，不断探索和突破技术瓶颈，以实现技术领先和市场领导地位。公司拥有一支高素质、专业化的研发团队，不断进行技术革新和产品升级，以满足客户不断变化的需求。

2008 年，被认定为“国家高新技术企业”（见图 1-5）；

2009 年，入选“2009 福布斯最具潜力中小企业榜”，排名第 57 位；

2011 年，入选“2011 福布斯中国潜力企业榜”，排名第 18 位；

2012 年，入选“2012 福布斯中国最具潜力上市公司”，排名第 1 位；

2017 年，荣获 2017CCTV 中国上市公司 50 强、社会责任十强；

2017 年，汇川技术参与的“海岛/岸基大功率特种电源系统关键技术与成套装备及应用”项目斩获中国机械工业科学技术奖特等奖；

2017 年，汇川技术入选 2017 江苏省创新型企业百强榜单；

2017 年，IS810N - INT 荣膺第四届工业设计“红帆奖”金奖；

2017 年，汇川 MD880 获得 2017 德国 iF 设计大奖；

2017 年，汇川技术“NICE 系列智能型电梯一体化控制器”获得了 2017 年度广东省科学技术

汇川技术：公司与控股子公司分别通过高新技术企业重新认定的公告

深圳市汇川技术股份有限公司与控股子公司

分别通过高新技术企业重新认定的公告

本公司及董事会全体成员保证信息披露的内容真实、准确、完整，没有虚假记载、误导性陈述或重大遗漏。

深圳市汇川技术股份有限公司（以下简称"公司"或"汇川技术"）与控股子公司深圳市汇川控制技术有限公司（以下简称"汇川控制"）、长春汇通光电技术有限公司（以下简称"长春汇通"）分别通过高新技术企业重新认定并于近日取得相关主管部门联合颁发的《高新技术企业证书》，具体信息如下：

序号	企业名称	证书编号	发证日期	有效期	批准机关
1	汇川技术	GR201744200085	2017 年 8 月 17 日	三年	深圳市科技创新委员会、深圳市财政委员会、深圳市国家税务局、深圳市地方税务局
2	汇川控制	GR201744201032	2017 年 8 月 17 日	三年	深圳市科技创新委员会、深圳市财政委员会、深圳市国家税务局、深圳市地方税务局
3	长春汇通	GR201722000187	2017 年 9 月 25 日	三年	吉林省科学技术厅、吉林省财政厅、吉林省国家税务局、吉林省地方税务局

公司于 2008 年首次获得国家高新技术企业认定，并于 2011 年、2014 年通过复审，本次高新技术企业的认定是原证书有效期满后进行的重新认定；汇川控制、长春汇通于 2014 年首次获得国家高新技术企业认定，本次高新技术企业的认定均是原证书有效期满后进行的重新认定。

根据国家对高新技术企业的相关税收优惠政策，公司、汇川控制、长春汇通可连续三年（2017 年至 2019 年）按 15%的税率缴纳企业所得税。根据《财政部、国家税务总局、发展改革委、工业和信息化部关于软件和集成电路产业企业所得税优惠政策有关问题的通知》（财税〔2016〕49 号）、《财政部、国家税务总局关于进一步鼓励软件产业和集成电路产业发展企业所得税政策的通知》（财税〔2012〕27 号）的规定，本公司符合国家重点软件企业的相关要求，公司 2017 年按 10%的税率预缴企业所得税。汇川控制、长春汇通 2017 年按 15%的税率预缴企业所得税。

上述证书的取得，是对公司技术实力及研发水平的充分肯定，有利于进一步提升公司的创新能力，提升公司的行业竞争力。以上事项不会对公司 2017 年的经营业绩产生影响。

特此公告。

深圳市汇川技术股份有限公司

董事会

二〇一七年十二月二十一日

图 1-5　汇川技术被认定为"国家高新技术企业"

奖二等奖；

2018 年，苏州汇川技术有限公司新能源汽车动力总成智能车间获评第一批省级示范智能车间；

2018 年，南京汇川荣获第八届吴文俊人工智能科技进步奖—企业技术创新工程项目；

2018 年，汇川技术获江苏省科学技术一等奖；

2019 年，江苏省科技发展战略研究院发布"2018 江苏省百强创新型企业"名单，汇川技术有限公司位列榜单第 26 位；

2019 年，汇川技术获德勤 BMC"民企卓越管理公司"；

2019 年，汇川技术 HD 系列高性能节能高压变频器获深圳市科技进步奖；

2020 年 1 月 11 日，"2019 中国企业社会责任 500 优榜单"发布，深圳市汇川技术股份有限公司位列第 261 位；

2020 年，汇川经纬轨道 WIND 系列产品通过 CURC 认证；

2020 年 12 月，汇川技术入选"2020 胡润中国 500 强民营企业"（见图 1-6），以 1 090 亿元价值排名 93 位；

2022 年 8 月，入选"2022 中国品牌 500 强"榜单，位列第 201 位；

2022 年，汇川技术入选"2022 福布斯中国可持续发展工业企业 TOP50"；

图 1-6 汇川技术入选“2020 胡润中国 500 强民营企业”

2023 年，汇川技术入选“2023 福布斯中国创新力企业 50 强”（见图 1-7）。

图 1-7 汇川技术入选“2023 福布斯中国创新力企业 50 强”

2 参与职教办学总体情况

2.1 参与职教办学沿革

当前，我国已进入产业转型发展新阶段，“十四五”规划明确提出构建现代产业体系，推动经济高质量发展迈出更大步伐。面对当下产业数字化转型，智能制造行业的人才缺口巨大，对高素质技能型、应用型人才的需求上升到新高度。汇川技术不断与各方共同打造智能制造领域人才生态。目前汇川技术已与深圳职业技术大学、深圳信息职业技术学院、深圳市第一职业技术学校、河南水利与环境职业学院、成都纺织高等专科学校、苏州市职业大学、云南机电职业技术学院、河北科技工程职业技术大学等 8 所职业院校开展多方面合作，多次获得国家级和省级表彰、奖励、应用推广，主要合作内容和成效如下。

2.1.1 专业建设

汇川技术根据就业市场需求，在设置专业、研发专业标准、开发课程体系、开展教学标准以及教材、教学辅助产品等方面，采取了以下行动。

1. 紧密跟踪市场需求：汇川技术始终保持与行业协会、企业、学校等各方的密切联系，通过市场调研了解当前及未来的就业市场需求，联合高校，结合产业特色，紧跟产业成长，及时调整专业，制定人才培养方案，使专业设置和课程开发与市场需求相匹配。

2023 年 4 月，参与河南水利与环境职业学院汇川智能制造产业学院专业建设研讨会，将汇川技术等企业需求反馈到学校，促进机电一体化技术专业建设。

2. 研发专业标准：基于对行业标准和岗位需求的深入理解，汇川技术牵头撰写《健康电梯技术规范》《电梯无接触器控制技术基本要求》两项团体标准（见图 2-1）和《汇川技术高压变频器技术标准》等，并将其运用到专业的课程标准和教学标准中。这些标准不仅强调理论知识的学习，还着重培养学生的实践能力和职业素养。

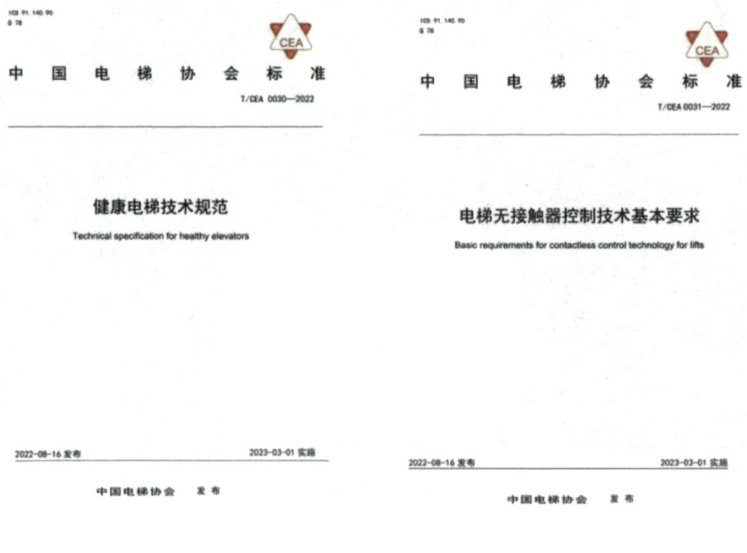
中国电梯协会标准
T/CEA 0030—2022
健康电梯技术规范
Technical specification for healthy elevators
2022-08-16 发布 2023-03-01 实施
中国电梯协会 发布

中国电梯协会标准
T/CEA 0031—2022
电梯无接触器控制技术基本要求
Basic requirements for contactless control technology for lifts
2022-08-16 发布 2023-03-01 实施
中国电梯协会 发布

图 2-1 汇川技术主编的两项团体标准

3. 开发课程体系：汇川技术以汇川大学为基础，采用“情境重现、案例教学、训战结合”三位一体的核心方法论，结合汇川内部智慧，并联合职业院校多个学科专业的优秀师资，设计、打造包含基础培育、能力提升和创新实践的模块化课程体系。

2023 年汇川技术与燕山大学基于跨学科的深度融合交叉，通过由浅入深、通俗易懂的沉浸式教学方式，实施探究式、讨论式和案例式等教学方法，生成具有阶段性、交叉性和挑战性的模块化课程体系（见表 2-1）。

表 2-1 专业核心课程体系

课程序号	课程名称（中文）	学分数	总学时	总学时分配				开课学期
				课内教学	实验教学	实践教学	实践周数	
1	自动化系统设计	2	32	12		20		2023 秋季学期
2	汇川控制器编程与应用	2	32	12		20		2023 秋季学期
3	智能控制基础	2	32	12		20		2023 秋季学期
4	人机交互编程与应用	2	32	12		20		2023 秋季学期
5	机器人应用与编程实例解析	2	32	12		20		2023 秋季学期
6	电气图纸设计软件基础	2	32	12		20		2023 秋季学期
7	机器视觉	2	32	12		20		2023 秋季学期
小计		14						

2.1.2 人才培养模式

产教融合，合作共赢。汇川技术立足自动化行业职业活动的分析与汇川自动化技术在下游产业链的广泛应用，选取汇川自动化核心技术与岗位典型项目，结合工程项目实施标准规范和教学目标、教学规律，通过解析、组合和设计，联合职业院校，校企共同开发订单班课程、实训设备、实训项目和出版配套教材，共建汇川技术实训室，形成校企共建、共育、逻辑清晰的项目化实践教学模式。

1. 共建“产业学院＋学徒制”培养。2018 年 10 月，汇川技术与深圳职业技术大学机电工程学院、云南机电职业技术学院合作，形成甲方为汇川技术产业联盟企业、乙方为苏州市职业大学的“订单＋联盟”式“汇川班”学徒制培养（如图 2-2 所示），培养目标精准对接汇川技术公司的应用开

图 2-2 汇川技术与高职院校开设“汇川班”

发工程师与研发助理岗位的自动化高端技术应用人才。如今，学校在汇川就业的学生累计达到130名左右，有25%左右成为汇川的技术或管理骨干。围绕产业建学院，实现教学过程与地方产业和企业的良性互动，达到教育与产业、人才与市场、学业与就业无缝对接。

2023年12月，汇川技术与深圳信息职业技术学院共建汇川高等工程师学院（见图2-3），同步设置“汇信班”，着力培养具备工匠精神、精操作、懂工艺、会管理、善协作、能创新的复合型智能制造与机器人现场工程师。双方以此为契机，共同探索和实践工程师人才培养的新模式，推动产业资源进专业、产业先进技术进课程、产业实战项目进课堂。

图 2-3 汇川高等工程师学院成立

2. 向实向深，打造产教融合生态圈。2023年10月，首批国家市域产教联合体名单出炉。苏州市职业大学联合苏州吴中经济技术开发区、苏州汇川技术有限公司共同牵头申报的苏州机器人与智能制造产教联合体，成为此次入选的28家国家市域产教联合体之一（见图2-4）。苏州吴中经济技术开发区机器人与智能制造产教联合体将推动实现产教全方位、全领域共建共享、深度融合，建立联合体实体化运行苏州新模式。依托产教联合体培养出来的学生，更加熟悉机器人与智能制造产业数字化、智能化的工作场景，具有更快的适应速度、更强的竞争力、更高的职业延展性，为区域重点产业发展、转型升级提供了强有力的人才支撑。

2.1.3 师资团队建设

通过深化校企合作，汇川技术帮助学校提升教师队伍的教学水平和专业能力。

依靠汇川技术星球丰富的课程资源和汇川书院一流的师资团队、完善的培训体系，以及汇川技术强大的实践条件，汇川技术为院校教师提供多样化的师资培训、人员互聘、企业实践机会（如图2-5、图2-6所示）。通过线上/线下培训、下企实践、导师带教等各种形式进行多类型师资培训，年均开展培训50余场，截至目前已有超过5 000人次的院校教师参与。

第一批市域产教联合体名单

序号	联合体名称	依托园区	牵头学校	牵头企业
1	北京集成电路产教联合体	北京经济技术开发区	北京电子科技职业学院	北方集成电路技术创新中心（北京）有限公司
2	天津滨海高新技术产业开发区信创产教联合体	天津滨海高新技术产业开发区	天津大学、天津电子信息职业技术学院	麒麟软件有限公司
3	天津经济技术开发区生物医药产教联合体	天津经济技术开发区	天津科技大学、天津医学高等专科学校	天津国际生物医药联合研究院有限公司
4	唐山高新技术产业开发区产教联合体	唐山高新技术产业开发区	唐山工业职业技术学院	中信重工开诚智能装备有限公司
5	大连金普新区（大连经济技术开发区）市域产教联合体	大连经济技术开发区	大连职业技术学院	通用技术集团大连机床有限责任公司
6	长春市汽车产业集群产教联合体	长春汽车经济技术开发区	长春汽车工业高等专科学校	中国第一汽车集团有限公司
7	佳木斯国家农高区现代农业产教联合体	佳木斯国家农业高新技术产业示范区	黑龙江农业职业技术学院	北大荒集团建三江分公司
8	上海闵行经济技术开发区产教联合体	上海闵行经济技术开发区	上海电子信息职业技术学院	上海三菱电梯有限公司
9	苏州吴中经济技术开发区机器人与智能制造产教联合体	苏州吴中经济技术开发区	苏州市职业大学	苏州汇川技术有限公司

图 2-4　汇川作为牵头企业进入首批国家市域产教联合体名单

图 2-5　能者为师 协作共赢——2022 年汇川书院教师节活动

图 2-6 汇川学院开展培训

2.1.4 教学资源建设

汇川技术作为行业领先的技术企业，深知与高校合作进行课程资源建设的重要性，校企合作共同开发在线课程和教材，将汇川技术的实际案例和技术成果融入课程内容，帮助学生了解实际工作场景，服务专业教学活动，助力“三教改革”。

1. 课程资源建设：汇川技术以汇川书院和汇川技术星球为基础，通过校企共建课程视频、在线课程、课件、案例实训等教学资源，与多所院校共建课程入选国家级、省级精品课程，部分成果如下。

哈尔滨工业大学《传感器技术及应用》《电力电子技术》被评为国家级在线精品课程（见图 2-7）；深圳信息职业技术学院《产教科深融互助、联产承包破解集成电路人才培养“卡脖子”难题的探索与实践》荣获 2023 年国家教学成果奖一等奖；深圳职业技术大学《以产业联盟搭建“人才培养—就业”产业链》荣获“2021 年度广东省教学成果奖一等奖”；河南水利与环境职业学院《自动识别基地》被评为 2023 年河南省职业教育精品在线开放课程。

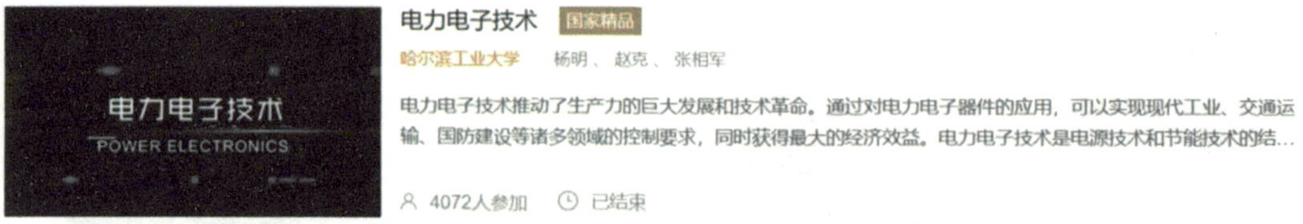

图 2-7 汇川技术与大学合作建设的课程被评为国家在线精品课程

2. 教材与教学辅助产品：汇川技术联合职业院校出版教材，先后合作编写了《可编程控制器及网络控制技术》《变频器应用技术》《嵌入式组态控制技术》《过程控制技术》《汇川工控技术应用》等教材，其中《嵌入式组态控制技术（第二版）》《可编程控制器及网络控制技术》被评为“十二五”职业教育国家规划立项教材，《PLC 应用与实践数字课程》《机器视觉及其应用技术（第 2 版）》《Android 高级应用编程实战（第二版）》被评为“十四五”职业教育国家规划立项教材。

2.1.5 实习实训基地

2019 年，苏州市职业大学积极推进新形势下产教融合与校地合作，与汇川技术共建“双师型”教师培养培训基地、学生就业实习基地（见图 2-8），成立汇川产业联盟学院，建立互惠双赢、良性循环的职业教育校企合作模式。

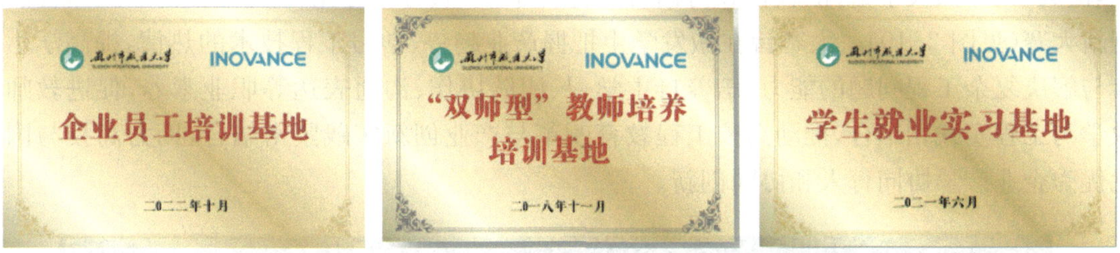

图 2-8 汇川技术与苏州市职业大学共建各类基地

2023 年，入选首批江苏省职业教育教师企业实践基地名单（见图 2-9），与无锡职业技术学院合作开展各类培训，企业培训 350 人次，省内外同行院校师资 211 人次等。此外，结合“双高”专业群项目的实施，控制技术学院每年派遣骨干教师、青年博士进入汇川技术进行顶岗实习，深度参与工程项目实施，极大地增强了年轻骨干教师的工程意识及工程服务能力。

附件

首批江苏省职业教育教师企业实践基地名单

（排序不分先后）

序号	企业名称
1	★亨通集团有限公司
2	★中车戚墅堰机车车辆工艺研究所有限公司
3	★龙信建设集团有限公司
4	★九如城养老产业投资有限公司
5	江苏京东信息技术有限公司

序号	企业名称
18	江苏恒义工业技术有限公司
19	苏州汇川技术有限公司
20	盛虹集团有限公司
21	牧野机床（中国）有限公司
22	中天钢铁集团有限公司

图 2-9 汇川技术入选省级职业教育教师企业实践基地名单

2023 年，苏州市职业大学与汇川技术合作，获批江苏省首批职业教育教师企业实践基地。其着力深化教师培养培训模式改革，全面落实教师企业实践制度，做好教师培训和实践的整体规划、项目实施、过程管理、考核评价等工作，引导教师深入了解行业发展趋势和企业用人需求，积极承担产品研发、技术改造、成果推广和社会服务等工作，不断提高教育教学水平和专业实践能力，着力培养国家和社会需要的高素质技术技能人才。

2.1.6 技能竞赛

2023 年，汇川技术携手哈尔滨工业大学、西安理工大学、深圳信息职业技术学院、武汉理工大学、燕山大学、苏州大学、智汇教育和博铭自动化等单位，联合举办第一届“汇川杯”全国智能自动化创新大赛（见图 2-10）。大赛旨在激发学生把握产业趋势、学习工程技术的热情，提高学生创新设计与解决复杂工程问题的能力，培养自主学习、团队协作、沟通表达等职业素养，促进教师将理论教学与工程实践相结合，推动高校工程教育改革与产业创新实践紧密结合，助力高校与国内自动化优秀企业产学协同育人和协同创新。

图 2-10 “汇川杯”全国智能自动化创新大赛

2.2 参与河北科工大职教办学大事记

2021 年 6 月，河北科技工程职业技术大学教务处处长王学东同电气工程系主任陈丽一行，赴苏州汇川技术有限公司进行调研（见图 2-11）。他们首先参观了苏州汇川大学，了解企业对员工的相关培训场景及员工晋升的职业发展渠道，参观公司研发和生产环节，直观了解公司雄厚的科研实力和生产规模。随后一行人和公司相关负责人就校企联合培养、师资队伍提升、学生实习与就业等具体问题进行了深入交流，并达成开展自动化类专业群现代学徒制人才培养、推进“汇川产业学院”建设的合作意向。

2021 年 10 月，学校与深圳市汇川技术股份有限公司签订校企合作框架协议，挂牌成立“汇川智能控制产业学院”（见图 2-12），共同推进高等职业教育与行业领军企业的校企合作，标志着河北科技工程职业技术大学与汇川技术股份有限公司的深度合作进入一个新的阶段，为学校本科层次职业教育的探索与发展贡献力量。

2022 年 4 月，校企共建汇川技术服务与培训中心（见图 2-13）。其中技术服务中心可共同开展科研项目合作、企业项目咨询、企业售后服务、企业技术改造升级等，培训中心可共同开展专业建设、课程建设、师资培训、学生培训、社会培训、技能认证、学生实习就业推荐等。

图 2-11 学校首次赴苏州汇川技术有限公司进行调研

图 2-12 汇川智能控制产业学院揭牌

图 2-13　汇川技术服务与培训中心

2023 年 3 月，举行汇川智能控制产业学院 2021 级学员班开班仪式（见图 2-14），全面启动校企协同课程建设，不断提高课程体系和内容与行业企业技术发展的契合度，切实打牢学生的学科基础知识和行业基础知识；加强教师与企业的技术交流，充分发挥学校高层次人才在企业技术创新方面的助力作用，深化产教融合、科教融汇，将产业学院建设成集产、学、研、转、创、用于一体，互补、互利、互动、多赢的实体性人才培养创新平台。

图 2-14　河北科工大首届“汇川班”开班典礼

2023 年 6 月，举行“卓越现场工程师汇川班”宣讲暨启动大会，依托校企共建的“汇川智能控制产业学院”实施“卓越现场工程师培养计划”，着力培养适应科技创新发展的高层次技术技能人才。

2023 年 10 月，汇川技术人力资源部经理倪杰、工程师范志男到电气工程系开展交流座谈会（见图 2-15），双方就电气职业本科人才培养方向、课程共建、教师专业能力培训、毕业生实习就业等方面进行了交流探讨，修订了电气工程及自动化专业人才培养方案。

图 2-15 校企就专业人才培养进行交流座谈

2.3 参与职教办学成果

遵循 SMART-CDIO 工程教育理念，进而构建“基于抗大精神、守敬精神，产业学院融汇现代学徒制，岗课赛证融合、产学研创融汇”的现场电气工程师人才培养模式。2023 年 12 月，该模式成功入选河北省职业教育校企合作示范项目“十佳案例”。

思政铸魂、真题真做、校企协作扎实推进课程建设。河北科工大与行业龙头汇川技术合作，与机械行业协会联系，吸纳企业、行业兼职教师，共同制定课程标准，使课程标准和岗位资格相一致，以河北科工大电气自动化省级教学资源库和汇川技术星球各类课程及技术资料为基础，共同建立一个专业资源库平台。截至 2023 年，《PLC 控制系统编程与实现》获批国家级在线精品课程，《运动控制技术》等 8 门课程获批河北省在线精品课程；2 部教材获评“十四五”职业教育国家规划教材。

多方参与、多措并举、多渠道着重培养学生岗位能力。与汇川校企联合研制汇川班和现场电气工程师人才培养方案，制定基于汇川技术的课程和实践教学体系，实践学时超 50%，企业参与课程不低于 30%，企业讲师进课堂，校企联合开发课程、实习实践、教材及教学资源。

3 企业资源投入情况

汇川技术与河北科技工程职业技术大学深耕合作，2021 年与学校签订校企战略合作协议并共建汇川智能控制产业学院，于 2022 年 8 月建成汇川技术服务与培训中心并投入使用。在与汇川公司深入合作与交流的过程中，企业充分发挥自身资源优势，依据职业岗位能力要求，引入汇川相关标准，学校、汇川双方共同开发课程标准、技能抽查标准、专业课程、教材和教学资源、企业培训标准或工业控制方面的“1+X”证书。从经费投入、人力资源投入、物力投入等方面均给予了不同程度的投入。

3.1 经费投入情况

汇川智能控制产业学院的建设围绕智能制造产业人才培养、“三教”改革及《现代产业学院建设指南（试行）》（教高厅函〔2020〕16 号）等要求进行，汇川公司投入 20 余万元用于伺服电机、伺服驱动器等控制设备及相关专业资料的建设（见图 3-1），于 2021 年建成符合教育部要求的现代产业学院，并拟在后续合作中共同开展研发活动、组织技能大赛，双方共同投入相关费用作为校企共同研发的经费。

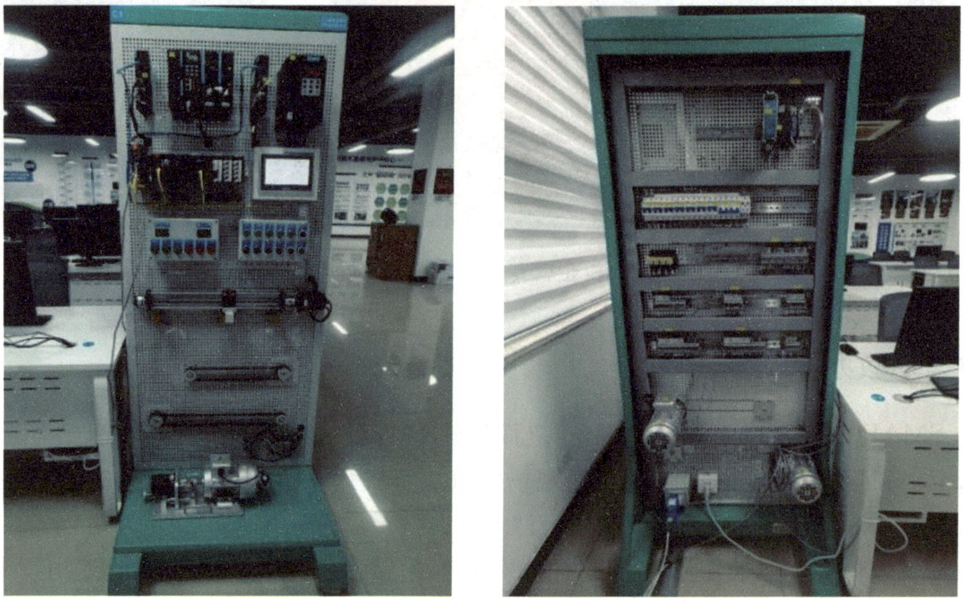

图 3-1 汇川公司为河北科工大汇川智能控制产业学院投入设备

3.2 人力资源投入情况

汇川技术为学校提供了专业的技术专家和产业导师团队，深入课堂开展实践教学、举办专题讲座（见图 3-2），学校派骨干教师到汇川顶岗实践。汇川公司派技术骨干与学校联合开展科研项目和技术服务，共同申报省级及以上教研科研项目和智能控制工程技术中心。2023 年，汇川公司与学校共建“产业学院＋现代学徒制”的中国特色学徒制“汇川班”，订单班学生共 34 人，利用“汇川班”课程、企业案例、企业实践以及企业毕业设计，培养学生的现场属性，提升学生的技术技能水平。企业安排专业导师参与课程建设，并参与《PLC 应用技术》《机器人编程技术》《工业网络与组态技术》《运动控制技术》《电机与电气控制》等课程部分内容授课和部分实习内容指导，共计约 64 学时。

3.3 物力投入情况

根据行业发展和产业学院人才培养需求，在汇川智能控制产业学院的框架下联合共建汇川智能控制技术服务中心和汇川智能控制培训中心（见图 3-3）。这是学校重点建设项目，于 2022 年 8 月全部建设完毕并投入使用，是集产、学、研、转、创、用于一体，互补、互利、互动、多赢的实体性人才培养创新平台。培训中心实训操作台以汇川系列产品为主线，汇川自动控制实训平台包含汇

图 3-2 企业导师参与河北科工大“订单班”课程教学

川大中型 PLC 控制系统、运动控制系统和工业自动化集成等。技术服务中心可共同开展科研项目合作、企业项目咨询、企业售后服务、企业技术改造升级等，培训中心可共同开展专业建设、课程建设、师资培训、学生培训、社会培训、技能认证、学生实习就业推荐等。

图 3-3 汇川智能控制培训中心

4 企业参与学校教育教学改革情况

4.1 现场属性、订单培养、产业学院稳步推进专业建设

4.1.1 根据国家需求、企业诉求,创新人才培养模式

根据教育部办公厅等五部门《关于实施职业教育现场工程师专项培养计划的通知》,面向重点领域人才紧缺技术岗位,以中国特色学徒制为主要培养形式,培养一大批具备工匠精神,精操作、懂工艺、会管理、善协作、能创新的现场工程师。学科遵循学校"一基四能"培养规格,培养具备扎实的技术知识基础,具备较强的数字化能力、复杂技术问题解决能力、实践创新能力和可持续发展能力的高层次技术技能人才。学科坚持"德育为先,育人为本"的理念,坚持职业教育类型特色,把握本科层次要求,构建"重技术、重实践、重发展、模块化、综合化"的人才培养体系。根据人才培养的现场属性和工程属性需求,遵循 SMART - CDIO 工程教育理念,进而构建基于抗大精神、守敬精神,产业学院融汇现代学徒制,创新"岗课赛证融合、产学研创融汇"的现场电气工程师人才培养模式(见图 4-1)。

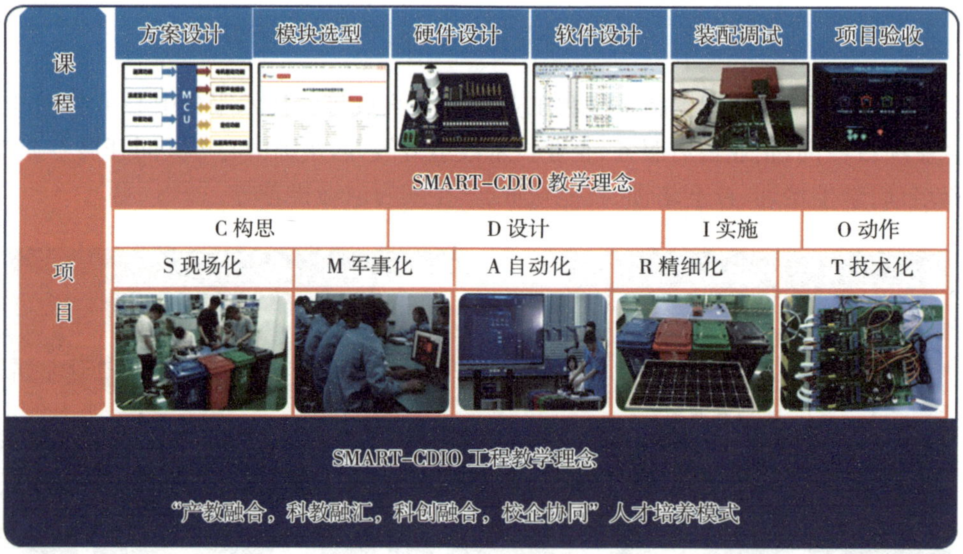

图 4-1 河北科工大产业学院人才培养模式

4.1.2 校企持续探索产业学院合作模式

一是以"汇川智能控制产业学院"为抓手,共同研讨了学校与企业合作共建专业的模式、经验和效果。

二是以校企联合共建的汇川 PLC(大中型+小型)技术、汇川变频传动技术为基础的实践平台让学生了解、学习开展汇川技术培训项目。

三是进行了"汇川班"试点运行(见图 4-2),较好地完成了第一批学员的培训任务。部分考核合格的同学被汇川吸纳,开始进行岗位实习,为与汇川校企共建"现场工程师"订单班打下了坚实的基础。

图 4-2　河北科工大 2023 年第一届“汇川班”开班典礼

4.1.3　校企共建“现场工程师”订单班

一是多次召开研讨会。鉴于双方前期良好的合作关系，校企开展了多次研讨会，深入研究“现场工程师”订单班的合作模式，分析人才培养模式创新带来的效果和挑战，发现学校及系部以往对人才现场属性的培养与教育部新政不谋而合。

二是安排教师进行专项培训。电气工程系安排两位骨干教师参加在杭州召开的“现场工程师”申报培训班，深入了解国家政策。

三是成功获批校级建设项目（见图 4-3）。于 2023 年年初，以第一名的成绩成功获批校级“现场工程师”项目，为后续申报国家级项目打下良好的基础。

图 4-3　“卓越现场工程师汇川班”宣讲暨启动大会

4.2 思政铸魂、真题真做、校企协作扎实推进课程建设

4.2.1 思政铸魂，通识课程模块注重学科交叉

一是以通识课程为设计底盘，创设跨学科的教学形式。精选职业之“道”“德”“艺”“术”的思政要素，打破学科壁垒，实现通识目的，寓价值引导于知识传授和能力培养之中，帮助学生塑造正确的世界观、人生观、价值观。

二是在学科资源遴选方面，注重学科交叉。精准对接高校及企业各自需求，依托学科优势，系统设计学生通识能力体系，探索制定“精品通识课程”选择标准。注重应用为本，推动专业课程改革，专业核心课《PLC 控制系统编程与实现》被评为国家级在线精品课程，专业核心课《运动控制技术》被评为省级在线精品课程（见图 4-4）。

图 4-4 公司支持下学校所获国家级、省级在线精品课程荣誉

4.2.2 产教融合，专业课程模块凸显企业元素

一是针对高端装备制造产业特点，基于岗位的实际要求，选择和组建各类知识，整理、归并，形成以技术学科体系（理论知识+经验知识）为主体的专业基础课程、核心课程和拓展课程。

二是与行业龙头汇川技术合作，与机械行业协会联系，吸纳企业、行业兼职教师，共同制定课程标准，使课程标准和岗位资格相一致，以河北科工大电气自动化省级教学资源库和汇川技术星球各类课程及技术资料为基础，共同建立一个专业资源库平台，整合课程教学的基础资源素材，完成课程标准、授课计划、单元设计、多媒体课件、课程教学案例库、网络教学资源库、试卷库和习题库等课程的基础性工作，凸显企业元素（如图 4-5 所示），使资源库具有更好的普适性、开放性、持续性。

图 4-5 校企共同商讨课程内容

4.2.3 三级递升，综合实践模块突出真题真做

一是构建三级递升的实践教学体系。瞄准岗位需求，以产业链职业岗位为逻辑主线进行工作分析，将企业技术服务成果、科研成果及时转化为教学实践项目，通过对完成岗位工作任务过程的系统化分析，吸收行业新知识、新技术、新工艺、新方法，按照能力需求递升，重构实践模块，分级且有联系地分模块建设课程级、课程群级和专业级的“鱼骨图”三级创新实践教学体系（见图 4-6）。

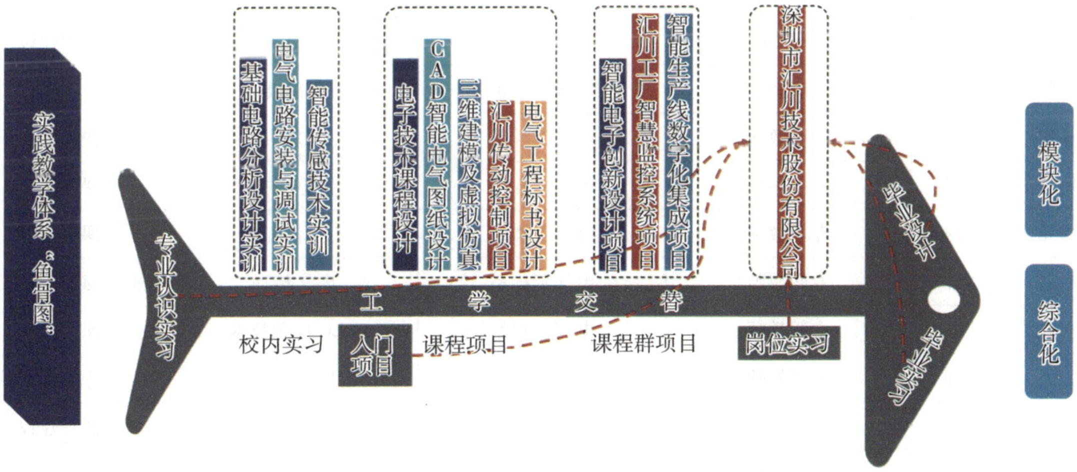

图 4-6 “鱼骨图”三级创新实践教学体系

二是开展真题真做的企业实践教学。通过校企合作，使学生对企业项目开发基本流程、开发模式、平台化开发过程等有初步的认识，并在企业工程师和任课老师的共同指导下，在汇川技术服务与培训中心或企业真实环境下实施“做中学、学中做”的实践任务，如企业轮岗实训、毕业设计等，增强学生专业学习的自信心和源动力。

4.3 多措并举，校企合作，精准推进教材建设

4.3.1 共建教材机制

一是机制。在推动教材建设方面，精准推进需要建立起一种共建教材的机制，确保汇川技术和学校充分合作，形成有机的合作体系及共建机制。企业提供实际项目案例、先进技术资料，并派遣技术专家与学校教师进行深度交流。学校教师结合企业实际需求，进行课程内容更新和教材编写。通过定期会议、沟通机制，确保双方能够及时解决问题，形成良好的合作氛围。

二是效果。共建教材机制促使教材更贴近实际产业（智能装备制造产业）需求，提高学生实际操作能力。企业从中获得了实际应用场景的解决方案，学校从中获得了实际应用场景的真实案例，加强企业与学校的产学合作，形成了良好的生态系统。

4.3.2 教材建设团队

教材建设团队的构建对于教材的质量和实用性至关重要。在这一过程中，企业与学校共同投入了专业人才，确保教材的编写具备实际操作经验和最新行业知识。

一是团队构成。教材建设团队包括来自学校和企业的专业人才，其中不仅包括学科专家，还包括企业的工程师（见表 4-1）。有高水平大学教授及西门子、汇川等企业的工程师加入，可确保团队兼具学术性和实践性，使教材更具权威性和适用性。

表 4-1 校企共建师资团队

姓名	职务/职称	专职教师或企业导师	工作部门（单位）	专业特长	拟承担的主要工作
陈丽	教授	专职教师	电气工程系	自动控制技术	学科建设、专业建设
程德芳	副教授	专职教师	电气工程系	嵌入式	学科建设、专业建设
于娜	讲师	专职教师	电气工程系	电子电路	课程建设、专业建设
韩会山	副教授	专职教师	电气工程系	电气系统集成	科研、社会服务
靳晨聪	讲师	专职教师	电气工程系	工业机器人	产业学院建设
于敏丽	副教授	专职教师	电气工程系	电气 CAD	课程建设
徐小华	副教授	专职教师	电气工程系	传感器	课程建设
李丽荣	副教授	专职教师	电气工程系	单片机	课程建设
王贵兰	副教授	专职教师	电气工程系	电力电子技术	课程建设
李树元	副教授	专职教师	电气工程系	工厂供配电	课程建设
董永刚	讲师	专职教师	电气工程系	电气传动	科研、实践环节建设
李立君	讲师	专职教师	电气工程系	PLC 控制技术	课程建设
陈云飞	讲师	专职教师	电气工程系	电气控制技术	科研、社会服务
段伟洋	讲师	专职教师	电气工程系	自动控制技术	课程建设
杨志方	讲师	专职教师	电气工程系	自动控制技术	科研、社会服务
杨浩亮	讲师	专职教师	电气工程系	电力系统	课程建设
陈英慧	讲师	专职教师	电气工程系	电力系统	课程建设
李婷	讲师	专职教师	电气工程系	电力系统	课程建设
范新涛	助教	专职教师	电气工程系	电力系统	课程建设

续表

姓名	职务/职称	专职教师或企业导师	工作部门(单位)	专业特长	拟承担的主要工作
范志男	工程师	企业导师	苏州汇川技术有限公司	电气系统集成	实践环节建设
徐黛瑛	工程师	企业导师	苏州汇川技术有限公司	电气系统集成	实践环节建设
付坤鹏	工程师	企业导师	苏州汇川技术有限公司	电气系统集成	实践环节建设
包熙文	工程师	企业导师	苏州汇川技术有限公司	电气系统集成	实践环节建设
马春灏	工程师	企业导师	苏州汇川技术有限公司	电气系统集成	实践环节建设
韩威	工程师	企业导师	苏州汇川技术有限公司	电气系统集成	实践环节建设

二是角色分工。团队成员明确了各自的角色和职责。学校专家负责理论体系和教育原理，企业工程师提供实际案例和行业经验，密切的合作有助于将实际应用融入理论框架中。

4.3.3 教材成果成效

一是教材成果。教材建设团队《PLC控制系统编程与实现》《电机控制技术》获评“十四五”职业教育国家规划教材两部，另外撰写了核心课PLC系列教材2部、核心课工业机器人编程教材1部(详见表4-2)，并在机械工业出版社组织的线上会议以《PLC控制系统编程与实现》教材为基础为全国进行了教材编写经验分享。

表4-2 教材建设情况一览表

序号	主编姓名	教材名称	阶段
1	陈丽	PLC控制系统编程与实现(第三版)	“十四五”职业教育国家规划教材
2	李树元	电机控制技术	“十四五”职业教育国家规划教材
3	陈丽	工业机器人应用编程(ABB)	已出版
4	于娜	电路分析(本科)	已建成
5	干振霞	模拟电子技术(本科)	已建成
6	刘杰	数字电子技术(本科)	已建成
7	靳晨聪	机器人编程技术(本科)	已建成
8	董永刚	运动控制技术(本科)	已建成
9	程德芳	工业网络与组态技术(本科)	在编
10	杨浩亮	现代供配电技术(本科)	在编
11	陈丽	PLC应用技术(S7—1200)	已再版
12	陈丽	PLC应用技术(S7—200 SMART)	待出版
13	梁舒	机器人生产线虚拟调试	在编

二是实际效果。根据实际使用情况，评估教材在教学过程中的效果。通过学生的学习表现、实际案例应用以及毕业生的就业情况等多方面数据，全面了解教材的实际效益。

4.4 动态互补、双聘双挂、分层分类全面推进师资建设

4.4.1 完善双向互聘机制，形成动态互补双师结构团队

一是与深圳市汇川技术股份有限公司校企共建师资培养基地，落实专任教师行业实践全员轮训制度。

二是重点选聘行企领军人才、技能大师兼职任教，建设大师工作室，畅通专兼职教师“双资格”“双职称”发展，打造双栖教学团队。

三是开展组织暑期国培 1 项，吸引 20 多所学校、40 余名教师参加了培训。

4.4.2 强化分层分类培养，实现师资培养培训全面覆盖

一是升级教师发展中心，与境内外高校和科研机构合作，完善四级教师培养体系，落实教师能力素养提升工程。实施青年教师三年规范化培养“启航计划”、骨干教师综合素质和核心业务能力提升“扬帆计划”，高层次人才学术和专业领军能力培养“领航计划”和管理服务队伍能力提升计划。

二是创新“教练＋陪练＋陪跑”三段衔接式的教师队伍能力提升模式。围绕“双师”队伍建设战略、教师发展分类管理和分类评价等方面开展研究，本年度立项了省级基金课题 1 项，立项/结项了市级课题近 20 项，发表论文 20 余篇，其中 EI/SCI 论文 6 篇。

4.4.3 更新下厂锻炼机制，促进教师深度投入企业实践

一是以实践课程为导向，组织教师们开展多样化的课题研究，支持教师参加多种形式长期或短期的下厂锻炼，提升教师的科研与实践能力。

二是实施“双聘双挂”制度，即校企相互聘用彼此的人才，让人才去对方单位挂职。企业技术人员到学校指导实践教学工作、参与人才培养方案修订、课程体系设计、毕业设计指导等工作，以增强教学与生产实践之间的对接性。学校选派教师到企业挂职或培训，提高自身教师队伍的实践教学经验和能力。教师和企业联合申报省级、国家级纵向课题，互相支持。

4.5 深度参与，共同成长，携手探索技术技能提升路径

为选拔智能制造应用技术领域高素质技能人才并有效运用，加速公司“智改数转”，推动高质量发展，苏州汇川技术有限公司工会委员会主办“智造高手 · 匠心筑梦”——“工会杯”技能大赛（见图 4-7），学校助力企业技能比赛，包括赛前指导、赛题的确定、比赛的流程和要求等方面，助力

图 4-7 助力企业开展员工竞赛

企业的员工从比赛中收获包括"职业素养、专业知识与技能、比赛的经验、大师级的赛前指导"等方面的提升，优化校企合作道路。

为提高学生创新设计与解决复杂工程问题的能力，培养自主学习、团队协作、沟通表达等职业素养。2023年，首届"汇川杯"全国智能自动化创新大赛已经正式启动（见图4-8），学校深度参与，旨在促进教师将理论教学与工程实践相结合，推动高校工程教育改革与产业创新实践紧密结合，助力高校与国内自动化优秀企业产学协同育人和协同创新。

图4-8 首届"汇川杯"全国智能自动化创新大赛

4.6 多方参与、多措并举、多渠道着重培养学生岗位能力

一是与汇川校企联合研制"汇川班"现场电气工程师人才培养方案，制定基于汇川技术的课程和实践教学体系，实践学时超50%，企业参与课程不低于30%，企业讲师进课堂（见图4-9），校企联合开发课程、实习实践、教材及教学资源。

图4-9 企业讲师进课堂对"汇川班"学生开展实践教学

二是2023年3月遴选成立首期汇川班，学生企业双向选择，经选拔最终确定36人进入汇川班学习，企业工程师与教师联合进行汇川班课程的讲授。经过2个学期在汇川班的学习，学生成绩全部优异，掌握汇川技术中自动化控制、驱动技术、人机交互技术和传感技术等基础技能，为学生后续发展奠定坚实基础。

三是与汇川联合申报现场电气工程师项目，校企人员双师共教，学生校内和企业双向流动，课程内容对接汇川工程师所需能力；实践项目引入汇川真实生产案例；实习项目进入汇川真实生产岗位。目前现场工程师项目已经启动，后续每年将吸纳36名学生进入，以培养适应自动化电气工程师岗位的现场工程师为目标，为汇川及相关企业持续培养高层次技术技能人才。

4.7　内外结合、联建联用、充分发挥校企实践基地的支撑作用

一是建设校内实践基地，在原有的西门子先进自动化技术联合示范中心的基础上继续补强，对接产业发展需求，结合汇川技术的专业方向，建设汇川自动化、配备智能机器人等设备，保障实践教学的开展。以校内实践基地建设为抓手，进行师资培训、技术更新和学生培养锻炼，以实践基地升级的真实项目为基础，开发实践教学项目，真题真做培养师生的岗位能力（见图4-10）。

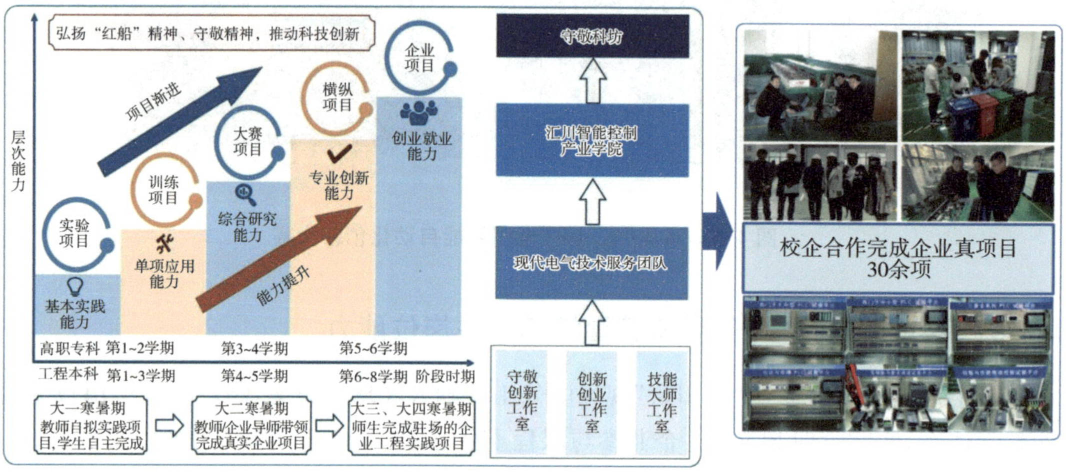

图4-10　校内实践基地培养模式

二是建设校外实践基地，梳理岗位缺口，以汇川技术真实空缺岗位和上下游供应商岗位实习为实习内容。学生岗位实习，教师下厂锻炼做到100%还原，到真实生产现场，结合生产工艺锻炼岗位能力；校外实践基地真实生产场景、生产案例进课堂、进实验，提前进行工作场景展示，帮助学生进行职业规划和岗位能力提升。

5　学校助推企业发展

5.1　开展员工培训

汇川公司充分挖掘汇川智能控制培训中心助力人才技能提升和地方经济发展的能力，深化推行“产业学院+学徒制/订单班混编工程”育人模式，积极开展企业员工、高校教师的培训工作。

2023 年暑期，河北科技工程职业技术大学安排 2 名教师、2 名学生至汇川公司参与企业培训（见图 5-1）。2023 年 6 月，学校电气工程系依托校企共建的汇川智能控制产业学院实施“卓越现场工程师培养计划”，汇川公司校企合作部经理石京儒分别从企业主营产品、行业地位及前景、校企合作人才培养模式及就业优势等方面对“卓越现场工程师培养计划”展开讲解，并对企业如何开展现场工程师项目做了详细说明。

图 5-1　2023 年暑期学校教师和学生至汇川公司参加培训

5.2　为企业输送优秀人才

本着“双向选择，择优录取”的原则，汇川公司每年在学校电气工程系二年级全日制学生中选拔不超过 60 名学生，分不超过 2 个班开展学徒制培养（见图 5-2），并命名为“汇川班”。学校和汇川与所挑选的学员签署三方培养协议，共同制定“汇川班”人才培养方案。按照现代学徒制人才培养模式，双方派专人负责“汇川班”的教学及日常管理，由汇川设立“汇川奖学金”对优秀学员给予激励（见图 5-3），保证“汇川班”人才培养质量，后续可根据教学质量逐步进行班级的扩建。学校毕业生专业基础扎实，认同汇川公司企业文化，近几年为汇川公司共输送了 21 名优秀毕业生，其中 2023 年毕业生中有 8 人入职汇川公司，学生在岗位上表现优秀，得到各部门负责人的充分肯定。

5.3　校企协同创新

依托与汇川公司共建汇川智能控制技术服务中心，利用博士工作室、8 个守敬创新工作室，搭建校企共建的科研转化平台，为企业提供技术支持、人员支持，引进高端研究型高层次人才，开展核心技术等领域科研攻关。与汇川公司协同研究《智能铣刀磨削控制系统开发》《数控大电流切割自动控制系统》《高性能木材加工数控系统开发》等科学研究类项目课题，依托科研课题积极培养学生产品开发和创新创业能力。

图 5-2 “汇川班”学生到汇川技术参加培训

图 5-3 “汇川班”毕业生被评为优秀学员

6 面临的问题与未来展望

6.1 面临的问题

6.1.1 实习基地建设有待提升

虽然汇川技术和河北科工大已经启动了实训、培训基地和就业实习基地的建设，但如何更好地将学校高技术成果优势转化为高质量发展优势，推动产业链、创新链、人才链、教育链“四链融合”，仍需进一步努力。目前，学校的实训设备数量较少，工程案例开发难度较大，实践项目真题真做不能全面实施。可进一步加大校企合作，增加配套实训设备；校内教师参与企业实际工程项目，联合企业工程师，开发适合课堂教学的工程案例。

6.1.2 校企双方合作方式有待于进一步深入

目前汇川智能控制产业学院中，采取的合作模式是企业参与办学、参与教学，校企共建实训基地，共探课程建设模式。这种关系存在着一些不足的方面，如合作内容不够深入，企业产品缺乏特色，企业的经济效益难以保障，进而导致学校人才培养借力企业不足，学生实习实训存在一定阻碍。后续双方可以共同探索、构建和实践“以产业实际需求为牵引、以市场为导向、以企业为主体、产学研用深度融合的协同创新体系”，这样不仅能推动产业的科技创新，还可以为企业提供优秀的人才资源。

6.2 未来展望

6.2.1 探索八个方面建设内容，凝练职业本科院校产业学院建设标准

以章程为根本，探索多元治理基层组织，夯实产业学院治理结构；与行业龙头企业合作，探索中国特色本科教育学徒制，实质性推进校企双主体育人；校企联合开展课程结构优化、联合组织课程教学、联合编写教材讲义。推动现代产业学院将产业新技术、新工艺、新规范、新标准纳入课程标准和教学内容，加快课程教学内容迭代；探索多元主体的新型合作模式，构建基于产业发展和创新需求的实践教学和实训实习基地；探索实施产业导师特设岗位计划，将现代产业学院建设成“双师型”教师培养培训基地。凝练符合职业本科院校的“八个一”（一个多元主体的理事会、一个创新研发基地、一个工学交替实训基地、一个以上技能大师、一支双向流通的教学与服务团队、一个以上高水平的专业教学标准、一个数字化专业教学资源库、一个专业群特色文化）建设标准，做实产业学院建设，以此打造校企命运共同体，构建深度融合的协同育人机制。

6.2.2 构建产业学院建设制度体系，提供职业本科院校产业学院建设范式

以《现代产业学院建设指南》为指导，优化专业结构、增强办学活力，探索产业链、创新链、教育链有效衔接机制，建立新型信息、人才、技术与物质资源共享机制，完善产教融合协同育人机制，创新企业兼职教师评聘机制，构建高等教育与产业集群联动发展机制，打造融人才培养、科学研究、技术创新、企业服务等功能于一体的建设制度体系，为职业本科院校产业学院建设提供可复制、可推广的新范式。

报告十二　2023 年度中国旭阳集团邢台园区参与高等职业教育人才培养

旭阳企业年报编制说明

河北科技工程职业技术大学是全国第一批、河北省第一所国家示范性高等职业院校，始终站在高职教育教学改革第一方阵，创造了高等职业教育的“邢台模式”。

党的十八大以来，习近平总书记多次强调要弘扬精益求精的工匠精神，激励广大青年走技能成才技能报国之路，为我们培育新时代工匠型人才提供了根本遵循。现代能源化工是未来中国能源技术发展的战略方向，河北省作为全国重要的煤炭钢铁能源基地，矿产资源丰富，正着力打造以新能源、煤盐化工、钢铁、冶金等为主的新型工业基地，随着能源化工产业的现代转型升级和高端化发展，工匠型化工人才越来越稀缺，呈现出企业招工难、人才培养难、行业留人难的“三难”现象。为破解企业转型升级带来的人才需求难题，2014 年，学校联合企业在应用化工技术专业施行订单班培养，探索工学结合、校企共育工匠型人才途径。2015 年，学校成功入选教育部首批现代学徒制试点单位，依托政、行、校、企四方紧密合作的“产学研创”合作平台，共同开发人才培养方案，通过“修匠心、铸匠路、授匠艺、践匠道”等工匠培育计划，逐步形成了“平台支撑、六维对接、赛训融合”的工匠型人才培养模式，为企业转型升级培育了一批“明匠心、精工艺、能独当、敢创新”的工匠型人才，学院逐步成为区域能源化工产业技术技能人才供给高地、产学研协同创新重要力量，也辐射带动了全国部分职业院校人才培养模式改革。

2021 年，中共中央办公厅、国务院办公厅印发《关于推动现代职业教育高质量发展的意见》。2022 年政府工作报告提出，“改善职业教育办学条件，完善产教融合办学体制”。2023 年政府工作报告再次提出，“大力发展职业教育，推进高等教育创新”。2022 年 12 月，中共中央办公厅、国务院办公厅印发《关于深化现代职业教育体系建设改革的意见》，推进现代职业教育体系建设改革，优化职业教育类型定位，破除了“矮化”“窄化”职业教育的传统认知，直击改革实践中的难点、痛点，提出了“一体、两翼、五重点”的改革意见，旨在有序、有效推进现代职业教育体系建设改革，切实提高职业教育质量、适应性和吸引力，培养更多高素质技术技能人才、能工巧匠、大国工匠。

河北科技工程职业技术大学与旭阳集团本着优势互补、资源共享、务实合作的原则，在专业建设、创新创业、社会服务等方面进行深度合作，形成“产学研创赛训”“六位一体”的协同育人产教融合模式。基于共赢的“产学研创赛训”联动机制推动“政行校企”资源共享，打通工学契合、产教融合的路径，实现校企集群共建、共育、共管、共享、共赢的特色教学。

本年报在编写过程中：第一，明确编写目标，包括企业参与人才培养过程、校企合作成果、总结经验等；第二，收集整理资料，包括学生培养情况、校企师资互聘情况、资源投入情况、校企项目合作情况等；第三，确定编写内容，包括企业概况、企业参与办学总体情况、企业资源投入、企业参与教育教学改革、助推企业发展、问题与展望；第四，校企共同参审完善，校企协同对报告进行审核和完善，确保内容的准确性和完整性；第五，发布与分享，将企业年报发布在企业官方网站或社交媒体平台上，同时分享给相关合作企业进行进一步推广应用。

本年度学校与旭阳集团在专业建设、课程建设、师资建设、技能大赛、创新创业大赛、学生培养等方面展开合作。与企业共同优化专业布局、推动化工专业本科建设，今年应用化工技术专业作为拟申报本科专业，进行多方调研，讨论人才培养方案的制定，完成了“应用化工技术本科专业增设论证报告”“普通高等学校本科专业设置申请表”“首批申办本科专业基本情况一览表”等材料的撰写。现代学徒制建设进一步完善，制定现代学徒制各项制度 10 余项，建立旭阳现代学徒制学院运行机制，保障现代学徒制人才培养的顺利实施。今年召开了 1 次校企双方院长联席会议，研究解决旭阳现代学徒制人才培养过程中的重要事项。《工业分析与检验》课程申报河北省职业教育一流核心课程，通过优化课程结构、更新课程内容、创新教学方法、加强实践教学等打造一流课程。化工专业多名教师利用暑期在旭阳集团进行下厂锻炼，增强实践教学能力。学生在各类各级创新创业大赛和技能大赛中取得了丰硕的成果，如河北省“互联网＋”大学生创新创业大赛、“挑战杯”全国大学生课外学术科技作品竞赛、中国大学生 TRIZ 杯创新方法大赛、河北省职业院校技能大赛化学实验赛项、河北省化工生产技术大赛等赛项，获奖 10 项。

今后双方将进一步深化产教融合，扩大合作范围、探索本科现代学徒制改革，实现专科到本科现代学徒制人才培养的贯通化。

1　企业概况

1.1　企业发展历程

旭阳集团始建于 1995 年，经过 28 年的发展，业已成为集焦炭、化工、新能源、新材料等业务板块协同发展的大型企业集团。拥有河北邢台、定州、乐亭、沧州，山东郓城、东明，内蒙古呼和浩特，江西萍乡以及印尼苏拉威西等 9 个生产园区，并对洛阳龙泽(焦炭)、河南海星化工(焦油)、山西金州化工(焦油、针状焦)、内蒙古中盛科技(焦炭)、山东宝舜化工(焦油)、山东晨耀化工(苯加氢)、山东万山伟业(苯加氢)、中晋太行炼化(焦炭)、吉林康乃尔(苯胺)提供运营管理服务。中国旭阳集团有限公司业务经过五个阶段的发展(如图 1-1 所示)，业务范围已覆盖全国多地。

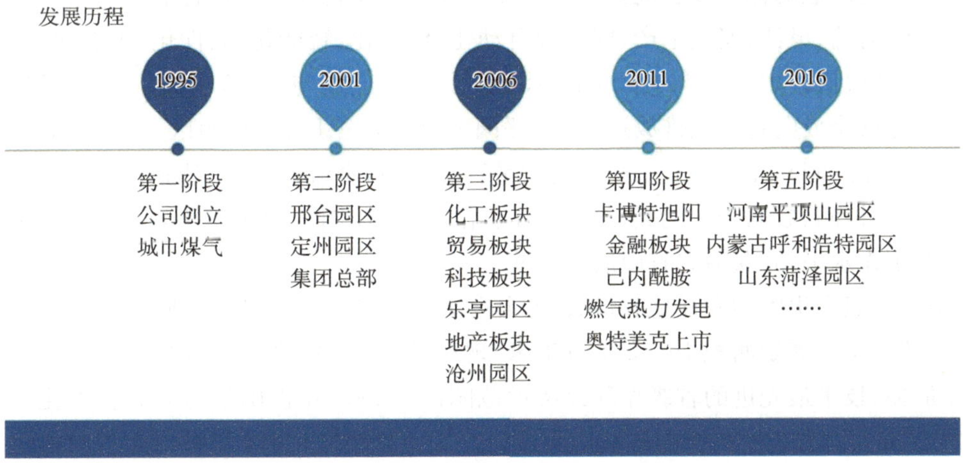

图 1-1　中国旭阳集团有限公司发展历程

近年来，旭阳集团秉承多种增长方式、多产业发展、多区域布局的发展战略，形成了“垂直一体化”管理模式下的决策、执行、考核、监督的一体化和“纵向一体化”发展模式下的焦、化、贸易、物流相结合的产业发展结构。2017 年集团新增 7 家公司，2018 年集团新增 3 家公司，2019 年集团新增 3 大园区。

2019 年 3 月 15 日，中国旭阳集团有限公司正式登陆香港联合交易所(见图 1-2)，成功在港主板挂牌上市，这标志着旭阳集团正式开启了国际资本的新征程。

图 1-2　中国旭阳集团有限公司正式登陆香港联合交易所

2020 年，运营管理服务江西宏宇能源焦化装置；成立定州旭阳氢能有限公司，氢能项目一期工程建成投产；完成收购山东洪业化工板块六家公司；唐山旭阳芳烃产品有限公司苯乙烯项目投产；北京旭阳宏业化工有限公司更名为“旭阳营销有限公司”，建立集团统购统销实体营销平台，成立萍乡旭阳能源有限公司，拟建设焦炭项目；成立萍乡市安源玻璃有限公司，拟建设浮法玻璃项目。2021 年，为吉林鼎运新能源提供运营管理服务。

旭阳坚持安全发展、绿色发展、低碳发展，大力开展节能减排，坚持科技研发和创新驱动，发展循环经济，用先进制造的标准改造提升传统行业，实现“设备智能＋制造智能＋运营智能”，实现优质、高效、低耗、清洁、灵活、安全生产，即实现自动化、信息化、智能化、柔性化、生态化生产，致力将传统产业做出新价值。主动以严于国家的标准开展环保建设与治理，实施了一系列深度治理项目，实现了从超低排放向超超低排放迈进，获评国家级绿色工厂、绿色园区、绿色供应链管理示范企业，站到了行业的制高点。建立了严密的质量管控体系，全流程准确识别所有关键质量控制点，原料及产品质量检测、数据采集与传输全部自动化，质量控制全程可追溯，产品质量保持长期稳定，居于行业领先水平，并获河北省政府质量奖。

邢台园区是旭阳集团的发祥地和最大的园区，始建于 1995 年 11 月，现有 9 家公司、1 家省级研究中心。邢台园区规划面积 19.62 平方千米，现有员工 2 000 余人，是河北省规模最大、产业链最长、产品最多、技术最先进的省级循环经济示范园区。2007 年被确定为河北省煤化工循环经济园区，2011 年被河北省政府核批为省级旭阳(邢台)工业聚集区，2014 年被河北省政府更名为河北邢台县旭阳经济开发区。

1.2 企业文化

企业愿景：世界领先的能源化工公司。

企业宗旨：创造财富，完美人生。

企业精神：倾尽全力，锲而不舍，永无止境，志在必得。

企业信念：共创一流环境，培养一流人才，成就一流事业。

企业理念：为自己更为旭阳，为现在更为将来。

旭阳集团"大人才观"：凡认同旭阳集团价值观和企业文化、有利于或参与集团经营发展的所有人员，都是人才；凡对旭阳集团生存与发展有帮助的，都是人才，都应让他们以适当的方式加盟旭阳集团的事业。

旭阳人的成长提升方法：旭阳的员工在企业内部成长，一是靠向师傅和领导学习，二是靠自己自我管理和提升。

旭阳辨才三原则：一看忠诚，二看积极性，三看能力。

旭阳用人三原则：科学的职责定位，科学的考评机制，严格的奖惩制度。

1.3 企业主营

建立了三级研发创新体系，持续进行技术创新，提升企业竞争力，专注于现有装置优化、产品升级、高附加值产业链延伸，中国旭阳集团有限公司及其子公司已取得注册专利 263 项，专有技术 454 项，软件著作权 4 项。

旭阳集团以焦炭为起点，经过 28 年的发展，形成了碳材料、醇氨、芳烃三条独特的化工产业链，可生产 5 大类 55 种产品。运营焦炭生产线 13 条、化工生产线 57 条、高纯氢生产线 3 条，总运营规模 2 318 万吨/年(焦炭 1 700 万吨/年，化工 618 万吨/年)，另有焦炭 320 万吨/年、化工新材料 35.5 万吨/年的生产线在建。开展国内外贸易，形成了覆盖全国、辐射全球的销售网络和原料供应渠道。

——全球最大的独立焦炭生产商及供应商

——全球最大的焦化粗苯加工商

——全球第二大高温煤焦油加工商

——全球第二大己内酰胺生产商

——中国最大的工业萘制苯酐生产商

——中国最大的焦炉煤气制甲醇生产商

——中国京津冀地区最大的氢气供应商

1.4 企业成就

中国旭阳集团有限公司现为中国炼焦行业协会副会长单位、市场委员会主任单位，中国钢铁工业协会理事单位，中国煤炭工业协会会员单位，中国石油和化学工业联合会理事单位，全联冶金商会副会长单位，河北省焦化行业协会会长单位，河北省冶金行业协会副会长单位，河北省石油和化学工业协会副会长单位。

邢台园区曾先后荣获"国家级绿色园区""全国节能先进集体""全国模范职工之家""全国职工教育培训示范点""企业档案管理国家二级企业""河北省技术创新示范企业""河北百强企业""河北省政府质量奖""河北省安全生产先进单位""河北省首批巨人计划创新团队""河北省信息化与

工业化融合重点企业”“河北省清洁生产试点园区”“河北省模范职工之家”“河北省名牌产品”“河北省明星企业”“河北省冶金系统优秀管理成果”“邢台市大气污染综合整治工作先进集体”“邢台市促进就业先进单位”“邢台市水生态系统保护与修复工作先进集体”“邢台市文明单位”“突出贡献企业”“全市消防工作先进单位”“邢台造林绿化工作先进集体”“邢台市金秋助学爱心单位”“先进基层党组织”“抗震救灾捐助工作先进单位”等50余项荣誉。

1.5 企业团队

杨雪岗，旭阳集团执行董事、总裁兼董事会主席，于2007年11月获委任为执行董事，负责集团的整体管理及业务发展，为提名委员会主席。

张英伟，集团执行董事兼副总裁，于2009年7月获委任为执行董事，负责唐山生产园区及沧州生产园区的整体管理。

韩勤亮，集团执行董事兼副总裁，于2011年5月获委任为执行董事，主要负责集团的财务、会计及信息系统管理。

王风山，集团执行董事兼副总裁，于2018年9月获委任为执行董事，主要负责本集团的采购及销售管理。

王年平，集团执行董事兼副总裁，于2018年9月获委任为执行董事，主要负责本集团的法律及风险管理。

杨路，集团执行董事兼沧州旭阳总经理、旭阳营销有限公司常务副总经理，主要负责集团的进出口和国内贸易业务管理工作，于2018年9月获委任为执行董事。

康洹，独立非执行董事，同时亦为薪酬委员会主席及审核委员会成员及提名委员会成员，于2011年11月至2015年9月获委任且于2018年9月再获委任为独立非执行董事。

余国权，独立非执行董事，同时亦为审核委员会主席及提名委员会、薪酬委员会成员，于2018年9月获委任为独立非执行董事。

王引平，独立非执行董事，同时亦为审核委员会及薪酬委员会成员，于2018年9月获委任为独立非执行董事。

何沛霖，公司秘书，负责企业管理及公司秘书事宜，参与重大业务决策及制定业务策略，于2002年12月在香港获香港大学颁授的工商管理学士学位，自2018年5月起成为香港会计师公会资深会员。

1.6 发展愿景

世界领先的能源化工公司——创新引领未来。

旭阳愿景目标包含三层含义：

(1)“世界”说明旭阳要把自己置身于全球产业链中定位与把握。

(2)“领先”说明旭阳重视从科技上突破、创新上突破，突出“创新引领未来”的实现方式，从研发创新到商业模式创新、体制机制创新等各个方面都要领先。

(3)“能源”是基于化工手段的，是大化工的概念。

2 企业参与办学整体情况

2.1 参与职教办学沿革

伴随着旭阳集团和邢台园区的发展，对符合企业需求的高技能应用型人员需求愈加强烈。在企业发展和人才需求的双驱动下，自2000年起，旭阳集团先后与河北工业职业技术大学、河北化工医药职业技术学院、承德石油高等专科学校、河北科技工程职业技术大学等省内院校交流接洽，就化工类、设备类专业毕业生的就业招聘等方面开展校企合作。

经过多年的交流合作，河北科技工程职业技术大学作为河北省第一所国家示范性高等职业院校，杰出技术技能人才培养成效显著，毕业生以过硬的业务素质和职业能力受到包括旭阳集团在内的广大用人单位的欢迎。旭阳集团邢台园区与河北科技工程职业技术大学携手并肩，充分发挥职业院校和企业双主体的育人作用，2016年10月18日，旭阳集团邢台园区与河北科技工程职业技术大学联合开办了应用化工技术“现代学徒制试点班”（见图2-1）。该试点班开启了校企联合招生、联合培养、双导师教学、一体化育人的全新合作模式。校企合作制定人才培养方案、研发专业标准、开发课程体系、开发教材等，实现人员互相兼职，相互为学生实习实训、教师实践、学生就业创业、员工培训、企业技术和产品研发、成果转移转化等提供支持。校企合作建设实习实训基地、技术工艺和产品开发中心，组织开展技能竞赛等。

图2-1 “现代学徒制试点班”开班典礼

2.2 参与河北科工大职教办学大事记

2017年6月21日，河北科技工程职业技术大学聘请旭阳集团邢台园区7名高层干部为“现代学徒制班”企业客座教授、6名中层干部为“现代学徒制班”企业导师（图2-2为马东霄校长为企业客座教授颁发聘书），充分发挥校企双方在各自领域人才、技术、管理方面的优势，实现企业与学校共同发展、互利双赢的目标。

图 2-2　马东霄校长为企业客座教授颁发聘书

2018 年 7 月 6 日，旭阳集团邢台园区与河北科技工程职业技术大学联合举办现代学徒制试点班“旭阳奖学金”颁奖仪式(见图 2-3)，中煤旭阳常务副总经理刘红雷等高层领导为获奖学员颁发荣誉证书和奖学金。获奖学员名单如下。

一等奖学金：王浩东、张子璇；

二等奖学金：赵丹丹、吕书岗、张策；

三等奖学金：谭松林、王子鹏、郑博飞、孙伟、董方亮、田珊珊。

图 2-3　“旭阳奖学金”颁奖仪式

2019 年 4 月 26 日，旭阳集团与河北科技工程职业技术大学签署校企合作战略框架协议，旭阳现代学徒制学院在河北科技工程职业技术大学正式挂牌成立(见图 2-4)，标志着校企合作升级为长期稳定的战略合作联盟。

出席签约和挂牌仪式的主要领导分别如下。

校方领导：河北科技工程职业技术大学书记刘彩琴、校长马东霄、副校长李贤彬、就业处处长胡集峰、资源与环境工程系主任赵建国；

企方领导：旭阳集团副总裁兼邢台园区总经理李庆华、副总经理郎莹、集团人力资源部总经理郭修全、邢台旭阳科技总经理杨洪庆、邢台园区总管理部经理谷恒洋、人力资源部副经理孟宪萍。

图 2-4 校企签署战略合作协议暨旭阳现代学徒制学院揭牌仪式

2019 年 6 月 13 日，旭阳现代学徒制学院院长联席会第一次会议召开，参加人员如下。

校方：李贤彬、张国勋、胡集峰、赵建国、陈丽、高英敏、程永高；

企方：郎莹、张曼、孟宪萍、李志英。

2019 年 9 月，河北科技工程职业技术大学继续教育与培训处处长冯旭敏、资源与环境工程系主任赵建国一行，到企业交流在职员工函授成人教育培训事项。

2019 年 11 月 7 日，旭阳现代学徒制学院院长联席会第二次会议召开，参加人员如下。

校方：李贤彬、张国勋、赵建国、冯旭敏、程永高、程德芳、王丽敏、李鹏；

企方：郎莹、孟宪萍、张菲飞、樊双龙。

2019 年 11 月，旭阳现代学徒制学院申报的《焦化工艺气体分析》课程先后荣获河北省职业院校技能大赛一等奖、全国职业院校技能大赛银奖。该课程由校企双方共同参与，充分融合校企师资、设备等优势资源，是联合教学的又一重大成果。

2020 年 1 月，邢台园区 51 名在职员工通过成人高考被河北科技工程职业技术大学录取，将于两年半内完成高起专成人教育，获取函授大专学历。

2021 年 3 月，高职扩招现代学徒制旭阳班开班典礼成功举行，参加人员如下。

校方：李贤彬、王学东、赵建国、魏勇、程永高；

企方：郎莹、孟宪萍、李浩伟、马春雁。

2022 年 8 月，旭阳现代学徒制学院院长联席会召开，参加人员如下。

校方：李贤彬、王学东、冯旭敏、魏勇、赵建国、程永高；

企方：尹天长、郭修全、杨洪庆、于克兴、孟宪萍。

2023 年 4 月，旭阳现代学徒制学院院长联席会第一次会议召开，参加人员如下。

校方：李贤彬、赵建国、王学东、程永高、加鹏飞、邹宏、王明友、奚利敏；

企方：尹天长、赵小欣、杨小伟、李浩伟、马春雁、张青青、张菲飞。

2.3 参与职教办学成果

2.3.1 校企构建“平台支撑、六维对接、岗课融合”人才培养体系

(1) 校企共建平台，完善现代学徒制体系，推进工匠型人才培养贯通化。依托现代学徒制学院，以高职专科为核心，联合中职学校，面向职业本科专业，实施工匠人才一体化培养；校企联合制定“低成本、双身份、双福利”招生招工一体化激励政策，学徒拥有企业员工、学校学生的双身份，享受正式员工同等福利；同时借助高职扩招录取多批次公司员工，拓展了现代学徒制培养面向。

(2) 校企六维对接，构建“产、教、学、做、文、评”一体化培养体系（如图 2-5 所示），实现培养主体双元化。在产教对接、教育教学、学习内容、实践能力、职业文化、学生评价等方面，紧盯能源化工产业人才需求变化，以“岗位培养”为逻辑主线，将课程内容对接职业标准，将企业文化融入课堂，实行多元动态评价。专业群教学团队入选第二批国家级教师教学创新团队。

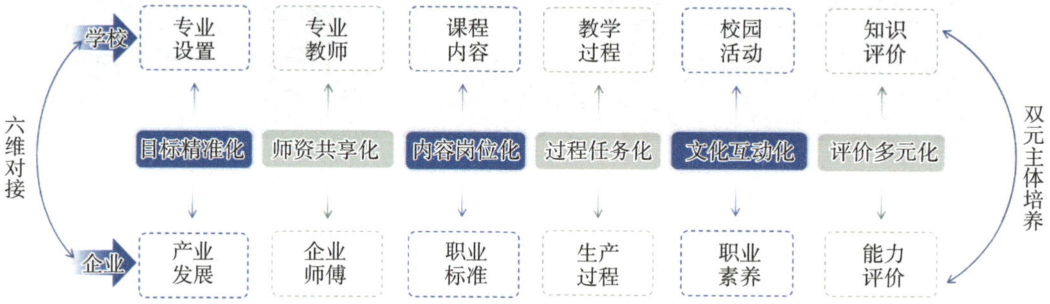

图 2-5 六维对接构建“产、教、学、做、文、评”一体化培养体系

(3) 校企合作管理，完善工匠培养制度体系，实现长效育人机制规范化。校企共建旭阳现代学徒制学院、河北省煤化工工程技术研究中心、河北省大学生创业孵化示范园等协同育人平台，建立“院长轮值制度”，设立“教学执行委员会”，制定校企合作、招生招工一体化、师资建设、教学管理等 27 项管理制度，形成“工作室＋项目团队”“研究室＋项目团队”等校企融通、资源共享的创新创业实践训练机制。

2.3.2 校企资源共享，共建 OTS 仿真实训中心，实现教学过程信息化

投入 1 500 万元建设产教融合教学、科研平台，校企共建 OTS 仿真实训中心、线上教学资源以及其他软硬件投入，有效承载了教学实训、岗位员工技能提升和应急操作演练。建设旭阳网络学院，探索现代学徒制信息化、个性化学习形态。共建 730 平方米安全体验馆，设置特殊作业、VR 操作、安全防护等 6 大类功能实训区，成为集安全、环保于一体的综合性实训基地。

2.3.3 实施“项目引领”，加强学生创新能力培养

积极组织学生参加“互联网＋”“挑战杯”等创新创业竞赛，引入学徒参与旭阳集团“煤焦性能

及配比研究""MES 系统""焦化化工行业智能工厂"等技术攻关项目，提高学生创新意识和解决实际问题能力。学生斩获全国"互联网＋"创新创业大赛银奖 1 项、铜奖 2 项，省级奖 10 项，荣获旭阳集团技术比武奖项 56 项。

2.3.4 实施"四级竞赛"，加强学生职业技能培养

以综合能力培养为目标，创办校级大赛，参加省级比赛，角逐全国、世界技能赛场等大赛奖项，在竞赛环境中由浅到深培养学生专注、创新等综合能力，提高学生实战综合能力，获得国家职业技能大赛一等奖 1 项、三等奖 2 项，省级奖 8 项、企业奖 32 项。

3 企业资源投入情况

在现代学徒制项目运行管理过程中，由企校双方共同进行各类经费、人力资源、设施设备等方面的投入，以下是旭阳集团邢台园区参与学院卓越培训项目运行管理过程中所投入的物力、人力和文化等情况。

3.1 经费投入情况

为了充分支持旭阳现代学徒制项目合作，旭阳集团邢台园区提供了一系列激励措施和优惠政策（如图 3-1 所示）。

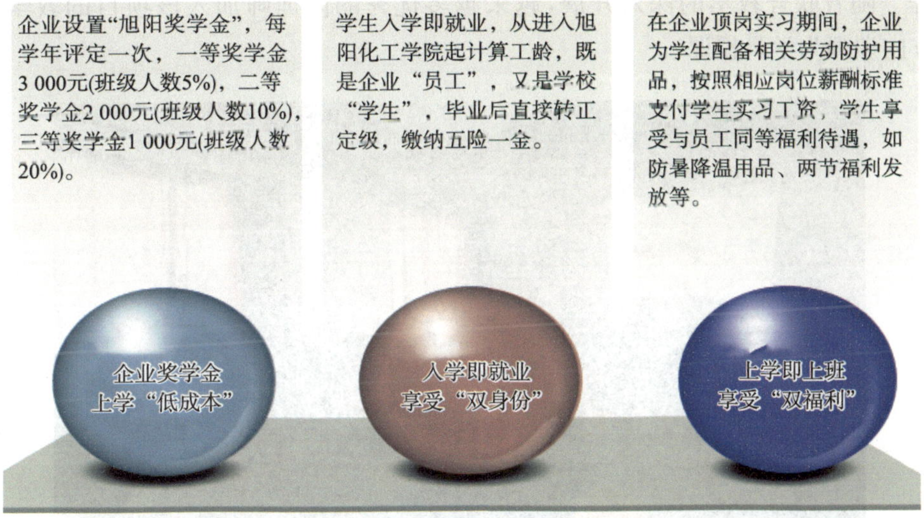

图 3-1 旭阳集团邢台园区激励措施和优惠政策

除设置"旭阳奖学金"、安排毕业学员就业外，旭阳集团邢台园区承担学员企业实习期间的一切费用，包含三级安全教育投入、岗位技能培训投入、岗位劳动保护装置配备、食宿费用等，同时提供高于一般市场水准的岗位实习工资。自开展实习以来，累计投入 150 余万元。

3.2 人力资源投入情况

(1) 旭阳集团邢台园区指派专业的内训师负责现代学徒制校企合作项目的教学工作，马东霄校长、刘卫红副校长亲自为 7 名企业客座教授、6 名企业导师颁发聘书（如图 3-2 所示）。

受聘企业内训团队名单如下。

聘任 7 名客座教授：李庆华、刘红雷、史建才、吴晓艳、于守立、杨洪庆、赵小庚；

聘任 6 名企业导师：张曼、杨小伟、董素文、张兴建、季明光、杨梅。

图 3-2　校方领导莅临企业为内训师颁发聘书

受聘企业内训师团队秉承教书育人的理念，切实承担起就业规划、旭阳文化、专业技能等方面的教学工作。随着联合教学的深入开展，越来越多优秀的内训师加入该项目的教学工作中（图 3-3 为企方内训师为学员授课）。

图 3-3　企方内训师为学员授课

（2）学员在企业开展各类实习期间，由企业指派经验丰富、技能娴熟的岗位老员工担任岗位指导师傅，负责保障学员学习工作的顺利进行。

邢台园区质量管理部化验员陈学秀，曾担任现代学徒制学员企业实践的岗位师傅（见图 3-4），其扎实的理论功底和良好的操作技能给学员和校方老师留下了深刻的印象。2019 年，陈学秀受邀参与河北科技工程职业技术大学资源与环境工程系的教学研究，与院系老师共同组建了专业课题组，合作讲授《焦化工艺气体分析》课程。该课程参与了河北省职业院校技能大赛教学能力比赛，并且荣获省级一等奖和国家二等奖(见图 3-5)，这是校企双方深度开展联合教学的又一重要成果。

图 3-4　陈学秀工程师担任岗位师傅授课

图 3-5　陈学秀工程师参与河北省职业院校技能大赛教学能力比赛获奖

3.3　物力投入情况

(1) 为保障旭阳现代学徒制学员的专业教学、企业实践的顺利进行，旭阳集团邢台园区结合教学安排专采 2 台安捷伦 7820A 型气相色谱仪(如图 3-6 所示)，附带风、报警及气路配套设施，总价值 100.50 万元，作为应用化工专业学徒制学院的教学实践学习的专用设备。

图 3-6　旭阳集团为教学提供的安捷伦 7820A 气相色谱仪

(2) 旭阳集团邢台园区创建本着安全、绿色环保、城市友好型能源化工企业两年发展规划的要求，满足学徒制学员的安全教育培训需求，在邢台市乃至河北省引领行业安全环保教育培训新风向。邢台园区投入建设安全体验馆，该建设项目包括 VR 安全体验、模拟灭火体验、安全标识识别体验、防护用品体验、应急救援体验、职业健康体验等 10 个项目。项目全部建设成本 150.8 万元，费用明细如表 3-1 所示，安全体验馆效果图如图 3-7、图 3-8 所示。

表 3-1　安全体验馆建设费用

项目名称	费用(万元)	项目名称	费用(万元)
VR 安全体验	17.4	模拟灭火体验	2.4
应急救援体验	2	综合用电体验	1.75
职业健康体验	1.6	受限空间体验	6
防护用品体验	2.1	安全标识识别体验	2.15
焊接实操体验	8.2	安全知识问答	2.1
电子签名	1	显示屏	9.1
装修费	95	合计	150.8

图 3-7　安全体验馆效果图一

图 3-8　安全体验馆效果图二

(3) 为使“现代学徒制”化工试点班学员熟练掌握化工行业装置工艺知识和实际操作技能，旭阳集团邢台园区另行投资 10 万元建成了网上移动学堂和远程教学平台，为学员开设专属账号，实现了随时、随地、随身学习。

3.4　文化资源投入情况

邢台园区作为旭阳事业的发源地，十分注重旭阳文化和价值观传承，注重以文化活动为契机，凝聚广大员工的精神力量。旭阳现代学徒制班学员以企业员工身份，积极参与邢台园区的文艺晚会、员工运动会等活动，切实感受旭阳文化，感悟旭阳大家庭氛围(如图 3-9、图 3-10 所示)。

图 3-9　旭阳现代学徒制班学员参与文艺晚会

图 3-10 旭阳现代学徒制班学员参与运动会

4 企业参与教育教学改革

4.1 参与专业建设

自 2006 年试点班成立以来，始终坚持学校教师和企业师傅双导师教学，明确学徒企业员工和职业院校学生双重身份，签好学生与企业、学校与企业两个合同，形成学校和企业联合招生、联合培养、一体化育人机制。

(1) 联合招生。校企双方共同制定并实施招生方案，共同完善招生录取标准，企业明确相关人员参与学校单独招生工作，共同面试和选拔，学生、学校和企业签订三方协议，实现招生即招工。历年来学徒制班招生培养人数如表 4-1 所示。

表 4-1 2016—2023 年学徒制班招生情况

<table>
<tr><th>年度</th><th>专业</th><th>历届学员人数</th></tr>
<tr><td>2016 年</td><td rowspan="8">应用化工技术</td><td>13</td></tr>
<tr><td>2017 年</td><td>16</td></tr>
<tr><td>2018 年</td><td>30</td></tr>
<tr><td>2019 年</td><td>13</td></tr>
<tr><td>2020 年</td><td>45</td></tr>
<tr><td>2021 年</td><td>46</td></tr>
<tr><td>2022 年</td><td>44</td></tr>
<tr><td>2023 年</td><td>39</td></tr>
<tr><td colspan="2">合计</td><td>246</td></tr>
</table>

（2）联合培养。旭阳集团邢台园区与河北科技工程职业技术大学共同设计人才培养方案（图4-1为校企双方专业讲师研讨教学方案），遵循学生的认知规律及职业成长规律，共同制定实训课程标准、实训岗位标准，真正形成融合学生人文素养、专业知识、职业技能、职业态度和职业素养的培养体系，其中包含校内实训、校外实训和顶岗实习递进式的、系统的专业实践教学体系。

图 4-1 校企双方专业讲师研讨教学方案

4.2 参与课程建设

校企岗课融通，构建“1主线、2侧翼、3贯通”模块化课程体系，实现人才培养过程标准化。研制《中煤旭阳现代学徒制学徒培养岗位标准》，通过校企“岗课融通”，依据职业岗位典型的生产项目构建“在岗培养、工学交替”标准化培养过程，以“专业课程＋实践课程”模块为主线，以“通识课程＋创新实践”为两侧翼，“安全＋思政＋匠心”贯通培养全过程，构建“1主线、2侧翼、3贯通”的现代工匠人才培养模块化课程体系（如图4-2所示）。

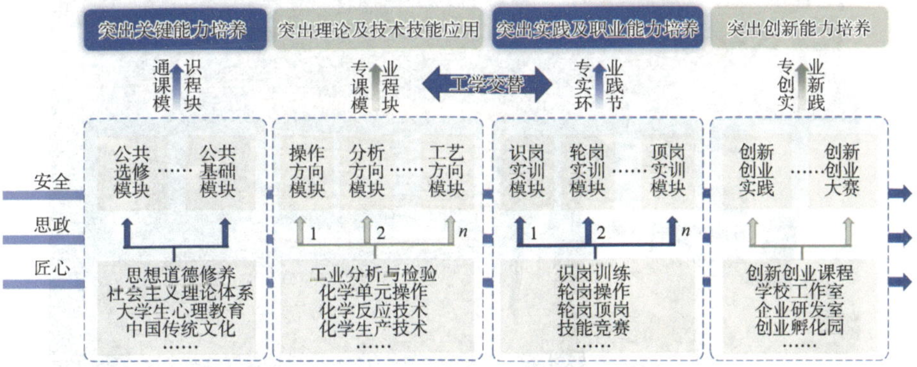

图 4-2 “1主线、2侧翼、3贯通”模块化课程体系

4.3 参与师资建设

企业为现代学徒制学员配备“双导师”，即企业导师和岗位师傅。一方面，学员在校学习和企业实践期间，安排企业方的中高层干部、专业技术人才作为校方的受聘教授和讲师，负责讲授化工类、安全类、环保类专业课程和企业文化课程，使理论知识和职业素养培养相融合(图 4-3 为企方讲师讲授化工安全课程，图 4-4 为岗位师傅讲授装置操作注意事项)。另一方面，学员在企业实践期间，相应岗位师傅对其进行一对一指导，并签订师徒协议，发扬“传、帮、带”的优良传统(图 4-5 为师徒协议，图 4-6 为师傅带徒弟活动记录表)。

图 4-3　企方讲师讲授化工安全课程

图 4-4　岗位师傅讲授装置操作注意事项

师徒协议

为了促进员工队伍建设，发扬公司“传、帮、带”的优良传统，使公司员工得到更好更快的成长，最终实现一岗多能，全面提升员工综合能力，为公司不断发展提供人才支持，经部门推荐，当事人同意，双方严格遵守《旭阳化工师傅带徒弟管理办法》，达成师徒协议如下。

一、师傅的权利与义务

1、师傅要以身作则，为人师表，关心徒弟的生活和工作，做徒弟的朋友和知心人，帮助其解决工作或生活中的具体问题，积极为徒弟提供学习和锻炼的机会。

2、师傅有纠正徒弟错误行为，责令徒弟限期改正缺点的权利。对于不尊重师傅，不听劝阻，拒不改正错误的员工，师傅有向车间申报撤销师徒合同的权利。

3、徒弟有离职意向时，师傅应在3天内书面通知部门（车间），由部门（车间）按规定报人力资源部，未按要求通知部门（车间）的考核师傅20元。

二、徒弟的权利与义务

1、徒弟在履行《师徒合同》期间，应该尊重师傅的指导，并为师傅的名誉和付出的精力负责，认真学习师傅传授的知识和技能。

2、 徒弟必须服从师傅安排的工作或学习，认真遵守公司规章制度，学习岗位职责，掌握本岗位技能。

3、对师傅指导方式不正确或明显不负责任的，徒弟有提出改进建议或向本部门反映的权利。

三、出徒标准：遵守《师傅带徒弟管理办法》规定条款执行。

四、师徒协议期限：

本协议自2016年9月18日至2016年12月19日。

徒弟类型：

师傅：牛良　岗位：压缩　职务：无　工作年限：7年

徒弟：尹龙康　岗位：

见证人：

___年__月__日

图4-5　师徒协议

师傅带徒弟活动记录表

编号：

师傅姓名	王永利	岗位	合成中控	入司时间	2006年10月
徒弟姓名	程然	岗位	合成[illegible]	入司时间	2016.09.19
徒弟类型	新入职员工	部门	生产部	协议签订日期	2016.9.25

徒弟培养计划书

时间节点：

2016.9.25 — 2017.3.5

计划：1.能够尽快适应角色的转换，由学校进入社会上工作起到了衔接，将理论知识与实践结合起来，转变思想，增强新入职员工的集体感和归属感。

2.了解所在岗位工艺参数和调节方法和日常操作。

拟达到标准：

1.安全第一，时刻把安全放第一位，遵守厂规厂纪。

2.将理论用于实践，学有所用。

3.掌握合成甲醇的原理、工艺、参数和常规调节。

谈心记录表

序号	日期	谈心/谈话情况	了解到问题及措施	徒弟签字
1	2016.9.26	了解家庭、学习情况、住宿情况	专业对口，[illegible]	程然
2	2016.10.23	了解近期思想、身体状况	学生和工人有[illegible]，加强[illegible]	程然
3	2016.11.5	岗位学习情况、安全知识掌握	学习基础知识[illegible]	程然
4	2016.12.16	岗位设备掌握及日常工作	[illegible]，加强学习	程然
5	2017.1.20	节假日期间思想动态	[illegible]	程然
6	2017.2.15	关心工作不懂问题[illegible]	多了解原理、工艺、参数	程然
7	2017.3.1	回顾近期学习情况及谈心	掌握重点[illegible]工作	程然

图 4-6　师傅带徒弟活动记录表

通过“双导师”模式，使现代学徒制学员在企业得到更好更快的成长，最终实现一岗多能，全面提升员工综合能力，为企业发展提供人才支持。

4.4　参与学生培养

根据学徒制班的定制教学计划，校企双方共同设置了多重实践实习，便于认知、了解、熟悉、掌握化工企业实际情况，接轨现代化工装置生产运营，使得学习和实践、理论和实际充分融合。

(1) 专项实习

第一学年学生在学校以学习专业理论知识为主，以企业“专项实习”为辅，学生到企业进行专项短期实习，主要感受企业文化内涵，了解企业主要产品，使学生提前感受企业氛围（如图4-7所示）。

图 4-7　学生赴企业进行专项短期实习

（2）轮岗实习

第二学年在学校以强化专业理论知识为辅，在企业以轮岗实训为主，在校期间学习文化课以及专业理论课，使学生强化专业理论知识。在企业期间学习专业实训课，以强化技能为主，学习一些与企业相适应的技能实训，为第三学年的顶岗实习做准备。轮岗实习安排见表 4-2。

表 4-2　轮岗实习安排

时间		公司	部门	计划内容	责任人	备注
5 月 7 日	9:00—10:00	中煤旭阳	人力资源部	食宿安排、劳保领取	李志英	地点：中煤旭阳宿舍楼
	10:30—11:30			企业概况讲解		地点：中煤旭阳中控楼二楼培训室
	14:00—17:00		安环部	企业安全教育培训	李亮飞	
第 1 周	5 月 8 日	中煤旭阳	备煤车间	车间级安全教育、车间工艺流程讲解	姜坤	1. 实习人员到岗第一天，由各部门进行本部门级安全教育培训； 2. 各部门负责为实习人员指定师傅（1 名师傅最多带 3 人），师傅在学员实习期间负责对其进行工艺、设备、操作等知识的传授和讲解； 3. 实习人员在各部门实习最后一天进行实习小结，并将其填写在《实习记录表》上，由师傅根据其实习期表现填写相关评价； 4. 实习人员实习期间必须遵守甲方各项管理制度和作息时间，实习期间不能打架斗殴、酗酒闹事、私自外出，在未经许可的情况下不得擅自进入生产区操作任何机器设备
	5 月 9 日至 5 月 11 日上午			车间实习		
	5 月 11 日下午			实习小结	校方带队老师	
第 2 周	5 月 14 日	中煤旭阳	炼焦三车间、炼焦四车间	车间级安全教育、车间工艺流程讲解	刘正阳、宋显斌	
	5 月 15 日至 5 月 18 日上午			车间实习		
	5 月 18 日下午			实习小结	校方带队老师	

续表

时间		公司	部门	计划内容	责任人	备注
第3～4周	5月21日	中煤旭阳	化产一车间	车间级安全教育、车间工艺流程讲解	田苏龙	1. 实习人员到岗第一天，由各部门进行本部门级安全教育培训； 2. 各部门负责为实习人员指定师傅(1名师傅最多带3人)，师傅在学员实习期间负责对其进行工艺、设备、操作等知识的传授和讲解； 3. 实习人员在各部门实习最后一天进行实习小结，并将其填写在《实习记录表》上，由师傅根据其实习期表现填写相关评价； 4. 实习人员实习期间必须遵守甲方各项管理制度和作息时间，实习期间不能打架斗殴、酗酒闹事、私自外出，在未经许可的情况下不得擅自进入生产区操作任何机器设备
	5月22日—5月25日；5月28日至5月31日			车间实习		
	6月1日			实习小结	校方带队老师	
第5～6周	6月4日	煤化工	生产部	部门级安全教育、部门工艺流程讲解	李佳雷	
	6月5日至6月8日；6月11日至6月14日			班组实习		
	6月15日			实习小结	校方带队老师	
第7周	6月18日	金牛旭阳	生产部	部门级安全教育、部门工艺流程讲解	徐红杰	
	6月19日至6月21日			甲醇班实习		
	6月22日			实习小结	校方带队老师	
第8周	6月25日	邢台旭阳化工	生产部	部门级安全教育、部门工艺流程讲解	田卫波	
	6月26日至6月28日上午			甲醇班实习		
	6月28日下午			实习小结	校方带队老师	
6月29日	9:00—12:00	中煤旭阳	人力资源部	实习总结	李志英	地点：中煤旭阳中控楼二楼培训室
	14:00—17:00			返程	校方带队老师	

学生在企业轮岗实习期间，学校安排一名专业教师负责管理学生的行为规范等，专业教师应与企业师傅做好沟通，一是学生的管理，二是岗位实训的设置，发现问题并不断改进。学生在企业轮岗实习期间，企业为学生安排企业师傅，企业师傅应具备中级及以上职业资格或三年以上相应岗位工作经历，能够传授技能、言传身教，把优良作风、职业道德、安全生产经验等一技之长切实传授给学生(图4-8为企业现场轮岗实习)。

(3) 顶岗实习

第三学年学生到企业进行顶岗实习，学生可进入生产岗位进行操作，实现与企业岗位的对接，融入旭阳文化，提升综合职业能力，强化职业素质。图4-9、图4-10为学员学习岗位班组建设文件，图4-11、图4-12为学员学习测温中控操作规范。

图 4-8 企业现场轮岗实习

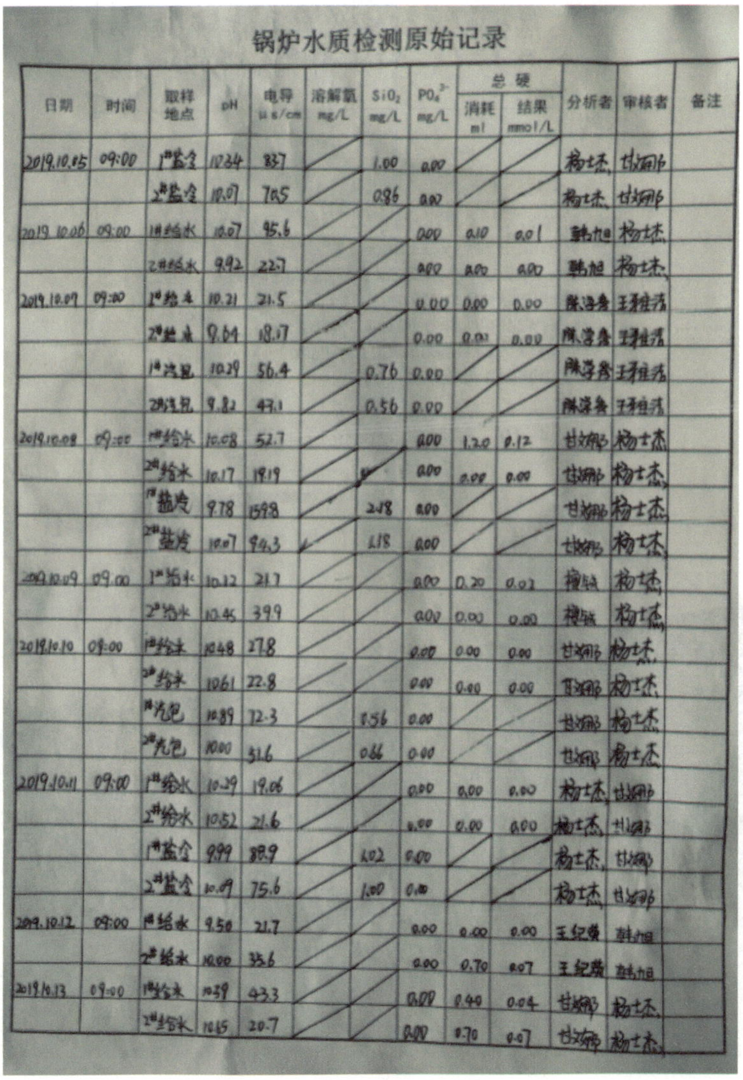

锅炉水质检测原始记录

日期	时间	取样地点	pH	电导 μs/cm	溶解氧 mg/L	SiO_2 mg/L	PO_4^{3-} mg/L	总硬 消耗 ml	总硬 结果 mmol/L	分析者	审核者	备注
2019.10.05	09:00	1#盐冷	10.34	83.7	/	1.00	0.00	/	/	杨士杰	甘娴娜	
		2#盐冷	10.07	70.5	/	0.86	0.00	/	/	杨士杰	甘娴娜	
2019.10.06	09:00	1#给水	10.07	95.6	/	/	0.00	0.10	0.01	韩旭	杨士杰	
		2#给水	9.92	22.7	/	/	0.00	0.00	0.00	韩旭	杨士杰	
2019.10.07	09:00	1#给水	10.21	21.5	/	/	0.00	0.00	0.00	陈泽鑫	王雅洁	
		2#给水	9.64	18.17	/	/	0.00	0.01	0.00	陈泽鑫	王雅洁	
		1#汽包	10.29	56.4	/	0.76	0.00	/	/	陈泽鑫	王雅洁	
		2#汽包	9.82	43.1	/	0.56	0.00	/	/	陈泽鑫	王雅洁	
2019.10.08	09:00	1#给水	10.08	52.7	/	/	0.00	1.20	0.12	甘娴娜	杨士杰	
		2#给水	10.17	19.19	/	/	0.00	0.00	0.00	甘娴娜	杨士杰	
		1#盐冷	9.78	159.8	/	2.18	0.00	/	/	甘娴娜	杨士杰	
		2#盐冷	10.07	94.3	/	1.18	0.00	/	/	甘娴娜	杨士杰	
2019.10.09	09:00	1#给水	10.12	21.7	/	/	0.00	0.20	0.02	杨铭	杨士杰	
		2#给水	10.45	39.9	/	/	0.00	0.00	0.00	杨铭	杨士杰	
2019.10.10	09:00	1#给水	10.48	27.8	/	/	0.00	0.00	0.00	甘娴娜	杨士杰	
		2#给水	10.61	22.8	/	/	0.00	0.00	0.00	甘娴娜	杨士杰	
		1#汽包	10.89	72.3	/	0.56	0.00	/	/	甘娴娜	杨士杰	
		2#汽包	10.00	31.6	/	0.66	0.00	/	/	甘娴娜	杨士杰	
2019.10.11	09:00	1#给水	10.29	19.06	/	/	0.00	0.00	0.00	杨士杰	甘娴娜	
		2#给水	10.52	21.6	/	/	0.00	0.00	0.00	杨士杰	甘娴娜	
		1#盐冷	9.99	88.9	/	1.02	0.00	/	/	杨士杰	甘娴娜	
		2#盐冷	10.09	75.6	/	1.00	0.00	/	/	杨士杰	甘娴娜	
2019.10.12	09:00	1#给水	9.50	21.7	/	/	0.00	0.00	0.00	王纪贵	韩旭	
		2#给水	10.00	35.6	/	/	0.00	0.70	0.07	王纪贵	韩旭	
2019.10.13	09:00	1#给水	10.39	43.3	/	/	0.00	0.40	0.04	甘娴娜	杨士杰	
		2#给水	10.65	20.7	/	/	0.00	0.70	0.07	甘娴娜	杨士杰	

图 4-9 学员学习岗位班组建设文件一

学习记录表

序号	日期	学习/活动情况	成绩/评价	徒弟签字
1	2016.9	了解安全培训	良	程然
2	2016.9	车间级安全培训	良	程然
3	2016.9	班组级安全培训	优	程然
4	2016.10	学习甲醇岗位职能及主要工艺	良	程然
5	2016.11	学习工艺流程。	优	程然
6	2016.12	认识现场主要设备及参数	良	程然
7	2017.1	学习日常基本操作知识及事故。	良	程然
8	2017.2	了解紧急情况和处理措施	良	程然
9				
10				

考核鉴定结果

考核阶段：

考核方式：笔试+手指口述

考核成绩：90

师傅评价：很好地掌握公司企业文化，制度，积极参加公司各种比赛，表现优秀。做事认真，学习努力，掌握了岗位的基本操作。

综合评价：

车间/部门签字： 人力资源部签字：

注：1、各车间7日内为员工指定师傅，并签订师徒协议；

2、徒弟类型为：新入职员工、转岗员工、薄弱技能岗位员工、有提升岗位技能意愿的员工、专业技术人员；

3、结合岗位出徒标准，师傅制定徒弟培养计划书；

4、师傅根据徒弟情况进行指导学习和培训并记录此表；

5、师傅针对徒弟生活工作思想等方面每月至少进行一次谈心并记录此表；

6、此表由师傅所在班组保留，师傅徒弟双方应如实填写；

图 4-10 学员学习岗位班组建设文件二

图 4-11 学员学习测温中控操作规范一

图 4-12 学员学习测温中控操作规范二

5 学校助推企业发展

5.1 开展员工培训

学校紧密对接校企合作企业，持续开展企业员工技术技能培训，年均培训超过 200 人次。

5.2 输送人才

学校联合企业，每年从在校生中选拔一批求职意向明确、综合能力突出的学生到旭阳集团工作，并为其量身定制职业素养提升计划，为企业发展提供人才。

5.3 协同创新

主要是通过校企协同创新促进企业发展，比如校企共同成立研究室进行技术研发、产品开发等。

6 问题与展望

6.1 面临的问题

当地推进校企合作的政策法规和管理机制不够健全。各级政府有关职业教育校企合作的政策法规缺失和滞后，以及运行机制不健全等客观实际情况，影响了校企合作、联合办学、人才规划的实际运行。目前，暂未见政府政策和文件规定就校企双方开展工学交替、顶岗实习等育人模式给予明确的倾向性支持，均是企业和学校两方在实践中摸索。

6.2 对策建议及展望

(1) 呼吁当地政府尽快出台校企合作的支持性政策文件。只有在政府的有效统筹和支持下，校企合作才能良性、健康、持续、广泛地推广运行。2023 年 7 月，教育部办公厅印发了《关于加快推进现代职业教育体系建设改革重点任务的通知》，对有序有效推进现代职业教育体系建设改革的 11 项重点任务进行安排部署。希望我们所在的河北省邢台市能把握建设契机，给予校企合作切实有效的政策和支持。

(2) 持续打造具备旭阳和军需特色的现代学徒制模式。一是发展好旭阳事业，打造行业标杆，是办好旭阳现代学徒制学院最有力的保障。旭阳集团秉承“多种增长方式、多区域发展、多产业布局”的发展策略，遵循“调整、挖潜、转型、升级”的导向，不断将旭阳事业做大做强，争创行业永久标杆，积极履行社会责任，吸引更多优秀人才加入旭阳现代学徒制学院。二是持续推进落实学徒制模式的企业优惠政策。就校企双方战略性合作框架内的优惠政策，诸如“企业报学费、上学低成本，上学即上班、享受双福利，毕业即成才、享受双选择”等优惠形式，保障旭阳特色育人模式有效落地执行，以旭阳品牌为影响力推动校企合作发展。三是做好学生身份的引导。校企双方共同努力，遵循平等自愿的原则，落实学徒制班的招生；对学生的认知理解要开展先期引导，不断开展针对性培训，切实解决运行中出现的实际问题，强化学员的双身份认定。

附录 相关成就

一、入选中国职业教育质量年度报告情况

1.《2022 中国职业教育质量年度报告》采用案例 1 项

在《2022 中国职业教育质量年度报告》正文“1.1 职业本科学校成为服务贡献新亮点”的专项案例“案例 1:发挥资源优势　服务产业转型升级”中,采用了河北科技工程职业技术大学的 1 项案例(见图 1)。

案例 1:发挥资源优势　服务产业转型升级

河北科技工程职业技术大学与军民融合企业深度对接,了解企业在军工特种车领域的实际需求,重点开展“轮履复合式变体车轮”研发项目,并在军用全地形车上装车实验获得成功,实现了汽车行走机构技术领域的新突破,提升了军用特种车通过性能。

图 1　《2022 中国职业教育质量年度报告》采用案例 1 项

2.《2023 中国职业教育质量年度报告》采用案例 1 项

在《2023 中国职业教育质量年度报告》正文“6.4 质量保障”的专项案例“案例 57:聚焦内涵质量,推进教学标准建设”中,采用了河北科技工程职业技术大学的 1 项案例(见图 2)。

案例 57:聚焦内涵质量,推进教学标准建设

武汉市交通学校承接全国机械职业教育汽车类中等职业学校“汽车电子技术应用”“汽车制造与检测”两个专业教学标准研制工作,推动汽车类中等职业学校将职业技能等级标准融入人才培养方案,将职业核心能力融入专业课程体系。

广西职业技术学院聚焦先进标准引进、标准本土化改造和标准特色化输出,首次向全国推出“物流管理现代学徒制”广西团体标准,解决不同物流企业学徒项目人才培养方案迥异的问题,引领物流专业人才培养规范化。

河北科技工程职业技术大学坚持课程内容与职业标准对接、教学过程与生产过程对接,及时将新技术、新工艺、新规范纳入课程标准和教学内容,牵头制定 6 个本科高职、1 个专科高职专业教学标准,参与制定 10 个本科高职、12 个专科高职和 2 个中职专业教学标准。

图 2　河北科工大 1 项案例被《2023 中国职业教育质量年度报告》采用

二、获得国家质量年度报告相关奖项情况

1. 入选《2021 全国职业院校质量年度报告》全榜单,为河北唯一“大满贯”

中国教育科学研究院、全国职业高等院校校长联席会议编制的《2021 中国职业教育质量年

度报告》"高等教育篇"依据 1 358 所本专科高等职业学校的数据统计，从服务贡献、学生发展、教育教学、政府责任和国际合作五个质量维度，设立了高职院校教师发展指数优秀院校、高职院校资源建设优势学校、高职院校学生发展指数优秀院校、高职院校服务贡献典型学校四个榜单，综合呈现了我国高等职业教育发展质量状况。全国 17 所院校喜获大满贯，其中有包括河北科技工程职业技术大学在内的 2 所职业本科院校，学校成为河北省唯一入选四大榜单的高职院校（见图 3、图 4）。

图 3　河北科工大入选《2021 中国职业教育质量年度报告》四大榜单

2021中国职业教育质量年度报告四大榜单职校上榜数量统计						
序号	学校名称	高职院校教师发展指数100所优秀院校	高职院校资源建设优势学校	高职院校学生发展指数100所优秀院校	高职院校服务贡献典型学校	项目总数
1	柳州职业技术学院	★	★	★	★	4
1	南京工业职业技术大学	★	★	★	★	4
1	滨州职业学院	★	★	★	★	4
1	南京信息职业技术学院	★	★	★	★	4
1	重庆电子工程职业学院	★	★	★	★	4
1	日照职业技术学院	★	★	★	★	4
1	广东轻工职业技术学院	★	★	★	★	4
1	深圳信息职业技术学院	★	★	★	★	4
1	深圳职业技术学院	★	★	★	★	4
1	四川工程职业技术学院	★	★	★	★	4
1	河北科技工程职业技术大学	★	★	★	★	4
1	河南工业职业技术学院	★	★	★	★	4
1	湖南工业职业技术学院	★	★	★	★	4
1	温州职业技术学院	★	★	★	★	4
1	无锡职业技术学院	★	★	★	★	4
1	金华职业技术学院	★	★	★	★	4
1	淄博职业学院	★	★	★	★	4

图 4　《2021 中国职业教育质量年度报告》四大榜单职校上榜数量统计

2. 入选《2022 全国职业院校质量年度报告》全榜单，蝉联河北唯一“大满贯”

中国教育科学研究院、全国职业高等院校校长联席会议编制的《2022 中国职业教育质量年度报告》继续发布高职院校教师发展指数 100 所优秀院校、高职院校资源建设 60 所优势院校、高职院校学生发展指数 100 所优秀院校、高职院校服务贡献典型院校四个榜单，河北科技工程职业技术大学再次全部入围(见图 5、图 6、图 7、图 8)，再夺河北省唯一“大满贯”。

高职院校教师发展指数100所优秀院校
（按校名音序排列）

院校名称	院校名称
北京电子科技职业学院	南京交通职业技术学院
滨州职业学院	南京科技职业学院
长春职业技术学院	南京信息职业技术学院
长沙航空职业技术学院	内蒙古建筑职业技术学院
长沙民政职业技术学院	宁波城市职业技术学院
常州纺织服装职业技术学院	宁波职业技术学院
常州工程职业技术学院	青岛职业技术学院
常州机电职业技术学院	衢州职业技术学院
常州信息职业技术学院	日照职业技术学院
成都航空职业技术学院	山东理工职业学院
重庆城市管理职业学院	山东商业职业技术学院
重庆电子工程职业学院	山东畜牧兽医职业学院
重庆工程职业技术学院	陕西工业职业技术学院
重庆工商职业学院	陕西交通职业技术学院
重庆工业职业技术学院	深圳信息职业技术学院
重庆医药高等专科学校	深圳职业技术学院
福建信息职业技术学院	石家庄邮电职业技术学院
广东机电职业技术学院	顺德职业技术学院
广东科学技术职业学院	四川工程职业技术学院
广东轻工职业技术学院	苏州经贸职业技术学院
广西建设职业技术学院	苏州卫生职业技术学院
广西职业技术学院	唐山工业职业技术学院
广州番禺职业技术学院	天津市职业大学
广州铁路职业技术学院	天津现代职业技术学院
贵州交通职业技术学院	威海职业学院
哈尔滨职业技术学院	潍坊职业学院
杭州科技职业技术学院	温州职业技术学院
杭州职业技术学院	无锡商业职业技术学院
河北工业职业技术大学	无锡职业技术学院
河北科技工程职业技术大学	武汉交通职业学院

图 5　河北科技工程职业技术大学入选 2022 全国高职院校教师发展指数优秀院校

来源：《2022 中国职业教育质量年度报告》、中国高职高专教育网

高职院校资源建设60所优势院校
（按校名音序排列）

院校名称	院校名称
滨州职业学院	九江职业技术学院
常州信息职业技术学院	兰州石化职业技术大学
重庆电子工程职业学院	南京工业职业技术大学
重庆工程职业技术学院	南京信息职业技术学院
重庆三峡医药高等专科学校	南宁职业技术学院
德州职业技术学院	宁波职业技术学院
福建船政交通职业学院	濮阳职业技术学院
广东工贸职业技术学院	山东畜牧兽医职业学院
广东机电职业技术学院	山东科技职业学院
广东科贸职业学院	山东理工职业学院
广东科学技术职业学院	山东医学高等专科学校
广东农工商职业技术学院	陕西工业职业技术学院
广东轻工职业技术学院	深圳信息职业技术学院
广东水利电力职业技术学院	深圳职业技术学院
广东职业技术学院	顺德职业技术学院
哈尔滨职业技术学院	四川工程职业技术学院
河北工业职业技术大学	四川建筑职业技术学院
河北科技工程职业技术大学	苏州经贸职业技术学院

图6　河北科技工程职业技术大学入选2022高职院校资源建设优势院校

来源：《2022中国职业教育质量年度报告》、中国高职高专教育网

高职院校学生发展指数100所优秀院校（按校名音序排列）	
院校名称	院校名称
安徽国防科技职业学院	河北石油职业技术大学
北京财贸职业学院	河南工业职业技术学院
北京电子科技职业学院	湖北科技职业学院
北京工业职业技术学院	湖南工艺美术职业学院
北京经济管理职业学院	湖南生物机电职业技术学院
北京信息职业技术学院	黄河水利职业技术学院
滨州职业学院	济南职业学院
长沙航空职业技术学院	江苏城乡建设职业学院
常州工业职业技术学院	江苏电子信息职业学院
常州机电职业技术学院	江苏海事职业技术学院
常州信息职业技术学院	江苏航运职业技术学院
成都职业技术学院	江苏建筑职业技术学院
重庆城市管理职业学院	江苏农林职业技术学院
重庆电子工程职业学院	江苏信息职业技术学院
重庆工程职业技术学院	江西环境工程职业学院
重庆工业职业技术学院	金华职业技术学院
福建船政交通职业学院	九江职业技术学院
福建信息职业技术学院	兰州石化职业技术大学
福州职业技术学院	兰州资源环境职业技术大学
广东机电职业技术学院	黎明职业大学
广东轻工职业技术学院	丽水职业技术学院
广州番禺职业技术学院	柳州铁道职业技术学院
杭州职业技术学院	南京工业职业技术大学
合肥职业技术学院	南京科技职业学院
河北科技工程职业技术大学	南京铁道职业技术学院

图 7　河北科技工程职业技术大学入选 2022 全国高职院校学生发展指数优秀院校

来源:《2022 中国职业教育质量年度报告》、中国高职高专教育网

高职院校服务贡献典型院校
（按校名音序排列）

学校名称	学校名称
滨州职业学院	重庆工业职业技术学院
常州工程职业技术学院	重庆交通职业学院
常州工业职业技术学院	佛山职业技术学院
常州机电职业技术学院	广东环境保护工程职业学院
重庆城市管理职业学院	广东机电职业技术学院
重庆电子工程职业学院	广东科贸职业学院
重庆工程职业技术学院	广东农工商职业技术学院
重庆工商职业学院	广东轻工职业技术学院
广东水利电力职业技术学院	陕西工业职业技术学院
广东职业技术学院	深圳信息职业技术学院
广州番禺职业技术学院	深圳职业技术学院
杭州职业技术学院	顺德职业技术学院
河北科技工程职业技术大学	四川交通职业技术学院

图 8　河北科技工程职业技术大学入选 2022 全国高职院校服务贡献典型院校

来源:《2022 中国职业教育质量年度报告》、中国高职高专教育网

3. 入选《2023 全国职业院校质量年度报告》全榜单，连续三年为河北唯一“大满贯”

中国教育科学研究院牵头完成的《2023 中国职业教育质量年度报告》在过往的指数研制与评选基础上进行优化，分为东部地区、中部和东北地区、西部地区，各评选出 50 所人才培养卓越高等职业学校、50 所服务贡献卓越高等职业学校、50 所产教融合卓越高等职业学校。经统计，东部地区共有 17 所高职院校入选全部三大卓越榜单，河北科技工程职业技术大学再次入选全榜单（见图 9），为河北省唯一一所连续三年获得“大满贯”的高等职业院校。

东部地区高职院校入选情况统计

学校名称	人才培养卓越50所	服务贡献卓越50所	产教融合卓越50所	入选总计
河北科技工程职业技术大学	★	★	★	3
南京工业职业技术大学	★	★	★	3
深圳信息职业技术学院	★	★	★	3
浙江机电职业技术学院	★	★	★	3
江苏农牧科技职业学院	★	★	★	3
义乌工商职业技术学院	★	★	★	3
深圳职业技术大学	★	★	★	3
徐州工业职业技术学院	★	★	★	3
滨州职业学院	★	★	★	3
无锡职业技术学院	★	★	★	3
金华职业技术学院	★	★	★	3
温州职业技术学院	★	★	★	3
江苏农林职业技术学院	★	★	★	3
潍坊职业学院	★	★	★	3
常州机电职业技术学院	★	★	★	3
唐山工业职业技术学院	★	★	★	3
山东畜牧兽医职业学院	★	★	★	3

图 9　2023 全国职业院校三大卓越榜单 50 强发布